성경강해시리즈

역대상하 에스라-에스더

1&2 Chronicles, Ezra, Nehemiah, Esther

유 동 근

IMC

BIBLE EXPOSITION SERIES

STUDY ON
1&2 Chronicles, Ezra, Nehemiah, Esther

Yu Dong Keun (Th.D)

Korean Edition

420-867 | 123, Buil-ro, Wonmi Gu, Bucheon City, Gyeonggi Do, Korea

역대 상하, 에스라, 느헤미야, 에스더 강해

1&2 Chronicles, Ezra, Nehemiah, Esther

차례 · contents

서 문

우리는 역사를 통해 많은 것을 배우게 되는데, 특히 그리스도인 노정을 가는 데 있어서 역사서야말로 우리에게 거울이 되고 경계가 된다. 역대 상하는 바른 신앙의 결과가 무엇이며, 또 변질되고 혼잡된 신앙은 어떤 결과를 가져오는지를 보여준다.

나는 개인적으로 2012년 4월 14일 새벽 4시를 일생 잊지 못할 것이다. 이날 나는 내 일생의 과업으로 여겼던 신구약 66권 강해서를 완성했다. 이 때문에 너무나 가슴이 벅차서 더 이상 잠을 이루지 못하고 엎드려 나의 하나님께 경배와 감사를 드렸다.

역대기는 다윗으로부터 그 아들 솔로몬과 그 후로 일어난 많은 왕들에 대해 기록한 것인데, 그 중에는 선한 왕들도 있고 악한 왕들도 있었다. 그들이 선하든 악하든 나름대로 우리에게 가르침과 경계를 주고 있으며, 또한 그들을 통해 우리는 이스라엘의 축복과 흥망성쇠는 무엇보다 하나님을 향한 신앙에 있었다는 것을 알게 된다. 하나님께 대한 신앙이 바르게 정립된 시대에는 나라가 축복을 받고, 하나님에게서 멀어지고 우상을 향하는 시대에는 가차 없이 징계와 심판이 임하였다. 유다 왕국 말기인 므낫세 때에 이르러 죄의 양이 아귀까지 차오르자 하나님은 마침내 유다에 대한 징벌을 결단하신다. 므낫세 후로도 제법 좋은 왕들이 한둘 나타나서 선정을 베풀었지만 하나님의 진노를 돌이키기에는 이미 늦었다.

이 책을 기록한 목적은 바벨론에 포로 되었다가 돌아온 백성들로 하여금 역사를 통해 그들이 왜 그렇게 포로 되어 고통을 당했는지를 알고 이제 정신을 차려서 여호와 하나님만을 경배하고 섬기게 하려는 것이다. 이 책을 읽는 독자들께서도 아무쪼록 이 역대기를 통해 주님을 더 알고 그분만 사랑하고 섬기게 되기를 바란다. 주님께서 건강 주시고 시간 주심으로 신구약 66권을 한 장 한 장, 한 절 한 절 경외하는 마음으로 읽고 공부하게 해주신 것을 인해 감사드린다.

마지막으로, 나를 도와 수고한 내 아내, IMC 스텝들, 사경회마다 빠지지 않고 참여해주신 분들, 그리고 책을 인쇄하도록 물질적으로 도움을 주신 모든 분들에게 감사드리며, 하나님께서 그들을 많이 축복해주시기를 기도한다. 나의 주님이 독자들을 한없이 축복해주시를 바라며…

2012년 4월 14일 새벽에

저자 유동근

역대상
1 Chronicles

서 론

1. 이 책의 원래 이름은 '일기', 또는 '기사'로서 역대 군왕들의 일지(dairy)와 같은 것이다. 우리나라로 말하면 삼국사기, 왕조실록, 승정원일기 등에 해당한다.

이 책은 겉으로 보기에는 그리 흥미롭지 않다. 긴 족보와 제사장의 반차 등이 나열되어 있고 또 중복된 내용들이 있어서 다소 읽기가 어렵다.

2. 역대기는 포로 되었다가 돌아온 후에 기록한 것이다. 열왕기를 예레미야가 썼다면 이 책은 에스라가 썼을 가능성이 있다. 사무엘기와 열왕기에도 역사적 사실이 기록되어 있지만, 역대기는 무엇보다 하나님의 말씀의 관점에서 역사적인 사실들을 기재하고 해석했다. 그 예로 사무엘기는 사울이 전쟁 중에 죽은 것만을 기록했는데 역대기는 그가 하나님을 버리고 신접한 여인에게 물었기 때문에 여호와 하나님이 그를 죽였다고 말한다(대상 10장). 또 사무엘기는 웃사가 죽었다는 것만 말하지만 역대기는 그가 죽은 원인을 말한다(대상 15:2, 13).

결론적으로, 이 책이 기록된 목적은 포로 되었다가 고국으로 돌아온 백성들로 하여금 여호와 하나님을 섬기도록 도우려는 것이다(에스라의 사역의 특징). 또한 이 책은 열왕의 흥망성쇠의 원인을 기록하고, 하나님을 친근히 하고 복종하는 자는 축복을 얻고 하나님을 버리고 배반한 자는 저주를 받은 사실을 구체적으로 기록한다. 이 책에는 기타 역사서와 중복된 부분이 있다. 이는 하나님의 말씀에서 강조되고 중시되어야 할 부분을 알려준다.

3. 사무엘기에는 다윗이 우리야를 죽이고 그 아내 밧세바를 취한 죄가 상세하게 언급되어 있는데, 여기에는 다윗의 인구조사를 한 죄가 상세히 기록되어 있다. 이는 성전의 기초를 마련하는 일이기 때문이다. 하나님 보시기에, 성전 건축의 역사는 매우 중요하다. 사람의 관점으로는 간음과 살인 등의 죄가 크지만, 역대기 기자의 눈에는 성전 건축을 위한 기초가 더욱 중요했다. 성전의 기초를 위해서는 회개와 죄의 자백, 속죄와 공의를 만족시키는 것이 필요했다. 또한 이 책의 기자는 유다 왕국의 역사만 기록하고 이스라엘 역사는 언급하지 않는다. 그것은 이스라엘이 분열된 후로 우상과 이방의 가증한 신을 섬기고 하나님 보시기에 악한 일만을 줄곧 행하였기 때문이다. 오직 유다 왕국만이 하나님께로 돌이켜 그분을 찾도록 도와줄 수 있었다.

역대상 1장

도입

1장부터 9장까지는 이스라엘의 족보를 서술한다.

1. 1장은 아담으로부터 아브라함까지를 기록한다. 역대서의 초두는 천년씩 산 인류를 언급한다는 점에서 천년왕국의 그림자로 보는 학자들이 있다(이상근). 역대 상 1장 1절부터 4절까지는 아담부터 노아까지 10명의 고조와 노아의 세 아들을 언급한다. 홍수는 옛 세상과 새 세상을 나누었다.

10고조는 근 천 년씩 살아 종말적인 천년왕국의 그림자를 보여준다. 계시록 20장에는 분명 천 년이라는 말이 있다. 이기는 자들이 보상받는 시대가 없다면 신약의 많은 말씀들을 해석할 길이 없다. 천 년이 있고, 그 다음 영세가 있다. 계시록 20장이 있고, 다음에 21장과 22장이 있는 것이다. 마태복음은 이 부분을 많이 언급하고 있다. 성도들은 죽으면 다 천당 갈 것이라고 가볍게 생각해서는 안 된다. 그리스도의 재림과 더불어 성도들이 이 지구상에서 천 년 동안 왕 노릇 하는 기간이 있다.

아담, 셋, 에노스가 한 조이며, 아담은 흙이라는 뜻이고 1장 27절은 사람이라고 번역했다. 셋은 지정된 자를 뜻하며 아벨 대신 주신 아들이다. 선민의 대통은 셋을 통해 실현되었다. 에노스는 약한 자라는 뜻이다. 그 때부터 사람들이 여호와의 이름을 불렀다. 즉 인류의 공적 예배가 시작된 것이라고 본다.

게난, 마할랄렐, 야렛이 그 다음 조이다. 마할랄렐은 하나님을 찬미한다는 뜻이다. 공적 예배의 진보를 보여준다.

다음은 에녹, 므두셀라, 라멕인데, 에녹은 헌신자를 뜻한다. 그는 삼백 년 동안 하나님과 동행했다고 기록되어 있으며 최초의 승천자였다. 구약에는 엘리야를 포함하여 두 명의 휴거자가 있다.

신약에는 그리스도의 승천과 장차 있을 성도들의 휴거가 있는데(살전 4:17), 구약의 이러한 일들은 신약의 그림자로 보여준 것이다. 유 1:14, "아담의 칠세 손 에녹이 사람들에게 대하여도 예언하여 이르되 보라 주께서 그 수만의 거룩한 자와 함께 임하셨나니". 유다서는 상당히 깊은 책으로서 권위를 훼방하고 업신여기는 자들, 경건치 않은 자들에 대한 심판을 말한다.

유다서 1:4-23, "이는 가만히 들어온 사람 몇이 있음이라 저희는 옛적부터 이 판결을 받기로 미리 기록된 자니 경건치 아니하여 우리 하나님의 은혜를 도리어 색욕거리로 바꾸고 홀로 하나이신 주재 곧 우리 주 예수 그리스도를 부인하는 자니라 5 너희가 본래 범사를 알았으나 내가 너희로 다시 생각나게 하고자 하노라 주께서 백성을 애굽에서 구원하여 내시고 후에 믿지 아니하는 자들을 멸하셨으며 6 또 자기 지위를 지키지 아니하고 자기 처소를 떠난 천사들을 큰 날의 심판까지 영원한 결박으로 흑암에 가두셨으며 7 소돔과 고모라와 그 이웃 도시들도 저희와 같은 모양으로 간음을 행하며 다른 색을 따라가다가 영원한 불의 형벌을 받음으로 거울이 되었느니라 8 그러한데 꿈꾸는 이 사람들도 그와 같이 육체를 더럽히며 권위를 업신여기며 영광을 훼방하는도다 9 천사장 미가엘이 모세의 시체에 대하여 마귀와 다투어 변론할 때에 감히 훼

방하는 판결을 쓰지 못하고 다만 말하되 주께서 너를 꾸짖으시기를 원
하노라 하였거늘 10 이 사람들은 무엇이든지 그 알지 못하는 것을 훼
방하는도다 또 저희는 이성 없는 짐승같이 본능으로 아는 그것으로 멸
망하느니라 11 화 있을진저 이 사람들이여, 가인의 길에 행하였으며 삯
을 위하여 발람의 어그러진 길로 몰려갔으며 고라의 패역을 좇아 멸망
을 받았도다 12 저희는 기탄없이 너희와 함께 먹으니 너희 애찬의 암초
요 자기 몸만 기르는 목자요 바람에 불려가는 물 없는 구름이요 죽고 또
죽어 뿌리까지 뽑힌 열매 없는 가을 나무요 13 자기의 수치의 거품을 뿜
는 바다의 거친 물결이요 영원히 예비된 캄캄한 흑암에 돌아갈 유리하
는 별들이라 14 아담의 칠세 손 에녹이 사람들에게 대하여도 예언하여
이르되 보라 주께서 그 수만의 거룩한 자와 함께 임하셨나니 15 이는 뭇
사람을 심판하사 모든 경건치 않은 자의 경건치 않게 행한 모든 경건치
않은 일과 또 경건치 않은 죄인의 주께 거스려 한 모든 강퍅한 말을 인
하여 저희를 정죄하려 하심이라 하였느니라 16 이 사람들은 원망하는
자며 불만을 토하는 자며 그 정욕대로 행하는 자라 그 입으로 자랑하
는 말을 내며 이를 위하여 아첨하느니라 17 사랑하는 자들아 너희는 우
리 주 예수 그리스도의 사도들의 미리 한 말을 기억하라 18 그들이 너희
에게 말하기를 마지막 때에 자기의 경건치 않은 정욕대로 행하며 기롱하
는 자들이 있으리라 하였나니 19 이 사람들은 당을 짓는 자며 육에 속
한 자며 성령은 없는 자니라 20 사랑하는 자들아 너희는 너희의 지극히
거룩한 믿음 위에 자기를 건축하며 성령으로 기도하며 21 하나님의 사
랑 안에서 자기를 지키며 영생에 이르도록 우리 주 예수 그리스도의 긍
휼을 기다리라 22 어떤 의심하는 자들을 긍휼히 여기라 23 또 어떤 자
를 불에서 끌어내어 구원하라 또 어떤 자를 그 육체로 더럽힌 옷이라도
싫어하여 두려움으로 긍휼히 여기라".

2. 노아라는 이름은 휴식 또는 안위를 뜻한다. 노아는 제 2의 아담으로 인류의 조상이 된다. 그 이후 10대는 중간 고조로서 수명이 오백 세

에서 2백세로 내려온다. 셈과 함과 야벳은 노아가 5백 세에 낳은 아들들이다. 셈은 '유명하다', 함은 '뜨겁다', 야벳은 '확장', '아름답다' 등을 뜻한다. 형제의 순서는 이름이 기록된 순서인 듯하다. (Calvin, Knobel, Keil)

3. 노아의 후손들

고멜은 '끝냄'을 뜻하고, 마곡은 '지붕'을 뜻하며, 곡과 마곡은 종말적으로 하나님을 대항하는 군대로 나와 있다. 야완은 '속이는 자'로서 헬라인을 가리킨다. 고대에는 헬라인을 '이오온'이라 했고, 앗수르 비문에는 '야와누'로 적혀 있으며, 인도에서는 '야와나', 바사에서는 '유나', 애굽에서는 유난이라고 했다. 그리고 알렉산더 대왕 때 헬렌이라고 했다.

4. 28-54절은 아브라함의 족보에 대하여 말한다. 아브라함의 아들은 이삭과 이스마엘이다. 아브라함의 씨 이외의 족보는 2장부터 제외된다. 이스마엘 자손에 대하여는 별로 말하지 않는다. 다만 이스마엘의 열두 아들이 나열되어 있을 뿐이다(29-31절). 32절부터는 아브라함의 첩 그두라의 소생들을 언급하는데, 이들에 대하여도 간단히 언급할 뿐이다(32-33절). 이들은 동방의 자녀들이었고 욥은 아마도 이들 가운데 한 사람이었을 가능성이 있다. '유다 자손'이 유대인 전체를 대표하는 이름이듯이 그두라의 후손도 미디안으로 대표된다. 이들이 언약의 상속자 이삭에게서 분리되어 있는 것을 알 수 있으며, 따라서 그들은 이름들만 언급되어 있다. 그렇지만 우리는 아브라함의 정식적인 씨 외에는 다른 어떤 민족도 하나님의 은총을 받기에 자격이 없다고 말해서는 안 된다. 베드로는 고넬료의 집에 가서 이렇게 말했다. "내가 참으로 하나님은 사람의 외모를 취하지 아니하시고 각 나라 중 하나님을 경외하며 의를 행하는 사람은 하나님이 받으시는 줄 깨달았도다"(행 10:34-35).

강해

1-4절, 아담, 셋, 에노스, 2 게난, 마할랄렐, 야렛, 3 에녹, 므두셀라, 4 라멕, 노아, 셈, 함과 야벳,

아담부터 노아까지 10고조의 이름이다. 창세기 5장에 있는 아담으로부터 노아까지의 계통과 그 자손들을 말한다. 이들은 근 천 년씩 살아 종말적인 천년왕국의 그림자가 되었다(이상근). 아담은 '사람'이라는 뜻이다. 가인은 많은 아들들이 있었으나 악하였고, 하나님께서는 셋을 선민의 대를 잇는 조상으로 정하셨다(창 5:3).

5-23절, **야벳의 아들은 고멜과 마곡과 마대와 야완과 두발과 메섹과 디라스요 6 고멜의 아들은 아스그나스와 디밧과 도갈마요 7 야완의 아들은 엘리사와 다시스와 깃딤과 도다님이더라 8 함의 아들은 구스와 미스라임과 붓과 가나안이요 9 구스의 아들은 스바와 하윌라와 삽다와 라아마와 삽드가요 라아마의 아들은 스바와 드단이요 10 구스가 또 니므롯을 낳았으니 세상에 처음 영걸한 자며 11 미스라임은 루딤과 아나밈과 르하빔과 납두힘과 12 바드루심과 가슬루힘과 갑도림을 낳았으니 블레셋 족속은 가슬루힘에게서 나왔으며 13 가나안은 맏아들 시돈과 헷을 낳고 14 또 여부스 족속과 아모리 족속과 기르가스 족속과 15 히위 족속과 알가 족속과 신 족속과 16 아르왓 족속과 스말 족속과 하맛 족속을 낳았더라 17 셈의 아들은 엘람과 앗수르와 아르박삿과 룻과 아람과 우스와 훌과 게델과 메섹이라 18 아르박삿은 셀라를 낳고 셀라는 에벨을 낳고 19 에벨은 두 아들을 낳아 하나의 이름을 벨렉이라 하였으니 이는 그 때에 땅이 나뉘었음이요 그 아우의 이름은 욕단이며 20 욕단이 알모닷과 셀렙과 하살마웻과 예라와 21 하도람과 우살과 디글라와 22 에발과 아비마엘과 스바와 23 오빌과 하윌라와 요밥을 낳았으니 욕단의 아들들은 이러하니라**

야벳 자손 14명(5-7절), 함 자손 31명(8-16절), 셈 자손 26명(17-23절)의 족보이다. 5절의 마곡은 알메니아의 코오카스 지방의 주민으로 강하고 호전적이다. 곡과 마곡의 연합군이 종말에 하나님을 대항하는 군대로 나타날 것이다(계 20:8). 야완은 헬라인을 뜻하고 고대에는 헬라인을 '이오온'이라 했으며, 바사에서는 유나라고 불렀고, 애굽에서는 유난이라고 불렀는데, 알렉산더 대왕 이후 헬렌으로 바뀌었다. 10절에는 니므롯이 나오는데, 창세기 10장 9절에서는 그를 특이한 사냥꾼이요 고대의 영걸이라고 했다. 요세푸스는 그가 앞장서서 바벨탑을 쌓자고 선동한 자이며 적그리스도의 예표라고 말한다. 12절에는 블레셋 족속의 유래가 나온다. 신명기 2장 23절과 아모스 9장 7절은 블레셋이 갑도림에서 나왔다고 말한다. 따라서 학자들은 이 본문을 "갑도림에서 블레셋이 나왔다"로 읽어야 한다고 말한다(Michaelis, Skinner). 14-16절에는 가나안 땅에 거하는 군소 족속들의 이름이 열거되어 있다. 17절에는 욥의 고향인 우스가 나온다. 18절의 에벨(Eber)은 히브리어로 '건넌 자'를 뜻한다. 이는 아브라함 이후로 불리웠던 이름으로(창 14:13) 그들이 유브라데 강을 건너왔기 때문에 그렇게 부른 것이다. 19절의 벨렉은 '나눈다'는 뜻이고, 그 때부터 세상에 분열이 시작되었다. 17-23절은 창세기 10:21-29절과 병행한다.

24-28절, 셈, 아르박삿, 셀라, 25 에벨, 벨렉, 르우, 26 스룩, 나홀, 데라, 27 아브람 곧 아브라함, 28 아브라함의 아들은 이삭과 이스마엘이라

창세기 11장에 나오는 셈으로부터 아브라함까지의 계보이다. 18절의 에벨은 34세에 벨렉을 낳았고 그 후 430년을 지내며 자녀를 낳았다. 즉 464세를 산 것이다(창 11:16-17). 셈에서 아브라함까지를 중간 10고조라고 부르기도 하는데, 그 중에서 에벨이 가장 오래 살았다. 그 아들 벨렉은 239세를 살았으니 아버지 에벨에 비해 그 반 정도밖에 살지 못한 것이다. 벨렉의 아들 르우도 아비와 똑같이 239세를 살았다(창 11:20-21).

스룩은 230세를 살았고, 나홀은 148세를 살았다(나홀은 중간 10고조 중 가장 단명하며 아람인의 조상이다-창11:24). 데라는 '체류하다', '보류하다'라는 뜻으로 아들 아브라함과 함께 갈대아 우르에서 하란으로 떠나 하란에서 체류 내지는 보류하다가 205세에 죽었다. 아브람은 높은 아버지를 뜻하고, 아브라함은 무리의 아버지를 뜻한다. 아브라함의 탄생은 주전 2165년으로 추정된다.

29-34절, 이스마엘의 세계는 이러하니 그 맏아들은 느바욧이요 다음은 게달과 앗브엘과 밉삼과 30 미스마와 두마와 맛사와 하닷과 데마와 31 여둘과 나비스와 게드마라 이스마엘의 아들들은 이러하니라 32 아브라함의 첩 그두라의 낳은 아들들은 시므란과 욕산과 므단과 미디안과 이스박과 수아요 욕산의 아들은 스바와 드단이요 33 미디안의 아들은 에바와 에벨과 하녹과 아비다와 엘다아니 그두라의 아들들은 이러하니라 34 아브라함이 이삭을 낳았으니 이삭의 아들은 에서와 이스라엘이더라

창세기 25장에 나오는 이스마엘의 후손과 그두라에 의한 아브라함의 자손의 계보이다. 아브라함이 그두라를 취한 것이 언제인가에 대한 의문이 있다. 사라 생전에 취한 또 다른 첩이라는 설이 유력하다. 이삭을 낳은 후 갱생의 힘을 얻어 자식을 더 낳았을 것이라는 설도 있다. 32절의 수아는 그두라의 소생인 사람 이름이자 곧 욥의 친구 빌닷의 고향이 아닌가 한다(욥 2:11).

35-54절, 에서의 아들은 엘리바스와 르우엘과 여우스와 얄람과 고라요 36 엘리바스의 아들은 데만과 오말과 스비와 가담과 그나스와 딤나와 아말렉이요 37 르우엘의 아들은 나핫과 세라와 삼마와 밋사요 38 세일의 아들은 로단과 소발과 시브온과 아나와 디손과 에셀과 디산이요 39 로단의 아들은 호리와 호맘이요 로단의 누이는 딤나요 40 소발의 아들은 알랸과 마나핫과 에발과 스비와 오남이요 시브

온의 아들은 아야와 아나요 41 아나의 아들은 디손이요 디손의 아
들은 하므란과 에스반과 이드란과 그란이요 42 에셀의 아들은 빌한
과 사아완과 야아간이요 디산의 아들은 우스와 아란이더라 43 이스
라엘 자손을 치리하는 왕이 있기 전에 에돔 땅을 다스린 왕이 이러
하니라 브올의 아들 벨라니 그 도성 이름은 딘하바며 44 벨라가 죽
으매 보스라 세라의 아들 요밥이 대신하여 왕이 되었고 45 요밥이
죽으매 데만 족속의 땅 사람 후삼이 대신하여 왕이 되었고 46 후삼
이 죽으매 브닷의 아들 하닷이 대신하여 왕이 되었으니 하닷은 모
압 들에서 미디안을 친 자요 그 도성 이름은 아윗이며 47 하닷이 죽
으매 마스레가 사믈라가 대신하여 왕이 되었고 48 사믈라가 죽으매
하숫가의 르호봇 사울이 대신하여 왕이 되었고 49 사울이 죽으매
악볼의 아들 바알하난이 대신하여 왕이 되었고 50 바알하난이 죽으
매 하닷이 대신하여 왕이 되었으니 그 도성 이름은 바이요 그 아내
의 이름은 므헤다벨이라 메사합의 손녀요 마드렛의 딸이었더라 51
하닷이 죽은 후에 에돔의 족장이 이러하니 딤나 족장과 알랴 족장과
여뎃 족장과 52 오홀리바마 족장과 엘라 족장과 비논 족장과 53 그
나스 족장과 데만 족장과 밉살 족장과 54 막디엘 족장과 이람 족장
이라 에돔 족장이 이러하였더라

이상은 에서의 후손의 계보이며 창세기 36장에 나오는 에서의 계보와 같다. 이들은 하나님의 백성 이스라엘에 대해 대대로 적대감을 가진 민족이다. 이들은 이삭의 쌍둥이 아들 중 야곱(이스라엘)에게서 나오지 않고 에서에게서 나왔기 때문이다. 여기에는 이들 가운데 유명한 자들을 기록해 놓았다. 43절은 이스라엘을 다스리는 왕이 일어나기 전에 에돔에 왕이 있었다고 말한다. 그 왕과 족장들의 이름이 열거되어 있다. 이스라엘에서 합당한 왕들이 일어난 것은 한 참 후의 일이다. 육의 세력은 언제나 먼저 성공하고 빨리 되는 것처럼 보인다. 그러나 영적인 일은 더디고 심지어 죽고 나서 부활로 일어나는 법이다.

역대상 2장

도입

2장부터는 본격적으로 이스라엘의 계보에 대하여 말한다. 야곱(이스라엘)의 열두 아들의 순서는 르우벤, 시므온, 레위, 유다, 잇사갈, 스불론, 요셉, 베냐민, 단, 납달리, 갓, 아셀이다. 여기 2절에서는 단이 요셉 앞에 기록되어 있다.

맨 먼저 유다 지파에 대한 기록이 나온다. 유다는 다섯 아들을 두었다. 이 지파는 가장 용맹하고 가장 번창했으며 모든 지파 중에 권위가 있는 지파였다. 그러므로 그 계보가 제일 먼저 나와 있고 가장 크다. 이 가지(지파)에서 그리스도께서 나오셨다. 그런데 그 지파 속에는 좋지 않은 사람들이 몇 있었다. 첫째는 유다의 장자 에르이다. 그는 여호와 보시기에 악하였으므로 여호와께서 죽이셨다. 그 동생 오난도 하나님의 정하신 법도를 어김으로 죽임을 당하였다(창 38:9-10). 하나님께서는 대를 잇는 것을 매우 중히 여기신다. 마치 자손을 보고 싶어하는 아비처럼 그 대를 이어가도록 형이 죽으면 그 동생이 형수를 취하는 규례를 정하셨는데 오난이 이를 어긴 것이다. 그 다음 유다의 며느리 다말에 대한 이야기가 나온다. 그에게서 베레스와 세라가 태어났고 베레스는 다윗 왕가의 조상이 되었다. 세라는 태양이 떠오른다는 뜻이다.

강해

1-2절, 이스라엘의 아들은 이러하니 르우벤과 시므온과 레위와 유다와 잇사갈과 스불론과 2 단과 요셉과 베냐민과 납달리와 갓과 아셀이더라

이스라엘의 열두 아들을 순서대로 기록했다. 르우벤과 시므온과 레위와 유다와 잇사갈과 스불론과 단과 요셉과 베냐민과 납달리와 갓과 아셀이다. 르우벤과 시므온과 레위와 유다와 잇사갈과 스불론은 레아에게서 태어난 아들들이다. 열두 지파의 절반이다. 단과 요셉과 베냐민과 납달리와 갓과 아셀은 라헬과 두 시녀의 소생들이다. 요셉(씻음과 더함의 뜻, 라헬이 그녀의 부끄러움을 씻고 한 아들을 더 얻을 것을 소망하면서 지은 이름)과 베냐민(오른손의 아들)은 라헬의 소생이고, 단(심판함)과 납달리(경쟁함)는 라헬이 시녀 빌하를 통해 얻은 아들이고, 갓(복됨)과 아셀(기쁨)은 레아가 그 시녀 실바를 통해 얻은 아들이다.

3-17절, 유다의 아들은 에르와 오난과 셀라니 이 세 사람은 가나안 사람 수아의 딸이 유다로 말미암아 낳은 자요 유다의 맏아들 에르는 여호와 보시기에 악하였으므로 여호와께서 죽이셨고 4 유다의 며느리 다말이 유다로 말미암아 베레스와 세라를 낳았으니 유다의 아들이 모두 다섯이더라 5 베레스의 아들은 헤스론과 하물이요 6 세라의 아들은 시므리와 에단과 헤만과 갈골과 다라니 모두 다섯 사람이요 7 가르미의 아들은 아갈이니 저는 마땅히 멸할 물건으로 인하여 이스라엘을 괴롭게 한 자며 8 에단의 아들은 아사랴더라 9 헤스론의 낳은 아들은 여라므엘과 람과 글루배라 10 람은 암미나답을 낳았고 암미나답은 나손을 낳았으니 나손은 유다 자손의 방백이며 11 나손은 살마를 낳았고 살마는 보아스를 낳았고 12 보아스는 오벳을 낳았고 오벳은 이새를 낳았고 13 이새는 맏아들 엘리압과 둘째로 아비나답과 세째로 시므아와 14 네째로 느다넬과 다섯째로 랏대

와 15 여섯째로 오셈과 일곱째로 다윗을 낳았으며 16 저희의 자매는 스루야와 아비가일이라 스루야의 아들은 아비새와 요압과 아사헬 삼형제요 17 아비가일은 아마사를 낳았으니 아마사의 아비는 이스마엘 사람 예델이었더라

유다에서 헤스론까지(3-8절)와 헤스론에서 다윗까지(9-17절)의 족보이다. 6-8절은 세라의 자손이다. 베레스는 터뜨림을 뜻하고 세라는 오름을 뜻하는데, 세라의 손이 먼저 나오자 산파가 장자의 표시로 홍색실을 그 손에 매었는데 손을 도로 들이며 그 아우 베레스가 먼저 나왔다. 7절의 아갈은 여호수아 7장 1절에 나오는 갈미의 아들 아간을 가리킨다. 그는 여호와의 명을 어기고 아말렉과의 여리고 전에서 좋은 것을 숨겨두었는데, 그 때문에 이스라엘이 아이 성 전투에서 패하게 되었다. 7절은 다만 "마땅히 취할 물건으로 인하여 이스라엘을 괴롭게 한 자"라고 기록되어 있다.

9-17절은 세라 계보를 논한 후, 정통 계보인 베레스 계(베레스의 아들 헤스론으로 이어지는)에 대하여 논하면서 다윗까지 말한다. 그 중 유명한 자는 나손과 보아스이다. 암미나답의 아들인 나손은 광야에서 이스라엘 진영이 구성될 때 유다 족속의 방백으로 행군의 선봉장이 되었던 인물이다. 11절의 살마는 살몬일 것이다. 여호수아가 보낸 두 정탐꾼 중 하나일 것이고, 기생 라합과 결혼하여 보아스를 낳았다. 보아스는 베들레헴의 유력자였고 룻을 속량하여 오벳을 낳음으로 다윗과 그리스도의 조상이 되었다. 보아스가 룻을 속량함은 그리스도께서 만민을 구속하심의 그림자이다(룻 2:20 참조).

12절의 오벳과 이새도 성경에 자주 거명되는 이름이다. 오벳은 섬기는 자를 뜻하고 이새는 '내 선물'을 뜻한다. 이새는 장자 엘리압으로 시작하여 일곱 아들을 두었는데, 말째인 다윗의 아비로 유명하게 되었다. 16-17절에는 다윗의 친족들이 기록되었다. 스루야와 아비가일은 다윗의 두 자매인데, 스루야의 세 아들은 아비새와 요압과 아사헬이다. 이들은 다윗의 역사에서 현저한 장군들이었다. 요압은 다윗 왕국의 제 2인자였으나 고집이 세고 다윗의 뜻을 쉽게 따르지 않았으며 결국 솔로몬에게 죽임을 당했다(왕상 2:28-34). 아사헬은 발이 빠르기로 유명했다. 이스라엘의 군대장관 넬을 추격하다가 죽었다(삼하 2:23). 자기의 장점을 너무 신뢰하다가 죽은 경우이다.

18-55절, **헤스론의 아들 갈렙이 그 아내 아수바와 여리옷에게서**
아들을 낳았으니 그 낳은 아들은 예셀과 소밥과 아르돈이며 19 아
수바가 죽은 후에 갈렙이 또 에브랏에게 장가들었더니 에브랏이 그
로 말미암아 훌을 낳았고 20 훌은 우리를 낳았고 우리는 브살렐을
낳았더라 21 그 후에 헤스론이 육십 세에 길르앗의 아비 마길의 딸
에게 장가들어 동침하였더니 저가 헤스론으로 말미암아 스굽을 낳
았으며 22 스굽은 야일을 낳았고 야일은 길르앗 땅에서 스물세 성읍
을 가졌더니 23 그술과 아람이 야일의 성읍들과 그낫과 그 성들 모
두 육십을 그들에게서 빼앗았으며 저희는 다 길르앗의 아비 마길의
자손이었더라 24 헤스론이 갈렙 에브라다에서 죽은 후에 그 아내 아
비야가 그로 말미암아 아스훌을 낳았으니 아스훌은 드고아의 아비
더라 25 헤스론의 맏아들 여라므엘의 아들은 맏아들 람과 그 다음
브나와 오렌과 오셈과 아히야며 26 여라므엘이 다른 아내가 있었으
니 이름은 아다라라 저는 오남의 어미더라 27 여라므엘의 맏아들 람
의 아들은 마아스와 야민과 에겔이요 28 오남의 아들들은 삼매와
야다요 삼매의 아들은 나답과 아비술이며 29 아비술의 아내의 이름
은 아비하일이라 저가 그로 말미암아 아반과 몰릿을 낳았으며 30 나
답의 아들은 셀렛과 압바임이라 셀렛은 아들이 없이 죽었고 31 압
바임의 아들은 이시요 이시의 아들은 세산이요 세산의 아들은 알래
요 32 삼매의 아우 야다의 아들은 예델과 요나단이라 예델은 아들
이 없이 죽었고 33 요나단의 아들은 벨렛과 사사라 여라므엘의 자손
은 이러하며 34 세산은 아들이 없고 딸뿐이라 그에게 야르하라 하

는 애굽 종이 있는 고로 35 딸을 그 종 야르하에게 주어 아내를 삼
게 하였더니 저가 그로 말미암아 앗대를 낳았고 36 앗대는 나단을
낳았고 나단은 사밧을 낳았고 37 사밧은 에블랄을 낳았고 에블랄은
오벳을 낳았고 38 오벳은 예후를 낳았고 예후는 아사랴를 낳았고
39 아사랴는 헬레스를 낳았고 헬레스는 엘르아사를 낳았고 40 엘르
아사는 시스매를 낳았고 시스매는 살룸을 낳았고 41 살룸은 여가
먀를 낳았고 여가먀는 엘리사마를 낳았더라 42 여라므엘의 아우 갈
렙의 아들 곧 맏아들은 메사니 십의 아비요 그 아들은 마레사니 헤
브론의 아비며 43 헤브론의 아들은 고라와 답부아와 레겜과 세마라
44 세마는 라함을 낳았으니 라함은 요르그암의 아비며 레겜은 삼매
를 낳았고 45 삼매의 아들은 마온이라 마온은 벧술의 아비며 46 갈
렙의 첩 에바는 하란과 모사와 가세스를 낳았고 하란은 가세스를 낳
았으며 47 야대의 아들은 레겜과 요단과 게산과 벨렛과 에바와 사압
이며 48 갈렙의 첩 마아가는 세벨과 디르하나를 낳았고 49 또 맛만
나의 아비 사압을 낳았고 또 막베나와 기브아의 아비 스와를 낳았으
며 갈렙의 딸은 악사더라 50 갈렙의 자손 곧 에브라다의 맏아들 훌
의 아들은 이러하니 기럇여아림의 아비 소발과 51 베들레헴의 아비
살마와 벧가델의 아비 하렙이라 52 기럇여아림의 아비 소발의 자손
은 하로에와 므누홋 사람의 절반이니 53 기럇여아림 족속들은 이델
족속과 붓 족속과 수맛 족속과 미스라 족속이라 이로 말미암아 소
라와 에스다올 두 족속이 나왔으며 54 살마의 자손들은 베들레헴과
느도바 족속과 아다롯벧요압과 마하낫 족속의 절반과 소라 족속과
55 야베스에 거한 서기관 족속 곧 디랏 족속과 시므앗 족속과 수갓
족속이니 이는 다 레갑의 집 조상 함맛에게서 나온 겐 족속이더라

3-17절에서 헤스론(베레스의 아들)부터 다윗까지 이어지는 정통 계보를 말한 뒤, 18-55절에서는 헤스론의 방계 자손을 소개한다. 그는 매우 다산하였고 그가 죽을 때에도 그 아내는 임신 중이었다(24절). 베레스의 가족 중 후손에 대한 욕망이 가장 컸던 사람이 헤스론이고, 메시아는

그의 후손으로 오셨다. 갈렙 자손(18-20절), 스굽 자손(21-24절), 여라므엘 자손(25-41절), 다시 갈렙 자손(42-55절) 순이다. 49절의 갈렙은 유명한 정탐꾼 갈렙과 이름이 동일하지만 둘 사이는 3백 년의 차이가 있으므로 동명이인으로 보인다. 51절의 베들레헴은 예루살렘에서 남쪽으로 8km 떨어져 있으며 예수께서 나신 곳이다. 살마의 아들이 그곳을 개척하였다.

유다의 계보는 다른 어떤 계보보다 풍부하고 정확하게 나온다. 여기 유다 계보에서 우리는 그리스도의 나심을 위해 하나님의 명백한 섭리가 있음을 알아야 한다. 에르와 오난의 행위도 하나님께서 중요시하시는 예수 그리스도의 계보를 잇는 일에서 경거망동을 했기에 매우 악하게 보신 것이라 이해할 수 있다. 하나님의 역사에 있어서 그분이 중히 여기시는 일을 함부로 대할 때 하나님께서 엄중하게 다루신다는 것을 보여주는 성경의 사례들이다. 초대 교회에서 아나니아와 삽비라가 거짓말을 함으로 그 자리에서 죽은 일, 사도 바울 일행이 처음 전도 여행을 떠나 바보 섬에 가서 총독을 전도할 때 훼방하던 박수 엘루마(행13:6-11)를 얼마 동안 눈멀게 한 일 등은 초기 교회의 성립시에 누를 끼친 일이기에 크게 심판이 임한 일이라 하겠다.

22절의 스굽의 아들 야일이라는 사람은 길르앗 땅에서 스물세 성읍을 차지한 성공적인 헤스론의 자손이다. 그를 므낫세 자손들이 영웅시했는데, 모계를 따른 것이다. 부계로는 스굽의 아들이요 유다의 5대손이다. 그러나 23절은 야일이 정복한 23 성읍과 그낫이 가진 37 성읍, 도합 60 성읍을 아람과 그술의 연합군이 빼앗아 갔다고 하는데, 그 시기는 분명치 않다. 다윗 시대 이전인 것은 분명하다.

아들이 없이 죽은 사람 둘이 나온다(30, 32절). 딸은 있으나 아들이 없는 자도 기록되었다(34절). 하나님의 주권에 순종하기를 배우라! 하나님이 아들을 주시지 않아도 다만 순종하라. 하나님께서는 그분의 절대 주권으로 가족 구성원을 안배하신다. 하나님은 우리를 기쁘게 하려고 존재하시는 분이 아니다. 그분의 뜻대로 모든 것을 행하신다. 어떤 자에게는 열 아들보다 딸 하나가 더 귀하게 여겨질 수 있게 하시는 하나님을 믿으라! 34절부터 딸만 가진 사람에 대한 이야기가 나온다. 세산이라는 자인데 그는 딸을 자기 집안의 애굽 종에게 시집보냈다. 이스라엘에서 아들이 없는 경우는 딸을 통해 가문의 기업을 이어갔다(민 36:1-12). 이 때 기럇여아림이나 베들레헴 등은 이 유다 자손들에 의해 도시로 개척되었다고 밝히고 있다. 마치 초기 선교하던 시대와 같다. 55절은 특이하게 서기관 족속이라는 디랏 족속과 시므앗 족속과 수갓 족속이 나온다. 그 때부터 말씀을 상고하고 기록하는 족속들이 생겨났다는 것은 기쁜 일이다. 그들은 율법을 필사하고 율법을 가르치는 일에 종사한 것 같다. 이들로부터 주 예수님 당시까지 서기관들이 이어져 내려왔는지는 분명치 않다.

역대상 3장

도입

3장은 다윗과 솔로몬, 그리고 이어지는 유다의 왕들과 사로잡혀간 여호야긴의 후손들에 대하여 말한다. 역대기의 중심 인물은 다윗이다. 이 가계로부터 하나님의 아들 예수 그리스도께서 육신을 입고 태어나셨다. 따라서 그 족보를 상세하게 기록함은 매우 중대한 일이라고 본다.

강해

**1-9절, 다윗이 헤브론에서 낳은 아들들이 이러하니 맏아들은 암
논이라 이스르엘 여인 아히노암의 소생이요 둘째는 다니엘이라 갈멜
여인 아비가일의 소생이요 2 셋째는 압살롬이라 그술 왕 달매의 딸
마아가의 아들이요 넷째는 아도니야라 학깃의 아들이요 3 다섯째는
스바댜라 아비달의 소생이요 여섯째는 이드르암이라 다윗의 아내 에
글라의 소생이니 4 이 여섯은 다윗이 헤브론에서 낳은 자라 다윗이
거기서 칠 년 육개 월을 치리하였고 또 예루살렘에서 삼십삼 년을
치리하였으며 5 예루살렘에서 낳은 아들들은 이러하니 시므아와 소**

밥과 나단과 솔로몬 네 사람은 다 암미엘의 딸 밧수아의 소생이요 6
또 입할과 엘리사마와 엘리벨렛과 7 노가와 네벡과 야비야와 8 엘리
사마와 엘랴다와 엘리벨렛 아홉 사람은 9 다 다윗의 아들이요 저희
의 누이는 다말이며 이 외에 또 첩의 아들이 있었더라

다윗의 아들들 중 암몬, 압살롬, 아도니야는 그에게 슬픔의 역사가 되었다. 압살롬은 아버지 다윗을 대적하여 난을 일으키다가 죽었다. 아도니야는 솔로몬 앞서 왕이 되려 하다가 죽임을 당하였다(왕상 1:1-10, 41). 5절의 밧수아는 우리아 장군의 아내였던 밧세바이다. 그녀는 다윗의 네 아들을 낳았다. 그 중 한 아들의 이름을 나단이라고 지었는데, 아마도 다윗은 그의 죄를 꾸짖은 선지자 나단을 기념하여 밧세바에게서 난 한 아들의 이름을 나단이라고 지었을 것이다. 그녀의 소생 가운데 마지막인 솔로몬이 다윗을 이어 왕이 되었다.

10-16절, **솔로몬의 아들은 르호보암이요 그 아들은 아비야요 그**
아들은 아사요 그 아들은 여호사밧이요 11 그 아들은 요람이요 그
아들은 아하시야요 그 아들은 요아스요 12 그 아들은 아마샤요 그
아들은 아사랴요 그 아들은 요담이요 13 그 아들은 아하스요 그 아
들은 히스기야요 그 아들은 므낫세요 14 그 아들은 아몬이요 그 아
들은 요시야며 15 요시야의 아들들은 맏아들 요하난과 둘째 여호야
김과 세째 시드기야와 네째 살룸이요 16 여호야김의 아들들은 그 아
들 여고냐, 그 아들 시드기야요

다윗은 열아홉 명의 아들들을 두었다. 그 중에서 솔로몬이 왕권을 이어받은 것이다. 10-16절은 솔로몬에서 시드기야까지 유다 왕들의 족보를 제시한다. 솔로몬의 아들 르호보암은 노인들의 지혜를 버리고 젊은 신하들의 모략을 따르다가 나라를 분국시켰다. 이스라엘의 분열 후 역대기는 남왕국 유다의 역사만을 기술한다. 11절은 요람, 아하시야, 요아스를 말하는데, 아하시야는 악한 왕으로서 북왕국 이스라엘의 바알 숭배를 본받다가 예후에게 죽임을 당했다. 아하시야가 죽은 후 그의 모후이자 이

세벨의 딸인 아달랴가 7년 간 집권했으나 역대기는 이를 무시한다. 요아스는 아달랴가 집권하는 동안 대제사장 여호야다의 보호 아래 있다가 여호야다의 반정에 의해 왕위에 올랐다(왕하 11:4-12).

요아스의 다음은 아마샤요, 그 다음은 아사랴, 요담으로 이어진다. 요담의 아들은 아하스이고, 그 아들이 성군 히스기야며, 그 아들이 가장 악한 왕 므낫세이다. 므낫세 다음이 아몬이고, 그 다음이 성군 요시야이다. 여고냐는 여호야긴으로 불리며 유다 왕국 19대 왕이고, 그의 삼촌 시드기야보다 먼저 왕위에 올라 3개월을 치리하다가 느부갓네살에게 잡혀서 바벨론에 끌려갔고 포로 된 지 37년 만에 석방되었다. 20대, 마지막 왕인 시드기야 때 예루살렘이 함락되고 왕은 두 눈이 뽑힌 채 바벨론으로 끌려가 죽임을 당한다. 유다가 멸망한 해는 B. C. 586년이다.

17-24절, 사로잡혀 간 여고냐의 아들들은 그 아들 스알디엘과 18
말기람과 브다야와 세낫살과 여가먀와 호사마와 느다뱌요 19 브다야
의 아들들은 스룹바벨과 시므이요 스룹바벨의 아들은 므술람과 하
나냐와 그 매제 슬로밋과 20 또 하수바와 오헬과 베레갸와 하사댜
와 유삽헤셋 다섯 사람이요 21 하나냐의 아들은 블라댜와 여사야요
또 르바야의 아들 아르난의 아들들, 오바댜의 아들들, 스가냐의 아
들들이니 22 스가냐의 아들은 스마야요 스마야의 아들들은 핫두스
와 이갈과 바리야와 느아랴와 사밧 여섯 사람이요 23 느아랴의 아
들은 에료에내와 히스기야와 아스리감 세 사람이요 24 에료에내의
아들들은 호다위야와 엘리아십과 블라야와 악굽과 요하난과 들라야
와 아나니 일곱 사람이더라

17-24절은 여호야긴의 후손에 대해 말한다. 바벨론에 포로 된 후 다윗의 집에 살아 남은 자들 중에는 별로 유명한 자가 없다. 포로에서 귀환한 자들 중에 유일하게 유명한 자는 스룹바벨이다. 스룹바벨이란 '바벨론의 나그네'라는 뜻이다. 그는 예루살렘 귀환기의 총독이었다. 여기서는 스알디엘의 손자로 되어 있다(17-19절). 벨사살이 느부갓네살의 아들

이라 불리우는 것과 같다. 실제로 벨사살은 느부갓네살의 손자였다. 마태복음 1장은 바벨론에 포로 되었던 여고냐로부터 예수 그리스도까지 14대라고 기록한다. 마태복음 족보에 의하면, 여고냐, 스알디엘, 스룹바벨, 아비훗, 엘리아김, 아소르, 사독, 아킴, 엘리웃, 엘르아살, 맛단, 야곱, 요셉으로 이어지며, 요셉의 아내 마리아로부터 성령으로 잉태된 하나님의 아들 예수께서 태어나셨다.

역대상 4장

도입

역대 상 4장에는 기타 유다 자손들이 기록되어 있다. 이스라엘 열두 지파 가운데 가장 수가 많고 뛰어난 유다 족속에 대하여 좀 더 상세하게 설명하고 있다. 주 예수께서 이 지파로부터 나오셨다. 2장 3-17절까지와 3장에는 뼈대가 되는 베레스, 헤스론을 중심으로 한 유다 자손이 기록되었다면, 4장은 기타 유다 자손을 언급하고 있다. 즉 소발 자손(1-2절), 훌 자손(3-4절), 아스훌 자손(5-10절), 레가 자손(11-12절), 그나스 자손(13-15절), 십 족속(16-20절) 및 셀라 자손들이다(21-23절). 역대 상의 기자 에스라가 여기서 유다 족속의 명부를 특별히 자세하게 기록한 것은 이스라엘에서 유다 지파가 차지하는 중요성 때문일 것이라고 생각한다.

강해

1-12절, 유다의 아들들은 베레스와 헤스론과 갈미와 훌과 소발이라 2 소발의 아들 르아야는 야핫을 낳았고 야핫은 아후매와 라핫을

**낳았으니 이는 소라 사람의 족속이며 3 에담 조상의 자손들은 이스
르엘과 이스마와 잇바스와 저희의 매제 하술렐보니와 4 그돌의 아비
브누엘과 후사의 아비 에셀이니 이는 다 베들레헴의 아비 에브라다
의 맏아들 훌의 소생이며 5 드고아의 아비 아스훌의 두 아내는 헬라
와 나아라라 6 나아라는 그로 말미암아 아훗삼과 헤벨과 데므니와
하아하스다리를 낳았으니 이는 나아라의 소생이요 7 헬라의 아들들
은 세렛과 이소할과 에드난이며 8 고스는 아눕과 소베바와 하룸의
아들 아하헬 족속들을 낳았으며 9 야베스는 그 형제보다 존귀한 자
라 그 어미가 이름하여 야베스라 하였으니 이는 내가 수고로이 낳았
다 함이었더라 10 야베스가 이스라엘 하나님께 아뢰어 가로되 원컨
대 주께서 내게 복에 복을 더하사 나의 지경을 넓히시고 주의 손으
로 나를 도우사 나로 환난을 벗어나 근심이 없게 하옵소서 하였더니
하나님이 그 구하는 것을 허락하셨더라 11 수하의 형 글룹이 므힐을
낳았으니 므힐은 에스돈의 아비요 12 에스돈은 베드라바와 바세아
와 이르나하스의 아비 드힌나를 낳았으니 이는 다 레가 사람이며**

2절은 소발의 아들부터 말하는데, 소발은 훌의 아들로 유다의 5대손이다. 유다, 베레스, 헤스론, 갈렙, 훌, 소발의 순이다. 3, 4절은 훌의 자손들을 언급한다. 소라는 삼손의 고향으로 유명하고, 에담이나 이스르엘 등은 후에 지명이 되었다.

본문 중에서 가장 두드러진 이름은 야베스이다. 그 신원과 족보를 정확히 파악할 수는 없다. 야베스의 이름의 연유를 말하는데, 그의 어머니가 '내가 수고로이 낳았다'고 해서 지은 이름이다. 그 어머니는 야베스를 낳을 때 난산을 한 것 같다. 그런데 그 야베스가 형제들보다 존귀한 자가 된 것이다. 그는 하나님의 은혜로 형제들보다 합당한 자가 되었고 위엄이 있었다. 그 어머니는 그를 통해 가장 행복을 누렸을 것이다. 야베스는 학식과 신앙에서도 뛰어났던 것 같다(2장 54절에서 서기관 족속이 살았던 지방 이름을 야베스라고 한 것은 틀림없이 학식이 뛰어났던 그의 이름을 기념하기 위해 후에 그렇게 지었을 것이다). 그가 신앙에서 뛰

어난 것은 기도의 사람이었다는 데서 알 수 있다. 그 많은 인물 중에서 그의 기도가 유일하게 기록되어 있다는 것은 그가 기도의 사람이라는 것을 알 수 있게 한다. 그는 첫째로 축복을 구했다. 그는 아브라함에게 주신 축복의 언약을 기억하고 기도했을 것이다. 그는 자신이 하나님의 언약의 대상이기를 원했다. 축복 중의 축복은 영적인 축복이다. 또한 지경을 넓혀주시기를 기도했다. 이 역시 아브라함에게 주신 언약에 근거한 것이리라! 하나님은 아브라함에게 축복을 언약하셨고 가나안 지경을 최대로 유업으로 주실 것을 약속하셨다. 야베스는 근거 없는 기도를 드린 것이 아니다. 우리도 야베스와 같이 우리의 지경을 넓혀주시기를 기도해야 한다.

그는 또한 환난에서 벗어나 근심이 없게 해달라고 기도하였다. 하나님은 사람이 기뻐하고 즐거워하면서 살기를 원하시지 결코 근심 가운데 살기를 원치 않으신다. 에덴이라는 뜻은 기쁨이다. 그분은 사람이 항상 기뻐하기를 원하신다. 사람으로 근심하게 하시는 것은 그분의 원래 뜻이 아니다. 그러므로 우리도 찬송가의 가사처럼 '기쁜 날을 주옵소서'라고 기도할 수 있다. 하나님께서 그의 구하는 것을 허락하셨다고 말한다. 그의 고난을 없애고 복을 주셨으며 형제들 중에 존귀한 자가 되게 하신 것이다. 그러나 신약의 말씀에서는 하나님 나라에 들어가려면 환난을 많이 거쳐야 한다고 하면서 고난받는 것을 적극적인 것으로 가르치고 있음을 볼 수 있다. 구약시대보다 계시가 전진된 시대에 사는 신약의 성도들은 그저 이 땅에 사는 동안 환난 없이 평안한 나날을 보내는 것이 축복이라고 선뜻 이해하지 말기를 바란다. 그럼에도 하나님은 축복의 하나님이시며 우리를 축복하기 원하신다. 또한 성도들이 축복을 구하는 것도 귀한 것이다. '주여, 나를 축복해주소서!' 하고 기도할 수 있으며 또 응당 해야 하는 기도이다.

여기서 우리는 축복에 대한 성경적 관점을 보기 원한다. 오늘날 축복을 구하면 어떤 그리스도인들은 그것을 무조건 기복신앙이라고 말하면서 축복이라는 말 자체를 거부하는 경향이 있다. 그러나 우리가 잊지 말아야 할 것은, 우리의 하나님은 축복의 하나님이시라는 것이다. 물론 우리가 말하는 축복은 신약의 복, 하늘에 속한 신령한 복을 말한다(엡 1:3). 즉 우리의 복은 썩지 않고 더럽지 않고 쇠하지 않는 기업이며 진동치 않는 왕국이다. 우리는 사도 바울이 복을 받은 그리스도인이라고 말하지 않을 수 없다. 어느 책에서 '복받은 바울(blessed Paul)'이라는 글을 읽어보았다. 그러면 그의 일생이 인간적으로, 물질적으로, 세상적으로 어떤 복을 받았는가? 참 말하기 어렵다. 그는 수많은 가난과 궁핍과 헐벗음과 매맞음을 견뎌야 했다. 또 주님과 교회를 섬기는 가운데서 많은 눈물을 흘려야 했고 배신을 당해야 했다.

그러나 그의 수고는 헛되지 않고 열매를 맺었다. 많은 교회가 세워지고 많은 영혼들이 구원을 받은 것이다. 그가 받은 축복이란 도대체 무엇인가? 나는 그것이 그가 얻은 그리스도요, 가장 고상한 그리스도를 아는 지식이요, 그리스도의 고난에 동참한 것이요, 따라서 그 기업을 얻은 자가 된 것이라고 본다.

오늘날의 그리스도인들이 생각하는 축복은 첫째가 재물의 축복 같다. 물질을 얻고자 하는 열망이 크기 때문에 그것을 얻으면 축복을 받았다고 생각한다. 그러나 주 예수님은 "모든 탐심을 물리치라"고 하시면서 "사람의 생명이 그 소유의 넉넉한 데 있지 않다"고 하셨다(눅 12:15). 부가 축복의 큰 항목이라면 누구보다도 모세나 바울은 그것을 얻지 못한 사람들이라고 볼 수 있다.

명예는 어떠한가? 주 예수님은 이 땅에서 명예를 얻으셨는가? 그렇지 않다고 말해야 할 것이다. 그분은 사람들에게 멸시와 천대를 받고 버림을 당하셨다고 기록되어 있다. 마지막에는 그분이 태어나신 나라의 수도인 예루살렘 근교 골고다 언덕에서 동족에게 버림받고 십자가에 못박혀 죽으셨다. 가난한 목수의 아들, 나사렛 사람 등 그분을 무시하는 호칭이 늘 따라다녔다. 그런데 나사렛 예수를 따르는 우리는 이 세상의 명예를 축복으로 생각하고 있지는 않은가?

다음은 건강이다. 물론 성도들은 건강한 것이 좋다. 또 우리는 서로 병 낫기를 위해 기도해야 한다. 그러나 성경은 바울의 몸의 어떤 부분이 그리 건강하지 않았다고 말한다. 실제로 그의 육체에 사단의 가시가 있었다고 말한다. 그러나 그는 그 약함을 통해서 더욱 은혜를 얻을 수 있었다고 말한다. 또 한 가지 가정의 축복을 말할 수 있는데, 성경에서는 복음이 임하면 가정에도 불화가 있을 수 있다고 말했다. 이상의 많은 항목들이 좋다고 할 때, 그것이 사실상 이 땅에 사는 동안 행복을 가져다 주는 요인이 된다 할지라도 그것은 잠시적인 것이지 영원한 것은 아니다. 신약 성경에서 말하는 축복은 영원하고 신령한 것에 초점이 맞춰져 있다.

진정한 축복은 사도 바울이 말한 것처럼 그리스도를 더 얻는 것이고 성령께서 우리 안에 더 역사하시는 것이다. 하나님의 본성인 금을 더 얻고 구속의 성분인 은을 더 얻으며 변화의 역사인 보석을 더 얻어낼 수 있다면, 우리는 그것이 인생에서 가장 큰 축복임을 알아야 한다(고전 3장). 야곱은 그의 외삼촌 라반의 집으로 도망가던 노중에 벧엘에서 축복을 구하며 기도한 적이 있다. 그 결과 양떼와 소떼를 많이 얻었지만, 그가 얻은 복이 다만 양떼와 소떼인가? 아니다. 그의 내적 변화였다. 그는 얍복강에서 환도뼈가 부러지고 한 가지 한 가지 빼앗기고 잃는 아픔을 겪으면서 노년까지 살았으며, 본인도 험악한 세월을 보냈다고 표현했다. 그러나 그의 일생은 주님의 축복을 받은 것이었다. 그는 그리스도의 형상을 닮아가는 일생을 산 것이다.

바울도 겉으로 볼 때에는 축복이 없다! 돌로 맞고 배고프고 어쩌면 결혼도 못하고 자식도 없이 고생만 하다가 순교한 사람이다. 그러나 그의 일생만 같으면 족하다! 그의 일생은 주님과 함께한 일생이요, 달려갈 길을 다 달리고 선한 싸움을 다 싸운 일생이다. 바울이야말로 주님이 칭찬하시고 상 주실 그런 인생을 살았다. 과연 무엇이 축복이란 말인가? 주님을 섬기는 길에서 많은 사람을 얻고 인기를 얻고 성공한 것이 축복인가? 나는 그렇게 생각지 않는다. 사실 주님도 바울도 마지막에는 주위에 남은 사람이 별로 없었다.

마태복음 11장에서는 주님이 가장 많이 권능을 베푸신 고을에 대하여 말씀하시는데, 그들은 그분의 수고에 대한 반향이 없었다. 그 때 그분은 성령으로 기뻐하시면서 아버지의 알아주시는 것으로 만족하셨다. 오히려 밖의 축복이 제해질 때 영적이고 하늘에 속한 축복이 많아진다. 어쨌든 우리는 야베스의 기도에서 배울 것이 있는데, 그것은 축복을 구하는 것이다. 그러나 우리는 어떤 축복이 진정 가치 있는 것인지 알고 구하기 바란다. "원컨대 주께서 내게 복을 주옵소서."

13-23절, **그나스의 아들들은 옷니엘과 스라야요 옷니엘의 아들은 하닷이며 14 므오노대는 오브라를 낳았고 스라야는 요압을 낳았으니 요압은 게하라심의 조상이라 저희들은 공장이었더라 15 여분네의 아들 갈렙의 자손은 이루와 엘라와 나암과 엘라의 자손과 그나스요 16 여할렐렐의 아들은 십과 시바와 디리아와 아사렐이요 17 에스라의 아들들은 예델과 메렛과 에벨과 얄론이며 메렛은 미리암과 삼매와 에스드모아의 조상 이스바를 낳았으니 18 이는 메렛의 취한 바로의 딸 비디아의 아들들이며 또 그 아내 여후디야는 그돌의 조상 예렛과 소고의 조상 헤벨과 사노아의 조상 여구디엘을 낳았으며 19 나함의 누이인 호디야의 아내의 아들들은 가미 사람 그일라의 아비와 마아가 사람 에스드모아며 20 시몬의 아들들은 암논과 린나와 벤하난과 딜론이요 이시의 아들들은 소헷과 벤소헷이더라 21 유다의 아들 셀라의 자손은 레가의 아비 에르와 마레사의 아비 라아다와 세마포 짜는 자의 집 곧 아스베야의 집 족속과 22 또 요김과 고세바 사람들과 요아스와 모압을 다스리던 사랍과 야수비네헴이니 이는 다 옛 기록에 의지한 것이라 23 이 모든 사람은 옹기장이가 되어 수풀과 산울 가운데 거하는 자로서 거기서 왕과 함께 거하여 왕의 일을 하였더라**

13절에는 그나스의 아들 옷니엘이 나온다. 그나스는 열두 정탐꾼 중

여분네의 아들 갈렙의 동생이었다. 옷니엘은 갈렙의 조카로서 사위가 되었고 이스라엘 최초의 사사로서 메소포타미아에서 이스라엘을 구원했다(삿 3:8-11). 특이한 것은 14, 21, 23절에 나오는 공장, 세마포 짜는 자, 옹기장이라는 직업이다. 이때부터 직업이 분명하게 분류되었음을 본다. 성실하게 일하며 자기 직업에 충실한 것은 매우 좋은 일이다.

24-43절, **시므온의 아들들은 느무엘과 야민과 야립과 세라와 사
울이요 25 사울의 아들은 살룸이요 그 아들은 밉삼이요 그 아들은
미스마요 26 미스마의 아들은 함무엘이요 그 아들은 삭굴이요 그
아들은 시므이라 27 시므이는 아들 열 여섯과 딸 여섯이 있으나 그
형제에게는 자녀가 몇이 못 되니 그 온 족속이 유다 자손처럼 번성
하지 못하였더라 28 시므온 자손의 거한 곳은 브엘세바와 몰라다와
하살수알과 29 빌하와 에셈과 돌랏과 30 브두엘과 호르마와 시글락
과 31 벧말가봇과 하살수심과 벧비리와 사아라임이니 다윗 왕 때까
지 이 모든 성읍이 저희에게 속하였으며 32 그 향촌은 에담과 아인
과 림몬과 도겐과 아산 다섯 성읍이요 33 또 그 각 성읍 사면에 촌
이 있어 바알까지 미쳤으니 시므온 자손의 주소가 이러하고 각기 보
계가 있더라 34 또 메소밥과 야믈렉과 아마시야의 아들 요사와 35
요엘과 아시엘의 증손 스라야의 손자 요시비야의 아들 예후와 36
또 엘료에내와 야아고바와 여소하야와 아사야와 아디엘과 여시미엘
과 브나야와 37 또 스마야의 오대손 시므리의 현손 여다야의 증손
알론의 손자 시비의 아들 시사니 38 이 위에 녹명된 자는 다 그 본
족의 족장이라 그 종족이 더욱 번성한지라 39 저희가 그 양떼를 위
하여 목장을 구하고자 하여 골짜기 동편 그돌 지경에 이르러 40 아
름답고 기름진 목장을 발견하였는데 그 땅이 광활하고 안정하니 이
는 옛적부터 거기 거한 사람은 함의 자손인 까닭이라 41 이 위에 녹
명된 자가 유다 왕 히스기야 때에 가서 저희의 장막을 쳐서 파하고
거기 있는 모우님 사람을 쳐서 진멸하고 대신하여 오늘까지 거기 거**

하였으니 이는 그 양떼를 먹일 목장이 거기 있음이며 42 또 시므온 자손 중에 오백 명이 이시의 아들 블라댜와 느아랴와 르바야와 웃시엘로 두목을 삼고 세일산으로 가서 43 피하여 남아 있는 아말렉 사람을 치고 오늘까지 거기 거하였더라

24-43절에는 시므온 지파에 대한 설명이 나온다. 시므온 지파는 유다 지파에 부속되어 있었다. 시므온 지파는 유다 자손처럼 번성하지 못했다. 민수기 첫 번 인구조사 때 유다 인구가 74,000명인데 반해 시므온 지파는 59,300명이었고 2차 인구조사 때에는 훨씬 줄어서 22,200명에 불과했다(민 1:23, 27, 26:14). 28-33절은 시므온 지파의 성읍들로서 18 성읍과 그 촌락들을 말한다. 34-38절에는 시므이 족장들의 이름이 나온다. 39-43절은 그들이 양떼를 위하여 목장을 구하고자 골짜기 동편 그돌(Gedor) 지경에 이르렀다고 기록한다. 그돌에는 기름지고 아름다운 목장이 있었다. 41절은 시므온 사람이 함 자손을 치고 그 땅에 거한 것을 기록한다. 이는 히스기야의 통치 기간이었다. 42절은 시므온 자손 중 500명이 에돔의 영토인 세일 산으로 가서 아말렉 인을 공격하고 그곳에 거했다고 말한다. 이들의 이름이 나온다. 이시의 아들 블라다와 느아라와 르바야와 웃시엘 등이다. 이처럼 하나님은 그분의 백성들이 원수의 진을 파하여 그분의 진리와 생명의 영역을 확장하는 것을 유의하여 보신다.

역대상 5장

도입

5장은 요단 동편에 자리잡은 르우벤 지파(1-10)와 갓 지파(11-17)와 므낫세 반지파의 족보 및 두 지파 반의 멸망에 대하여 말한다. 1절은 르우벤을 그래도 이스라엘의 장자라고 부른다. 르우벤이 이스라엘의 장자인 것은 그의 출생적 특권이었으나 그가 라헬의 시녀 빌하와 통간한 사건으로 인해 장자의 명분을 빼앗기고 그 특권이 요셉 지파에게 넘어갔다(창 49:22-26). 요셉은 므낫세와 에브라임 두 아들을 통해 가나안 땅에서 장자의 특권인 두 몫의 기업을 차지했다. 또한 장자권 중 다른 하나는 지배권인데 이는 유다에게 넘어갔다. 따라서 유다에게서 다윗이 나왔고 만군의 왕 여호와 구원자 예수 그리스도가 나오셨다.

강해

1-17절, 이스라엘의 장자 르우벤의 아들들은 이러하니라 (르우벤은 장자라도 그 아비의 침상을 더럽게 하였으므로 장자의 명분이 이스라엘의 아들 요셉의 자손에게로 돌아갔으나 족보에는 장자의 명

분대로 기록할 것이 아니니라 2 유다는 형제보다 뛰어나고 주권자가
유다로 말미암아 났을지라도 장자의 명분은 요셉에게 있으니라) 3
이스라엘의 장자 르우벤의 아들들은 하녹과 발루와 헤스론과 갈미
요 4 요엘의 아들은 스마야요 그 아들은 곡이요 그 아들은 시므이요
5 그 아들은 미가요 그 아들은 르아야요 그 아들은 바알이요 6 그
아들은 브에라니 저는 르우벤 자손의 두목으로서 앗수르 왕 디글랏
빌레셀에게 사로잡힌 자라 7 저의 형제가 종족과 보계대로 족장 된
자는 여이엘과 스가랴와 8 벨라니 벨라는 아사스의 아들이요 세마
의 손자요 요엘의 증손이라 저가 아로엘에 거하여 느보와 바알므온
까지 미쳤고 9 또 동으로 가서 거하여 유브라데강에서부터 광야 지
경까지 미쳤으니 이는 길르앗 땅에서 그 생축이 번식함이라 10 사울
왕 때에 저희가 하갈 사람으로 더불어 싸워 쳐 죽이고 길르앗 동편
온 땅에서 장막에 거하였더라 11 갓 자손은 르우벤 사람을 마주 대
하여 바산 땅에 거하여 살르가까지 미쳤으니 12 족장은 요엘이요 다
음은 사밤이요 또 야내와 바산에 거한 사밧이요 13 그 족속 형제에
는 미가엘과 므술람과 세바와 요래와 야간과 시아와 에벨 일곱 명이
니 14 이는 다 아비하일의 아들이라 아비하일은 후리의 아들이요 야
로아의 손자요 길르앗의 증손이요 미가엘의 현손이요 여시새의 오대
손이요 야도의 육대손이요 부스의 칠대손이며 15 또 구니의 손자 압
디엘의 아들 아히가 족장이 되었고 16 저희가 바산 길르앗과 그 향
촌과 사론의 모든 들에 거하여 그 사방 변경에 미쳤더라 17 이상은
유다 왕 요담과 이스라엘 왕 여로보암 때에 족보에 기록되었더라

3절에는 르우벤의 네 아들의 이름이 나온다. 하녹과 발루와 헤스론과 갈미이다. 그들의 인구가 증대하였고 가축도 무리를 이루었다(9절). '브에라'라는 르우벤 자손의 두목이 나오는데, 그가 앗수르 왕 디그랏빌레셀에게 사로잡힌 자이다. 그들의 경계는 유브라데 강을 넘지는 못했지만 이웃 족속인 하갈을 몰아내고 정복지를 넓혔다(9,10절). 그들은 길르앗 동편 온 땅에서 거주하였다. 갓 지파의 족장 네 명의 이름이 나온다. 요

엘, 사밤, 야내, 사밧이다. 갓 자손의 살던 곳은 바산이다. 바산에 있는 길르앗이라고도 한다.

18-22절, 르우벤 자손과 갓 사람과 므낫세 반 지파의 나가 싸울 만한 용사 곧 능히 방패와 칼을 들며 활을 당기어 싸움에 익숙한 자가 사만 사천 칠백 륙십인이라 19 저희가 하갈 사람과 여두르와 나비스와 노답과 싸우는 중에 20 도우심을 입었으므로 하갈 사람과 그 함께한 자들이 다 저희 손에 패하였으니 이는 저희가 싸울 때에 하나님께 의뢰하고 부르짖음을 하나님이 들으셨음이라 21 저희가 대적의 짐승 곧 약대 오만과 양 이십 오만과 나귀 이천을 빼앗으며 사람 십만을 사로잡았고 22 죽임을 당한 자가 많았으니 이 싸움이 하나님께로 말미암았음이라 저희가 그 땅에 거하여 사로잡힐 때까지 이르렀더라

18-22절은 요단 동편에 거하던 두 지파 반이 그 지역의 아람인들 혹 이스마엘 족과 싸워 이긴 것을 기록한다. 하갈 사람과 여두르와 나비스와 노답이다. 두 지파 반의 용사가 44,760 명이었는데, 그들이 전적으로 하나님께 의뢰하고 부르짖으므로 하나님께서 그 기도를 들으셨다.

23-26절, 므낫세 반 지파 자손들이 그 땅에 거하여 번성하여 바산에서부터 바알헤르몬과 스닐과 헤르몬 산까지 미쳤으며 24 그 족장은 에벨과 이시와 엘리엘과 아스리엘과 예레미야와 호다위야와 야디엘이라 다 용력이 유명한 족장이었더라 25 저희가 그 열조의 하나님께 범죄하여 하나님이 저희 앞에서 멸하신 그 땅 백성의 신들을 간음하듯 섬긴지라 26 그러므로 이스라엘 하나님이 앗수르 왕 불의 마음을 일으키시며 앗수르 왕 디글랏 빌레셀의 마음을 일으키시매 곧 르우벤과 갓과 므낫세 반 지파를 사로잡아 할라와 하볼과 하라와 고산 하숫가에 옮긴지라 저희가 오늘날까지 거기 있으니라

23-24절은 므낫세 반 지파에 대하여 말한다. 그들도 번성하여 바산에

서부터 헤르몬 산에 이르는 땅을 차지하였다. 하나님은 그분의 백성들이 영역을 넓혀가는 것을 매우 관심하신다. 그들의 일곱 족장의 이름은 에벨, 이시, 엘리엘, 아스리엘, 예레미야, 호다위야와 야디엘이다.

25-26절은 그 두 지파 반이 앗수르에게 멸망당한 것을 기록한다. 그 원인은 하나님을 떠나 우상을 숭배했기 때문이다. 사실은 그들이 모세 시대에 요단 동편을 택했을 때부터 이미 문제가 있었다. 그들은 가장 좋은 땅을 스스로 골랐으나 그런 좋은 땅이 사실 위험한 땅이라는 것을 알지 못했다. 하나님의 명령과 안배에 따르지 않고 자신들 좋은 대로 선택하게 되면 큰 위험이 따르게 된다. 하나님만 의지하지 않고 다른 것을 의지하고 우상을 섬기면 하나님은 그들을 버리신다. 얼마나 두려운 일인가! 앗수르 왕은 두 지파 반을 사로잡아 할라와 하볼과 하다와 고산 하숫가에 옮겼다. 그들이 이스라엘 가운데 맨 먼저 사로잡히고 멸망하게 되었다.

역대상 6장

도입

6장은 대제사장의 족보와 레위 지파의 자손들과 성가대원의 족보, 그리고 아론의 자손들과 레위의 성읍들을 말한다. 요셉과 유다와 레위는 르우벤이 잃어버린 장자의 명분을 나누어 가졌는데, 그 중 레위가 얻은 축복이 가장 크다 할 수 있다. 그것은 바로 하나님을 가장 가까이서 섬길 수 있기 때문이다.

강해

1-15절, 레위의 아들들은 게르손과 그핫과 므라리요 2 그핫의 아
들들은 아므람과 이스할과 헤브론과 웃시엘이요 3 아므람의 자녀는
아론과 모세와 미리암이요 아론의 아들들은 나답과 아비후와 엘르
아살과 이다말이며 4 엘르아살은 비느하스를 낳았고 비느하스는 아
비수아를 낳았고 5 아비수아는 북기를 낳았고 북기는 웃시를 낳았고
6 웃시는 스라히야를 낳았고 스라히야는 므라욧을 낳았고 7 므라욧
은 아마랴를 낳았고 아마랴는 아히둡을 낳았고 8 아히둡은 사독을
낳았고 사독은 아히마아스를 낳았고 9 아히마아스는 아사랴를 낳았

고 아사랴는 요하난을 낳았고 10 요하난은 아사랴를 낳았으니 이 아사랴는 솔로몬이 예루살렘에 세운 전에서 제사장의 직분을 행한 자며 11 아사랴는 아마랴를 낳았고 아마랴는 아히둡을 낳았고 12 아히둡은 사독을 낳았고 사독은 살룸을 낳았고 13 살룸은 힐기야를 낳았고 힐기야는 아사랴를 낳았고 14 아사랴는 스라야를 낳았고 스라야는 여호사닥을 낳았으며 15 여호와께서 느부갓네살의 손으로 유다와 예루살렘 백성을 옮기실 때에 여호사닥도 갔었더라

1-15절까지는 대제사장 아론의 족보를 기록한다. 레위의 세 아들은 게르손과 그핫과 므라리였다. 게르손은 추방을 뜻하는데, 레위의 장자로서 성막을 관리했다. 그핫은 회중을 뜻하며, 성소의 기구들을 관리했다. 므라리는 쓴 것을 뜻하고, 성막의 기둥과 받침 등을 관리하였다. 이스라엘 전체의 영도자인 모세와 아론은 그핫 자손이었다(3절).

아론의 아들들은 나답과 아비후와 엘르아살과 이다말이다. 나답과 아비후는 다른 불로 분향하다가 불에 타죽었다(레 10:1-7). 바알브올에 부속되어 음행하던 남자와 미디안 여인을 용감하게 창으로 찔러 죽인 비느하스가 엘르아살의 아들이다(4절). 제사장의 특권이 있는 고로 족보는 매우 중요한 것이고, 에스라 시대에 어떤 이들이 제사장 족보에 후손이라는 것이 밝혀지지 않은 고로 제사장 직분을 행하지 못한 적이 있다(스 2:62,63). 그만큼 레위 지파의 보계는 중요하게 다루어졌다. 8절에는 사독이 나오는데 그는 다윗과 솔로몬 시대에 대제사장이었다. 그는 다윗의 회복과 솔로몬의 왕위 등극에 있어서 큰 공로자이다(삼하 8:17, 왕상 2:35). 사독의 아들 아히아마스는 다윗이 압살롬의 난을 피할 때 중간 연락책으로 공을 세웠다(삼하 17:17-21).

10절의 아사랴는 웃시야 왕이 부당하게 분향하려 할 때 결사적으로 저지시킨 인물이다. 8절과 11-12절에는 겹치는 이름이 있다. 아마랴, 아히둡, 사독인데, 별도의 인물들이라고 본다. 12절에서 사독은 살룸을 낳았다고 한다. 살룸에게서 예루살렘 귀환기의 학사 에스라가 태어났다(스 7:1-6). 13절의 살룸의 아들 힐기야는 요시야 왕 18년에 율법책을 발견하여 요시야의 회개와 개혁에 이바지한 대제사장이다. 14절의 여호사닥은 바벨론에 포로로 잡혀갔으나 그의 아들 여호수아는 귀환기의 대제사장으로 큰 활약을 하였다(학 1:1, 스 3:2, 5:2).

16-30절, 레위의 아들들은 게르손과 그핫과 므라리며 17 게르손의 아들의 이름은 립니와 시므이요 18 그핫의 아들들은 아므람과 이스할과 헤브론과 웃시엘이요 19 므라리의 아들들은 말리와 무시라 이 레위 사람의 집들이 그 종족을 따라 이러하니 20 게르손에게서 난 자는 곧 그 아들 립니요 그 아들은 야핫이요 그 아들은 심마요 21 그 아들은 요아요 그 아들은 잇도요 그 아들은 세라요 그 아들은 여아드래며 22 그핫에게서 난 자는 곧 그 아들 암미나답이요 그 아들은 고라요 그 아들은 앗실이요 23 그 아들은 엘가나요 그 아들은 에비아삽이요 그 아들은 앗실이요 24 그 아들은 다핫이요 그 아들은 우리엘이요 그 아들은 웃시야요 그 아들은 사울이며 25 엘가나의 아들들은 아마새와 아히못이라 26 엘가나로 말하면 그 자손은 이러하니 그 아들은 소배요 그 아들은 나핫이요 27 그 아들은 엘리압이요 그 아들은 여로함이요 그 아들은 엘가나며 28 사무엘의 아들들은 맏아들 요엘이요 다음은 아비야며 29 므라리에게서 난 자는 말리요 그 아들은 립니요 그 아들은 시므이요 그 아들은 웃사요 30 그 아들은 시므아요 그 아들은 학기야요 그 아들은 아사야더라

16-30절은 레위 지파의 자손들을 언급한다. 레위 지파 전체를 개론적으로 말하고(15-19절), 게르손 자손(20-21절), 그핫 자손(22-28절), 므라리 자손(29-30절)을 개별적으로 제시한다. 22절의 그핫 자손에서 나온 암미나답의 아들 고라는 그 유명한 거역자로서, 광야에서 250명의 족장들과 함께 모세를 반역하다가 망했다. 엘가나라는 이름이 많은데('시기하시는 하나님'이라는 뜻임), 27절의 여로함의 아들 엘가나(엘가나 4세로 통합)는 유명한 선지자 사무엘의 아버지이다. 28절의 사무엘은 이스라엘의 마지막 사사로서, 사울과 다윗에게 기름을 부어 이스라엘의 왕정 시

대를 연 사사요 선지자였다. 아사야라는 므라리의 후손은 다윗이 법궤를 옮길 때 봉사하였다(15:6).

31-48절, 언약궤가 평안한 곳을 얻은 후에 다윗이 이 아래의 무리
를 세워 여호와의 집에서 찬송하는 일을 맡게 하매 32 솔로몬이 예
루살렘에서 여호와의 전을 세울 때까지 저희가 회막 앞에서 찬송하
는 일을 행하되 그 반열대로 직무를 행하였더라 33 직무를 행하는
자와 그 아들들이 이러하니 그핫의 자손 중에 헤만은 찬송하는 자
라 저는 요엘의 아들이요 요엘은 사무엘의 아들이요 34 사무엘은 엘
가나의 아들이요 엘가나는 여로함의 아들이요 여로함은 엘리엘의 아
들이요 엘리엘은 도아의 아들이요 35 도아는 숩의 아들이요 숩은 엘
가나의 아들이요 엘가나는 마핫의 아들이요 마핫은 아마새의 아들
이요 36 아마새는 엘가나의 아들이요 엘가나는 요엘의 아들이요 요
엘은 아사랴의 아들이요 아사랴는 스바냐의 아들이요 37 스바냐는
다핫의 아들이요 다핫은 앗실의 아들이요 앗실은 에비아삽의 아들
이요 에비아삽은 고라의 아들이요 38 고라는 이스할의 아들이요 이
스할은 그핫의 아들이요 그핫은 레위의 아들이요 레위는 이스라엘
의 아들이며 39 헤만의 형제 아삽은 헤만의 우편에서 직무를 행하
였으니 저는 베레갸의 아들이요 베레갸는 시므아의 아들이요 40 시
므아는 미가엘의 아들이요 미가엘은 바아세야의 아들이요 바아세야
는 말기야의 아들이요 41 말기야는 에드니의 아들이요 에드니는 세
라의 아들이요 세라는 아다야의 아들이요 42 아다야는 에단의 아들
이요 에단은 심마의 아들이요 심마는 시므이의 아들이요 43 시므이
는 야핫의 아들이요 야핫은 게르손의 아들이요 게르손은 레위의 아
들이며 44 저희의 형제 므라리의 자손 중 그 좌편에서 직무를 행하
는 자는 에단이라 에단은 기시의 아들이요 기시는 압디의 아들이요
압디는 말룩의 아들이요 45 말룩은 하사뱌의 아들이요 하사뱌는 아
마시야의 아들이요 아마시야는 힐기야의 아들이요 46 힐기야는 암시

의 아들이요 암시는 바니의 아들이요 바니는 세멜의 아들이요 47 세
멜은 말리의 아들이요 말리는 무시의 아들이요 무시는 므라리의 아
들이요 므라리는 레위의 아들이며 48 저희의 형제 레위 사람들은
하나님의 집 장막의 모든 일을 맡았더라

31-48절까지는 성가대원들의 족보이다. 다윗은 언약궤가 평안한 곳에 안치된 후에 무리를 세워 찬송하는 일을 맡겼다. 다윗은 시편을 많이 썼을 뿐 아니라 여호와의 집에서 노래 부르는 사람들을 세웠다. 33절은 헤만에 대하여 말한다. 그만큼 하나님의 전에서 찬양하는 일이 중요함을 암시한다. 헤만은 그핫 자손으로서 요엘의 아들이요 요엘은 사무엘의 아들이다. 즉 찬송하는 헤만이 사무엘의 손자인 셈이다. 사무엘의 아들들은 아비의 행위를 따르지 않았다고 기록되어 있다(삼상 8:2). 그러나 손자 때에 훌륭한 찬양자가 나왔다. 그는 당시로 말하면 성가대의 장이었다. 헤만이라는 찬양자의 족보는 레위와 이스라엘(야곱)까지 거슬러 올라간다(38절).

39절부터는 아삽에 대한 서술이다. 아삽이 헤만의 형제라고 되어 있지만 한 가정 안의 형제라는 뜻이 아니라 같은 레위 지파이고 헤만 성가대의 우편에서 봉사했기 때문이다. 헤만은 그핫 자손이지만 아삽은 게르손 자손이다(43절). 아삽은 다윗의 악사인 동시에 시편 기자로 12편의 시를 남겼다(50, 73-83편). 그는 노래 부르는 자이면서 또한 예언자였다. 39-43절에서 아삽의 족보는 레위까지 거슬러 올라간다. 33절의 개역성경에는 '그 아들과 함께 섬기었다'는 말을 추가해 넣어야 한다. 44절부터는 에단(여두둔이라고도 함)의 족보가 레위까지 거슬러 올라간다. 에단은 헤만의 좌편에서 찬양의 직무를 수행하였다. 에단은 므라리 자손이다. 헤만, 아삽, 에단은 레위의 아들들의 세 가족(그핫, 게르손, 므라리)에서 각각 하나씩 나온 당시 저명한 음악가들이었다. 이러한 레위 세 개파로 된 성가대 조직은 요시야 왕 때까지 지속되었고(대하 35:13), 느헤미야 때에도 여전히 이어지고 있었다고 본다(느 11:17-18).

49-53절, 아론과 그 자손들은 번제단과 향단 위에 분향하며 제사
를 드리며 지성소의 모든 일을 하여 하나님의 종 모세의 모든 명대
로 이스라엘을 위하여 속죄하니 50 아론의 자손들은 이러하니라 그
아들은 엘르아살이요 그 아들은 비느하스요 그 아들은 아비수아요
51 그 아들은 북기요 그 아들은 웃시요 그 아들은 스라히야요 52
그 아들은 므라욧이요 그 아들은 아마랴요 그 아들은 아히둡이요
53 그 아들은 사독이요 그 아들은 아히마아스더라

49-53절에는 아론의 자손들의 계보가 나온다. 53절의 사독(Zadok)은 가장 현저한 대제사장이었고, 다윗에게 충성하여 그의 대제사장의 정통성을 확립하였다. 대제사장의 족보는 6장에도 기술되어 있으나 아론부터 사독에 이르는 족보를 재기록하는 데에는 이유가 있을 것이다. 그것은 다윗 시대에 아비아달계의 제사장직이 축출된 후 사독계의 대제사장직이 정통으로 계승된 것을 강조하기 위하여서일 것이다. 당시 대제사장의 일은 가장 중요한 직무였다. 여호와의 지성소를 섬기며 백성들의 죄를 속죄하는 일을 했기 때문이다(49절). 사독이란 이름에서 신약의 사두개파가 생겨나 바리새파와 대립하였는데 그들은 현세적인 경향으로 나아갔다. 사두개파처럼 훌륭한 조상의 이름으로 단체를 형성했다 해서 그 조상과 같은 심령을 갖고 있는 것은 아니다. 그런 예는 거의 없다. 제사 드리는 일은 제사장들에 의해 행하여졌고 지성소의 일은 오직 기름부음 받은 대제사장만이 수행할 수 있었다.

54-81절, 저희의 거한 곳은 사방 지경 안에 있으니 그 향리는 아
래와 같으니라 아론 자손 곧 그핫 족속이 먼저 제비 뽑았으므로 55
저희에게 유다 땅의 헤브론과 그 사방 들을 주었고 56 그 성의 밭과
향리는 여분네의 아들 갈렙에게 주었으며 57 아론 자손에게 도피성
을 주었으니 헤브론과 립나와 그 들과 얏딜과 에스드모아와 그 들과
58 힐렌과 그 들과 드빌과 그 들과 59 아산과 그 들과 벧세메스와
그 들이며 60 또 베냐민 지파 중에서는 게바와 그 들과 알레멧과 그

들과 아나돗과 그 들을 주었으니 그 족속의 얻은 성이 모두 열 셋이
었더라 61 그핫 자손의 남은 자에게는 므낫세 반 지파 족속 중에서
제비 뽑아 열 성을 주었고 62 게르손 자손에게는 그 족속대로 잇사
갈 지파와 아셀 지파와 납달리 지파와 바산에 있는 므낫세 지파 중
에서 열세 성을 주었고 63 므라리 자손에게는 그 족속대로 르우벤
지파와 갓 지파와 스불론 지파 중에서 제비 뽑아 열두 성을 주었더
라 64 이스라엘 자손이 이 모든 성과 그 들을 레위 자손에게 주되
65 유다 자손의 지파와 시므온 자손의 지파와 베냐민 자손의 지파
중에서 이 위에 기록한 여러 성을 제비 뽑아 주었더라 66 그핫 자손
의 몇 족속은 에브라임 지파 중에서 성을 얻어 영지를 삼았으며 67
또 저희에게 도피성을 주었으니 에브라임 산중 세겜과 그 들과 게셀
과 그 들과 68 욕므암과 그 들과 벧호론과 그 들과 69 아얄론과 그
들과 가드림몬과 그 들이며 70 또 그핫 자손의 남은 족속에게는 므
낫세 반 지파 중에서 아넬과 그 들과 빌르암과 그 들을 주었더라 71
게르손 자손에게는 므낫세 반 지파 족속 중에서 바산의 골란과 그
들과 아스다롯과 그 들을 주었고 72 또 잇사갈 지파 중에서 게데스
와 그 들과 다브랏과 그 들과 73 라못과 그 들과 아넴과 그 들을 주
었고 74 아셀 지파 중에서 마살과 그 들과 압돈과 그 들과 75 후곡
과 그 들과 르홉과 그 들을 주었고 76 납달리 지파 중에서 갈릴리의
게데스와 그 들과 함몬과 그 들과 기랴다임과 그 들을 주었더라 77
므라리 자손의 남은 자에게는 스불론 지파 중에서 림모노와 그 들
과 다볼과 그 들을 주었고 78 또 요단 건너 동편 곧 여리고 맞은편
르우벤 지파 중에서 광야의 베셀과 그 들과 야사와 그 들과 79 그데
못과 그 들과 메바앗과 그 들을 주었고 80 또 갓 지파 중에서 길르
앗의 라못과 그 들과 마하나임과 그 들과 81 헤스본과 그 들과 야
셀과 그 들을 주었더라

54-81절은 레위인의 성읍들에 대하여 기록한다. 54-64절은 제사장에게 성읍이 분배된 것을 말한다. 그들은 창세기 49장 87절에서 야곱이 예

언한 대로 이스라엘 중에 흩어졌다. 이스라엘은 하나님 자신과 율법에 관한 지식을 가르침받기 위해 각 족속들이 그리 멀지 않은 곳에 제사장들을 소유하고 있었다. 57절, 67절 등에 있는 도피성은 과실로 살인한 자가 원수의 손에서 보호받기 위한 성읍으로 요단 강 양편에 세 개씩 있었고 모두 제사장의 성읍이었다(민 35:9-15).

61-65절은 레위인의 성읍을, 66-70절은 그핫 자손의 성읍을, 71-76절은 게르손 자손의 성읍을, 77-81절은 므라리 자손의 성읍을 언급한다. 그핫 자손은 제사장 파가 유다와 시므온과 베냐민 중에서 13 성읍, 비제사장 파(그핫 자손의 남은 자)가 에브라임과 단과 므낫세 반 지파 중에서 10 성읍을 얻어 도합 23 성읍을 얻었다(수 21:4-5). 다 제비를 뽑아 얻은 것이다. 71-76절은 게르손 자손의 성읍들을 기술하고, 77-81절은 므라리의 남은 자들을 위한 성읍을 기술한다. 남은 자들이란 레위 지파 중에서 제사장이 되지 못한 레위인들을 말한다. 즉 직임을 얻지 못한 성직자들을 가리키는 것이다.

역대상 7 장

도입

7장은 앞의 남부 지파와 요단 동편 지파들 외의 기타 여섯 지파에 대하여 말한다. 이들은 요단강 서편 중북부에서 기업을 차지한 지파들이었고, 이들의 다수가 북왕국의 우상숭배에 반대하여 유다 왕국으로 귀환한 자들이었다(대하 11:16-17, 30:1). 1-5절은 잇사갈 지파에 대하여 말하고, 6-12절은 베냐민 지파, 13절은 납달리 지파, 14-19절은 므낫세 반 지파에 대해 말하며, 20-29절은 에브라임 지파를, 30-40절은 아셀 지파를 말하고 있다.

먼저 잇사갈 지파의 사람들은 용맹스러운 용사들이었고(2, 5절), 싸움터에 나갈 만한 자들이 많다는 특징이 있다. 다 합하면 14만 5천 명이 넘었다. 야곱이 창세기에 예언한 대로이다. 그는 '양의 우리 사이에 꿇어앉은 건장한 나귀'였다(창 49:14). 또한 그들은 장막에 있음을 즐거워했다. 그들이 인구가 많은 것은 많은 아내들(many wives)이 있었기 때문이라고 한다(4절).

강해

1-5절, 잇사갈의 아들들은 돌라와 부아와 야숩과 시므론 네 사람이며 2 돌라의 아들들은 웃시와 르바야와 여리엘과 야매와 입삼과 스므엘이니 다 그 아비 돌라의 집 족장이라 대대로 용사더니 다윗 때에 이르러는 그 수효가 이만 이천 육백 명이었더라 3 웃시의 아들은 이스라히야요 이스라히야의 아들들은 미가엘과 오바댜와 요엘과 잇시야 다섯 사람이 모두 족장이며 4 저희와 함께한 자는 그 보계와 종족대로 능히 출전할만한 군대가 삼만육천 인이니 이는 그 처자가 많은 연고며 5 그 형제 잇사갈의 모든 종족은 다 큰 용사라 그 보계대로 계수하면 팔만 칠천 인이었더라

잇사갈의 네 종파(돌라, 부아, 야숩, 스므론)의 8만 7천명을 말한다. 잇사갈의 종족은 다 큰 용사(2, 5절, mighty men)였고 족장들(3절, chief men)이었다. 2절은 잇사갈의 장자 돌라 자손을 말한다.

6-12절, 베냐민의 아들들은 벨라와 베겔과 여디아엘 세 사람이며 7 벨라의 아들들은 에스본과 우시와 웃시엘과 여리못과 이리 다섯 사람이니 다 그 집의 족장이요 큰 용사라 그 보계대로 계수하면 이만이천 삼십사 인이며 8 베겔의 아들들은 스미라와 요아스와 엘리에셀과 엘료에내와 오므리와 여레못과 아비야와 아나돗과 알레멧이니 베겔의 아들들은 이러하며 9 저희는 다 그 집의 족장이요 큰 용사라 그 자손을 보계대로 계수하면 이만 이백 인이며 10 여디아엘의 아들은 빌한이요 빌한의 아들들은 여우스와 베냐민과 에훗과 그나아나와 세단과 다시스와 아히사할이니 11 이 여디아엘의 아들들은 그 집의 족장이요 큰 용사라 그 자손 중에 능히 출전할만한 자가 일만칠천이백 인이며 12 일의 아들은 숩빔과 훕빔이요 아헬의 아들은 후심이더라

6-12절에 기록된 베냐민에 대한 것은 다음 장(8장)에 또 나온다. 여기서 베냐민은 약간만 언급된다. 이 지파에 속한 군사는 합하여 6만 명이 채 되지 않으나(59,434 명) 다 '큰 용사'이다(7, 9, 11절). 창세기 49장 27절

의 야곱의 예언에 의하면 베냐민은 물어뜯는 이리였다. 베냐민의 장남의 이름은 벨라이고 벨라의 아들들은 우시, 웃시엘, 여리못, 이리 다섯 사람이었다. 베냐민의 둘째 아들은 베겔이었고, 셋째 아들은 여디아엘이다. 12절의 숩빔과 훕빔과 아헬은 베냐민 자손 중 세 아들 외의 사람들이다. 12절의 일(Ir)은 벨라의 아들 이리(7절)이고 숩빔과 훕빔은 창세기 46장 21절의 뭅빔과 훕빔일 것이다. 민수기 26장 39절은 스부밤과 후밤이라고 말한다.

13-19절, 납달리의 아들들은 야시엘과 구니와 예셀과 살룸이니 이는 빌하의 손자더라 14 므낫세의 아들들 그 처의 소생은 아스리엘이요 그 첩 아람 여인의 소생은 길르앗의 아비 마길이니 15 마길은 훕빔과 숩빔의 누이 마아가라 하는 이에게 장가들었더라 므낫세의 둘째 아들의 이름은 슬로브핫이니 슬로브핫은 딸들만 낳았으며 16 마길의 아내 마아가는 아들을 낳아 그 이름을 베레스라 하였으며 그 아우는 이름이 세레스며 세레스의 아들은 울람과 라겜이요 17 울람의 아들은 브단이니 이는 다 길르앗의 자손이라 길르앗은 마길의 아들이요 므낫세의 손자며 18 그 누이 함몰레겟은 이스훗과 아비에셀과 말라를 낳았고 19 스미다의 아들은 아히안과 세겜과 릭히와 아니암이더라

13절은 간단하게 납달리 지파를 말한다. 후손들의 족보가 자세히 기록되지 않은 것은 그들의 계보가 손실되었기 때문일 것이다. 14-19절은 요단 서편의 므낫세 반 지파에 대한 것이다. 그들은 요단 동편과 서편으로 나뉘어졌다. 므낫세의 둘째 아들의 이름은 슬로브핫이며 슬로브핫에게는 딸만 다섯이 있었다. 여기서는 므낫세의 둘째 아들이라고 하나 여호수아 17장 3절은 길르앗의 손자요 므낫세의 고손이라고 한다. 그 딸들의 노력으로 여자 상속권 제도가 생겨났다(민 27:1-11, 36:1-2).

20-29절, 에브라임의 아들은 수델라요 그 아들은 베렛이요 그 아

들은 다핫이요 그 아들은 엘르아다요 그 아들은 다핫이요 21 그 아
들은 사밧이요 그 아들은 수델라며 저가 또 에셀과 엘르앗을 낳았더
니 저희가 가드 토인에게 죽임을 당하였으니 이는 저희가 내려가서
가드 사람의 짐승을 빼앗고자 하였음이라 22 그 아비 에브라임이 위
하여 여러 날 슬퍼하므로 그 형제가 와서 위로하였더라 23 그 후에
에브라임이 그 아내와 동침하였더니 아내가 잉태하여 아들을 낳으
니 그 집이 재앙을 받았으므로 그 이름을 브리아라 하였더라 24 에
브라임의 딸은 세에라니 저가 아래 윗 벧호론과 우센세에라를 세웠
더라 25 브리아의 아들들은 레바와 레셉이요 레셉의 아들은 델라요
그 아들은 다한이요 26 그 아들은 라단이요 그 아들은 암미훗이요
그 아들은 엘리사마요 27 그 아들은 눈이요 그 아들은 여호수아더
라 28 에브라임 자손의 산업과 거처는 벧엘과 그 향리요 동에는 나
아란이요 서에는 게셀과 그 향리며 또 세겜과 그 향리니 아사와 그
향리까지며 29 또 므낫세 자손의 지경에 가까운 벧스안과 그 향리와
다아낙과 그 향리와 므깃도와 그 향리와 돌과 그 향리라 이스라엘의
아들 요셉의 자손이 이 여러 곳에 거하였더라

20-29절은 에브라임 지파에 대해 기록한다. 에브라임은 요셉의 아들로서 므낫세와 같이 한 지파가 되었다. 에브라임은 북 이스라엘에서 주도적인 지파였으므로 이스라엘을 에브라임이라고 부르곤 했다. 여기서 에브라임의 9대까지 기록했다. 에브라임에 대하여는 몇 가지 특별한 것을 말하는데, 첫째는 블레셋 사람들에 의해 그 가문의 많은 사람이 죽은 것이다. 그것은 그들이 내려가서 가드 사람의 짐승을 빼앗고자 했기 때문이라고 했다(21절). 에브라임은 큰 지파가 되기 전에 이런 불행을 맛보아야 했다. 21절의 에셀과 엘르앗은 에브라임의 9대손이다. 그들이 죽임을 당하여서 에브라임이 여러 날 슬퍼하였다고 하였는데(22절), 이 에브라임을 꼭 9대 할아버지로 해석할 것은 없다. 어쨌든 에셀과 엘르앗은 부친보다 먼저 세상을 떠났다. 그래서 그들의 아버지가 매우 상심했고 여러 날 슬퍼하였다는 것이다. 그 때 그 형제들이 와서 위로해주었다고 말

한다. 크게 될 지파가 초기에 큰 상실을 체험한 것은 매우 의미 있게 느껴진다. 23절은 그 재앙 중에 낳은 아들의 이름을 브리아(재앙)라고 지었다고 했다. 22-24절의 에브라임이 어쩌면 에셀과 엘르앗의 아비인 수델라일 것이라는 견해도 있다.

그 지파의 딸 세에라는 이스라엘이 가나안에 정착할 때 그 자신의 힘으로 성읍들을 세웠다. 그 성읍들 가운데 하나는 그녀 이름을 따서 '우센세에라'라고 불렀다. 그 브리아(재앙)라고 이름한 사람의 자손에서 눈의 아들 여호수아가 나온 것은 매우 의미심장하다(25-27절). 불행이 닥친 가정이라고 해서 마냥 불행한 것은 아니라는 것을 알자! 그들을 통해서 어떤 축복이 임할는지 모르기 때문이다. 29절에는 잘 알려진 므깃도라는 지명이 나오는데, 솔로몬이 이곳을 요새화하였고(왕상 9:15), 또한 이곳에서 유다 왕 아하시야가 예후에게 죽임을 당했으며(왕하 9:27), 유다의 마지막 현군 요시야가 애굽의 바로느고에 의해 전사했다(왕하 23:29). 이곳에서 인류 최후의 전쟁인 아마겟돈(므깃도의 산) 전쟁이 일어날 것이라 예언되고 있다(계 16:14, 16).

30-40절, 아셀의 아들들은 임나와 이스와와 이스위와 브리아요 저희의 매제는 세라며 31 브리아의 아들들은 헤벨과 말기엘이니 말기엘은 비르사잇의 아비며 32 헤벨은 야블렛과 소멜과 호담과 저희의 매제 수아를 낳았으며 33 야블렛의 아들들은 바삭과 빔할과 아스왓이니 야블렛의 아들은 이러하며 34 소멜의 아들들은 아히와 로가와 호바와 아람이요 35 그 아우 헬렘의 아들들은 소바와 임나와 셀레스와 아말이요 36 소바의 아들들은 수아와 하르네벨과 수알과 베리와 이므라와 37 베셀과 홋과 사마와 실사와 이드란과 브에라요 38 예델의 아들들은 여분네와 비스바와 아라요 39 울라의 아들들은 아라와 한니엘과 리시아니 40 이는 다 아셀의 자손으로 족장이요 뽑힌 큰 용사요 방백의 두목이라 출전할만한 자를 그 보계대로 계수하면 이만육천 인이었더라

30-40절은 아셀 지파에 대한 기록이다. 아셀 지파의 주요 인물들이 소개되고 있다(큰 용사요 방백의 두목이라, 40절). 그들의 군사의 수는 2만 6천 명이라고 했다.

역대상 8장

도입

8장은 베냐민 지파에 대하여 좀더 자세하게 말한다. 베냐민의 자손 중 이스라엘을 모압의 압제에서 건져낸 사사 에훗 이야기와 이스라엘 초대 왕인 사울을 좀 더 드러내려는 목적이었을 것이다.

강해

**1-40절, 베냐민의 낳은 자는 맏아들 벨라와 둘째 아스벨과 세째
아하라와 2 네째 노하와 다섯째 라바며 3 벨라에게 아들들이 있으
니 곧 앗달과 게라와 아비훗과 4 아비수아와 나아만과 아호아와 5
게라와 스부반과 후람이며 6 에훗의 아들들은 이러하니라 저희는
게바 거민의 족장으로서 사로잡아 마나핫으로 가되 7 곧 나아만과
아히야와 게라를 사로잡아 갔고 그가 또 웃사와 아히훗을 낳았으며
8 사하라임은 두 아내 후심과 바아라를 내어보낸 후에 모압 땅에서
자녀를 낳았으니 9 그 아내 호데스에게서 낳은 자는 요밥과 시비야
와 메사와 말감과 10 여우스와 사갸와 미르마라 이 아들들은 족장**

이며 11 또 그 아내 후심에게서 아비둡과 엘바알을 낳았으며 12 엘
바알의 아들들은 에벨과 미삼과 세멧이니 저는 오노와 롯과 그 향
리를 세웠고 13 또 브리아와 세마니 저희는 아얄론 거민의 족장이
되어 가드 거민을 쫓아내었더라 14 아히요와 사삭과 여레못과 15 스
바댜와 아랏과 에델과 16 미가엘과 이스바와 요하는 다 브리아의 아
들들이요 17 스바댜와 므술람과 히스기와 헤벨과 18 이스므래와 이
슬리아와 요밥은 다 엘바알의 아들들이요 19 야김과 시그리와 삽디
와 20 엘리에내와 실르대와 엘리엘과 21 아다야와 브라야와 시므랏
은 다 시므이의 아들들이요 22 이스반과 에벨과 엘리엘과 23 압돈
과 시그리와 하난과 24 하나냐와 엘람과 안도디야와 25 이브드야
와 브누엘은 다 사삭의 아들들이요 26 삼스래와 스하랴와 아달랴와
27 야아레시야와 엘리야와 시그리는 다 여로함의 아들들이니 28 이
는 다 족장이요 대대로 두목이라 예루살렘에 거하였더라 29 기브온
의 조상 여이엘은 기브온에 거하였으니 그 아내의 이름은 마아가며
30 장자는 압돈이요 다음은 술과 기스와 바알과 나답과 31 그돌과
아히오와 세겔이며 32 미글롯은 시므아를 낳았으며 이 무리가 그
형제로 더불어 서로 대하여 예루살렘에 거하였더라 33 넬은 기스를
낳았고 기스는 사울을 낳았고 사울은 요나단과 말기수아와 아비나
답과 에스바알을 낳았으며 34 요나단의 아들은 므립바알이라 므립
바알이 미가를 낳았고 35 미가의 아들들은 비돈과 멜렉과 다레아와
아하스며 36 아하스는 여호앗다를 낳았고 여호앗다는 알레멧과 아
스마웻과 시므리를 낳았고 시므리는 모사를 낳았고 37 모사는 비느
아를 낳았으며 비느아의 아들은 라바요 그 아들은 엘르아사요 그 아
들은 아셀이며 38 아셀에게 여섯 아들이 있어 그 이름이 이러하니
아스리감과 보그루와 이스마엘과 스아랴와 오바댜와 하난이라 아셀
의 모든 아들이 이러하며 39 그 아우 에섹의 아들은 이러하니 그 장
자는 울람이요 둘째는 여우스요 세째는 엘리벨렛이며 40 울람의 아
들은 다 큰 용사요 활을 잘 쏘는 자라 아들과 손자가 많아 모두 일

백 오십인이었더라 베냐민의 자손들은 이러하였더라

베냐민 지파는 기브아의 죄악으로 사사 시대에 매우 쇠퇴해 있었다. 당시에 6백여 명만 남았다고 했다. 그러나 이 계보에는 그 수가 다른 지파와 비슷하게 나온다. 베냐민의 아들들에 대하여 역대 하 7장 6절은 세 명으로, 민수기 26장 38-40절은 다섯 명으로, 창세기 46장 21절은 열 명으로 기록되어 있다. 장남 벨라는 어느 구절이나 다 같고, 베겔 혹은 아스벨이 차남인 것 같다. 나머지는 다 다르다. 벨라, 베겔, 아스벨, 아하라, 이 네 명은 베냐민의 아들이라고 확정할 수 있다.

에훗에 대하여는 비교적 상세하게 나온다. 6-7절의 내용을 간략하게 말하면, 에훗의 세 아들(나아만과 아히야와 게라)은 게바 주민들의 우두머리로서 그 주민들을 마나핫으로 옮기게 했고, 게라는 웃사와 아히훗을 낳았다는 것이다. 여기의 에훗이 사사기 3장에 나오는 그 에훗이라고 단정하기는 어려우나 5절에 게라라는 이름이 나오기 때문에 사사기 3장 15절의 '게라의 아들' 에훗과 동일인이라고 생각할 수 있다. 그는 분명 베냐민 사람이었다. 28절과 32절에는 '예루살렘에 거주하는 자'가 언급되어 있다. 당시 예루살렘은 항상 적의 공격을 받을 수 있는 위험한 장소였기 때문에 거하려는 자들이 없었는데, 베냐민 자손 중 어떤 이들이 용감하고 자랑스럽게 예루살렘을 지켰다고 기록되어 있다.

29-40절은 사울의 족보를 기술한다. 넬은 기스를 낳고 기스는 사울을 낳았다. 넬은 여이엘의 다섯번째 아들이며, 여이엘은 기브온의 조상이고, 그의 아내는 마아가였다. 기브온은 사울의 고향이었다. 즉 여이엘은 사울의 조부가 되는 셈이다. 사울의 여러 아들(요나단, 말기수아, 아비나답, 에스바알) 중 요나단만 많은 후손을 둔 것으로 나온다. 34절부터 요나단의 후손 10대까지 나오는데, 요나단만이 다윗에게 충성된 자였기에 축복을 받은 것으로 볼 수 있다. 이 요나단의 계보는 '울람'에서 끝나는데, '울람'의 집안은 베냐민 지파에서 유명했다. 그의 아들과 손자가 도합 백오십 명이나 되었으며, 그의 아들들은 다 용감한 장사요 활을 잘 쏘는

자들이었다. 이 모두가 한 사람 요나단으로 말미암았다고 해도 과언이 아닐 것이다. 하나님께서는 아브라함 한 사람으로 인해 하늘의 별 같고 바다의 모래 같은 허다한 이스라엘을 얻으시는 분이다.

우리는 역대 상의 족보 이야기에서 중요시하는 것이 무엇인가를 생각해보아야 한다. 언제나 그 땅을 점령하는 것과 적을 정복하는 것이 중대사이며, 그 일을 위해 군사와 용맹스런 사람들이 얼마나 되는가를 말하고 있다. 이것을 통해 우리는 하나님께서 오늘날 교회가 하나님의 전사로서 마귀와 싸워 이기기를 원하시며 이 땅에 그분이 다스리는 영역이 확장되기 원하심을 알 수 있다.

역대상 9장

도입

이 장에는 바벨론에 포로 된 데서 귀환하여 예루살렘에 거하는 백성들로 유다와 베냐민 거주민들(1-9절), 제사장과 레위인들(10-34절), 그리고 사울의 자손들을 언급한다(35-44절). 그들이 왜 바벨론에 사로잡혀 갔는가에 대한 설명이 나오는데, 간단히 말해서 그것은 그들이 범죄함으로 인한 것이다(B.C. 586년 멸망).

강해

1-26절, 온 이스라엘이 그 보계대로 계수되고 이스라엘 열왕기에
기록되니라 유다가 범죄함을 인하여 바벨론으로 사로잡혀 갔더니 2
먼저 그 본성으로 돌아와서 그 기업에 거한 자는 이스라엘 제사장들
과 레위 사람과 느디님 사람들이라 3 유다 자손과 베냐민 자손과 에
브라임과 므낫세 자손 중에서 예루살렘에 거한 자는 4 유다의 아들
베레스 자손 중에 우대니 저는 암미훗의 아들이요 오므리의 손자요
이므리의 증손이요 바니의 현손이며 5 실로 사람 중에서는 장자 아

사야와 그 아들들이요 6 세라 자손 중에서는 여우엘과 그 형제 육
백구십 인이요 7 베냐민 자손 중에서는 핫스누아의 증손 호다위아
의 손자 므술람의 아들 살루요 8 여로함의 아들 이브느야와 미그리
의 손자 웃시의 아들 엘라요 이브니야의 증손 르우엘의 손자 스바댜
의 아들 무술람이요 9 또 저의 형제들이라 그 보계대로 계수하면 구
백오십륙 인이니 다 그 집의 족장 된 자들이더라 10 제사장 중에서
는 여다야와 여호야립과 야긴과 11 하나님의 전을 맡은 자 아사랴니
저는 힐기야의 아들이요 므술람의 손자요 사독의 증손이요 므라욧
의 현손이요 아히둡의 오대손이며 12 또 아다야니 저는 여로함의 아
들이요 바스훌의 손자요 말기야의 증손이며 또 마아새니 저는 아디
엘의 아들이요 야세라의 손자요 므술람의 증손이요 므실레밋의 현손
이요 임멜의 오대손이며 13 또 그 형제들이니 그 집의 족장이라 하
나님의 전의 일에 수종들 재능이 있는 자가 모두 일천칠백륙십 인이
더라 14 레위 사람 중에서는 므라리 자손 스마야니 저는 핫숩의 아
들이요 아스리감의 손자요 하사뱌의 증손이며 15 또 박박갈과 헤레
스와 갈랄과 맛다냐니 저는 미가의 아들이요 시그리의 손자요 아삽
의 증손이며 16 또 오바댜니 저는 스마야의 아들이요 갈랄의 손자요
여두둔의 증손이며 또 베레갸니 저는 아사의 아들이요 엘가나의 손
자라 느도바 사람의 향리에 거하였더라 17 문지기는 살룸과 악굽과
달몬과 아히만과 그 형제들이니 살룸은 그 두목이라 18 이 사람들
은 전에 왕의 문 동편 곧 레위 자손의 영의 문지기며 19 고라의 증
손 에비아삽의 손자 고레의 아들 살룸과 그 종족 형제 곧 고라의 자
손이 수종드는 일을 맡아 성막 문들을 지켰으니 그 열조도 여호와의
영을 맡고 그 들어가는 곳을 지켰으며 20 여호와께서 함께하신 엘
르아살의 아들 비느하스가 옛적에 그 무리를 거느렸고 21 므셀레먀
의 아들 스가랴는 회막 문지기가 되었더라 22 택함을 입어 문지기
된 자가 모두 이백 열 둘이니 이는 그 향리에서 그 보계대로 계수
된 자요 다윗과 선견자 사무엘이 전에 세워서 이 직분을 맡긴 자라

23 저희와 그 자손이 그 반열을 좇아 여호와의 전 곧 성막문을 지켰는데 24 이 문지기가 동, 서, 남, 북 사방에 섰고 25 그 향리에 있는 형제들은 이레마다 와서 함께하니 26 이는 문지기의 두목 된 레위 사람 넷이 긴요한 직분을 맡아 하나님의 전 모든 방과 곳간을 지켰음이라

여기서 이스라엘이라는 통칭이 사용되는데, 이는 그들이 사로잡혔다가 다시 돌아왔기에 그럴 것이라고 본다. 외국에 함께 섞여 살다가 돌아왔기에 그들 민족의 정체성이 분명해질 필요가 있었던 것이다. 그들은 돌아와서 주로 예루살렘에서 거하게 되었다. 최초의 귀환자들은 대부분 원래 성전에서 봉사하던 자들이었다. 즉 제사장들이 먼저 돌아온 것이다(10절). 11절에는 '하나님의 전을 맡은 자'라는 표현이 있고(이것은 대제사장을 말하는 것이 아니다. 당시 대제사장은 여호수아였다. 다만 대제사장을 보필하는 자였을 것이다.), 13절에는 '하나님의 전의 일에 수종들 재능이 있는 자'라는 말이 있다(성전 일에 열심 있고 재간 있게 섬기는 자들을 가리킨다). 이스라엘 백성들에게 중요한 것은 먼저가 성전이다. 오늘날로 말하면 교회이다. 하나님은 그분의 교회를 중요시하며 교회를 섬기는 일을 가장 중요하게 보신다. 은사와 직분을 다해서 주님의 교회를 섬기는 것은 얼마나 중요한지! 그들의 이름이 하나하나 기록되고 있다. 바벨론에 사로잡혔던 사람들이 돌아와서 그분의 교회를 새로 건축하는 일을 하는 것을 하나님은 중히 여기신다. 교회를 섬기는 자들은 마땅히 재능이 있어야 한다.

17절부터는 문지기가 나오고 하나님의 전의 모든 방과 곳간을 지키는 자들이 있다(26절). 문지기란 결코 낮은 직분이 아니다. 제사장의 일이 중요하고 찬양하는 일도 중요하지만 문 지키는 일도 못지않게 중요한 일이다. 살룸이라는 자가 문지기의 두목이었다. 26절은 문지기의 두목 된 레위 사람 넷이 긴요한 직분을 맡아 전의 모든 방과 곳간을 지켰다고 말한다. 신약 교회의 감독, 장로들의 일에는 그분의 교회를 지키는 일이 포함되어 있다.

27-34절, 저희는 하나님의 전을 맡은 직분이 있으므로 전 사면에 유하며 아침마다 문을 여는 책임이 있었더라 28 그 중에 어떤 자는 섬기는 데 쓰는 기명을 맡아서 그 수효대로 들여가고 수효대로 내어오며 29 또 어떤 자는 성소의 기구와 모든 기명과 고운 가루와 포도주와 기름과 유향과 향품을 맡았으며 30 또 제사장의 아들 중에 어떤 자는 향품으로 향기름을 만들었으며 31 고라 자손 살룸의 장자 맛디댜라 하는 레위 사람은 남비에 지지는 것을 맡았으며 32 또 그 형제 그핫 자손 중에 어떤 자는 진설하는 떡을 맡아 안식일마다 준비하였더라 33 또 찬송하는 자가 있으니 곧 레위 족장이라 저희가 골방에 거하여 주야로 자기 직분에 골몰하므로 다른 일은 하지 아니하였더라 34 이상은 대대로 레위의 족장이요 으뜸이라 예루살렘에 거하였더라

성전의 문지기들은 하나님의 전을 맡은 직분이 있으므로 동서남북 사방에서 지켰고 아침마다 문을 여는 책임이 있었다고 말한다(27절). 또 어떤 자는 섬기는 데 쓰는 기명을 맡아서 그 수효대로 들여가고 수효대로 내어오기도 했다(28절). 성소의 기구와 모든 기명과 고운 가루와 포도주와 기름과 유향과 향품을 맡은 자도 있었는데, 제사장의 아들 중에 어떤 자는 향품으로 향기름을 만들었다(29-30절). 성전의 모든 봉사는 귀하지 않은 것이 없다. 그핫 자손 중 어떤 자는 남비에 지지는 것을 맡았고 또 어떤 자는 진설병을 안식일마다 준비했다(31-32절). 성소의 진설병 상에 두 줄로 12개의 진설병을 안식일마다 새로 준비해서 교체했던 것이다. 또 레위 족장으로서 찬송하는 자도 있었는데 그는 골방에 거하여 주야로 자기 직분에 골몰하므로 다른 일은 하지 않았다고 했다(33절). 성전에서는 찬송 소리가 그치지 않아야 한다. 하늘의 광경을 보라(계 4:8)! 모든 천군 천사들, 온 피조물이 밤낮 쉬지 않고 찬송하고 경배한다. 교회도 그러한 하늘의 광경을 본받아 찬양을 그치지 말아야 한다.

찬송하는 자들은 레위 족장들이었는데, 저희가 골방에 거하여 주야로 자기 직분에 골몰하므로 다른 일은 하지 않았다고 말한다. 찬송하는 자들이 그저 작은 사람들이 아니었다. 레위인들 중에서도 족장들이 찬송하는 일에 골몰하였다는 것은 매우 의미 깊다. 그들은 예루살렘에 돌아와서 주로 성전 골방에 거하여 자기가 맡은 일에 골몰하므로 다른 일은 하지 않았다고 말한다. 바벨론에서 돌아와 주님의 교회를 섬기기 위해 자기가 맡은 일을 전적으로 행하는 것은 매우 중요하고 필요한 일이다.

35-44절, 기브온의 조상 여이엘은 기브온에 거하였으니 그 아내의 이름은 마아가라 36 그 장자는 압돈이요 다음은 술과 기스와 바알과 넬과 나답과 37 그돌과 아히오와 스가랴와 미글롯이며 38 미글롯은 시므암을 낳았으니 이 무리도 그 형제로 더불어 서로 대하여 예루살렘에 거하였더라 39 넬은 기스를 낳았고 기스는 사울을 낳았고 사울은 요나단과 말기수아와 아비나답과 에스바알을 낳았으며 40 요나단의 아들은 므립바알이라 므립바알이 미가를 낳았고 41 미가의 아들들은 비돈과 멜렉과 다레아와 아하스며 42 아하스는 야라를 낳았고 야라는 알레멧과 아스마웻과 시므리를 낳았고 시므리는 모사를 낳았고 43 모사는 비느아를 낳았으며 비느아의 아들은 르바야요 그 아들은 엘르아사요 그 아들은 아셀이며 44 아셀이 여섯 아들이 있으니 그 이름은 아스리감과 보그루와 이스마엘과 스아랴와 오바댜와 하난이라 아셀의 아들들이 이러하였더라

35-43절은 사울의 집안 계보에 대하여 다시 한 번 설명한다. 이것은 8장 29-38절 내용의 반복처럼 보이지만, 어쨌든 사울이 이스라엘 초대 왕이었고 다음 장에서 비극적 최후를 맞이하기 때문에 그에 대해 뭔가 정리하는 뜻으로 기록했을지도 모른다. 이 집안 사람들은 함께 예루살렘에 거하였다.

역대상 10장

도입

역대기를 기록한 사람은 에스라이다. 그는 다윗 집안의 내력을 기록하는 데 중점을 두었다. 그는 여기서 이스라엘의 초대 왕 사울의 이야기는 반복하지 않고 다윗이 보좌에 오르는 것에서부터 시작했다. 사울에 대해서는 다만 길보아 전투에서 그가 어떻게 전사했는가만 말하고 있다. 사울은 불순종한 사람의 대표이다. 그는 아말렉을 진멸하라는 주님의 명령을 받았으나 그 말씀을 지키지 않고 그 말씀에 자기의 뜻을 섞었다. 순전하게 하나님의 명령을 받아들이지 않고 거기에 자신의 뜻을 섞는 것이 불순종이다.

이 전투에서 사울이 죽었을 뿐 아니라 다윗을 사랑했던 요나단도 최후를 맞이했다. 사무엘 하 1장에는 사울과 요나단의 죽음을 애도하는 다윗의 애가가 실려 있다. 여기 역대 상 10장 3-4절에는 사울의 죽은 과정이 설명되어 있다. 블레셋 군의 활을 쏘는 자가 사울에게 따라 미치니 사울이 그 쏘는 자를 인하여 할례 없는 자에게 조롱거리가 될 것을 두려워해서 병기 가진 자에게 자신을 죽여 달라 하였는데 그가 차마 그렇게 하지 못하니 자기의 칼을 뽑아서 그 위에 엎드러져 죽었다. 그러자 병기 가진 자도 그의 주군의 죽음을 보고서 같은 모양으로 자결하였다.

길르앗 야베스 사람들은 사울의 시체를 찾아오는 일에 성공하였다. 그들은 약 20km 길을 밤에 걸어서 성벽에 달린 사울과 그 아들들의 시체를 가져다가 화장하고 야베스의 상수리나무 아래 묻었다. 다윗은 후일에 사울의 시체를 잘 장사해준 길르앗 야베스의 가족들을 칭찬해주고, 사울과 요나단의 뼈를 길르앗 야베스에서 베냐민 땅 셀라에 있는 그 조상의 무덤으로 이장해주었다. "다윗이 길르앗 야베스 사람들에게 사자들을 보내어 가로되 너희가 너희 주 사울에게 이처럼 은혜를 베풀어 장사하였으니 여호와께 복을 받을지어다"(삼하 2:5).

에스라는 사무엘 상에서는 말하지 않은, 사울이 죽은 이유를 밝히고 있다. "사울의 죽은 것은 여호와께 범죄하였음이라 저가 여호와의 말씀을 지키지 아니하고 또 신접한 자에게 가르치기를 청하고 여호와께 묻지 아니하였으므로 여호와께서 저를 죽이시고 그 나라를 이새의 아들 다윗에게 돌리셨더라"(대상10:13-14). 사울은 아말렉 전쟁 때 하나님이 멸하라고 하신 것을 탐내서 멸하지 않는 불순종을 저질렀을 뿐 아니라 사무엘 상 28장에서 블레셋이 쳐들어왔을 때 전쟁의 결과를 알려고 엔돌의 접신녀에게 가서 물은 적이 있다.

하나님의 자녀들이 모든 일에서 하나님의 인도나 지시를 따르지 않고 임의로 행하는 것의 위험성은 매우 크다. 그리스도인에게 순종보다 중요하고 큰 일은 없다. 마태복음 7장에는 자기 임의로 주님의 일을 한 사람들이 주님의 면전에서 거절당하는 일이 나온다. 주님의 뜻대로 행하지 않은 모든 일들이 그분을 순종하지 않은 것이며 그 결과는 사망이라는 것을 기억해야 한다.

강해

1-2절, 블레셋 사람과 이스라엘이 싸우더니 이스라엘 사람들이 블레셋 사람 앞에서 도망하다가 길보아 산에서 죽임을 받고 엎드러지

니라 2 블레셋 사람이 사울과 그 아들들을 추격하여 사울의 아들 요나단과 아비나답과 말기수아를 죽이고

사울은 초대 이스라엘 왕이다. 그 아들이 네 명인데 길보아 전투에서 세 아들이 죽었다. 그 중 요나단은 다윗의 절친한 벗이었다.

3절, 사울을 맹렬히 치며 활 쏘는 자가 사울에게 따라 미치매 사울이 그 쏘는 자를 인하여 심히 군급하여

블레셋 군대는 사울을 맹렬하게 쫓았고 활 쏘는 자가 사울에게 따라 미쳤다. 그러자 사울은 너무나 절박한 상황에 놓이게 된 것이다.

4절, 자기의 병기 가진 자에게 이르되 너는 칼을 빼어 나를 찌르라 저 할례 없는 자가 와서 나를 욕되게 할까 두려워하노라 그러나 그 병기 가진 자가 심히 두려워하여 즐겨 행치 아니하매 사울이 자기 칼을 취하고 그 위에 엎드러지니

사울은 더 이상 살 길이 없다는 것을 알았다. 그래서 그의 병기 가진 자에게 칼을 빼어 자기를 찌르라고 했다. 그러나 어떻게 그가 감히 그의 주군을 칼로 찌르겠는가? 그러자 사울은 자결을 택했다.

5절, 병기 가진 자가 사울의 죽음을 보고 자기도 칼에 엎드러져 죽으니라

사울 왕이 자결하여 죽자 병기 가진 자도 따라서 죽었다.

6절, 이와 같이 사울과 그 세 아들과 그 온 집이 함께 죽으니라

사울에게 아들이 넷이 있는데, 이때 셋은 죽고 이스보셋만 남았다. 이 자가 나중에 다윗에 대항해 잠시 왕이 되었던 사람이다.

7절, 골짜기에 있는 모든 이스라엘 사람이 저희의 도망한 것과 사울과 그 아들들의 다 죽은 것을 보고 그 성읍들을 버리고 도망하매

블레셋 사람이 와서 거기 거하니라

전쟁에서 장군이 죽으면 패한 것이다. 왕이 죽었기 때문에 전쟁은 끝났고 이스라엘 백성들은 다 퇴각했다.

8-10절, **이튿날에 블레셋 사람이 와서 죽임을 당한 자를 벗기다가 사울과 그 아들들이 길보아 산에 엎드러졌음을 보고 9 곧 사울을 벗기고 그 머리와 갑옷을 취하고 사람을 블레셋 땅 사방에 보내어 모든 우상과 뭇 백성에게 광포하게 하고 10 사울의 갑옷을 그 신의 묘에 두고 그 머리를 다곤의 묘에 단지라**

블레셋 사람들이 사울과 그 아들들의 시체를 발견하고서 사울의 갑옷을 벗겨 그들의 신의 묘에 두고 사울의 머리는 *다곤의 묘에 달았다.

* 다곤(Dagon) - 다간(Dagan)이라고도 함. 고대 메소포타미아에서 널리 숭배되었던 신.

11-12절, **길르앗 야베스 모든 사람이 블레셋 사람의 사울에게 행한 모든 일을 듣고 12 용사들이 다 일어나서 사울의 시체와 그 아들들의 시체를 취하여 야베스로 가져다가 그곳 상수리나무 아래 그 해골을 장사하고 칠 일을 금식하였더라**

길르앗 야베스 사람들은 이스라엘 변경에 거주하는 사람들인데, 이들이 사울과 그 아들들의 시신을 가져다 장사했다. 머리가 없는 몸통만을 장사한 것이다. 그런 다음 7일 동안 그들은 슬퍼하며 금식을 했다. 다윗이 나중에 이 일을 알고 그들에게 치하해 주었다.

13-14절, **사울의 죽은 것은 여호와께 범죄하였음이라 저가 여호와의 말씀을 지키지 아니하고 또 신접한 자에게 가르치기를 청하고 14 여호와께 묻지 아니하였으므로 여호와께서 저를 죽이시고 그 나라를 이새의 아들 다윗에게 돌리셨더라**

역대기는 사무엘서나 열왕기와 조금 다른 점이 있다. 그것은 역사를 객관적으로 기록한 것만이 아니라 거기에 영적인 해석을 부여했다는 것이다. 사울이 왜 죽었는가? 사무엘 하 1장에도 사울의 죽음에 대한 기록이 있는데 거기에는 다만 사실적인 내용이 있을 뿐이다. 그러나 여기 기록은 왜 사울이 그렇게 비참하게 죽었는가를 설명한다. 그것은 하나님께 범죄했기 때문이라는 것이다. "여호와의 말씀을 지키지 아니하고 또 신접한 자에게 가르치기를 청하고".

하나님은 그분만을 의지하고 믿는 자를 기뻐하신다. 그런데 때로 사람들은 하나님만을 의지하는 것이 불안하다고 여겨 다른 것을 의지할 때가 있다. 십계명에서 첫째 계명과 둘째 계명이 무엇인가? 첫째는 나 외에 다른 신을 네게 두지 말라는 것이고 둘째는 너희를 위하여 우상을 만들지 말라는 것이다. 하나님이 가장 싫어하시는 것이 그분 외에 다른 것을 의지하는 것이다. 다른 것을 의지하고 다른 방법을 취하면 금방 성공할 것 같고 금방 일이 될 것 같지만 결국은 패망한다.

사울은 너무 마음이 답답하니까 신접한 자에게 가서 그가 과연 전쟁에서 이기겠는지를 물었다. 오늘날로 말하면 점치러 간 것이다. 오늘날 그리스도인들 중에도 이런 식으로 점치는 자들이 있다. 하나님은 그런 행위를 극도로 싫어하신다. 그저 주님만 의지하고 '주님이 나의 길이십니다.'라고 고백하기를 원하신다. 주님이 길을 열어 주시지 않으면 가지 않으면 된다. 왜 꼭 가야만 하는가? 주님이 나더러 성공하지 말라고 하시면 안 하면 되는 것이다. 성공이 무엇인가? 예수 그리스도가 우리의 성공이시다. 예수 그리스도가 우리 안에 계신 것이 영광의 소망이다.

바울은 사역 말기에 누가만 그와 함께 있다고 했다. 디모데 한 사람이라도 세워졌으면 족하다. 디도는 달마디아로 갔다고 했는데, 적극적인 의미로 기록된 것 같지 않다. 어쨌든 바울에게 몇 안 되는 동역자들만 남은 것이다. 아시아에 있는 모든 사람이 다 그를 떠났다고 했다. 아시아에는 에베소 교회도 있었다. 사도 바울이 비교적 오랜 시간 심혈을 기울여 사역한 곳이 에베소 교회이다. 예수님이 가버나움, 벳세다, 고라신에서 수고를 가장 많이 하셨으나 결실이 없었던 것처럼, 사도 바울도 수고를 가장 많이 한곳이 에베소 교회인데 그의 사역 말기에 그들이 다 떠난 것이다. 아시아에 있는 모든 사람이 나를 버렸다고 했다. 요한 계시록 2장에 나오는 에베소 교회에게 주님은 무어라고 말씀하셨는가? 처음 사랑을 잃었기 때문에 촛대를 옮기겠다고 하셨다. 에베소 교회가 이런 지경에 떨어져 버린 것이다. 그렇지만 모든 사람이 떠나도 늘 거기에 몇몇은 있다. 바울의 열매가 왜 아무 것도 없겠는가? 소수의 사람이라도 있다. 누가 과연 주님께 상을 받을지는 아무도 모른다. 계시록의 일곱 교회에는 일곱 별들 곧 일곱 사자들이 있었다. 사자란 반드시 직분 있는 사람이 아니라 그 교회에서 별처럼 빛나는 사람이다. 어둠의 상황에서 빛을 발할 수 있는 존재이다. 그러므로 주님은 '에베소 교회의 사자에게', '서머나 교회의 사자에게' 하시며 각 교회의 사자들에게 편지를 하신 것이다.

역대상 11장

도입

11장에는 다윗의 즉위가 있고 예루살렘 천도가 있다. 사무엘 하에는 다윗이 헤브론에서 7년 동안 유다 지파만의 왕 노릇을 했으며, 사울의 군장 아브넬이 사울의 아들 이스보셋을 왕으로 옹립하여 마하나임에서 이스라엘 왕으로 삼아 다윗의 집과 사울의 집 간의 전쟁이 있었다는 기록이 있다(삼하 1—4장). 본서는 이러한 이야기들은 다 생략하고 다윗이 헤브론에서 온 이스라엘 왕으로 즉위한 것에서부터 시작된다. 이는 사무엘 하로 말하면 5장부터의 이야기이다.

다윗은 사무엘에 의해 기름부음을 받았으나(삼상 16:13) 온 이스라엘의 왕이 되기 위해서는 이스라엘의 모든 장로들이 다윗에게 기름을 부어 왕을 삼는 것이 필요했다. 이 때 다윗의 나이가 30세였다. 이는 다윗이 세 번째로 기름부음을 받은 것이다. 중간에 유다 지파에게 유다 왕으로 기름부음을 받은 일이 있다(삼하 2:4). 그는 유다 왕이 된 때부터는 40년 간, 온 이스라엘의 왕으로는 33년 간 왕위에 있었다. 사무엘의 기름부음을 성령의 위임으로 본다면 이스라엘 왕으로 기름부음 받은 것은 백성들의 확증이라고 볼 수 있다. 사역자들도 주님의 부르심을 받아 그 확증이 있을 때까지는 다윗과 같은 많은 환난과 과정과 어려움이 존재한다. 사도 바울이 다메섹 도상에서 주님의 위임을 받았지만 그의 사역의 말년에 그의 사역의 열매들이 그의 부르심 받음을 확증했다.

4절부터는 예루살렘 천도에 관하여 다룬다. 다윗 시대 전에는 여부스 사람이 시온 성을 장악하고 있었다. 다윗이 시온 성을 친 것은 그곳에 수도를 건립하기 위한 것이었다. 어쩌면 다윗은 하나님의 종이요 선지자로서 그 성읍이 장래 온 세계를 통치할 메시아 왕국의 도성임을 알았을 수도 있다. 그는 그 산성을 점령하고 정복자의 이름을 따서 그 이름을 '다윗 성'이라고 불렀다(7절). 그 성의 원래 이름은 '살렘'(평화)이며 아브라함이 독자 이삭을 드린 곳이다. 그래서 '여호와 이레'의 '이레'(예비 혹은 기초)라는 단어와 '살렘'이라는 단어를 합하여 예루살렘이라 부른 것으로 보인다. 또는 그곳의 산 이름을 따라 시온이라고도 하며, 시온을 예루살렘의 가장 높은 곳으로 구분하여 부르기도 한다.

예루살렘은 여부스 인들이 "소경과 절뚝발이라도 너희를 물리치리라" (삼하 5:8)고 말했던 것처럼 난공불락의 요새임에 틀림없다. 다윗은 이처럼 여부스 인들에게 모욕을 당해가면서도 그 성을 반드시 점령하고자 하였고 "먼저 여부스 사람을 치는 자는 두목과 장관을 삼으리라"고 하였다. 그때 스루야의 아들 요압이 먼저 올라가서 두목이 되었다. 만군의 여호와께서 함께하시니 다윗이 점점 강성해져 갔다.

강해

1-2절, 온 이스라엘이 헤브론에 모여 다윗을 보고 가로되 우리는 왕의 골육이니이다 2 전일 곧 사울이 왕이 되었을 때에도 이스라엘을 거느려 출입하게 한 자가 왕이시었고 왕의 하나님 여호와께서도 왕에게 말씀하시기를 네가 내 백성 이스라엘의 목자가 되며 내 백성 이스라엘의 주권자가 되리라 하셨나이다 하니라

온 이스라엘이 헤브론에서 다윗을 왕으로 세우는 장면이다. 이렇게 정상적으로 왕이 되는 사람이 다스리는 사람이다. 다윗은 사울이 왕이었을 때도 실제적으로 이스라엘을 거느려서 출입하게 한 자였다. 하나님은 어떤 경험이나 경력도 없는 사람을 세우시지 않는다. 하나님의 백성들, 오늘날로 말하면 하나님의 교회가 시험장으로 쓰일 수 없기 때문이다. 하나님은 하나님의 교회를 가장 중히 여기시기 때문에 연단을 거친 다스릴만한 사람을 미리 예비하셔서 사용하신다. 모세도 애굽에서 40년과 미디안에서 40년, 도합 80년 간을 예비시켜 그를 통해서 200만이라는 이스라엘 백성들을 광야에서 40년 간 인도하신 것이다.

다윗은 "네가 내 백성 이스라엘의 목자가 되고 이스라엘의 주권자가 되리라"는 하나님의 말씀을 이미 받은 사람이다. 하나님도 그에게 명령하셨고 또 그는 실제로 이스라엘 백성들 가운데 출입하며 인도했던 사람이었다. 사울 왕은 실상 충분한 예비가 없이 왕위에 올랐던 인물이다. 그러나 다윗은 충분한 예비 과정을 거쳤다.

3절, 이에 이스라엘 모든 장로가 헤브론에 이르러 왕에게 나아오니 다윗이 헤브론에서 여호와 앞에서 저희와 언약을 세우매 저희가 다윗에게 기름을 부어 이스라엘 왕을 삼으니 여호와께서 사무엘로 전하신 말씀대로 되었더라

이때에서야 다윗은 전 이스라엘의 왕이 되었다. 다윗은 기름부음을 세 번 받았는데, 첫 번째는 이새의 여덟 번째 아들이었던 목동 시절에 사무엘에게 기름부음을 받았고, 두 번째는 사울이 죽은 후에(역대 상에는 이 이야기가 나오지 않고 사무엘 하에 나옴) 오직 유다 지파에게서만 기름부음을 받아 유다 지파만을 다스리는 왕이 되었다. 그때에 사울의 아들 이스보셋이 사울의 장군 아브넬을 통해 나머지 이스라엘을 다스리는 왕으로 세워졌기 때문에 다윗은 한 지파만을 다스리는 왕이 된 것이다. 그러다가 이스보셋이 죽임을 당했고, 그런 다음에야 비로소 그가 이스라엘 전체를 다스리는 왕이 되었다. 이 장면에서 이런 내용을 설명하면서 헤브론이란 곳에서 다윗이 전 이스라엘의 왕으로 옹립된 것을 말한다. 이처럼 다윗은 쉽게 왕이 되지 못했다. 그때부터 그는 전 이스라엘을 33년 동안 치리했다. 이렇게 칠 년 반 동안은 유다 지파만을 다스렸고 그 후 온 이스라엘의 왕이 되어 33년을 치리함으로 도합 40년 동안 왕 노릇을 한 것이다.

4-5절, 다윗이 온 이스라엘로 더불어 예루살렘 곧 여부스에 이르니 여부스 토인이 거기 거하였더라 5 여부스 토인이 다윗에게 이르기를 네가 이리로 들어오지 못하리라 하나 다윗이 시온 산 성을 빼앗았으니 이는 다윗 성이더라

여부스 토인이란 원래 여부스에 살던 토착민을 가리킨다. 이 여부스 사람들이 다윗을 조롱하면서 "네가 이리로 들어오지 못하리라"고 했다. 사무엘 하에서는 좀 더 자세하게 말하고 있다. "왕과 그 종자들이 예루살렘으로 가서 그 땅 거민 여부스 사람을 치려 하매 그 사람들이 다윗에게 말하여 가로되 네가 이리로 들어오지 못하리라 소경과 절뚝발이라도 너를 물리치리라 하니 저희 생각에는 다윗이 이리로 들어오지 못하리라 함이나"(삼하 5:6).

6절, 다윗이 가로되 먼저 여부스 사람을 치는 자는 두목과 장군을 삼으리라 하였더니 스루야의 아들 요압이 먼저 올라갔으므로 두목이 되었고

여부스 사람이 다윗을 멸시하는 말을 한 고로 다윗이 누구든지 먼저 가서 여부스 사람을 치는 그 사람을 두목과 장군을 삼으리라고 했다. 그 때에 요압이 먼저 올라갔으므로 그가 두목이 되었다. 여부스 지역은 나중에 예루살렘이 된다. 요압은 다윗을 위하여 위대한 성 예루살렘을 탈취하는 공을 세웠으나 나중에 버림받은 인물이 되었다. 주님을 위해 큰 일을 했다고 해서 보장이 있는 것은 아니다. 끝까지 자신을 처리하지 않고 육의 한 부분이라도 보류하는 자는 상을 얻지 못하고 버림이 된다(고전 9:27).

7절, 다윗이 그 산성에 거한 고로 무리가 다윗 성이라 일컬었으며
다윗이 여부스를 쳐부수고 그 성을 취했기 때문에 다윗 성이라고 한 것이다.

8절, 다윗이 밀로에서부터 두루 성을 쌓았고 그 남은 성은 요압이 중수하였더라
요압은 여부스를 쳐부순 공로가 있다. 그리고 다윗이 밀로에서부터 두루 성을 쌓았는데 나머지는 요압이 쌓았다는 것이다. 요압은 초기 다윗 왕국 건설에 큰 공로를 세운 자다. 그러나 기록을 읽어보면 다윗에게 온전히 복종하지는 않았다. 우리가 그리스도를 섬기고 순종할 때 약간이라도 다른 마음을 품어서는 안 된다(갈 5:10).

9-16절, 만군의 여호와께서 함께 계시니 다윗이 점점 강성하여 가니라 10 다윗에게 있는 용사의 두목은 이러하니라 이 사람들이 온 이스라엘로 더불어 다윗의 힘을 도와 나라를 얻게 하고 세워 왕을 삼았으니 이는 여호와께서 이스라엘에 대하여 이르신 말씀대로 함이었더라 11 다윗에게 있는 용사의 수효가 이러하니라 학몬 사람의 아들 야소브암은 삼십 인의 두목이라 저가 창을 들어 한 때에 삼백 인을 죽였고 12 그 다음은 아호아 사람 도도의 아들 엘르아살이니 세 용사 중 하나이라 13 저가 바스담밈에서 다윗과 함께하였더니 블레셋 사람이 그곳에 모여와서 치니 거기 보리가 많이 난 밭이 있더라 백성들이 블레셋 사람 앞에서 도망하되 14 저희가 그 밭 가운데 서서 그 밭을 보호하여 블레셋 사람을 죽였으니 여호와께서 큰 구원으로 구원하심이었더라 15 삼십 두목 중 세 사람이 바위로 내려가서 아둘람 굴 다윗에게 이를 때에 블레셋 군대가 르바임 골짜기에 진쳤더라 16 그 때에 다윗은 산성에 있고 블레셋 사람의 영채는 베들레헴에 있는지라
다윗에게 충성스런 용사들이 있었기에 그의 왕국 건설이 가능했다. 오늘날도 주 예수 그리스도의 재림과 그분의 왕국을 위해서는 충성된 성도들이 필요하다. 15절부터는 무명의 세 용사가 베들레헴 성채의 우물물을 다윗에게 길어다 주었다는 무용담이다.

16절에 "다윗은 산성에 있고"라고 했다. 아마 그 산성은 예루살렘일 것이다. 당시 베들레헴은 아직 블레셋 사람의 수중에 있었는데, 아마 사울과의 전투에서 그들이 이곳을 빼앗았던 것 같다. 그래서 그들의 진영을 베들레헴에 베풀었던 것이다. 베들레헴은 다윗이 태어나고 자라났던 고향이며, 이 동네에서 구주가 태어나셨다.

17절, 다윗이 사모하여 가로되 베들레헴 성문 곁 우물물을 누가 나로 마시게 할고 하매

다윗은 베들레헴 성문 곁에 있는 우물물을 마시고 싶다는 갈망을 표현했다. 그것은 베들레헴을 취하고 싶다는 말이다. 베들레헴이 어떤 곳인가? 그곳은 다윗의 씨이신 예수 그리스도께서 출생하실 곳이다. 그런데 그곳을 엉뚱하게도 대적이 차지하고 있기 때문에 간절히 되찾고자 했던 것이다. 다윗이 한 행동은 다 성령으로 한 것이다. 그런 사모함도 예사로 되어진 것이 아니다. 어떤 사람은 여부스의 물보다 베들레헴의 물맛이 좋아서 다윗이 그것을 꼭 마시고 싶어했다고 해석하는데, 그것은 너무나 피상적이고 천연적인 해석이라 하지 않을 수 없다. 베들레헴이 반드시 다윗의 수중에 들어와야 구주가 태어나실 근거가 마련된다. 우리는 하나님의 마음을 시원케 해드리기 위해서는 목숨을 걸고라도 나아가야 할 때가 있다. 왕국의 왕이 되실 그리스도에게는 이러한 충신들이 필요하다.

18-20절, 이 세 사람이 블레셋 사람의 군대를 충돌하고 지나가서 베들레헴 성문 곁 우물물을 길어가지고 다윗에게로 왔으나 다윗이 마시기를 기뻐 아니하고 그 물을 여호와께 부어드리고 19 가로되 내 하나님이여 내가 결단코 이런 일을 하지 아니하리이다 생명을 돌아

보지 아니하고 갔던 사람들의 피를 어찌 마시리이까 하고 마시기를 즐겨 아니하니라 세 용사가 이런 일을 행하였더라 20 요압의 아우 아비새는 그 삼 인의 두목이라 저가 창을 들어 삼백 인을 죽이고 그 삼 인 중에 이름을 얻었으니

요압은 다윗의 친척으로 그의 누이 스루야의 아들이다. 다윗의 조카인 셈이다. 요압 장군에게는 형제가 둘이 있는데, 하나는 아비새이고 하나는 아사헬이다. 아사헬은 들노루와 같이 발이 빠른 사람이었는데 아브넬이라는 사울의 장군을 좇아가다가 창에 맞아 죽었다(삼하 2:18-23).

21-25절, **저는 둘째 삼 인 중에 가장 존귀하여 저희의 두목이 되었으나 그러나 첫째 삼 인에게는 미치지 못하니라 22 갑스엘 용사의 손자 여호야다의 아들 브나야는 효용한 일을 행한 자라 저가 모압 아리엘의 아들 둘을 죽였고 또 눈 올 때에 함정에 내려가서 한 사자를 죽였으며 23 또 장대한 애굽 사람을 죽였는데 그 사람의 키가 다섯 규빗이요 그 손에 든 창이 베틀채 같으나 저가 막대기를 가지고 내려가서 그 애굽 사람의 손에서 창을 빼앗아 그 창으로 죽였더라 24 여호야다의 아들 브나야가 이런 일을 행하였으므로 세 용사 중에 이름을 얻고 25 삼십 인보다 존귀하나 그러나 첫 삼 인에게는 미치지 못하니라 다윗이 저를 세워 시위대 장관을 삼았더라**

다윗의 용사들의 이름이 나온다. 지금 다윗의 왕국이 세워지고 있는 것이다. 다윗의 왕국은 메시아 왕국의 예표로서 메시아는 다윗의 씨에서 나온다. 왜 다윗의 씨인가? 하나님은 창조 때부터 그분의 왕국을 세우기 원하셨는데, 여기서 첫 삼 인이 나오고 둘째 삼 인이 나온다. 그리고 삼십 인이 나온다. 그들의 이름이 하나하나 다 거명된다. 무엇으로 이름을 얻었는가? 용맹스러움이다. 그들은 대적을 죽였고 목숨을 돌아보지 않았다. 베들레헴 성채의 우물물을 떠다가 다윗에게 바치는, 그 위험하고 죽음을 불사한 길을 선택한 것은 모두 왕을 위해서였다. 그러했기에 이 사람들이 이름을 얻었다는 것이다. 다윗의 장군들은 주님이 다시 오실 때 어떤 사람들이 주님의 왕국에서 주님 좌우편에 앉아 다스릴 권세를 얻는가를 보여주는 그림이다.

우리는 오늘 함께 교회생활을 하고 있다. 하나님이 원하시는 것은 하나님의 왕국인데 그것은 대적 사탄을 이기는 강력한 나라를 의미한다. 그것이 이 시대에는 교회이다. 주님을 믿고서 3년이 되고 5년이 되고 10년이 되었는데도 항상 어린아이라면, 하나님께 전혀 유용하지 않다. 요한 일서 2장 12-13절에서는, "자녀들아 내가 너희에게 쓰는 것은 너희 죄가 그의 이름으로 말미암아 사함을 얻음이요 13 아비들아 내가 너희에게 쓰는 것은 너희가 태초부터 계신 이를 앎이요 청년들아 내가 너희에게 쓰는 것은 너희가 악한 자를 이기었음이라" 했고, 14절 중반에서는, "청년들아 내가 너희에게 쓴 것은 너희가 강하고 하나님의 말씀이 너희 속에 거하시고 너희가 흉악한 자를 이기었음이라"고 했다. 성도들이 어린아이 단계에서는 죄 사함 받은 것을 기뻐하며 젖을 먹고(벧전 2:2, 신령한 젖) 자란다. 그렇게 자라서 청년이 되고 그 다음에는 아비가 되어야 한다. 청년이란 강한 전사로서 악한 자와 싸워 이기는 자이다.

구약 성경 민수기는 광야에서 이스라엘 백성을 군대로 편성한 내용을 담고 있다. 1대는 어느 지파들, 2대는 어느 지파들 하면서 진영을 편성한 것이다. 왜냐하면 요단을 건너 가나안에 들어가서 전쟁을 해야 하기 때문이다. 영적인 의미에서 요단강을 건너는 것은 죽음을 의미한다. 우리의 자아와 육체가 예수 그리스도와 함께 십자가에 못박히는 것을 의미하는 것이다. 요단강을 건너 가나안에 들어갔을 때, 즉 우리가 예수 그리스도와 함께 죽고 함께 일으키심을 받아 함께 하늘에 앉았을 때 비로소 내려다보고 전쟁을 할 수 있는 것이다. 우리가 대적과 싸우려면 위치가 중요하다. 믿음이란 하나님께서 그리스도로 말미암아 이루신 사실들을 믿는 것이며, 그럴 때 그 위치를 얻는다.

오늘날 어떤 사람들은 이 세상에서 살기가 너무 힘들면 자살을 한다. 힘들고 괴로운 이 세상을 떠나고 싶기 때문이다. 그러나 자살보다 더 좋은 길이 예수와 함께 죽는 것이다. 예수와 함께 죽고 함께 일으키심을 받고 부활해서 함께 하늘에 앉는 것이다. 하늘이 더 안전하다. 아무리 복잡하고 어려운 일이 많아도 하늘의 위치에 있으면 된다. 내가 한국에 있을 때에는 여러 가지 일로 복잡하고 머리가 아픈데 몽골이나 중국이나 캄보디아에 가면 머리가 개운해지는 것을 느낀다. 일단 그 복잡한 상황을 떠났기 때문이다. 그렇게 다른 나라로 가기만 해도 머리가 개운하고 가벼워지는데 하늘에 있으면 얼마나 가볍고 개운하겠는가? "함께 하늘에 앉히시니"(엡 2:6). 그냥 믿기만 하면 된다. 그럴 때 그것이 나의 실제가 된다. 성령은 그렇게 믿는 자들에게 실제를 주시는 분이다. 성령께서는 우리가 어떤 말씀을 믿으면 그 실제를 주시기 위해 역사하신다.

우리가 하늘에 있으면 능력으로 강건해져서 에베소서 6장에 있는 것처럼 하늘에 있는 악한 영들을 대항하여 싸우게 된다. 혈기로는 영적 전쟁을 할 수 없다. 왜냐하면 이 자는 강한 자이며 공중 권세를 잡은 자이기 때문이다. 시험당하는 사람들 배후에 마귀가 있기 때문에 우리의 혈기로는 이 자를 이길 수 없다. 그래서 자아와 육체를 십자가로 못 박고 하늘로 올라가야 하는 것이다.

아가서에서는 표범 산에서 내려다보고 레바논에서부터 함께 가자고 했다. "나의 신부야 너는 레바논에서부터 나와 함께 하고 레바논에서부터 나와 함께 가자 아마나와 스닐과 헤르몬 꼭대기에서 사자 굴과 표범 산에서 내려다보아라"(아 4:8). 레바논은 높은 지대로서 '그리스도의 승천'을 의미한다. '아마나'는 '진리'를, '스닐'은 '부드러운 갑옷'을 의미하는데, 전쟁을 끝낸 사람이 입는 옷이다. 주님은 전쟁을 끝내신 분이다. 헤르몬은 '파괴'라는 뜻인데, 주님은 십자가에서 대적을 다 멸하셨다. 그러므로 승천의 위치에서 내려다볼 수 있는 것이다. 다시 말하지만, 전쟁을 하기 위해서는 위치가 중요하다. 높은 데 있어야 하는 것이다.

한국 전쟁 때에도 아래에 잘못 배치된 군대는 몰살당했다. 그러므로 위에 있을수록 좋다. 바라다보며 공격할 수 있기 때문이다. 하늘로 올라가서 비행기 안에서 이 땅을 내려다보면 건물들이 성냥갑같이 보이고 땅에서 일어나는 일들이 너무 하찮게 느껴진다.

가나안 열두 정탐꾼 중에 열 사람은 가나안에는 거인이 살기 때문에 결코 그 땅을 점령할 수 없다고 말했다. 그러나 여호수아와 갈렙의 눈에는 그들이 메뚜기같이 보였다. 위에서 내려다볼 때 감각이 다른 것이다. 하나님의 눈으로, 믿음의 눈으로 보기 때문이다. 어떤 문제가 크게 느껴지고 느낌이 얽히고 상처로 와 닿고 성질이 나고 분이 나는 것은 위에서 보지 않기 때문이다. 전쟁을 하려면 성장하고 성숙해야 한다. 여기의 용사는 막대기 하나만 가지고도 거인을 해치웠다. "저가 모압 아리엘의 아들 둘을 죽였고 또 눈 올 때에 함정에 내려가서 한 사자를 죽였으며 또 장대한 애굽 사람을 죽였는데 그 사람의 키가 다섯 규빗이요 그 손에 든 창이 베틀채 같으나 저가 막대기를 가지고 내려가서 그 애굽 사람의 손에서 창을 빼앗아 그 창으로 죽였더라". 한 애굽 사람의 키가 다섯 규빗(220cm)이 되고 그 사람의 손에 든 창이 베틀채 같았는데 막대기 하나 가지고 이겼다는 것이다.

믿음의 사람들은 믿음 하나, 진리 하나로 아무리 거대한 거구라도 이길 수 있다. 그래서 다윗의 왕국, 그리스도의 왕국에 도움이 되는 것이다. 그런 사람들이 다윗 왕국에서 다 장군들이 되었다. 대적의 역사를 보고 하나라도 이기고 우리의 전리품을 가지고 와야 한다. 어쨌든 사단에게 사로잡히고 악한 교리에 사로잡힌 사람들을 끄집어내서 그리스도께 굴복케 하여 한 사람이라도 더 그리스도의 몸이 되게 하고 교회가 되게 해야 한다. 마귀가 다른 가르침을 가지고 어긋나게 하고 고린도, 갈라디아, 골로새 교회같이 되게 하면 또 다시 사역자는 가르침과 눈물과 수고로 그들을 주님께 돌이키게 한다. 그렇게 해서 모든 비 진리와 어둠을 물리친 사람이 바울이었다. 그런 사람이 그리스도 왕국에서 장군이요 의인으로서 해같이 빛날 것이다. 그는 마땅히 여기 첫 삼인에 들어가지 않겠는가?

그러면 우리는 이 시대에 어떤 사람이 되어야 하겠는가? 알곡이 아닌 쭉정이만 열 가마니라면 그것을 어디에다 쓰겠는가? 거기에 몇몇이라도 자라고 자라서 진리를 알고 생명을 알고 빛이 있어서 날선 검을 가지고 대적을 부끄럽게 하고 어둠속에 있는 사람을 꺼낼 수 있어야 하지 않겠는가? 그런 사람이 용사요 빛의 사자로서 이기고 또 이기는 것이다. 다윗은 진정한 승리자였다. 하나님이 함께하셔서 가는 곳마다 승리했다. 그렇게 해서 왕국을 세운 것이다. 그 아래 장군들도 다윗만큼은 아니어도 나름대로 자기 위치에서 충성을 다했다. 다윗이 베들레헴 성문 곁의 우물물을 마시고 싶다고 하니까 목숨을 돌아보지 않고 가서 물을 떠왔다. 그러나 다윗은 그 물을 마시지 않고 '이것은 물이 아니라 피다. 내가 어찌 이 물을 마시겠느냐?'고 하면서 그 물을 여호와께 부어드렸다. 그들의 행동이 다윗의 마음을 감동시킨 것이다. 이렇게 주님을 감동시키고 주님의 마음을 시원케 할 사람들이 어디 있는가?

로마서 16장에는 브리스길라와 아굴라가 나온다. 바울은 이 두 사람을 칭찬했다. 그들은 바울을 위해서 그들의 목이라도 내놓았다고 했다. 바울이 당시에 참으로 주님께 쓰임받은 종이었으므로 바울을 위하는 사람이 곧 주님을 위하는 사람이었다. 또 바울과 함께하는 사람이 주님과 동역하는 사람이었다. 로마서 16장 3-4절, "너희가 그리스도 예수 안에서 나의 동역자들인 브리스가와 아굴라에게 문안하라 저희는 내 목숨을 위하여 자기의 목이라도 내어놓았나니 나뿐 아니라 이방인의 모든 교회도 저희에게 감사하느니라". 주님을 위해서 그들의 목을 내놓았다고 하지 않고 바울의 목숨을 위하여 그들의 목을 내놓았다고 했다. 당시에 브리스길라와 아굴라가 바울과 마음을 같이해서 동역하다 보니 목숨을 걸 일이 있었던 것이다.

디모데 후서 1장 15절, "아시아에 있는 모든 사람이 나를 버린 이 일을 네가 아나니 그 중에 부겔로와 허모게네가 있느니라". 여기에 바울을 떠난 사람들의 이름을 거명하면서 말했다. 아시아에 있는 모든 사람이 그를 떠났는데 그 가운데 디모데가 알 만한 사람이 있었다는 것이다. 그들은 아마도 바울 당시에 함께 사역했던 사람들일 것이다. 16-17절, "원컨대 주께서 오네시보로의 집에 긍휼을 베푸시옵소서 저가 나를 자주 유쾌케 하고 나의 사슬에 매인 것을 부끄러워 아니하여 로마에 있을 때에 나를 부지런히 찾아 만났느니라". 바울이 2년 동안 로마 감옥에 갇혀 있을 때 오네시보로가 자주 바울을 찾아가서 위로했다는 것이다. 그러므로 사도 바울은 그 집에 긍휼을 베풀어 달라고 기도하고 있다. 18절, "(원컨대 주께서 저로 하여금 그 날에 주의 긍휼을 얻게 하여 주옵소서) 또 저가 에베소에서 얼마큼 나를 섬긴 것을 네가 잘 아느니라". 주님을 섬겼다고 하지 않고 "나(바울)를 섬긴 것을 네가 잘 아느니라"고 했다.

26-47절, 또 군사 중의 큰 용사는 요압의 아우 아사헬과 베들레
헴 사람 도도의 아들 엘하난과 27 하롤 사람 삼훗과 블론 사람 헬
레스와 28 드고아 사람 익게스의 아들 이라와 아나돗 사람 아비에
셀과 29 후사 사람 십브개와 아호아 사람 일래와 30 느도바 사람
마하래와 느도바 사람 바아나의 아들 헬렛과 31 베냐민 자손에 속
한 기브아 사람 리배의 아들 이대와 비라돈 사람 브나야와 32 가아
스 시냇가에 사는 후래와 아르바 사람 아비엘과 33 바하룸 사람 아
스마 과 사알본 사람 엘리아바와 34 기손 사람 하셈의 아들들과
하랄 사람 사게의 아들 요나단과 35 하랄 사람 사갈의 아들 아히암
과 울의 아들 엘리발과 36 므게랏 사람 헤벨과 블론 사람 아히야와
37 갈멜 사람 헤스로와 에스배의 아들 나아래와 38 나단의 아우 요
엘과 하그리의 아들 밉할과 39 암몬 사람 셀렉과 스루야의 아들 요
압의 병기 잡은 자 베롯 사람 나하래와 40 이델 사람 이라와 이델
사람 가렙과 41 헷 사람 우리아와 알래의 아들 사밧과 42 르우벤 자
손 시사의 아들 곧 르우벤 자손의 두목 아디나와 그 종자 삼십 인과
43 마아가의 아들 하난과 미덴 사람 요사밧과 44 아스드랏 사람 웃
시야와 아로엘 사람 호담의 아들 사마와 여이엘과 45 시므리의 아들
여디아엘과 그 아우 디스 사람 요하와 46 마하위 사람 엘리엘과 엘
라암의 아들 여리배와 요사위야와 모압 사람 이드마와 47 엘리엘과
오벳과 므소바 사람 야아시엘이더라

여기에 읽기도 어려운 사십여 명의 이름이 있다. 다윗의 왕국을 위해서 싸웠고 공을 세운 사람들의 이름이 다 기록되었다. 이 땅에서 여러분이 주님을 위해 수고할 때 그것이 헛되지 않다는 것을 기억하라. 로마서 16장에는 브리스가와 아굴라 둘만 있는 것이 아니다. 28-29명의 이름들이 있다. 다 교회를 위해 충성한 사람들이다. 많이 수고한 마리아, 주 안에서 많이 수고하고 사랑하는 버시 등 여러 이름들이 나온다. 그 이름들이 생명책에 기록된 것이다. "또 참으로 나와 멍에를 같이 한 자 네게 구하노니 복음에 나와 함께 힘쓰던 저 부녀들을 돕고 또한 글레멘드와 그 외에 나의 동역자들을 도우라 그 이름들이 생명책에 있느니라"(빌 4:3).

우리는 주님을 지극히 사랑한 마리아같이 되어야 하고 충성을 다하고 절대적으로 순종하는 사람이 되어야 하며 대적을 향해서는 용감한 전사가 되어야 한다. 그럴 때 우리는 하나의 알곡이 생산되었다고 본다. 요약해서 말하자면 이 역대 상은 그리스도의 왕국의 예표와 그림자를 보여준다. 이것을 통해 우리는 앞으로 있을 그리스도 왕국을 들여다보는 것이다.

역대상 12장

도입

11장은 다윗의 30용사들에 대해 말했으나 12장은 다윗의 역사와 관련시켜 다시 논하고 있다. 즉 다윗이 도망 다니던 때에 그를 따랐던 자들과 헤브론에 모인 용사들을 언급하고 있다. 첫째는 다윗이 사울의 박해를 피하여 블레셋 땅 가드로 가서 아기스 왕의 도움을 받다가 시글락에 거하게 되었을 때 다윗에게 모여든 용사들이 있었다. 아기스는 다윗에게 시글락을 주었고, 다윗은 시글락에 1년 4개월을 머물면서 왕도를 견습했다. 그곳에 머무는 동안 블레셋 인들과 이스라엘 간의 전투가 시작되었고 시글락이 아말렉 사람들에게 강탈당하는 끔찍한 사건이 벌어졌다. 당시 다윗은 아내와 자녀들과 대소 여인들이 다 사로잡혀 가서 매우 슬퍼하였으며 백성들이 다윗을 돌로 치려는 상황까지 갔었다. 다윗은 다시 싸워서 다 찾아왔고 전리품을 유다 장로들에게 보내서 곧 있게 될 헤브론에서 유다 왕으로 즉위하는 것을 원활하게 만들었다. 그러나 헤브론에서는 7년 동안 유다 지파만의 왕 노릇을 했고 그 후에야 마침내 이스라엘의 전체의 왕이 된 것이다.

이처럼 다윗이 왕위에 오른 것은 단시간에 이루어진 것이 아니고 여러 과정을 거쳐 점차적으로 이루어진 것이다. 우리는 다윗같이 훌륭한 왕도 상황이 어렵게 되자 백성들에게 돌팔매질을 당할 뻔했다는 것을 기억해야 한다. 그러나 그는 결국 왕이 되었고 온 백성의 사랑과 지지를 받게 되었다. 다윗의 왕국은 영속하고 영원한 왕국이어야 하므로 오랜 기간에 걸쳐 다져지면서 서서히 세워져간 것이다. 이것은 갑자기 왕이 되었다가 단시간에 폐위되어버린 사울의 그것과는 매우 대조적인 상황이다.

12장에서는 시글락에 있을 때 다윗에게 모여든 사람들 중에 사울의 동족이며 같은 지파인 베냐민 사람 아히에셀과 요아스가 있었다고 기록한다. 베냐민 지파이며 사울의 친족이 되는 사람들까지 다윗 편이 되었다는 이야기이다(2절). 갓 지파 일부가 그들의 동족을 떠나 거친 땅에서 유리하며 핍박당하고 있는 다윗에게로 왔었다는 이야기도 있다(8절). 성경은 그곳이 거친 광야이지만 견고한 요새였다고 말한다. 여기에 나온 사람들의 수는 11명 정도지만 다윗에게는 큰 힘이 되었다. 그들은 그 얼굴이 사자와 같고 빠르기가 산의 사슴 같다고 했다. 그들은 다 용사요 싸움에 익숙한 자들이었다. 16절에서 유다와 베냐민 지파에서도 일부 사람들이 그에게 왔는데 그 두목은 아마새였다.

다윗은 그들이 왔을 때 신중하게 대하였다(17절). 다윗은 지금까지 너무나 많이 속아왔기에 사람들이 자기를 도우러 왔다 해도 쉽게 받아들일 수 없었다. 다윗은 그들에게 나가서 맞이했지만 "너희가 평화로이 와서 나를 돕고자 하면 내 마음이 너희와 연합하려니와 만일 너희가 나를 속여 내 대적에게 붙이고자 하면 내 손에 불의함이 없으니 우리 열조의 하나님이 감찰하시고 책망하시기를 원하노라"고 하였다. 그 때 아마새가 감동적인 대답을 한다. "다윗이여 우리가 당신에게 속하였고 이새의 아들이여 우리가 당신과 함께하리니 원컨대 평안하소서 당신도 평강하고 당신을 돕는 자도 평강이 있을지니 이는 당신의 하나님이 당신을 도우심이니다".

그 외에 므낫세 사람들도 그와 합세하였다. 아기스가 사울을 치려 할 때 다윗을 함께 데리고 가려 했으나 블레셋 방백들이 반대하였다. 그가 돌아왔을 때 사울과 합하여 블레셋을 칠 마음이 없었던 므낫세의 몇몇 인사들이 다윗을 도와서 시글락을 약탈한 아말렉 무리를 쳤던 것이다. 그들의 수효는 많지 않았지만 다 큰 용사였고 다윗과 함께 큰 일을 행하였다. 하나님의 섭리는 기묘하여 필요에 따라 다윗의 주위에는 사람들이 모여들었다.

23절부터는 헤브론에서 다윗을 왕으로 즉위시키기 위해 모여든 군사들을 말한다. 즉 사울이 죽은 후 다윗의 보좌를 견고히 하기 위해 적극적으로 노력한 자들에 대한 기록이다. 역대 상 11장은 온 이스라엘이 다 헤브론에 모였다고 말한다. 여기서 각 지파들이 싸움을 예비하고 대적하는 세력을 치려 하는 것을 볼 수 있다. 유다 자손, 시므온 자손, 잇사갈 자손은 다른 지파에 비해 숫자가 적은데, 이것으로 그들 지파가 다윗이 즉위하는 일에서 소극적이었다고는 볼 수 없다. 특히 잇사갈 자손은 2백 명밖에 안 되지만 그들은 시세를 알고 이스라엘이 마땅히 해야 할 것을 아는 자들이었다. 이들 역시 다윗의 왕국 설립에 매우 중요한 자들이 아닐 수 없다. 스불론 사람 중에 두 마음을 품지 않은 자들이 5만 명이나 된다고 하였다. 이들은 다 헤브론에 모여 한 마음으로 다윗을 왕으로 옹립했다.

이들은 신약으로 말하면 이기는 자들이다(계 2—3장). 이스라엘 모든 백성이 다 다윗을 왕으로 세우는 일에 동참하지는 않았듯이 오늘날 모든 교회가 이렇게 적극적이지는 않다. 오직 충성된 자들만이 예수 그리스도의 왕국을 위해 일한다. 그리고 그들은 그리스도의 왕국에서 함께 왕 노릇 할 것이다.

강해

1절, 다윗이 기스의 아들 사울을 인하여 시글락에 숨어 있을 때에 그에게 와서 싸움을 돕는 용사 중에 든 자가 있었으니

1절은 22절까지 내용의 서론이다. 즉 다윗이 사울의 박해 때문에 가드로 피하여 블레셋 왕 아기스의 도움을 받을 때 다윗에게 모인 용사들을 열거한다. 시글락은 원래 유다 지파의 것이었는데 블레셋에 넘어가 가드 왕 아기스의 통치 하에 있었고, 아기스는 도피해 온 다윗에게 그 땅을 내어주었다. 다윗은 시글락에 1년 4개월 간 머물러 있었다.

2-7절, 저희는 활을 가지며 좌우 손을 놀려 물매도 던지며 살도
발하는 자요 베냐민 지파 사울의 동족인데 그 이름은 이러하니라 3
그 두목은 아히에셀이요 다음은 요아스니 기브아 사람 스마아의 두
아들이요 또 아스마웻의 아들 여시엘과 벨렛과 또 브라가와 아나돗
사람 예후와 4 기브온 사람 곧 삼십 인 중에 용사요 삼십 인의 두목
된 이스마야며 또 예레미야와 야하시엘과 요하난과 그데라 사람 요
사밧과 5 엘루새와 여리못과 브아랴와 스마랴와 하룹 사람 스바댜
와 6 고라 사람들 엘가나와 잇시야와 아사렐과 요에셀과 야소브암이
며 7 그돌 사람 여로함의 아들 요엘라와 스바댜더라

다윗에게 온 자 중에는 사울의 동족도 있었다. 사울의 동족이지만 사울의 행위를 바르지 않다고 여겨 다윗 무리에 합류한 것이다. 그리고 그들의 무예에 대해 활을 쓰는 자들이었고 좌우 손을 잘 쓰고 물매도 잘 던졌다고 말한다.

8-15절, 갓 사람 중에서 거친 땅 견고한 곳에 이르러 다윗에게 돌
아온 자가 있었으니 다 용사요 싸움에 익숙하여 방패와 창을 능히
쓰는 자라 그 얼굴은 사자 같고 빠르기는 산의 사슴 같으니 9 그 두
목은 에셀이요 둘째는 오바댜요 세째는 엘리압이요 10 네째는 미스
만나요 다섯째는 예레미야요 11 여섯째는 앗대요 일곱째는 엘리엘이
요 12 여덟째는 요하난이요 아홉째는 엘사밧이요 13 열째는 예레미
야요 열 한째는 막반내라 14 이 갓 자손이 군대 장관이 되어 그 작
은 자는 일백 인을 관할하고 그 큰 자는 일천 인을 관할하더니 15

정월에 요단강 물이 모든 언덕에 넘칠 때에 이 무리가 강물을 건너서 골짜기에 있는 모든 자로 동서로 도망하게 하였더라

다윗 군에 참여한 갓 사람들을 서술한다. 다윗은 당시 거칠고 견고한 땅에 피하여 있었다. 그들은 다윗이 비록 거친 곳에 있었지만 그와 함께 하였다. 우리는 왕국을 위하여 거친 곳이라도 있어야 하고 가야 한다. 그들은 용사들로서 창과 방패를 익숙하게 사용하며 속도가 빠른 자들이었다.

16-18절, 베냐민과 유다 자손 중에서 견고한 곳에 이르러 다윗에게 나오매 17 다윗이 나가서 맞아 저희에게 일러 가로되 만일 너희가 평화로이 와서 나를 돕고자 하면 내 마음이 너희와 연합하려니와 만일 너희가 나를 속여 내 대적에게 붙이고자 하면 내 손에 불의함이 없으니 우리 열조의 하나님이 감찰하시고 책망하시기를 원하노라 하매 18 때에 성신이 삼십 인의 두목 아마새에게 감동하시니 가로되 다윗이여 우리가 당신에게 속하겠고 이새의 아들이여 우리가 당신과 함께 하리니 원컨대 평강하소서 당신도 평강하고 당신을 돕는 자에게도 평강이 있을지니 이는 당신의 하나님이 당신을 도우심이니이다 한지라 다윗이 드디어 접대하여 세워 군대 장관을 삼았더라

유다와 베냐민 무리가 왔을 때 다윗은 그들이 자기 편이 되고자 왔는지 사울에게 팔아 넘기려 하는 첩자인지를 확인하였다. 이 때 아마새라는 장군이 성령의 감동으로 충성을 맹세한다.

19-22절, 다윗이 전에 블레셋 사람과 함께 가서 사울을 치려 할 때에 므낫세 지파에서 두어 사람이 다윗에게 돌아왔으나 다윗 등이 블레셋 사람을 돕지 못하였음은 블레셋 사람의 방백이 서로 의논하고 보내며 이르기를 저가 그 주 사울에게로 돌아가리니 우리 머리가 위태할까 하노라 함이라 20 다윗이 시글락으로 갈 때에 므낫세 지파에서 그에게로 돌아온 자는 아드나와 요사밧과 여디아엘과 미가

엘과 요사밧과 엘리후와 실르대니 다 므낫세의 천부장이라 21 이 무리가 다윗을 도와 적당을 쳤으니 저희는 다 큰 용사요 군대 장관이 됨이었더라 22 그 때에 사람이 날마다 다윗에게로 돌아와서 돕고자 하매 큰 군대를 이루어 하나님의 군대와 같았더라

므낫세의 지파 중 다윗에게 돌아온 자들이다. 다윗이 시글락에 있을 때 다윗은 아기스 군에 가담하여 사울의 군대와 싸워야 할 판이었다. 그 때 아기스의 부하 장수들이 반대하여 시글락으로 돌아갔다. 하나님께서 도와주셔서 그 어려운 입장에서 피할 길을 주신 것이다. 므낫세 지파에서 돌아왔던 자들—아드나, 요사밧, 여디라엘, 미가엘, 요사밧, 엘리후, 실르대—이 다윗을 도와 적당을 쳤다. 적당이란 당시 다윗의 가족을 공격하였던 아말렉 인을 가리킨다. 다윗에게로 돌아오는 사람들이 점점 많아졌다. '하나님의 군대와 같았다'는 것은 그 군대가 강력했다는 뜻이다.

23-40절, **싸움을 예비한 군대 장관들이 헤브론에 이르러 다윗에게로 나아와서 여호와의 말씀대로 사울의 나라를 저에게 돌리고자 하였으니 그 수효가 이러하였더라 24 유다 자손 중에서 방패와 창을 들고 싸움을 예비한 자가 육천팔백 명이요 25 시므온 자손 중에서 싸움하는 큰 용사가 칠천일백 명이요 26 레위 자손 중에서 사천육백 명이요 27 아론의 집 족장 여호야다와 그와 함께 한 자가 삼천칠백 명이요 28 또 젊은 용사 사독과 그 족속의 장관이 이십이 명이요 29 베냐민 자손 곧 사울의 동족은 아직도 태반이나 사울의 집을 좇으나 그 중에서 나아온 자가 삼천 명이요 30 에브라임 자손 중에서 본 족속의 유명한 큰 용사가 이만 팔백 명이요 31 므낫세 반 지파 중에 녹명된 자로서 와서 다윗을 세워 왕을 삼으려 하는 자가 일만팔천 명이요 32 잇사갈 자손 중에서 시세를 알고 이스라엘이 마땅히 행할 것을 아는 두목이 이백 명이니 저희는 그 모든 형제를 관할하는 자며 33 스불론 중에서 모든 군기를 가지고 항오를 정제히 하고 두 마음을 품지 아니하고 능히 진에 나아가서 싸움을 잘하는 자**

가 오만 명이요 34 납달리 중에서 장관 일천 명과 방패와 창을 가지
고 함께 한 자가 삼만칠천 명이요 35 단 자손 중에서 싸움을 잘하
는 자가 이만팔천육백 명이요 36 아셀 중에서 능히 진에 나가서 싸
움을 잘하는 자가 사만 명이요 37 요단 저편 르우벤 자손과 갓 자손
과 므낫세 반 지파 중에서 모든 군기를 가지고 능히 싸우는 자가 십
이만 명이었더라 38 이 모든 군사가 항오를 정제히 하고 다 성심으
로 헤브론에 이르러 다윗으로 온 이스라엘 왕을 삼고자 하고 또 이
스라엘의 남은 자도 다 일심으로 다윗으로 왕을 삼고자 하여 39 무
리가 거기서 다윗과 함께 사흘을 지내며 먹고 마셨으니 이는 그 형
제가 이미 식물을 예비하였음이며 40 또 근처에 있는 자로부터 잇사
갈과 스불론과 납달리까지도 식물을 나귀와 약대와 노새와 소에 무
수히 실어왔으니 곧 과자와 무화과병과 건포도와 포도주와 기름이
요 소와 양도 많이 가져왔으니 이스라엘 가운데 희락이 있음이었더
라

이들은 헤브론에서 다윗을 왕으로 즉위시키기 위해 모인 자들의 수효이다. 유다 지파는 6,800명, 시므온 7,100명, 레위 4,600명, 아론의 방백 3,700, 사독의 집 22명, 베냐민 3,000명, 에브라임 20,800명, 므낫세 반 지파 18,000명, 잇사갈은 두목이 200명, 스불론 50,000명, 납달리 37,000명, 장관 1,000명, 단 28,000명, 아셀 40,000명, 요단 동편의 두 지파 반 120,000명으로 도합 339.600명이었다. 므낫세 반 지파 중에 녹명된 자가 18,000명이라 하였는데, 이는 다윗 왕의 즉위식을 위해 선택된 자들을 의미한다. 잇사갈 자손 중에 시세를 알고 이스라엘이 마땅히 행할 것을 아는 자들이란 지혜와 지식이 있어서 당시 다윗이 왕이 되어야 할 것을 알았던 자들을 가리킨다. 33절에서 스불론 지파 사람들은 '두 마음을 품지 아니하였다'고 말한다. 다윗을 왕으로 즉위시키는 엄중한 일에 있어서는 두 마음을 품지 아니하는 단일하고 절대적인 태도가 필요하다. 이것은 오늘날도 그리스도를 교회의 머리로, 그 나라의 왕으로 모셔오는 일에 있어서 참으로 필요한 태도이다.

역대상 13장

도입

다윗이 사울과 다른 점은 무엇인가? 하나님을 가장 우선순위에 두었다는 것이다. 왕위에 오른 다윗이 처음으로 계획한 것은 하나님을 위한 일이었다. 이 일에 관해 백성의 지도자들과 상의했다. 그 일이 선한 일이었고 또 그 일을 할 수 있는 권세도 갖고 있었지만 독단적으로 행하지 않고 여러 사람과 상의하려 했다. 다른 사람의 지혜를 사용하는 자가 진정 지혜로운 자이다. 자신의 것만 지나치게 신뢰하거나 고집해서는 안 된다. 사울 때에는 그 궤를 거들떠보지도 않은 것이 아니라 궤를 일반화시켜서 말했다. 여기서 다윗은 "우리가 궤 앞에서 묻지 않았다"고 하면서 다른 사람의 잘못을 자신이 짊어진다. 다윗은 언약궤를 소홀히 한 죄를 자신에게로 돌린 것이다. 남을 정죄하는 것보다 자기 자신을 비판하는 것이 옳은 태도이다. 이것이 이기는 자들의 태도이다. 사울은 유감스럽게도 패배자의 전형이다.

웃사에게 임한 돌발적인 사건에 대해, 선한 의도라고 해서 모든 것을 정당화할 수 없다. 우리는 우리 때문에 하나님께서 덕을 보신다는 주제넘은 생각을 하지 말아야 한다. 우리가 하나님께 도움을 드릴 수 있다는 생각을 하지 말아야 한다. 다윗같이 지혜롭고 영적인 사람도 의식을 진행하는 일에 있어서 조금 실수를 할 수 있다. 하나님께서 이방인들(블레셋)은 더 큰 실수를 해도 그냥 두셨다. 그러나 하나님과 가까운 사람일수록 그분을 섬기는 일에 더욱 조심해야 한다.

주님을 섬기는 일은 매우 엄중하다. 그것이 어떤 사람들에게는 걸림돌이 되어 사망에 이르게 할 수 있다. 주 예수님이 오셨을 때 그러했고 바울의 사역이 그러했다(고후 2장). 그것은 주님이 주의하시는 일이기 때문이다. 바울은 이 사역을 과연 누가 감당하겠느냐고 했다. 로마서 9:33, "기록된바 보라 내가 부딪히는 돌과 거치는 반석을 시온에 두노니 저를 믿는 자는 부끄러움을 당치 아니하리라 함과 같으니라". 베드로 전서 2:8, "또한 부딪히는 돌과 거치는 반석이 되었다 하니라 저희가 말씀을 순종치 아니하므로 넘어지나니 이는 저희를 이렇게 정하신 것이라". 고린도 후서 2:15-17, "우리는 구원 얻는 자들에게나 망하는 자들에게나 하나님 앞에서 그리스도의 향기니 16 이 사람에게는 사망으로 좇아 사망에 이르는 냄새요 저 사람에게는 생명으로 좇아 생명에 이르는 냄새라 누가 이것을 감당하리요 17 우리는 수다한 사람과 같이 하나님의 말씀을 혼잡하게 하지 아니하고 곧 순전함으로 하나님께 받은 것같이 하나님 앞에서와 그리스도 안에서 말하노라".

강해

1-3절, 다윗이 천부장과 백부장 곧 모든 장수로 더불어 의논하고 2 이스라엘의 온 회중에게 이르되 만일 너희가 선히 여기고 또 우리의 하나님 여호와께로 말미암았으면 우리가 이스라엘 온 땅에 남아 있는 우리 형제와 또 저희와 함께 들이 있는 성읍에 거하는 제사장과 레위 사람에게 보내어 저희를 우리에게로 모이게 하고 3 우리가 우리 하나님의 궤를 옮겨오자 사울 때에는 우리가 궤 앞에서 묻지 아니하였느니라 하매

다윗은 왕권을 갖게 되자 먼저 하나님의 언약궤를 옮겨오자고 했다. 이것이 다윗의 장점이다. 모든 일보다 먼저 하나님을 생각한 것이다. 그는 어떻게 이 중요한 순간에 하나님의 일부터 생각할 수 있는가? 그가 여기까지 이른 것이 하나님의 은혜라는 것을 알기 때문이다. 그는 하나님의 인도를 따랐고 또 하나님이 도우심을 느낀 것이다. 예를 들어, 우리에게 어떤 좋은 일이 있기까지 우리를 많이 도와준 은인이 있다면 먼저 그 사람을 생각할 것이다. 그 사람 때문에 오늘의 내가 있다면서 그를 찾아갈 것이다. 우리가 평상시에 좋은 일이든 나쁜 일이든 하나님만을 의지하고 하나님의 도움을 바라면서 사는 것은 매우 중요하다. 다윗은 그렇게 살았기 때문에 왕위에 오르고 나서 맨 먼저 한 일이 하나님의 언약궤를 모셔온 것이었다.

그런데 그 일을 할 때에도 먼저 장군들과 의논했다. 그 일이 선한 일이고 하나님이 기뻐하신 일임에 분명하고 또 좋은 의도이지만 다윗은 그 일을 혼자 하지 않고 먼저 장군들과 의논했다. 신약 시대에 사는 우리도 믿는 이라면 다 그리스도의 몸의 지체이기 때문에 어떤 것도 혼자서 하지 않기를 배워야 한다. 어떤 지체도 단독적이거나 독단적이어서는 안 되며 언제나 다른 지체들과 함께 해야 한다. 그렇게 하는 습관을 들이는 것은 매우 중요하다.

2절에서 "너희가 선히 여기고 또 이 일이 우리의 하나님 여호와께로 말미암았으면"이라고 한다. 이렇게 언약궤를 옮겨오는 일이 하나님으로 말미암았으면 그렇게 하자는 말이다. 그러나 하나님 여호와께로 말미암지 않았다면 어떤 일도 할 필요가 없는 것이다. 사람들과 논의하고 또 이스라엘 백성들의 동의를 구한 것은 그것이 선한 일임을 다윗이 알고 있었기 때문이다. 그리고 그것이 여호와께로 말미암은 것도 알고 있었다. 그렇지만 여전히 그는 백성들의 동의와 협력을 구했다. 이전 사울에게서는 이러한 태도를 볼 수 없었다. 이것이 다윗의 좋은 점이다.

'우리 형제'라고 부르는 것은 다윗이 자신을 겸손하게 낮추는 표현이다. '모이게 하자'는 것은 여호와의 궤를 가져오자는 말이다. 3절에서는 사울 때의 이야기를 한 마디 하는데, 그 목적은 하나님과의 교제를 가까이 갖자는 것이다. 사실 선왕 사울 때에는 하나님과 이스라엘의 관계가 가깝지 않았고 사울은 언약궤를 거들떠보지도 않았다. 그러나 다윗은 여기서 '우리가 사울 때는 여호와께 묻지 않았다'고 함으로 그 책임을 함께 감당하고자 했다.

4절, 뭇 백성이 이 일을 선히 여기므로 온 회중이 그대로 행하겠다 한지라

뭇 백성이 다윗 왕의 제의를 선하게 여겼다. 다윗의 뜻이 여호와께로 말미암고 그가 선하게 여길만한 말을 하기 때문에 그렇게 되는 것이다. 성도들이 순종할 수 있는 일을 제의하는 것도 매우 중요하다.

5-6절, 이에 다윗이 애굽의 시홀 시내에서부터 하맛 어귀까지 온 이스라엘을 불러 모으고 기럇여아림에서부터 하나님의 궤를 메어 오고자 할새 6 다윗이 온 이스라엘을 거느리고 바알라 곧 유다에 속한 기럇여아림에 올라가서 여호와 하나님의 궤를 메어오려 하니 이는 여호와께서 두 그룹 사이에 계시므로 그 이름으로 일컫는 궤라

'시홀 시내'는 나일강을 가리킨다. 구약의 예표이지만 궤를 모셔온다는 것은 곧 하나님을 모셔오는 것이다.

7-8절, 하나님의 궤를 새 수레에 싣고 아비나답의 집에서 나오는데 웃사와 아히오는 수레를 몰며 8 다윗과 이스라엘 온 무리는 하나님 앞에서 힘을 다하여 뛰놀며 노래하며 수금과 비파와 소고와 제금과 나팔로 주악하니라

시편에 보면 하나님의 행차가 있을 때 찬미, 찬양, 주악이 뒤따른다. 이것은 하늘의 광경이다. 주님의 역사가 있고 성령의 운행하심이 있는 교회는 늘 찬미가 함께한다. 하나님과 함께하는 예배 속에 찬양이 있는 것이다.

9절, 기돈의 타작마당에 이르러서는 소들이 뛰므로 웃사가 손을 펴서 궤를 붙들었더니

사무엘 하 6장 6절에는 '나곤의 타작마당'이라고 되어 있다. "저희가 나곤의 타작마당에 이르러서는 소들이 뛰므로 웃사가 손을 들어 하나님의 궤를 붙들었더니". '기돈'은 '재앙'을 뜻한다. '나곤'은 '예비된'이라는 말이다. 원래 이름이 나곤인가, 기돈인가? 재앙을 당한 곳이라서 그 이름을 기돈으로 바꾸었는지도 모른다. 어쨌든 기돈이라는 마당에 이르렀는데 소들이 뛴 것이다. 소가 수레에 언약궤를 싣고 가다가 뛰므로 언약궤가 넘어지려고 하자 웃사가 손을 펴서 궤를 붙들었다.

10절, 웃사가 손을 펴서 궤를 붙듦을 인하여 여호와께서 진노하사 치시매 웃사가 거기 하나님 앞에서 죽으니라

원래 언약궤는 수레에 싣고 가서는 안 되며, 하나님께서는 이스라엘의 레위 지파 중에서도 고핫 자손만이 궤를 메도록 정하셨다. 그런데 다윗이 잘 모르고 새 수레를 만들어 소로 끌고 가게 하다가 이런 변을 당한 것이다. 언약궤를 블레셋 사람들에게 빼앗기지 않았는가? 엘리 제사장 때에 빼앗겼었다. 그런데 블레셋 사람들이 그 언약궤 때문에 재앙을 만나므로 다시 이스라엘로 돌려보낼 때 수레에 실어 보낸 것이다. 다윗은 이방 풍속의 영향을 받았는지 좀 혼돈이 되었던 듯하다. 어쨌든 소들이 뛰므로 궤가 떨어지려 하자 웃사가 붙잡다가 죽은 것이다.

11절, 여호와께서 웃사를 충돌하시므로 다윗이 분하여 그곳을 베레스웃사라 칭하니 그 이름이 오늘날까지 이르니라

'베레스웃사'란 하나님께서 치셨다는 뜻이다. 여기서 우리가 생각해볼 점이 있다. 웃사의 행동은 선한 것이지 않은가? 하나님의 언약궤가 수레에서 떨어지지 않도록 붙잡은 것이다. 그런데 우리가 언약궤의 역사를 살펴보면 언약궤는 항상 스스로 자신을 지켜왔다. 하나님은 어떤 사람의 도움을 필요로 하지 않으신다. 언약궤가 블레셋에 갔을 때에도 그것을 들여다보다가 많은 사람이 죽었다. 언약궤를 함부로 대하다가 죽은 것이다.

선한 의도이기만 하면 어떤 일이든지 하나님이 기뻐하실 것이라고 생각해서는 안 된다. 웃사는 하나님의 언약궤가 수레에서 떨어지면 안 되기 때문에 사람의 손으로 잡으려 한 것이다. 여러분은 때로 '나는 하나님께 굉장히 도움이 되는 사람이다.'라고 생각할지 모른다. '내가 이렇게 교회에 출석하는 것이 하나님께 큰 도움이 되겠지.' 하는 생각은 축복된 것이 아니다. 주님을 위해서 아무리 많은 일을 했다 하더라도 '하나님, 저는 무익한 종입니다.'라고 고백해야 한다. 우리는 하나님의 율법을 통해서도 배워야 하고 하나님의 심판을 통해서도 배워야 한다.

12절, 그 날에 다윗이 하나님을 두려워하여 가로되 내가 어찌 하나님의 궤를 내 곳으로 오게 하리요 하고

다윗같이 훌륭한 종도 약간의 시행착오를 겪을 수 있다. 첫째는 그가 언약궤를 수레에 실은 것이다. 모세의 규례대로 행하지 않은 것이다. 둘째는 웃사가 죽었을 때 회개한 것이 아니라 분한 마음을 가졌다는 것이다. 그러나 다윗이 하나님을 두려워하는 마음을 가진 것은 그렇게 틀렸다고 볼 수는 없다. "내가 어찌 하나님의 궤를 내 곳으로 오게 하리요" 한 것은 마음이 위축되고 좌절한 것이다. '어떻게 해서든지 모셔와야지.' 해야 하는데 사고가 나자 마음이 위축되어 다소 뒤로 물러났다. 충성된 종인 다윗에게도 이런 약점이 있었다. 그러나 하나님이 택하신 종은 하나님이 바로잡아주신다.

13절, 궤를 옮겨 다윗 성 자기에게 메어들이지 못하고 치우쳐 가드 사람 오벧에돔의 집으로 메어가니라

이렇게 충성된 다윗도 치우칠 수가 있다. 오벳에돔은 레위인이고 고핫 자손이며 성전의 문지기였다(대상 15:18, 24, 26:4).

14절, 하나님의 궤가 오벧에돔의 집에서 그 권속과 함께 석 달을 있으니라 여호와께서 오벧에돔의 집과 그 모든 소유에 복을 내리셨더라

왜 오벧에돔의 집이 복을 받았는가? 언약궤를 모셨기 때문이다. 그 궤가 있는 곳은 복을 받는다. 언약궤는 신약으로 생각하면 주님 자신이다. 우리는 주님을 모셔오는 일에 치우칠 필요가 없다. 주님을 모셔오는 일을 그릇 행할 때 선한 뜻이고 주님과 관계된 일인데도 사람이 죽었다. 궤를 옮겨오는 일을 하지 않았더라면 웃사가 죽는 일은 없었을 것이다. 그런데 그 궤가 치우쳐서 오벧에돔 집에 갔을 때 그곳은 복을 받았다. 하나는 죽었고 하나는 복을 받았다. 이렇게 축복과 저주가 있다. 생명과 사망이 있다. 우리 주 예수님이 이 땅에 오시지 않았더라면 어떤 사람들의 죄는 그냥 있을 것이다. 그런데 어떤 사람들은 주 예수님이 오셨기에 죄가 드러나고 심판이 임하게 된다. 예수님이 오셨기 때문에 걸려 넘어지는 사람들이 있었다. 특히 많은 유대인들이 걸려 넘어졌다. 그런데 어떤 사람들은 그분이 오심으로 인해 구원을 받는다. 로마서 9장 33절에서는 "기록된바 보라 내가 부딪히는 돌과 거치는 반석을 시온에 두노니 저를 믿는 자는 부끄러움을 당치 아니하리라 함과 같으니라"고 했다. 주님이 부딪히는 돌이요 거치는 반석이시다. 베드로 전서 2장 8절에서는 "또한 부딪히는 돌과 거치는 반석이 되었다 하니라 저희가 말씀을 순종치 아니하므로 넘어지나니 이는 저희를 이렇게 정하신 것이라"고 한다.

주 예수님이 오실 당시 그분이 모든 사람에게 유익이 되셨는가? 유익을 얻은 자들도 있었지만 어떤 사람들은 도리어 예수님 때문에 걸려 넘어졌다. 예수님이 이런 분이 되셨다는 것을 이해할 수 있겠는가? 사도 바울은 고린도 후서 2장 15-16절에서 "우리는 구원 얻는 자들에게나 망하는 자들에게나 하나님 앞에서 그리스도의 향기니 이 사람에게는 사망으로 좇아 사망에 이르는 냄새요 저 사람에게는 생명으로 좇아 생명에 이르는 냄새라 누가 이것을 감당하리요"라고 했다. 우리 생각에 사도 바울이 전도한 사람들은 모두가 생명을 얻을 것 같은데, 바울의 전파가 어떤 사람은 사망에 이르게 한다는 것이다. 참 이해하기가 어렵다. 이어서 17절은, "우리는 수다한 사람과 같이 하나님의 말씀을 혼잡하게 하지 아니하고 곧 순전함으로 하나님께 받은 것같이 하나님 앞에서와 그리스도 안에서 말하노라"고 한다. 오늘날에도 그리스도를 순수하게 전하는 사역은 동일한 결과를 가져온다. 바울은 모든 사람이 구원받기를 원하지만 어떤 사람들은 그의 전파를 듣고 사망에 이르게 되며 또 어떤 사람은 생명을 얻게 된다. 이렇게 그의 사역의 결과가 둘로 갈라짐으로 사도 바울은 "누가 이것을 감당하리요"라고 했다. 사람은 이런 일을 감당할 수 없다. 여호와의 언약궤 때문에 어떤 사람은 복을 받고 어떤 사람은 죽는다. 여러분은 이 부분을 깊이 상고해보기 바란다.

역대상 14 장

도입

이 장에는 매우 인간적인 표현이 있다. 다윗이 비로소 하나님이 자기를 이스라엘의 왕으로 삼으신 줄을 깨달았다는 것이다. 그는 너무나 어려운 과정을 통과해서 왕이 되었으므로 그가 과연 왕이 되었는지 아직 확신이 서지 않았던 것이다. 디모데 후서 1:11-15, "내가 이 복음을 위하여 반포자와 사도와 교사로 세우심을 입었노라 12 이를 인하여 내가 또 이 고난을 받되 부끄러워하지 아니함은 나의 의뢰한 자를 내가 알고 또한 나의 의탁한 것을 그 날까지 저가 능히 지키실 줄을 확신함이라 13 너는 그리스도 예수 안에 있는 믿음과 사랑으로써 내게 들은바 바른 말을 본받아 지키고 14 우리 안에 거하시는 성령으로 말미암아 네게 부탁한 아름다운 것을 지키라 15 아시아에 있는 모든 사람이 나를 버린 이 일을 네가 아나니 그 중에 부겔로와 허모게네가 있느니라".

14장 3절의 그가 아내들과 자녀들을 많이 둔 것은 잘한 일이 아니다. 그러나 구약의 표준에 따라 볼 수밖에 없다. "모세가 너희 마음의 완악함을 인하여 아내 내어버림을 허락하였거니와 본래는 그렇지 아니하니라"(마 19장). 예루살렘에서 나은 아들이 13명이었다.

또한 블레셋의 공격을 받았는데, 왕국이 세워지면 적들이 쳐들어온다.

다윗의 승리는 십자가와 성령을 의지한 승리이다. 뽕나무 꼭대기에서 나는 소리는(15절) 우리에 대한 하나님의 섭리와 성령의 인도하심에 맡기라고 명하고 있다. 우리가 움직이지 않으면 승리한다. 블레셋의 신들을 태워버린 것은 우상숭배와 그의 유물에 대하여 거룩한 진노를 발해야 한다는 것을 가르친다.

강해

1-2절, 두로 왕 히람이 다윗에게 사자들과 백향목과 석수와 목수를 보내어 그 궁궐을 건축하게 하였더라 2 다윗이 여호와께서 자기로 이스라엘 왕을 삼으신 줄을 깨달았으니 이는 그 백성 이스라엘을 위하여 나라를 진흥하게 하셨음이더라

두로 왕 히람은 지혜가 있는 사람이다. 다윗과 친분을 쌓아 왕이 되니 다윗에게 석수와 목수를 보내어 궁궐을 건축하게 한 것이다. 당시 두로는 작은 나라였지만 그는 다윗에게 큰 도움이 되었다. 어떤 사람이 하나님의 사역에 도움이 되는지는 아무도 모른다. 그렇게 큰 사람이 아닐 수도 있다. 예수님 때에도 큰 부자나 권력자가 아니라 마리아 같은 여자가 그분께 도움이 된 것을 볼 수 있다. 그녀가 주 예수님께 향유를 붓지 않았는가?

2절에 이해하기 어려운 말이 있다. "다윗이 여호와께서 자기로 이스라엘 왕을 삼으신 줄을 깨달았으니". 다윗은 오래 전에 이미 기름부음을 받아 왕이 되었는데, 이제야 주님이 자기를 이스라엘 왕으로 삼으신 줄을 깨달았다는 것이다. 어쨌든 다윗은 왕에 대한 지위감이 없었고 욕심도 없었던 것 같다.

나는 오랜 세월 사역을 하면서 사람들에게 말해주어도 깨닫지 못하는 것을 보았다. '하나님이 나를 사역자로 삼으셨다는 것을 나는 벌써부터 알았다.'라고 생각하지 않는 것이 좋다. '나는 내가 장로인지 목사인지 집사인지 모르겠다. 나는 하나님이 주신 은혜로 은사대로 섬길 뿐이다.' 하는 것이 가장 좋다.

"이는 그 백성 이스라엘을 위하여 나라를 진흥하게 하셨음이더라". 다윗은 '나를 위해서 왕을 삼았다'고 하지 않고 '당신의 백성 이스라엘을 위해서 나를 왕으로 삼았도다'라고 했다. '당신의 나라를 진흥케 하기 위해서 나 같은 자를 왕으로 삼으셨나 봅니다.'라고 하는 말은 겸손하고 아름답다.

3절, 다윗이 예루살렘에서 또 아내들을 취하여 또 자녀를 낳았으니

다윗이 예루살렘에서 낳은 아들이 13명이다. 4-7절은 아들 13명의 이름이다.

4-7절, 예루살렘에서 낳은 아들들의 이름은 삼무아와 소밥과 나단과 솔로몬과 5 입할과 엘리수아와 엘벨렛과 6 노가와 네벡과 야비아와 7 엘리사마와 브엘랴다와 엘리벨렛이었더라

다윗에게 노가라는 아들이 있다는 것을 들어보았는가? 나단과 솔로몬은 알겠지만 그 외에는 별로 들어보지 못했다. 어쨌든 그는 아들들을 많이 낳았다. 예루살렘에서 낳은 아들만 13명이나 된다. 이것은 율법시대인 구약의 표준이다. 마태복음 19장 8절에서는, "예수께서 가라사대 모세가 너희 마음의 완악함을 인하여 아내 내어버림을 허락하였거니와 본래는 그렇지 아니하니라"고 했다. 구약에서는 이혼증서를 주어 아내를 내어버리는 것을 허락했다. 그러나 예수님이 오셔서 '본래'를 말씀하셨다. 한 남편에 한 아내가 본래 하나님의 정하심이지만 그들의 마음이 완악하므로 아내 내어버림을 허락했다는 것이다. 완악한 사람들에게 이것마저 허락하지 않으면 자기 아내를 죽도록 못살게 굴기 때문이다. 하나님께서는 아내가 남편의 학대에 시달려 죽는 것보다는 사는 길을 주신 것이 아닌가 한다.

8절, 다윗이 기름부음을 받아 온 이스라엘의 왕이 되었다 함을 블레셋 사람이 듣고 다윗을 찾으러 다 올라오매 다윗이 듣고 방비하러 나갔으나

이 블레셋은 온 이스라엘의 대적이다. 다윗이 기름부음을 받아 이스라엘의 왕이 되자 대적은 분기했다. 이스라엘 왕국이 세워지면 주변 나라들이 위협을 받기 때문이다. 그래서 블레셋부터 다윗을 대적하여 일어난 것이다.

9절, 블레셋 사람이 이미 이르러 르바임 골짜기를 침범하였는지라

이미 쳐들어와서 이스라엘에게 해를 끼친 것이다. 대적은 조금도 기다리지 않는다. 블레셋 사람이 르바임 골짜기를 침범하였다.

10절, 다윗이 하나님께 물어 가로되 내가 블레셋 사람을 치러 올라가리이까 주께서 저희를 내 손에 붙이시겠나이까 여호와께서 이르시되 올라가라 내가 저희를 네 손에 붙이리라 하신지라

다윗은 이런 상황에서 하나님께 물었다. '제가 블레셋을 치러 올라갈까요?' 자기가 할 만한 일인가를 하나님께 묻는 것이다. 그러자 하나님께서는 다윗에게 "올라가라 내가 저희를 네 손에 붙이리라"고 하셨다.

11절, 이에 무리가 바알부라심으로 올라갔더니 다윗이 거기서 저희를 치고 가로되 하나님이 물을 흩음같이 내 손으로 내 대적을 흩으셨다 함으로 그곳 이름을 바알브라심이라 칭하니라

다윗이 전쟁하는 것을 보면 자기 힘으로 하지 않는다. 항상 하나님의 힘을 사용한다. 다윗은 그냥 손만 내밀었을 뿐이고 하나님께서 다윗의 손을 통해 대적을 다 흩으신 것이다. 그래서 그곳 이름을 바알브라심이라고 했다.

12절, 블레셋 사람이 그 우상을 그곳에 버렸으므로 다윗이 명하

여 불에 사르니라

블레셋 사람들은 우상을 내세워 전쟁을 하려고 했나 보다. 전쟁에서 패하자 그 우상을 그곳에 버렸다. 그러자 다윗이 명하여 그 모든 우상을 다 태워버리라고 했다.

13절, 블레셋 사람이 다시 골짜기를 침범한지라

대적은 한 번 침략하고 끝내는 것이 아니다. 다시 침략을 시도했다.

14절, 다윗이 또 하나님께 묻자온대 하나님이 이르시되 마주 올라가지 말고 저희 뒤로 돌아 뽕나무 수풀 맞은편에서 저희를 엄습하되

다윗은 지난 번 기도의 응답대로 나아가지 않고 다시금 기도했다. 아침에 기도했다고 해서 저녁에 기도하지 않는 것이 아니다. 그런데 이번의 방법은 지난 번과 다르다. "하나님이 이르시되 마주 올라가지 말고 저희 뒤로 돌아 뽕나무 수풀 맞은편에서 저희를 엄습하되".

15절, 뽕나무 꼭대기에서 걸음 걷는 소리가 들리거든 곧 나가서 싸우라 하나님이 네 앞서 나아가서 블레셋 사람의 군대를 치리라 하신지라

결국 하나님이 하시는 것이지 다윗이 한 것이 아니다. 매번의 전쟁이 다르다. 지난 번에는 그냥 곧바로 나가서 바알부라심으로 올라가라고 하셨다. 그런데 여기서는 마주 올라가지 말고 뒤로 돌아가라고 하셨다. 그러므로 때마다 기도를 해서 다시 음성을 들어야 한다. 그때그때 하나님의 전략이 바뀌기 때문이다. "뽕나무 꼭대기에서 걸음 걷는 소리가 들리거든". 전쟁의 시작도 하나님이 하신다. 천사들이 싸우는 소리가 먼저 나면 이 땅에서 다윗이 싸우는 것이다. 하나님이 앞서 나가 싸우시지 않으면 사람은 이기지 못한다.

16절, 이에 다윗이 하나님의 명대로 행하여 블레셋 사람의 군대를

쳐서 기브온에서부터 게셀까지 이르렀더니

게셀은 블레셋 영토의 동북편 경계지이다. 이 때 블레셋은 이스라엘 영토에서 완전 철수했다. 다시 말하지만, 영적 전쟁을 하는 사람은 반드시 하나님의 명대로 해야 한다. 여러분이 영적 전쟁을 하려면 십자가를 알아야 한다. 이기는 자들은 마귀의 군대를 쳐서 파할 수 있어야 한다.

17절, 다윗의 명성이 열국에 퍼졌고 여호와께서 열국으로 저를 두려워하게 하셨더라

하나님께서 이렇게 하신 것이다. 다윗의 명성은 열국에 퍼졌으며 열국 사람들이 다윗을 두려워했다.

역대상 15장

도입

지난 번 법궤를 모셔오는 일에 있어서 다윗은 신중하게 행하지 못했다. 다윗은 자신을 위하여 왕궁을 짓고 하나님의 궤를 위해 장막을 쳤다. 우리는 다윗이 궤를 위한 장막을 어떻게 쳤는지 모른다. 어쩌면 모세의 성막의 모형대로 쳤을 것이다. 그리고 2절에서 우리는 계시가 전진한 것을 볼 수 있다. “가로되 레위 사람 외에는 하나님의 궤를 멜 수 없나니 이는 여호와께서 저희를 택하사 하나님의 궤를 메고 영원히 저를 섬기게 하셨음이니라”. 다윗은 실패를 통해서 배울 수 있었다.

다윗은 이제 깨달았고 율법에서 정한 대로 레위 사람들로 언약궤를 메고 가게 했다. 우리가 생명의 위협이 없이 믿음의 임무를 잘 수행할 수 있다면, 그것은 하나님의 도우심 때문이라는 것을 알아야 한다. 우리는 두려워 떠는 것을 배워야 한다. 이것이 십자가를 지는 사람들의 태도이다(고전 2:2). 우리가 지금까지 아무런 생명의 위협이 없이 하나님을 섬길 수 있었다는 것 자체가 큰 은혜이다.

강해

1절, 다윗이 다윗 성에서 자기를 위하여 궁궐을 세우고 또 하나님의 궤를 위하여 처소를 예비하고 위하여 장막을 치고

다윗은 하나님께서 언약궤를 모신 오벧에돔의 집을 축복하시는 것을 알았을 것이다. 그리고 더욱 소원을 가졌을 것이고 어떻게 장막으로 궤를 모셔올 수 있을까를 생각했을 것이다.

2절, 가로되 레위 사람 외에는 하나님의 궤를 멜 수 없나니 이는 여호와께서 저희를 택하사 하나님의 궤를 메고 영원히 저를 섬기게 하셨음이니라 하고

다윗은 한 번 실패했지만 계속 실패하는 것은 아니다. 그는 하나님을 경외하기 때문에 배울 수 있었다. 자신의 잘못된 것을 알고 과감하게 고칠 수 있는 사람은 좋은 사람이다.

3-13절, 이스라엘 온 무리를 예루살렘으로 모으고 여호와의 궤를
그 예비한 곳으로 메어 올리고자 하여 4 아론 자손과 레위 사람을
모으니 5 그핫 자손 중에 족장 우리엘과 그 형제 일백이십 인이요 6
므라리 자손 중에 족장 아사야와 그 형제 이백이십 인이요 7 게르
솜 자손 중에 족장 요엘과 그 형제 일백삼십 인이요 8 엘리사반 자
손 중에 족장 스마야와 그 형제 이백 인이요 9 헤브론 자손 중에 족
장 엘리엘과 그 형제 팔십 인이요 10 웃시엘 자손 중에 족장 암미나
답과 그 형제 일백십이 인이라 11 다윗이 제사장 사독과 아비아달을
부르고 또 레위 사람 우리엘과 아사야와 요엘과 스마야와 엘리엘과
암미나답을 불러 12 저희에게 이르되 너희는 레위 사람의 족장이니
너희와 너희 형제는 몸을 성결케 하고 내가 예비한 곳으로 이스라엘
하나님 여호와의 궤를 메어 올리라 13 전에는 너희가 메지 아니하였
으므로 우리 하나님 여호와께서 우리를 충돌하셨나니 이는 우리가

규례대로 저에게 구하지 아니하였음이니라

다윗이 이때에 와서는 과거에 자기가 잘못했다는 것을 깨닫고 실행하는 데 있어서 진보했다. 다윗은 이방인의 관습에서 하나님의 말씀으로 돌아간 것이다. 다윗같이 신실한 종이라도 잘 몰라서 실수할 수 있지만 그것을 깨닫고 과감히 고쳐 나가는 태도는 매우 바람직하다.

14-15절, 이에 제사장들과 레위 사람들이 이스라엘 하나님 여호와의 궤를 메고 올라가려 하여 몸을 성결케 하고 15 모세가 여호와의 말씀을 따라 명한 대로 레위 자손이 채로 하나님의 궤를 꿰어 어깨에 메니라

제사장들과 레위인들은 궤를 메기 위해 몸을 성결케 했다. 그리고 주님이 말씀에서 명하신 대로 채로 하나님의 궤를 꿰어 어깨에 메었다.

16-19절, 다윗이 레위 사람의 어른들에게 명하여 그 형제 노래하는 자를 세우고 비파와 수금과 제금 등의 악기를 울려서 즐거운 소리를 크게 내라 하매 17 레위 사람이 요엘의 아들 헤만과 그 형제 중 베레야의 아들 아삽과 그 동종 므라리 자손 중에 구사야의 아들 에단을 세우고 18 그 다음으로 형제 스가랴와 벤과 야아시엘과 스미라못과 여히엘과 운니와 엘리압과 브나야와 마아세야와 맛디디야와 엘리블레후와 믹네야와 문지기 오벧에돔과 여이엘을 세우니 19 노래하는 자 헤만과 아삽과 에단은 놋제금을 크게 치는 자요

여기에 읽기도 어렵고 기억하기도 어려운 이름들이 많은데, 그 중 오벧에돔은 이전에 여호아의 궤를 자기 집에 모셨던 사람이다. 이제는 여러 사람 가운데 하나의 지체가 되어 하나님의 문지기로서 임무를 담당하고 있다. 19절에서 "크게 치는 자요"라고 했는데, 성전에 노래하는 자 중에는 이렇게 놋제금을 크게 치는 자도 있다.

20절, 스가랴와 아시엘과 스미라못과 여히엘과 운니와 엘리압과

마아세야와 브나야는 비파를 타서 여창에 맞추는 자요

'여창'이란 여인들의 찬송 팀을 가리킨다.

21절, 맛디디야와 엘리블레후와 믹네야와 오벧에돔과 여이엘과 아사시야는 수금을 타서 여덟째 음에 맞추어 인도하는 자요

다윗은 음악을 잘 아는 사람이다. 그의 목동 시절에도 사울이 때때로 불러 악기를 연주하게 해서 악신을 내쫓고 그의 헛소리하는 것을 방지하게 했다. 그러므로 다양하게 찬양 부대를 안배할 수 있었던 것이다. 여덟째 음이란 '스미닛'으로 시편에 보면 스미닛에 맞춘 노래라는 말이 나온다. 이것은 현악기에서 제 8음으로서 맨 아랫줄 저음을 가리킨다.

22절, 레위 사람의 족장 그나냐는 노래에 익숙하므로 노래를 주장하여 사람에게 가르치는 자요

노래에 익숙해서 노래를 인도하고 가르치는 사람이 있었다.

23-24절, 베레갸와 엘가나는 궤 앞에서 문을 지키는 자요 24 제사장 스바냐와 요사밧과 느다넬과 아미새와 스가랴와 브나야와 엘리에셀은 하나님의 궤 앞에서 나팔을 부는 자요 오벧에돔과 여히야는 궤 앞에서 문을 지키는 자더라

여기까지 읽을 때 궤를 옮기는 일에 있어서 많은 사람이 동원이 되고 많은 사람을 적재적소에 세운 것을 본다. 그래서 다윗 때에 하나님의 왕국의 모형이 가장 그럴듯하게 세워졌던 것이다. 그리스도의 교회가 왕국의 실제이지만, 다윗 때에는 우리가 맡은바 은사대로, 직분대로 섬기는 것의 모형이다. 노래든 문을 지키는 일이든 한 사람이 다하지 않고 모든 사람이 함께 조화를 이루어 주님을 섬긴 것이다.

25절, 이에 다윗과 이스라엘 장로들과 천부장들이 가서 여호와의 언약궤를 즐거이 메고 오벧에돔의 집에서 올라왔는데 26 하나님이

여호와의 언약궤를 멘 레위 사람을 도우셨으므로 무리가 수송아지 일곱과 수양 일곱으로 제사를 드렸더라

하나님께서 규례대로 레위인들이 언약궤를 메고 올라올 때 축복하셨다. 언약궤를 멘 레위 사람을 도우셨고, 백성들은 수송아지 일곱과 수양 일곱으로 제사를 드렸다.

27-28절, **다윗과 궤를 멘 레위 사람과 노래하는 자와 그 두목 그나냐와 모든 노래하는 자도 다 세마포 겉옷을 입었으며 다윗은 또 베 에봇을 입었고 28 이스라엘 무리는 크게 부르며 각과 나팔을 불며 제금을 치며 비파와 수금을 힘있게 타며 여호와의 언약궤를 메어 올렸더라**

언약궤를 메어 오는 일에 참여한 모든 사람들이 다 세마포 겉옷을 입었으며 다윗은 거기에다 또 베 에봇을 입었다. 이전보다 훨씬 주의 깊고 신중하다. 여호와의 언약궤가 메어 올려질 때 이스라엘 무리의 찬송소리가 우렁차고 컸다.

29절, **여호와의 언약궤가 다윗 성으로 들어올 때에 사울의 딸 미갈이 창으로 내어다보다가 다윗 왕의 춤추며 뛰노는 것을 보고 심중에 업신여겼더라**

미갈도 다윗의 아내 중 하나이다. 여기서 미갈은 왜 다윗을 업신여겼는가? 자기 아버지 때문이다. 자기 아버지 사울은 그렇지 않았다는 것이다. 사울은 왕으로서의 지위감이 컸으므로 아마도 근엄하게 목에 힘을 주고 다녔을 텐데, 그런 왕 밑에서 생활하다가 다윗이 춤추며 뛰노는 것을 보니 뭔가 위엄이 없는 것 같다고 여겨 업신여긴 것이다. 다윗은 하나님을 찬양할 때 자기가 왕이라는 것도 잊어버렸다. 사무엘서에 보면 그 일로 미갈에게는 자식이 없었다고 말한다. 다윗이 이때 심히 노했다. "다윗이 미갈에게 이르되 이는 여호와 앞에서 한 것이니라 저가 네 아비와 그 온 집을 버리시고 나를 택하사 나로 여호와의 백성 이스라엘의 주권자를 삼으셨으니 내가 여호와 앞에서 뛰놀리라 내가 이보다 더 낮아져 서 스스로 천하게 보일지라도 네가 말한바 계집종에게는 내가 높임을 받으리라 한지라 그러므로 사울의 딸 미갈이 죽는 날까지 자식이 없으니라"(삼하 6:21-23).

이렇게 하나님께서 열납하시는 좋은 예배와 하나님의 언약궤를 모셔 오는 영광스런 광경을 보고도 어떤 사람은 비웃을 수 있다. 그게 누구였는가? 하필이면 가장 가까운 아내였다. 가장 가까이 있는 사람이 가장 엉뚱할 수가 있다. 그것은 사람의 관념으로 보기 때문이다. 그럼으로써 복을 잃어버렸다.

우리는 13, 14, 15장을 배우면서 하나님을 섬기는 것이 참으로 두려운 일임을 알게 된다. 웃사는 부주의하다가 죽었다. 다윗도 섬기다가 크게 놀랐다. 우리가 하나님을 섬기는 길에서 지금까지 우리 생명이 보존되고 하나님께 버림받지 않고 여전히 섬길 수 있다는 것 자체가 정말 긍휼이다. 하나님을 섬기는 것은 두려운 일이다. 하나님을 가까이서 섬길수록 더 두렵다. 자칫하면 끝날 수 있기 때문이다. 믿음의 경주를 마칠 때까지 계속 이 두려워하는 자세를 견지해야 하며 따라서 주님의 긍휼을 의지해야 한다. 우리 모두 끝까지 그리스도 안에서 보존될 수 있기 바란다.

역대상 16 장

도입

16장에서는 15절의 언약을 중시해야 한다. 하나님은 언약을 중시하시는 분이다. 16-17절은 아브라함과 이삭에게 하신 언약을 말한다. 언약의 내용은 18절로 가나안 땅을 기업의 지경이 되게 하셨다는 것이다. 19-22절은 언약을 받은 조상들이 미약했지만 사람들이 해하지 못하게 보호하셨다는 것을 말한다. 아브라함은 독특한 의미에서 하나님의 예언자로 불린다.

23-33절은 새 노래로 여호와께 노래하는 것과 온 땅에 복음을 전할 것을 말한다. 25절에서는 하나님이 크신 하나님이시라고 말한다. 하늘을 지으신 하나님! 존귀와 위엄이 그 처소에 있다. 28-29절은 찬미의 중요성을 말한다. 35절은 고통 속에 있는 하나님의 종들의 구원과 위로를 위해 기도하라는 내용이다. 우리가 즐거워하고 있는 동안에도 고통받는 형제들을 기억하고 기도해야 한다.

마지막 절은 다윗이 자기 집을 축복하려고 들어간 것을 말한다. 공적 예배가 결코 가정 예배를 대치하지 못한다. 37절에서는 하나님(궤 앞) 앞에 늘 찬양을 드려야 함을 말한다.

강해

1절, 하나님의 궤를 메고 들어가서 다윗이 위하여 친 장막 가운데 두고 번제와 화목제를 하나님 앞에 드리니라

언약궤를 오벧에돔 집에서 찾아와 어디에 두었는가? 광야에서 메고 다녔던 회막(모세가 지었던 성막이 기브온 산당에 있었다)을 기브온에 두었는데, 다윗이 언약궤를 두려고 자기의 왕궁 가까운 곳에 언약궤를 둘 장막을 따로 만들었다는 것이다. 다윗 시대에는 언약궤와 회막이 분리되어 있었다. 그것이 솔로몬 때 와서 성전이 건축되자 일치된 것이다. 하나님의 궤를 다윗 친 장막에 들인 후에 그들은 하나님 앞에 번제와 화목제를 드렸다. 당시에 언약궤는 하나님의 임재이며 하나님이 거하시는 처소였다. 다윗은 항상 언약궤 앞에 나아가기를 즐겨했는데, 그것이 당시에는 하나님 앞에 나아가는 것이었다. 그는 하나님을 가까이 모시고 싶어했다.

어떤 이유인지는 모르지만 기브온 산당에서 회막을 옮겨올 수는 없었던 것 같다. 이 때문에 다윗은 고심했을 것이고 늘 하나님의 언약궤를 자기 곁에 모시고 싶어했다. 그러다 언약궤를 가까이에 모시기 위해 다윗이 따로 장막을 준비했는데, 이 장막은 그리 대단하지 않고 초라했다. 그래서 그가 '나는 백향목 궁에 거하는데 나의 하나님은 장막에 계시는구나' 하면서 하나님의 전을 짓고 싶다고 한 것이다. 그런데도 시편을 읽어보면 다윗은 언약궤를 모신 그 초라한 장막을 너무나 사랑하고 사모했다. "주의 전을 사모하오니".

반면에 솔로몬 때에는 장엄하고 화려한 성전을 지어 그곳에 언약궤를 모셨는데 그의 영적 상태는 너무 형편없이 되어 버렸다. 오늘날로 말하면 다윗의 장막은 성도수도 얼마 안 되고 사람들도 볼품없는데 하나님의 은혜가 넘치는 것이다. 이것이 놀랍고 비밀한 일이다. 시편 곳곳에서 다윗은 언약궤를 모신 이 장막을 간절히 사모하는 마음을 표현했다. 참으로 감동이 된다.

2절, 다윗이 번제와 화목제 드리기를 마치고 여호와의 이름으로 백성에게 축복하고

다윗은 언약궤가 들어올 때 너무 기뻐하면서 번제와 화목제물을 드렸고, 제물 드리기를 마친 후에 백성을 축복했다.

3절, 또 이스라엘 무리의 무론 남녀하고 매 명에 떡 한 덩이와 고기 한 조각과 건포도병 하나씩 나누어 주었더라

다윗은 번제와 화목제를 드린 후에 이스라엘의 모든 남녀에게 그 음식을 나누어주었다. 이 화목제물은 다 나누어 먹게 되어 있는데, 그 양이 엄청났을 것이다. 모든 백성에게 주었으니 얼마나 많은 양이 필요했겠는가?

4-6절, 또 레위 사람을 세워 여호와의 궤 앞에서 섬기며 이스라엘 하나님 여호와를 칭송하며 감사하며 찬양하게 하였으니 5 그 두목은 아삽이요 다음은 스가랴와 여이엘과 스미라못과 여히엘과 맛디디아와 엘리압과 브나야와 오벧에돔과 여이엘이라 비파와 수금을 타고 아삽은 제금을 힘있게 치고 6 제사장 브나야와 야하시엘은 항상 하나님의 언약궤 앞에서 나팔을 부니라

마지막으로 찬양을 드렸는데, 우리가 다시 한 번 기억해야 할 것이 있다. 교회에서 무엇이 가장 중요한가? 여기 찬양도 있고 화목제도 있고 번제도 있고 나누어 먹는 것이 있다. 즉 예배와 교제와 많은 활동이 있는 것이다. 그런데 여기서 가장 중심이 되는 것은 '언약궤'이다. 언약궤가 있기 때문에 축복도 있고 함께 나누어 먹는 것도 있고 섬김도 있고 찬양도 있고 칭송도 있고 감사도 있는 것이다. 그러면 언약궤란 무엇인가? 우리와 함께하시는 하나님의 임재이다. 교회의 존재의 의미는 하나님의 임재, 즉 언약궤를 모시기 위한 것이다. 고린도 전서 3장 16절에서는 "너희가 하나님의 성전인 것과 하나님의 성령이 너희 안에 거하시는 것을 알지 못하느뇨"라고 했다.

왜 하나님께서 이스라엘 백성을 광야로 인도하셨는가? 또 왜 이스라엘 백성들은 그 진을 거룩하게 해야 했는가? 왜 부정한 것을 그들의 진에서 제해야 했는가? 그것은 하나님이 그들 가운데 거하시기 위함이었다. 주님이 우리 가운데 거하시는 것이 가장 중요하다. 그것이 중심이다. 교회 안에서 중요한 것은 다만 외적인 활동이 아니다. 주님의 임재가 그 중심이어야 하고, 주님의 임재가 그곳에 있기 때문에 여러 가지 기쁨의 활동이 있는 것이다. 중심을 놓치고 많은 활동에만 빠지는 것은 주객이 전도된 것이다. 그러므로 우리는 모일 때마다 "두세 사람이 내 이름으로 모인 곳에 나도 그들 중에 있느니라"고 하신 주님의 말씀을 기억해야 한다. 다윗이 하나님의 마음에 합한 자라는 것은 그가 이러한 하나님의 중심을 알았다는 것이다.

7절, 그 날에 다윗이 아삽과 그 형제를 세워 위선 여호와께 감사하게 하여 이르기를

다윗은 무엇보다 먼저 아삽과 그 형제를 세워 하나님을 찬미하게 하였다.

8절, 너희는 여호와께 감사하며 그 이름을 불러 아뢰며 그 행사를 만민 중에 알게 할지어다

하나님께 감사하고 찬미하며 이스라엘에게 행하신 하나님의 은혜의 역사를 열방에게 알리라는 것이다. 8절부터 36절까지는 시편 105편 1절에서 15절까지와 거의 같은 내용이다. 23절부터 33절까지는 시편 96편 1절에서 13절까지와 같은 내용이다. 그리고 34-35절은 결론이다. 우리 그리스도인은 하나님께 감사하는 생활을 해야 한다. 신약에도 감사와 기도가 있다. 고린도 전서 14장 17절에서도 "너는 감사를 잘하였으나"라고 했다. 별도로 감사드리는 것이 있다는 말이다. 구약에도 따로 감사 제물이 있었다. 어떤 사람은 기도할 때마다 '주시옵소서. 주시옵소서.' 할 뿐 감사가 전혀 없다. 그러나 우리는 성도로서 하나님께 감사를 드려야 하고 감사할 줄 알아야 한다. 우리가 잘못된 신앙생활을 하면 은혜를 많이 받고 감사드릴 것이 많은데 감사할 줄 모르는 사람이 될 수 있다. 하나님은 감사하는 사람을 좋아하신다.

나는 그리스도인들이 감사를 모르면 안 된다고 생각한다. 생각해 보면 모든 것이 감사드려야 할 것뿐이다. 감사와 찬양은 같은 것으로서 감사하는 분위기가 찬양하는 분위기이다. 감사한 마음이 없이 찬양이 나오겠는가? 5절에는 두목이 나오고 다양한 악기를 타는 자들이 나온다. 맡은 것이 다 다르다. 신약의 교회 안에서도 은사대로, 직분대로, 맡은 바대로 섬겨야 한다. 우리의 섬김은 누구나 다 같은 것이 아니다. 또 우리 하나님의 백성은 감사드릴 뿐 아니라 만민에게 하나님의 행사를 알려야 한다. "그 행사를 만민 중에 알게 할지어다".

9절, 그에게 노래하며 그를 찬양하며 그 모든 기사를 말할지어다

주님을 향해서 노래하고 찬양하는 것이다. 다윗은 시편에서 하루에 일곱 번씩 찬양한다고 말했다. 우리 입술에서 찬양이 그치면 안 된다.

10절, 그 성호를 자랑하라 무릇 여호와를 구하는 자는 마음이 즐거울지로다

하나님의 이름을 자랑하라고 했다. 나는 아침마다 똑같은 말로 기도하지는 않는다. 그때그때 떠오르는 영감에 따라서 "여호와 하나님! 예수 그리스도의 하나님을 찬양하고 영광을 돌립니다. 당신이 사람을 지으시고 심히 기쁘다고 하지 않으셨습니까? 심히 좋았다고 하지 않으셨습니까? 오늘도 저희를 보고 얼마나 기쁘시겠습니까? 저희는 창조된 사람일 뿐만 아니라 당신의 아들의 피로 구속된 사람입니다. 그러니 저희를 보실 때 더욱 기뻐하시지 않겠습니까? 오늘도 주님의 은혜의 보좌 앞에 나아갑니다. 휘장 가운데로 새롭고 산 길을 열어주신 하나님! 지금 당신 앞에 나아갑니다."라고 기도하기도 한다.

"여호와를 구하는 자는 마음이 즐거울지로다". 우리가 구하는 것은 사실 주님 자신이다. 주님과 가까운 것이 좋다.

11절, 여호와와 그 능력을 구할지어다 그 얼굴을 항상 구할지어다

주님의 능력만 구하는 사람이 있다. 물론 우리에게는 능력이 필요하다. '주여, 오늘도 저에게 힘을 주시옵소서! 주여, 저로 승리하게 하게 하옵소서!'라고 기도하는 것이 필요하다. 그럴 뿐 아니라 우리는 또한 주님의 얼굴을 구하고 주님의 얼굴빛 앞에 생활할 수 있기를 구해야 한다. 이것이 진정 주님과 친밀한 것이 아닌가? 누구나 사랑하는 사람의 얼굴은 늘 보고 싶어한다. 우리도 '늘 주님의 얼굴을 뵙기 원합니다.'라고 기도하자.

12-13절, 그 종 이스라엘의 후손 곧 택하신 야곱의 자손 너희는 그 행하신 기사와 그 이적과 그 입의 판단을 기억할지어다

하나님께서 행하신 모든 일들을 기억하라는 것이다. 또 우리는 하나님의 심판을 늘 기억해야 한다.

14절, 그는 여호와 우리 하나님이시라 그의 판단이 온 땅에 있도다

하나님의 판단, 즉 그분의 심판이 온 땅에 있다는 것이다. 우리는 생활 가운데서 하나님의 심판을 늘 기억해야 한다. 33절에도 심판이 나온다. "그리할 때에 삼림의 나무들이 여호와 앞에서 즐거이 노래하리니 주께서 땅을 심판하러 오실 것임이로다". 언젠가 하나님은 이 땅을 심판하실 것이다. 오늘날 그리스도인들은 하나님을 두려워하는 것, 하나님을 경외하는 것이 너무 부족하다. 하나님이 두려운 분이신 것을 잘 모르는 듯하다. 내가 하나님의 행정과 심판에 대해서 전한 적이 있다. 그런데 그에 앞서 우리는 근본적으로 하나님을 경외하기를 배워야 한다. 우리는 언젠가 하나님의 심판대 앞에 서게 된다. 우리가 하는 말 한 마디, 행동 하나하나가 다 드러나게 된다. 그 날 하나님의 심판대 앞에서 우리가 한 말과 우리의 행한 것에 따라 심판을 받을 것이다.

존 칼빈의 좌우명은 '코람 데오'였는데, 이것은 라틴어로서 '하나님 앞에서'라는 뜻이다. 그는 일생 이것을 그의 좌우명으로 삼았다. 이렇게 우리는 심판대 앞을 생각하며 살아야 한다. 그러려면 늘 거룩한 두려움으로 행해야 한다. 일상생활 가운데서도 늘 하나님을 두려워함으로 조심하는 것이 필요하다. 어떤 말은 해야 할 말인지, 해서는 안 될 말인지를 생각하면서 행해야 한다. 이것은 아주 중요한 문제이다. 내가 하지 말아야 할 말을 했다면 회개해야 하고 지나친 말을 했다면 회개해야 한다. 회개를 한다는 것은 두려워한다는 것이다. 그런데 우리는 때로 빛이 없어서 무엇을 회개해야 할지도 모른다. 회개할 것이 없다는 그 자체가 회개할 일이다. 12절에서는 "그 입의 판단을 기억할지어다"라고 했다. 33절에서는 주께서 땅을 심판하러 오신다고 했다.

15-18절, **너희는 그 언약 곧 천대에 명하신 말씀을 영원히 기억할지어다 16 이것은 아브라함에게 하신 언약이며 이삭에게 하신 맹세며 17 이는 야곱에게 세우신 율례 곧 이스라엘에게 하신 영원한 언약이라 18 이르시기를 내가 가나안 땅을 네게 주어 너희 기업의 지경이 되게 하리라 하셨도다**

"너희는 그 언약 곧 천대에 명하신 말씀을 영원히 기억할지어다". 하나님의 말씀은 영원하고 변하지 않는다. 그 말씀을 영원히 기억하라는 것이다. 하나님은 언약의 하나님이시다. 하나님께서 우리에게 언약하신 것은 우리를 엄청 우대하신 것이다. 예를 들어, 젊은 남녀가 서로 사랑해서 결혼하자고 약속했는데, 시간이 지나서 감정이 식으면 그 약속이 깨질 수도 있다. 그때 그 약속을 좀 더 공고히 하는 것이 언약이다. 언약은 결혼을 확실시하기 위해 약혼을 하는 것과 같다. 확실하게 결혼할 사이가 아니면 약속 정도는 가볍게 하지만 약혼을 하지는 않는다. 그러나 하나님은 우리에게 언약을 하신 것이다. 확실하게 약속을 이행하시겠다고 뭔가 증표를 주신 것이다. 그러므로 하나님은 도리 없이 우리에게 그 약속을 지키셔야만 한다. 이것이 언약의 특성이다. 사람들도 약혼을 할 때는 그냥 말로만 하는 것이 아니라 반지나 시계 같은 증표를 예물로 주고 받는다.

일단 언약을 하게 되면 그 약속에 철저히 묶이게 된다. 그 말을 반드시 지켜야 한다. 하나님이 아브라함에게 하신 언약이 있는데, 그것은 천하 만민이 너로 인하여 복을 받는다는 것이고 가나안 땅을 기업으로 주시겠다는 것이다. 하나님께서는 아브라함에게 일방적으로 이것을 약속하셨다. 모세의 율법도 언약이지만 그것은 쌍방의 의무를 조건으로 하는 언약이다. 하나님의 말씀을 지키면 복이고 지키지 않으면 저주이다. 그런데 아브라함과 하신 언약은 하나님께서 아브라함에게 일방적으로 복을 주시겠다는 것이다. 율법이란 인간에게 죄가 들어와 타락함으로 필요에 의해 가입된 것에 불과하다. 그것은 예수 그리스도께서 오셨을 때 폐하여졌다. 그리고 우리에게 믿음이 왔는데 그것이 아브라함의 믿음의 노선의 연장이다. 이것이 예수 그리스도께서 우리에게 세우신 새 언약이다. 예수님이 우리에게 주신 모든 말씀은 다 십자가의 피로 언약이 되었다. 그래서 우리는 기도할 때 그 언약을 붙들고 기도해야 한다. 어떤 젊은이가 한 처녀에게 결혼하자고 해놓고 어디로 가버렸다면 그는 신실하지 않은 사람이다. 그런 사람하고는 사귀지 말아야 한다. 그러나 우리 하나님은 언약을 굳게 지키시는 분이다. 나는 오늘 아침에도 "하나님, 저는 하나님을 더 알고 싶습니다."라고 기도했다.

히브리서 8장 10-12절은 새 언약에서 하나님이 작은 자나 큰 자나 다 그분을 알 수 있게 해주신다고 했다. 나는 그 언약을 붙들고 '하나님, 저는 하나님을 더 깊이 알고 싶습니다.'라고 한 것이다. 언약을 붙들고 기도하면 하나님이 그 기도를 안 들어 주실 수가 없다. 그리고 "너희가 내 율례를 지켜 행할지라"고 했는데, 하나님께서 우리로 그분의 율례를 지키게 해주시겠다는 것이다. 이것이 그분의 언약이다. 우리는 그것을 붙들고 기도하는 것이다.

예를 들어서, 어떤 아버지가 그 자녀에게 '내가 너희에게 어떠어떠한 것을 사주마.' 하고서 그 증표로 도장까지 찍고 그 약속을 지키지 않으면 그 아버지는 신실하지 않은 것이다. 그때 자녀들이 '아버지가 약속하고 도장까지 찍었잖아.' 하면서 그 도장 찍은 것을 보여주면 돈을 꾸어서라도 사줄 수밖에 없다. 이것이 언약의 성질이고 성경은 언약(testament)의 책이다. 이 언약은 헬라어로 '디오쎄케'인데, 신구약 성경이 바로 이 언약의 책인 것이이다. 그러므로 우리는 이것을 붙잡고서 구할 수 있다. 또 하나님께서는 우리가 그 언약의 말씀을 붙잡고 구하기를 원하신다.

역대 상 16장의 시는 다윗이 언약궤를 그 장막에 모셔놓고 지은 시이다. 이때 다윗은 하나님이 조상들에게 주신 언약을 기억했다. '그 언약 곧 천대에 명하신 말씀'이라고 했다. 하나님은 언약의 하나님이시다. 다시 말하지만, 언약은 사람의 연약함으로 인해 하나님께서 그분 자신을 낮추시어 약속하신 것이다. 아브라함에게 하신 언약은 시내 산에서 모세를 통해 주신 옛 언약과 다르다. 아브라함과 이삭과 야곱에게 하신 언약은 예수 그리스도께서 세우신 새 언약과 성질상 같은 것이다. 즉 은혜의 언약이다. 하나님께서 사람들에게 일방적으로 어떤 것을 해주시겠다고 약속하신 것이다. 율법의 언약은 사람에게 지키라고 하신 것이고, 지키지 않으면 그분이 약속하신 것을 아무것도 얻지 못할 뿐 아니라 저주가 임하게 된다. 즉 그 언약은 사람이 하기에 달린 것이다. 그러나 아브라함, 이삭, 야곱에게 하신 언약은 예수 그리스도께서 이 땅에서의 마지막 날 저녁에 제자들과 세우신 언약과 근본적으로 같으며, 그것은 하나님께서 일방적으로 다 행하시겠다는 것이고 축복하시겠다는 것이고 이루시겠다는 것이다. 우리가 하나님의 말씀을 언약으로 깨닫고 믿는 것은 매우 중요하고 필요한 일이다. 이 하나님의 말씀은 언약의 성질이 있어서 우리에게 그 안으로 들어올 수 있도록 문고리를 준 것과 같다. 문고리를 잡고 문으로 들어가지 않는가? 이와 같이 언약이란 우리가 그것을 붙들고 하나님께 믿음으로 나아가 얻도록 주신 것이다.

예를 들어서, 아들이나 손자손녀에게 내가 이러이러한 것을 해주겠다고 언약했다면(언약은 약속보다 더 강한 것이다. 약속에다 맹세까지, 증거까지 더한 것이다. 노아와 세우신 언약의 증표는 무지개였다. 더 이상 물로 심판하지 않으시겠다는 증표이다.) 내가 혹시 잊어버려도 아들이 '아버지, 나에게 이러이러한 것을 해주신다고 하지 않으셨습니까?' 혹은 '할아버지, 그렇게 해준다고 하셨잖아요?' 하면 나는 반드시 그것을 해주어야 한다. 하나님의 언약은 우리에게 반드시 그렇게 해주시겠다는 것이기 때문에 말씀 한 가지 한 가지가 우리에게 너무나 유리하고 유익한 것이다. 이것이 하나님의 사랑이요 넘치는 은혜가 아니겠는가!

예를 들어서, "너희는 먼저 그의 나라와 그의 의를 구하라 그리하면 이 모든 것을 너희에게 더하시리라"(마 6:33)고 하셨다. 이것은 언약이다. 하나님은 이 언약의 말씀으로 기꺼이 우리에게 묶이셨다. 예수님께서 십자가에서 피 흘리신 것은 다만 우리의 죄를 용서하기 위함만이 아니라 그분이 하신 모든 약속을 피로 인쳐서 새 언약을 세우시기 위함이다. 그러므로 우리가 주님의 말씀을 붙들고 '이 모든 말씀들을 다 이루어주신다고 하지 않으셨습니까?' 하면 주님은 도리 없이 해주시게 되어 있다. 이것을 모르는 사람과 아는 사람의 차이는 엄청나다. 아는 사람은 그 언약을 붙들고 확고한 믿음으로 당당하게 주님께 요청할 수 있다.

이사야 45장 11절을 보면, "이스라엘의 거룩하신 자 곧 이스라엘을 지으신 여호와께서 가라사대 장래 일을 내게 물으라 또 내 아들들의 일과 내 손으로 한 일에 대하여 내게 부탁하라"는 말씀이 있다. 여기의 '내게 부탁하라'는 '내게 명령하라'는 뜻이다. 하나님께서 해주시기로 한 것이니 너희가 찾아가라는 것이다. 그저 무작정 하나님께 애걸한다고 되는 것이 아니라 그분이 우리에게 언약하신 것을 근거로 해서 구할 때 그분이 이루어주시지 않을 수 없는 것이다. 왜냐하면 그분은 신실하시기 때문이다. 왜 언약을 하셨는가? 더욱 굳게 믿도록 하기 위해서이고 당당하게 찾아서 얻을 수 있게 하기 위해서이다. 그것이 바로 언약이다. 우리 하나님은 언약의 하나님이시며 그 언약을 피로 세우셨다. 예수 그리스도께서 십자가에서 흘리신 피는 우리와 맺으신 새 언약의 표이다. 그분이 피로 그 언약을 인치셨기 때문에 성경에 약속된 그 언약이 우리에게 이루어지지 않을 수 없게 된 것이다. 우리는 구약과 신약의 언약의 성질을 알고 간구하여 믿음으로 취할 수 있다. 우리가 '그렇게 해주시기로 되어 있지 않습니까?' 하고 간구할 때 하나님은 기뻐하신다.

"이르시기를 내가 가나안 땅을 네게 주어 너희 기업의 지경이 되게 하리라 하셨도다". 이것은 언약의 내용인데 일방적이다. 아브라함이 무엇을 하면 주시겠다고 하신 것이 아니라 일방적으로 그분이 아브라함에게 무조건 주겠다고 하신 것이다. 그리고 실제로 주셨다. 다윗은 아브라함의 자손이다. 다윗 때에 이르러 비로소 그 자손이 그 땅에 정착하면서 왕국이 세워지고 거기에 언약궤를 모실 수 있었는데, 이때 다윗은 아브라함에게 약속하신 그 언약을 기억했던 것이다.

19-22절, 때에 너희 인수가 적어서 매우 영성하며 그 땅에 객이 되어 20 이 족속에게서 저 족속에게로, 이 나라에서 다른 민족에게로 유리하였도다 21 사람이 그들을 해하기를 용납지 아니하시고 그들의 연고로 열왕을 꾸짖어 22 이르시기를 나의 기름 부은 자를 만지지 말며 나의 선지자를 상하지 말라 하셨도다

언약궤를 모셔놓은 다윗은 다시금 조상들의 상태를 회상한다. 지금은 왕국을 이루어 강력한 나라가 되었지만 처음부터 그런 것은 아니었다. 처음에는 인수가 매우 적었고 보잘것 없었다. 그리고 가나안 땅에서 나그네 되었었다. 아브라함은 그 땅에서 나그네였고 원래 그 땅에 살고 있었던 사람들이 있었다. 그래서 '이 족속에게서 저 족속에게로, 이 나라에서 다른 민족에게로 유리한' 것이다. 즉 나그네처럼 살았다는 것이다. 그렇게 연약하고 보잘것없어도 하나님께서는 이스라엘 건국 초기에 있었던 사람들을 해하기를 용납지 아니하시고 그들의 연고로 열왕들을 꾸짖으셨다. 이러한 역사가 계속 있어 왔다. 아비멜렉이나 애굽 왕은 아브라함이 애굽에 내려갔을 때 그를 우습게 보았다. 그러나 주님이 친히 그들을 꾸짖으심으로 아브라함, 이삭, 야곱을 보호하셨다. "이르시기를 나의 기름부은 자를 만지지 말며 나의 선지자를 상하지 말라 하셨도다". 이렇게 하나님은 이스라엘의 조상이 연약했지만 친히 지키시고 아무도 상하지 못하게 하셨다. 그래서 오늘날 이처럼 강대한 나라를 이루게 되었고 언약궤를 모시게 되었다는 것을 찬양하는 것이다. 이것이 다윗의 시이다.

23-24절, 온 땅이여 여호와께 노래하며 그 구원을 날마다 선포할지어다 24 그 영광을 열방 중에, 그 기이한 행적을 만민 중에 선포할지어다

23-24절은 하나님의 구원을 날마다 선포하고, 하나님이 하신 일을 이스라엘만이 아니라 온 세계에 전하라고 했다. "그 영광을 열방 중에, 그 기이한 행적을 만민 중에 선포할지어다". 오늘 여기 앉아 있는 여러분들도 대한민국 혹은 열국 중에서 왕국의 작은 씨가 될 수 있으며, 하나님의 크신 역사를 전파하는 데 사용될 수도 있다. 그러므로 지금까지 여러분을 여러 위험에서 지키시고 상하지 않게 보호하신 것이다.

25-29절, 여호와는 광대하시니 극진히 찬양할 것이요 모든 신보다 경외할 것임이여 26 만방의 모든 신은 헛것이요 여호와께서는 하늘을 지으셨음이로다 27 존귀와 위엄이 그 앞에 있으며 능력과 즐거움이 그 처소에 있도다 28 만방의 족속들아 영광과 권능을 여호와께 돌릴지어다 여호와께 돌릴지어다 29 여호와의 이름에 합당한 영광을 그에게 돌릴지어다 예물을 가지고 그 앞에 들어갈지어다 아름답고 거룩한 것으로 여호와께 경배할지어다

23-24절은 하나님의 위대한 일을 선포하는 것이고, 25-29절까지는 찬양이다. 성도들은 반드시 전파해야 하고 그 다음에는 찬양해야 한다. 시편을 읽으면 하나님을 찬양하는 것이 얼마나 중요한지 알게 된다. 그분은 찬양을 받으셔야 한다. 광대하시고 존귀와 위엄이 그 앞에 있고 능력과 즐거움이 그 처소에 있기 때문이다. 여호와의 이름에 합당한 영광을

돌려야 한다. 하나님의 영광을 알 때 합당한 찬양을 할 수 있다. 그리고 "예물을 가지고 그 앞에 들어갈지어다"라고 했다. 오늘날 물질로도 예물을 드리지만 입술로도 찬미의 제사를 드려야 한다.

30-33절, 온 땅이여 그 앞에서 떨지어다 세계가 굳게 서고 흔들리지 못하는도다 31 하늘은 기뻐하고 땅은 즐거워하며 열방 중에서는 이르기를 여호와께서 통치하신다 할지로다 32 바다와 거기 충만한 것이 외치며 밭과 그 가운데 모든 것은 즐거워할지로다 33 그리할 때에 삼림의 나무들이 여호와 앞에서 즐거이 노래하리니 주께서 땅을 심판하려 오실 것임이로다

30-33절은 하나님의 통치를 말한다. "세계가 굳게 서고 흔들리지 못하는도다". 이것은 여호와께서 온 땅을 통치할 때 그 나라는 굳게 서고 흔들리지 않는다는 것이다. 바다와 거기 충만한 것이 외치며 밭과 그 가운데 모든 것이 즐거워할 일이 무엇인가? 여호와께서 통치하시는 것이다. 하나님이 통치하시는 것이 가장 기쁜 일이다. 주님이 이 땅을 심판하러 오신다는 것은 예수 그리스도의 재림을 가리킨다. 교회는 왕국의 시작이며, 따라서 이미 왕국이 시작된 것이다.

34절, 여호와께 감사하라 그는 선하시며 그 인자하심이 영원함이로다

이제 감사가 있다. 여호와께 감사해야 하는데 이는 그분이 선하시고 인자하시기 때문이다.

35절, 너희는 이르기를 우리의 구원의 하나님이여 우리를 구원하여 만국 가운데서 건져 내시고 모으시사 우리로 주의 성호를 감사하며 주의 영예를 찬양하게 하소서 할지어다

"우리의 구원의 하나님이여 우리를 구원하여 만국 가운데서 건져 내시고 모으시사". 다윗은 이것을 생각하고 찬양했다. 처음에는 이스라엘이

엉성하고 작게 시작했는데 이제는 만국 가운데서 건져 내시고 구원해 주셔서 주의 이름을 찬양하고 감사하며 주의 영예를 찬양하게 하셨다는 것이다.

36절, 여호와 이스라엘의 하나님을 영원부터 영원까지 송축할지로다 하매 모든 백성이 아멘 하고 여호와를 찬양하였더라

찬양으로 시작하고 찬양으로 마친다. 16장 8-9절이 찬양이고 여기 마지막 부분도 찬양이다. 언약궤를 모셔놓고 다윗은 찬송시를 비롯해서 여러 아름다운 시들로 노래하면서 찬양했다.

37절, 다윗이 아삽과 그 형제를 여호와의 언약궤 앞에 머물러 항상 그 궤 앞에서 섬기게 하되 날마다 그 일대로 하게 하였고

다윗은 언약궤(하나님)를 모셔놓고 늘 찬양해야 한다는 것을 알았다. 그분이 찬양받으셔야 할 분임을 안 것이다. 하나님의 보좌 주위에는 늘 찬양을 하는 천군천사들이 있다.

38-39절, 오벧에돔과 그 형제 육십팔 인과 여두둔의 아들 오벧에돔과 호사로 문지기를 삼았고 39 제사장 사독과 그 형제 제사장들로 기브온 산당에서 여호와의 성막 앞에 모시게 하여

당시에는 다윗 궁 가까이에 언약궤를 모신 장막이 있었던 것 같다. 기브온에는 원래 이스라엘 백성들이 광야에서 모시고 다녔던 성막을 쳤다. 언약궤를 모시는 사람으로 찬양하게 하고 지키게 하고 기브온 산당에 있는 성막에는 제사장 사독과 그 형제 제사장들로 모시게 한 것이다.

40절, 항상 조석으로 번제단 위에 여호와께 번제를 드리되 여호와의 율법에 기록하여 이스라엘에게 명하신 대로 다 준행하게 하였고

그리고 항상 조석으로 번제를 드리게 하고 모세의 율법에 기록된 대로 다 준행하게 했다.

41절, 또 저희와 함께 헤만과 여두둔과 그 남아 택함을 받고 녹명된 자를 세워 여호와의 자비하심이 영원함을 인하여 감사하게 하였고

여호와의 존전에서는 찬양과 감사가 그치지 말아야 한다.

42절, 또 저희와 함께 헤만과 여두둔을 세워 나팔과 제금들과 하나님을 찬송하는 악기로 소리를 크게 내게 하였고 또 여두둔의 아들로 문을 지키게 하였더라

악기도 필요하다. 찬양할 때 목소리로만 하면 약하니까 나팔, 제금 등 여러 가지 악기로 소리를 크게 내어 찬양하게 했고 그 문을 지키게 했다.

43절, 이에 뭇 백성은 각각 그 집으로 돌아가고 다윗도 자기 집을 위하여 축복하려고 돌아갔더라

언약궤를 모신 곳에서 찬송시를 낭독하고 찬양하고 각각 그 집으로 돌아갔다. 다윗도 자기 집을 위하여 축복하려고 돌아갔다. 여러분은 교회에서만 감사하고 축복하는 것이 아니라 가정도 축복하고 예배드리는 곳임을 알아야 한다. 가정도 성도들의 경건생활을 위해서 매우 중요한 장소라는 것이다. 그리고 여러분이 영적으로 돌봐야 하는 곳이다. 다윗은 자기 가정도 결코 소홀히 하지 않았다. 여러분도 교회만이 아니라 여러분 가정도 섬겨야 할 대상이고 축복해야 할 대상임을 알기 바란다.

역대상 17 장

도입

다윗의 왕국은 B.C. 586년에 멸망하였고, 따라서 그의 자손이 왕위에 오르는 것도 중단되었다. 바벨론의 포로 된 지 70년이 지나서 스룹바벨이 예루살렘으로 돌아왔으나 왕위에 오르지는 못하였다. 그러므로 육신적으로는 '네 위가 영원히'는 맞지 않은 것이다. 결국 다윗의 자손은 메시아이신 예수로 이어져 그의 왕국이 영원함을 가리키는 것이다. 우리는 오늘 이미 그분의 왕국 안에 들어온 자들로서(요 3:3-5). 그분의 놀라운 의를 가진 자들이다. "너희는 먼저 그의 나라와 그의 의를 구하라 그리하면 이 모든 것을 너희에게 더하시리라"고 했는데, 오늘날 뛰어난 의를 보기란 어렵다.

16절부터는 감사 기도인데, 여호와 앞이란 법궤가 안치된 성막의 바깥뜰이었을 것이다. "나는 누구오며 내 집은 무엇이관대". 다윗은 그의 출생에 대하여 언급했다. 그는 보잘것없는 베들레헴의 목동이었는데 하나님이 그를 높이신 것이다. 그를 이스라엘 왕이 되게 하신 것도 큰 은총인데 먼 장래까지 축복하시는 대단한 영예를 얻었다. 19절은 사무엘 하

7장 21절의 내용과 유사하다. "주의 말씀을 인하여 주의 뜻대로 이 모든 큰 일을 행하사 주의 종에게 알게 하셨나이다"(삼하 7:21). 주님의 종과 주님의 말씀은 같은 것이다.

24절은 다윗의 집으로 주 앞에서 영원히 견고히 서게 하실 것이라고 말한다. 이는 그 후손인 메시아의 나라가 확립되어 견고하게 되는 것이다.

여러분은 다윗을 부러워할 것이다. 그러나 다윗에게 하신 언약과 축복은 오늘 우리에게 임하였다. 히브리서 2장 6, 7절의 '영광과 존귀로 관 씌우시리라'는 말씀은 우리가 그리스도 안에 있기 때문에 우리에게 임한 것이다. 다윗의 언약은 좋은 것이다. 집을 세운다는 것은 결국 복음 시대의 교회이다. 이것은 왕국과 새 예루살렘으로 완결된다.

마지막 구절은 "여호와여 주께서 복을 주셨사오니 이 복을 영원히 누리리이다"라고 한다. 다윗의 자손이 받을 복인데, 이는 신약의 성도들에게 미칠 영원한 복이다.

강해

1-3절, 다윗이 그 궁실에 거할 때에 선지자 나단에게 이르되 나는 백향목 궁에 거하거늘 여호와의 언약궤는 휘장 밑에 있도 2 나단이 다윗에게 고하되 하나님이 왕과 함께 계시니 무릇 마음에 있는 바를 행하소서 3 그 밤에 하나님의 말씀이 나단에게 임하여 가라사대

다윗의 궁실이란 히람이 지어준 것을 가리킬 것이다(14:1). 당시 다윗은 나단 선지자에게 자기가 하나님의 전을 건축하고 싶다는 뜻을 피력한다. 나단도 그 뜻을 좋게 여겨 찬성하는 발언을 했다. 이때는 다윗이 모든 대적을 정복한 후였다.

4-15절, 가서 내 종 다윗에게 말하기를 여호와의 말씀이 너는 나

의 거할 집을 건축하지 말라 5 내가 이스라엘을 올라오게 한 날부
터 오늘날까지 집에 거하지 아니하고 오직 이 장막과 저 장막에 있
으며 이 성막과 저 성막에 있었나니 6 무릇 이스라엘 무리로 더불어
행하는 곳에서 내가 내 백성을 먹이라고 명한 이스라엘 어느 사사에
게 내가 말하기를 너희가 어찌하여 나를 위하여 백향목 집을 건축하
지 아니하였느냐고 말하였느냐 하고 7 연하여 내 종 다윗에게 이처
럼 말하라 만군의 여호와께서 이처럼 말씀하시기를 내가 너를 목장
곧 양을 따르는 데서 취하여 내 백성 이스라엘의 주권자를 삼고 8
네가 어디를 가든지 내가 너와 함께 있어 네 모든 대적을 네 앞에서
멸하였은즉 세상에서 존귀한 자의 이름 같은 이름을 네게 만들어 주
리라 9 내가 또 내 백성 이스라엘을 위하여 한 곳을 정하여 저희를
심고 저희로 자기 곳에 거하여 다시는 옮기지 않게 하며 악한 유로
전과 같이 저희를 해하지 못하게 하여 10 전에 내가 사사를 명하여
내 백성 이스라엘을 다스리던 때와 같지 않게 하고 또 네 모든 대적
으로 네게 복종하게 하리라 또 네게 이르노니 여호와가 너를 위하
여 집을 세울지라 11 네 수한이 차서 네가 열조에게로 돌아가면 내
가 네 뒤에 네 씨 곧 네 아들 중 하나를 세우고 그 나라를 견고하게
하리니 12 저는 나를 위하여 집을 건축할 것이요 나는 그 위를 영원
히 견고하게 하리라 13 나는 그 아비가 되고 그는 나의 아들이 되리
니 나의 자비를 그에게서 빼앗지 아니하기를 내가 네 전에 있던 자
에게서 빼앗음과 같이 하지 않을 것이며 14 내가 영영히 그를 내 집
과 내 나라에 세우리니 그 위가 영원히 견고하리라 하셨다 하라 15
나단이 이 모든 말씀과 이 모든 묵시대로 다윗에게 고하니라

하나님께서는 나단 선지자를 통해 다윗더러 하나님의 전을 건축하지 말라고 하셨다. 우리는 우리가 하고자 하는 바를 하나님께서 막으셔도 감사하고 순종해야 한다. 왜 하나님은 다윗이 그분의 전을 건축할 수 없다고 하셨는가? 이는 다윗이 전쟁에서 피를 많이 흘렸기 때문이라는 것이다. 그러시면서 그 아들 중 하나가 그분의 집을 건축할 것이라고 하신

다. 이 구절들의 말씀을 읽어보면 하나님은 어떤 사람에게든지 신세 지고 싶은 마음이 없으신 것을 알 수 있다. 그분의 일은 그분이 하신다. ("내가 이스라엘을 올라오게 한 날부터 오늘날까지 집에 거하지 아니하고 오직 이 장막과 저 장막에 있으며 이 성막과 저 성막에 있었나니 무릇 이스라엘 무리로 더불어 행하는 곳에서 내가 내 백성을 먹이라고 명한 이스라엘 어느 사사에게 내가 말하기를 너희가 어찌하여 나를 위하여 백향목 집을 건축하지 아니하였느냐고 말하였느냐") 우리는 매우 단순하게 '하나님의 일은 다 하나님이 하신다'는 한 가지 사실을 알아야겠다. 인간이 아무리 하나님을 위해 선한 갈망을 가질지라도 하나님께는 그분의 뜻이 있고 그분의 길이 있다.

다윗은 자기가 원하는 대로 이루어주시지 않는다 해도 그분의 말씀에 감사했다. 하나님이 하시는 일은 모두가 선하다는 것을 알고 기뻐해야 한다. 사람이 하나님을 위해 아무리 선한 일을 계획하고 기도한다 할지라도 그분의 뜻만 못하다. 하나님은 오히려 다윗에게 '내가 너를 위해 다 해주겠다'고 하신다. 하나님은 다윗을 번창하게 해주시고 이스라엘의 주권자를 삼으며 모든 대적으로 다윗에게 복종케 해주겠다고 하신다. 그리고 그 뒤에 나오는 그 아들을 통해서 그분의 집인 '성전'을 건축하게 하겠다고 말씀하신다.

16-19절, 다윗 왕이 여호와 앞에 들어가 앉아서 가로되 여호와 하나님이여 나는 누구오며 내 집은 무엇이관대 나로 이에 이르게 하셨나이까 17 하나님이여 주께서 이것을 오히려 작게 여기시고 또 종의 집에 대하여 먼 장래까지 말씀하셨사오니 여호와 하나님이여 나를 존귀한 자같이 여기셨나이다 18 주께서 주의 종에게 베푸신 존귀에 대하여 다윗이 다시 무슨 말씀을 하오리이까 주께서는 주의 종을 아시나이다 19 여호와여 주께서 주의 종을 위하여 주의 뜻대로 이 모든 큰 일을 행하사 이 모든 큰 일을 알게 하셨나이다

'여호와 앞'이란 언약궤를 안치한 장막을 말한다. 다윗은 하나님께서 자신에게 하신 말씀에 감사함으로 그분의 넘치는 은총에 대하여 기도한다. "여호와 하나님이여 나는 누구오며 내 집은 무엇이관대 나로 이에 이르게 하셨나이까 하나님이여 주께서 이것을 오히려 작게 여기시고 또 종의 집에 대하여 먼 장래까지 말씀하셨사오니 여호와 하나님이여 나를 존귀한 자같이 여기셨나이다 주께서 주의 종에게 베푸신 존귀에 대하여 다윗이 다시 무슨 말씀을 하오리이까 주께서는 주의 종을 아시나이다". 가장 좋은 기도는 주님이 하신 말씀을 그대로 자신에게 적용하여 드리는 것이다. "여호와여 주께서 주의 종을 위하여 주의 뜻대로 이 모든 큰 일을 행하사 이 모든 큰 일을 알게 하셨나이다" '이 모든 큰 일'이란 하나님께서 다윗에게 주신 언약들을 가리킨다. 하나님이 그분의 뜻대로 언약하셨고 자신에게 다 알게 하셨음을 감사하고 있다.

20-22절, 여호와여 우리 귀로 들은 대로는 주와 같은 이가 없고 주 외에는 참 신이 없나이다 21 땅의 어느 한 나라가 주의 백성 이스라엘과 같으리이까 하나님이 가서 구속하사 자기 백성을 삼으시고 크고 두려운 일로 인하여 이름을 얻으시고 애굽에서 구속하신 자기 백성 앞에서 열국을 쫓아내셨사오며 22 주께서 주의 백성 이스라엘로 영원히 주의 백성을 삼으셨사오니 여호와여 주께서 저희 하나님이 되셨나이다

다윗은 하나님이 관심하시고 역사해 오신 이스라엘을 인하여 하나님을 찬송한다. 하나님은 광대하사 그분과 비교할 신이 없고 그 밖에 다른 신이 없음을 찬송한다. 그러한 유일하신 하나님께서 이스라엘에게 행하신 일(애굽에서 구속해내신 일, 가나안 열국을 쫓아내신 일)과 그들을 영원히 주의 백성으로 삼으신 일을 찬미한다.

23-27절, 여호와여 이제 주의 종과 그 집에 대하여 말씀하신 것을 영원히 견고케 하시며 말씀하신 대로 행하사 24 견고케 하시고 사람으로 영원히 주의 이름을 높여 이르기를 만군의 여호와는 이스

라엘의 하나님 곧 이스라엘에게 하나님이시라 하게 하시며 주의 종 다윗의 집이 주 앞에서 견고히 서게 하옵소서 25 나의 하나님이여 주께서 종을 위하여 집을 세우실 것을 이미 듣게 하셨으므로 주의 종이 주 앞에서 이 기도로 구할 마음이 생겼나이다 26 여호와여 오직 주는 하나님이시라 주께서 이 좋은 것으로 주의 종에게 허락하시고 27 이제 주께서 종의 집에 복을 주사 주 앞에 영원히 두시기를 기뻐하시나이다 여호와여 주께서 복을 주셨사오니 이 복을 영원히 누리리이다 하니라

다윗은 하나님께서 자기에게 이르신 언약을 성취해주시기를 기도한다. 말씀하신 대로 행하여 달라는 것이다. 우리는 그분이 말씀하시면 그 말씀들을 놓고 기도해야 한다. 첫째는 그분의 이름이 이스라엘에게서 높여지기를 기도하며, 다음은 자신의 집이 주 앞에서 견고하게 세워지기를 기도한다. 이는 다만 다윗 자신의 집을 위한 것만이 아니라 메시아 왕국을 위한 것이다. 결국 다윗의 자손이신 메시아가 온 세계를 통치하시게 된다.

다윗의 왕국은 B.C. 586년에 멸망하였고 그의 자손으로 이어지는 왕위는 중단되었다. 바벨론에 포로 된 지 70년 만에 스룹바벨이 돌아왔으나 왕위에 오르지는 못하였다. 그러므로 육신적으로 '네 위가 영원히'는 맞지 않은 것이다. 결국 다윗의 자손은 메시아, 예수 그리스도로서 그분의 왕국이 영원함을 가리키는 것이다. 우리는 오늘 그분의 왕국에 이미 들어왔다(요 3:3-5).

역대상 18장

도입

블레셋 전, 모압 전, 소바 전, 아람 전, 하맛 왕의 선물과 에돔 전 및 다윗의 고관들의 이야기는 사무엘 하 8장과 병행한다. 다윗은 이스라엘의 최대 숙적인 블레셋을 쳐서 정식으로 항복을 받았다. 그리고 그 수도 가드를 탈취하였다. 블레셋은 가드, 가사, 아스글론, 아스돗, 에글론, 이 다섯 도시 국가의 형태로 존재하였는데, 그 중 가드가 주도적 역할을 담당하였다.

7-8절은 다윗이 이런 전리품을 하나님께 바침으로 솔로몬이 성전을 건축할 때 그것들을 사용하였다는 것이다(왕상 6장, 7:18-51, 대상 18:8). 전리품을 사욕으로 취한 사울과는 근본적으로 다르다(삼상 15:19).

12절은 스루야의 아들 아비새가 염곡에서 에돔 사람 1만 8천을 쳐 죽였다고 했는데, 병행 구절인 사무엘 하 8장 13절에서는 '다윗이' 그렇게 했다고 되어 있다.

14절은 "다윗이 온 이스라엘을 다스려 모든 백성에게 공과 의를 행할새"라고 한다. 여기서 '공'은 히브리어로 '미슈파트'이며 재판에 공정함을 뜻한다. '의'는 히브리어로 '체다카'인데 율법에 일치되는 행위를 의미한다.

"다윗이 어디로 가든지 여호와께서 이기게 하셨더라"(13절)고 말한다. 사무엘 하 8장도 동일한 내용이다. 우리는 주님을 섬기는 일에 동일한 원칙이 적용됨을 기억해야 한다. 디모데 전서 1:12, "나를 능하게 하신 그리스도 예수 우리 주께 내가 감사함은 나를 충성되이 여겨 내게 직분을 맡기심이니".

로마서 15:17-19, "그러므로 내가 그리스도 예수 안에서 하나님의 일에 대하여 자랑하는 것이 있거니와 18 그리스도께서 이방인들을 순종케 하기 위하여 나로 말미암아 말과 일이며 표적과 기사의 능력이며 성령의 능력으로 역사하신 것 외에는 내가 감히 말하지 아니하노라 19 이 일로 인하여 내가 예루살렘으로부터 두루 행하여 일루리곤까지 그리스도의 복음을 편만하게 전하였노라".

우리는 할례당임을 기억해야 한다. 빌립보서 3:2-3, "개들을 삼가고 행악하는 자들을 삼가고 손할례당을 삼가라 3 하나님의 성령으로 봉사하며 그리스도 예수로 자랑하고 육체를 신뢰하지 아니하는 우리가 곧 할례당이라".

고린도 후서 10:2-6, "또한 우리를 육체대로 행하는 자로 여기는 자들을 대하여 내가 담대히 대하려는 것같이 너희와 함께 있을 때에 나로 하여금 이 담대한 태도로 대하지 않게 하기를 구하노라 3 우리가 육체에 있어 행하나 육체대로 싸우지 아니하노니 4 우리의 싸우는 병기는 육체에 속한 것이 아니요 오직 하나님 앞에서 견고한 진을 파하는 강력이라 5 모든 이론을 파하며 하나님 아는 것을 대적하여 높아진 것을 다 파하고 모든 생각을 사로잡아 그리스도에게 복종케 하니 6 너희의 복종이 온전히 될 때에 모든 복종치 않는 것을 벌하려고 예비하는 중에 있노라".

골로새서 1:29, "이를 위하여 나도 내 속에서 능력으로 역사하시는 이의 역사를 따라 힘을 다하여 수고하노라".

고린도 전서 15:10, "그러나 나의 나 된 것은 하나님의 은혜로 된 것이니 내게 주신 그의 은혜가 헛되지 아니하여 내가 모든 사도보다 더 많이 수고하였으나 내가 아니요 오직 나와 함께하신 하나님의 은혜로라".

강해

1절, 이 후에 다윗이 블레셋 사람을 쳐서 항복받고 블레셋 사람의 손에서 가드와 그 동네를 빼앗고

18장부터 20장까지는 다윗의 전쟁기이다. 당시 이스라엘의 가장 큰 대적이 블레셋이었다. 이 블레셋은 도시국가로서 도시들이 연합하여 이루어진 나라였다. 가드, 가사(지금의 가자 지구), 아스글론, 아스돗, 에글론 이 다섯 도시들은 성경에서 종종 언급되는데, 이 도시들이 연합되어 이루어진 나라가 블레셋이었다. 그리고 가드는 그 중에서도 블레셋의 주도적인 도시였다. 다윗은 목동시절에 블레셋 장군 골리앗을 죽인 적이 있다. 다윗이 블레셋의 가드와 그 동네를 다 빼앗았다면 블레셋을 다 빼앗은 것과 같다. 블레셋의 수도를 제압한 것이기 때문이다.

2절, 또 모압을 치매 모압 사람이 다윗의 종이 되어 조공을 바치니라

원래 모압은 롯의 딸로 말미암아 이루어진 나라이다(창 19:37). 요단 동편에 위치해 있고 원래 이스라엘에 대해서는 우호적이었다. 다윗이 사울을 피해서 도망 다닐 때 모압에 부모님을 맡긴 적이 있다(삼상 22장). 그때는 친밀한 사이였다. 그렇지만 모압도 어차피 다른 나라이므로 다윗은 모압을 쳤고 모압 사람이 다 다윗의 종이 되어 조공을 바치게 되었다.

3절, 소바 왕 하닷에셀이 유브라데 강 가에서 자기 권세를 펴고자 하매 다윗이 저를 쳐서 하맛까지 이르고

소바 왕 하닷에셀이 유브라데 강 가에서 자기 권세를 펴려고 했다. 사울에게 빼앗겼던 자기의 땅을 회복하여 더 큰 나라를 만들어보려고 하다가 도리어 당한 셈이다.

4-6절, 그 병거 일천 승과 기병 칠천과 보병 이만을 빼앗고 그 병거 일백 승의 말만 남기고 그 외의 병거의 말은 다 발의 힘줄을 끊었더니 5 다메섹 아람 사람이 소바 왕 하닷에셀을 도우러 온지라 다윗이 아람 사람 이만이천을 죽이고 6 다메섹 아람에 수비대를 두매 아람 사람이 다윗의 종이 되어 조공을 바치니라 다윗이 어디로 가든지 여호와께서 이기게 하시니라

사무엘 하 8장에 똑같은 내용이 있다. 역대 상 17장은 사무엘 하 7장과 같고 18장은 사무엘 하 8장과 같다. 숫자만 약간 다르다. 마병 일천칠백, 보병 이만이라고 했는데 때로 성경 필사자가 과오를 범해서 숫자가 다르게 나오는 것 같다.

말의 발 힘줄을 다 끊어놓았다는 것은 더 이상 전쟁용으로 그 말들을 쓰지 못하게 만들었다는 것이다. 일백 승을 남겨 놓은 것은 개선과 호위용으로 쓰기 위한 것이라고 보는 사람이 있다.

5절에서 다메섹 아람 사람이 소바 왕을 도우러 왔다. 당시에 다메섹 아람 족은 소바의 동맹족이었기 때문에 소바를 도우려고 출동했다가 다윗에게 대패하여 군사 이만 칠천을 잃고 말았다. 그들도 다윗에게 정복당하여 조공을 바치는 처지가 되었다. 그리고 다윗은 다메섹 아람에다 치안을 담당하기 위해 수비대를 두었다. "다윗이 어디로 가든지 여호와께서 이기게 하시니라".

7절, 다윗이 하닷에셀의 신복들의 가진 금방패를 빼앗아 예루살렘으로 가져오고 8 또 하닷에셀의 성읍 디브핫과 군에서 심히 많은 놋을 취하였더니 솔로몬이 그것으로 놋바다와 기둥과 놋그릇들을 만들었더라

다윗은 전쟁에서 이겨 전리품을 획득했는데, 그의 마음에는 성전 건축에 대한 갈망이 있었으므로 자기가 직접 성전을 짓도록 위임받지는 못했지만 전쟁에서 얻은 전리품을 아들에게 주어 성전 건축 재료로 삼게 한 것이다.

9절, 하맛 왕 도우가 다윗이 소바 왕 하닷에셀의 온 군대를 쳐서 파하였다 함을 듣고

하맛 왕 도우는 사무엘 하에 '도이'라고 되어 있는데(삼하 8:9), '방랑자'라는 뜻이다. 하맛 왕 도우는 소바 왕 하닷에셀이 적이었는데 다윗이 그를 쳐서 파했다는 소식을 듣고 자기 아들을 다윗에게 보내어 문안하고 칭송하게 했다.

10절, 그 아들 하도람을 보내어 다윗 왕에게 문안하고 축복하게 하니 이는 하닷에셀이 이왕에 도우로 더불어 여러 번 전쟁이 있던 터에 다윗이 하닷에셀을 쳐서 파하였음이라 하도람이 금과 은과 놋의 여러 가지 그릇을 가져온지라

이 나라는 전쟁할 것도 없이 화친을 청해 왔고 다윗에게 엎드린 것이다.

11절, 다윗 왕이 그것도 여호와께 드리되 에돔과 모압과 암몬 자손과 블레셋 사람과 아말렉 등 여러 족속에게서 취하여온 은금과 함께 하여 드리니라

다윗은 하맛 왕의 보낸 선물을 다른 나라들에서 취한 전리품들과 함께 하나님께 드렸다. 그의 마음이 늘 하나님을 위해 전을 건축하는 데 있었음을 보여준다.

12-13절, 스루야의 아들 아비새가 염곡에서 에돔 사람 일만 팔천을 쳐 죽인지라 13 다윗이 에돔에 수비대를 두매 에돔 사람이 다 다윗의 종이 되니라 다윗이 어디로 가든지 여호와께서 이기게 하셨더라

"다윗이 어디로 가든지 여호와께서 이기게 하셨더라". 이 구절이 계속 반복된다. 사무엘 하 8장 13절에서는 '스루야의 아들 아비새'라고 하지 않고 '다윗'이 에돔 사람 일만 팔천을 쳐 죽였다고 말한다. "다윗이 염곡에서 에돔 사람 일만 팔천을 쳐 죽이고 돌아와서 명예를 얻으니라". 다윗이 죽인 것이나 그 부하가 죽인 것이나 마찬가지이다. 염곡은 에돔에게는 운명의 골짜기이다. 거기서 다 망했기 때문이다. 에돔은 에서의 별명으로 '붉다'는 뜻이다.

14-17절, 다윗이 온 이스라엘을 다스려 모든 백성에게 공과 의를 행할새 15 스루야의 아들 요압은 군대 장관이 되고 아힐룻의 아들 여호사밧은 사관이 되고 16 아히둡의 아들 사독과 아비아달의 아들 아비멜렉은 제사장이 되고 사워사는 서기관이 되고 17 여호야다의 아들 브나야는 그렛 사람과 블렛 사람을 관할하고 다윗의 아들들은 왕을 모셔 대신이 되니라

'대신'이란 원문에서 '벗', '자문위원'을 가리킨다. 14절에서 다윗이 공과 의를 행했다고 했는데, 이 '공'은 재판을 가리키는 말이다. 히브리어로 '미슈페트'이며 하나님의 심판을 말할 때와 똑같은 단어이다. 하나님의 백성을 다스릴 때 가장 중요한 것은 공정함이다. '의'는 히브리어로 '체다카'이며, 그것은 하나님의 율법에 맞게 이스라엘 백성을 다스리는 것을 말한다. 즉 다윗은 하나님이 기뻐하시는 통치를 한 것이다. 요압은 최고의 군장이 되었다. 나라의 2인자인 셈인데, 다윗의 일생동안 다윗을 보좌했다. 요압에 대해서는 뒤에 나오지만 다윗을 어렵게 한 부분이 없지 않았다.

18장을 읽으면서 우리는 영적 의미에서 왕국이 세워지려면 대적이 패배당해야 함을 본다. 사단이 패배당한 만큼 그리스도의 왕국이 세워진다. 블레셋이든지 암몬이든지 이스라엘의 적대 세력, 사단적인 세력이 파괴되어야 그리스도의 통치 영역이 이루어지며, 그것을 왕국이라고 한다. 그러므로 오늘날 교회는 하나님의 왕국으로서 하나님의 통치가 이루어지는 범위인데, 우리는 그것을 위해서 영적 전쟁을 하는 것이다. 먼저 우리 속에 있는 대적을 처리해 나가야 한다. 오늘날 많은 사람들이 자기 자신의 힘으로, 자기 자신의 지혜와 능력으로 사역하려고 한다. 그러나 엄격히 말해서 그 반대가 되어야 한다. 하나님은 오히려 우리를 처리하려 하시기 때문이다. 하나님은 먼저 우리를 이기고 우리를 제하시고자 한다. 그것이 하나님이 하시는 일이다. 이것이 선결되지 않으면 싸울 수 없다.

사울의 경우는 다윗처럼 그렇게 고난이 없었다. 자기 자신이 십자가로 처리되는 시간이 없었다. 그러나 다윗은 끊임없이 고난을 받고 처리를 받았다. 그 결과는 어떠한가? 사람이 하나님께 쓰임받는 좋은 그릇이 되려면 자기의 지혜와 힘과 능력을 신뢰하지 않아야 한다. 빌립보서 3장에서는 그런 사람이 할례당이라고 했다. "하나님의 성령으로 봉사하며 그리스도 예수로 자랑하고 육체를 신뢰하지 아니하는 우리가 곧 할례당이라"(빌 3:3). 자기를 신뢰하지 않는 사람을 통해서 하나님은 역사하신다. 사도 바울은 사역할 때 항상 자신을 의지하지 않고 육체대로 싸우지 않았다. 고린도 후서 10장 3-4절에서 그는, "우리가 육체에 있어 행하나 육체대로 싸우지 아니하노니 우리의 싸우는 병기는 육체에 속한 것이 아니요 오직 하나님 앞에서 견고한 진을 파하는 강력이라"고 했다.

사도 바울은 늘 영적 전쟁 중에 있었다. 그는 자기가 육체 안에서 행하지만 육체대로 싸우지 않는다고 했다. 여기의 육체란 자기의 힘을 믿고 자기의 지혜를 믿는 것이다. 그러면 바울 사도는 이 영적 전쟁에서 무엇으로 싸웠는가? 하나님의 강력이다. 어떤 사람이 얼마큼 사역을 잘 할 수 있는가는 얼마큼 자신을 신뢰하지 않고, 얼마큼 자신을 비우고, 얼마큼 주님을 의지하고 주님으로 하여금 역사하시게 하는가에 달려 있다. 그 사람의 역량과 지혜와 은사는 중요한 것이 아니다. 그가 얼마큼이나 자신이 할 수 없는 사람임을 알고 자신을 내려놓으며 자기의 지혜와 총명이 십자가로 처리되어 하나님께서 자유롭게 그 사람을 통해 역사하실 수 있는가에 달려있는 것이다. 그래서 사도 바울은 빌립보서 3장 3절에서 "하나님의 성령으로 봉사하며 그리스도 예수로 자랑하고 육체를 신뢰하지 않는 우리가 곧 할례당이라"고 했다.

골로새서 1장 마지막 절에서는 "이를 위하여 나도 내 속에서 능력으로 역사하시는 이의 역사를 따라 힘을 다하여 수고하노라"고 했다. 자기의 힘으로 수고하는 것이 아니라 "내 속에서 능력으로 역사하시는 이의 힘을 따라" 수고하는 것이다. 먼저 역사하시는 분이 있고 나는 그분을 따라서 수고하는 것이다. 고린도 전서 15장 10절에서는, "그러나 나의 나 된 것은 하나님의 은혜로 된 것이니 내게 주신 그의 은혜가 헛되지 아니하여 내가 모든 사도보다 더 많이 수고하였으나 내가 아니요 오직 나와 함께 하신 하나님의 은혜로라"고 했다. 오늘날 문제가 무엇인가? 열심도 있고 은사도 있어서 뭔가를 할 수 있다는 사람들이 없어서 문제인가? 아니다. 참으로 자신의 할 수 없음을 깨닫고 자기가 할 수 있다는 것을 내려놓으며 하나님 앞에 비워지고 무너진 사람이 있는가, 참으로 주님께 연단받은 사람이 있는가가 문제이다. 정말로 연약해서 아무것도 할 수 없을 정도로, 자기를 신뢰할 수 없을 정도로 자기를 내려놓는 사람들이 어디 있는가?

"다윗이 어디로 가든지 여호와께서 이기게 하셨더라". 다윗이 가는 곳마다 이긴 것은 하나님께서 이기도록 역사하셨기 때문이다. 사도 바울은 "내가 그리스도와 함께 십자가에 못 박혔나니 그런즉 이제는 내가 산 것이 아니요 오직 내 안에 그리스도께서 사신 것이라"(갈 2:20)고 했다. 그리스도께서 사심으로 자기가 살기 때문에 그가 이긴 것은 그리스도께서 이기게 하신 것이며, 그러니까 하나님께 감사하는 것이다. 하나님께서는 '내가 내 성전을 건축하겠다'고 말씀하셨다. 재료를 모은 것도 다 다윗을 통해 하나님께서 하신 일이다. 다윗이 한 것 같지만 사실 하나님이 하신 것이다. 다윗의 장점은 무엇인가? 하나님께서 하시도록 자신을 도구로, 통로로, 그릇으로 내어드린 것 이다. 이 땅에는 다른 것이 아닌 하나님께서 하실 수 있도록 자신을 내어드리는 사람이 필요하다.

내가 15년 전 쯤 청년 수련회에서 학생들에게 밀알이 되고 그릇이 되라고 가르친 적이 있다. 밀알이나 그릇은 무엇을 하는 것이 아니다. 거기에는 십자가의 역사가 필요할 뿐이다. 빌립보서 3장을 읽어보면 많은 사람들이 십자가의 원수로 행한다고 했다. "내가 여러 번 너희에게 말하였거니와 이제도 눈물을 흘리며 말하노니 여러 사람들이 그리스도 십자가의 원수로 행하느니라 저희의 마침은 멸망이요 저희의 신은 배요 그 영광은 저희의 부끄러움에 있고 땅의 일을 생각하는 자라"(빌 3:18-19). 그리고 그들은 땅의 일을 생각하며 그들의 신은 배라고 했다. 그들이 자신의 배를 섬긴다는 말이다. 그러나 우리의 시민권은 하늘에 있으며 거기로서 우리를 구원하는 자 곧 주 예수 그리스도를 기다린다고 했다. "오직 우리의 시민권은 하늘에 있는지라 거기로서 구원하는 자 곧 주 예수 그리스도를 기다리노니"(20절). 이것은 목적과 뜻이 완전히 다른 것이다.

역대상 19장

도입

암몬 왕 나하스가 죽었으므로 다윗이 조문사를 보냈는데, 그 아들 하눈은 다윗의 뜻을 곡해하여 다윗의 신하들을 모욕하고 돌려보냈다. 삯을 받고 싸우는 사람들은 목숨을 건 사람들을 당하지 못한다.

강해

1-2절, 그 후에 암몬 자손의 왕 나하스가 죽고 그 아들이 대신하여 왕이 되니 2 다윗이 가로되 하눈의 아비 나하스가 전에 내게 은혜를 베풀었으니 이제 내가 그 아들 하눈에게 은혜를 베풀리라 하고 사자를 보내어 그 아비 죽은 것을 조상하게 하니라 다윗의 신복들이 암몬 자손의 땅에 이르러 하눈에게 나아가 조상하매

암몬에 대한 이야기이다. 암몬 자손의 왕 나하스가 죽었다고 하자 다윗은 그를 조문하기 위해 그 아들 하눈에게 신복들을 보냈다. 암몬 왕 나하스가 언제 어떤 은혜를 다윗에게 베풀었는지는 성경에 기록이 없다. 아마도 다윗이 사울의 박해로 도망다녔을 때일지 모른다. 이제 그의 왕국이 강하게 건설되었으므로 은혜 입은 사람들에게 뭔가 갚고 싶어서 사자를 보내어 조의를 표하게 한 것이다.

3절, 암몬 자손의 방백들이 하눈에게 고하되 왕은 다윗이 조문사를 보낸 것이 왕의 부친을 공경함인 줄로 여기시나이까 그 신복이 왕에게 나아온 것이 이 땅을 엿보고 탐지하여 함락시키고자 함이 아니니이까

암몬 국의 장관들이나 방백들이 하눈에게 다윗이 조문사절단을 보낸 것은 왕의 부친을 공경해서가 아니라 이 땅 암몬을 엿보고 탐지해서 함락시키려는 계략이라고 말했다.

4절, 하눈이 이에 다윗의 신복들을 잡아 그 수염을 깎고 그 의복의 중동 볼기까지 자르고 돌려보내매

이들은 참으로 사려 깊지 않은 사람들이다. 수염이란 남자의 위엄과 존귀의 상징인데 그 수염을 깎고 그 의복의 중동볼기까지 잘라서 돌려보냈으니 엄청난 수치감과 모욕감을 준 것이다(중동볼기란 엉덩이 선 밑을 말한다).

5절, 혹이 다윗에게 가서 그 사람들의 당한 일을 고하니라 그 사람들이 심히 부끄러워하므로 다윗이 저희를 맞으러 보내어 이르기를 너희는 수염이 자라기까지 여리고에 머물다가 돌아오라 하니라

옷은 갈아입으면 되지만 수염은 자라야 하지 않겠는가? 다윗은 그들에게 수염이 자랄 때까지 여리고에 있다가 들어오라고 했다. 그들의 체면을 살려 주려는 것이다.

6절, 암몬 자손이 자기가 다윗에게 밉게 한 줄 안지라 하눈이 암몬 자손으로 더불어 은 일천 달란트를 아람 나하라임과 아람마아가와 소바에 보내어 병거와 마병을 삯 내되

'밉게 한 줄 안지라'가 원문에서는 '악한 냄새를 내다'라는 뜻이다. 다윗의 신하들을 욕보였기 때문에 틀림없이 다윗 왕이 진노하여 공격해올 것임을 안 것이다. 암몬은 다윗의 공격에 대비하여 막대한 은을 지불하고 아람 나라에서 용병을 구했다. 일천 달란트의 은은 오늘날 은 34톤에 해당한다.

7절, 곧 병거 삼만이천 승과 마아가 왕과 그 백성을 삯 내었더니 저희가 와서 메드바 앞에 진 치매 암몬 자손이 그 모든 성읍으로 좇아 모여 와서 싸우려 한지라

사무엘 하 10장 6절에서는 보병 이만과 마아가 왕과 그 사람 일천과 돕 사람 일만 이천이라고 한다. 큰 용병을 세낸 것이다. 다윗은 아직 공격하러 나가지도 않았는데 저들은 지레짐작하고 싸우려고 한 것이다.

8-9절, 다윗이 듣고 요압과 용사의 온 무리를 보내었더니 9 암몬 자손은 나와서 성문 앞에 진 치고 도우러 온 여러 왕은 따로 들에 있더라

아무래도 암몬이 맨 앞에 나서서 싸워야 했다. 돈 받고 도우러 온 아람 군대가 그렇게 열심히 싸우려 할 리가 없다.

10절, 요압이 앞뒤에 친 적진을 보고 이스라엘 뺀 자 중에서 또 빼서 아람 사람을 대하여 진 치고

요압은 암몬의 공격에 대처하기 위해 그의 군대를 둘로 나누었다. 특수 정예부대 중에 정예부대를 뽑은 것이다.

11-12절 그 남은 무리는 그 아우 아비새의 수하에 붙여 암몬 자손을 대하여 진 치게 하고 12 가로되 만일 아람 사람이 나보다 강하면 네가 나를 돕고 만일 암몬 자손이 너보다 강하면 내가 너를 도우리라

요압과 아비새는 형제지간이다. 아람과 암몬을 반드시 이기려고 최정예부대를 뽑은 것이다. 요압은 정예부대를 친히 지휘하고 남은 부대는 그 아우 아비새에게 맡겼다. 그리고 아우에게 말하기를 '네가 불리하면 내가 너를 돕고 내가 불리하면 네가 나를 도우라'고 한 것이다. 이것은 반드시 이기겠다는 강한 맹세이다. 전쟁은 이기려는 마음이 없이는 안 된다.

13절, 너는 담대하라 우리가 우리 백성과 우리 하나님의 성읍들을 위하여 담대히 하자 여호와께서 선히 여기시는 대로 행하시기를 원하노라 하고

요압이 한 말이다. "너는 담대하라 우리가 우리 백성과 우리 하나님의 성읍들을 위하여 담대히 하자 여호와께서 선히 여기시는 대로 행하시기를 원하노라". 이때 다윗 군의 사기는 매우 높고 용맹스러웠다. 믿음이 좋은 사람 옆에 있다 보면 좀 시원치 않았던 사람도 따라서 좋아질 수 있다. 하나님을 위한 열심으로 충만한 다윗 옆에 있다 보니 요압도 그런 열심을 갖게 된 것 같다. 그러나 그와 분리되는 순간부터 그런 사람의 믿음은 약해진다.

14절, 요압과 그 종자가 싸우려고 아람 사람 앞에 나아가니 저희가 그 앞에서 도망하고

이 요압과 아비새 군은 얼마나 용맹스러운가! 선발되고 또 선발된 용맹한 군사들에게 선제공격을 당하니 삯을 받고 적당히 싸우려고 나온 아람 용병들은 도망갈 수밖에 없다. 어떻게 그들이 죽기를 두려워하지 않는 최정예부대를 이길 수 있겠는가? 대적은 '우리는 그렇게까지 하려는 게 아니야.'라고 하면서 도망간 것이다. 하나님을 섬기는 사람들 중에도 돈을 받고 섬기는 사람들은 이리가 오면 양을 놓고 얼른 도망가버린다. 그러나 선한 목자는 목숨을 걸고 사역한다. 성경에는 돈 받고 일하는 삯꾼 목자도 있다.

15절, 암몬 자손은 아람 사람의 도망함을 보고 저희도 요압의 아우 아비새 앞에서 도망하여 성으로 들어간지라 이에 요압이 예루살렘으로 돌아오니라

아람의 용병들은 요압 앞에서 도망하고 암몬 군도 아비새 앞에서 도망하였다. 요압은 랍바 성을 함락시키지 않고 그냥 예루살렘으로 돌아왔다. 그 후 요압 군은 다시 출전하여 랍바 성을 포위한다(20:1).

16-29절, 아람 사람이 자기가 이스라엘 앞에서 패하였음을 보고 사자를 보내어 강 건너편에 있는 아람 사람을 불러내니 하닷에셀의 군대 장관 소박이 저희를 거느린지라 17 혹이 다윗에게 고하매 다윗이 온 이스라엘을 모으고 요단을 건너 아람 사람에게 이르러 저희를 향하여 진을 치니라 다윗이 아람 사람을 향하여 진을 치매 저희가 다윗으로 더불어 싸우더니 18 아람 사람이 이스라엘 앞에서 도망한지라 다윗이 아람 병거 칠천 승의 군사와 보병 사만을 죽이고 또 군대 장관 소박을 죽이매 19 하닷에셀의 신복이 자기가 이스라엘 앞에서 패하였음을 보고 다윗으로 더불어 화친하여 섬기고 이 후로는 아람 사람이 암몬 자손 돕기를 싫어하니라

아람 국가들은 패전을 설욕하기 위해 다시 모였고 그 주된 장군은 소바 왕 하닷에셀이었다. '강 건너'는 유브라데 강 건너를 말한다. 아람 사람들은 암몬 사람들을 도와줬다가 어렵게 되었다. 소박은 재규합한 아람 군을 이끌고 이스라엘로 쳐들어왔다. 아람 사람들이 전부 함께 공격하니 다윗 왕이 직접 군대를 데리고 가서 아람 군대를 대파했다. 다윗은 아람 칠천 승의 군사와 보병 사만을 죽이고 당시 군대장관 소박을 죽였다. 다윗은 왕이지만 싸움을 잘하는 장군이었다. 목동시절부터 골리앗을 죽이고 장군이 된 사람이다.

역대상 20장

도입

암몬을 돕던 아람의 세력을 꺾었으므로 이제 암몬을 정복할 차례이다. 사무엘 하 병행구절에는 다윗이 우리야의 아내를 범하는 범죄사건이 기록되어 있으나 역대서는 이 사건을 생략하고 다윗에 대한 적극적인 일만을 중심으로 기록한다. 이 모든 전쟁을 통해서 다윗은 성전 건축을 준비한다. 모든 전쟁은 결국 성전 건축과 관계있다. 성전을 건축하려는 목적이 있는 자는 늘 큰 전쟁을 치르게 된다.

강해

1절, 해가 돌아와서 왕들의 출전할 때가 되매 요압이 그 군대를 거느리고 나가서 암몬 자손의 땅을 훼파하고 가서 랍바를 에워싸고 다윗은 예루살렘에 그대로 있더니 요압이 랍바를 쳐서 함락시키매

새해가 되어 왕들이 출전할 때가 되자 다윗은 요압에게 암몬을 치라고 하고서 자기는 전쟁에 나가지 않았다. "요압이 그 군대를 거느리고 나가서 암몬 자손의 땅을 훼파하고 가서 랍바를 에워싸고 다윗은 예루살렘에 그대로 있더니". 여기서 변고가 생겼다. 역대 상에는 다윗이 우리야의 아내 밧세바를 취한 간음 사건과 우리야 장군을 죽게 한 사건은 기록하지 않았다. 다만 "다윗은 예루살렘에 그대로 있더니"라고만 기록했다. 이때 다윗이 사단의 시험을 받아 우리야의 아내를 취하게 된 것이다.

2절, 다윗이 그 왕의 머리에서 보석 있는 면류관을 취하여 달아보니 중량이 금 한 달란트라 그 면류관을 자기 머리에 쓰니라 다윗이 또 그 성에서 노략한 물건을 무수히 내어오고

암몬 왕의 면류관은 금 한 달란트로 34.27kg이었다. 항상 그것을 쓰고 있을 수는 없었을 것이다. 30kg은 사람이 들기에 결코 가볍지 않은 무게이다.

3절, 그 가운데 백성을 끌어내어 톱질과 써레질과 도끼질을 하게 하니라 다윗이 암몬 자손의 모든 성읍을 이같이 하고 모든 백성과 함께 예루살렘으로 돌아오니라

암몬의 랍바 성을 정복한 다윗은 그들 가운데서 백성들을 끌어내어 톱질이나 써레질이나 도끼질 등 막일을 하게 했다. 다윗은 일단 전쟁을 하면 철저히 하고 끝장을 내었다(19장의 요압과 비교).

4절, 이 후에 블레셋 사람과 게셀에서 전쟁할 때에 후사 사람 십브개가 장대한 자의 아들 중에 십배를 쳐 죽이매 저희가 항복하였더라

십브개라는 인물은 다윗의 30용사 중 한 사람이다. 유다의 세라 족인 후사의 자손이다(4:4).

5절, 다시 블레셋 사람과 전쟁할 때에 야일의 아들 엘하난이 가드 사람 골리앗의 아우 라흐미를 죽였는데 이 사람의 창자루는 베틀채

갈았더라

골리앗의 아우 라흐미의 창자루가 베틀채 같았다고 했다. 다윗이 죽인 골리앗도 그런 창자루를 가졌었다. 골리앗 집 형제들이 거구였던 것 같다. 그런데 그를 야일의 아들 엘하난이 죽인 것이다. 어떤 사람은 엘하난이 다윗이라고 생각한다.

6절, 또 가드에서 전쟁할 때에 그곳에 키 큰 자 하나는 매 손과 매 발에 가락이 여섯씩 모두 스물넷이 있는데 저도 장대한 자의 소생이라

아직 가드가 전체적으로 정복되지 않은 상태이다. 거기에 거인이 있었는데 육손 육발로 기형이었다.

7절, 저가 이스라엘을 능욕하는 고로 다윗의 형 시므아의 아들 요나단이 저를 죽이니라

다윗과 가까운 사람들이 이스라엘을 능욕하는 저들을 다 죽인 것이다.

8절, 가드 장대한 자의 소생이라도 다윗의 손과 그 신복의 손에 다 죽었더라

20장 마지막까지 다윗과 함께한 장군들이 다 이기고 대적을 죽였다는 기록이다. 거기에는 용맹한 사람들도 있었고 장대하고 기괴한 사람들도 있었는데 다 이기고 죽인 것이다. 다윗의 장군들이 전쟁을 잘 하여 승리했다는 기록이다. 이들은 승리함으로 하나님의 왕국을 견고케 한 사람들이었다. 다윗과 함께한 용사들은 다 용맹스런 장군들이었다.

나는 여러분이 하나님의 왕국을 위해 싸워서 이기는 자가 되기를 바란다. 디모데 후서 4장에서 사도 바울은 그가 달려갈 길을 다 달리고 선한 싸움을 싸웠으므로 의로우신 재판장이 그에게 면류관을 주실 것이라고 했다. 그와 같이 우리 그리스도인은 싸워야 한다. 대적이 있기 때문이다. 에베소서 6장에서는 하나님의 전신갑주를 입으라고 하면서 '악한 날에 너희가 능히 대적하고 모든 일을 행한 후에 서기 위함'이라고 했다. 그런데 우리가 싸우려면 원래 우리의 지혜나 능력으로 싸울 수 없고 하나님의 전신갑주를 믿음으로 취해야 한다. 하나님의 의를 갖고, 하나님의 지혜를 갖고, 평안의 복음으로 신을 신고, 하나님의 말씀의 검을 가지고 싸워야 한다. 모든 병기가 하나님으로부터 온 것이어야 한다. 모든 기도와 간구로 하나님의 말씀의 검을 취하여 대적 마귀와 싸운다면 대적은 절대로 우리를 이길 수 없다. 역대 상은 다윗의 왕국을 위해 싸우고 이긴 사람들의 기록이다.

역대상 21장

도입

다윗이 인구조사를 함으로 하나님을 진노케 했는데, 그것은 그 마음에 교만을 품었기 때문이다. 교만한 것보다 하나님을 불쾌하게 하는 것은 없다. 사탄이 일어나 이스라엘을 대적하고 다윗을 격동하여 삼하 24장 1절은 “여호와께서 다시 이스라엘을 향하여 진노하사 그들을 치시려고 다윗을 격동시키사 가서 이스라엘과 유다의 인구를 조사하라 하신지라”고 말한다. 다윗은 많은 전쟁을 치르고 좀 지친 것 같다. 더 이상은 그렇게 위험하고 긴장되는 상황이 없었으면 한 것이다. 인구 조사는 그런 심리에서 이루어졌다. 주님만을 신뢰하던 마음이 조금 안전하게 보이는 쪽으로 기운 것이다. 나이가 들 때 빠질 수 있는 위험이다.

사탄이 교회를 어렵게 하고 망치는 방법 중 가장 효과적인 것은 교회의 인도자 된 사람을 교만하게 하는 것이다. 왜냐하면 아무도 인도자가 교만한 것이 치명적인 결과를 가져올 것이라는 생각을 하지 않기 때문이다.

요압은 인구조사를 완벽하게 하려는 마음이 없었다. 그는 레위와 베냐민을 빼고 조사했는데, 사무엘 하 24장 9절과 인구 숫자가 다른 것도 이 때문이 아닌가 한다.

어쨌든 그로 인해 임한 하나님의 심판은 다윗을 겸손케 했다. 온역이 일어나 삽시간에 7만 명이 죽었다는 기록이 있다. 그는 인구조사를 함으로 도리어 많은 인수를 잃어버린 것이다.

그는 칼을 빼어 천사가 예루살렘을 치려는 것을 보았다(16절). 그것은 하나님의 분노를 나타낸 것이다. 그는 엎드렸고 회개했고 용서해주시기를 구했다. 그는 자신이 큰 죄를 지었고 어리석은 일을 행하였음을 고백했다. 그는 죄악에 대한 형벌을 받아들였다. "범죄하고 악을 행한 자는 곧 나이니이다 이 양떼는 무엇을 행하였나이까 청하건대 나의 하나님 여호와여 주의 손으로 나와 내 아비 집을 치시고 주의 백성에게 재앙을 내리지 마옵소서". 그는 자기 죄로 인하여 백성이 온역으로 죽는 것을 너무 가슴 아파했다.

그러나 사무엘 하 24장 1절을 보면 여호와께서 이스라엘을 향하여 진노하사 저희를 치시려고 다윗을 격동시키셨다고 말한다. 이 죄악의 시발이 다윗이 아닌 이스라엘 백성들이라는 것을 기억해야 한다. 모든 죄는 연대책임이다. 즉 그들이 너무 쉽게 다윗에게서 돌이킨 것이다. 압살롬의 난 때에도 그러했고 세바의 난 때에도 그러했다. 그러므로 다윗은 백성들을 믿고 신뢰하며 또 하나님을 신뢰하기도 불안했던 것 같다.

역대기에는 다윗이 우리야 장군의 아내 밧세바를 취한 이야기가 생략되어 있다. 그리고 그에 따른 재앙인 압살롬의 난과 세바의 난 등을 일체 언급하지 않았다. 오직 백성의 인구를 조사한 죄만 기록되어 있다. 그리고 그 죄를 회개하고 오르난의 타작마당을 사서 그곳에 여호와를 위한 제단을 쌓은 기록이 있다. 후에 그곳은 성전의 터가 된다.

여기서 다윗이 하는 일을 마땅치 않게 여긴 요압의 태도가 옳았는가? 그것은 참 말하기가 어렵다. 그러면 어쨌든 온전히 순종하는 것이 옳았겠는가? 첫째로는 이스라엘 백성들의 상태가 옳지 못했다. 이것이 이 일의 시발점이다. 둘째로는 요압의 태도 또한 옳지 않았다. 요압이 만일 인구조사가 여호와께 범죄하는 것이라 여겼다면 간절한 기도와 금식으로 주님께서 다윗의 마음을 돌려주시기를 기도할 필요가 있었을 것이다.

다윗은 왕이었고 요압은 그의 명령을 거스를 수 없었을 것이다. 비록 잘못된 명령이라도 따르려면 충성되게 따라야 하고 그렇지 않으면 다윗에게 재삼재사 상소를 올렸어야 했다고 생각한다.

당시에 회막은 기브온에, 언약궤는 예루살렘 왕궁 가까이 있는 장막에, 제사는 오르난의 타작마당에서 드렸다. 이렇게 나뉘어져 있는 것은 이 시대의 교회 모습 같기도 하다. 어느 날 주님이 오실 때 모든 것이 통일될 것이다.

강해

1절, 사단이 일어나 이스라엘을 대적하고 다윗을 격동하여 이스라엘을 계수하게 하니라

역대 상 21장 말씀은 사무엘 하 24장과 병행되는 말씀이다. 즉 다윗 왕의 인구 조사를 기록한 것이다. 사무엘 하 24장의 시작과 내용이 약간 차이가 있다. 사무엘 하 24장 1절에서는 "여호와께서 다시 이스라엘을 향하여 진노하사 저희를 치시려고 다윗을 감동시키사 이스라엘과 유다의 인구를 조사하게 하여"라고 말한다. 그런데 여기서는 '사단이 일어나'라고 했다. 다윗이 인구조사를 한 것이 사무엘 하에 의하면 여호와께서 하게 하신 것이고, 역대 상에서는 사단이 일어나 다윗을 격동시켜 하게 했다는 것이다. 누가 이것을 하게 했는가? 물론 사단이다. 그러나 하나님의 허락하심이 없으면 안 된다. 모든 일은 하나님의 주권 하에 일어나기 때문이다. 그러므로 마귀가 다윗 속에서 다윗을 격동시켜 이스라엘을 계수하게 한 것이다. 그런데 그것이 하나님을 진노케 했다. 사무엘 하 24장 1절은 "여호와께서 다시 이스라엘을 향하여 진노하사"라고 말한다. 왜 하나님께서 진노하셨는지는 잘 모른다. 우리가 이 말씀을 읽으면 다만 다윗이 인구조사를 한 것만 잘못한 것 같지만 사무엘 하를 보면 이스라엘 전체가 하나님을 진노케 했다. 그래서 인도자인 다윗을 시험에 들게 한 것이다.

2절, 다윗이 요압과 백성의 두목에게 이르되 너희는 가서 브엘세바에서부터 단까지 이스라엘을 계수하고 돌아와서 내게 고하여 그 수효를 알게 하라

다윗이 인구조사를 한 것 자체를 죄라고 말할 수는 없다. 왜냐하면 모압 평지에서도 모세가 인구조사를 했기 때문이다. 그렇지만 그 목적과 동기가 문제가 되는 것이다. 다윗이 이 시점에서 인구조사를 한 이유가 무엇인가? 다윗은 전쟁의 사람이고 일생 싸운 사람이다. 그런데 이제 나이가 들자 더 이상 싸우고 싶지 않은 마음이 들었을 것이다. 그 모든 전쟁에서 하나님을 의지하고 이겼는데, 이제는 좀 평안하게 말년을 살고 싶은 마음이 생겼을 것이다. 그러다 보니 도대체 인구가 얼마나 되는지, 특별히 전쟁에 나갈만한 인구가 얼마나 되는지를 알고 싶었을 것이다. 그런데 그런 태도는 하나님만 의지하고 용감하고 담대하게 대적을 대항했던 것과는 다르다.

3-5절, 요압이 가로되 여호와께서 그 백성을 지금보다 백 배나 더 하시기를 원하나이다 내 주 왕이여 이 백성이 다 내 주의 종이 아니니이까 내 주께서 어찌하여 이 일을 명하시나이까 어찌하여 이스라엘로 죄가 있게 하시나이까 하나 4 왕의 명령이 요압을 재촉한지라 드디어 떠나서 이스라엘 땅에 두루 다닌 후에 예루살렘으로 돌아와서 5 백성의 수효를 다윗에게 고하니 이스라엘 중에 칼을 빼만한 자가 일백십만이요 유다 중에 칼을 빼만한 자가 사십칠만이라

요압과 백성의 두목들이 이스라엘 땅을 두루 다니며 전쟁에 나갈만한 사람을 계수했다. 단순한 인구 조사가 아니라 이스라엘 군력이 얼마나 되는지를 조사한 것이다. 다윗은 이제 그 힘을 의지하고 싶어졌을 것이다. 그런데 사무엘 하 24장 9절을 보면, "요압이 인구 도수를 왕께 고

하니 곧 이스라엘에서 칼을 빼는 담대한 자가 팔십만이요 유다 사람이 오십만이었더라"고 한다. 역대 상과 그 수에 차이가 있다. 여기는 110만이라고 했으니 사무엘 하와 30만의 차이가 있다. "유다 중에 칼을 뺄만한 자가 사십칠만이라". 사무엘 하에서는 오십만이라고 했다. 여기와 삼만의 차이가 있다. 어쨌든 역대 상과 사무엘 하의 인구 조사는 숫자상으로 차이가 크다.

6절, 요압이 왕의 명령을 밉게 여겨 레위와 베냐민 사람은 계수하지 아니하였더라

요압은 다윗보다 주님을 사랑하는 사람이 아니었다. 영적인 사람도 아니었다. 그렇지만 다윗 왕이 지금 뭔가 잘못하고 있다는 것은 알았다. 왜냐하면 다윗이 원래 이런 사람이 아니었는데 갑자기 이렇게 나오니까 요압이 왕에게 직언을 한 것이다. 3절, "요압이 가로되 여호와께서 그 백성을 지금보다 백 배나 더하시기를 원하나이다 내 주 왕이여 이 백성이 다 내 주의 종이 아니니이까 내 주께서 어찌하여 이 일을 명하시나이까 어찌하여 이스라엘로 죄가 있게 하시나이까 하나". 요압은 이 일이 죄가 된다는 것을 알았다. 그렇지만 다윗 왕이 요압을 재촉했다고 했다. 평상시처럼 다윗의 영성이 정상적이었다면 요압의 말을 들었을 것이다. 아마도 그런 명령을 아예 하지도 않았을 것이다. 그렇지만 지금 다윗의 마음은 격동되었고, 요압은 이런 상태에서 하는 왕의 명령을 마땅치 않게 여겼다. 그래서 충실하게 조사하지 않은 것이다. 그 계수에서 레위와 베냐민을 빠뜨렸다.

그러면 요압의 태도가 옳은 것인가? 다윗도 지금 문제가 있다. 그러면 요압이 어떻게 했어야 할 것 같은가? 왕이 지금 격노해서 빨리 가서 조사를 하라고 하는데 부하로서 안 들을 수도 없는 것이다. 이럴 때 필요한 것이 기도이고 금식이다. 이럴 때에 하나님 앞에서 진실한 기도와 금식을 하는 것이 영적인 사람의 태도이다. 금식하고 기도하면서 하나님께 지혜를 구하는 것이다. 3절에서 요압이 한 말이 맞지만 다윗은 부하의 말을 듣지 않았다. 그리고 요압은 대충 조사해서 보고했다. 왜 사무엘 하와 역대 상이 계수의 차이가 이렇게 큰가? 어쨌든 자세하게 조사하지 않은 것이 분명하다. 이러한 모든 태도가 합당하지 않다.

7-13절, 하나님이 이 일을 괘씸히 여기사 이스라엘을 치시매 8 다
윗이 하나님께 아뢰되 내가 이 일을 행함으로 큰 죄를 범하였나이다
이제 간구하옵나니 종의 죄를 사하여 주옵소서 내가 심히 미련하게
행하였나이다 하니라 9 여호와께서 다윗의 선견자 갓에게 이르시되
10 가서 다윗에게 말하여 이르기를 여호와의 말씀이 내가 네게 세
가지를 보이노니 그 중에서 하나를 택하라 내가 그것을 네게 행하리
라 하셨다 하라 11 갓이 다윗에게 나아가 고하되 여호와의 말씀이
너는 마음대로 택하라 12 혹 삼 년 기근일지, 혹 네가 석 달을 대적
에게 패하여 대적의 칼에 쫓길 일일지, 혹 여호와의 칼 곧 온역이 사
흘 동안 이 땅에 유행하며 여호와의 사자가 이스라엘 온 지경을 멸
할 일일지 하셨나니 내가 무슨 말로 나를 보내신 이에게 대답할 것
을 결정하소서 13 다윗이 갓에게 이르되 내가 곤경에 있도다 여호와
께서는 긍휼이 심히 크시니 내가 그의 손에 빠지고 사람의 손에 빠
지지 않기를 원하나이다

요압은 약 10개월 정도에 걸쳐 인구조사를 하여 왕에게 보고했다. 그런데 다윗은 10개월이라는 시간이 지나면서 자신의 죄악을 깨닫게 되었다. 갓 선지자가 다윗에게 가서 세 가지 재앙 중에 하나를 택하라고 했다. 3년 기근인지, 3개월을 대적에게 쫓겨 다닐 것인지, 온역이 사흘 동안 땅에 가득하게 되는 것인지, 이 셋 중에 하나를 택해야 했다.

다윗은 이미 대적에게 패하여 대적의 칼에 쫓겨다녀본 경험이 있다. 압살론의 난이 있었고 시바의 난이 있었다. 기근도 경험한 적이 있다. 기브아 사람들 문제로 하나님께서 년부년 삼 년 기근을 내리신 적이 있다. 그때 다윗은 너무 힘들었기 때문에 그 둘을 택하지 않고 마지막 한 가지, 사흘 동안 이스라엘 땅에 온역이 가득하게 되는 재앙을 택했다. 왜냐하면 하나님은 긍휼이 크시기 때문에 차라리 하나님 손에 빠지는 것이 더 나을 것이라 여긴 것이다. 사람들은 무자비하기 때문에 사람들에게 쫓기는 것은 너무 힘들다. 그러나 온역을 택하는 것은 긍휼이 많으신 하나님 손에 떨어지는 것이니 그 편이 낫다고 생각한 것이다.

14절, 이에 여호와께서 이스라엘 백성에게 온역을 내리시매 이스라엘 백성의 죽은 자가 칠만이었더라

이때 이스라엘 백성 칠만이 온역으로 죽었다. 칠만은 엄청난 숫자이다. 다윗은 이스라엘의 싸울만한 인수가 많기를 바랐고 그 숫자를 의지하고자 했다. 그런데 도리어 칠만이나 잃어버렸다.

15절, 하나님이 예루살렘을 멸하러 사자를 보내셨더니 사자가 멸하려 할 때에 여호와께서 보시고 이 재앙 내림을 뉘우치사 멸하는 사자에게 이르시되 족하다 이제는 네 손을 거두라 하시니 때에 여호와의 사자가 여부스 사람 오르난의 타작마당 곁에 선지라

다윗의 생각대로 하나님은 긍휼이 많으시다. 그분은 재앙 내림을 뉘우치시고 멸하는 사자에게 이젠 됐으니 손을 거두라고 하셨다.

16-17절, 다윗이 눈을 들어보매 여호와의 사자가 천지 사이에 섰고 칼을 빼어 손에 들고 예루살렘 편을 가리켰는지라 다윗이 장로들로 더불어 굵은 베를 입고 얼굴을 땅에 대고 엎드려 17 하나님께 아뢰되 명하여 백성을 계수하게 한 자가 내가 아니니이까 범죄하고 악을 행한 자는 곧 내니이다 이 양무리는 무엇을 행하였나이까 청컨대 나의 하나님 여호와여 주의 손으로 나와 내 아비의 집을 치시고 주의 백성에게 재앙을 내리지 마옵소서

이것이 다윗의 정직함이요 겸손함이다. 다윗은 잘못을 범했다. 우리야의 사건도 있고 인구 조사의 사건도 있다. 그러나 다윗의 좋은 점은 자기가 잘못했다는 것을 깨달았을 때 금방 회개를 한다는 것이다. 그가 간음과 살인을 저질렀을 때는 금방 그의 죄를 깨달았을 것이다. 그런데 이 인구조사의 일은 그 잘못을 알기가 쉽지 않았다. 이것은 다윗의 일생이고, 다윗은 일생 전쟁만 했던 사람이다. 그러다 보니 자기도 모르는 사이에 '이제는 더 이상 이렇게 살고 싶지 않다.'는 생각이 든 것이다. 그런데 이런 생각이 마귀가 자기 속에 역사해서 들어온 것임을 금방 알 수 있겠는가? 이렇게 마귀는 사람의 약함을 타고 들어와서 마치 그 자신의 생각인 것처럼 여기게 한다. 다윗처럼 성군이고 경건한 성도일지라도 그 느낌이 사단에게서 온 것인 줄 모르고 받아들인 것이다. '이 정도면 내 일생에 더 이상 전쟁 걱정 없이 살 수 있겠다.'라는 생각을 한 것이다. 이것이 다윗의 죄가 되었다. 이스라엘의 인도자로서 다윗의 잘못은 참 크지만 어쩔 수 없이 그가 스스로 깨달을 때까지 기다려야 한다. 여기서는 10개월이 걸렸다. 다윗은 깨달았을 때 회개했다. 요압이 회개했다는 기록은 없다. 그는 끝까지 회개하지 않고 갔다. 그리고 결국 솔로몬 때에 죽임을 당했다. 그렇지만 다윗은 죄를 깨달았을 때 회개했고 그 모든 죄를 자기에게 돌려달라고 간구했다. '이 백성이 무슨 죄를 지었습니까? 나를 치시고 내 집을 치시지 왜 이스라엘 백성을 치십니까?'라고 기도했다.

18절, 여호와의 사자가 갓을 명하여 다윗에게 이르시기를 올라가서 여부스 사람 오르난의 타작마당에서 여호와를 위하여 단을 쌓으라 하신지라

16절에서는 "여호와의 사자가 천지 사이에 섰고"라고 했다. 오르난의 타작마당에 여호와의 사자가 천지 사이에 섰다고 했는데, 이분이 바로 구약에서 여호와의 사자로 나타나신 그리스도를 의미한다. 주님이 나타나신 곳이 여부스 사람 오르난의 타작마당이다. 여부스 사람은 원래 가나안에 살던 족속이다. 오르난을 사무엘 하에서는 '아라우나'라고 했다. 동일 인물인지 형제 간인지는 우리가 알기 어렵다. 전설로는 오르난과 아라우나가 형제라는 말이 있다. 원래 여부스 사람 이름인데 히브리어로 좀 차이가 있어서 그렇게 적었다는 말도 있다. 또 여부스의 이름과 가나안의 이름과 히브리어 이름이 조금씩 다르다고 하는 사람들도 있다.

19-20절, 다윗이 이에 갓이 여호와의 이름으로 이른 말씀대로 올라가니라 20 때에 오르난이 밀을 타작하다가 돌이켜 천사를 보고 네 아들과 함께 숨었더니

오르난도 천지에 서있는 여호와의 사자를 본 것이다. 이스라엘 족속이 아닌 이 사람도 천사를 본 것이다.

21-23절, 다윗이 오르난에게 나아가매 오르난이 내어다보다가 다윗을 보고 타작마당에서 나와서 얼굴을 땅에 대고 절하매 22 다윗이 오르난에게 이르되 이 타작하는 곳을 내게 불이라 너는 상당한 값으로 불이라 내가 여호와를 위하여 여기 한 단을 쌓으리니 그리하면 온역이 백성 중에서 그치리라 23 오르난이 다윗에게 고하되 왕은 취하소서 내 주 왕의 좋게 여기시는 대로 행하소서 보소서 내가 이 것들을 드리나이다 소들은 번제물로, 곡식 떠는 기계는 화목으로, 밀은 소제물로 삼으시기 위하여 다 드리나이다

이 오르난은 정말 헌신적인 사람이었다. 다윗 왕을 보더니 이스라엘 백성 못지않게 헌신을 한 것이다. 그 이유가 무엇일까? 우리는 모르지만 어쨌든 그도 천사를 보고 이 일이 보통 일이 아니라는 것을 알았을 것이다. 여기서 지금 다윗이 엎드려 기도하면 하나님께서 이스라엘에 내린 재앙을 거두실 것이다. 이것을 알진대 이것은 참으로 큰 일이었다. 그리고 오르난도 어쨌든 다윗 왕을 존경했을 것이다. 존경하는 왕이 자기의 땅에서 제사를 드리겠다니 다 드릴 마음이 생긴 것이다. 소도 드리고 밀도 드리겠다고 했다. 더욱 감동적인 것은 곡식 떠는 기구까지 드리겠다는 것이다. 옛날 시골에는 타작하는 탈곡기가 있었는데 발로 구르면 기계가 돌아가면서 벼 낟알들이 털려 나갔다. 이런 것들을 제사를 드리는 데에 화목(땔 나무)으로 쓰라고 한 것이다. 참으로 감동적인 이야기다.

24-25절, 다윗 왕이 오르난에게 이르되 그렇지 아니하다 내가 결단코 상당한 값으로 사리라 내가 여호와께 드리려고 네 물건을 취하지 아니하겠고 값없이는 번제를 드리지도 아니하리라 하고 25 그 기지 값으로 금 육백 세겔을 달아 오르난에게 주고

금 600세겔은 지금 우리나라 시가로는 10억도 넘는다. 금 한 세겔이 약 4일 간의 품삯이라고 생각하면 된다. 다윗은 '나는 결단코 네 물건을 취하지 않고 값없이 번제를 드리지 않겠다'고 했다. 남의 돈을 꿔서 헌금하는 사람이 있는데, 그것은 합당한 예물이 아니다. 내가 사서 내가 드려야 번제가 되고 주님께 온전한 예물이 된다. 지금 다윗은 하나님께 번제를 드리려 하기 때문에 충분한 대가를 지불하고 땅까지 다 사겠다고 했다. 이렇게 해야 다윗이 드리는 제사가 제사답게 되는 것이다. 하나님 앞에 자신이 대가를 지불해야 회개하는 표가 있게 된다.

26절, 다윗이 거기서 여호와를 위하여 단을 쌓고 번제와 화목제를 드려 여호와께 아뢰었더니 여호와께서 하늘에서부터 번제단 위에 불을 내려 응답하시고

다윗의 제사에 대하여 하나님은 제단 위에 불을 내려서 응답하셨다.

27절, 사자를 명하시매 저가 칼을 집에 꽂았더라

여호와의 사자가 오르난의 타작마당에서 칼을 빼서 들었는데, 그 칼을 칼집에 꽂은 것이다. 그 칼은 재앙을 내리는 칼로서 이제 그 재앙을 거둔 것이다. 이는 하나님께서 다윗의 제사를 열납하셨다는 증거이다.

28-30절, 이때에 다윗이 여호와께서 여부스 사람 오르난의 타작마당에서 응답하심을 보고 거기서 제사를 드렸으니 29 옛적에 모세가 광야에서 지은 여호와의 장막과 번제단이 그 때에 기브온 산당에 있으나 30 다윗이 여호와의 사자의 칼을 두려워하여 감히 그 앞에 가서 하나님께 묻지 못함이라

이때는 다윗 시대이다. 다윗 시대에는 기브온 산당에 여호와의 장막과 번제단이 있었다. 원래 시내 산에서 만들었던 장막을 광야 사십 년 동안 운반하고 다녔다. 그리고 가나안 땅에 들어와서는 실로라는 곳에 그 장막을 세웠었다. 그러다가 장막이 놉이라는 곳으로 갔는데 그 다음에 기브온에 설치된 것이다. 그때 언약궤는 다윗이 따로 예루살렘 왕궁 가까이에 장막을 쳐놓고 모셨다. 그리고서 다윗은 항상 거기 언약궤 앞에 가서 하나님께 묻기도 하고 기도도 했다. 그런데 지금 다윗이 인구 조사의 죄를 짓고 심판을 받았는데, 사자가 이 타작마당에 나타난 것이다. 거기서 제사를 드리자 하나님께서 거기서 열납하셨다. 그러자 다윗은 제단이 있는 기브온 장막에 가지를 못하고 그 후로는 항상 이곳에 왔다. 왜냐하면 일단 오르난의 타작마당에서 용서를 받았기 때문에 거기 가서 제사를 드리고자 한 것이다. 이곳은 다윗이 회개를 위해 엄청난 금액을 들여서 매입한 곳이다. 그리고 앞으로 솔로몬이 성전을 지을 터이다. 여기가 결국 성전 터가 되었다.

우리가 이 장을 통해 배울 수 있는 것은, 하나님의 교회 건축, 하나님의 성전을 짓는 것은 우리 인간의 생각을 초월한다는 것이다. 여러분 생각에는 주님을 위해서 사람이 노력하고 헌신하면 성전을 건축할 수 있고, 이렇게 저렇게 하면 그 사람에게 성전을 건축할 기회를 주실 것 같지만 그렇지 않다. 우리가 이런 과정을 통해서 배울 수 있는 것은 하나님의 역사나 하나님의 사역은 우리 인간의 생각과 다르다는 것이다. 다윗은 참으로 하나님의 성전을 건축하고 싶어했다. 그러나 하나님은 그의 아들을 통해 성전을 건축하셨다. 하나님과 마음이 합한 사람은 다윗이었지만 성전을 건축하기 위해서 그가 한 일은 다만 죄를 짓고 엎드러진 것뿐이다. 여기서 우리가 알 수 있는 것은 우리 인간은 하나님을 위해서 무언가 할 수 있는 존재가 아니라는 것이다.

다윗은 마음으로는 하나님을 위해 전을 건축하기 원했지만 자기의 원함과 달리 죄를 짓고 많은 백성들로 재앙을 받게 하여 칠만이 죽는 결과를 가져왔다. 그리고서 참담한 마음으로 엎드러진 곳이 바로 오르난의 타작마당이다. 하나님은 거기서 드려진 번제와 화목제를 받으셨다. 번제는 희생이고 헌신이다. 완전히 자신을 드리겠다는 것이다. 화목제는 감사를 드리는 것이다. 사람은 자신의 힘과 자신의 할 수 있음을 가지고 하나님을 위해 성전을 건축하겠다, 교회를 세우겠다 하지만 우리 인간은 원하든 원치 않든 실패를 하게 된다. 다윗도 결코 실패하고 싶지 않았을 것이다.

그런데 이스라엘 백성들에게도 책임이 없는 것이 아니다. 사무엘 하 24장 1절에 "여호와께서 다시 이스라엘을 향하여 진노하사 저희를 치시려고"라는 말씀이 있다. 그래서 다윗을 격동시켜 인구조사를 하게 하신 것이다. 하나님은 이스라엘 백성들에게 왜 진노하셨는가? 그들은 당시에 압살롬이 난을 일으키면 다윗 쫓기를 그치고 압살롬에게로 마음이 돌아갔다. 그리고 압살롬이 죽자 회개하는 것도 없이 다시 다윗에게로 갔다. 그리고 세바의 난이 일어나자 또 다시 백성들은 세바를 따랐다. 세바의 난은 압살롬 때보다 더 힘들었다. 이 정도로 큰 난이 세 번이나 있었다. 그리고서 난이 진압되자 언제 그랬느냐는 듯이 또 다윗을 따랐다. 이렇다 보니 다윗도 이스라엘 백성들을 믿을 수가 없는 것이다. 얼마나 그의 마음이 불안했겠는가? '도대체 몇 명이나 나하고 함께 죽고 함께 살 건가?' 이런 생각도 다윗이 할 수 있는 것이다. 다윗이라는 인도자 한 사람의 잘못으로 돌리기에는 백성에게도 문제가 있었다.

다시 사무엘 하 24장 1절을 읽어보자. "여호와께서 다시 이스라엘을 향하여 진노하사 저희를 치시려고 다윗을 감동시키사 가서 이스라엘과 유다의 인구를 조사하라 하신지라". 이스라엘을 향해서 하나님의 마음이 대체적으로 기쁘지 않으셨다. 그렇지만 다윗은 그 모든 죄를 자기에게 돌렸고 엎드러졌다. 우리는 이런 과정을 통해서 인간이 하나님을 위해서 할 수 있는 것이 없다는 결론에 이른다. 마음으로는 하나님을 기쁘시게 해드리고 싶지만 인간이 연약하여 자기 원함과 달리 결국 커다란 실패를 하여 하나님께 득죄하고 만 것이다. 그러나 다윗은 거기서 엎드러지고 회개했다. 다윗이 귀한 것은 회개할 수 있다는 것이다. 자기 죄를 알았을 때 정직하게 고백하고 엎드릴 수 있는 사람이었다. 그럴 때 그 곳에 하나님은 교회를 세우신다. 인간의 마지막이 될 때, 인간이 엎드러졌을 때, 인간이 끝났을 때, 주님은 거기서 교회를 건축하신다.

주님이 늘 우리에게 하시는 말씀이 무엇인가? '너는 아니고 나다. 너는 이래저래 죽기에만 합당한 자다.'라는 것이다. 하나님께서는 상하고 통회하는 심령을 받으신다고 했다. "내가 높고 거룩한 곳에 거하며 또한 통회하고 마음이 겸손한 자와 함께 거하나니"(사 57:15). 하나님께서 받으시는 제사는 상하고 통회하는 심령이라고 했다. 다윗은그 이전에도 밧세바의 일로 죄를 범했을 때 선지자 나단이 책망하자 엎드러져서 회개했다. 그리고서 "하나님의 구하시는 제사는 상한 심령이라 하나님이여 상하고 통회하는 마음을 주께서 멸시치 아니하시리이다"(시 51:17)라고 했다. 하나님은 상하고 통회하는 심령을 받으신다. 시편 51편 18절에서는 "주의 은택으로 시온에 선을 행하시고 예루살렘 성을 쌓으소서"라고 기도했다. 진정한 회개가 있는 곳에서 하나님은 선을 행할 길을 열어 주시고 그분의 전을 건축할 수 있는 길을 열어 주신다. 그러므로 우리 그리스도인은 생각이 바뀌어야 한다. '저 사람이 진실로 회개할 수 있는 사람인가?' 이것이 중요하다. 자신의 죄를 보았을 때, 자신의 잘못된 것을 알았을 때 하나님께 진정으로 엎드릴 수 있는 사람인가가 중요하다. 이 땅에 옳은 사람은 없다. 옳은 사람을 찾지 말라. 그러다가 결국 이단에 빠지게 된다. 다만 자기의 잘못된 것을 알았을 때 진실로 엎드릴 수 있는 사람이면 된다. 잘못을 남에게 돌리지 않고 모든 죄를 자기에게 돌리며 하나님의 행정적인 징벌이라도 받겠다고 엎드려 고백할 수 있는 사람이 축복된 사람이다. 다윗은 그런 사람이었다. 그러한 곳에서 주님은 그분의 전을 건축하신다.

나는 주님의 긍휼로 동역자들과 함께 많은 나라들에 교회를 세웠다. 나라마다 한 번도 쉽게 된 적이 없다. 실패의 역사가 한두 번이 아니었다. 많게는 5-10번씩 작고 큰 일들과 실수와 실패들이 지나간 연후에 주님이 친히 교회들을 세우셨다. 그리고 우리로 고백하게 하셨다. "주여,

주님이 모든 것을 하셨습니다!"

역대상 22장

도입

하나님은 다윗에게 성전을 지을 터를 지시해 주셨다. 그리고 다윗은 손수 성전을 건축할 재료를 준비했고 아들 솔로몬에게 해야 할 일들을 가르쳐 주었다. 또 방백들에게는 솔로몬을 도우라고 명했다. 우리는 솔로몬이 성전을 지은 것으로 알지만 그 배후에 다윗의 수고는 이루 말할 수 없다. 주님의 일은 혼자 할 수 있는 것이 아니다. 함께 동역하여 이루어 나가야 한다.

강해

1절, 다윗이 가로되 이는 여호와 하나님의 전이요 이는 이스라엘의 번제단이라 하였더라

다윗은 확실히 하나님을 사랑하는 사람이었다. 창세기 28장에서 야곱은 벧엘에서 유숙할 때 한 꿈을 꾸고서 '이곳이 여호와의 전이로다'라고 말했다. 여기 다윗의 고백이 야곱의 고백과 같다. 아직 성전이 건축되지도 않았는데 "이는 여호와 하나님의 전이요"라고 했다. 당시 휘장 안에 언약궤를 모셔놓은 곳이 있었다. 그런데 지금 다윗은 오르난의 타작마당에서 주님을 만났다. 거기서 제사가 열납되어 하늘에서 불이 내려왔다. 그리고 다윗은 용서를 받았으며 재앙이 거두어졌다. 그렇게 되자 다윗은 "이는 여호와의 전이요 이는 이스라엘의 번제단이라" 하였다. 이때부터 다윗은 제물을 드릴 곳이 바로 이곳 오르난의 타작마당이라고 여겼다. 그리고 아들 솔로몬에 의해 그곳에 성전을 건축하게 된 것이다. 기브온의 장막과 예루살렘 휘장 안에 있는 언약궤와 오르난의 타작마당이 일치된 곳이 바로 이곳이다.

2-3절, 다윗이 명하여 이스라엘 땅에 우거하는 이방 사람을 모으고 석수를 시켜 하나님의 전을 건축할 돌을 다듬게 하고 3 다윗이 또 문짝못과 거멀못에 쓸 철을 한 없이 준비하고 또 심히 많아서 중수를 셀 수 없는 놋을 준비하고

다윗에게 하나님은, '너는 성전을 건축할 수 없다. 너에게 그런 원함이 있는 것은 알겠는데 너는 전쟁에서 피를 흘렸기 때문에 안 된다.'고 하셨다. 그렇지만 다윗은 성전 건축에 필요한 것들을 할 수 있는 한 다 준비해놓았다.

4-5절, 또 백향목을 무수히 준비하였으니 이는 시돈 사람과 두로 사람이 백향목을 다윗에게로 많이 수운하여 왔음이라 5 다윗이 가로되 내 아들 솔로몬이 어리고 연약하고 여호와를 위하여 건축할 전은 극히 장려하여 만국에 명성과 영광이 있게 하여야 할지라 그러므로 내가 이제 위하여 준비하리라 하고 죽기 전에 많이 준비하였더라

"다윗이 가로되 내 아들 솔로몬이 어리고 연약하고 여호와를 위하여 건축할 전은 극히 장려하여 만국에 명성과 영광이 있게 하여야 할지라 그러므로 내가 이제 위하여 준비하리라". 이것이 다윗의 성실함이요 하나님을 위한 마음이다. 당시 다윗은 나이가 많이 들었고 솔로몬은 20세쯤에 즉위했을 것이다. 다윗은 자기의 지위와 경험을 의지하여 솔로몬이 성전을 건축하도록 많이 준비해주었다. 첫째는 이스라엘 땅에 우거하는 이방 사람들을 모으고 석수를 시켜 성전 건축에 쓰일 돌을 다듬게 했다. 그리고는 문짝 못과 거멀못에 쓸 철을 준비했다. 거멀못은 돌과 돌을 연결시키는 못이다. "또 백향목을 무수히 준비하였으니". 다윗은 셀 수 없는 놋을 준비하고 목재로 백향목을 무수히 준비했다. 당시에 제일 좋은 목재가 바로 백향목이었다.

6절, 다윗이 그 아들 솔로몬을 불러 이스라엘 하나님 여호와를 위하여 전을 건축하기를 부탁하여

다윗은 정식으로 아들 솔로몬에게 주님을 위해 이 전을 건축하라고 부탁했다.

7-8절, 이르되 내 아들아 나는 내 하나님 여호와의 이름을 위하여 전을 건축할 마음이 있었으나 8 여호와의 말씀이 내게 임하여 이르시되 너는 피를 심히 많이 흘렸고 크게 전쟁하였느니라 네가 내 앞에서 땅에 피를 많이 흘렸은즉 내 이름을 위하여 전을 건축하지 못하리라

다윗은 피를 많이 흘린 전쟁의 사람이었다. 성전을 지을 자는 평화의 아들이어야 한다.

9절, 한 아들이 네게서 나리니 저는 평강의 사람이라 내가 저로 사면 모든 대적에게서 평강하게 하리라 그 이름을 솔로몬이라 하리니 이는 내가 저의 생전에 평안과 안정을 이스라엘에게 줄 것임이니라

하나님은 다윗에게서 한 아들이 태어나게 하셨는데, 그는 평강의 사람이라고 하셨다. 주님은 솔로몬 생전에 평안과 안정을 이스라엘에게 줄 것이라고 하셨다.

10절, 저가 내 이름을 위하여 전을 건축할지라 저는 내 아들이 되

고 나는 저의 아비가 되어 그 나라 위를 이스라엘 위에 굳게 세워 영원까지 이르게 하리라 하셨나니

"저가 내 이름을 위하여 전을 건축할지라…영원까지 이르게 하리라". 하나님은 솔로몬이 성전을 건축할 것이라고 하셨는데, 그 성전 건축에 관한 말씀을 하시면서 예수 그리스도의 왕국과 연결시키셨다. 당시 솔로몬 성전과 그 나라는 영원하지 않았다. 솔로몬 시대에 이미 문제가 생기기 시작해서 아들 때에는 분국이 되고 결국 바벨론에게 멸망당하고 성전이 훼파된다.

11-16절, **내 아들아 여호와께서 너와 함께하시기를 원하며 네가 형통하여 여호와께서 네게 대하여 말씀하신 대로 여호와의 전을 건축하며 12 여호와께서 네게 지혜와 총명을 주사 너로 이스라엘을 다스리게 하시고 너의 하나님 여호와의 율법을 지키게 하시기를 더욱 원하노라 13 네가 만일 여호와께서 모세로 이스라엘에게 명하신 모든 율례와 규례를 삼가 행하면 형통하리니 강하고 담대하여 두려워 말고 놀라지 말지어다 14 내가 환난 중에 여호와의 전을 위하여 금 십만 달란트와 은 일백만 달란트와 놋과 철을 그 중수를 셀 수 없을 만큼 심히 많이 예비하였고 또 재목과 돌을 예비하였으나 너는 더할 것이며 15 또 공장이 네게 많이 있나니 곧 석수와 목수와 온갖 일에 익숙한 모든 사람이니라 16 금과 은과 놋과 철이 무수하니 너는 일어나 일하라 여호와께서 너와 함께 계실지로다**

솔로몬이 성전을 지었다고 하지만 실상 모든 재료를 준비한 사람은 아버지 다윗이다. 다윗이 거의 준비했고 솔로몬은 건축하기만 했다. 다윗은 하나님을 사랑하는 사람이었다. 그는 자기 평생에 하나님을 위해 할 수 있는 것을 다 했다.

17-19절, **다윗이 또 이스라엘 모든 방백에게 명하여 그 아들 솔로몬을 도우라 하여 가로되 18 너희 하나님 여호와께서 너희와 함께**

하지 아니하시느냐 사면으로 너희에게 평강을 주지 아니하셨느냐 이 땅 거민을 내 손에 붙이사 이 땅으로 여호와와 그 백성 앞에 복종하게 하셨나니 19 이제 너희는 마음과 정신을 진정하여 너희 하나님 여호와를 구하고 일어나서 여호와 하나님의 성소를 건축하고 여호와의 언약궤와 하나님의 거룩한 기구를 가져다가 여호와의 이름을 위하여 건축한 전에 드리게 하라 하였더라

하나님의 일을 하는 사람들은 19절처럼 '마음과 정신을 진정하여야' 한다. 주님께 마음을 고정해야 한다는 뜻이다. 마음과 뜻이 왔다갔다하는 것은 주님을 섬기는 자로서 자격이 없다. 하나님의 전을 건축하는 사람들은 마음과 정신이 하나님께 고정되어야 한다. 그리고 우리 하나님 여호와를 구하고 일어나야 한다. 주저앉으면 안 된다. 일어나야 한다. 이 솔로몬 성전은 이스라엘의 첫 번째 성전인데 나중에 바벨론에 의해서 무너진다. 그 후 70년 만에 바벨론에서 귀환된 사람들이 성전을 다시 지을 때 하던 말이 "'일어나라, 일어나서 건축하라'"(스 1장 참조)이다. 주의 일을 하는 사람들은 주를 위해서 일어난 사람들이다. 드러누워 있는 사람들은 소용이 없다. 주저 앉아있는 사람들도 소용이 없다. 일어나야 한다. 그리고 강하고 담대해야 한다. 약하면 주의 전을 건축할 수 없다.

사방이 무너지는 것을 보고 약해질 필요가 없다. 사도 바울은 많은 사람들이 그를 떠나고 사방이 무너져도 절대 약해지지 않았다. 오히려 갈수록 더 강해졌다. 그러한 사람들이 결국 성전을 건축하는 것이다. 지금도 하나님은 그분의 일을 위해서 그분의 사람들을 부르고 계신다. 하나님을 섬길 길이 열려 있다. 여러분도 나름대로 작은 한 부분이라도 섬기면 하나님이 받아 주신다. 다윗은 자기가 할 일을 알았다. 자기 처지를 알았다. 하나님이 자기에게 왕권을 주시고 많은 군사를 주시고 능력을 주시고 지혜를 주셨다는 것을 알았고, 또 자기는 성전을 건축하지 못하지만 아들이 건축하게 될 것인데 자기 아들이 아직 어리기 때문에 자기가 할 수 있는 일을 다 한 것이다. 재료를 다 모아서 넘겨주고 수많은 금과 은, 그리고 못까지 다 준비해주었다. 그리고 솔로몬에게 분부할 것은 다 분부하고 또 방백들에게 그를 도와주라고 명했다. 이러한 충성스런 태도를 가진 사람들에 의해서 하나님은 그분의 역사를 이끌어 가신다.

다윗에게 실패가 있었다. 인구 조사의 죄를 범한 것이다. 그렇지만 인간의 실패에도 불구하고 하나님의 역사는 전진해 나간다. 다윗은 하나님의 택한 그릇이다. 그가 비록 무너지고 넘어지 쓰러졌지만 그는 회개하고 엎드렸으며, 바로 그곳에 하나님은 그분의 성전을 건축하신다. 우리 인간은 도저히 하나님의 역사를 알 수 없다. '하나님의 일은 하나님 자신이 하신다.' 라고 밖에 우리는 달리 할 말이 없다. 사람의 모든 판단은 틀린 것이며, 그렇기 때문에 하나님이 역사하신다는 것만 알면 된다. 우리는 이것을 알 뿐 다른 것은 모른다. 하나님은 당신의 일을 당신이 하신다. 우리 인간의 생각과 너무나 다르다. 회사를 차리고 공장을 차리는 것과 하나님의 일은 다르다. 하나님이 성전을 세우시는 것을 보면 역시 다르다. 우리 인간의 생각으로는 전혀 헤아릴 수가 없다. 다윗이 멋있게 승리하고 승전가를 부른 곳에서 성전을 건축하시는 것이 아니라 왜 하필이면 큰 죄를 짓고 무너진 곳에서 성전을 건축하시는가? 하나님은 그분의 전을 건축하는 일에 있어서 인간의 공로를 인정하고 싶지 않으신 것 같다. 하나님께서는 모든 사람들이 다 '우리는 끝났습니다. 우리는 실패했습니다.' 하고 철저히 엎드리고 무너진 곳에 그분의 집을 건축하기를 기뻐하시는 것이다. "내가 너를 위하여 집을 세우시리라". 주님은 그분이 모든 것을 행하시고 영광 받기를 원하신다. 이러한 말씀의 계시가 참으로 여러분에게 감동이 되고 이상이 될 수 있기를 바란다.

기도

하나님, 감사합니다. 오늘 역대 상 21—22장을 통해서 성전 터가 어떻게 준비되었는지 또 다윗이 어떻게 성전 건축을 위하여 재료를 준비하였는지를 보았습니다. 하나님, 우리로 하여금 더 충성되게 하시고 이런 한 말씀의 본을 따라서 이 시대에 주의 전을 건축할 수 있는 자가 되게 하소서. 우리 사랑하는 성도들이 일어나게 하소서. 누워 있지 않고 주저앉아 있지 않고 그 영이 일어나게 하소서. 각자가 할 수 있는 부분을 담당해서 마지막 시대에 주님의 집을 건축하는 자들이 되게 하여 주소서. 주 예수 그리스도의 이름으로 기도드립니다. 아멘.

역대상 23장

도입

23장은 레위인의 직무이다. 다윗은 30세에 왕이 되어 헤브론에서 7년 6개월을 치리한 다음, 예루살렘으로 천도하여 33년 간을 왕위에 있었다. 도합 40년 간 왕위에 있었던 셈이다. 이때 다윗의 나이 70세였다. 솔로몬이 즉위하기 전에 압살롬의 반란과 아도니야의 반역이 있었으나 역대상에는 일절 그에 대한 언급이 없다. 다윗은 솔로몬이 후계자가 될 것을 선포하고(그럼에도 아도니야의 반역이 일어났다), 레위인을 계수하여 각자의 직무를 지시해주었다. 다윗은 20세 이상 된 레위인들은 성전에서 섬기도록 새로운 제도를 만들었다. 다윗은 성전 지을 재료만 준비한 것이 아니라 섬기는 제도까지 다 확립해 놓은 것이다.

강해

1-6절, 다윗이 나이 많아 늙으매 아들 솔로몬으로 이스라엘 왕을
삼고 2 이스라엘 모든 방백과 제사장과 레위 사람을 모았더라 3 레
위 사람은 삼십세 이상으로 계수하였으니 모든 남자의 명수가 삼만

팔천인데 4 그 중에 이만사천은 여호와의 전 사무를 보살피는 자요 육천은 유사와 재판관이요 5 사천은 문지기요 사천은 다윗의 찬송하기 위하여 지은 악기로 여호와를 찬송하는 자라 6 다윗이 레위의 아들 게르손과 그핫과 므라리의 각 족속을 따라 그 반열을 나누었더라

다윗의 왕권은 아들 솔로몬에게 넘어갔다. 다윗은 70세 정도를 살았다. 그렇게 오래 산 것은 아니다. 그는 어쨌든 하나님의 명에 따라 아들을 왕으로 세웠다. 적절한 시점에 모든 것을 이양하는 것은 매우 중요하다. 오늘날 교회의 여러 문제가 바로 여기서 발생한다. 내려놓아야 할 때 내려놓지 않고 위임을 해야 할 때 위임하지 않는 것이다. 다윗의 좋은 점은 아들에게 깨끗이 위임해주고 나이든 자기가 할 수 있는 일을 다 해준 것이다. 매우 감동적인 처사이다.

22—26장을 보면 다윗은 시편만 쓴 사람이 아니다. 성전을 건축하기 위한 재료들을 모았지만 또 그것만 한 것이 아니다. 그 성전이 지어지면 거기서 어떻게 예배를 드리고 어떻게 찬송하고 어떻게 제사를 드릴 것인가도 다 기획해 놓았다. 다윗은 참으로 대단한 사람이고 충성된 종이다. 그는 자기가 할 수 있는 일을 다 하고 주님께 간 것이다.

3절에서 그는 삼십 세 이상 된 레위 사람을 계수했는데, 남자의 수가 삼만팔천이었다. 요압이 레위 지파를 계수하지 않은 것을 다윗이 비로소 계수한 것이다. 이것은 인구조사를 한 것이어도 죄가 되지 않는다. 주님을 섬기기 위한 선한 뜻으로 한 것이기 때문이다. 모든 일은 동기에 달려 있다. 레위인 이만사천은 여호와의 전을 보살피고, 육천은 유사와 재판관이었다. 레위인 중에는 이스라엘 백성을 다스리는 지도자나 재판관이 있었고 성전 문지기도 있었다. 그리고 악기로 여호와를 찬송하는 사람도 있었다.

7-21절, 게르손 자손은 라단과 시므이라 8 라단의 아들들은 족장 여히엘과 또 세담과 요엘 세 사람이요 9 시므이의 아들들은 슬로밋

과 하시엘과 하란 세 사람이니 이는 라단의 족장들이며 10 또 시므
이의 아들들은 야핫과 시나와 여우스와 브리아니 이 네 사람도 시므
이의 아들이라 11 그 족장은 야핫이요 그 다음은 시사며 여우스와
브리아는 아들이 많지 아니하므로 저희와 한 족속으로 계수되었더라
12 그핫의 아들들은 아므람과 이스할과 헤브론과 웃시엘 네 사람이
라 13 아므람의 아들들은 아론과 모세니 아론은 그 자손들과 함께
구별되어 몸을 성결케 하여 영원토록 지극히 거룩한 자가 되어 여호
와 앞에 분향하며 섬기며 영원토록 그 이름을 받들어 축복하게 되었
으며 14 하나님의 사람 모세의 아들들은 레위 지파 중에 기록되었으
니 15 모세의 아들은 게르솜과 엘리에셀이라 16 게르솜의 아들 중
에 스브엘이 족장이 되었고 17 엘리에셀의 아들은 족장 르하뱌라 엘
리에셀이 이 외에는 다른 아들이 없고 르하뱌의 아들은 심히 많았으
며 18 이스할의 아들은 족장 슬로밋이요 19 헤브론의 아들들은 족
장 여리야와 둘째 아마랴와 세째 야하시엘과 네째 여가므암이며 20
웃시엘의 아들은 족장 미가와 그 다음 잇시야더라 21 므라리의 아들
들은 마흘리와 무시요 마흘리의 아들들은 엘르아살과 기스라

이 모두가 다윗이 세운 제사장 체계이다. 레위인을 계수하고 각자에 맞게 직무를 지정해 주었다. 레위인 2만 4천 명을 24 반열로 나누고 게르손 자손이 10반열(7-11절), 그핫 자손이 9반열(12-20절), 므라리 자손이 5반열을 맡아 섬기게 하였다. 구체적으로 누구누구가 성전을 섬길 것인지를 조직해준 것이다. 모세와 아론 등 거룩한 주님의 종들의 자손들이 주님을 섬기는 긍휼을 얻은 것을 볼 수 있다(13절).

22-24절, 엘르아살이 아들이 없이 죽고 딸만 있더니 그 형제 기스
의 아들이 저에게 장가들었으며 23 무시의 아들들은 마흘리와 에델
과 여레못 세 사람이더라 24 이는 다 레위 자손이니 그 종가를 따라
계수함을 입어 이름이 기록되고 여호와의 전에서 섬기는 일을 하는
이십 세 이상 된 족장들이라

“종가를 따라 이십 세 이상 된 족장들이라”. ‘이십 세 이상’이라는 말이 나온다. 여기서 섬기는 사람의 이름을 계수할 때 그 가족을 따라 했다. 어떤 사람들은 육신의 형제 자매나 친척을 소홀히하는데, 예수님도 제자를 뽑으실 때 형제들을 함께 뽑으셨고 또 둘씩 둘씩 보내실 때 안드레와 베드로, 야고보와 요한과 같이 형제들을 함께 보내셨다. 영적인 일에서 혈연관계를 완전히 배제하지 않으신 것이다. 왜 그런가? 아무래도 서로 친밀한 것이 있어서 그것을 주님을 위해 적극적으로 사용하면 더 효과가 있기 때문이다. 성경은 원래의 친구나 가족이 함께 주님을 사랑하면 함께 섬기도록 했다는 것을 알기 바란다. 성경에 이런 말씀이 있다. “종가를 따라”.

민수기를 보면 원래 제사장의 임직 나이가 삼십 세 이상인데, 민수기 뒷부분을 보면 이십오 세부터 자격이 있고 오 년 동안은 견습하라고 했다. 그런데 다윗 왕 때 이것을 과감하게 이십 세 이상으로 고쳤다. 그래서 섬기는 자들의 수효가 더 많아진 것이다. 그렇게 해서 레위인들은 보다 젊을 때부터 제사장의 일을 하게 되었다. 사실 하나님을 섬기는 것은 젊을수록 좋다.

25-26절, 다윗이 이르기를 이스라엘 하나님 여호와께서 평강을 그 백성에게 주시고 예루살렘에 영원히 거하시나니 26 레위 사람이 다시는 성막과 그 가운데서 쓰는 모든 기구를 멜 것이 없다 한지라

이제 성전이 건축되면 레위 사람들이 성막이나 그 기구들을 메는 일을 하지 않아도 된다는 말이다.

27절, 다윗의 유언대로 레위 자손이 이십 세 이상으로 계수되었으니

그 전에는 제사장으로 섬기기 시작한 나이가 이십오 세 이상이었다. 그리고 더 이전에는 삼십 세 이상이었다. 그런데 다윗이 과감하게 고쳐서 20세 이상으로 계수하게 한 것이다.

28-32절, 그 직분은 아론의 자손에게 수종들어 여호와의 전과 뜰과 골방에서 섬기고 또 모든 성물을 정결케 하는 일 곧 하나님의 전에서 섬기는 일과 29 또 진설병과 고운 가루의 소제물 곧 무교전병이나 남비에 지지는 것이나 반죽하는 것이나 또 모든 저울과 자를 맡고 30 새벽과 저녁마다 서서 여호와께 축사하며 찬송하며 31 또 안식일과 초하루와 절기에 모든 번제를 여호와께 드리되 그 명하신 규례의 정한 수효대로 항상 여호와 앞에 드리며 32 또 회막의 직무와 성소의 직무와 그 형제 아론 자손의 직무를 지켜 여호와의 전에서 수종드는 것이더라

28절부터는 레위인의 직무를 구체적으로 지시한다. 또 4천 명에 달하는 찬양대가 새벽과 저녁마다 하나님께 축사하고 찬송해야 하며, 안식일과 초하루와 절기에는 모든 번제를 드려야 했다고 말한다(30-31절).

역대상 24장

도입

다윗은 제사장들과 레위인의 직무를 보다 세밀하게 각 계층으로 분류했다. 제사장의 24반열과 레위인 24반열을 각각 거명하며 직무를 구분해주었다.

강해

1-2절, 아론 자손의 반차가 이러하니라 아론의 아들들은 나답과 아비후와 엘르아살과 이다말이라 2 나답과 아비후가 그 아비보다 먼저 죽고 아들이 없으므로 엘르아살과 이다말이 제사장의 직분을 행하였더라

다윗은 제사장의 구분과 직무의 순번을 정해주었다. 누가 먼저 제사드리고 그 다음은 누구인지를 정해 준 것이다.

3-5절, 다윗이 엘르아살의 자손 사독과 이다말의 자손 아히멜렉으로 더불어 저희를 나누어 각각 그 섬기는 직무를 맡겼는데 4 엘르아

살의 자손 중에 족장이 이다말의 자손보다 많으므로 나눈 것이 이러하니 엘르아살 자손의 족장이 십륙이요 이다말 자손은 그 열조의 집을 따라 여덟이라 5 이에 제비 뽑아 피차에 차등이 없이 나누었으니 이는 성소의 일을 다스리는 자와 하나님의 일을 다스리는 자가 엘르아살의 자손 중에도 있고 이다말의 자손 중에도 있음이라

다윗 왕은 유다 지파이다. 그런데 그는 성전이 건축되면 누가 어떻게 성전을 섬길 것인가에 대해 자세하게 배치했다. 여러분은 이런 왕을 보았는가? 그는 시편을 쓰고 성전을 건축할 재료만 준비한 것이 아니라 이렇게 자상하게 장차 성전에서 섬겨야 할 직무까지 안배했다. 참으로 대단한 사람이다. 차등이 없이, 한 사람도 빼놓지 않고 맡겨야 할 사람은 꼭 기억해서 안배한 것이다. 다윗이 일한 것을 보면 그가 질서정연한 사람임을 알 수 있다. 그는 질서정연하게 일을 처리했다. 우리 하나님은 어지러운 분이 아니시고 모든 일을 질서 있게 하는 분이시다. 신약의 교회도 마찬가지로 질서가 있다. 고린도 후서 14장을 보면 하나님은 어지러움의 하나님이 아니시라고 했다. 그러므로 교회의 봉사도 질서 있게 하되 각자에게 맡겨진 은사대로 하라고 했다. 구약에서는 이렇게 다윗이 정해주었지만 신약에서는 성령께서 은사를 주셔서 각각 맡은바 소임을 다하게 하신다.

그 다음은 모든 것을 제비 뽑아서 했다. 왜 제비를 뽑았는가? 당시에는 그것이 하나님의 뜻을 아는 방법이었다. 그럴 때 누구도 할 말이 없게 된다. 인사에 불평불만을 가질 필요가 없는 것이다. 서로 앞서려고 다툴 필요도 없다. 제비를 뽑는다는 것은 하나님의 뜻에 완전히 맡기는 것이다. 교회에서 가장 중요한 것은 모든 일에 하나님의 뜻을 따르는 것이다.

6-31절, 레위 사람 느다넬의 아들 서기관 스마야가 왕과 방백과 제사장 사독과 아비아달의 아들 아히멜렉과 및 제사장과 레위 사람의 족장 앞에서 그 이름을 기록하여 엘르아살의 자손 중에서 한 집

을 취하고 이다말의 자손 중에서 한 집을 취하였으니 7 첫째로 제비
뽑힌 자는 여호야립이요 둘째는 여다야요 8 세째는 하림이요 네째
는 스오림이요 9 다섯째는 말기야요 여섯째는 미야민이요 10 일곱째
는 학고스요 여덟째는 아비야요 11 아홉째는 예수아요 열째는 스가
냐요 12 열한째는 엘리아십이요 열둘째는 야김이요 13 열세째는 훕
바요 열네째는 예세브압이요 14 열다섯째는 빌가요 열여섯째는 임멜
이요 15 열일곱째는 헤실이요 열여덟째는 합비세스요 16 열아홉째
는 브다히야요 스무째는 여헤스겔이요 17 스물한째는 야긴이요 스
물둘째는 가물이요 18 스물세째는 들라야요 스물네째는 마아시야라
19 이와 같은 반차로 여호와의 전에 들어가서 이스라엘 하나님 여호
와께서 저희 조상 아론에게 명하신 규례대로 수종들었더라 20 레위
자손 중에 남은 자는 이러하니 아므람의 아들 중에는 수바엘이요 수
바엘의 아들 중에는 예드야며 21 르하뱌에게 이르러는 그 아들 중
에 족장 잇시야요 22 이스할의 아들 중에는 슬로못이요 슬로못의 아
들 중에는 야핫이요 23 헤브론의 아들들은 장자 여리야와 둘째 아
마랴와 세째 야하시엘과 네째 여가므암이요 24 웃시엘의 아들은 미
가요 미가의 아들 중에는 사밀이요 25 미가의 아우는 잇시야라 잇
시야의 아들 중에는 스가랴며 26 므라리의 아들은 마흘리와 무시요
야아시야의 아들은 브노니 27 므라리의 자손 야아시야에게서 난 자
는 브노와 소함과 삭굴과 이브리요 28 마흘리의 아들 중에는 엘르
아살이니 엘르아살은 무자하며 29 기스에게 이르러는 그 아들 여라
므엘이요 30 무시의 아들은 마흘리와 에델과 여리못이니 이는 다 그
족속대로 기록한 레위 자손이라 31 이 여러 사람도 다윗 왕과 사독
과 아히멜렉과 및 제사장과 레위 족장 앞에서 그 형제 아론 자손처
럼 제비 뽑혔으니 장자의 종가와 그 아우의 종가가 다름이 없더라

주님을 섬기는 일에는 순서가 있음을 알아야 한다(고전 12:28). 첫째도 있고 둘째도 있고 스물네번째까지 있다(7-18절). 20-31절은 제사장을 돕는 레위인의 24반열을 말하고 있다. "장자의 종가와 아우의 종가가 다

름이 없더라"(31절). 이것이 무슨 말인가? 하나님을 섬기는 일에는 사실 손아래나 손위가 없다는 것이다. 베드로 전서 5장에서는 장로들에게 즐거운 뜻으로 섬기되 주장하는 자세를 취하지 말라고 했다. 그리스도 안에서는 구분이 있고 순서는 있지만 계급의 차이는 없다. 장자의 종가와 아우의 종가가 차별이 없이 동등하게 선택되었다. 그리스도 안에서는 높은 사람과 낮은 사람의 차별이 없다.

역대상 25장

도입

다윗은 레위인들의 섬기는 순서를 정한 다음, 이 장에서는 성전에서 노래 부를 자들과 연주하는 자들을 안배했다. 즉 성가대 조직과 직무(1-7절)와 제비뽑아 정한 성가대의 24반열을 말한다(8-31절).

강해

1-2절, 다윗이 군대 장관들로 더불어 아삽과 헤만과 여두둔의 자손 중에서 구별하여 섬기게 하되 수금과 비파와 제금을 잡아 신령한 노래를 하게 하였으니 그 직무대로 일하는 자의 수효가 이러하니라
2 아삽의 아들 중 삭굴과 요셉과 느다냐와 아사렐라니 이 아삽의 아들들이 아삽의 수하에 속하여 왕의 명령을 좇아 신령한 노래를 하며

25장은 오늘날로 말하면 성가대를 조직한 것이다. 후반부부터는 계속 이름만 나온다. 노래를 하는 것도 주님을 섬기는 것이다. 여기서 그것도 하나의 중요한 직분으로 여기고 있다(1절). 하나님을 찬미하는 것을 작은 일이라고 생각하면 안 된다. 나는 오늘 날 반드시 성가대를 조직해서 찬양을 해야 된다고 생각지는 않는다. 그렇지만 교회 중에서 찬양을 인도하는 은사와 일은 매우 중요하다고 생각한다. 찬양하는 일을 전심전력해서 배워가며 해야 한다. 아삽, 헤만, 느다냐, 삭굴, 이들은 다윗 시대에 찬양으로 유명한 사람들이었다. 아삽의 아들들은 아삽의 '수하에 속하여' 배워가며 노래를 했다. 신약의 교회에서도 시와 찬미와 신령한 노래를 부르는 일은 중요한 일이니 배워가며 잘 할 수 있기 바란다.

3-6절, 여두둔에게 이르러는 그 아들 그달리야와 스리와 여사야와 하사뱌와 맛디디야 여섯 사람이니 그 아비 여두둔의 수하에 속하여 수금을 잡아 신령한 노래를 하며 여호와께 감사하며 찬양하며 4 헤만에게 이르러는 그 아들 북기야와 맛다냐와 웃시엘과 스브엘과 여리못과 하나냐와 하나니와 엘리아다와 깃달디와 로암디에셀과 요스브가사와 말로디와 호딜과 마하시옷이라 5 이는 다 헤만의 아들들이니 나팔을 부는 자며 헤만은 하나님의 말씀을 받드는 왕의 선견자라 하나님이 헤만에게 열네 아들과 세 딸을 주셨더라 6 이들이 다 그 아비의 수하에 속하여 제금과 비파와 수금을 잡아 여호와 하나님의 전에서 노래하여 섬겼으며 아삽과 여두둔과 헤만은 왕의 수하에 속하였으니

4절의 헤만은 시편에도 나오는데, 다윗 시대에 찬양으로 유명한 사람이다. 6절의 '수하에 속한다'는 말을 주의해볼 필요가 있다. 이것은 어떤 사람의 지도 아래 있다는 말이다. 찬양을 마음대로 하는 것이 아니라 지도를 받아가면서 하는 것이다. 찬양도 잘 하려면 배워야 한다. 3절 마지막 부분에서도 "여두둔의 수하에 속하여 수금을 잡아 신령한 노래를 하며 여호와께 감사하며 찬양하며"라고 했다. 찬양이란 하나님께 감사하며 노래하는 것이다. 오늘날 찬양을 자기들의 감상과 누림을 위해 하는 자들이 있는데, 이것은 합당한 것이 아니다. 그것은 하나님께 대한 찬양이 아니라 자기를 위한 것이요 일종의 우상숭배이다.

또 한 가지, 이렇게 찬양하는 일을 누가 시작했는가? 사무엘이다. 사무엘이 창설한 선지자 학교가 있는데 아마 헤만과 아삽도 사무엘에게서 배웠을 것이라는 학자들이 많다. 그런데 이들이 다 스승이 되어서 이제 그들 수하에 배우는 자들이 있는 것이다. 다윗은 이제 사무엘이 양성해 놓은 사람들로 하여금 그 은사를 발휘해 섬기게 하는 것이다. 또 솔로몬은 그것을 근거로 해서 섬기게 된다. 이렇게 전 시대 사람들은 다음 시대를 위해 일한다. 우리는 유한하지만 하나님은 무한하시기 때문이다. 하나님의 역사는 이렇게 시대마다 조금씩 전진해 나아가는 것이다. 나의 신구약 강해서 작업이 마지막 권에 이르렀다. 이 일도 조금씩 전진해 왔기에 완성할 수 있었다.

7-31절, **저희와 모든 형제 곧 여호와 찬송하기를 배워 익숙한 자**
의 수효가 이백팔십팔 인이라 8 **이 무리의 큰 자나 작은 자나 스승**
이나 제자를 무론하고 일례로 제비 뽑아 직임을 얻었으니 9 **첫째로**
제비 뽑힌 자는 아삽의 아들 중 요셉이요 둘째는 그달리야니 저와
그 형제와 아들 십이 인이요 10 **세째는 삭굴이니 그 아들과 형제와**
십이인 이요 11 **네째는 이스리니 그 아들과 형제와 십이 인이요** 12
다섯째는 느다냐니 그 아들과 형제와 십이 인이요 13 **여섯째는 북기**
야니 그 아들과 형제와 십이 인이요 14 **일곱째는 여사렐라니 그 아**
들과 형제와 십이 인이요 15 **여덟째는 여사야니 그 아들과 형제와**
십이 인이요 16 **아홉째는 맛다냐니 그 아들과 형제와 십이 인이요**
17 **열째는 시므이니 그 아들과 형제와 십이 인이요** 18 **열한째는 아**
사렐이니 그 아들과 형제와 십이 인이요 19 **열둘째는 하사뱌니 그**
아들과 형제와 십이 인이요 20 **열세째는 수바엘이니 그 아들과 형제**
와 십이 인이요 21 **열네째는 맛디디야니 그 아들과 형제와 십이 인**
이요 22 **열다섯째는 여레못이니 그 아들과 형제와 십이 인이요** 23
열여섯째는 하나냐니 그 아들과 형제와 십이 인이요 24 **열일곱째는**
요스브가사니 그 아들과 형제와 십이 인이요 25 **열여덟째는 하나니**
니 그 아들과 형제와 십이 인이요 26 **열아홉째는 말로디니 그 아들**

과 형제와 십이 인이요 27 스무째는 엘리아다니 그 아들과 형제와
십이 인이요 28 스물한째는 호딜이니 그 아들과 형제와 십이 인이요
29 스물둘째는 깃달디니 그 아들과 형제와 십이 인이요 30 스물세
째는 마하시옷이니 그 아들과 형제와 십이 인이요 31 스물네째는 로
암디에셀이니 그 아들과 형제와 십이 인이었더라

7절에는 '익숙한 자들'이 있다. 이들은 찬송하는 것을 가르치는 자들을 의미한다. 무엇이든지 잘 배워야 잘 할 수 있다. 성가에 익숙한 자들이 288명이라고 하였는데, 24반열에 12명씩 배치한 것으로 보인다. 이들은 한 주간씩 교대하면서 봉사했다. "무리의 큰 자나 작은 자나 스승이나 제자를 무론하고 일례로 제비 뽑아 직임을 얻었으니"라는 말은 하나님 앞에는 큰 자 작은 자, 스승과 제자 모두 동등하며 세상처럼 연령이나 대소별로 그들을 차별하지 않으신다는 뜻이다. 그러면서도 아삽의 네 아들이 1, 3, 5, 7 반의 우두머리가 되고, 여두둔의 여섯 아들이 2, 4, 8, 12, 14반의 우두머리가 되었다. 그리고 헤만의 열네 아들이 6, 9, 11, 13, 15-24반의 우두머리가 되었다. 각 반은 우두머리를 포함하여 12명씩으로 이루어졌다. 이 우두머리들은 재능에 따라 선정되었을 것이다. 높고 낮음의 계급은 없지만 전문가적인 구분은 존재하였던 것이다.

역대상 26장

도입

문지기는 성전의 문들을 주야간에 지키며 통제하는 자들이다. 유자격자를 안내하고 무자격자를 통제하는 것인데, 그 수가 4천 명이었다(23:5). 이것이 레위인의 직무였다. 레위 지파는 사사 시대를 거쳐 엘리 시대까지 매우 보잘것없는 위치에 있었다. 그러나 하나님을 사랑하는 성군 다윗이 왕위에 오르자 모든 사람들 중에 가장 명성을 얻고 유용한 지위를 갖게 되었다. 성전이 지어지기 때문이다. 26장은 레위인 가운데 문지기 직무를 맡을 자들을 정하였다. 또한 제물과 곡간을 지키는 자들도 정해졌다. 지방의 유사와 사사들을 택하여 백성을 다스리는 일을 맡도록 안배했다. 오늘날 교회가 세워지지 않았다면 쓰는 사람이 없어 놀고 서 있는 사람이 얼마나 많겠는가? 주님의 음성이 들리는 듯하다. '너는 왜 종일토록 놀고 서 있느냐?' 많은 이들이 이렇게 답할 것이다. '아무도 나를 쓰는 이가 없습니다.' 교회에 오라! 적극적으로 헌신하고 섬겨보라! 할 일이 얼마나 많은지 헤아릴 수 없는 많은 일들이 교회에 있다.

강해

1절, 문지기의 반차가 이러하니라 고라 족속 아삽의 자손 중에 고레의 아들 므셀레먀와

26장에서는 주로 직무를 분담하는데, 다윗이 왕위에 오르자 레위인들은 다 할 일을 하게 되었다. 여기서부터 나오는 이름들은 다 레위인이다. 10절에는 므라리 자손이 나오고, 12절에는 문지기 반장이 나오고, 15절에는 잘 아는 오벧에돔이 나온다. 이 레위 사람들은 다윗이 등장하기까지는 그렇게 대단한 위치를 갖지 못했다. 그러나 다윗이 왕위에 오르자 레위인들이 다 일어나 각자의 일을 하는 것이다. 재판관도 하고 유사도 하고 다스리는 사람도 하고 성전의 여러 가지 직분을 맡아 했다. 문지기까지도 레위인들이 했다. 다윗 시대에 와서 성전을 지으려 하니 어떤 사람들이 주로 일을 하게 되는가? 하나님의 말씀을 잘 아는 사람들이다. 그런 사람들이 중용된 것이다.

2-32절, 므셀레먀의 아들들은 맏아들 스가랴와 둘째 여디야엘과 세째 스바댜와 네째 야드니엘과 3 다섯째 엘람과 여섯째 여호하난과 일곱째 엘여호에내이며 4 오벧에돔의 아들들은 맏아들 스마야와 둘째 여호사밧과 세째 요아와 네째 사갈과 다섯째 느다넬과 5 여섯째 암미엘과 일곱째 잇사갈과 여덟째 브울래대니 이는 하나님이 오벧에돔에게 복을 주셨음이며 6 그 아들 스마야도 두어 아들을 낳았으니 저희의 족속을 다스리는 자요 큰 용사라 7 스마야의 아들들은 오드니와 르바엘과 오벳과 엘사밧이며 엘사밧의 형제 엘리후와 스마갸는 능력이 있는 자니 8 이는 다 오벧에돔의 자손이라 저희와 그 아들들과 그 형제들은 다 능력이 있어 그 직무를 잘하는 자니 오벧에돔에게서 난 자가 육십이 명이며 9 또 므셀레먀의 아들과 형제 십팔 인은 능력이 있는 자며 10 므라리 자손 중 호사가 아들들이 있으니 그 장자는 시므리라 시므리는 본래 맏아들이 아니나 그 아비가 장자를 삼았고 11 둘째는 힐기야요 세째는 드발리야요 네째는 스가랴니 호사의 아들과 형제가 십삼 인이더라 12 이상은 다 문지기의 반

장으로서 그 형제처럼 직임을 얻어 여호와의 전에서 섬기는 자라 13
각 문을 지키기 위하여 그 종족을 따라 무론대소하고 다 제비 뽑혔
으니 14 셀레먀는 동방에 당첨되었고 그 아들 스가랴는 명철한 의사
라 저를 위하여 제비 뽑으니 북방에 당첨되었고 15 오벧에돔은 남
방에 당첨되었고 그 아들들은 곳간에 당첨되었으며 16 숩빔과 호사
는 서방에 당첨되어 큰 길로 통한 살래겟 문 곁에 있어 서로 대하여
파수하였으니 17 동방에 레위 사람이 여섯이요 북방에 매일 네 사람
이요 남방에 매일 네 사람이요 곳간에는 둘씩이며 18 낭실 서편 큰
길에 네 사람이요 낭실에 두 사람이니 19 고라와 므라리 자손의 문
지기의 반차가 이러하였더라 20 레위 사람 중에 아히야는 하나님의
전 곳간과 성물 곳간을 맡았으며 21 라단의 자손은 곧 라단에게 속
한 게르손 사람의 자손이니 게르손 사람 라단에게 속한 족장은 여히
엘리라 22 여히엘리의 아들은 스담과 그 아우 요엘이니 여호와의 전
곳간을 맡았고 23 아므람 자손과 이스할 자손과 헤브론 자손과 웃시
엘 자손 중에 24 모세의 아들 게르솜의 자손 스브엘은 곳간을 맡았
고 25 그 형제 곧 엘리에셀에게서 난 자는 그 아들 르하뱌와 그 아
들 여사야와 그 아들 요람과 그 아들 시그리와 그 아들 슬로못이라
26 이 슬로못과 그 형제는 성물의 모든 곳간을 맡았으니 곧 다윗 왕
과 족장과 천부장과 백부장과 군대의 모든 장관이 구별하여 드린 성
물이라 27 저희가 싸울 때에 노략하여 얻은 물건 중에서 구별하여
드려 여호와의 전을 중수하게 한 것이며 28 선견자 사무엘과 기스
의 아들 사울과 넬의 아들 아브넬과 스루야의 아들 요압이 무론 무
엇이든지 구별하여 드린 성물은 다 슬로못과 그 형제의 수하에 있었
더라 29 이스할 자손 중에 그나냐와 그 아들들은 이스라엘 바깥 일
을 다스리는 유사와 재판관이 되었고 30 헤브론 자손 중에 하사뱌
와 그 동족 용사 일천칠백 인은 요단 서편에서 이스라엘을 주관하
여 여호와의 모든 일과 왕을 섬기는 직임을 맡았으며 31 헤브론 자
손 중에 여리야가 그 세계와 종족대로 헤브론 자손의 족장이 되었더

라 다윗이 위에 있은 지 사십년에 길르앗 야셀에서 그 족속 중에 구하여 큰 용사를 얻었으니 32 그 형제 중 이천칠백 명이 다 용사요 족장이라 다윗 왕이 저희로 르우벤과 갓과 므낫세 반 지파를 주관하여 하나님의 모든 일과 왕의 일을 다스리게 하였더라

이제 다윗 왕 40년이면 말년이다. 다윗은 40년 간 왕위에 있었다. 그때에 큰 용사를 얻었다고 했다. 다윗은 말년에도 길르앗 야셀에서 그 족속 가운데 형제 중 이천칠백 명의 용사를 얻었다. 큰 힘이 되는 사람들을 얻어서 아들 솔로몬이 이스라엘을 다스리는데 큰 도움이 되도록 한 것이다. 이 이야기가 26장의 마지막이다. 우리는 다윗이라는 인물에 대해 그저 피상적으로 알고 있었던 것 같다. 시편을 쓰고 전쟁을 통해 성전 건축을 위한 재료를 준비한 사람 정도로 알았는데, 그 역량과 마음씀씀이가 참으로 대단한 것을 볼 수 있다. 그는 아들 솔로몬이 어린 것을 알고 성전을 건축할 재료를 다 준비해 줄 뿐 아니라 성전이 건축되면 어떻게 섬길 것인지를 일러주고 레위 자손을 중심으로 반차를 조직해서 성가대, 찬양대, 문지기, 재판관까지 모든 것을 제비 뽑아 안배해 놓고, 마지막에는 대단한 용사들까지 얻어서 아들에게 힘이 되게 하고 떠난 것이다.

우리는 여기서 깊은 인상을 받을 필요가 있다. 오늘날 한국 교회 지도자들이 다윗을 본받는다면 얼마나 아름답겠는가? 사역자의 순수함과 충성됨이 너무나 필요한 시대이다. 여러분은 이 나라를 위해서, 많은 주님의 종들을 위해서, 저를 위해서 기도해 주시기 바란다. 하나님의 말씀을 맡은 자에게 구할 것은 충성이라고 했다. 나는 그렇게 충성됨으로 하나님의 기쁨이 되었으면 좋겠다. 나의 뒤를 따르는 여러분이 나보다 더 잘 배워서 잘 섬길 수 있게 해드리고 싶다. 여러분은 부지런히 잘 배워서 일어나 주님을 잘 섬기는 종들이 되시기 바란다. 그래야 이스라엘이 강건해지고 하나님께 대한 섬김이 잘 이루어지고 교회가 잘 세워지고 주님의 진리가 전파되고 확장될 것이 아니겠는가? 참으로 이 나라에 다윗같이 준비하는 섬김의 필요가 절실하다. 하나님이 여러분을 축복하시기 바라며 이 시대에도 다윗을 닮은 많은 사람들이 나타났으면 좋겠다.

역대상 27 장

도입

다윗을 보좌했던 군대의 12반열의 장관들과 각 지파의 족장들과 재무를 관리한 관리들과 다윗의 모사들이 정해졌다.

강해

1-15절, **이스라엘 자손의 모든 족장과 천부장과 백부장과 왕을 섬
기는 유사들이 그 인수대로 반차가 나누이니 각 반열이 이만사천 명
씩이라 일 년 동안 달마다 체번하여 들어가며 나왔으니 2 정월 첫반
의 반장은 삽디엘의 아들 야소브암이요 그 반열에 이만사천 명이라
3 저는 베레스의 자손으로서 정월반의 모든 장관의 두목이 되었고
4 이월반의 반장은 아호아 사람 도대요 또 미글롯이 그 반의 주장이
되었으니 그 반열에 이만사천 명이요 5 삼월 군대의 세째 장관은 대
제사장 여호야다의 아들 브나야요 그 반열에 이만사천 명이라 6 이
브나야는 삼십 인 중에 용사요 삼십 인 위에 있으며 그 반열 중에
그 아들 암미사밧이 있으며 7 사월 네째 장관은 요압의 아우 아사헬**

이요 그 다음은 그 아들 스바댜니 그 반열에 이만사천 명이요 8 오월 다섯째 장관은 이스라 사람 삼훗이니 그 반열에 이만사천 명이요 9 유월 여섯째 장관은 드고아 사람 익게스의 아들 이라니 그 반열에 이만사천 명이요 10 칠월 일곱째 장관은 에브라임 자손에 속한 발론 사람 헬레스니 그 반열에 이만사천 명이요 11 팔월 여덟째 장관은 세라 족속 후사 사람 십브개니 그 반열에 이만사천 명이요 12 구월 아홉째 장관은 베냐민 자손 아나돗 사람 아비에셀이니 그 반열에 이만사천 명이요 13 시월 열째 장관은 세라 족속 느도바 사람 마하래니 그 반열에 이만사천 명이요 14 십일월 열한째 장관은 에브라임 자손에 속한 비라돈 사람 브나야니 그 반열에 이만사천 명이요 15 십이월 열둘째 장관은 옷니엘 자손에 속한 느도바 사람 헬대니 그 반열에 이만사천 명이었더라

23—26장은 성전 예배를 위한 조직을 편성한 다음 이제 행정 조직으로 나아간다. 다윗은 모든 군대를 항상 다 유지하지 않고 일 년에 한 달씩 교대로 복무하게 하는 방침을 세웠다. 전체 군사가 288,000명이었는데, 24,000명씩 항상 대기하고 있었던 것이다. 정월 반장 야소브암은 다윗의 첫 번째 세 용사 가운데 하나로서 다윗 군의 대표적인 인물이다. 3월 군대 장관 브나야라는 인물은 다윗 군의 둘째 세 용사 중 하나였는데, 다윗의 시위대 장군이었고 나중 솔로몬의 군대 장관이 되었다. 사월의 장관은 아사헬인데 그는 아브넬에게 죽임을 당하였다. 그의 아들 스바댜가 실질적으로 4월 군대의 장이었을 가능성이 있다. 8월의 장관 십브개는 삼십 용사 중 하나로서 블레셋 거인 '삽'을 죽인 자이다(삼하 21:18).

16-24절, **이스라엘 지파를 관할하는 자는 이러하니라 르우벤 사람의 관장은 시그리의 아들 엘리에셀이요 시므온 사람의 관장은 마아가의 아들 스바댜요 17 레위 사람의 관장은 그무엘의 아들 하사뱌요 아론 자손의 관장은 사독이요 18 유다의 관장은 다윗의 형 엘리**

후요 잇사갈의 관장은 미가엘의 아들 오므리요 19 스불론의 관장은
오바댜의 아들 이스마야요 납달리의 관장은 아스리엘의 아들 여레못
이요 20 에브라임 자손의 관장은 아사시야의 아들 호세아요 므낫세
반 지파의 관장은 브다야의 아들 요엘이요 21 길르앗에 있는 므낫세
반 지파의 관장은 스가랴의 아들 잇도요 베냐민의 관장은 아브넬의
아들 야아시엘이요 22 단의 관장은 여로함의 아들 아사렐이니 이스
라엘 지파의 관장이 이러하며 23 이스라엘 사람의 이십 세 이하의
수효는 다윗이 조사하지 아니하였으니 이는 여호와께서 전에 말씀하
시기를 이스라엘 사람을 하늘의 별같이 많게 하리라 하셨음이라 24
스루야의 아들 요압이 조사하기를 시작하고 끝내지 못하여서 그 일
로 인하여 진노가 이스라엘에게 임한지라 그 수효를 다윗 왕의 역대
지략에 기록하지 아니하였더라

다윗은 또한 각 지파의 관장들을 임명하였다. 16절의 관할하는 자란 우두머리나 지도자를 뜻한다. 15절까지는 군대조직을 말했다면 16절부터는 민간 조직을 말한다. 특이한 것은 21절에서 베냐민의 관장이 아브넬의 아들 야아시엘이라는 것이다. 그는 다윗이 왕위에 오르는 것을 방해한 인물이지만 오히려 그 아들을 선택하여 영예로운 직책을 맡기었다. 23-24절은 다윗의 인구조사 이야기를 다시 언급한다. 다윗은 요압을 시켜서 인구조사를 하게 하였으나 요압이 끝내기도 전에 하나님의 재앙이 내려 레위인과 베냐민 지파는 계수하지도 못하였고(21:6), 다윗도 그 수효를 역대지략에 기록하지 않았다. 그는 그가 한 일이지만 하나님이 기뻐하시지 않는 일을 밀고 나가기를 원치 않았고 기록도 하지 않았다.

25-31절, 아디엘의 아들 아스마웻은 왕의 곳간을 맡았고 웃시야
의 아들 요나단은 밭과 성읍과 촌과 산성의 곳간을 맡았고 26 글룹
의 아들 에스리는 밭가는 농부를 거느렸고 27 라마 사람 시므이는
포도원을 맡았고 스밤 사람 삽디는 포도원의 소산 포도주 곳간을 맡
았고 28 게델 사람 바알하난은 평야의 감람나무와 뽕나무를 맡았고

요아스는 기름 곳간을 맡았고 29 사론 사람 시드래는 사론에서 먹이는 소떼를 맡았고 아들래의 아들 사밧은 골짜기에 있는 소떼를 맡았고 30 이스마엘 사람 오빌은 약대를 맡았고 메로놋 사람 예드야는 나귀를 맡았고 하갈 사람 야시스는 양떼를 맡았으니 31 다윗 왕의 재산을 맡은 자들이 이러하였더라

왕의 곳간(왕의 사유물을 간직한 곳)과 밭과 포도원을 맡은 자와 소떼, 양떼, 약대, 나귀 등을 맡은 자들을 언급한다.

32-34절, 다윗의 아자비 요나단은 지혜가 있어서 모사가 되며 서기관도 되었고 학모니의 아들 여히엘은 왕의 아들들의 배종이 되었고 33 아히도벨은 왕의 모사가 되었고 아렉 사람 후새는 왕의 벗이 되었고 34 브나야의 아들 여호야다와 아비아달은 아히도벨의 다음이 되었고 요압은 왕의 군대 장관이 되었더라

다윗의 자문관들이나 시중꾼들이 소개되고 있다. 그들은 왕에게 조언을 해줄 만큼 지혜로운 자들이었다. 다윗의 삼촌 요나단은 정치에 밝아 왕의 모사가 되었다. 33절의 아히도벨은 밧세바의 조부이다. 그는 압살롬의 난 때 압살롬의 반란에 가담하여 다윗을 해칠 계획을 세웠는데 그의 계략이 채택되지 않자 자살한 인물이다(삼하 17:23). 후새는 정직한 자로서 왕의 벗과 심복이 되었다. 요압은 군대장관으로서 다윗 왕국에서 제 2인자라고 할 수 있는 위치에 있었으나 솔로몬이 왕위에 오를 때 반대편 아도니야에게 속해 있다가 결국 솔로몬 왕의 새 군대 장관 브나야에게 죽임을 당했다.

역대상 28장

도입

다윗의 마지막 사역이다. 그는 나라의 모든 백관을 소집하고 마지막 훈계를 주었으며 아들 솔로몬에게 성전을 건축하는 식양과 영광과 위임을 주었다. 성전 건축의 모형과 재료가 솔로몬에게 모두 양도된 것이다. 부왕으로서 할 일을 다 하는 모습이 매우 감동적이다.

강해

1절, 다윗이 이스라엘 모든 방백 곧 각 지파의 어른과 체번하여 왕을 섬기는 반장들과 천부장들과 백부장들과 및 왕과 왕자의 산업과 생축의 감독과 환관과 장사와 용사를 예루살렘으로 소집하고

이스라엘 백성들에게 훈계를 주기 위해서 모든 총회를 소집하였다. 이것은 다윗이 죽기 얼마 전의 일이다. 그는 이스라엘의 모든 방백들을 다 모이게 했다. 각 지파의 어른들이라 함은 각 지파의 관장들이며, 체번하여 왕을 섬기는 족장들이란 십이 반열로 교대하면서 섬겼던 상비군의 군장들이었다. 천부장과 백부장은 각 군장 휘하의 지휘관들이고 왕자의 산업과 생축의 감독과 환관은 왕실의 재산을 맡은 관리들이다.

2절, 이에 다윗 왕이 일어서서 가로되 나의 형제들, 나의 백성들아 내 말을 들으라 나는 여호와의 언약궤 곧 우리 하나님의 발등상을 봉안할 전 건축할 마음이 있어서 건축할 재료를 준비하였으나

다윗은 이때 나이가 많았다. 이제 70세가 되어 죽을 때가 된 것이다. 열왕기 상 1장에서는 다윗이 나이가 많아 이불을 덮어도 따뜻하지 않았다고 했다. 사람이 나이를 먹으면 몸에 온기가 없어져서 많은 병이 생긴다. 그래도 다윗은 앉아서 말하지 않고 '일어서서' 말했다. 그는 이스라엘 각 지파의 어른들, 장관들, 부하들을 나의 형제들이라고 불렀다. 다윗이 우리 하나님의 발등상이라고 한 것은 무엇을 가리키겠는가? 주님이 발을 두신 곳, 바로 그분이 거처하시는 곳을 말한다. 다윗은 성전 건축을 위해 많은 재료를 준비했다. 그는 성전 건축을 위한 열심이 있어서 자신이 직접 건축하기를 원했지만 하나님이 허락하시지 않았다.

3절, 오직 하나님이 내게 이르시되 너는 군인이라 피를 흘렸으니 내 이름을 위하여 전을 건축하지 못하리라 하셨느니라

하나님의 전은 평화의 사람이 건축해야 한다. 다윗은 자신이 피를 많이 흘렸기 때문에 하나님께서 전을 건축하는 것을 허락지 않으셨다고 말한다. 주님의 종들은 하나님이 자신에게 맡긴 것만 하면 되지 모든 것을 다 하려고 할 필요가 없다. 다윗은 자기가 할 일을 다 하고서 아들에게 모든 것을 이양하는 작업을 하고 있다. 자신이 할 수 있는 일은 충실하게 해놓고 다음 세대에게 할 일을 물려주는 것이다. 이것이 바울이 말한바 다윗이 그의 달려갈 길을 다 마친 것이다(딤후 4:7-8). 다윗은 당시에 하나님의 뜻을 좇아 섬겼으며(행 13:36) 우리는 우리의 때에 하나님을 섬기며 우리의 달려갈 길을 가야 한다.

4절, 그러나 이스라엘 하나님 여호와께서 전에 나를 내 부친의 온

집에서 택하여 영원히 이스라엘 왕이 되게 하셨나니 곧 하나님이 유다 지파를 택하사 머리를 삼으시고 유다의 족속에서 내 부친의 집을 택하시고 내 부친의 아들들 중에서 나를 기뻐하사 온 이스라엘의 왕을 삼으셨느니라

자신에 대해서 이야기하고 있다. 다윗은 유다 지파 사람이고 그 중에서 이새의 아들로 태어났으며 그 부친의 여덟 아들 중에서도 말째이다. 그러한 자신을 하나님께서 기뻐하셔서 이스라엘의 왕으로 삼아주셨다는 것이다.

5절, 여호와께서 내게 여러 아들을 주시고 그 모든 아들 중에서 내 아들 솔로몬을 택하사 여호와의 나라 위에 앉혀 이스라엘을 다스리게 하려 하실새

솔로몬도 순서로 보면 첫째 아들이 아니다. 그러나 하나님께서 왕이 되도록 택한 자는 솔로몬이며, 그가 다윗에 이어 여호와의 나라를 다스릴 왕이 된다고 하셨다. 다른 이방 나라들은 여호와의 나라가 아니었다. 오직 이스라엘만이 여호와의 나라였다. 오늘날은 우리가 바로 하나님의 나라이다. "오직 너희는 택하신 족속이요 왕 같은 제사장들이요 거룩한 나라요"(벧전 2:9). 우리 성도들은 택하신 족속이요 거룩한 나라이다. 하나님은 우리를 나라와 제사장이 되게 하셨다. 우리가 비록 작게 보여도 우리는 귀한 존재들이다. 요한 일서 5장을 읽어보면 온 세상은 마귀에게 속했지만 우리는 하나님께 속했고 하나님의 권속이며 하나님의 나라이다. 하나님이 우리를 그분의 나라와 제사장으로 부르신 것이다.

6절, 내게 이르시기를 네 아들 솔로몬 그가 내 전을 건축하고 내 여러 뜰을 만들리니 이는 내가 저를 택하여 내 아들을 삼고 나는 그 아비가 될 것임이라

"여러 뜰을 만들리니". 모세가 지은 광야의 성막에도 뜰이 있었지만 여러 뜰은 아니었다. 그런데 여기 솔로몬이 짓게 될 성전에는 여러 뜰이 있다. "이는 내가 저를 택하여 내 아들을 삼고". 성전을 건축할 사람은 하나님의 아들 곧 예수 그리스도이시며, 솔로몬은 하나님의 아들 예수 그리스도를 예표한다. 하나님은 솔로몬을 그리스도의 모형으로서 자신의 아들이라고 선포하신 것이다(시 2:7).

하나님의 계시는 점진적이다. 오늘날 어떤 사람들은 고정된 관념을 갖고 있다. 다윗 시대에 성전을 짓더라도 광야에서 모세에게 보이신 성막의 식양을 그대로 재현해야 한다는 것이다. 그런데 다윗에게 보이신 하나님의 식양은 과거의 것과 달랐다. 광야에서의 성막은 항상 이동했는데 이제는 고정된 장소에다 짓고 이스라엘 남자들이 일 년에 삼 차씩은 올라와서 절기를 지켜야 하기 때문이다. 그러려면 뜰이 많이 필요했다. 많은 사람이 와서 함께 음식을 먹으며 절기를 지키기 위해서다. 그러므로 성전 건축에 대한 계시가 모세가 성막을 건축할 때보다 더 전진할 수 밖에 없는 것이다.

7절, 저가 만일 나의 계명과 규례를 힘써 준행하기를 오늘날과 같이 하면 내가 그 나라를 영원히 견고케 하리라 하셨느니라

"내가 그 나라를 영원히 견고케 하리라". 이것은 그리스도의 나라를 예표한다. 솔로몬의 왕국은 영원하지 않았기 때문이다. "저가 만일 나의 계명과 규례를 힘써 준행하기를 오늘날과 같이 하면". 지금은 솔로몬의 상태가 좋다. 다윗 아래서 하나님의 말씀을 잘 배우고 준행했다. 그러나 그는 점차 타락의 길을 걷게 되었다. 성도로서 가장 중요한 것은 변함없이 끝까지 길을 잘 가는 것이다. 늘 변함없는 것이 하나님을 닮은 것이다. 하나님은 신실하고 변치 않으시는 분이기 때문이다. 그렇게 변함없이 충성을 다하면 하나님께서 그 나라를 견고케 하신다는 것이다.

8절, 이제 너희는 온 이스라엘 곧 여호와의 회중의 보는 데와 우리 하나님의 들으시는 데서 너희 하나님 여호와의 모든 계명을 구하여 지키기로 하라 그리하면 너희가 이 아름다운 땅을 누리고 너희

후손에게 끼쳐 영원한 기업이 되게 하리라

"너희는 온 이스라엘 곧 여호와의 회중의 보는 데와 우리 하나님의 들으시는 데서 너희 하나님 여호와의 모든 계명을 구하여 지키기로 하라 그리하면 너희가 이 아름다운 땅을 누리고 너희 후손에게 끼쳐 영원한 기업이 되게 하리라". 오늘날도 누구든지 하나님의 말씀을 지켜서 끝까지 순종하여 가면 하나님의 보호와 축복이 늘 함께하실 것이다.

9절, **내 아들 솔로몬아 너는 네 아비의 하나님을 알고 온전한 마음과 기쁜 뜻으로 섬길지어다 여호와께서는 뭇 마음을 감찰하사 모든 사상을 아시나니 네가 저를 찾으면 만날 것이요 버리면 저가 너를 영원히 버리시리라**

다윗이 아들 솔로몬을 교육하고 있다. 솔로몬은 지혜와 평화의 왕이다. 다윗이 염려하는 것은 다른 것보다 아들의 신앙이다. 이 구절은 아비가 자식에게 주는 매우 감동적인 교훈이다. "내 아들 솔로몬아 너는 네 아비의 하나님을 알고 온전한 마음과 기쁜 뜻으로 섬길지어다 여호와께서는 뭇 마음을 감찰하사 모든 사상을 아시나니 네가 저를 찾으면 만날 것이요 버리면 저가 너를 영원히 버리시리라". 시편을 읽어보면 다윗은 하나님을 아는 사람이다. 그리고 그는 자식에게도 신실한 신앙을 가지라고 가르치며 온전한 마음과 기쁜 뜻으로 하나님을 섬기라고 한다. 하나님은 뭇 마음을 감찰하사 우리의 마음을 아신다. 하나님은 여러분의 속을 다 아신다. 따라서 하나님 앞에 정직한 마음, 바른 마음, 하나님 앞에 열린 마음, 언제나 하나님께서 우리를 만나 주실 것을 기대하고 우리를 가르치시고 고치시고 교정해 줄 때 바로잡으려는 마음이 필요하다. "네가 저를 찾으면 만날 것이요 버리면 저가 너를 영원히 버리시리라". 로마서 1장에 있는 말씀이다. 우리가 그분을 버리지 않는 한, 하나님은 절대 우리를 버리지 않으신다. 전심으로 그분을 찾으면 만날 것이라고 하신다. 예레미야 29장 13절, "너희가 전심으로 나를 찾고 찾으면 나를 만나리라".

10절, 그런즉 너는 삼갈지어다 여호와께서 너를 택하여 성소의 전을 건축하게 하셨으니 힘써 행할지니라

우리는 하나님의 길에서 조심해야 한다. 우리를 넘어뜨리고 약화시키려는 많은 시험이 있기 때문이다. 솔로몬은 아비의 명령에 따라 성전을 잘 건축했는데 말년에 그만 타락하고 말았다.

11절, 다윗이 전의 낭실과 그 집들과 그 곳간과 다락과 골방과 속죄소의 식양을 그 아들 솔로몬에게 주고

그 식양은 아버지 다윗이 주고 건축은 솔로몬이 했다. 낭실은 현관을 가리킨다. '그 집들'이란 성전의 중심 건물인 성소와 지성소를 말한다. 또 곳간은 보물 창고이고 다락은 지성소 뒤에 있는 곳이다. 모세의 성막과 많이 다르다. 골방은 다락에 연결된 안쪽 방으로서 모두 30개가 있었다. 그리고 제사장 숙소와 성물 보관소가 있었다. 속죄소는 중요한 곳이고 법궤를 두는 곳으로 모두 금으로 되어 있었다.

12절, 또 성신의 가르치신 모든 식양 곧 여호와의 전의 뜰과 사면의 모든 방과 하나님의 전 곳간과 성물 곳간의 식양을 주고

여기서 뜰은 복수로 되어 있다(여러 뜰). 제사장의 뜰이 있고 남자들의 뜰이 있고 여자들의 뜰이 따로 있다. 성물 곳간은 백성들이 드리는 제물을 쌓아두는 곳이다. 이런 것들이 모세의 성막과는 많이 다르다.

13절, 또 제사장과 레위 사람의 반열과 여호와의 전에 섬기는 모든 일과 섬기는 데 쓰는 모든 그릇의 식양을 설명하고

제사장의 24반열, 레위인의 24반열이 있었다. 성전에서 사용되는 모든 그릇까지도 다 식양이 있다.

14-17절, 또 모든 섬기는 데 쓰는 금기명을 만들 금의 중량과 모든 섬기는 데 쓰는 은기명을 만들 은의 중량을 정하고 15 또 금등대

들과 그 등잔 곧 각 등대와 그 등잔을 만들 금의 중량과 은등대와 그 등잔을 만들 은의 중량을 각기 적당하게 하고 16 또 진설병의 각 상을 만들 금의 중량을 정하고 은상을 만들 은도 그렇게 하고 17 고기 갈고리와 대접과 종자를 만들 정금과 금잔 곧 각 잔을 만들 금의 중량과 또 은잔 곧 각 잔을 만들 은의 중량을 정하고

여기 금 그릇과 은 그릇이 나온다. 에스라서 1장을 보면 이것들을 다 바벨론에 빼앗겼다가 다시 찾아온다. 하나님은 우리가 귀한 그릇, 곧 금과 은의 그릇이 되기를 원하신다.

18절, 또 향단에 쓸 정금과 또 타시는 처소 된 그룹들의 식양대로 만들 금의 중량을 정하여 주니 이 그룹들은 날개를 펴서 여호와의 언약궤를 덮는 것이더라

'타시는 처소 된 그룹'이란 법궤의 양 끝에 두 그룹이 마주서고 날개를 펴서 법궤를 덮고 있는데 여호와께서 이 그룹을 타신다는 것이다(시 18:10).

19절, 다윗이 가로되 이 위의 모든 것의 식양을 여호와의 손이 내게 임하여 그려 나로 알게 하셨느니라

다윗이 어떻게 해서 이 식양을 받았는가를 솔로몬에게 말해 주고 있다. 여호와의 손이 임하여 그려 가면서 그에게 가르쳐주셨다는 것이다. 이처럼 성전 식양에 대한 계시는 다윗에게 있었다. 오늘날 그저 교회생활 잘 하고 신앙생활 잘 하면 되는 것이 아니다. 우리도 이 땅에서 하나님의 전을 건축하고 있는데, 그 목적은 하나님께서 우리 가운데 거하시게 하려는 것이다. 언약궤가 우리 가운데 있게 하려면 우리는 그 식양을 알아야 한다. 하나님의 일은 우리 마음대로 해서는 안 된다. 여기에 은그릇과 금그릇만 있다. 금과 은이 소용되지 나무나 짚이나 흙은 소용되지 않는다.

디모데 후서 2장 20절을 보면, "큰 집에는 금과 은의 그릇이 있을 뿐 아니요 나무와 질그릇도 있어 귀히 쓰는 것도 있고 천히 쓰는 것도 있나니"라고 했다. 고린도 전서 3장에서는 공력을 시험하는 불을 통과할 때 금과 은으로 건축한 것만 남아 있고 나무와 짚과 풀은 다 태워진다고 했다. "만일 누구든지 금이나 은이나 보석이나 나무나 풀이나 짚으로 이 터 위에 세우면 각각 공력이 나타날 터인데 그 날이 공력을 밝히리니 이는 불로 나타내고 그 불이 각 사람의 공력이 어떠한 것을 시험할 것임이니라 만일 누구든지 그 위에 세운 공력이 그대로 있으면 상을 받고 누구든지 공력이 불타면 해를 받으리니 그러나 자기는 구원을 얻되 불 가운데서 얻은 것 같으리라"(고전 3:12-15).

법대로 경기해야 하며, 주의 말씀대로 하지 않으면 소용이 없다. 불로 공력을 시험할 때 불에 타버리고 아무것도 남는 것이 없게 된다. 하나님의 집의 건축이 없는 것이다. 많은 이들이 아무렇게나 주의 일을 하면 되는 줄 안다. 그러나 그 날에 그 공력이 다 드러나게 된다. 그러므로 거룩하고 의롭고 깨끗하게 해야 하며 모든 불법과 불의를 버려야 한다.

20절, 또 그 아들 솔로몬에게 이르되 너는 강하고 담대하게 이 일을 행하고 두려워 말며 놀라지 말라 네가 여호와의 전 역사의 모든 일을 마칠 동안에 여호와 하나님 나의 하나님이 너와 함께하사 네게서 떠나지 아니하시고 너를 버리지 아니하시리라

우리는 때로 주님이 우리를 버리지 않으실까 걱정한다. 그러나 걱정할 필요가 없다. 우리가 하나님을 떠나지 않는 한, 하나님의 전 역사를 위해, 하나님의 말씀을 이루기 위해 우리가 헌신하고 주님을 사랑하는 한, 하나님이 우리를 버리시는 일은 없다.

21절, 제사장과 레위 사람의 반열이 있으니 여호와의 전의 모든 역사를 도울 것이요 또 모든 공역에 공교한 공장이 기쁜 마음으로 너와 함께할 것이요 또 모든 장관과 백성이 온전히 네 명령 아래 있으

리라

모든 공사에 숙련공들이 솔로몬을 도울 것이고 제사장과 레위인들도 도울 것이고 또 장관들이나 백성들이나 다 솔로몬 왕의 명령을 따라서 움직일 것이니 떨지 말고 두려워하지 말고 전 건축의 역사를 이루어나 가라는 것이다.

역대상 29장

도입

역대 상 마지막 장은 봉헌으로 끝난다. 다윗은 성전 건축을 위하여 능력껏 봉헌할 것을 간곡히 부탁한다. 왕 다윗부터 많은 것을 봉헌하였다. 다윗은 기도를 드리고 하나님을 찬미하고 제사를 드렸다. 다윗에 이어 솔로몬이 왕위에 오름으로 왕국이 매우 견고하게 되었다.

강해

1절, 다윗 왕이 온 회중에게 이르되 내 아들 솔로몬이 홀로 하나님의 택하신 바 되었으나 오히려 어리고 연약하고 이 역사는 크도다 이 전은 사람을 위한 것이 아니요 여호와 하나님을 위한 것이라

다윗이 하나님의 성전을 건축하기 위해 얼마나 열심이었는지 우리는 이에 대해 깊은 인상을 받게 된다. 이것은 사람을 위한 일이 아니라 하나님을 위한 일이었다. 다윗은 이 성전 건축을 위해 마음을 다하고 힘을 다한 사람이다. 임종 직전까지 아들 솔로몬에게 성전 건축에 관한 모든 것들을 완전하게 가르쳐 주고 힘을 북돋아 주고 또 모든 건축 재료를 모아서 아들에게 넘겨주었다. 다윗이 준비한 금이 십만 달란트이고 은은 백만 달란트였다. 그리고 놋과 철과 목재와 석재와 보석들은 셀 수 없이 많았다. 그런데 다윗은 자기만 하나님의 성전을 위해서 애쓴 것이 아니라 다른 사람들도 같이 하도록 격려했다. 히브리서를 보면 서로 격려하라고 했다. 다윗은 혼자서 다 하려고 하지 않고, 어리고 연약한 아들에게, 이스라엘 백성들에게, 또 많은 지위에 있는 사람들에게 자기가 하는 일을 협력해 달라고 간곡하게 부탁하고 있다.

2절, 내가 이미 내 하나님의 전을 위하여 힘을 다하여 예비하였나니 곧 기구를 만들 금과 은과 놋과 철과 나무며 또 마노와 박을 보석과 꾸밀 보석과 채석과 다른 보석들과 화반석이 매우 많으며

다윗은 정성을 다해 성전 건축의 재료를 준비하였다. 금과 은과 놋과 철과 나무와 보석 등이다. '마노'란 대제사장의 에봇과 흉패에 들어가는 보석이고, '박을 보석'은 제사장의 의복이나 기구에 장식으로 박을 것이며, '꾸밀 보석'도 장식용이다. '채석'이란 치석한 석재를 가리킨다. '화반석'은 흰 대리석을 말한다. 이 모든 것들은 다윗이 준비한 것이다.

3절, 성전을 위하여 예비한 이 모든 것 외에도 내 마음에 내 하나님의 전을 사모하므로 나의 사유의 금, 은으로 내 하나님의 전을 위하여 드렸노니

이렇게 전쟁에서 노획한 것만이 아니라 다윗은 사유 재산인 금과 은을 성전을 위해서 내놓았다. 하나님의 성전을 사모하는 다윗의 마음을 볼 수 있는 대목이다.

4-5절, 곧 오빌의 금 삼천 달란트와 천은 칠천 달란트라 모든 전 벽에 입히며 5 금, 은 그릇을 만들며 공장의 손으로 하는 모든 일에 쓰게 하였노니 오늘날 누가 즐거이 손에 채워 여호와께 드리겠느냐

"곧 오빌의 금 삼천 달란트와 천은 칠천 달란트라". 이렇게 자기가 사유재산을 드렸는데 여러분도 같이 드리자는 격려이다. 나도 이렇게 바쳤는데 여러분도 즐거운 마음으로 바쳐야 되지 않겠느냐는 말이다. "오늘날 누가 즐거이 손에 채워 여호와께 드리겠느냐".

6절, 이에 모든 족장과 이스라엘 모든 지파 어른과 천부장과 백부장과 왕의 사무 감독이 다 즐거이 드리되

다윗의 간곡한 권면에 백성의 지도자들인 족장들과 천부장과 백부장과 감독들이 다 즐거이 드렸다.

7절, 하나님의 전 역사를 위하여 금 오천 달란트와 금 다릭 일만과 은 일만 달란트와 놋 일만 팔천 달란트와 철 십만 달란트를 드리고

한 다릭은 130g인데, 다윗 시대에 일만 다릭이라 함은 1톤 300kg에 해당하는 엄청난 양의 금이다. 여기서 백성이 바친 것과 다윗이 바친 것을 비교해 보면(22:14, 29:4) 다윗 개인이 드린 금이 백성들이 드린 금을 합한 것보다 훨씬 많다.

8-9절, 무릇 보석이 있는 자는 게르손 사람 여히엘의 손에 부쳐 여호와의 전 곳간에 드렸더라 9 백성이 자기의 즐거이 드림으로 기뻐하였으니 곧 저희가 성심으로 여호와께 즐거이 드림이며 다윗 왕도 기쁨을 이기지 못하여 하니라

다윗은 비록 늙었지만 성도들이 성전을 위해 즐거이 드리는 것을 보고 기뻐했다.

10-11절, 다윗이 온 회중 앞에서 여호와를 송축하여 가로되 우리 조상 이스라엘의 하나님 여호와여 주는 영원히 송축을 받으시옵소서 11 여호와여 광대하심과 권능과 영광과 이김과 위엄이 다 주께 속하였사오니 천지에 있는 것이 다 주의 것이로소이다 여호와여 주권도 주께 속하였사오니 주는 높으사 만유의 머리심이니이다

다윗의 기도이다. 권세와 영광과 나라가 다 주의 것이며, 광대하심, 권능, 영광, 승리가 다 주께 있으며 위엄이 다 주께 속했다는 것이다. 천지에 있는 것이 다 주님의 것이니 주님이 송축을 받으시라고 말한다.

12절, 부와 귀가 주께로 말미암고 또 주는 만유의 주재가 되사 손에 권세와 능력이 있사오니 모든 자를 크게 하심과 강하게 하심이 주의 손에 있나이다

성도들을 강하게 하고 귀하게 하고 높이는 것이 다 하나님 손에 있다. 그분이 만유의 주재이시다.

13-14절, 우리 하나님이여 이제 우리가 주께 감사하오며 주의 영화로운 이름을 찬양하나이다 14 나와 나의 백성이 무엇이관대 이처럼 즐거운 마음으로 드릴 힘이 있었나이까 모든 것이 주께로 말미암았사오니 우리가 주의 손에서 받은 것으로 주께 드렸을 뿐이니이다

즐거운 마음으로 드릴 수 있는 것은 사람이 할 수 있는 것이 아니라 하나님이 그 마음을 주셨기 때문이라는 것이다. 주님이 드릴 마음을 주시면 누구나 드릴 수 있다. 삭개오도 드릴 수 있었고 마리아도 옥합을 깼다. 자기가 한 것 같지만 사실은 다 하나님의 은혜이다. 하나님의 은혜가 있으면 다 기쁨으로 드릴 수 있다.

15절, 주 앞에서는 우리가 우리 열조와 다름이 없이 나그네와 우거한 자라 세상에 있는 날이 그림자 같아서 머무름이 없나이다

많은 것을 드릴 수 있는 것은 주님이 주신 생명이 있기 때문이다. 그러나 그 인생이 이렇게 짧다는 것이다.

16절, 우리 하나님 여호와여 우리가 주의 거룩한 이름을 위하여 전을 건축하려고 미리 저축한 이 모든 물건이 다 주의 손에서 왔사오니 다 주의 것이니이다

성전 건축을 위해 많은 것을 드렸다고 하지만 사실은 원래 다 주님의 것이라는 말이다.

17절, 나의 하나님이여 주께서 마음을 감찰하시고 정직을 기뻐하시는 줄 내가 아나이다 내가 정직한 마음으로 이 모든 것을 즐거이 드렸사오며 이제 내가 또 여기 있는 주의 백성이 주께 즐거이 드리는 것을 보오니 심히 기쁘도소이다

다윗은 지금 너무나 기쁜 심정을 주님께 고백한다. 이때는 아직 다윗 시대였다. 이때 다윗은 성전을 건축하는 것이 하나님의 뜻임을 안 것이다. 그러나 지금 이 시대는 물질적인 성전이 아닌 신령한 집을 건축할 때이다. 영적인 집인 그리스도의 몸을 건축하는 것이다. 우리가 그러한 사역을 감당하고 있다. 여러분 한번 생각해 보라! 나는 여기서 무엇을 위해 사역하고 있겠는가? 내 마음에 주님을 섬기면서 일생 떠나지 않는 것이 있다. 그것은 곧 주의 집을 건축하는 것이다. 이 땅 곳곳에 주의 집이 있기를 사모하는 것이다. 믿는 사람들이 모이기만 하면 교회인가? 교회라면 진리의 기둥과 터가 있어야 한다. 성도들이 다 진리 위에 서 있어야 한다. 그 가운데 주님의 임재가 있어야 한다. 그 가운데 반석이 있어야 한다. 주님은 음부의 권세가 이기지 못하는 곳, 모든 사람이 진리 위에 서 있는 곳을 보기 원하신다.

18-19절, 우리 열조 아브라함과 이삭과 이스라엘의 하나님 여호와여 주께서 이것을 주의 백성의 심중에 영원히 두어 생각하게 하시고 그 마음을 예비하여 주께로 돌아오게 하옵시며 19 또 내 아들 솔로몬에게 정성된 마음을 주사 주의 계명과 법도와 율례를 지켜 이 모든 일을 행하게 하시고 내가 위하여 예비한 것으로 전을 건축하게 하옵소서

"내 아들 솔로몬에게 정성된 마음을 주사". '정성된 마음'이 영어로는 'a perfect heart(온전한 마음)'이다. 또 어떤 성경에는 '정직한 마음'으로 되어 있다. 다윗은 다 지시해놓고 훈계도 하고 도울 사람들을 지정해놓고도 하나님께 기도한다. 주의 백성의 심중에 이것을 영원히 생각하게 해달라는 것이다. 또 그 마음을 예비하여 주님께 돌아오게 해달라는 것이다. 그리고 아들 솔로몬에게 정성된 마음을 주셔서 주의 계명과 율례와 법도를 지켜서 이 일을 행하게 해달라는 것이다.

20절, **다윗이 온 회중에게 이르되 너희는 너희 하나님 여호와를 송축하라 하매 회중이 그 열조의 하나님 여호와를 송축하고 머리를 숙여 여호와와 왕에게 절하고**

백성들은 왕의 명령을 따라 하나님께 감사하고 송축하고 '아멘'을 하였다.

21절, **이튿날 여호와께 제사를 드리고 또 번제를 드리니 수송아지가 일천이요 수양이 일천이요 어린 양이 일천이요 또 그 전제라 온 이스라엘을 위하여 풍성한 제물을 드리고**

이튿날 여호와께 제사를 드렸다. 일천 마리씩 드리니 그것이 얼마나 풍성하겠는가? 솔로몬도 즉위한 뒤에 기브온에서 일천 번제를 드린 적이 있다.

22절, **이 날에 무리가 크게 기뻐하여 여호와 앞에서 먹으며 마셨더라 무리가 다윗의 아들 솔로몬으로 다시 왕을 삼아 기름을 부어 여호와께 돌려 주권자가 되게 하고 사독에게도 기름을 부어 제사장이 되게 하니라**

솔로몬을 왕으로 삼은 것은 23장에서 언급한 바 있다. 그런데 여기서 또다시 언급하는 것이다. 여기서는 주로 백성들이 그에게 기름부은 것을 말한다.

23-24절, **솔로몬이 여호와께서 주신 위에 앉아 부친 다윗을 이어**

왕이 되어 형통하니 온 이스라엘이 그 명령을 순종하며 24 모든 방백과 용사와 다윗 왕의 여러 아들이 솔로몬 왕에게 복종하니
왕권 이양이 순조롭게 이루어졌고, 따라서 솔로몬의 왕위가 견고했다.

25절, **여호와께서 솔로몬으로 이스라엘 무리의 목전에 심히 존대케 하시고 또 왕의 위엄을 주사 그 전 이스라엘 모든 왕보다 뛰어나게 하셨더라**
그 전의 왕이란 사울과 다윗뿐인데, 어쩌면 역대기를 쓴 에스라는 그 후의 모든 왕보다도 뛰어났다고 한 것 같다. 성전 건축을 놓고 본다면 솔로몬의 업적이 가장 크다고 할 수 있을 것이다.

26-28절, **이새의 아들 다윗이 온 이스라엘의 왕이 되어 27 이스라엘을 치리한 날짜는 사십 년이라 헤브론에서 칠 년을 치리하였고 예루살렘에서 삼십삼 년을 치리하였더라 28 저가 나이 많아 늙도록 부하고 존귀하다가 죽으매 그 아들 솔로몬이 대신하여 왕이 되니라**
아론은 죽을 때 제사장 직분이 끝났다. 마찬가지로 다윗도 죽을 때 왕의 임기(40년)가 끝난 것이다.

29-30절, **다윗 왕의 시종 행적이 선견자 사무엘의 글과 선지자 나단의 글과 선견자 갓의 글에 다 기록되고 30 또 저의 왕 된 일과 그 권세와 저와 이스라엘과 온 세상 열국의 지난 사사가 다 기록되니라**
"다윗 왕의 시종 행적이 선견자 사무엘의 글과 선지자 나단의 글과 선견자 갓의 글에 다 기록되고 저의 왕 된 일과 그 권세와 저와 이스라엘과 온 세상 열국의 지난 사사가 다 기록되니라". '사사'란 사건들을 말한다. 다윗이 왕이 된 일, 이스라엘의 사건들, 주변 열국인 암몬, 블레셋, 에돔, 모압의 역사적 사건들이 수록되었다는 것이다. 이 역대 상을 마치면서 우리는 다윗이라는 인물 됨됨이에 깊은 인상을 받는다. 그의 마음에는 오직 하나님의 성전을 건축하는 일, 이 땅에서 하나님의 뜻을 이루는 일만 있었다. 그의 온 마음이 하나님의 뜻에 있었던 것이다. 그는 그것을 위해 온 마음과 힘을 다 쏟았으며, 아들 솔로몬을 왕으로 세워 그가 남긴 일을 다 이룰 수 있도록 임종 직전까지 힘을 다 했다. 우리의 일생 또한 다윗처럼 하나님의 전을 사모하는 일생이 되기를 바라며, 하나님께서 우리를 축복해 주시기 바란다.

기도

하나님 아버지, 감사합니다. 우리에게 역대 상을 열어 주시고 우리로 하여금 하나님의 마음과 뜻을 살필 수 있게 해주셔서 감사합니다. 우리도 이 땅에서 자신의 안일함과 유익만을 구하지 않고 하나님의 성전, 하나님의 거처를 건축하기 위해 우리의 일생을 드리고 싶습니다. 주 예수 그리스도의 이름으로 기도했습니다. 아멘.

역대하
2 Chronicles

서 론

역대 하의 내용은 주로 솔로몬의 통치와 성전 건축, 그리고 유다 열왕의 이야기이다. 또한 찬란했던 유다국의 번영이 어떻게 몰락하고 멸망하게 되었는가를 보여주며 성전의 파괴로 끝난다. 열왕기와 많은 내용이 중첩되면서 부연설명을 하고 있다. 그것은 주로 어떻게 해서 유다국이 축복을 받게 되며, 어떤 때에 그 나라가 고난과 어려움에 처하는가를 말해준다. 그것은 주로 하나님과의 관계에 달려 있다. 이것은 오늘날 교회에게 교훈이 된다.

역대하 1 장

1-6절, 다윗의 아들 솔로몬의 왕위가 견고하여 가며 그 하나님 여호와께서 저와 함께하사 심히 창대케 하시니라 2 솔로몬이 온 이스라엘의 천부장과 백부장과 재판관과 온 이스라엘의 각 방백과 족장들을 명하고 3 온 회중과 함께 기브온 산당으로 갔으니 하나님의 회막 곧 여호와의 종 모세가 광야에서 지은 것이 거기 있음이라 4 다윗이 전에 예루살렘에서 하나님의 궤를 위하여 장막을 쳤었으므로 그 궤는 다윗이 이미 기랏여아림에서부터 위하여 예비한 곳으로 메어 올렸고 5 옛적에 훌의 손자 우리의 아들 브살렐의 지은 놋단은 여호와의 장막 앞에 있더라 솔로몬이 회중으로 더불어 나아가서 6 여호와 앞 곧 회막 앞에 있는 놋단에 이르러 그 위에 일천 희생으로 번제를 드렸더라

우선 여기서 세 가지 요점을 보겠다. 첫째, 역대 상에서는 다윗이 죽은 것까지 말하고 역대 하에서는 왕위가 솔로몬에게 이양된 것을 말한다. 솔로몬에게로 이양된 왕위는 하나님께서 정하시고 명하심으로 이루어진 적법한 것이다. 여기는 기록이 없지만 열왕기 상 1장을 보면 학깃의 아들 아도니야라는 왕자가 있다. 다윗은 늙었고 아직 왕위를 솔로몬에게 물려주지 않은 상태에서 아도니야가 반역을 일으켜 스스로 왕이 되고자 했다. 열왕기 상 1장을 읽어보면 솔로몬은 순순하게 왕이 된 것이 아니다. "때에 학깃의 아들 아도니야가 스스로 높여서 이르기를 내가 왕이 되리라 하고 자기를 위하여 병거와 기병과 전배 오십 인을 예비하니" (5절).

또한 요압도 다윗이 건장했을 때는 순종했지만 다윗이 나이가 들자 다윗의 뜻을 따르려 하지 않았다. 자기 뜻대로 유다 국을 이끌어볼 양으로 아도니야를 왕좌에 앉히려고 모반을 한 것이다. 아도니야가 모반을 위해 모의를 하느라고 양과 살진 송아지를 잡고 왕자들을 다 청했는데, 나단 선지자와 브나야와 솔로몬은 청하지 않았다. "선지자 나단과 브나야와 용사들과 자기 동생 솔로몬은 청하지 아니하였더라"(10절). 아도니야는 왕이 되려고 여러 가지 계획을 세웠지만 실패하고 결국 아비삭을 달라고 하다가 죽임을 당하게 된다.

역대 하 1장 1절, "다윗의 아들 솔로몬의 왕위가 견고하여가며 그 하나님 여호와께서 저와 함께하사 심히 창대케 하시니라". 솔로몬 왕위가 견고하여 갔다. 그는 자기 스스로 왕이 되려고 해서 된 것이 아니라 하나님의 명령을 좇아서 되었기 때문에 하나님이 그와 함께 하셨다. 사람이 아무리 자기가 해보려고 노력해도 하나님이 함께하지 않으시면 아무것도 되지 않는다. 그래서 주님의 일을 하는 사람들은 항상 조심해야 한다. 주의 때를 기다릴 줄 알아야 하고 하나님의 능하신 손 아래서 겸손할 줄 알아야 한다. 그리고 주님의 인도 아래서 자연히 드러날 때까지 십자가를 지고 순종하는 길을 걸어가야 한다. 그런 사람을 주님은 언젠가 사용하신다.

두 번째 요점을 말한다면, 역대 상의 주요 인물은 다윗이었지만 역대 하는 솔로몬으로 시작된다. 이렇게 사역하는 사람은 전임자의 사역을 이어 나가는 것이 아름답다. 역대로 참된 주님의 종들 가운데에는 이전의 하나님의 역사와 근본을 잘라버리고 스스로 근본이 된 사람이 없었다. 앞선 사역자들을 이어서 발전해 나가는 사역이어야 바람직하다.

세 번째 요점은, 솔로몬은 나라를 다스리는 큰 일에 앞서 먼저 하나님께 제물을 드렸다는 것이다. 그는 하나님으로부터 받은 은혜에 감사할 줄 아는 사람이었다. 솔로몬이 이렇게 왕의 지위에 오를 수 있었던 것은 오로지 하나님의 역사이다. 하나님이 함께하지 않으시면 사람은 아무것도 할 수 없다. 솔로몬은 제사를 위해 기브온 산당으로 갔다. 그곳에 모세가 광야에서 지었던 회막이 있었다. 법궤는 예루살렘에 있었지만 솔로몬의 큰 행사를 위해서는 기브온으로 갔다.

7-13절, 이 밤에 하나님이 솔로몬에게 나타나사 이르시되 내가 네게 무엇을 줄고 너는 구하라 8 솔로몬이 하나님께 여짜오되 주께서 전에 큰 은혜를 나의 아비 다윗에게 베푸시고 나로 대신하여 왕이 되게 하셨사오니 9 여호와 하나님이여 원컨대 주는 내 아비 다윗에게 허하신 것을 이제 굳게 하옵소서 주께서 나로 땅의 티끌같이 많은 백성의 왕을 삼으셨사오니 10 주는 이제 내게 지혜와 지식을 주사 이 백성 앞에서 출입하게 하옵소서 이렇게 많은 주의 백성을 누가 능히 재판하리이까 11 하나님이 솔로몬에게 이르시되 이런 마음이 네게 있어서 부나 재물이나 존영이나 원수의 생명 멸하기를 구하지 아니하며 장수도 구하지 아니하고 오직 내가 너로 치리하게 한 내 백성을 재판하기 위하여 지혜와 지식을 구하였으니 12 그러므로 내가 네게 지혜와 지식을 주고 부와 재물과 존영도 주리니 너의 전의 왕들이 이 같음이 없었거니와 너의 후에도 이 같음이 없으리라 13 이에 솔로몬이 기브온 산당 회막 앞에서부터 예루살렘으로 돌아와서 이스라엘을 치리하였더라

기브온에서 솔로몬이 기도할 때 그 밤에 하나님께서 나타나셔서 솔로몬에게 무엇을 갖고 싶으냐고 물으셨고, 솔로몬은 지혜와 지식을 구했다. 지혜는 사물을 바로 판단하는 분별력이다. 지식이란 사물을 알아내는 능력이다. 지혜는 보다 본질적인 것이고 지식은 구체적인 것이며, 지혜는 원인적인 것이고 지식은 결과적인 것이라고 구분해볼 수 있다. 그런데 솔로몬이 하나님께 구한 것은 물질적인 것이 아닌 하나님과 그분의 백성을 섬기기 위한 영적인 것이었다.

오늘날 그리스도인들에게 가장 문제가 되는 것은 현세적인 축복을 구하고 보이지 않는 믿음과 은혜와 영적인 지혜를 구하지 않는다는 것이다. 사도 바울은 성도들에게 지혜와 계시의 영을 주사 하나님을 알게 해 달라고 기도했다. "우리 주 예수 그리스도의 하나님, 영광의 아버지께서 지혜와 계시의 정신(영)을 너희에게 주사 하나님을 알게 하시고"(엡 1:17). 사람은 그의 선택과 갈망에서 그가 무엇을 원하는 사람인지, 어떤 사람인지가 나타난다. 무엇을 원하느냐에 따라 그가 이 세상의 썩어질 것을 구하는 현세적인 사람인지, 아니면 하늘에 속한 신령한 것을 구하는 영적인 사람인지가 구분된다. 즉 솔로몬이 현세적인 사람인지, 아니면 진정 하나님의 뜻을 이루고자 하는 사람인지는 그가 무엇을 구하느냐로 알 수 있다는 말이다. 솔로몬은 이 세상의 부를 택하지 않고 하나님께 속한 지혜와 지식을 구했다. 자신이 어리기 때문에 하나님의 많은 백성들을 재판하기 위한 지혜를 달라고 한 것이다.

14-17절, 솔로몬이 병거와 마병을 모으매 병거가 일천사백이요 마병이 일만이천이라 병거성에도 두고 예루살렘 왕에게도 두었으며 15 왕이 예루살렘에서 은금을 돌같이 흔하게 하고 백향목을 평지의 뽕나무같이 많게 하였더라 16 솔로몬의 말들은 애굽에서 내어왔으니 왕의 상고들이 떼로 정가하여 산 것이며 17 애굽에서 내어 올린 병거는 하나에 은 육백 세겔이요 말은 일백오십 세겔이라 이와 같이 헷 사람의 모든 왕과 아람 왕들을 위하여도 그 손으로 내어왔었더라

솔로몬은 마병과 병거를 많이 모았다. 병거가 일천사백, 마병이 일만이천이었다. 그리고 그것을 병거성에도 두고 예루살렘 왕에게도 두었다. 사실상 이렇게 하는 것이 좋은 것은 아니다. 모세의 율법에 왕은 병거와 말을 많이 두지 말라는 말씀이 있다. 왜냐하면 외적인 군비가 많아질 때 하나님을 의지하지 않고 그 군사력을 의지하기 때문이다. 신명기 17장 16절, "왕 된 자는 말을 많이 두지 말 것이요 말을 많이 얻으려고 그 백성을 애굽으로 돌아가게 말 것이니 이는 여호와께서 너희에게 이르시기를 너희가 이 후에는 그 길로 다시 돌아가지 말 것이라 하셨음이며". 지나치게 부와 세력을 확장해 놓은 것들이 결국 솔로몬으로 하여금 부패의 길로 들어서게 했다. 솔로몬은 말년에 부패한 정치가가 되어버렸다.

역대하 2장

1절, 솔로몬이 여호와의 이름을 위하여 전을 건축하고 자기 권영을 위하여 궁궐 건축하기를 결심하니라

첫째는 전이고, 둘째는 궁궐이다. "여호와의 이름을 위하여"란 매우 중요한 말씀이다. 오늘날 교회를 섬기고자 하는 사람은 반드시 이 한 구절을 기억해야 한다. 우리의 모든 사역은 그분의 이름을 위한 것이어야 한다. "하늘에 계신 우리 아버지여 이름이 거룩히 여김을 받으시오며". '결심했다(determined)'는 말은 흠정역 번역을 따른 것이다. 주님의 일을 하는 자들은 그분의 일을 위한 결심과 소원이 있게 된다.

2-4절, 솔로몬이 이에 담군 칠만과 산에 올라 작벌할 자 팔만과 일을 감독할 자 삼천 육백을 뽑고 3 사자를 두로 왕 후람에게 보내어 이르되 당신이 전에 내 부친 다윗에게 백향목을 보내어 그 거할 궁궐을 건축하게 한 것같이 내게도 그리하소서 4 이제 내가 나의 하나님 여호와의 이름을 위하여 전을 건축하여 구별하여 드리고 주 앞에서 향 재료를 사르며 항상 떡을 진설하며 안식일과 초하루와 우리 하나님 여호와의 절기에 조석으로 번제를 드리려 하니 이는 이스라엘의 영원한 규례니이다

솔로몬의 귀한 점은 자기의 왕궁을 먼저 건축하려고 한 것이 아니라 하나님의 전을 먼저 건축하고자 한 것이다. 먼저가 자기의 왕궁이 아니라 하나님의 전이었다. 사람은 마음의 중심이 중요하다. 우리는 생활 가운데서 주님의 일이 먼저인지, 아니면 자기 가정이 먼저인지를 생각해보아야 한다. 마땅히 주님과 교회가 먼저이어야 한다. 주님은 "너희는 먼저 그의 나라와 의를 구하라"고 하셨다. 하나님께서는 솔로몬이 지혜를 구했을 때 그 외의 것을 더하여 주셨다. 주님의 뜻에 부합한 것을 구했을 때 나머지 것은 축복으로 더해 주신 것이다.

5-6절, 내가 건축하고자 하는 전은 크니 우리 하나님은 모든 신보다 크심이라 6 누가 능히 하나님을 위하여 전을 건축하리요 하늘과 하늘들의 하늘이라도 주를 용납지 못하겠거든 내가 누구관대 어찌 능히 위하여 전을 건축하리요 그 앞에 분향하려 할 따름이니이다

여기서 솔로몬에게 배울 수 있는 것은 하나님의 일을 하는 자세이다. "내가 건축하고자 하는 전은 크니 우리 하나님은 모든 신보다 크심이라 누가 능히 하나님을 위하여 전을 건축하리요 하늘과 하늘들의 하늘이라도 주를 용납하지 못하겠거늘 내가 누구관대 어찌 능히 위하여 전을 건축하리요 그 앞에 분향하려 할 따름이니이다". 솔로몬은 자신이 결코 크신 하나님의 전을 건축할 수 있는 사람이 아니라고 했다.

오늘날의 문제는 많은 이들이 자신의 방법으로 능히 하나님의 일을 할 수 있다고 생각한다는 것이다. '나는 하나님의 교회를 잘 해나갈 수 있다. 이렇게 저렇게 하면 교회가 잘 될 것이고 성도들이 세워지고 교회도 부흥될 것이다.'라고 생각하는 것이다. 사도 바울은 고린도 후서 2장 15-16절에서 "우리는 구원 얻는 자들에게나 망하는 자들에게나 하나님 앞에서 그리스도의 향기니 이 사람에게는 사망으로 좇아 사망에 이르는 냄새요 저 사람에게는 생명으로 좇아 생명에 이르는 냄새라 누가 이것을 감당하리요"라고 했다. 그는 자신이 말씀을 전하기만 하면 누구든지 생명을 얻는다고 하지 않았다. 오히려 어떤 사람에게는 생명에서 생명에 이르는 냄새가 되고 어떤 사람에게는 사망에서 사망에 이르는 냄새가 된다고 했다. 분명히 진리를 전했는데 어떤 사람에게는 사망으로 좇아 사망에 이르게 하는 것이 된다는 말이다. 그러면서 사도 바울은 "누가 이것을 감당하리요"라고 했다. 이것은 사람이 할 수 있는 일이 아니라는 뜻이다. 그 능력이 우리에게 있지 않고 하나님께 있기 때문이다. 하나님의 일은 하나님만이 하실 수 있다. 솔로몬은 5-6절에서 '건축의 식양도 있고 건축 재료도 다 있으니 하면 된다.' 고 말하지 않았다. 그는 '누가 능히 하나님을 위해 전을 건축할 수 있겠느냐'고 했다. 사람이 감히 할 수 없는 일이라는 말이다. 6절에서 솔로몬의 이러한 태도는 너무 좋다. 고린도 전서 2장 3절에서 바울은 "내가 너희 가운데 거할 때에 약하며 두려워하며 심히 떨었노라"고 했다. 사도 바울은 무슨 일이든지 자신이 할 수 있다고 생각하지 않았다. 자신의 연약함을 인정하고 자기의 약함을 자랑하고 자기의 무능함을 고백하는 사람들을 통해서 하나님은 그분의 사역을 펼치신다.

7-10절, 이제 청컨대 당신은 금, 은, 동, 철로 제조하며 자색 홍색 청색실로 직조하며 또 아로새길 줄 아는 공교한 공장 하나를 내게 보내어 내 부친 다윗이 유다와 예루살렘에서 예비한 나의 공교한 공장과 함께 일하게 하고 8 또 레바논에서 백향목과 잣나무와 백단목을 내게로 보내소서 내가 알거니와 당신의 종은 레바논에서 벌목을 잘하나니 내 종이 당신의 종을 도울지라 9 이와 같이 나를 위하여 재목을 많이 예비하게 하소서 내가 건축하려 하는 전은 크고 화려할 것이니이다 10 내가 당신의 벌목하는 종에게 용정한 밀 이만 석과 보리 이만 석과 포도주 이만 말과 기름 이만 말을 주리이다 하였더라

솔로몬은 구체적으로 공교한 숙련공을 보내달라고 두로 왕에게 요청했다. 그리고 레바논의 백향목과 잣나무 백단목을 보내달라고 했다. 두로 사람들은 벌목을 잘 하니 그들이 앞장서면 유다의 일꾼들이 도울 것이라고 했다. 그러면 일에 대한 품값은 후히 주겠다는 것이다(10절). "내가 건축하려 하는 전은 크고 화려할 것이니이다". 다윗이 많은 것을 준비했지만 그것만 가지고 하는 것이 아니라 솔로몬은 더 준비해야 했다.

11-16절, 두로 왕 후람이 솔로몬에게 답장하여 가로되 여호와께서 그 백성을 사랑하시므로 당신을 세워 그 왕을 삼으셨도다 12 또 가로되 천지를 지으신 이스라엘 하나님 여호와는 송축을 받으실지로다 다윗 왕에게 지혜로운 아들을 주시고 명철과 총명을 품부하시사 능히 여호와를 위하여 전을 건축하고 자기 권영을 위하여 궁궐을 건축하게 하시도다 13 내가 이제 공교하고 총명한 사람을 보내오니 전에 내 부친 후람에게 속하였던 자라 14 이 사람은 단의 여자 중 한 여인의 아들이요 그 아비는 두로 사람이라 능히 금, 은, 동, 철과 돌과 나무와 자색 청색 홍색실과 가는 베로 일을 잘하며 또 모든 아로새기는 일에 익숙하고 모든 기묘한 식양에 능한 자니 당신의 공교한 공장과 당신의 부친 내 주 다윗의 공교한 공장과 함께 일하게 하소서 15 내 주의 말씀하신 밀과 보리와 기름과 포도주는 주의 종들에게 보내소서 16 우리가 레바논에서 당신의 쓰실 만큼 벌목하여 떼를 엮어 바다에 띄워 욥바로 보내리니 당신은 수운하여 예루살렘으로 올리소서 하였더라

솔로몬은 성전을 건축할 때 이스라엘 백성들만 일하게 한 것이 아니라 이방 사람들도 함께 하게 했다. 특히 두로 왕 후람에게 도움을 요청했는데, 이것도 아버지 다윗에게 배운 것이다. 다윗은 그의 궁궐을 지을 때 두로 왕에게 백향목을 보내달라고 했다.

앞에서 말했듯이, 후에 일하는 사람들은 전에 하던 일을 이어서 하기를 배워야 한다. 소선지서를 보면 선지자들이 이전 선지자를 이어서 사역하는 것을 볼 수 있다. 후에 일어나 사역하는 선지자는 전에 선지자가 한 말을 이어서 더 나아가는 것이다. 주님의 역사의 특징은 이어 나가는 것이다.

13절, "내가 이제 공교하고 총명한 사람을 보내오니 전에 내 부친 후람에게 속하였던 자라". 여기 이 사람은 이스라엘 사람의 피가 섞인 사람이다. 단의 여자 중 한 여인의 아들인데 아버지는 두로 사람인 것이다. 여기서 우리가 알 수 있는 것은, 성전을 건축하는 기술은 꼭 교회 생활 안에서만 배울 수 있는 게 아니라는 것이다. 이방에서도 얼마든지 배울 수 있다. 성도들이 이 세상에서 일하는 가운데 주님께 연단을 받으면 교회 생활 안에서 배우는 것 못지않게 배우게 된다. 그러므로 이방의 두로 사람들도 유다 사람들인 공장과 함께 일하게 된 것이다.

이 성전 건축의 일은 크고도 섬세한 일이다. 하나님의 일을 하는 사람들은 이것이 엄청나게 큰 일이기 때문에 우리 자신으로서는 감당할 수 없다는 이 한 가지를 알아야 하고, 또한 그 일이 굉장히 섬세한 일이기 때문에 지혜가 필요하다는 것을 알아야 한다. 많은 면에서 지혜를 갖는 것이 필요하지만 여기의 지혜는 특히 분별할 수 있는 능력을 말한다. 지혜 있는 자는 다른 사람의 말을 잘 들을 수 있는 사람이다. 귀가 얇아서 이리 왔다 저리 갔다 하는 사람은 지혜로운 사람이 아니다. 다른 사람의 말을 들으면서 옥석을 구분할 수 있어야 한다. 취해야 할 말과 취하지 않아도 되는 말을 분별하는 것이다. 다른 이들의 충고나 권면을 무시하고 자기 생각대로 행동하는 사람은 아무리 머리가 좋아도 미련한 사람이다. 다른 사람의 권면과 권고와 교정의 말을 들을 수 있어야 한다. 특히 부모와 같은 연장자의 말을 기꺼이 들을 수 있는 사람이 지혜로운 사람이다.

솔로몬에게 왕권이 넘어가기 전에 반역을 일으킨 아도니야는 부친 다윗에게 한 번도 '네가 왜 이렇게 했느냐'는 말을 들은 적이 없었다. 즉 그는 아버지로부터 책망과 연단을 받은 적이 없는 것이다. 그렇기 때문에 반역을 일으켜 왕이 되려 한 것이다. 이것은 매우 위험하다. 지혜로운 사람은 원래 그 사람이 명석한 것이 아니라 다른 사람의 사랑의 권면과 충고의 말을 받아들임으로 지혜롭게 된 것이다.

17-18절, 전에 솔로몬의 부친 다윗이 이스라엘 땅에 거한 이방 사

람을 조사하였더니 이제 솔로몬이 다시 조사하매 모두 십오만 삼천 육백 인이라 18 그 중에 칠만 인은 담군이 되게 하였고 팔만 인은 산에서 벌목하게 하였고 삼천육백 인은 감독을 삼아 백성들에게 일을 시키게 하였더라

153,600명의 이방 사람들이 성전 건축의 일에 참여했다. 성전은 이러한 막대한 인원이 동원되어 칠 년에 걸쳐 지은 것이다. 이것은 신약 교회를 예표한다. 교회는 유대인들로만 구성되지 않고 유대인과 이방인이 함께한다.

역대하 3장

1절, 솔로몬이 예루살렘 모리아 산에 여호와의 전 건축하기를 시작하니 그곳은 전에 여호와께서 그 아비 다윗에게 나타나신 곳이요 여부스 사람 오르난의 타작마당에 다윗이 정한 곳이라

성전 터는 굉장히 중요하다. 신약의 교회도 마찬가지이다. 교회의 터가 중요한 것이다. 여러분은 어디든지 그저 믿는 사람이 모이면 교회가 될 것 같은가? 그렇지 않다. 집을 지으려면 터를 사야 한다. 터도 없이 집을 지어서는 안 되고 남의 터 위에 집을 지어서도 안 된다. 터가 분명해야 한다. 사도 바울은 고린도 전서 3장 10절에서 “내가 지혜로운 건축자와 같이 터를 닦아두매”라고 했다. 그는 고린도 교회를 확실하게 그리스도의 터 위에 건축했다고 했다. 11절, “이 닦아 둔 것 외에 능히 다른 터를 닦아 둘 자가 없으니 이 터는 곧 예수 그리스도라”. 교회의 터는 오직 그리스도이시다. 씨를 좋은 땅에 뿌리지 않으면 자라지 않는 법이다. 건축법상 합법적인 터 위에 건물을 짓지 않으면 강제로 철거당하게 된다.

성전 터는 첫째 모리아 산으로 아브라함이 독자 이삭을 드린 곳이다. 인간의 공적이나 재능이 엎드러지고 자기의 가장 귀한 것이 드려진 곳이 바로 모리아 산이다. 그런 곳이 아니면 교회는 세워지지 않는다. 사람의 영향력이 그대로 있고 교회가 사람을 따라다닐 때 그 사람이 없어지면 교회도 없어지게 된다. 또 터가 잘못되었기 때문에 사람들이 자라지 않고 변화되지도 않는다.

둘째로 성전 터는 오르난(아라우나)의 타작마당이다. 다윗이 인구조사를 한 후 회개하고 엎드러진 곳이다. 그곳은 사람의 자신에 대한 신뢰와 의욕과 재능이 십자가로 끝난 곳이다. 다윗 왕은 거룩한 소원이 있었고 간절히 성전을 건축하기 원했지만 도리어 엎드러졌다. 사람의 손을 내려놓은 곳에서 성전은 건축된다. 주님은 주의 일을 하는 우리로 늘 '주여, 당신이 하셨습니다! 내가 아니라 당신이십니다!'라고 고백하게 하신다.

2-3절, 솔로몬이 왕위에 나아간 지 사년 이월 초이일에 건축하기를 시작하였더라 3 솔로몬이 하나님의 전을 위하여 놓은 지대는 이러하니 옛적 재는 법대로 장이 육십 규빗이요 광이 이십 규빗이며

'지대'가 바로 터이다. 모든 것은 법대로 해야 한다. 법대로 경기하지 않으면 면류관을 얻지 못한다. 주님 보시기에 합당한 터가 놓여져야 교회는 건축되는 것이다. 주님은 오늘 날도 교회의 터가 놓이는가를 주의하여 보신다. 이때는 이스라엘 자손이 애굽에서 나온 지 480년이 된 때이며 솔로몬이 재위한 지 4년 만의 일이다. 4년 동안 솔로몬은 철저히 준비한 것이다. 준비가 없는 사람은 주님의 일을 할 수 없다. 인격이 세워지고 은혜와 진리가 축적되며 기본적인 영적 체험을 가지며 많은 면에서 준비하는 것이 필요하다. 주님은 솔로몬이라는 사람을 얻으셨을 때 성전을 세우셨고, 바울이라는 사람을 얻으셨을 때 많은 교회들을 세울 수 있으셨다. "내가 지혜로운 건축자와 같이 터를 닦아두매". 그냥 두어도 자연히 터가 닦인다고 생각지 말라! 여기에 은혜를 얻은 지혜로운 건축자의 수고가 있다.

4-9절, 그 전 앞 낭실의 장이 전의 광과 같이 이십 규빗이요 고가 일백이십 규빗이니 안에는 정금으로 입혔으며 5 그 대전 천장은 잣나무로 만들고 또 정금으로 입히고 그 위에 종려나무와 사슬 형상을 새겼고 6 또 보석으로 전을 꾸며 화려하게 하였으니 그 금은 바

르와임 금이며 7 또 금으로 전과 그 들보와 문지방과 벽과 문짝에 입히고 벽에 그룹들을 아로새겼더라 8 또 지성소를 지었으니 전 넓이대로 장이 이십 규빗이요 광도 이십 규빗이라 정금 육백 달란트로 입혔으니 9 못 중수가 오십 금 세겔이요 다락들도 금으로 입혔더라

지성소 안을 입히는 데에 금 600달란트가 들었다. 600달란트는 엄청난 양이다. 오늘날로 하면 20톤 663kg이다. 엄청난 양의 금이 들어간 것이다. 바벨론이나 주변 나라들이 이스라엘을 공격할 때 성전을 욕심낸 이유가 여기에 있다. 그래서 바벨론이 침략했고, 다음에 메데-바사가 왔고, 그 다음에 헬라가 왔다. 헬라의 마지막 부분에서 안티오커스 에피파네스라는 수리아 왕이 일어났는데, 이 사람이 예루살렘 성전에서 도적질과 악한 짓을 얼마나 했는지 모른다. 이것은 특히 다니엘서에 자세히 나와 있다. 못 중수가 오십 금 세겔이라고 했는데, 지성소에 사용된 못도 금이었다는 것이다. 금 오십 세겔이란 약 570g이다. 교회는 신령한 보물이 가득한 하나님의 건축이요 하나님의 걸작품이다. 그러기에 마귀가 힘을 다해 교회를 공격하고 무너뜨리려 하는 것이다. 따라서 주의 종들은 교회를 위해 그리스도의 남은 고난을 그들의 육체에 채운다.

10-14절, 지성소 안에 두 그룹의 형상을 새겨 만들어 금으로 입혔으니 11 두 그룹의 날개 길이가 모두 이십 규빗이라 좌편 그룹의 한 날개는 다섯 규빗이니 전 벽에 닿았고 그 한 날개도 다섯 규빗이니 우편 그룹의 날개에 닿았으며 12 우편 그룹의 한 날개도 다섯 규빗이니 전 벽에 닿았고 그 한 날개도 다섯 규빗이니 좌편 그룹의 날개에 닿았으니 13 이 두 그룹의 편 날개가 모두 이십 규빗이라 그 얼굴을 외소로 향하고 서 있으며 14 청색 자색 홍색실과 고운 베로 문장을 짓고 그 위에 그룹의 형상을 수놓았더라

지성소 안에는 두 그룹을 만들어 놓았다. 그곳에는 모세의 성막 안에 있던 법궤가 있고 그룹도 있었을 것이다. 그러나 솔로몬의 성전은 그 규모가 배나 더 컸다(13절 '편 날개가 모두 이십 규빗이라'). 그래서 그룹을 새롭게 만들지 않으면 안 되었을 것이다. “청색 자색 홍색실과 고운 베로 문장을 짓고 그 위에 그룹의 형상을 수놓았더라”. 이것이 성소와 지성소 사이를 가로막는 휘장이 된 것이다. 예수님이 십자가에서 돌아가실 때 성소의 휘장이 위에서 아래로 찢어졌는데, 바로 이것이 찢어진 것이다. 이 휘장에는 그룹(모든 피조물을 상징)이 수놓아져 있는데, 예수님이 십자가에서 죽으실 때 휘장이 갈라진 것은 모든 피조물이 그분 안에서 끝났다는 것을 의미한다.

15-17절, 전 앞에 기둥 둘을 만들었으니 고가 삼십오 규빗이요 각 기둥 꼭대기의 머리가 다섯 규빗이라 16 성소같이 사슬을 만들어 그 기둥 머리에 두르고 석류 일백 개를 만들어 사슬에 달았으며 17 그 두 기둥을 외소 앞에 세웠으니 좌편에 하나요 우편에 하나라 우편 것은 야긴이라 칭하고 좌편 것은 보아스라 칭하였더라

전 앞에 기둥 둘을 세웠다. 이 기둥은 성전을 떠받치는 기둥이 아니라 모양으로 세워놓은 기둥이다. 이름이 하나는 야긴이고 또 하나는 보아스인데, 야긴은 ‘저가 세우시리라’는 뜻이고 보아스는 ‘그에게 능력이 있다’는 뜻이다. 하나님의 성전은 사람들이 세우는 것이 아니라 능력 있으신 하나님이 세우시는 것이다. 마귀 사단은 힘을 다해 교회를 허물어뜨리고 망치려 하지만 하나님은 일으키신다. 부활 안에서 하나님은 교회를 새롭게 일으키신다.

우리가 주님을 섬기면서 알게 되는 것은, 성전은 주님께서 세우시고 그분에게 능력이 있다는 것이다. 주님은 그분의 부활 능력으로 폐허에서도 그분의 교회를 다시 일으키신다.

역대하 4장

3장에서는 모리아 산에 성전 기초를 놓고 건축하기 시작했다는 것과 지성소 안에 법궤와 휘장을 만들고 마지막에 두 기둥을 세웠다는 것을 보았다.

1절, 솔로몬이 또 놋으로 단을 만들었으니 장이 이십 규빗이요 광이 이십 규빗이요 고가 십 규빗이며

놋으로 단을 만들었는데, 장과 광이 이십 규빗씩이고 고가 십 규빗이다. 모세의 회막에 있던 놋제단은 장이 오 규빗, 광이 오 규빗, 그리고 고가 삼 규빗이었다. 솔로몬이 만든 놋제단은 광야에서 만들었던 모세의 회막의 번제단보다 4배 정도 크다.

2-6절, 또 바다를 부어 만들었으니 직경이 십 규빗이요 그 모양이 둥글며 그 고는 다섯 규빗이요 주위는 삼십 규빗 줄을 두를 만하며
3 그 가장자리 아래에는 돌아가며 소 형상이 있는데 매 규빗에 소가 열씩 있어서 바다 주위에 둘렸으니 그 소는 바다를 부어 만들 때에 두 줄로 부어 만들었으며 4 그 바다를 열두 소가 받쳤으니 셋은 북을 향하였고 셋은 서를 향하였고 셋은 남을 향하였고 셋은 동을 향하였으며 바다를 그 위에 놓았고 소의 뒤는 다 안으로 두었으며

5 바다의 두께는 한 손넓이만 하고 그 가는 백합화의 식양으로 잔가와 같이 만들었으니 그 바다에는 삼천 밧을 담겠으며 6 또 물두멍 열을 만들어 다섯은 우편에 두고 다섯은 좌편에 두어 씻게 하되 번제에 속한 물건을 거기 씻게 하였으며 그 바다는 제사장들의 씻기를 위한 것이더라

바다란 큰 놋대야인데 그 크기 때문에 붙여진 이름이다. 직경이 5m 20cm, 깊이가 2m 60cm, 둘레가 15m 60cm로서 어마어마한 대야이다. 바다는 제사장들이 씻는 곳이고, 물두멍 열 개는 제물을 씻고 번제에 속한 물건을 씻는 곳이다.

7-8절, 또 정식을 따라 금으로 등대 열을 만들어 외소 안에 두었으니 좌편에 다섯이요 우편에 다섯이며 8 또 상 열을 만들어 외소 안에 두었으니 좌편에 다섯이요 우편에 다섯이며 또 금으로 대접 일백을 만들었고

진설병 상을 말하는 것이다. 모세의 성막에는 진설병 상도 하나이다. 그러나 여기서는 떡 상이 열이고 대접은 백 개나 만들었다고 했다. 성전에서는 모든 것이 다 풍성하다. 이 금 대접 백 개는 희생제물의 피라든가 포도주 같은 것을 담기 위한 것이었다.

9절, 또 제사장의 뜰과 큰 뜰과 뜰 문을 만들고 놋으로 그 문짝에 입혔고

성전에는 제사장의 뜰이 있었고 일반인의 뜰이 있었다. 제사장의 뜰은 제한된 장소여서 안뜰이라고 했고 바깥뜰보다 좀 높아서 '윗뜰'이라고도 했다. '큰 뜰'은 바깥뜰을 가리키며 그것은 일반인들을 위한 뜰이었다. 제사장의 뜰은 아무나 들어올 수 없도록 뜰 문이 있었고 놋으로 입힌 문짝이 있었다.

10절, 그 바다는 전 우편 동남방에 두었더라

바다가 위치하는 곳은 성전 전면 낭실에서 볼 때 우편 동남방에 있었다.

11-17절, 후람이 또 솥과 부삽과 대접을 만들었더라 이와 같이 후람이 솔로몬 왕을 위하여 하나님의 전에서 하는 일을 마쳤으니 12 곧 기둥 둘과 그 기둥 꼭대기의 공 같은 머리 둘과 또 기둥 꼭대기의 공 같은 기둥 머리를 가리우는 그물 둘과 13 또 그 그물들을 위하여 만든바 매 그물에 두 줄씩으로 기둥 위의 공 같은 두 머리를 가리우게 한 사백 석류와 14 또 받침과 받침 위의 물두멍과 15 한 바다와 그 바다 아래 열두 소와 16 솥과 부삽과 고기 갈고리와 여호와의 전의 모든 그릇들이라 후람의 아비가 솔로몬 왕을 위하여 빛난 놋으로 만들 때에 17 왕이 요단 평지에서 숙곳과 스레다 사이의 차진 흙에 그것들을 부어내었더라

여기 후람이라는 사람은 단 지파 여인의 아들로서 반은 이방인이고 반은 이스라엘 사람이었다. 이 사람이 성전의 많은 것들을 만들었다. 마치 성막을 만들 때의 브살렐과 오홀리압처럼 지혜가 있는 사람이었다. "모세가 브살렐과 오홀리압과 및 마음이 지혜로운 사람 곧 그 마음에 여호와께로 지혜를 얻고 와서 그 일을 하려고 마음에 원하는 모든 자를 부르매"(출 36:2). 솥, 부삽, 대접, 또 기둥 둘과 기둥 위에 있는 공 모양의 형상과 석류, 공교한 것들을 빛난 놋으로 만들었는데, 요단 평지의 숙곳과 스레다 사이의 차진 흙에 그 놋을 부어냈다. 11절에서는 후람이 모든 일을 다 마쳤다고 말한다. 어떤 부분을 미결로 두지 않았던 것이다.

이런 구절들을 근거로 생각해 볼 때, 어떤 일을 하는 데 있어서 그 일에 아주 적합한 사람이 있다는 것이다. 성전의 여러 기구를 만드는 데에도 거기에 아주 적합한 후람이라는 사람이 있었다. 흙도 아무 데나 있는 흙을 쓴 것이 아니라 요단 평지 숙곳과 스레다 사이에 있는 차진 흙을 사용했다. 그 흙을 사용해야만 좋은 건축이 이루어지기 때문이다. 우리도 오늘 교회를 건축할 때 어떤 것이나 다 쓸 수 있는 것이 아니다. 어떤 재료는 안 된다. 쓸모없는 흙도 있다. 이 모든 것을 분별할 수 있기 위해서는 지혜로운 사역자가 필요하다(고전 3:10-11).

여기 4장에서는 성전의 여러 가지 기물들, 즉 놋제단, 바다, 물두멍, 뜰 등을 만들었는데, 이 모두가 다 중요한 것들이다. 우리가 오늘날 교회를 생각할 때 성전의 한 항목 한 항목이 다 있어야 한다. 제단은 제물을 드리는 곳이고 바다는 제사장들이 씻는 곳이고 물두멍은 제물의 기구들을 씻는 곳이다. 성도들은 언제나 씻어지지 않으면 안 된다(요 13장 참조). 또 거기에는 기둥도 있어야 하고 차진 흙도 있어야 한다.

18-22절, **이와 같이 솔로몬이 이 모든 기구를 심히 많이 만들었으**
므로 그 놋 중수를 능히 측량할 수 없었더라 19 솔로몬이 또 하나님
의 전의 모든 기구를 만들었으니 곧 금단과 진설병 상들과 20 내소
앞에서 규례대로 불을 켤 정금 등대와 그 등잔이며 21 또 순정한 금
으로 만든 꽃과 등잔과 화젓가락이며 22 또 정금으로 만든 불집게
와 주발과 숟가락과 불 옮기는 그릇이며 또 전 문 곧 지성소의 문과
외소의 문을 금으로 입혔더라

솔로몬이 모든 기구들을 심히 많이 만들었다고 했다. 넉넉하게 건축의 역사를 한 것이다. 성전의 기구들을 만들 때에는 특히 금이 많이 사용되었다. 불집게는 자르는 가위 같은 것이고 주발과 숟가락은 유황을 담는 것이다. 주님을 위해 하는 일은 무엇이든지 가치가 있다.

역대하 5장

1절, 솔로몬이 여호와의 전을 위하여 만드는 모든 것을 마친지라 이에 그 부친 다윗이 드린 은과 금과 모든 기구를 가져다가 하나님의 전 곳간에 두었더라

솔로몬이 여호와의 전을 위하여 만드는 모든 것을 마쳤다. 건축에 소요된 기간은 총 7년 6개월이다. 솔로몬은 드디어 성전 건축의 역사를 완공한 것이다.

2절, 이에 솔로몬이 여호와의 언약궤를 다윗 성 곧 시온에서 메어 올리고자 하여 이스라엘 장로들과 모든 지파의 두목 곧 이스라엘 자손의 족장들을 다 예루살렘으로 소집하니

다른 기구들은 다 새로 만들었고 언약궤만 회막에 있던 것 그대로였다. 그러므로 그 언약궤를 메어 올리고자 하여 이스라엘 장로들과 모든 지파의 두목들을 다 예루살렘으로 소집한 것이다. 이 언약궤 외에 다른 것들은 모세의 성막에 있던 것보다 사이즈가 다 크고 언약궤만 그대로이다. 성막에 있던 언약궤를 그대로 다윗 성에 모시고 있다가 레위인들이 메어 온 것이다. 우리는 여기서 예수 그리스도는 어제나 오늘이나 동일한 분이라는 것을 알 수 있다. 성막에 계시는 주님이나 확장된 성전에 계시는 주님이나 같은 주님이시다. 그리스도인들이 진실로 주의 이름으로 모인다면 큰 모임이나 작은 모임이나 하나님의 임재는 동일하다.

3-6절, 칠월 절기에 이스라엘 모든 사람이 다 왕에게로 모이고 4 이스라엘 장로들이 다 이르매 레위 사람이 궤를 메니라 5 궤와 회막과 장막 안에 모든 거룩한 기구를 메고 올라가되 제사장과 레위 사람이 그것들을 메고 올라가매 6 솔로몬 왕과 그 앞에 모인 이스라엘 회중이 궤 앞에 있어 양과 소로 제사를 드렸으니 그 수가 많아 기록할 수도 없고 셀 수도 없었더라

칠월 절기에 이스라엘 모든 사람이 다 왕에게로 모였고 이스라엘 장로들이 다 오자 레위 사람이 궤를 메었다. 또 제사장과 레위 사람이 궤와 회막과 장막 안에 모든 거룩한 기구들을 메고 올라갈 때 솔로몬 왕과 이스라엘 회중이 궤 앞에 있어 셀 수 없이 많은 소와 양으로 제사를 드렸다.

7-9절, 제사장들이 여호와의 언약궤를 그 처소로 메어 들였으니 곧 내전 지성소 그룹들의 날개 아래라 8 그룹들이 궤 처소 위에서 날개를 펴서 궤와 그 채를 덮었는데 9 그 채가 길어서 궤에서 나오므로 그 끝이 내전 앞에서 보이나 밖에서는 보이지 아니하며 그 궤가 오늘까지 그곳에 있으며

언약궤를 메어 지성소 내전 그룹들 날개 아래에 안치했다. 그 날개는 3장 10-13절에 의하면 새로 만든 것이다. "그 궤가 오늘까지 그곳에 있으며". 역대 하를 기록한 사람이 에스라인데, 에스라 시대까지 있었다고는 볼 수 없으며, 예루살렘이 바벨론에 의해 파괴되던 시점까지 있었다고 보는 것이 옳을 것이다(시 137:7).

10절, 궤 안에는 두 돌판 외에 아무 것도 없으니 이것은 이스라엘 자손이 애굽에서 나온 후 여호와께서 저희와 언약을 세우실 때에 모세가 호렙에서 그 안에 넣은 것이더라

아론의 싹난 지팡이나 만나 항아리는 없고 십계명이 새겨진 두 돌판만 거기 있었다.

11-14절, 이때에는 제사장들이 그 반차대로 하지 아니하고 스스로 정결케 하고 성소에 있다가 나오매 12 노래하는 레위 사람 아삽과 헤만과 여두둔과 그 아들들과 형제들이 다 세마포를 입고 단 동편에 서서 제금과 비파와 수금을 잡고 또 나팔 부는 제사장 일백이십인이 함께 서 있다가 13 나팔 부는 자와 노래하는 자가 일제히 소리를 발하여 여호와를 찬송하며 감사하는데 나팔 불고 제금 치고 모든 악기를 울리며 소리를 높여 여호와를 찬송하여 가로되 선하시도다 그 자비하심이 영원히 있도다 하매 그때에 여호와의 전에 구름이 가득한지라 14 제사장이 그 구름으로 인하여 능히 서서 섬기지 못하였으니 이는 여호와의 영광이 하나님의 전에 가득함이었더라

다윗 시대에 세워진 노래하는 사람들(아삽, 헤만, 여두둔과 그 아들들과 형제들)이 제사장 120인과 각종 악기들을 동원하여 일제히 찬송을 하였다. 찬송과 찬미가 올려질 때 성전에 영광이 가득하게 되었다. 광야에서 모세가 성막을 건축했을 때와 같다(출 40장 참조). 마침내 성전 건축이 완성된 것이다.

역대하 6장

1-3절, 그때에 솔로몬이 가로되 여호와께서 캄캄한 데 계시겠다 말씀하셨사오나 2 내가 주를 위하여 거하실 전을 건축하였사오니 주께서 영원히 거하실 처소로소이다 하고 3 얼굴을 돌이켜 이스라엘의 온 회중을 위하여 축복하니 때에 이스라엘의 온 회중이 서 있더라

솔로몬은 어쨌든 성전을 건축한 왕이 되었다. 여기서 우리가 기억할 것은, 하나님은 한 사람에게 다 맡기지 않으신다는 것이다. 다윗은 성전 건축의 재료를 준비하고 성전 터를 샀다. 그리고 솔로몬은 성전을 건축했다. 하나님께서는 교회의 사역을 한 사람에게 다 맡기지 않으신다는 것을 알아야 한다. "나는 심었고 아볼로는 물을 주었으되 오직 하나님은 자라나게 하셨나니". 바울은 이 사실을 알았기에 자신의 할 일이 무엇인지를 알고 사역했다. 오늘날 이 땅에 수많은 사역자들이 있다는 것은 감사할 일이지만, 자신이 하나님의 집의 건축에 있어서 부분적인 일꾼이라는 것을 아는 사람은 몇이나 되는가?

다윗이나 솔로몬이나 여러 대적을 물리친 것은 중요한 업적이지만, 그들의 일생에서 가장 중요한 일은 성전을 건축한 것이다. 오늘날 교회를 섬기는 우리는 여기에 초점을 맞추어야 하며, 성도 여러분에게도 가장 중요한 일은 이 땅에서 그리스도의 몸인 교회를 건축하는 것이다. 신약에서는 먼저 예수 그리스도께서 성전이시고(요 2:19, 1:14 참조) 우리 믿는이들이 또한 하나님의 성전이다(고전 3:16). 성전이 성전답게 되려면 역대 하 4장에 있는 것처럼 모든 기구들이 다 갖춰져 있어야 한다. 번제단으로 상징되는 십자가가 있어야 하고 바다와 물두멍의 씻음이 있어야 한다. 성도들이 항상 씻지 않으면 주님과 관계가 없게 된다. 그러므로 서로 교통함으로 씻어야 한다. 또 우리는 산돌들로서 함께 성전을 건축하고 있다. 진설병상은 말씀이며, 등대는 빛을 발하는 것이다. 또 향단은 기도를 뜻한다. 기도가 없는 교회는 뭔가 부족한 교회이다.

4절, 왕이 가로되 이스라엘 하나님 여호와를 송축할지로다 여호와께서 그 입으로 나의 부친 다윗에게 말씀하신 것을 이제 그 손으로 이루셨도다 이르시기를

솔로몬의 성전 건축에 대한 봉헌사이다. 성전이 완성된 것에 대하여 여호와께 바치는 감사이다. 그는 성전 건축에 대해 여호와 하나님의 입으로 부친 다윗을 통하여 말씀하신 것을 자신의 손으로 이루었다고 말한다.

5-9절, 내가 내 백성을 애굽 땅에서 인도하여 낸 날부터 내 이름을 둘만한 집을 건축하기 위하여 이스라엘 모든 지파 가운데서 아무 성읍도 택하지 아니하였으며 내 백성 이스라엘의 주권자를 삼기 위하여 아무 사람도 택하지 아니하였더니 6 예루살렘을 위하여 내 이름을 거기 두고 또 다윗을 택하여 내 백성 이스라엘을 다스리게 하였노라 하신지라 7 내 부친 다윗이 이스라엘 하나님 여호와의 이름을 위하여 전을 건축할 마음이 있었더니 8 여호와께서 내 부친 다윗에게 이르시되 네가 내 이름을 위하여 전을 건축할 마음이 있으니 이 마음이 네게 있는 것이 좋도다 9 그러나 너는 그 전을 건축하지 못할 것이요 네 몸에서 낳을 네 아들 그가 내 이름을 위하여 전을 건축하리라 하시더니

솔로몬은 다윗이 한 말과 동일한 말을 한다. 사역자들이 참되게 사역을 하려면 하나님이 먼저 말하도록 세우신 사역자들의 말을 귀담아 듣고 그것을 그대로 말하기를 배우면서 조금씩 더 전진해 나가야 한다. 성경이 다 그런 식으로 기록되었다. 사복음서도 마가복음이 원조이고, 거기서부터 마태복음이나 누가복음이 발전되어 기록된 것이다. 구약도 모세오경을 근간으로 하여 많은 책들이 기록된 것이다. 그렇게 사역할 때 안전하다.

10-11절, 이제 여호와께서 말씀하신 대로 이루시도다 내가 여호와의 허하신 대로 내 부친 다윗을 대신하여 일어나서 이스라엘 위에 앉고 이스라엘 하나님 여호와의 이름을 위하여 전을 건축하고 11 내가 또 그곳에 여호와께서 이스라엘 자손으로 더불어 세우신 언약 넣은 궤를 두었노라

성전 건축에 대하여 다윗에게 말씀하신 것이 이제 성취되었다고 말한다. 솔로몬은 성전 건축의 역사를 하나님께서 하신 일로 영광을 돌린다(10절). 그리고 그는 다윗을 대신하여 일어나서 전을 건축하였다고 말한다. 하나님께서는 사역자들이 이렇게 모든 일을 자신이 할 일로 여기지 않고 서로 한 부분씩 담당하여 행하는 것을 기뻐하신다.

12-18절, 솔로몬이 여호와의 단 앞에서 이스라엘의 회중을 마주서서 그 손을 펴니라 13 솔로몬이 이왕에 놋으로 대를 만들었으니 장이 다섯 규빗이요 광이 다섯 규빗이요 고가 세 규빗이라 뜰 가운데 두었더니 저가 그 위에 서서 이스라엘의 회중 앞에서 무릎을 꿇고 하늘을 향하여 손을 펴고 14 가로되 이스라엘 하나님 여호와여 천지에 주와 같은 신이 없나이다 주께서는 온 마음으로 주의 앞에서 행하는 주의 종들에게 언약을 지키시고 은혜를 베푸시나이다 15 주께서 주의 종 내 아비 다윗에게 허하신 말씀을 지키시되 주의 입으로 말씀하신 것을 손으로 이루심이 오늘날과 같으니이다 16 이스라엘 하나님 여호와여 주께서 주의 종 내 아비 다윗에게 말씀하시기를

네 자손이 자기 길을 삼가서 네가 내 앞에서 행한 것같이 내 율법대 로 행하기만 하면 네게로 좇아 나서 이스라엘 위에 앉을 사람이 내 앞에서 끊어지지 아니하리라 하셨사오니 이제 다윗을 위하여 그 허 하신 말씀을 지키시옵소서 17 그런즉 이스라엘 하나님 여호와여 원 컨대 주는 주의 종 다윗에게 하신 말씀이 확실하게 하옵소서 18 하 나님이 참으로 사람과 함께 땅에 거하시리이까 하늘과 하늘들의 하 늘이라도 주를 용납지 못하겠거든 하물며 내가 건축한 이 전이오리 이까

솔로몬의 기도이다. 그는 여호와의 단 앞에서 이스라엘 회중을 마주 대하여 그 손을 하늘을 향해 펴고 기도한다. 솔로몬의 기도는 매우 감동적이다. "하나님이 참으로 사람과 함께 땅에 거하시리이까 하늘과 하늘들의 하늘이라도 주를 용납지 못하겠거든 하물며 내가 건축한 이 전이오리이까". 그는 자신이 건축한 성전이 하늘의 하나님을 감당할 수 없다고 말한다.

19-23절, **그러나 나의 하나님 여호와여 종의 기도와 간구를 돌아 보시며 종이 주의 앞에서 부르짖음과 비는 기도를 들으시옵소서 20 주께서 전에 말씀하시기를 내 이름을 거기 두리라 하신 곳 이 전을 향하여 주의 눈이 주야로 보옵시며 종이 이곳을 향하여 비는 기도를 들으시옵소서 21 종과 주의 백성 이스라엘이 이곳을 향하여 기도할 때에 주는 그 간구함을 들으시되 주의 계신 곳 하늘에서 들으시고 들으시사 사하여 주옵소서 22 만일 어떤 사람이 그 이웃에게 범죄 하므로 맹세시킴을 받고 저가 와서 이 전에 있는 주의 단 앞에서 맹 세하거든 23 주는 하늘에서 들으시고 행하시되 주의 종들을 국문하 사 악한 자의 죄를 정하여 그 행위대로 그 머리에 돌리시고 의로운 자를 의롭다 하사 그 의로운 대로 갚으시옵소서**

먼저 솔로몬은 하나님께 기도를 들어달라고 간청하고 있다. 그러면서 구체적으로 어떤 사람이 죄를 짓고 성전에 있는 주의 단 앞에 와서 맹세하면 하나님께서 하늘에서 들으시고 악한 자는 그 악한 행위대로, 의로운 자는 의로운 대로 판단하여 달라고 구한다.

24-25절, **만일 주의 백성 이스라엘이 주께 범죄하여 적국 앞에 패하게 되므로 주께로 돌아와서 주의 이름을 인정하고 이 전에서 주께 빌며 간구하거든 25 주는 하늘에서 들으시고 주의 백성 이스라엘의 죄를 사하시고 그와 그 열조에게 주신 땅으로 돌아오게 하옵소서**

이제 성전이 건축되니 이스라엘 백성들이 기도할 길이 열렸다는 것이다. 이스라엘이 범죄함으로 적군에게 패하였을 경우 이 전에서 주께 자백하고 빌며 간구하거든 들어달라고 간청한다.

26-42절, **만일 저희가 주께 범죄함을 인하여 하늘이 닫히고 비가 없어서 주의 벌을 받을 때에 이곳을 향하여 빌며 주의 이름을 인정하고 그 죄에서 떠나거든 27 주는 하늘에서 들으사 주의 종들과 주의 백성 이스라엘의 죄를 사하시고 그 마땅히 행할 선한 길을 가르쳐 주옵시며 주의 백성에게 기업으로 주신 주의 땅에 비를 내리시옵소서 28 만일 이 땅에 기근이나 온역이 있거나 곡식이 시들거나 깜부기가 나거나 메뚜기나 황충이 나거나 적국이 와서 성읍을 에워싸거나 무슨 재앙이나 무슨 질병이 있든지 무론하고 29 한 사람이나 혹 주의 온 백성 이스라엘이 다 각각 자기의 마음에 재앙과 고통을 깨닫고 이 전을 향하여 손을 펴고 무슨 기도나 무슨 간구를 하거든 30 주는 계신 곳 하늘에서 들으시며 사유하시되 각 사람의 마음을 아시오니 그 모든 행위대로 갚으시옵소서 주만 홀로 인생의 마음을 아심이니이다 31 그리하시면 저희가 주께서 우리 열조에게 주신 땅에서 사는 동안에 항상 주를 경외하며 주의 길로 행하리이다 32 주의 백성 이스라엘에 속하지 않은 이방인에게 대하여도 저희가 주의 큰 이름과 능한 손과 펴신 팔을 위하여 먼 지방에서 와서 이 전을 향하여 기도하거든 33 하나님은 계신 곳 하늘에서 들으시고 무**

릇 이방인이 주께 부르짖는 대로 이루사 땅의 만민으로 주의 이름을
알고 주의 백성 이스라엘처럼 경외하게 하옵시며 또 내가 건축한 이
전을 주의 이름으로 일컫는 줄을 알게 하옵소서 34 주의 백성이 그
적국으로 더불어 싸우고자 하여 주의 보내신 길로 나갈 때에 저희가
주의 빼신 이 성과 내가 주의 이름을 위하여 건축한 전 있는 편을
향하여 여호와께 기도하거든 35 주는 하늘에서 저희의 기도와 간구
를 들으시고 그 일을 돌아보옵소서 36 범죄치 아니하는 사람이 없사
오니 저희가 주께 범죄하므로 주께서 저희에게 진노하사 저희를 적
국에게 붙이시매 적국이 저희를 사로잡아 땅의 원근을 물론하고 끌
어간 후에 37 저희가 사로잡혀 간 땅에서 스스로 깨닫고 그 사로잡
은 자의 땅에서 돌이켜 주께 간구하기를 우리가 범죄하여 패역을 행
하며 악을 지었나이다 하며 38 자기를 사로잡아 간 적국의 땅에서
온 마음과 온 뜻으로 주께 돌아와서 주께서 그 열조에게 주신 땅과
주의 빼신 성과 내가 주의 이름을 위하여 건축한 전 있는 편을 향하
여 기도하거든 39 주는 계신 곳 하늘에서 저희의 기도와 간구를 들
으시고 저희의 일을 돌아보옵시며 주께 득죄한 주의 백성을 용서하
옵소서 40 나의 하나님이여 이제 이곳에서 하는 기도에 눈을 드시
고 귀를 기울이소서 41 여호와 하나님이여 일어나 들어가사 주의 능
력의 궤와 함께 주의 평안한 처소에 계시옵소서 여호와 하나님이여
원컨대 주의 제사장으로 구원을 입게 하시고 또 주의 성도로 은혜를
기뻐하게 하옵소서 42 여호와 하나님이여 주의 기름 부음 받은 자
에게서 얼굴을 돌이키지 마옵시고 주의 종 다윗에게 베푸신 은총을
기억하옵소서

비가 오지 않을 때, 기근이나 온역이 있을 때, 곡식에 문제가 생길 때, 범죄하여 적국에 포로로 사로잡혀 갔을 때 등등 어떤 경우라도 자기 죄를 깨닫고 돌이켜 이 전을 향하여 기도하면 하늘의 하나님께서 들으시고 응답해달라고 간청한다.

역대하 7 장

1-3절, 솔로몬이 기도를 마치매 불이 하늘에서부터 내려와서 그 번제물과 제물들을 사르고 여호와의 영광이 그 전에 가득하니 2 여호와의 영광이 여호와의 전에 가득하므로 제사장이 그 전에 능히 들어가지 못하였고 3 이스라엘 모든 자손은 불이 내리는 것과 여호와의 영광이 전에 있는 것을 보고 박석 깐 땅에 엎드려 경배하며 여호와께 감사하여 가로되 선하시도다 그 인자하심이 영원하도다 하니라

성전이 건축되었을 때 솔로몬은 모든 백성들과 함께 기뻐하며 송축하고 기도했다. 그는 혹시 그들이 죄를 짓고 잘못해서 여러 가지 재앙이 임하고 슬픔과 어려움이 닥쳤을 때 돌이켜 회개하고 성전을 향하여 기도하면 하나님께서 들어주시라고 했다. 이제 성전이 있어서 기도하고 간구할 길이 열린 것이다. 오늘날은 예수 그리스도께서 우리의 성전이시다. 그러므로 그분의 이름으로 기도하면 하나님은 그분의 이름으로 드리는 기도를 하늘에서 들으실 수밖에 없다.

오늘 여러분이 혹 범죄하여 마음에 고통과 슬픔이 있다면, 그 모든 것을 예수의 이름으로 하나님 아버지께 고하라. 그러면 하나님께서 여러분의 모든 아픔과 고통과 슬픔을 다 들어주실 것이다. 인생을 살다보면 어려운 일이 없을 수가 없다. 실패할 수도 있고 잘못 할 수도 있다. 그러나 여기에 성전이 있다. 우리는 말씀이 육신이 되어 우리 가운데 장막을 치고 계셨던 주 예수님을 모시고 있다. 요한이 말하기를, "우리가 그 영광을 보니 아버지의 독생자의 영광이요 은혜와 진리가 충만하더라"고 했다. 우리는 이러한 예수 그리스도를 모시고 있기 때문에 언제나 아버지께 나아가 기도할 수 있다. 우리가 예수 그리스도의 이름으로 기도할 때 하늘의 하나님께서 우리의 모든 기도와 간구를 들으시고 하늘에서 응답해 주신다는 것을 기억하자!

그러나 여기서 그쳐서는 안 된다. 오늘날 주 예수님의 이름은 교회에게 주어졌기 때문에 우리의 봉사나 일은 그저 이것저것 하는 것이 아니라 중점적으로 이 땅에 교회가 있게 하기 위한 것이어야 하고, 하나님의 교회가 건축되면 주님이 우리 가운데 거하시게 된다. 주님이 우리 가운데 거하시기만 하면 모든 문제는 해결된다. 이것이 구약 성경에서 가장 중요한 일이요 핵심이며 중심이다. 오늘 교회의 위치에 선 우리의 기도를 하나님이 왜 들으시는가? 나 개인이 신령해서인가? 건축된 교회, 주님이 임재하시는 교회가 있기 때문이다. 우리는 오늘 예수 그리스도의 이름을 교회에게 주신 것을 알아야 한다. 교회는 그 이름을 사용할 수 있다. 마태복음 16장과 18장에서 이것을 말한다.

원수가 가장 싫어하는 일이 이 땅에 교회가 세워지는 것이다. 그것은 교회가 바로 원수를 멸하는 기관이기 때문이다. 그러기에 여기에 번제단이 세워지는 것도 방해하고, 물두멍을 두는 것도 방해하고, 향단이 있는 것도 방해한다. 그것들이 세워지려 하면 항상 무너뜨리고 파괴한다. 하지만 주님은 늘 다시 말씀하신다. "이 성전을 헐라 내가 사흘 만에 다시 일으키리라". 마귀는 자꾸 헐고 무너지게 하고 없어지게 하지만 주님은 반드시 부활로 다시 일으키신다. 그런 것을 알고 우리는 그분의 전을 건축하는 이 귀한 역사에 동참하고 동역하기 바란다.

두번째는 솔로몬의 기도에 하나님께서 응답하신 것인데, 오늘날 우리는 하나님께서 우리의 기도에 응답하셨다는 것을 어떻게 알 수 있는가? 성경에서는 기도하고서 조금도 의심하지 않으면 이루어질 것이라고 말씀하신다. 그리고 예수 그리스도의 이름으로, 아들의 이름으로 무엇이든지 구하면 이루신다고 말씀하신다. 말씀이 이러하여도 우리가 기도해 보면 기도한 것을 확실하게 응답받았다는 확신을 갖기가 쉽지 않을 것이다. 이 말씀에 의하면 '불이 하늘에서부터 내려와 제물을 사르는 것'을 보고서 그것을 응답의 표시로 여겼다. 그리고 여호와의 영광이 전에 가득하여서 능히 어떤 사람도, 제사장도 전에 들어가지 못했으며 이스라엘 백성들은 하늘에서 불이 내리는 것을 보고 다 엎드렸다.

솔로몬은 자기의 기도에 대한 하나님의 반응을 보고서 하나님이 그 기도를 들으셨다는 것을 알 수 있었다. 그러면 오늘 우리는 어떻게 하나님께서 우리의 기도를 들으셨다는 것을 알 수 있는가? 이것이 하나의 질문이다. 여러분은 어떻게 알 수 있을 것 같은가? 무슨 외적인 표시가 있어야 하는가? 이 시대는 성령 시대이다. 모든 것이 외면에 있지 않고 내면의 성령에 있다. 간절히 기도하고, 마음을 다해 기도하고, 진실한 마음으로 기도하면 어느 시점에서 우리는 속에 확신을 가질 수 있다. 오늘날 응답의 불은 우리 속에 있는 것이다. 우리 안에 있는 기름부음이 우리로 모든 것을 알게 하신다(요일 2:27).

4-7절, 이에 왕과 모든 백성이 여호와 앞에 제사를 드리니 5 솔로몬 왕의 드린 제물이 소가 이만이천이요 양이 십이만이라 이와 같이 왕과 모든 백성이 하나님의 전의 낙성식을 행하니라 6 때에 제사장들은 직분대로 모셔서고 레위 사람도 여호와의 악기를 가지고 섰으니 이 악기는 전에 다윗 왕이 레위 사람으로 여호와를 찬송하려고 만들어서 여호와의 인자하심이 영원함을 감사케 하던 것이라 제사장은 무리 앞에서 나팔을 불고 온 이스라엘은 섰더라 7 솔로몬이 또 여호와의 전 앞뜰 가운데를 거룩히 구별하고 거기서 번제물과 화목제의 기름을 드렸으니 이는 솔로몬의 지은 놋단이 능히 그 번제물과 소제물과 기름을 용납할 수 없음이더라

인도자가 이렇게 앞장서서 주님께 제사를 드리는 것은 참 좋은 것이다. 그럴 때 성도들이 그 본을 받아 행하게 된다. 이때 솔로몬은 소를 이만이천, 양을 십이만이나 드렸다. 이렇게 인도자가 앞서서 하나님께 제물을 풍성하게 드리면 백성들도 배워서 그렇게 하게 된다. 오늘날 우리는 하나님께 드리는 제물로 물질을 드릴 뿐 아니라 이방인들에게 복음을 전하여 그들을 하나님께 드려야 한다. 사실 이것이 가장 귀한 제물이다. 로마서 15장에서 사도 바울은 자신이 하나님의 복음의 제사장으로서 이방인을 받으심직한 제물로 하나님께 드린다고 했다. 하나님은 오늘날 소나 양의 제물을 원하시는 것이 아니라 이방인들, 불신자들이 예수 그리스도를 믿고 거룩하게 되어 하나님이 받으심직한 제물이 되는 것을 기뻐하신다.

누가복음 15장에서 우리는 죄인 하나가 회개하면 하나님께 얼마나 큰 기쁨이 되는지를 알 수 있다. 우리가 그러한 제물을 드리는 자들이 되었으면 좋겠다. 그러한 일에 있어서 사역자들부터 앞장설 필요가 있다. 한두 사람이라도 복음 진리의 말씀으로 하나님께 인도하는 것이야말로 가장 가치 있고 하나님이 기뻐하시는 제물이다. 나는 여러분과 함께 이러한 일에 좀 더 자신을 드리고 열심을 내었으면 한다. 이곳저곳에서 복음의 제물을 드리는 역사가 일어나기를 바란다. 시간이 많지 않다. 어떻게 해서라도 여러분이 사는 지역에서 한두 영혼이라도 하나님께 인도할 수 있기 바란다. 물론 이를 위해 물질을 드리는 것은 매우 필요한 것이다. 누가복음 16장에서는 불의의 재물로 친구를 사귀라고 했다. 마리아가 옥합을 깨뜨린 것은 결국 복음을 위한 것이었다. 옥합이 깨뜨려지는 역사가 없이는 참 복음의 역사가 일어나지 않는다.

8-10절, 그때에 솔로몬이 칠 일 동안 절기를 지켰는데 하맛 어귀에서부터 애굽 하수까지의 온 이스라엘의 심히 큰 회중이 모여 저와 함께하였더니 9 제 팔일에 무리가 한 성회를 여니라 단의 낙성식을 칠 일 동안 행한 후 이 절기를 칠 일 동안 지키니라 10 칠월 이십삼일에 왕이 백성을 그 장막으로 돌려보내매 백성이 여호와께서 다윗과 솔로몬과 그 백성 이스라엘에게 베푸신 은혜를 인하여 기뻐하며

마음에 즐거워하였더라

기묘하게도 하나님의 은혜가 있으면 하나님의 백성들의 헌신이 있게 된다. 7일씩 성전 제단의 낙성식을 위해 집에 가지 않고 함께 머물 수 있겠는가? 그럴 뿐 아니라 백성이 자발적으로 한 성회를 열어 7일을 더 연장하여 절기를 지켰다. 이러한 헌신 속에서 하나님의 역사는 진행되는 것 같다. 그리고 기묘하게도 그러한 제물을 드리고 절기를 지킬 때 하나님의 백성들에게는 더 기쁨이 있다. 오늘날로 말하면 사람을 주님께 인도하고 함께 예배하는 것이다. 여기서 이스라엘 백성들은 주님이 다윗과 솔로몬과 그 백성에게 베푸신 은혜를 인하여 기뻐하며 마음에 즐거워하였다. 하나님의 백성들 가운데는 다윗과 솔로몬 같은 인도자가 있게 마련이다. 구약에서만 아니라 신약에서도 베드로와 요한과 야곱은 예루살렘 교회의 인도자였다. 바울과 디모데와 디도 또한 교회의 인도자였다. 그런 자들과 모든 성도들이 함께 동역하는 것이다. 그럴 때 우리는 하나님께 많은 제물을 드릴 수 있다.

11절, 솔로몬이 여호와의 전과 왕궁을 필역하고 무릇 그 심중에 여호와의 전과 자기의 궁궐에 어떻게 만들고자 한 것을 다 형통하게 이루니라

솔로몬이 마음에 품은 것이 하나님의 뜻과 같다. 그렇기 때문에 어떻게 만들고자 한 것을 다 형통하게 이룬 것이다. 그 마음에 소원한 것을 다 이루었다는 말이다. 나는 여러분과 내가 마음에 품은 것들, 소원하는 것들을 솔로몬처럼 일생에 다 이룰 수 있기를 바란다.

12절, 밤에 여호와께서 솔로몬에게 나타나사 이르시되 내가 이미 네 기도를 듣고 이곳을 택하여 내게 제사하는 전을 삼았으니

밤에 하나님이 솔로몬에게 나타나셔서 말씀하셨다. "내가 이미 네 기도를 듣고 이곳을 택하여 내게 제사하는 전을 삼았으니".

13-16절, 혹 내가 하늘을 닫고 비를 내리지 아니하거나 혹 메뚜기로 토산을 먹게 하거나 혹 염병으로 내 백성 가운데 유행하게 할 때에 14 내 이름으로 일컫는 내 백성이 그 악한 길에서 떠나 스스로 겸비하고 기도하여 내 얼굴을 구하면 내가 하늘에서 듣고 그 죄를 사하고 그 땅을 고칠지라 15 이곳에서 하는 기도에 내가 눈을 들고 귀를 기울이리니 16 이는 내가 이미 이 전을 택하고 거룩하게 하여 내 이름으로 여기 영영히 있게 하였음이라 내 눈과 내 마음이 항상 여기 있으리라

밤에 주님이 솔로몬에게 나타나셔서 그의 기도에 대한 응답을 주시는 것이다. 성전을 건축한 뒤에 이 성전을 근거로 기도할 때 하나님께서는 백성이 여러 가지 재앙을 당할지라도, 즉 비를 내리지 않는 가뭄의 재앙이나, 메뚜기의 재앙이나, 염병의 재앙을 당할지라도 스스로 겸비하고 성전을 향해 기도하면 하늘에서 듣고 죄를 사하시며 그 땅을 고쳐 주시겠다고 하셨다. 하나님이 이 성전을 이렇게 귀히 여겨 그 눈이 항상 거기를 주시하고 계신다면, 신약의 성도인 우리가 성전보다 크시고 성전의 실제이신 예수 그리스도를 근거로 하여 그 이름으로 간구한다면 얼마나 더 들으시겠는가! 그러므로 여러분은 담대하게 그분의 이름으로 무엇이든 구하라. 그럴 뿐 아니라 우리가 그분의 몸인 교회의 위치에서 드리는 기도는 그분이 다 들어주신다. 주님이 그분의 이름을 교회에 주셨음을 기억하자(마 18:19-20, 요 15:16-17, 16:23-24).

17-22절, 네가 만일 내 앞에서 행하기를 네 아비 다윗같이 하여 내가 네게 명한 모든 것을 행하여 내 율례와 규례를 지키면 18 내가 네 나라 위를 견고케 하되 전에 내가 네 아비 다윗과 언약하기를 이스라엘을 다스릴 자가 네게서 끊어지지 아니하리라 한 대로 하리라 19 그러나 너희가 만일 돌이켜 내가 너희 앞에 둔 내 율례와 명령을 버리고 가서 다른 신을 섬겨 숭배하면 20 내가 저희에게 준 땅에서 그 뿌리를 뽑아내고 내 이름을 위하여 거룩하게 한 이 전을 내 앞

에서 버려 모든 민족 중에 속담거리와 이야기거리가 되게 하리니 21
이 전이 비록 높을지라도 무릇 그리로 지나가는 자가 놀라 가로되
여호와께서 무슨 까닭으로 이 땅과 이 전에 이같이 행하셨는고 하면
22 **대답하기를 저희가 자기 열조를 애굽 땅에서 인도하여 내신 자**
기 하나님 여호와를 버리고 다른 신에게 부종하여 그를 숭배하여 섬
기므로 여호와께서 이 모든 재앙을 저희에게 내리셨다 하리라 하셨
더라

하나님께서 이 모든 것을 꿈에 솔로몬에게 말씀하셨다. "내가 네게 명한 모든 것을 행하여 내 율례와 규례를 지키면 내가 네 나라 위를 견고케 하되 전에 내가 네 아비 다윗과 언약하기를 이스라엘을 다스릴 자가 네게서 끊어지지 아니하리라 한 대로 하리라". 이것은 이제 하나의 약속이다. 그러나 그들이 만일 "돌이켜 내가 너희 앞에 둔 내 율례와 명령을 버리고 가서 다른 신을 섬겨 숭배하면 내가 저희에게 준 땅에서 그 뿌리를 뽑아내고 내 이름을 위하여 거룩하게 한 이 전을 내 앞에서 버려 모든 민족 중에 속담거리와 이야기거리가 되게" 하시겠다는 것이다. 이것은 하나의 조건이 있는 약속이다. 그러므로 이 약속은 구약적인 것이다. 구약적인 것의 특징은 우리에게 조건을 제시하는 것이다. 그러나 신약은 하나님께서 우리를 위해 모든 것을 은혜로 다 해주셨으니 다만 믿고 의지하라는 것이다.

그런데 여기서 한 가지 짚고 넘어가야 할 것이 있다. 은혜시대에 사는 우리는 과연 하나님의 명령을 지키지 않아도 되는가? 말씀에 의하면 신약에서 주의 명령을 지키지 않을 때 그 심판이 더 크다는 것이다. 왜냐하면 하나님께서 우리에게 주신 은혜가 더욱 크기 때문이다. 우리에게 아들을 주시고 모든 것을 완전하게 다 이루어 주신 것을 우리는 순종하고 믿기만 하면 다 할 수 있게 되었다. 따라서 그러한 은혜를 저버린 것에 대한 형벌과 심판은 더 크다는 것이다. 여기서 "내 이름을 위하여 거룩하게 한…이 전이 비록 높을지라도"라고 했다. 이 전은 시온 산, 즉 모리아 산 위에 지었기 때문에 모든 사람들이 다 볼 수 있었다.

21절, "이 전이 비록 높을지라도 그리로 지나가는 자가 놀라 가로되 여호와께서 무슨 까닭으로 이 땅과 이 전을 이같이 행하셨는고 하면". 하나님께서 그분의 사랑을 입은 선민 이스라엘을 뿌리 채 뽑아서 바벨론과 이방 열국에 흩어버리고 전은 완전히 황폐케 되는 역사가 있었다. 솔로몬 때에 지은 성전은 이렇게 몇백 년이 가지 않아서 완전히 헐리고 파괴되었다.

오늘날의 교회도 주님이 함께하시는 좋은 때가 있다. 그렇지만 조심해야 한다. 계시록에 보면 일곱 교회 중 몇몇 교회들을 향해 주님은 내가 촛대를 그 자리에서 옮기겠다, 너희를 내 입에서 토하여 내치겠다 하시며 경고하셨다. 교회의 상태가 매우 귀하다 해서, 또 귀한 것을 얻었다 해서 특권을 갖고 있는 양 착각해서는 안 된다. 이렇게 하나님이 축복하신 성전이라 하더라도 하나님의 백성이 돌이켜 우상숭배를 하고 하나님을 버릴 때 예외가 될 수 없다. 오늘날 한국교회는 참으로 염려되는 면이 있다. 너무나 교회가 물질주의에 빠져 있고 너무 물질을 의지하는 경향이 있기 때문이다. 그것에 의해서 신앙이 좌지우지되는 것을 보게 된다. 이것이 구약에서 이스라엘 백성들이 바알을 섬기는 것과 무엇이 다른가? 살아계신 하나님을 떠나 다른 것을 섬기는 것을 하나님은 결코 간과하지 않으신다. 오늘날 우리는 이런 부분에서 상당히 조심하고 두려워해야 할 것이다.

역대하 8장

1-3절, 솔로몬이 여호와의 전과 자기의 궁궐을 이십 년 동안에 건축하기를 마치고 2 후람이 자기에게 준 성읍들을 다시 건축하여 이스라엘 자손으로 거기 거하게 하니라 3 솔로몬이 가서 하맛소바를 쳐서 취하고

후람은 두로 왕으로서 솔로몬이 성전과 궁궐을 지을 때 막대한 지원을 했다. 백향목과 금 등의 여러 재료와 숙련공들을 보내주었다. 솔로몬이 그 대가로 베네게에 가까운 북방 성읍 20개를 후람에게 주었는데, 후람은 그 성읍이 별로 좋지 않다면서 불만스러워했다. 그래서 그 지명이 '가불'이었다. 가불이란 히브리어로 '불만'이라는 뜻이다. 후람은 곧 그 성읍을 솔로몬에게 되돌려준 것 같다. 솔로몬은 그 되돌려받은 성읍을 재건축했고 거기에 이스라엘 자손들을 거하게 했다. 자세한 이야기는 열왕기 상, 열왕기 하에 있으므로 여기서는 자세한 이야기를 생략했다. 3절의 하맛소바는 다메섹과 하맛 중간에 있는 아람인의 작은 소바 왕국이었다. 하맛소바는 이미 이스라엘에게 정복되어 조공을 바치고 있었는데 이때 소바가 불복하는 기미가 보였기 때문에 솔로몬이 소바를 다시 쳐서 취한 것이다.

4-6절, 또 광야에서 다드몰을 건축하고 하맛에서 모든 국고성을

건축하고 5 또 윗 벧호론과 아래 벧호론을 건축하되 성과 문과 문빗장이 있게 하여 견고한 성읍을 삼고 6 또 바알랏과 자기에게 있는 모든 국고성과 모든 병거성과 마병의 성들을 건축하고 솔로몬이 또 예루살렘과 레바논과 그 다스리는 온 땅에 건축하고자 하던 것을 다 건축하니라

하맛은 이스라엘 최북단의 성읍인데, 이때에 하나님께서 아브라함에게 약속하셨던—가나안 땅의 일경을 다 너희 자손에게 주시겠다던—것이 온전하게 이루어졌다. 한 성읍 한 성읍 빼앗다보니 이 시점에 이르러 완전히 취하게 된 것이다. 원래 솔로몬은 지혜의 사람이다. 오늘날로 말하면 학자요 박사이다. 그러나 그는 책상 앞에만 앉아 있지 않고 아버지가 하던 것처럼 성읍을 하나하나 든든하게 건축하는 일을 했다. 적에게서 빼앗을 것은 빼앗고 취할 것은 취하고 건축할 것은 건축하고 해서 이스라엘 나라를 견고하게 한 것이다. 이 모든 행적이 여기 기록되어 있다. 그는 예루살렘과 레바논과 다스리는 온 땅에 건축하고자 하던 것을 다 건축했다. 솔로몬은 그의 일생에 마음에 있는 것을 다했다. 그가 성전과 궁궐을 짓는 데 20년이 걸렸는데, 재위 기간은 40년이었다. 그가 왕위에 있던 기간의 절반을 성전을 짓고 궁궐을 짓는 데 쓴 것이다. 그리고 계속해서 나라를 견고케 하기 위해 성읍들을 건축하는 일을 했다.

7절, 무릇 이스라엘이 아닌 헷 족속과 아모리 족속과 브리스 족속과 히위 족속과 여부스 족속의 남아 있는 자

가나안 일곱 부족들이다.

8-10절, 곧 이스라엘 자손이 다 멸하지 못하였으므로 그 땅에 남아 있는 그 자손들을 솔로몬이 역군을 삼아 오늘날까지 이르렀으되 9 오직 이스라엘 자손은 솔로몬이 노예를 삼아 일을 시키지 아니하였으니 저희는 군사와 장관의 두목과 그 병거와 마병의 장관이 됨이라 10 솔로몬 왕의 공장을 감독하는 자가 이백오십 인이라 저희가

백성을 다스렸더라

이스라엘 백성들은 다 지도자였다. 노예같이 일하는 사람이 하나도 없었다는 것이다. 이것은 장차 올 메시아 왕국의 그림자라고 볼 수 있다. 충성된 성도들은 다 하나님과 그리스도의 왕국에서 다스리는 자가 된다. 계시록 2장에서 두아디라 교회의 이기는 자들은 철장을 가지고 만국을 다스린다고 하지 않았는가! 다니엘서에도 성도들이 그 나라를 얻는다고 했다. 여기의 기록은 그날에 성도들이 열국을 유업으로 얻고 다스리는 위치에 있게 된다는 것을 그림으로 보여준다.

11-15절, 솔로몬이 바로의 딸을 데리고 다윗 성에서부터 저를 위하여 건축한 궁에 이르러 가로되 내 아내가 이스라엘 왕 다윗의 궁에 거하지 못하리니 이는 여호와의 궤가 이른 곳은 다 거룩함이니라 하였더라 12 솔로몬이 낭실 앞에 쌓은 여호와의 단 위에 여호와께 번제를 드리되 13 모세의 명을 좇아 매일에 합의한 대로 안식일과 월삭과 정한 절기 곧 일년의 세 절기 무교절과 칠칠절과 초막절에 드렸더라 14 솔로몬이 또 그 부친 다윗의 정규를 좇아 제사장들의 반차를 정하여 섬기게 하고 레위 사람에게도 그 직분을 맡겨 매일에 합의한 대로 찬송하며 제사장들 앞에서 수종들게 하며 또 문지기로 그 반차를 좇아 각 문을 지키게 하였으니 이는 하나님의 사람 다윗이 전에 이렇게 명하였음이라 15 제사장과 레위 사람이 국고일에든지 무슨 일에든지 왕의 명한 바를 다 어기지 아니하였더라

솔로몬의 좋은 신앙을 여기서 기술하고 있다. 첫째는 애굽 바로의 딸인 그의 아내를 다윗 궁에 거하지 못하게 했다. 그의 아내는 될 수 있지만 여호와의 궤가 있는 거룩한 곳에는 있지 못하게 한 것이다. 그리고 그가 모세의 명령을 하나도 어기지 않고 모든 절기를 다 지켰다고 말한다. 또한 부친 다윗이 정한 규례를 따라 제사장들의 반차를 정하여 섬기게 하고 레위 사람에게도 직분을 맡겨 매일 그것에 따라 맡은 직분대로 찬송하며 또는 제사장들을 수종들며 문지기로서 반차를 좇아 각 문을 지키게 했다. 다윗의 신앙을 본받아 아들 솔로몬이 잘 해나갔다는 말이다. 이 역대 하에는 후에 솔로몬이 부패하여 잘못한 것들이 빠져있다. 15절에는 "무슨 일이든지 왕의 명한 바를 다 어기지 않고 했다"고 했는데, 제사장과 레위 사람들도 솔로몬이 명한 것을 다 했다는 말이다. 왜 솔로몬의 잘못한 것들은 기록하지 않았을까? 잘못한 것은 한 번 말하는 것으로 족하고 두세 번까지 말할 필요가 없기 때문일 것이다.

16-18절, 솔로몬이 여호와의 전의 기지를 쌓던 날부터 준공하기까지 범백을 완비하였으므로 여호와의 전이 결점이 없이 필역하니라 17 때에 솔로몬이 에돔 땅의 바닷가 에시온게벨과 엘롯에 이르렀더니 18 후람이 그 신복에게 부탁하여 배와 바닷길을 아는 종들을 보내매 저희가 솔로몬의 종과 함께 오빌에 이르러 거기서 금 사백오십 달란트를 얻고 솔로몬 왕에게로 가져왔더라

솔로몬에게는 금이 더 필요했다. 그래서 후람의 신복들과 협력해서 금 사백 달란트를 더 얻어온 것이다. '오빌'이라는 곳은 금의 명산지인데, 당시 거기서 나오는 금은 최상품이었다. 솔로몬은 이 오빌의 금을 15톤 이상 소유한 것이다. 그러나 오늘 우리 신약의 성도들은 물질적인 금보다 더 귀한 불로 연단된 믿음을 소유해야 한다. 신약에서 금은 하나님의 본성을 의미한다. 그런데 그러한 금을 이방 사람들과 함께하는 가운데서 얻을 수 있다는 뜻이다. 기묘하게도 여러분은 직장생활이나 사회생활에서 믿지 않는 사람들과 함께하는 가운데 많은 금을 얻는 것을 느낄 것이다. 항상 믿음의 형제들과 함께하는 것도 좋지만 직장생활이나 사회생활 가운데서, 여러분이 있는 곳에서 여러 사람들을 접하다 보면 얻게 되는 금이 많다는 것을 기억하기 바란다.

역대하 9장

1절, 스바 여왕이 솔로몬의 명예를 듣고 와서 어려운 문제로 솔로몬을 시험코자 하여 예루살렘에 이르니 수원이 심히 많고 향품과 많은 금과 보석을 약대에 실었더라 저가 솔로몬에게 나아와 자기 마음에 있는 것을 다 말하매

많은 학자들이 이 스바 여왕은 에디오피아 사람일 것이라고 말한다. 스바는 당시에 이름난 부국이고 많은 수행원과 더불어서 많은 보물을 가지고 솔로몬에게 왔다. 스바 여왕은 그 마음에 미리 준비한 질문이 많았다.

2-12절, 솔로몬이 그 묻는 말을 다 대답하였으니 솔로몬이 은미하여 대답지 못한 것이 없었더라 3 스바 여왕이 솔로몬의 지혜와 그 건축한 궁과 4 그 상의 식물과 그 신복들의 좌석과 그 신하들의 시립한 것과 그들의 공복과 술 관원들과 그들의 공복과 여호와의 전에 올라가는 층계를 보고 정신이 현황하여 5 왕께 고하되 내가 내 나라에서 당신의 행위와 당신의 지혜에 대하여 들은 소문이 진실하도다 6 내가 그 말들을 믿지 아니하였더니 이제 와서 목도한즉 당신의 지혜가 크다 한 말이 그 절반도 못되니 당신은 내가 들은 소문보다 지나도다 7 복되도다 당신의 사람들이여, 복되도다 당신의 이 신

복들이여, 항상 당신의 앞에 서서 당신의 지혜를 들음이로다 8 당신
의 하나님 여호와를 송축할지로다 하나님이 당신을 기뻐하시고 그
위에 올리사 당신의 하나님 여호와를 위하여 왕이 되게 하셨도다 당
신의 하나님이 이스라엘을 사랑하사 영원히 견고하게 하시려고 당신
을 세워 저희 왕을 삼아 공과 의를 행하게 하셨도다 하고 9 이에 저
가 금 일백이십 달란트와 심히 많은 향품과 보석을 왕께 드렸으니
스바 여왕이 솔로몬 왕께 드린 향품 같은 것이 전에는 없었더라 10
(후람의 신복들과 솔로몬의 신복들도 오빌에서 금을 실어올 때에 백
단목과 보석을 가져온지라 11 왕이 백단목으로 여호와의 전과 왕궁
의 층대를 만들고 또 노래하는 자를 위하여 수금과 비파를 만들었
으니 이같은 것들은 유다 땅에서 전에는 보지 못하였더라) 12 솔로
몬 왕이 스바 여왕의 가져온 대로 답례하고 그 외에도 또 저의 소원
대로 무릇 구하는 것을 주니 이에 저가 그 신복들로 더불어 본국으
로 돌아갔더라

스바 여왕은 첫째 솔로몬의 지혜를 듣고 놀랐다. 솔로몬은 여러분이 아다시피 다윗의 아들이다. 부친 다윗에게서 많이 배웠을 것이다. 그리고 꿈에 하나님께서 그에게 무엇을 해줄까를 물으시니 하나님께 그분의 백성을 판단할 지혜를 달라고 했다. 다윗은 장군이고 강한 사람이었지만 솔로몬은 평화의 사람이었다. 다윗이 영감이 풍부하여 많은 고통과 시련 속에서 시편을 썼다면, 아들 솔로몬은 지혜가 있어서 잠언을 썼다. 잠언을 읽어보면 그 지혜로 인해 놀라움을 금할 수 없다. 그는 또 전도서와 아가서를 썼다. 아버지와 아들이 한 시대에 하나님께 크게 쓰임받은 것이다.

당시 남방 여왕이 솔로몬의 지혜의 말을 들으려고 땅 끝에서부터 왔는데, 신약에서 주 예수님의 말씀은 "솔로몬보다 더 큰 이가 여기 있으니"라고 하신다. 그리스도는 참 솔로몬이시다. 그분 안에 지혜와 지식의 모든 보화가 감취어 있다(골 2:3). 이러한 그리스도께서 오늘 우리 안에 살고 계신다. 만일 여러분이 평소에 내주하시는 지혜의 그리스도와 더불어 살았다면 잠언 말씀을 들을 때 생소하지 않았을 것이다. 신약의 복음 진리보다 더 뛰어난 것이 없다.

둘째로 스바 여왕은 솔로몬이 건축한 궁과 성전을 보고 놀랐으며, 왕의 식물과 그 생활 규모를 보고 놀랐다. 이 모든 것도 예표적이다. 그리스도의 교회와 그 나라의 아름다움과 그 풍성함을 말하는 것이다. 사도 바울은 성도의 기업의 영광의 풍성이 어떠한지는 마음눈이 밝아져야 볼 수 있다고 하였다(엡 1:18).

13-21절, 솔로몬의 세입금의 중수가 육백육십육 금 달란트요 14
그 외에 또 상고와 객상들의 가져온 것이 있고 아라비아 왕들과 그
나라 방백들도 금과 은을 솔로몬에게 가져온지라 15 솔로몬 왕이 쳐
서 늘인 금으로 큰 방패 이백을 만들었으니 매 방패에 든 금이 육백
세겔이며 16 또 쳐서 늘인 금으로 작은 방패 삼백을 만들었으니 매
방패에 든 금이 삼백 세겔이라 왕이 이것들을 레바논 나무 궁에 두
었더라 17 왕이 또 상아로 큰 보좌를 만들고 정금으로 입혔으니 18
그 보좌에는 여섯 층계와 금 족대가 있어 보좌와 연하였고 앉는 자
리 양편에는 팔걸이가 있고 팔걸이 곁에는 사자가 하나씩 섰으며 19
또 열두 사자가 있어 그 여섯 층계 좌우편에 섰으니 아무 나라에도
이같이 만든 것이 없었더라 20 솔로몬 왕의 마시는 그릇은 다 금이
요 레바논 나무 궁의 그릇들도 다 정금이라 솔로몬의 시대에 은을
귀히 여기지 아니함은 21 왕의 배들이 후람의 종들과 함께 다시스로
다니며 그 배가 삼 년에 일 차씩 금과 은과 상아와 잔나비와 공작을
실어옴이더라

솔로몬 시대에는 은을 귀히 여기지 않았는데, 금이 너무나 풍부했기 때문이다. 솔로몬은 막대한 세입금으로 부유하였고 강력한 군대를 갖추었다. 솔로몬의 세입금의 중수가 금 666달란트였는데, 666달란트는 2만 2천 톤이 넘는 양이다. 쳐서 늘인 금으로 방패 이백과 작은 방패 삼백을 만든 것은 부강함을 과시하려는 것이다. 솔로몬 왕의 보좌는 상아로 만들어졌다. 상아는 고대로부터 매우 귀한 자재인데 그 보좌를 상아로 만들고 금으로 입힌 것이다. 어떤 나라에도 그 같은 것이 없었다고 한다. 장래 그리스도의 보좌가 얼마나 영광스러운가를 예표한다. 그리고 그가 마시는 그릇도 다 금으로 되어 있었다. 21절은 솔로몬이 그토록 부요했던 이유를 말한다. "왕의 배들이 후람의 종들과 함께 다시스로 다니며 그 배가 삼 년에 일 차씩 금과 은과 상아와 잔나비와 공작을 실어옴이더라".

22-26절, 솔로몬 왕의 재산과 지혜가 천하 열왕보다 큰지라 23 천하 열왕이 하나님께서 솔로몬의 마음에 주신 지혜를 들으며 그 얼굴을 보기 원하여 24 각기 예물을 가지고 왔으니 곧 은 그릇과 금 그릇과 의복과 갑옷과 향품과 말과 노새라 해마다 정한 수가 있었더라 25 솔로몬의 병거 메는 말의 외양간이 사천이요 마병이 일만이천이라 병거성에도 두고 예루살렘 왕에게도 두었으며 26 솔로몬이 유브라데 강에서부터 블레셋 땅과 애굽 지경까지의 열왕을 관할하였으며

온 땅 열국의 왕들이 솔로몬의 지혜를 듣고 그 얼굴을 보기 위하여 예물을 가지고 모여들었다. 솔로몬 왕은 유브라데 강부터 블레셋과 애굽 지경까지의 모든 왕들을 관할했다.

27절, 왕이 예루살렘에서 은을 돌같이 흔하게 하고 백향목을 평지의 뽕나무같이 많게 하였더라

솔로몬이 예루살렘에서 은을 돌같이 흔하게 하고 백향목은 귀한 나무인데 평지의 뽕나무같이 많게 했다는 것이다.

28절, 솔로몬을 위하여 애굽과 각국에서 말들을 내어왔더라

여기까지 솔로몬의 부귀영화를 보여주었는데, 이것은 결국 장차 올 메시아 왕국의 그림자이다. 어느 날 예수 그리스도께서 이 땅에 오셔서 예루살렘에 보좌를 정하시고 그분의 왕국을 이루실 것인데, 그 왕국의 뛰어남과 영화로움을 솔로몬을 통해 보여 주시는 것이다.

29-31절, 이 외에 솔로몬의 시종 행적은 선지자 나단의 글과 실로 사람 아히야의 예언과 선견자 잇도의 묵시 책 곧 잇도가 느밧의 아들 여로보암에게 대하여 쓴 책에 기록되지 아니하였느냐 30 솔로몬이 예루살렘에서 온 이스라엘을 다스린 지 사십 년이라 31 솔로몬이 그 열조와 함께 자매 그 부친 다윗의 성에 장사되고 그 아들 르호보암이 대신하여 왕이 되니라

그렇게 부귀영화를 누린 지혜의 왕 솔로몬도 죽었다. 그는 열조에게 돌아갔고 그 다음에 그의 아들 르호보암이 왕이 되었다.

역대하 10장

1절, 르호보암이 세겜으로 갔으니 이는 온 이스라엘이 저로 왕을 삼고자 하여 세겜에 이르렀음이더라

솔로몬의 아들 르호보암이 왕이 되기 위해서 세겜으로 갔다. 세겜은 에벨 산과 그리심 산 사이에 위치하는데 여호수아 시대에 종교와 정치의 중심지였고 또 여로보암 시대에는 수도이기도 하였다. 온 이스라엘, 곧 이스라엘 모든 지파가 르호보암을 왕으로 세우려고 세겜에 모였다.

2절, 느밧의 아들 여로보암이 전에 솔로몬 왕의 얼굴을 피하여 애굽으로 도망하여 있었더니 이 일을 듣고 애굽에서부터 돌아오매

여로보암이라는 사람은 열왕기 상 11장에 좀 더 자세하게 나오는데, 솔로몬 시대에 아히야라는 선지자가 옷을 찢어 열 조각을 여러보암에게 주면서 이스라엘 열 지파의 왕이 될 것을 예언했다. 그리고서 솔로몬의 박해를 피해 애굽으로 도망했다가 이제 솔로몬이 죽고 아들 르호보암이 왕이 된다는 소식을 듣고 돌아온 것이다

3절, 무리가 보내어 저를 불렀더라 여로보암과 온 이스라엘이 와서 르호보암에게 고하여 가로되

르호보암은 솔로몬의 아들로서 이스라엘의 왕이 된 사람이다. 4대째

라고 말할 수 있다.

4절, 왕의 부친이 우리의 멍에를 무겁게 하였으나 왕은 이제 왕의 부친이 우리에게 시킨 고역과 메운 무거운 멍에를 가볍게 하소서 그리하시면 우리가 왕을 섬기겠나이다

여로보암과 이스라엘 백성들이 와서 르호보암에게, 솔로몬 왕 때 멍에가 너무 무거웠으니 새로 된 왕이 고역과 무거운 멍에를 좀 가볍게 해주면 왕을 섬기겠다고 하는 것이다.

5절, 르호보암이 대답하되 삼 일 후에 다시 내게로 오라 하매 백성이 가니라

르호보암이 삼 일 간만 생각할 시간을 달라고 했다.

6절, 르호보암 왕이 그 부친 솔로몬의 생전에 그 앞에 모셨던 노인들과 의논하여 가로되 너희는 어떻게 교도하여 이 백성에게 대답하게 하겠느뇨

르호보암이 먼저 노인들에게 물었다. 부친 솔로몬 생전에 그를 모셨던 나이든 대신들과 상의한 것이다.

7절, 대답하여 가로되 왕이 만일 이 백성을 후대하여 기쁘게 하고 선한 말을 하시면 저희가 영영히 왕의 종이 되리이다 하나

노인들은 왕에게 백성들을 후대하여 기쁘게 해주고 선한 말을 해주라고 조언하면서 그렇게 하면 그들이 영영히 왕의 종이 될 것이라고 했다.

8-11절, 왕이 노인의 교도하는 것을 버리고 그 앞에 모셔있는 자기와 함께 자라난 소년들과 의논하여 9 가로되 너희는 어떻게 교도하여 이 백성에게 대답하게 하겠느뇨 백성이 내게 말하기를 왕의 부친이 우리에게 메운 멍에를 가볍게 하라 하였느니라 10 함께 자라난

소년들이 왕께 고하여 가로되 이 백성들이 왕께 고하기를 왕의 부친 이 우리의 멍에를 무겁게 하였으나 왕은 우리를 위하여 가볍게 하라 하였은즉 왕은 대답하시기를 나의 새끼손가락이 내 부친의 허리보다 굵으니 11 내 부친이 너희로 무거운 멍에를 메게 하였으나 이제 나는 너희의 멍에를 더욱 무겁게 할지라 내 부친은 채찍으로 너희를 징치 하였으나 나는 전갈로 하리라 하소서

사람은 자기와 성향이 맞는 사람들의 말을 듣게 된다. 르호보암은 젊은 소년들의 과격한 조언을 받아들였다-"나의 새끼손가락이 내 부친의 허리보다 굵으니 내 부친이 너희로 무거운 멍에를 메게 하였으나 이제 나는 너희의 멍에를 더욱 무겁게 할지라 내 부친은 채찍으로 너희를 징치하였으나 나는 전갈로 하리라 하소서".

12-14절, **삼 일 만에 여로보암과 모든 백성이 르호보암에게 나아 왔으니 이는 왕이 명하여 이르기를 삼 일 만에 내게로 다시 오라 하 였음이라 13 왕이 포학한 말로 대답할새 노인의 교도를 버리고 14 소년의 가르침을 좇아 저희에게 고하여 가로되 내 부친은 너희의 멍 에를 무겁게 하였으나 나는 더 할지라 내 부친은 채찍으로 너희를 징치하였으나 나는 전갈로 하리라 하니라**

르호보암은 백성들을 더욱 억압하고 두렵게 해서 굴복시키고자 했다. 여기서 우리는 르호보암이 무지했다는 것을 알 수 있다. 다윗이나 솔로몬은 실력이 있어서 왕이 되었다. 특히 다윗은 싸우고 이기고 많은 전리품을 빼앗고 나라를 위해 많은 일을 함으로써 왕으로 인정되었지만, 르호보암 경우에는 그냥 대를 이어서 왕이 된 것이다. 솔로몬은 다윗만큼 공로가 있는 것은 아니지만 지혜가 있었다. 그런데 르호보암은 지혜가 있는 것도 아니고 다윗처럼 공적이 있는 것도 아닌데 그들처럼 다스리려고 할 뿐 아니라 오히려 그보다 더 무겁게 다스릴 수 있다고 생각하는 것이다. 사람은 이렇게 어리석게 되기가 쉽다. 왕이라고 해서 다 똑같은 왕이 아닌데, 어떤 지위가 사람들을 무조건 굴복시킬 수 있다는 그의 발상 자체가 어리석고 잘못된 것이다. 어리석은 것은 교만과 상통한다. 그가 자기를 너무 신뢰한 것이다. '자기의 새끼손가락이 아버지의 허리보다 굵다'고 말하는 것은 엄청 오만방자한 것이다.

15절, 왕이 이같이 백성의 말을 듣지 아니하였으니 이 일은 하나님께로 말미암아 난 것이라 여호와께서 전에 실로 사람 아히야로 느밧의 아들 여로보암에게 고한 말씀을 응하게 하심이더라

르호보암은 아버지 솔로몬과 위치가 다르기 때문에 그 통치 방법이 달랐어야 했다. 솔로몬 때에는 좀 무겁게 해도 백성들이 따랐다. 그러나 르호보암은 다르다. 그런데도 르호보암은 굉장히 위협적이고 과장된 말을 했으며, 강압적으로 일을 처리하려 했다. 그래서 르호보암이 그런 결과를 맞이하게 된 것이다. 어떤 어려운 상황이라도 겸손하고 부드럽게 대처하면 화를 불러오지 않는다. 교회 가운에 어떤 소요가 있을 때, 어떤 어려운 일이 일어날 때 과격한 언사는 아주 나쁜 결과를 초래할 수 있다. 르호보암의 그런 대답이 분노를 유발시키고 불에 기름을 끼얹는 셈이 된 것이다.

노련한 조종사라면 비행기가 매우 흔들리는 상황이라 하더라도 부드럽고 차분하게 조종할 것이다. 그런데 경험이 없는 조종사는 그런 상황에서 당황하여 비행기를 더 요동치게 할 것이다. 이와 같이 경험이 없고 어리석은 인도자들은 그런 상황에서 자신이 의도했던 말을 거칠게 내뱉음으로 뜻하지 않은 재앙을 만나게 된다. 르호보암이 그렇게 함으로써 나라가 분열되어 열 지파가 떨어져 나간 것이다. 그렇다 하더라도 이것은 하나님께로 말미암았다고 했다. 사람의 실수조차도 하나님의 장중에 있고 하나님의 계획 가운데 있다는 것을 알 수 있다.

16절, 온 이스라엘이 자기들의 말을 왕이 듣지 아니함을 보고 왕에게 대답하여 가로되 우리가 다윗과 무슨 관계가 있느뇨 이새의 아들에게서 업이 없도다 이스라엘아 각각 너희 장막으로 돌아가라

다윗이여 이제 너는 네 집이나 돌아보라 하고 온 이스라엘이 그 장막으로 돌아가니라

유다와 베냐민 지파를 제외한 나머지 열 지파가 다 르호보암에게서 돌아섰다. 이스라엘 나라는 사울, 다윗, 솔로몬으로 이어져 오다가 르호보암 때 이르러 분국이 된다.

17-18절, **그러나 유다 성읍들에 사는 이스라엘 자손에게는 르호보암이 그 왕이 되었더라 18 르호보암 왕이 역군의 감독 하도람을 보내었더니 이스라엘 자손이 저를 돌로 쳐죽인지라 르호보암 왕이 급히 수레에 올라 예루살렘으로 도망하였더라**

르호보암 같은 어리석은 인도자들은 자기가 무엇을 했고 그래서 사람들의 심리가 어떻게 돌아가는지를 모른다. 르호보암은 백성들이 여전히 왕인 자기 말을 들을 줄 알고 일 시키는 감독 하도람을 보냈더니 이스라엘 자손이 저를 돌로 쳐서 죽였다. 르호보암은 놀란 나머지 다시 수레를 타고 예루살렘으로 도망하였다.

19절, **이에 이스라엘이 다윗의 집을 배반하여 오늘날까지 이르니라**

이스라엘 열 지파가 다윗의 집을 배반했다고 말한다.

역대하 11장

1절, 르호보암이 예루살렘에 이르러 유다와 베냐민 족속을 모으니 택한 용사가 십팔만이라 이스라엘과 싸워 나라를 회복하여 르호보암에게 돌리려 하더니

르호보암은 열 지파를 잃어버렸다. 이스라엘 열두 지파의 왕으로 등극했는데, 졸지에 두 지파만의 왕이 된 것이다. 그리고 하도람 역군을 보냈더니 백성들이 그를 쳐죽였다. 놀라서 예루살렘에 돌아온 르호보암은 이제 두 지파의 군대를 모아 18만 정도의 군대로 이스라엘과 싸워 백성들을 돌이키려고 했다.

2-4절, 여호와의 말씀이 하나님의 사람 스마야에게 임하여 가라사대 3 솔로몬의 아들 유다 왕 르호보암과 유다와 베냐민의 이스라엘 무리에게 고하여 이르기를 4 여호와의 말씀이 너희는 올라가지 말라 너희 형제와 싸우지 말고 각기 집으로 돌아가라 이 일이 내게로 말미암아 난 것이라 하셨다 하라 하신지라 저희가 여호와의 말씀을 듣고 돌아가고 여로보암을 치러 가지 아니하였더라

무력으로 열 지파를 회수하려 했지만 선지자 스마야의 권고로 출병을 포기한다. 사실 여기에서 우리가 생각해볼 것이 있다. 물론 르호보암이 어리석게 행했기 때문에 분열이 되었지만 여로보암이 이렇게 나라를 분열시킨 것 자체가 잘한 일은 아니다. 10장 19절에서도 '여로보암이 다윗의 집을 배반했다'고 표현했다. 하나님이 허락하신 것이라도 배반은 배반인 것이다.

아무리 어려운 통치 아래 있어도 나라가 하나가 될 때 강해진다. 분열로 인한 손실은 너무나 큰 것이다. 전체적인 안목을 갖지 못하기 때문에 사람들이 이렇게 때론 죄를 짓고 어리석은 일을 행한다. 르호보암이 과격하고 어리석게 일을 처리하다 보니 열 지파가 떨어져 나갔다. 그리고서 다시 군사 18만을 소집해서 열 지파로 된 이스라엘을 치려고 하자 하나님이 선지자를 보내서 "싸우지 말고 집으로 돌아가라 이 일은 내게로 말미암아 난 것이라"고 하셨다. 르호보암이 이 말씀은 순종했는데, 그럼에도 한 번의 실수가 뼈아픈 결과를 초래했다.

5-12절, 르호보암이 예루살렘에 거하여 유다 땅에 방비하는 성읍들을 건축하였으니 6 곧 베들레헴과 에담과 드고아와 7 벧술과 소고와 아둘람과 8 가드와 마레사와 십과 9 아도라임과 라기스와 아세가와 10 소라와 아얄론과 헤브론이니 다 유다와 베냐민 땅에 있어 견고한 성읍이라 11 르호보암이 이 모든 성읍을 더욱 견고케 하고 장관을 그 가운데 두고 양식과 기름과 포도주를 저축하고 12 각 성읍에 방패와 창을 두어 심히 강하게 하니라 유다와 베냐민이 르호보암에게 속하였더라

르호보암이 전쟁을 하지는 않았지만 언제 적의 침입을 받을지 모르므로 성읍들을 견고하게 해두었다. 르호보암 왕이 처음에는 실패를 했다. 젊은 사람들의 말을 듣고 과격하게 대응함으로 일을 크게 그르쳤다. 그러나 두 번째에는 하나님의 사람의 말씀이 임할 때 그 말을 듣고 배울 수 있었다. 마음만 바르다면 첫 번째는 잘못할 수 있지만 두 번째는 겸손하게 순종하며 배울 수 있다. 르호보암이 배웠기 때문에 자기가 할 수 있는 일을 한 것이다. 소 잃고 외양간 고치는 식이기는 하지만 우리는 대부분 어리석어서 이렇게 하는 때가 많다. 르호보암은 주로 방비를 하여 언젠가 있을지 모르는 적의 공격에 대비했다.

13-15절, 온 이스라엘의 제사장과 레위 사람이 그 모든 지방에서부터 르호보암에게 돌아오되 14 레위 사람이 그 향리와 산업을 떠나 유다와 예루살렘에 이르렀으니 이는 여로보암과 그 아들들이 저희를 폐하여 여호와께 제사장의 직분을 행치 못하게 하고 15 여로보암이 여러 산당과 수염소 우상과 자기가 만든 송아지 우상을 위하여 스스로 제사장들을 세움이라

온 이스라엘의 제사장들과 레위인들이 르호보암에게로 돌아왔다. 이것은 매우 심각한 일이다. 여로보암은 열 지파 이스라엘의 왕이 된 후, 자기 수하의 북왕국 이스라엘이 일 년에 삼 차씩 예루살렘에 예배하러 가는 것을 막기 위해 벧엘과 단에 금송아지를 하나씩 만들어 놓고 정식 레위 지파 제사장이 아닌 보통 사람들로 하여금 제사장 노릇을 하게 했고 절기도 유다와 비슷하게 만들었다.

따라서 제사장들과 레위인들이 자기에게 할당된 레위인의 성읍(향리와 산업)을 버리고 남 왕국 유다로 돌아온 것이다. 그들은 먹고 사는 문제, 즉 생계문제보다도 자기들이 맡은 하나님의 일을 더 소중히 여겼기 때문에 그렇게 버리고 떠날 수 있었다. 타락한 양심을 갖고 부귀와 쾌락 속에 뒹굴며 사는 것보다는, 또 그렇게 사람들에게 의존되어 삯꾼 제사장 노릇을 하는 것보다는 '차라리 감옥 속에서 죽더라도 양심적으로 사는 것이 더 낫다'고 한 것이다(매튜 헨리). 그들은 여로보암 밑에서 선택해야 했다. 그들이 만일 자기들의 원래 소유했던 기업을 누리려면 여로보암 밑에서 여러 산당이나 수염소 우상이나 송아지 우상을 위하여 제사를 드려야 했다. 즉 양심에 위배된 행동을 해야 했다. 그렇기 때문에 그들은 떠날 수밖에 없었던 것이다. 15절, "여로보암이 여러 산당과 수염소 우상과 자기가 만든 송아지 우상을 위하여 스스로 제사장들을 세움이라". 따라서 제사장과 레위인들은 여로보암을 따라서 그런 일을 하지 않으면 거기서 버틸 수 없었던 것이다. 여로보암이 이스라엘 중 레위인이 아닌 보통 백성들 중에서 그런 일을 할 사람 모이라고 하니 이 사람 저 사람 모여들었을 것이다. 그래서 이 세상에 거짓 선지자가 있는 것이고 삯꾼 목자가 있는 것이다.

16절, 이스라엘 모든 지파 중에 마음을 오로지하여 이스라엘 하나님 여호와를 구하는 자들이 레위 사람을 따라 예루살렘에 이르러 그 열조의 하나님 여호와께 제사하고자 한지라

당시 레위 사람들만 예루살렘으로 돌아온 것이 아니고 경건한 사람들이 그들을 따라 예루살렘으로 모여들었다. '마음을 오로지하여'란 좋은 것이다. 전적으로 하나님을 위해 살고 싶은 사람들, 마음으로 오직 이스라엘 하나님 여호와를 찾는 사람들, 하나님께 대한 의무와 하나님의 명령을 양심의 명령으로 삼고 진지하고 확고부동하게 살고자 하는 사람들은 레위 사람들을 따라서 다 예루살렘으로 돌아온 것이다.

17절, 그러므로 삼 년 동안 유다 나라를 도와 솔로몬의 아들 르호보암을 강성하게 하였으니 이는 무리가 삼 년을 다윗과 솔로몬의 길로 행하였음이더라

신앙으로 말미암아 르호보암은 삼 년 동안 강성하게 되었다. 하나님을 경외하는 경건한 사람들이 전심전력해서 르호보암에게로 모였기 때문이다. 처음에 르호보암이 비록 과격하고 어리석게 행했어도 신앙을 바르게 갖고자 하는 사람들이 모인 곳은 유다였고, 따라서 유다 왕국은 강성하게 되었다.

18-20절, 르호보암이 다윗의 아들 여리못의 딸 마할랏으로 아내를 삼았으니 마할랏은 이새의 아들 엘리압의 딸 아비하일의 소생이라 19 그가 아들들 곧 여우스와 스마랴와 사함을 낳았으며 20 그 후에 압살롬의 딸 마아가에게 장가들었더니 저가 아비야와 앗대와 시사와 슬로밋을 낳았더라

당시에는 근친 결혼을 많이 했던 것 같다. 르호보암은 솔로몬의 아들인데, 다윗의 아들 여리못의 딸 마할랏을 아내로 삼은 것이다. 그리고 마할랏은 또한 이새의 아들 엘리압의 딸 아비하일의 소생이라고 한다. 이새는 다윗의 아버지이고 엘리압은 다윗에게 장형이다. 그 후에 압살롬의 딸 마아가도 아내로 삼았다. 압살롬도 다윗의 아들이다. 이렇게 당시에는 근친 결혼이 많았다.

21-23절, 르호보암이 아내 십팔과 첩 육십을 취하여 아들 이십팔과 딸 육십을 낳았으나 압살롬의 딸 마아가를 모든 처첩보다 더 사랑하여 22 마아가의 아들 아비야를 세워 장자를 삼아 형제 중에 머리가 되게 하였으니 이는 저로 왕이 되게 하고자 함이라 23 르호보암이 지혜롭게 행하여 그 모든 아들을 유다와 베냐민의 온 땅 모든 견고한 성읍에 흩어 살게 하고 양식을 후히 주고 아내를 많이 구하여 주었더라

23절은 르호보암이 지혜롭게 행하였다고 한다. 르호보암은 아내가 18명이고 첩은 60명이었다. 그리고 아들 28, 딸 60을 낳았다. 그런데 그 중 압살롬의 딸 마아가를 모든 처첩보다 사랑하여 그녀의 아들 아비야를 후계자로 삼은 것이다. 르호보암은 다른 아들들을 유다와 베냐민의 온 땅 견고한 성읍들에 흩어 살게 하였다. 그리고 아내도 많이 구하여 주었다고 했다. 그것은 왕권을 위협하지 못하도록 하기 위한 것이자 국력을 강화시키는 방법이었을 것이다.

역대하 12장

1절, 르호보암이 나라가 견고하고 세력이 강하매 여호와의 율법을 버리니 온 이스라엘이 본받은지라

르호보암은 삼 년 간은 다윗의 길로 행하여 바르게 살았다. 그러나 나라가 견고하고 세력이 강해지자 교만하여져서 여호와와 그 율법을 버렸다. 그러니까 온 이스라엘이 그것을 본받은 것이다.

2절, 저희가 여호와께 범죄하였으므로 르호보암 왕 오년에 애굽 왕 시삭이 예루살렘을 치러 올라오니

르호보암은 오래 왕 노릇 하지는 않았다. 4년째 되어 유다 나라가 견고해졌는데, 주로 신앙면에서 경건한 사람들이 많이 모여들었기 때문이다. 레위 사람들이나 마음을 오로지 하여 하나님을 사랑하는 사람들이 모인 것이다. 그러다 보니 나라가 강성하게 되었다. 그렇게 삼 년을 지냈는데, 4년째 되어 르호보암이 율법을 버리기 시작했다. 타락이 심해지자 하나님께서 나서셨다. 5년째에 애굽 왕 시삭으로 군사를 일으켜 유다 나라를 치게 하신 것이다.

3절, 저에게 병거가 일천이백 승이요 마병이 육만이며 애굽에서 좇아 나온 무리 곧 룹과 숩과 구스 사람이 불가승수라

시삭의 군대는 병거 일천이백 승, 마병이 육만, 애굽에서 좇아 나온 룹과 숩과 구스 사람이 불가승수라고 하였다.

4절, 시삭이 유다의 견고한 성읍을 취하고 예루살렘에 이르니

11장 5절부터 읽어보면 르호보암은 예루살렘과 유다 땅의 성읍들을 견고하게 건축했다. 방어를 위해 힘써 대비한 것이다. 그러나 그것이 무슨 소용이 있는가? 하나님께서 한번 대적을 일으켜 치시니까 단번에 무너졌다.

5절, 때에 유다 방백들이 시삭을 인하여 예루살렘에 모였는지라 선지자 스마야가 르호보암과 방백들에게 나아와 가로되 여호와의 말씀이 너희가 나를 버렸으므로 나도 너희를 버려 시삭의 손에 붙였노라 하셨다 한지라

스마야는 르호보암에게 이스라엘을 치지 말라고 권고했던 바로 그 선지자이다. 그 선지자가 다시 나타나서 르호보암과 그 방백들에게 "여호와의 말씀이 너희가 나를 버렸으므로 나도 너희를 버려 시삭의 손에 붙였노라 하셨다 한지라"고 했다. 지금 애굽 군대가 쳐들어온 것은 우연히 된 일이 아니라 그들이 주님을 버렸기 때문에 주님이 애굽을 들어 그들을 치셨다는 말이다. 이 세상에 우연한 일은 없다. 하나님 앞에서 그들의 태도가 잘못되었기 때문에, 그들의 신앙에 문제가 생겼기 때문에 이러한 일이 일어난 것이다.

6절, 이에 이스라엘 방백들과 왕이 스스로 겸비하여 가로되 여호와는 의로우시다 하매

선지자의 말에 르호보암과 이스라엘 방백들은 지난 번에도, 이번에도 다 순종했다. 그리고 르호보암은 '여호와는 의로우시다' 하며 자기들의 잘못을 인정했다. 왕이 겸비하게 이 모든 것을 인정한 것이다. 르호보암은 열 지파를 빼앗기고 나서 뼈저리게 배웠을 것이다. '내가 그때 잘못했다. 노인들의 교도를 버린 것은 나의 어리석음이다.' 이렇게 뼈저리게 배운 것이 있기 때문에 그 다음부터는 하나님의 말씀이 임할 때 두려워하면서 청종할 수 있었을 것이다.

7절, 여호와께서 저희의 스스로 겸비함을 보신지라 여호와의 말씀이 스마야에게 임하여 가라사대 저희가 스스로 겸비하였으니 내가 멸하지 아니하고 대강 구원하여 나의 노를 시삭의 손으로 예루살렘에 쏟지 아니하리라

하나님께서도 선지자의 말에 즉각적으로 회개하고 자신을 낮추며 순종하는 그 모습을 귀하게 보셨다. 그래서 즉시 멸하려 하시다가 어느 정도 노를 진정시키셨다. "저희가 스스로 겸비하였으니 내가 멸하지 아니하고 대강 구원하여 나의 노를 시삭의 손으로 예루살렘에 쏟지 아니하리라".

8절, 그러나 저희가 시삭의 종이 되어 나를 섬기는 것과 열국을 섬기는 것이 어떠한지 알게 되리라 하셨더라

그렇지만 하나님께서 완전히 징계의 손을 거두신 것은 아니다. 이스라엘 백성들은 하나님을 섬기되 그저 부담 없이 자유롭게 적당히 섬기고 싶었을 것이다. 절대적으로 온전히 섬기고 싶지 않았던 것이다. 그래서 하나님은 이렇게 말씀하셨다. '이제 너희가 나를 섬기는 것이 좋은지, 애굽 왕 시삭을 섬기는 것이 좋은지 비교하여 보아라.' 사람들은 나중에서야 하나님을 섬길 때가 참 좋았다는 것을 알게 된다. 결국 유다는 바벨론에게 멸망한 후 수금을 버드나무에 걸어놓고 이방 땅에서 시온을 그리워하며 울었다(시 137편).

9절, 애굽 왕 시삭이 올라와서 예루살렘을 치고 여호와의 전 보물과 왕궁의 보물을 몰수히 빼앗고 솔로몬의 만든 금방패도 빼앗은지라

르호보암의 조부 다윗과 부친 솔로몬은 금을 수없이 가져다가 예루살렘 성전을 건축하고 또 방패도 수없이 금으로 만들어 놓았는데, 르호보암이 타락하여 그 모든 보물을 지키지 못한 것이다. 하나님을 버리면 있던 것조차 다 탈취당하고 없어지게 된다.

10-11절, 르호보암 왕이 그 대신에 놋으로 방패를 만들어 궁문을 지키는 시위대 장관들의 손에 맡기매 11 왕이 여호와의 전에 들어갈 때마다 시위하는 자가 그 방패를 들고 갔다가 시위소로 도로 가져갔더라

전에는 왕이 성전에 들어갈 때마다 시위하는 자가 번쩍번쩍하는 금방패를 들고 따라갔는데 이제는 놋방패를 들고 가는 것이다. 이럴 때 르호보암에게 느낌이 많았을 것이다.

12절, 르호보암이 스스로 겸비하였고 유다에 선한 일도 있으므로 여호와께서 노를 돌이키사 다 멸하지 아니하셨더라

르호보암은 잘못도 하지만 그에 대한 느낌이 있어서 배우는 사람이다. 이 점이 북왕국 이스라엘보다 나은 점이다. 그러므로 여호와께서 노를 돌이키사 다 멸하지는 않으셨다.

13절, 르호보암 왕이 예루살렘에서 스스로 강하게 하여 치리하니라 르호보암이 위에 나아갈 때에 나이 사십일 세라 예루살렘 곧 여호와께서 이스라엘 모든 지파 중에서 택하여 그 이름을 두신 성에서 십칠 년을 치리하니라 르호보암의 모친의 이름은 나아마라 암몬 여인이더라

르호보암 왕의 어머니 쪽이 별로 안 좋았던 것 같다. 문제는 솔로몬이 여러 이방 여인들을 아내로 둔 것이었다. 르호보암의 어미는 '나아마'라는 암몬 여인이었던 것이다. 그는 41세에 즉위하였는데, 그렇다면 솔로몬이 즉위 직전에 그를 낳았다는 말이 된다. 르호보암은 17년 통치하였고 58세에 죽었다. 그는 애굽 왕 시삭의 침공 이후 나라를 잘 수습하여 왕위를 굳게 하였다. 르호보암은 분국의 아픔을 겪었고 애굽 침공의 시련을 겪었다. 그러나 어쨌든 그는 실패를 통해 겸비하게 배울 수 있는 왕이었다.

14절, 르호보암이 마음을 오로지하여 여호와를 구하지 아니함으로 악을 행하였더라

르호보암에 대한 역사적 평가는 좋지 않다. 하나님을 아주 저버리지는 않았지만 마음을 오로지하여 여호와를 구하지 않았기에 악을 행한 것으로 평가되었다.

15-16절, 르호보암의 시종 행적은 선지자 스마야와 선견자 잇도의 족보책에 기록되지 아니하였느냐 르호보암과 여로보암 사이에 항상 전쟁이 있으니라 16 르호보암이 그 열조와 함께 자매 다윗 성에 장사되고 그 아들 아비야가 대신하여 왕이 되니라

르호보암은 압살롬의 딸 마아가라는 왕후를 제일 사랑했고, 그 아들 아비야를 세자로 정했다. 그를 왕으로 세우려고 다른 왕자들은 다 전국의 성읍들에 흩어 보냈다.

역대하 13장

1-3절, 여로보암 왕 제 십팔년에 아비야가 유다 왕이 되고 2 예루살렘에서 삼 년을 치리하니라 그 모친의 이름은 미가야라 기브아 사람 우리엘의 딸이더라 아비야가 여로보암으로 더불어 싸울새 3 아비야는 택한바 싸움에 용맹한 군사 사십만으로 싸움을 예비하였고 여로보암은 택한바 큰 용사 팔십만으로 대진한지라

이 아비야라는 왕은 르호보암의 아들인데 예루살렘에서 삼 년을 치리했다. 그 어머니는 미가야이고 이스라엘 사람인 것 같다. 그런데 이때에 전쟁이 일어났다. 유다가 용맹하다 하더라도 군사 수가 적을 수밖에 없으므로, 유다는 사십만, 이스라엘은 팔십만으로 싸움이 붙었다. 분국된 후 두 나라 간에 본격적인 전쟁이 일어난 것이다.

4절, 아비야가 에브라임 산중 스마라임 산 위에 서서 가로되 여로보암과 이스라엘 무리들아 다 들으라

아비야는 어쨌든 다윗 왕가의 적통에서 태어난 왕이다. 다윗, 솔로몬, 르호보암, 아비야로 이어진 것이다. 여로보암은 분국된 이스라엘의 초대 왕으로서 오래 살았다. 유다국은 아비야가 왕이 되었는데 여로보암은 여전히 이스라엘의 왕이었다. 누가 먼저 싸움을 시작했는지는 모르지만 어쨌든 동족 간에 전쟁이 붙었는데 아비야가 에브라임 산중 스마라임 산 위에 서서 큰 소리로 웅변을 했다.

5절, 이스라엘 하나님 여호와께서 소금 언약으로 이스라엘 나라를 영원히 다윗과 그 자손에게 주신 것을 너희가 알 것이 아니냐

하나님께서 르호보암 왕이 이스라엘과 싸우려 할 때는 말렸다. 그런데 아비야 왕 때에는 치도록 허락을 하신 것이다. 우리가 여기서 알 수 있는 것은 하나님의 길이 언제나 똑같은 것은 아니라는 것이다. 어떤 때는 이렇게 인도하시고 또 어떤 때는 저렇게 인도하신다. 왜 그런가? 여로보암이 점점 악한 쪽으로 변질되고 있기 때문이다. 먼저 아비야가 담대하게 소리쳤다. "이스라엘 하나님 여호와께서 소금 언약으로 이스라엘 나라를 영원히 다윗과 그 자손에게 주신 것을 너희가 알 것이 아니냐". 즉 이스라엘의 적통 왕이 여기 있지 않느냐는 말이다.

6-9절, 다윗의 아들 솔로몬의 신복 느밧의 아들 여로보암이 일어나 그 주를 배반하고 7 난봉과 비류가 모여 좇으므로 스스로 강하게 하여 솔로몬의 아들 르호보암을 대적하나 그때에 르호보암이 어리고 마음이 연약하여 능히 막지 못하였었느니라 8 이제 너희가 또 다윗 자손의 손으로 다스리는 여호와의 나라를 대적하려 하는도다 너희는 큰 무리요 또 여로보암이 너희를 위하여 신으로 만든 금송아지가 너희와 함께 있도다 9 너희가 아론 자손 된 여호와의 제사장과 레위 사람을 쫓아내고 이방 백성의 풍속을 좇아 제사장을 삼지 아니하였느냐 무론 누구든지 수송아지 하나와 수양 일곱을 끌고 와서 장립을 받고자 하는 자마다 허무한 신의 제사장이 될 수 있도

아비야는 여로보암에 대해 '신복이 그 주를 배반했다'고 했으며, '난봉과 비류'가 그에게 모여들었다고도 말했다. 또 그들의 잘못된 신앙도 통렬하게 꾸짖었다. "여로보암이 너희를 위하여 신으로 만든 금송아지가 너희와 함께 있도다 너희가 아론 자손 된 여호와의 제사장과 레위 사람을 쫓아내고 이방 백성의 풍속을 좇아 제사장을 삼지 아니하였느냐 무론 누구든지 수송아지 하나와 수양 일곱을 끌고 와서 장립을 받고자 하는 자마다 허무한 신의 제사장이 될 수 있도다". 이 말인즉슨 '너희들은 성직을 매관매직하는구나. 누구든지 돈만 주면 허무한 신의 제사장이 될 수 있지 않느냐? 너희는 종교적으로 타락의 극치를 달리고 있다.'는 것이다.

10-11절, 우리에게는 여호와께서 우리 하나님이 되시니 그를 우리가 배반치 아니하였고 여호와를 섬기는 제사장들이 있으니 아론의 자손이요 또 레위 사람이 수종을 들어 11 조석으로 여호와 앞에 번제를 드리며 분향하며 또 깨끗한 상에 진설병을 놓고 또 금등대가 있어 그 등에 저녁마다 불을 켜나니 우리는 우리 하나님 여호와의 계명을 지키나 너희는 그를 배반하였느니라

아비야는 유다국의 여호와 하나님에 대한 바르고 합당한 신앙관을 간증한다. "우리에게는 여호와께서 우리 하나님이 되시니 그를 우리가 배반치 아니하였고 여호와를 섬기는 제사장들이 있으니 아론의 자손이요 또 레위 사람이 수종을 들어 조석으로 여호와 앞에 번제를 드리며 분향하며 또 깨끗한 상에 진설병을 놓고 또 금등대가 있어 그 등에 저녁마다 불을 켜나니 우리는 우리 하나님 여호와의 계명을 지키나 너희는 그를 배반하였느니라". 아비야 왕은 지금 팔십만 대군을 거느리고 대진하고 있는 여로보암 왕에게 '내용증명'을 보내고 있다.

12절, 하나님이 우리와 함께하사 우리의 머리가 되시고 그 제사장들도 우리와 함께하여 경고의 나팔을 불어 너희를 공격하느니라 이스라엘 자손들아 너희 열조의 하나님 여호와와 싸우지 말라 너희가 형통치 못하리라

여기까지가 아비야 왕의 연설이다. 아비야는 '너희들이 싸우려는 대상은 유다국이 아니라 여호와 하나님이다. 너희들은 하나님이 함께하시는 우리와 싸울 수 있는 위치가 아니다. 너희는 배반자이고 하나님을 버린 사람들이지만 우리는 정당한 위치에 서 있는 사람들이니 우리에게 덤비지 말아라. 그건 옳지 않은 처사이다.'라고 말하는 것이다. 아비야의 '내용증명' 같은 이 말을 듣고 여로보암이 무어라고 대답하겠는가? 대답할 말이 있을 수 없다. 그의 말이 다 옳기 때문이다.

13절, 여로보암이 유다의 뒤를 둘러 복병하였으므로 그 앞에는 이스라엘 사람이 있고 그 뒤에는 복병이 있는지라

여로보암은 아무 대답도 없이 유다 왕의 뒤에 복병을 두고서 '꼼짝 마라. 너 죽을 줄 알아라.' 하는 것이다. 그는 팔십만으로 사십만을 쳐서 완전 멸망시키려 하고 있다. 유다 앞에는 이스라엘 사람이 있고 뒤에는 복병이 있으니 앞뒤가 꽉 막혀 꼼짝달싹 못하게 된 것이다.

14절, 유다 사람이 돌이켜보고 자기 앞뒤의 적병을 인하여 여호와께 부르짖고 제사장은 나팔을 부니라

유다 사람들은 앞뒤의 적병을 보고 하나님께 부르짖었다. 그리고 제사장들은 나팔을 불었다.

15절, 유다 사람이 소리 지르매 유다 사람의 소리 지를 때에 하나님이 여로보암과 온 이스라엘을 아비야와 유다 앞에서 쳐서 패하게 하시니

유다 사람들이 한 일은 그저 하나님께 소리 지른 것밖에 없다 '주님, 큰일났습니다.' 하고 소리 질렀는데 그것을 듣고 하나님께서 여로보암과 온 이스라엘을 유다 앞에서 쳐서 패하게 하신 것이다. 너무 황급하면 기도도 나오지 않고 소리 지를 수밖에 없다. 그러나 하나님께 감사하는 것은, 하나님 앞에 올바로 서 있는 자들의 외마디의 외침조차 하나님께서는 들으신다는 것이다.

16-17절, 이스라엘 자손이 유다 앞에서 도망하는지라 17 아비야

와 그 백성이 크게 도륙하니 이스라엘의 택한 병정이 죽임을 입고 엎드러진 자가 오십만이었더라

이스라엘 군은 팔십만이 진군했는데 유다국에 의해 오십만이 죽은 것이다. 전쟁은 그 수에 있지 않고 하나님께 달려 있다.

18절, 그때에 이스라엘 자손이 항복하고 유다 자손이 이기었으니 이는 저희가 그 열조의 하나님 여호와를 의지하였음이라

유다 사람은 열조의 하나님 여호와를 의지하였기에 이겼다. 언제나 여호와 하나님을 의지하는 자가 이긴다. 때때로 유다와 이스라엘 간에 전쟁이 있었지만, 아비야 왕 때의 전쟁만큼 희생자가 많은 전투는 없었다. 한 전투에서 오십만 명이 죽었다. 여기서 배울 점은, 하나님의 나라에서는 이유가 어떻든 배반과 분열이 일어나면 그만큼 손실과 해가 따라온다는 것이다. 그리고 승리는 여호와 하나님을 전적으로 의지한 편에게 돌아간다.

19-20절, 아비야가 여로보암을 쫓아가서 그 성읍들을 빼앗았으니 곧 벧엘과 그 동네와 여사나와 그 동네와 에브론과 그 동네라 20 아비야 때에 여로보암이 다시 강성하지 못하고 여호와의 치심을 입어 죽었고

아비야 때에 여로보암이 다시 강성하지 못했고 하나님이 여로보암을 치심으로 죽었다. 여로보암이 왕이 된 지 22년째이다. 그의 죽음은 하나님의 심판이었고(여호와의 치심) 그의 왕조는 4대 만에 막을 내리게 된다(왕상 16:9-12).

21-22절, 아비야는 점점 강성하며 아내 열넷을 취하여 아들 스물둘과 딸 열여섯을 낳았더라 22 아비야의 남은 사적과 그 행위와 그 말은 선지자 잇도의 주석책에 기록되니라

대조적으로 아비야는 점점 강성해져 갔다. 아내 열넷을 취하여 아들

22명, 딸 16명을 두었다. 구약 시대에는 많은 아내와 자녀들이 축복과 번영의 표시로 간주되었다. 아비야에 대하여 열왕기 상에서는 그가 그 조상 다윗의 마음과 같지 않았고 모든 죄의 길로 행했다고 부정적으로 말한다. 그러나 역대 하에는 긍정적인 것만 기록되어 있다. 그의 남은 사적과 그 행위와 그의 말은 선지자 잇도의 주석책에 기록되어 있다고 했다. 주석책(treatise)이란 오늘날 '주해서'처럼 해석이 첨가된 책이다.

역대하 **14** 장

1-5절, 아비야가 그 열조와 함께 자매 다윗 성에 장사되고 그 아들 아사가 대신하여 왕이 되니 그 시대에 그 땅이 십 년을 평안하니라 2 아사가 그 하나님 여호와 보시기에 선과 정의를 행하여 3 이방 제단과 산당을 없이하고 주상을 훼파하며 아세라 상을 찍고 4 유다 사람을 명하여 그 열조의 하나님 여호와를 구하게 하며 그 율법과 명령을 행하게 하고 5 또 유다 모든 성읍에서 산당과 태양상을 없이 하매 나라가 그 앞에서 평안함을 얻으니라

열왕기 상 15장 11절은, "아사가 그 조상 다윗같이 여호와 보시기에 정직하게 행하여"라고 말한다. '여호사밧, 히스기야, 요시야'를 유다국의 3대 선왕이라고 하는데, 여기에 '아사'를 포함하여 4대 선왕이라고도 한다. 어디까지나 하나님 앞에서 유다국 왕의 기준은 다윗이다. 2절에서는 아사가 선과 정의를 행하였다고 한다. 선이란 하나님을 순종하며 율법을 준수한 것을 가리킨다. 또한 그가 이방 제단과 산당을 없이하였고 주상을 훼파하였다고 한다. 이런 것들은 무분별한 이스라엘 백성들에게 혼란과 유혹이 되므로 그것들을 훼파하는 것은 매우 중요한 개혁의 일이었다.

더 나아가 그는 백성들을 교도하였다. '그 열조의 하나님 여호와를 구하게 하며 율법과 명령을 행하도록 하고 산당과 태양상을 없이하니 나라가 그 앞에서 평안함을 얻었다'고 말한다. 신앙과 나라의 평안은 직결된다(이상근). 오늘날 교회도 동일하다. 충성되고 신실한 인도자들과 사역자들은 교회에 축복이 된다. 또한 온 교회가 주님 한 분을 추구하고 말씀에 순종하는 분위기야말로 주님의 축복을 가져온다. 교회는 이렇게 평안하고 말씀을 순종하는 분위기 속에서 전진하는 것이다(행 9:31).

6-7절, 여호와께서 아사에게 평안을 주셨으므로 그 땅이 평안하여 여러 해 싸움이 없은지라 저가 견고한 성읍들을 유다에 건축하니라 7 아사가 일찌기 유다 사람에게 이르되 우리가 우리 하나님 여호와를 찾았으므로 이 땅이 아직 우리 앞에 있나니 우리가 이 성읍들을 건축하고 그 주위에 성곽과 망대와 문과 빗장을 만들자 우리가 주를 찾았으므로 주께서 우리에게 사방의 평안을 주셨느니라 하고 이에 저희가 성읍을 형통하게 건축하였더라

아사 왕은 신앙적으로만 개혁적인 일을 한 것이 아니다. 주님이 주신 안정되고 평안한 상황에서도 성읍들을 건축하고 국방을 튼튼히 하여 대비했다. 소위 유비무환인 것이다. 교회가 평안할 때 스스로 일할거리를 찾아서 어려움에 대비하는 것은 아주 좋은 것이다.

8절, 아사의 군대는 유다 중에서 큰 방패와 창을 잡는 자가 삼십만이요 베냐민 중에서 작은 방패를 잡으며 활을 당기는 자가 이십팔만이라 다 큰 용사더라

큰 방패를 가지고 싸우는 자들은 유다 사람들이고, 작은 방패를 가지고 활을 당기는 자들은 베냐민 사람들이다. 베냐민 사람들은 활을 잘 쏘았으므로 먼 거리에서 싸웠고, 유다인은 창을 가지고 육박전을 벌리기 때문에 방패가 커야 했다. 어쨌든 아사 왕의 군대는 50만이 넘는 군사를 가지고 있었다. 아사는 평안한 시기에 왕이 되어 신앙적으로도 백성들을 하나님께 인도하고 우상을 타파한 좋은 왕으로 기록되어 있다.

9절, 구스 사람 세라가 저희를 치려 하여 군사 백만과 병거 삼백 승을 거느리고 마레사에 이르매

아사 왕 때 있었던 한 번의 전쟁을 기록하고 있다. 구스, 즉 에디오피아가 쳐들어온 것이다. 아사의 유다 군은 50여만 명인데 적인 에디오피아는 거의 배인 100만 명이고 거기다가 병거 3백 승까지 거느리고 유다 국을 쳐들어왔다.

10-11절, 아사가 마주 나아가서 마레사의 스바다 골짜기에 진 치고 11 그 하나님 여호와께 부르짖어 가로되 여호와여 강한 자와 약한 자 사이에는 주밖에 도와줄 이가 없사오니 우리 하나님 여호와여 우리를 도우소서 우리가 주를 의지하오며 주의 이름을 의탁하옵고 이 많은 무리를 치러 왔나이다 여호와여 주는 우리 하나님이시오니 원컨대 사람으로 주를 이기지 못하게 하옵소서 하였더니

아사 왕은 군사 숫자로는 열세이므로 자신의 약함을 인정하고 여호와께 도움을 구하였다. "여호와여 강한 자와 약한 자 사이에는 주밖에 도와줄 이가 없사오니 우리 하나님 여호와여 우리를 도우소서 우리가 주를 의지하오며 주의 이름을 의탁하옵고 이 많은 무리를 치러 왔나이다 여호와여 주는 우리 하나님이시오니 원컨대 사람으로 주를 이기지 못하게 하옵소서". 강한 자는 대적이고 약한 자는 유다 국이다. 그는 주님만 의뢰하는 신앙을 가졌다. "주밖에 도와줄 이가 없사오니", "우리가 주를 의지하오며 주의 이름을 의탁하옵고". 그러면서 주님만 신뢰하는 유다를 치는 구스는 결국 주님을 치는 것이라고 부르짖었다.

12절, 여호와께서 구스 사람을 아사와 유다 사람 앞에서 쳐서 패하게 하시니 구스 사람이 도망하는지라 13 아사와 그 좇는 자가 구스 사람을 쫓아 그랄까지 이르매 이에 구스 사람이 엎드러지고 살아남은 자가 없었으니 이는 여호와 앞에서와 그 군대 앞에서 패망하였음이라 노략한 물건이 심히 많았더라

하나님께서 아사 왕의 기도를 들으셨다. 하나님은 성도들의 기도를 들으시는 분이다. 어떤 어려움이 있어도 기도하자! 믿음의 기도는 역사하는 힘이 많다. "아사와 그 좇는 자가 구스 사람을 쫓아 그랄까지 이르매 이에 구스 사람이 엎드러지고 살아남은 자가 없었으니". 에디오피아 100만 군대가 다 아사 군에게 패하여 살아남은 자가 없었다. 일망타진된 것이다. 하나님께서 이기게 하신 것이고 하나님께서 친히 싸우신 것이다.

14-15절, 여호와께서 그랄 사면 모든 성읍 백성을 두렵게 하시니 무리가 그 모든 성읍을 치고 그 가운데 있는 많은 물건을 노략하고 15 또 짐승 지키는 천막을 치고 양과 약대를 많이 이끌고 예루살렘으로 돌아왔더라

여호와께서 그랄 사면 모든 백성을 두렵게 하시니 유다 사람들이 그 모든 성읍을 치고 그 가운데 있는 많은 물건을 노략했으며, 짐승 지키는 천막을 치고 양과 약대를 많이 이끌고 예루살렘으로 돌아왔다. 승전하여 많은 전리품을 얻은 것이다.

역대하 15 장

1-2절, 하나님의 신이 오뎃의 아들 아사랴에게 임하시매 2 저가 나가서 아사를 맞아 이르되 아사와 및 유다와 베냐민의 무리들아 내 말을 들으라 너희가 여호와와 함께하면 여호와께서 너희와 함께 하실지라 너희가 만일 저를 찾으면 저가 너희의 만난 바 되시려니와 너희가 만일 저를 버리면 저도 너희를 버리시리라

이때 오뎃의 아들 선지자 아사랴가 나온다. 선지자가 아사 왕과 유다 백성들에게 말하고 있는 것이다. 100만 대군을 쳐부수는 승전을 했는데 이럴 때가 위기이다. 승리 후에 자만할 수 있기 때문에 하나님은 이때 선지자를 통해서 아사 왕에게 끝까지 하나님을 의지하라고 경계하고 계신다. 너희가 여호와와 함께하면 여호와께서 너희와 함께하실 것이고 너희가 하나님을 찾으면 그분이 너희를 만날 것이라고 한다. 그러나 반대로 너희가 하나님을 버리면 하나님도 너희를 버리실 것이라고 경고하고 있다. 언제나 승리 후가 위험한 법이다.

3-4절, 이스라엘에는 참 신이 없고 가르치는 제사장도 없고 율법도 없은 지가 이제 오래였으나 4 그 환난 때에 이스라엘 하나님 여호와께 돌아가서 찾으매 저가 그들의 만난 바가 되셨나니

이것이 이스라엘의 과거 역사를 말하는 것인지, 아니면 현재 이스라엘이 나뉘어져 있는데 그들에 대해 말하는 것인지 정확하지는 않다. 이스라엘이 하나님을 참되게 경배하지 않을 때, 또 제사장이 없을 때를 생각하면서 하는 말로 들어도 되고, 르호보암이 세웠던 유다와 이스라엘을 합한 전체 이스라엘에 대하여 말하는 것으로 들을 수도 있다. 또는 유다 국의 이전 왕들, 곧 솔로몬 후반부터 아비야 때까지를 말하는 것일 수도 있다. 선지자는 신앙적으로 타락되어 율법도 없는 상태가 된 지 오래되었다고 말한다. 심지어 이스라엘은 제사장도 없고 율법도 없고 하나님도 없는 나라이지만 환난을 당할 때 돌아가서 하나님을 찾으면 하나님은 그런 사람들이라도 만나주신다고 말한다. 결국 하나님의 은혜를 알고 하나님을 버리지 말라는 뜻이다.

5-6절, 그 때에 열국에 거한 모든 백성이 크게 요란하여 사람의 출입이 평안치 못하며 6 이 나라가 저 나라와 서로 치고 이 성읍이 저 성읍과 또한 그러하여 피차 상한 바 되었나니 이는 하나님이 모든 고난으로 요란케 하셨음이니라

이것은 이스라엘이 하나님이 없고 제사장이 없고 율법도 없고 하나님을 떠났을 때 그들이 요란하게 살았으며 출입도 평안하지 않았다는 것이다. 늘상 서로 치고 박고 싸워서 피차간에 많이 상했다. 그 이유는 그들이 하나님을 떠났고 하나님을 버렸기 때문이라는 것이다.

7절, 그런즉 너희는 강하게 하라 손이 약하지 않게 하라 너희 행위에는 상급이 있음이니라

전쟁에 승리했다 해서 마음을 풀어놓지 말고 더욱더 강하게 되어 나라를 견고하게 건축하라는 격려이다.

8절, 아사가 이 말 곧 선지자 오뎃의 예언을 듣고 마음을 강하게 하여 가증한 물건을 유다와 베냐민 온 땅에서 제하고 또 에브라임 산지에서 빼앗은 성읍들에서 제하고 또 여호와의 낭실 앞 여호와의

단을 중수하고

아사 왕은 선지자의 말을 듣고 그 이전에도 종교적으로 선한 일을 하고 개혁적인 일을 많이 했지만 이번에도 마음을 강하게 하여 가증한 물건들을 유다와 베냐민 온 땅에서 제해버리고 또 에브라임 산지에서 빼앗은 성읍들에서도 제했다. 그리고 여호와의 낭실 앞에 여호와의 단을 중수했다.

9절, 또 유다와 베냐민의 무리를 모으고 에브라임과 므낫세와 시므온 가운데서 나와서 저희 중에 우거하는 자를 모았으니 이는 이스라엘 사람들이 아사의 하나님 여호와께서 그와 함께하심을 보고 아사에게로 돌아오는 자가 많았음이더라

당시 북왕국 이스라엘은 종교적으로 매우 타락한 상태였다. 이스라엘을 다스리는 왕이 금송아지를 만들어놓고 섬기게 하는 등 백성을 우상숭배하는 데로 이끌었기 때문에, 에브라임, 므낫세, 시므온 등의 지파 가운데서 많은 경건한 사람들이 아사의 유다 왕국으로 돌아왔다. 아사의 개혁이 많은 사람들에게 영향력을 끼친 것이다. "아사의 하나님 여호와께서 그와 함께하심을 보고 아사에게로 돌아오는 자가 많았음이더라".

10절, 아사 왕 십오년 삼월에 저희가 예루살렘에 모이고 11 그 날에 노략하여 온 물건 중에서 소 칠백과 양 칠천으로 여호와께 제사를 드리고

아사 왕 십오년 삼월에 유다 백성이 예루살렘에 모여 전쟁에서 노략해 온 물건들 중에서 소 700, 양 7,000으로 여호와께 제사를 드렸다.

12절, 또 마음을 다하고 성품을 다하여 열조의 하나님 여호와를 찾기로 언약하고

또한 마음을 다하고 성품을 다하여 열조의 하나님 여호와를 찾기로 언약했다. 하나님을 섬기려면 마음과 성품과 뜻을 다하는 것이 필요하다.

13절, 무릇 이스라엘 하나님 여호와를 찾지 아니하는 자는 대소 남녀를 무론하고 죽이는 것이 마땅하다 하고

선지자의 말을 절대적으로 순종하는 장면이다. 하나님의 백성은 마땅히 마음을 다하여 하나님을 찾아야 한다. 여기 15장의 중점은, 우리 하나님의 백성은 마땅히 하나님을 찾아야 한다는 것이다. 그럴 때 하나님께서도 그런 자들을 만나주신다.

14-15절, 무리가 큰 소리로 부르며 피리와 나팔을 불어 여호와께 맹세하매 15 온 유다가 이 맹세를 기뻐한지라 무리가 마음을 다하여 맹세하고 뜻을 다하여 여호와를 찾았으므로 여호와께서도 저희의 만난 바가 되시고 그 사방에 평안을 주셨더라

그들은 맹세하며 여호와를 찾았다. 그들은 하나님을 간절하게 찾았고 하나님은 간절하게 찾는 자들을 만나주셨다. 그럴 때 사방에 평안이 있었다. 신앙 문제란 이렇게 중요하다. 하나님의 백성이 만약 하나님을 버리고 찾지 않으면 거기에 요란한 일이 있게 되고 서로 싸움이 있게 되고 그래서 상처를 주고받게 된다. 교회 또한 동일하다는 것을 기억하기 바란다.

16절, 아사 왕의 모친 마아가가 아세라의 가증한 목상을 만들었으므로 아사가 그 태후의 위를 폐하고 그 우상을 찍고 빻아 기드론 시냇가에서 불살랐으니

아사 왕의 모친이 아닌 조모 마아가가 아세라의 가증한 목상을 만들었다. 아사 왕은 비록 마아가가 태후이지만 우상의 일에 연루될 때 태후의 위를 폐하고 우상을 찍고 빻아 기드론 시냇가에서 불살랐다. 아사 왕이 얼마나 하나님께 절대적이었는지를 기록한 것이다. 친족이라도 우상숭배에 관해서는 절대로 용납하지 않고 태후의 위를 폐할 정도로 용감하게 개혁을 했다.

17절, 산당은 이스라엘 중에서 제하지 아니하였으나 아사의 마음이 일평생 온전하였더라

이전 구절에서 그가 산당을 일부 제하기 시작했다고 말한다. 그러나 완전히 제하지는 못한 것이다. 그럼에도 아사의 마음은 일평생 온전하였다.

18-19절, 저가 또 그 부친의 구별한 물건과 자기의 구별한 물건 곧 은과 금과 기명들을 하나님의 전에 드렸더니 19 이때부터 아사 왕 삼십오년까지 다시는 전쟁이 없으니라

아사가 절대적으로 하나님께 헌신하고("그 부친의 구별한 물건과 자기의 구별한 물건 곧 은과 금과 기명들을 하나님의 전에 드렸더니") 하나님께서 그에게 평화의 시대를 열어주셨다는 것이다.

역대하 16 장

1절, 아사 왕 삼십육년에 이스라엘 왕 바아사가 유다를 치러 올라와서 라마를 건축하여 사람을 유다 왕 아사에게 왕래하지 못하게 하려 한지라

이스라엘 나라가 남 유다와 북 이스라엘로 분열되었으므로 많은 경쟁과 시기와 야심이 일어나는 것이다. 15장에서 유다 왕국은 원래 유다 지파와 베냐민 지파만으로 되어 있었는데, 북 이스라엘 쪽에 속해 있던 에브라임, 므낫세, 시므온 지파 사람들이 남 유다로 왔다. 그것은 하나님께서 아사와 함께하시는 것을 보았기 때문이다. 성전은 남조 유다 지경인 예루살렘에 있었는데, 이런 문제가 일어날 것이 염려되어 여로보암이 벧엘과 단에 우상을 만들어놓고 예루살렘까지 갈 것 없다고 한 것이다.

그렇지만 하나님을 경건하게 섬기기 원하는 이스라엘 사람들이 자꾸만 유다 쪽으로 넘어 가니 당시 이스라엘 왕이었던 바아사가 유다를 치러 올라와서 라마를 건축한 것이다. 그것은 라마를 통로로 해서 자꾸만 이스라엘 백성들이 유다로 들어갔기 때문이다. 그래서 이스라엘 왕 바아사는 근본적으로 그 통로를 차단하려고 전쟁을 벌였다.

2절, 아사가 여호와의 전 곳간과 왕궁 곳간의 은금을 취하여 다메섹에 거한 아람 왕 벤하닷에게 보내며 가로되

지금까지는 아사 왕이 너무 잘해왔는데, 여기 16장에서 아사 왕의 실수와 실패를 보게 된다. 이스라엘 왕 바아사가 쳐들어오니 아사 왕이 다메섹 아람 왕 벤하닷에게 뇌물을 주며 아래의 부탁을 한 것이다.

3절, 내 부친과 당신의 부친 사이에와 같이 나와 당신 사이에 약조하자 내가 당신에게 은금을 보내노니 와서 이스라엘 왕 바아사와 세운 약조를 깨뜨려서 저로 나를 떠나게 하라 하매

아사 왕은 아람이라는 외세를 빌어 이스라엘을 막아보고자 했던 것이다.

4-5절, 벤하닷이 아사 왕의 말을 듣고 그 군대 장관들을 보내어 이스라엘 두어 성읍을 치되 이욘과 단과 아벨마임과 납달리의 모든 국고성을 쳤더니 5 바아사가 듣고 라마 건축하는 일을 파하여 그 공역을 그친지라

일단 아사의 전략은 성공했다. 바아사가 이스라엘 사람이 유다로 흘러들어가는 것을 막기 위해 라마를 건축하다가 벤하닷의 군대가 이스라엘의 이욘과 단과 아벨마임과 납달리의 국고성을 치자 라마를 건축하던 일을 그친 것이다.

6절, 아사 왕이 온 유다 무리를 거느리고 바아사가 라마를 건축하던 돌과 재목을 수운하여다가 게바와 미스바를 건축하였더라

아사 왕이 벤하닷 아람 왕한테 은금을 갖다 주면서 이스라엘로 라마 건축을 포기하게 한 뒤에, 바아사가 건축하려고 했던 모든 돌과 재목을 수운해다가 자기의 원함대로 게바와 미스바를 건축했다. 이런 것이 분열 때문에 생겨나는 갈등이다.

7절, 때에 선견자 하나니가 유다 왕 아사에게 나아와서 이르되 왕이 아람 왕을 의지하고 왕의 하나님 여호와를 의지하지 아니한 고로

아람 왕의 군대가 왕의 손에서 벗어났나이다

하나니라는 선견자가 와서 아사 왕에게 하나님을 의지하지 않은 것은 왕의 잘못이라고 말했다. 그러므로 아람 왕의 군대가 왕의 손에서 벗어났다는 것이다. '하나니'라는 이름은 '나의 은혜'라는 뜻이며, 그 아들 예후도 예언자였다. 예후는 아사의 아들 여호사밧을 책망한 적이 있다.

8절, 구스 사람과 룹 사람의 군대가 크지 아니하며 말과 병거가 심히 많지 아니하더이까 그러나 왕이 여호와를 의지한 고로 여호와께서 왕의 손에 붙이셨나이다

구스 사람과 룹 사람이란 지난 번의 에디오피아 전쟁을 이야기하는 것이다. 그때 그들의 군사 수가 많았지만 왕이 여호와를 의지한 고로 여호와께서 그들을 왕의 손에 붙이셨다는 것이다.

9절, 여호와의 눈은 온 땅을 두루 감찰하사 전심으로 자기에게 향하는 자를 위하여 능력을 베푸시나니 이 일은 왕이 망령되이 행하였은즉 이 후부터는 왕에게 전쟁이 있으리이다 하매

이 말씀은 지금도 많이 인용되고 있다. 하나님은 사람의 중심을 보시며 전심으로 하나님을 찾는 자들에게 능력을 베푸신다고 했다. 하나님만을 의지하는 사람들을 하나님은 기뻐하시며 그들을 위하여 능력을 베푸신다는 것이다.

10절, 아사가 노하여 선견자를 옥에 가두었으니 이는 그 말에 크게 노하였음이며 그때에 아사가 또 몇 백성을 학대하였더라

이제까지는 아사 왕이 다 좋았는데, 16장에서 옥의 티 같은 좋지 않은 면들이 드러난다. 아사 왕은 선견자 하나니의 말을 들을 때 속이 상했다. 그래서 선견자를 옥에 가두고 또 몇몇 사람들을 학대했다. 왕이 잘못했다고 참된 말을 하는 사람들이 있었던 것 같다. 아사가 영적인 것을 아예 모르는 사람이었다면 그렇게까지 하지 않았을 수도 있다. 그런데 어상반하게 영성을 소유한 사람이 때로 더 강퍅해지는 수가 있다. 영적인 교만이 있기 때문이다.

11절, 아사의 시종 행적은 유다와 이스라엘 열왕기에 기록되니라 12 아사가 왕이 된 지 삼십구년에 그 발이 병들어 심히 중하나 병이 있을 때에 저가 여호와께 구하지 아니하고 의원들에게 구하였더라

두 번째 잘못인데, 아사 왕 39년에 그의 발이 병들어서 심히 중하게 되었는데, 그때 그가 여호와께 구하지 않고 의원들에게 구했다.

13-14절, 아사가 위에 있은 지 사십일년에 죽어 그 열조와 함께 자매 14 다윗 성에 자기를 위하여 파 두었던 묘실에 무리가 장사하되 그 시체를 법대로 만든 각양 향 재료를 가득히 채운 상에 두고 또 위하여 많이 분향하였더라

어쨌든 아사를 악군과 성군으로 나뉜다면 유다의 4대 성군에 들어가는 성군이다. 그렇지만 3대 성군으로 구분할 때 들어가지 못하는 이유라고 본다. 그의 아쉬운 두어 가지의 오점이 16장에 기록되었다. 하나님은 전심으로 하나님 자신을 찾고, 온전히 하나님을 향하는 사람을 위하여 능력을 베푸신다는 이 한 가지를 교훈하고자 하는 목적이 아사의 기록에 담겨져 있다.

역대하 17 장

1-2절, 아사의 아들 여호사밧이 대신하여 왕이 되어 스스로 강하게 하여 이스라엘을 방비하되 2 유다 모든 견고한 성읍에 군대를 주둔하고 또 유다 땅과 그 아비 아사의 취한바 에브라임 성읍들에 영문을 두었더라

아사의 아들 여호사밧이 이어서 왕이 되었다. 남 왕국 4대 왕인 여호사밧은 히스기야, 아사, 요시야와 더불어 4대 선왕에 속한다. 여호사밧은 35세에 즉위하여 25년을 통치하였다. 여호사밧이 유다 왕이 되어 이스라엘을 방비하였는데 유다 모든 견고한 성읍들에 군대를 주둔시켰고, 아사의 취한 에브라임에도 영문을 두었다. 실상 이것은 아사 왕이 취한 것이 아니고 13장 19절을 보면 아사의 부친 아비야가 취한 것이다.

3절, 여호와께서 여호사밧과 함께하셨으니 이는 저가 그 조상 다윗의 처음 길로 행하여 바알들에게 구하지 아니하고

여호사밧은 범사에 다윗을 본받았다. 우리도 앞선 신앙의 위인들의 전기를 읽어보고 그들의 행한 바를 본받는 것은 매우 중요하다. 바울은 내가 그리스도를 본받는 것같이 너희는 나를 본받으라고 했다(고전 11:1).

4-6절, 오직 그 부친의 하나님께 구하며 그 계명을 행하고 이스

라엘의 행위를 좇지 아니하였음이라 5 그러므로 여호와께서 나라를 그 손에서 견고하게 하시매 유다 무리가 여호사밧에게 예물을 드렸으므로 저가 부귀와 영광이 극하였더라 6 저가 전심으로 여호와의 도를 행하여 산당과 아세라 목상들도 유다에서 제하였더라

이 여호사밧은 바알을 구하지 않고 오직 그의 부친 아사의 길을 따라 하나님을 구하고 계명을 행하며 이스라엘의 악한 행위를 좇지 않았다. 따라서 하나님은 유다 국을 그의 손에서 견고하게 하셨으며, 유다 무리가 여호사밧에게 예물을 바치므로 부귀와 영광이 극에 달했다. 또한 여호사밧은 전심으로 여호와의 도를 행하고 산당과 목상들을 제하는 일을 했다.

7-9절, 저가 위에 있은 지 삼년에 그 방백 벤하일과 오바댜와 스가랴와 느다넬과 미가야를 보내어 유다 여러 성읍에 가서 가르치게 하고 8 또 저희와 함께 레위 사람 스마야와 느다냐와 스바댜와 아사헬과 스미라못과 여호나단과 아도니야와 도비야와 도바도니야 등 레위 사람을 보내고 또 저희와 함께 제사장 엘리사마와 여호람을 보내었더니 9 저희가 여호와의 율법책을 가지고 유다에서 가르치되 그 모든 성읍으로 순행하며 인민을 가르쳤더라

여호사밧의 선정에 대해서 말하는 것이다. 여호사밧은 우상을 제하고 산당을 제하는 여러 가지 좋은 일을 했을 뿐 아니라 개인적으로도 영성이 좋았다. 다윗을 본받은 것이나 하나님을 구한 것이나 계명을 행하고 이스라엘의 행위를 좇지 않은 것은 다 그의 개인적인 영성이다. 그럴 뿐 아니라 많은 우상들을 다 제거하고 7절부터 9절에 의하면 유다의 백성들을 가르치기 위해서 그 방백 5명과 레위인 9명, 제사장 2명을 파송하여 율법책을 가지고 유다 모든 성읍을 순행하면서 말씀을 가르치는 일을 하게 했다. 여호사밧은 유다 백성들의 마음이 여호와 신앙으로 돌아오도록 철저하게 조치하였다.

10-11절, 여호와께서 유다 사면 열국에 두려움을 주사 여호사밧과 싸우지 못하게 하시매 11 블레셋 중에서는 여호사밧에게 예물을 드리며 은으로 공을 바쳤고 아라비아 사람도 짐승 떼 곧 수양 칠천칠백과 수염소 칠천칠백을 드렸더라

하나님을 전적으로 의뢰하고 섬기는 사람들은 하나님이 강하게 하신다. 여호사밧이 독실한 신앙으로 여호와 신앙을 지켜 나라를 이끌므로 하나님께서 유다 국을 축복하셔서 강하게 하셨다. 따라서 열국이 두려워하고 이방 민족들은 여호사밧에게 예물을 드리고 조공을 바치는 그런 상황이 되었다.

12절, 여호사밧이 점점 강대하여 유다에 견고한 채와 국고성을 건축하고

'채'란 성채, 요새를 말한다. 국고성이란 곡물이나 군비 등을 쌓아두는 성이다.

13절, 유다 각 성에 역사를 많이 하고 또 예루살렘에 크게 용맹한 군사를 두었으니

여호사밧은 부지런하게 유다 각성에 많은 역사를 했다. 그리고 예루살렘에 크게 용맹한 군사를 많이 두었다.

14-16절, 군사의 수효가 그 족속대로 이러하니라 유다에 속한 천부장 중에는 아드나가 으뜸이 되어 큰 용사 삼십만을 거느렸고 15 그 다음은 장관 여호하난이니 이십팔만을 거느렸고 16 그 다음은 시그리의 아들 아마시야니 저는 자기를 여호와께 즐거이 드린 자라 큰 용사 이십만을 거느렸고

여호사밧의 군사의 수는 유다와 베냐민을 합하여 116만이나 되었다. 유다 군의 제 1군 대장은 '아드나'였는데, 30만 명을 인솔하였다. 제 2군 대장은 '여호하난'으로서 28만 명을 인솔하였다. 제 3군 대장은 아마시야였는데, 그는 20만 명을 지휘했고, 그는 특별히 장군이면서도 자기를 헌신한 특징이 있다.

17절, 베냐민에 속한 자 중에 큰 용사 엘리아다는 활과 방패를 잡은 자 이십만을 거느렸고 18 그 다음은 여호사밧이라 싸움을 예비한 자 십팔만을 거느렸으니 19 이는 다 왕을 섬기는 자요 이 외에 또 온 유다 견고한 성에 왕이 군사를 두었더라

아사 왕 때는 군사가 58만이었다. 그런데 여호사밧 때는 배로 늘었다. 원래 베냐민 족속은 활을 잘 쏘는 지파였다(14:8). 베냐민의 활 쏘는 부대가 20만 명이나 되고 그 군대 장관은 엘리야다였고, 베냐민 군의 제 2 군장은 여호사밧으로서 18만을 거느렸다. 유다 지파는 세 개 군으로서 78만 명이었고 베냐민 군은 두 개 군으로서 38만 명이었다. 그렇게 해서 여호사밧의 총 군사력은 116만이 되었다.

역대하 18 장

1절, 여호사밧이 부귀와 영광이 극하였고 아합으로 더불어 연혼하였더라

여호사밧은 점점 강성해져갔다. 사람은 누구든지 큰 부귀와 영화를 누릴 때가 위험한 때이다. 여호사밧은 선한 왕이고 많은 좋은 일을 했는데, 한두 가지 잘못한 것이 있다. 그것은 그의 아들 여호람을 이스라엘 왕 아합의 딸 아달랴와 결혼시킴으로써 그들이 사돈 관계가 된 것이다. 악한 자, 우상 숭배자에게서는 결코 선한 것이 나올 수 없다. 착한 사람들은 다른 사람들도 다 자기 같은 줄 알고 실수할 수 있으니 조심해야 한다. 여호와 신앙이 독실하고 매우 선한 왕이었던 여호사밧이 북왕국의 대표적인 악한 왕 아합과 사돈 관계를 맺고 군사 동맹까지 하게 된 것은 엄청난 실수였다. 그럼으로써 그는 길르앗 라못에서 죽을 뻔한 위험을 겪고 예후의 견책을 받았으며, 후대에 그의 자손들도 아달랴에게 죽임을 당하는 비극을 맞았다(22장).

2절, 두어 해 후에 저가 사마리아에 내려가서 아합에게 나아갔더니 아합이 저와 종자를 위하여 우양을 많이 잡고 함께 가서 길르앗 라못 치기를 권하더라

'두어 해 후'가 어떤 사본에는 여호사밧 왕 17년으로 되어 있다(왕상

22:51). 아합 왕은 유다 왕 여호사밧을 초청해서 그와 함께 간 많은 수행원들을 위해 우양을 많이 잡고 함께 길르앗 라못 칠 것을 권하였다. 길르앗은 무더기를 뜻하고 라못은 높은 곳을 뜻하는데, 갈릴리 동남쪽에 위치해 있었다. 요단 동편의 중요한 요새인 길르앗 라못은 원래 이스라엘의 도피성이었는데(신 4:43), 벤하닷 1세가 아합의 부친 오므리 때 빼앗아 갔다(왕상 20:34). 벤하닷 2세가 아합에게 패하였을 때에 그를 살려준 대가로 길르앗 라못을 돌려주겠다고 했지만 3년째 실행하지 않으므로 아합은 무력으로 회수하려 하고 있다. 명분은 매우 그럴 듯하다. 그 일을 하는 데 있어서 아합이 단독으로 아람과 싸우는 것은 너무 힘들다고 여겨서 유다 대군의 원조를 구한 것이다.

3절, 이스라엘 왕 아합이 유다 왕 여호사밧에게 이르되 당신은 나와 함께 길르앗 라못으로 가시겠느뇨 대답하되 나는 당신과 일반이요 내 백성은 당신의 백성과 일반이니 당신과 함께 싸우리이다

한 발을 내디디면 다음 발을 딛기란 매우 쉽다. 여호사밧은 매우 경건한 왕이었음에도 이런 일에 있어서 분별력이 사라졌다. "나는 당신과 일반이요 내 백성은 당신의 백성과 일반이니 당신과 함께 싸우리이다". 하나님의 백성은 겉으로 좋아 보이고 명분도 있는 것이 반드시 좋은 것은 아니라는 것을 일생 기억해야 한다.

4절, 여호사밧이 또 이스라엘 왕에게 이르되 청컨대 먼저 여호와의 말씀이 어떠하신지 물어 보소서

여호사밧은 그래도 경건하고 선한 왕이기 때문에 아합에게 먼저 여호와의 말씀이 어떠하신지 물어보라고 했다. 여기서 우리가 생각해 볼 점은 무엇인가? 이렇게 혼합된 일을 진행시켜 놓고 중간에 물어보는 것은 소용이 없다는 것이다. 물어보려면 애초부터 과연 아합과 사돈을 맺어도 되는지를 하나님께 물었어야 했다. 첫 단추부터 하나님께 묻고 시작해야지 이렇게 연혼을 해놓고 중간에 물어서는 문제를 해결할 수 없다.

5절, 이스라엘 왕이 이에 선지자 사백 인을 모으고 저희에게 이르되 우리가 길르앗 라못에 가서 싸우랴 말랴 저희가 가로되 올라가소서 하나님이 그 성을 왕의 손에 붙이시리이다

그러자 이스라엘 왕 아합이 선지자 사백 인을 모으고 그들에게 물었다. "우리가 길르앗 라못에 가서 싸우랴 말랴". 선지자 사백 명이 아합왕에게 일치하여 대답했다. "올라가소서 하나님이 그 성을 왕의 손에 붙이시리이다".

6절, 여호사밧이 가로되 이외에 우리가 물을 만한 여호와의 선지자가 여기 있지 아니하니이까

여호사밧 왕은 경건한 사람으로서 많은 선지자들의 일치된 예언이 믿기지 않았다. 여호사밧은 아합에게 좀 더 진실되게 하나님의 말씀을 전달할 수 있는 선지자가 있는지를 물은 것이다.

7절, 이스라엘 왕이 여호사밧에게 이르되 오히려 이믈라의 아들 미가야 한 사람이 있으니 저로 말미암아 여호와께 물을 수 있으나 저는 내게 대하여 길한 일은 예언하지 아니하고 항상 흉한 일만 예언하기로 내가 저를 미워하나이다 여호사밧이 가로되 왕은 그런 말씀을 마소서

아합이 여호사밧에게 말했다. '미가야라는 선지자가 하나 있긴 한데 그는 항상 흉한 일만 나에게 예언하고 길한 일은 예언한 적이 없기 때문에 내가 그를 미워한다. 나는 그 사람의 말을 듣고 싶지 않다.' 경건한 왕 여호사밧은 그래도 아합에게 이렇게 말했다. '왜 그런 말씀하십니까? 왕은 그런 말씀을 하지 마십시오.'

8절, 이스라엘 왕이 한 내시를 불러 이르되 이믈라의 아들 미가야로 속히 오게 하라 하니라

아합도 여호사밧의 말에 피할 수가 없어서 미가야를 불렀다

9절, 이스라엘 왕과 유다 왕 여호사밧이 왕복을 입고 사마리아 성문 어귀 광장에서 각기 보좌에 앉았고 모든 선지자가 그 앞에서 예언을 하는데

사마리아는 당시 이스라엘의 수도였다. 성문 어귀 광장은 고대에 타작마당으로도 사용되고 재판 같은 공무에도 사용되고, 또 오늘날로 말하면 왕의 출전 같은 중요한 국사를 진행하는 곳이었다. 그곳에서 이스라엘과 유다 두 왕이 왕복을 입고 위엄을 갖추고서 선지자들의 말을 듣는 것이다.

10-11절, 그나아나의 아들 시드기야는 철로 뿔들을 만들어 가지고 말하되 여호와의 말씀이 왕이 이것들로 아람 사람을 찔러 진멸하리라 하셨다 하고 11 모든 선지자도 그와 같이 예언하여 이르기를 길르앗 라못으로 올라가서 승리를 얻으소서 여호와께서 그 성을 왕의 손에 붙이시리이다 하더라

시드기야라는 사람은 그냥 말로만 예언한 것이 아니라 철로 뿔을 만들어서 시청각적 시범을 보이며 아합 왕에게 승리의 확신을 주는 예언을 했다. 매우 그럴듯하게 예언을 한 것이다.

12절, 미가야를 부르러 간 사자가 일러 가로되 선지자들의 말이 여출 일구하여 왕에게 길하게 하니 청컨대 당신의 말도 저희 중 한 사람처럼 길하게 하소서

여출 일구하였다는 것은 그들의 말하는 것이 다 똑같았다는 것이다. 미가야를 부르러 간 사자가 미가야에게 권면하고 있다. '다른 선지자들이 다 똑같이 예언하고 있으니 당신도 따라서 그냥 길하게 예언을 해라.' 나름 미가야의 안위를 염려해서 충고하는 것이다.

13절, 미가야가 가로되 여호와의 사심을 가리켜 맹세하노니 내 하나님의 말씀하시는 것 곧 그것을 내가 말하리라 하고

하나님이 말씀하신 것을 그대로 말하는 것이 참 선지자이다.

14절, 이에 왕에게 이르니 왕이 저에게 이르되 미가야야 우리가 길르앗 라못으로 싸우러 가랴 말랴 가로되 올라가서 승리를 얻으소서 저희가 왕의 손에 붙인 바 되리이다

미가야 선지자는 다른 선지자들과 똑같이 가서 싸우라고 했다.

15절, 왕이 저에게 이르되 여호와의 이름으로 진실한 것만 말하라고 내가 몇 번이나 너로 맹세케 하여야 하겠느냐

그런데 아합 왕이 미가야의 말을 들으면서 그것이 조롱하는 말인 줄 안 것이다.

16절, 저가 가로되 내가 보니 온 이스라엘이 목자 없는 양같이 산에 흩어졌는데 여호와의 말씀이 이 무리가 주인이 없으니 각각 평안히 그 집으로 돌아갈 것이니라 하셨나이다

이제 미가야 선지자가 참 예언을 하고 있다. "온 이스라엘이 목자 없는 양같이 산에 흩어졌는데 여호와의 말씀이 이 무리가 주인이 없으니…". 주인이 없다는 것은 아합이 죽임을 당한다는 뜻이다. 즉 미가야는 '길르앗 라못에서 전쟁을 하게 되면 아합 왕 당신은 거기서 죽는다. 그리고 이스라엘 백성들은 각각 평안하게 자기들의 집으로 돌아갈 것이다.'라고 말한 것이다.

17절, 이스라엘 왕이 여호사밧에게 이르되 저 사람이 내게 대하여 길한 것을 예언하지 아니하고 흉한 것만 예언하겠다고 당신에게 말씀하지 아니하였나이까

이 말을 들으면 아합이 더 선지자 같다. 미가야라는 사람은 흉한 것만 예언한다고 했는데 지금 그렇게 말하고 있지 않느냐는 것이다.

18절, 미가야가 가로되 그런즉 왕은 여호와의 말씀을 들으소서 내가 보니 여호와께서 그 보좌에 앉으셨고 하늘의 만군이 그 좌우편에 모시고 섰는데

미가야는 자기가 본 것을 더욱 참되게 말하고 있다. "내가 보니 여호와께서 그 보좌에 앉으셨고 하늘의 만군이 그 좌우편에 모시고 섰는데".

19-22절, 여호와께서 말씀하시기를 누가 이스라엘 왕 아합을 꾀어 저로 길르앗 라못에 올라가서 죽게 할꼬 하시니 하나는 이렇게 하겠다 하고 하나는 저렇게 하겠다 하였는데 20 한 영이 나와서 여호와 앞에서 서서 말하되 내가 저를 꾀이겠나이다 여호와께서 저에게 이르시되 어떻게 하겠느냐 21 가로되 내가 나가서 거짓말하는 영이 되어 그 모든 선지자의 입에 있겠나이다 여호와께서 가라사대 너는 꾀이겠고 또 이루리라 나가서 그리하라 하셨은즉 22 이제 여호와께서 거짓말하는 영을 왕의 이 모든 선지자의 입에 넣으셨고 또 여호와께서 왕에게 대하여 화를 말씀하셨나이다

미가야 선지자는 자신이 본바 하늘 보좌에서 일어난 일을 말하고 있다. "누가 아합을 꾀어 길르앗 라못에 가서 죽게 하겠느냐" 할 때 한 영이 모든 선지자들에게 거짓말하는 영을 넣어 주어서 왕으로 화를 당하게 한다고 했다. 그래서 지금 이 선지자들 사백 명이 그 거짓말하는 영에게 미혹되어 이렇게 말하고 있다는 것이다. 이 미가야 선지자는 굉장히 담대하고 직선적이다.

23절, 그나아나의 아들 시드기야가 가까이 와서 미가야의 뺨을 치며 이르되 여호와의 영이 나를 떠나 어디로 말미암아 가서 네게 말씀하더냐

이 시드기야는 거짓 선지자로서 그 사백 선지자들 중에서 대표격이 되는 아주 열성 있는 자이다. "시드기야가 가까이 와서 미가야의 뺨을 치며 이르되 여호와의 영이 나를 떠나 어디로 말미암아 가서 네게 말씀하더냐".

24절, 미가야가 가로되 네가 골방에 들어가서 숨는 그날에 보리라

골방은 위험을 당한 자가 숨는 피난처이다. 전쟁에 패하고 아합이 전사하면 그의 승리를 예언하고 길한 것을 예언했던 거짓 선지자들에게 화가 미칠 것이고, 그때 시드기야는 골방에 숨어서 미가야 선지자의 예언이 옳았다는 것을 깨닫게 된다는 말이다.

25절, 이스라엘 왕이 가로되 미가야를 잡아 부윤 아몬과 왕자 요아스에게로 끌고 돌아가서

참된 말을 한 미가야는 체포되었다. 부윤이란 한 성읍을 다스리는 사람으로, 오늘날로 말하면 시장 정도의 직책이다.

26절, 말하기를 왕의 말씀이 이 놈을 옥에 가두고 내가 평안히 돌아올 때까지 고생의 떡과 고생의 물로 먹이라 하라

참 선지자들의 운명은 어렵다. 전쟁이 끝날 때까지 고생의 물과 고생의 떡을 먹어야 한다. 올바른 말, 입바른 소리를 했기 때문이다. 사람들에게 기쁨을 주는 말을 하지 않았기 때문에 융숭한 대접을 받는 대신에 고생의 떡을 먹고 고생의 물을 마셔야 했다.

27절, 미가야가 가로되 왕이 참으로 평안히 돌아오시게 될진대 여호와께서 나로 말씀하지 아니하셨으리이다 또 가로되 너희 백성들아 다 들을지어다 하니라

미가야는 백성들을 증인으로 해서 다시 한 번 자신의 예언을 확증하고 있다. "왕이 참으로 평안히 돌아오시게 될진대 여호와께서 나로 말씀하지 아니하셨으리이다…너희 백성들아 다 들을지어다 하니라".

28절, 이스라엘 왕과 유다 왕 여호사밧이 길르앗 라못으로 올라가

니라

아합과 여호사밧은 선지자의 말을 무시하고 전쟁하기 위해 길르앗 라못으로 올라갔다. 여기서 여호사밧은 무엇을 하는지 모르겠다. 그는 아합보다는 판단력이 있었을 텐데 그의 고집을 꺾지 못하고 그냥 따라간 것 같다.

29절, **이스라엘 왕이 여호사밧에게 이르되 나는 변장하고 군중으로 들어가려 하노니 당신은 왕복을 입으소서 하고 이스라엘 왕이 변장하고 둘이 군중으로 들어가니라**

아합은 미가야의 말을 듣고 좀 꺼려지는 것도 있었다. 그래서 자신이 왕복을 입어서는 안 되겠다 생각하여 착한 여호사밧에게 '당신이 왕복을 입으소서.' 한 것이다. 그리고서 자기는 평상 군인 복장을 하고 전장에 나갔다. 이쯤 되면 여호사밧은 완전히 허수아비 같다. 사람이 한 번 발을 잘못 디디면 연이은 실수가 있게 되고 다시 돌이키기가 어렵게 된다.

30절, **아람 왕이 그 병거 장관들에게 이미 명하여 이르기를 너희는 작은 자나 큰 자나 더불어 싸우지 말고 오직 이스라엘 왕과 싸우라 한지라**

아람 왕은 자기의 군장들에게 '이스라엘 여러 사람과 싸울 것 없고 오직 이스라엘 왕 아합만 잡아 죽이라'고 했다.

31절, **병거의 장관들이 여호사밧을 보고 이르되 이가 이스라엘 왕이라 하고 돌이켜 저와 싸우려 한즉 여호사밧이 소리를 지르매 여호와께서 저를 도우시며 하나님이 저희를 감동시키사 저를 떠나가게 하신지라**

아람 병거의 한 장관이 왕복을 입은 여호사밧을 보고 '저기 이스라엘의 왕이다. 잡아라!' 한 것이다. 여호사밧이 놀라서 소리를 지르자 하나님께서 여호사밧을 도우셔서 아람 군을 감동시키사 여호사밧을 떠나게 하셨다.

32-33절, 병거의 장관들이 저가 이스라엘 왕이 아님을 보고 쫓기를 그치고 돌이켰더라 33 한 사람이 우연히 활을 당기어 이스라엘 왕의 갑옷솔기를 쏜지라 왕이 그 병거 모는 자에게 이르되 내가 부상하였으니 네 손을 돌이켜 나로 군중에서 나가게 하라 하였으나

갑옷의 가슴과 배의 이음새를 갑옷 솔기라 한다. 화살이 갑옷에 맞았으면 그냥 떨어질 텐데 솔기를 맞아서 정통으로 박힌 것이다.

34절, 이 날의 전쟁이 맹렬하였으므로 이스라엘 왕이 병거에서 스스로 부지하며 저녁때까지 아람 사람을 막다가 해가 질 즈음에 죽었더라

결국 미가야 선지자의 예언대로 아합은 죽었다. 전쟁이 맹렬해서 어디로 피하려 해도 피할 수가 없었다. 아합은 병거에서 피 흘리며 아람 사람을 막다가 해질 무렵에 죽었다.

역대하 19장

1절, 유다 왕 여호사밧이 평안히 예루살렘에 돌아와서 그 궁으로 들어가니라

여호사밧은 선지자 미가야의 말이 맞았다고 깊이 느꼈을 것이다. 여호사밧이 아합과 동맹하여 길르앗 라못에 출전하여 미가야의 말대로 전쟁에 패하고 아합은 전사하였으며 자신도 죽을 뻔한 위기를 당했으나(18:31) 하나님의 도우심으로 무사히 예루살렘 그의 궁으로 돌아왔다.

2절, 하나니의 아들 선견자 예후가 나가서 여호사밧 왕을 맞아 가로되 왕이 악한 자를 돕고 여호와를 미워하는 자를 사랑하는 것이 가하니이까 그러므로 여호와께로서 진노하심이 왕에게 임하리이다

예후 선지자는 하나니의 아들이었다. 하나니는 아사 왕의 실책을 책망한 선지자였다(16:7-10). 예후는 여호사밧 왕을 맞아 책망을 하였다. "왕이 악한 자를 돕고 여호와를 미워하는 자를 사랑하는 것이 가하니이까 그러므로 여호와께로서 진노하심이 왕에게 임하리이다". 여호사밧의 잘못은 악한 자(아합)를 도운 것이다.

3절, 그러나 왕에게 선한 일도 있으니 이는 왕이 아세라 목상들을 이 땅에서 없이하고 마음을 오로지하여 하나님을 찾음이니이다 하

였더라

여호사밧은 분명 좋은 점이 있지만 나쁜 점도 있었다. 사람은 누구든지 그의 나쁜 면만 말하면 낙심할 수가 있다. 예후는 여호사밧의 부정적인 면을 견책한 후 적극적인 면을 말하며 격려했다. 적극적인 면이란 여호사밧이 '아세라 목상들을 이 땅에서 없이하고 마음을 오로지하여 하나님을 찾은 것'이다. 신약에서 사도 바울은 성도들을 그리스도 안에서 모든 면에 완전한 자로 세우려 한다고 했다.

4절, 여호사밧이 예루살렘에 거하더니 나가서 브엘세바에서부터 에브라임 산지까지 민간에 순행하며 저희를 그 열조의 하나님 여호와께로 돌아오게 하고

여호사밧 왕의 또 한 가지 귀한 점은 꾸짖음을 달게 받는다는 것이다. 자신의 잘못을 말해줄 때 반발하지 않고 달게 받았다. 그리고서 돌이켜 많은 선한 일을 했다. 오늘날로 말하면 많은 곳(브엘세바에서 에브라임 산지까지)에 다니며 전도한 것이다.

5절, 또 유다 온 나라 견고한 성에 재판관을 세우되 성마다 있게 하고

여호사밧 시대에 비로소 여러 성에다 재판관을 세운 것은 아니다. 신명기 16장 18-20절을 보면 모세 때부터 재판 제도가 있었다. 과거에는 장로들이 관례적으로 재판을 행했지만, 여호사밧은 재판 제도를 전문화하고 제도화한 것이다. 나라를 다스리는 데 있어서 가장 중요한 것이 재판이다. 억울한 일을 당하고, 힘없는 백성들이 탈취당하고, 어려운 문제가 일어났을 때 그것을 공정하게 판결해주는 제도가 잘 세워진 나라가 결국 살기 좋은 나라이다.

6-7절, 재판관에게 이르되 너희는 행하는 바를 삼가라 너희의 재판하는 것이 사람을 위함이 아니요 여호와를 위함이니 너희가 재판

할 때에 여호와께서 너희와 함께하실지라 그런즉 너희는 여호와를 두려워하는 마음으로 삼가 행하라 우리의 하나님 여호와께서는 불의함도 없으시고 편벽됨도 없으시고 뇌물을 받으심도 없으시니라

여호사밧 왕은 재판관을 세울 뿐 아니라 그들을 교육시켰다. 교육 내용은 "너희의 재판하는 것이 사람을 위함이 아니요 여호와를 위함이니 너희가 재판할 때에 여호와께서 너희와 함께하실지라 그런즉 너희는 여호와를 두려워하는 마음으로 삼가 행하라 우리의 하나님 여호와께서는 불의함도 없으시고 편벽됨도 없으시고 뇌물을 받으심도 없으시니라"이다. 재판에 있어서는 불의가 없고 편벽이 없어야 하며 뇌물을 받아서도 안 된다. 뇌물은 재판관의 마음을 구부러지게 하기가 쉽다.

8절, 여호사밧이 또 예루살렘에서 레위 사람과 제사장과 이스라엘 족장 중에서 사람을 세워 여호와께 속한 일과 예루살렘 거민의 모든 송사를 재판하게 하고

지방에 재판관을 세워서 재판하게 할 뿐 아니라 예루살렘에도 제사장이나 족장 중에서 재판하도록 사람을 세웠다. 수도인 예루살렘은 고등법원이나 대법원처럼 예루살렘 거민의 송사를 좀 더 수준 높게 재판하도록 하였던 것이다.

9절, 저희에게 명하여 가로되 너희는 여호와를 경외하고 충의와 성심으로 이 일을 행하라

예루살렘의 재판관에게도 동일하게 좋은 지침을 주었다. "너희는 여호와를 경외하고 충의와 성심으로 이 일을 행하라".

10절, 무릇 어느 성읍에 거한 너희 형제가 혹 피를 흘림이나 혹 율법이나 계명이나 율례나 규례를 인하여 너희에게 와서 송사하거든 저희를 경계하여 여호와께 죄를 얻지 않게 하여 너희와 너희 형제에게 진노하심이 임하지 말게 하라 너희가 이렇게 행하면 죄가 없으리라

'어느 성읍에 거한'이란 말은 예루살렘의 재판소가 최고 재판소임을 암시한다. 각 지방에도 재판소가 있으나 그곳에서 해결하지 못한 것은 예루살렘의 최고 재판소로 가지고 오게 한 것이다. 예루살렘에서는 가장 공정한 재판이 이루어져야 했다. "무릇 어느 성읍에 거한 너희 형제가 혹 피를 흘림이나 혹 율법이나 계명이나 율례나 규례를 인하여 너희에게 와서 송사하거든 저희를 경계하여 여호와께 죄를 얻지 않게 하여 너희와 너희 형제에게 진노하심이 임하지 말게 하라 너희가 이렇게 행하면 죄가 없으리라".

11절, 여호와께 속한 모든 일에는 대제사장 아마랴가 너희를 다스리고 왕에게 속한 모든 일은 유다 지파의 어른 이스마엘의 아들 스바댜가 다스리고 레위 사람들은 너희 앞에 관리가 되리라 너희는 힘써 행하라 여호와께서 선한 자와 함께하실지로다 하니라

여호사밧 왕이 유다를 다스릴 때 조직도 질서 있게 하여 중앙 정부에서부터 지방까지 잘 치리를 했다는 것을 말해주고 있다. 신앙적인 일의 최고 책임자는 아마랴로, 국사에서는 스바댜로 위임하였다.

역대하 20장

1절, 그 후에 모압 자손과 암몬 자손이 몇 마온 사람과 함께 여호사밧을 치고자 한지라

이때는 여호사밧 통치 18-19년 쯤이다. 모압과 암몬 두 족속은 다 롯의 딸들로 말미암아 생겨난 자손들로 요단 동편에 살고 있었다. 그리고 마온 사람들은 세일 산에 거주하는 족속이었다. 모압, 암몬, 마온이 연합해서 여호사밧의 유다 국을 치고자 한 것이다.

2절, 혹이 와서 여호사밧에게 고하여 가로되 큰 무리가 바다 저편 아람에서 왕을 치러 오는데 이제 하사손다말 곧 엔게디에 있나이다

엔게디는 시편에 자주 나오는 유명한 지명이다. 사해 서해안 중간 지역에 있고, 다윗이 사울을 피하여 숨었던 곳이다. 그런데 큰 무리가 바다 저편 아람에서 유다를 공격하기 위해 오는데 지금 하사손다말 곧 엔게디에 있다는 것이다.

3절, 여호사밧이 두려워하여 여호와께로 낯을 향하여 간구하고 온 유다 백성에게 금식하라 공포하매

여호사밧은 매우 두려워했다. 죄를 거의 짓지 않는 사람일수록 죄의식이 더욱 민감하다(매튜 헨리). 여호사밧은 자신이 행한 잘못된 일들에 대해 깊이 회개하는 마음을 가졌음에 틀림없다. 따라서 왕은 여호와께로 낯을 향하여 간구하고 온 유다 백성에게 금식하라고 명했다.

4절, 유다 사람이 여호와께 도우심을 구하려 하여 유다 모든 성읍에서 모여와서 여호와께 간구하더라

왕의 금식령에 백성들은 흔쾌히 유다의 성읍들로부터 나와 성전에 모여 기도 모임을 가졌다. 유다 백성들이 모두 예루살렘으로 와서 성전 뜰에 집결하여 여호와께 간구한 것이다.

5-6, 여호사밧이 여호와의 전 새 뜰 앞에서 유다와 예루살렘의 회중 가운데 서서 6 가로되 우리 열조의 하나님 여호와여 주는 하늘에서 하나님이 아니시니이까 이방 사람의 모든 나라를 다스리지 아니하시나이까 주의 손에 권세와 능력이 있사오니 능히 막을 사람이 없나이다

분향을 하고 제사 드리는 일은 제사장만 할 수 있었지만 기도는 왕도 할 수 있었다. 여호와의 전 새 뜰이란 여호사밧이 바깥뜰을 증축하여 넓혔기에 붙여진 이름일 것이다. 여호사밧은, "우리 열조의 하나님 여호와여 주는 하늘에서 하나님이 아니시니이까 이방 사람의 모든 나라를 다스리지 아니하시나이까 주의 손에 권세와 능력이 있사오니 능히 막을 사람이 없나이다"라고 기도했다.

7-9절, 우리 하나님이시여 전에 이 땅 거민을 주의 백성 이스라엘 앞에서 쫓아내시고 그 땅으로 주의 벗 아브라함의 자손에게 영영히 주지 아니하셨나이까 8 저희가 이 땅에 거하여 주의 이름을 위하여 한 성소를 건축하고 이르기를 9 만일 재앙이나 난리나 견책이나 온역이나 기근이 우리에게 임하면 주의 이름이 이 전에 있으니 우리가 이 전 앞과 주의 앞에 서서 이 환난 가운데서 주께 부르짖은즉 들으시고 구원하시리라 하였나이다

여호사밧의 기도는 아브라함에게 주신 약속과 솔로몬 왕의 기도에 근거한다. 우리는 기도할 때 그분의 언약을 근거로 해서 기도하기를 배워야 한다. 하나님이 당신의 언약에 기꺼이 묶이시는 분임을 인해 감사드린다. 하나님은 아브라함에게 언약하셨고, 솔로몬이 성전을 봉헌하고 그 때 드렸던 기도를 하늘의 불로 열납하셨기 때문에 그 언약에 따라서 기도한 것이다. 여기서 여호사밧의 기도를 보면 첫째는 하나님의 전능하심을 믿고 둘째는 하나님이 이스라엘 백성들을 인도해오신 역사를 신뢰했다. 기도는 믿음으로 드려야 응답받는다(약 5:15-16).

10-13절, 옛적에 이스라엘이 애굽 땅에서 나올 때에 암몬 자손과 모압 자손과 세일 산 사람을 침노하시기를 주께서 용납하지 아니하시므로 이에 치우쳐 저희를 떠나고 멸하지 아니하였거늘 11 이제 저희가 우리에게 갚는 것을 보옵소서 저희가 와서 주께서 우리에게 주신 주의 기업에서 우리를 쫓아내고자 하나이다 12 우리 하나님이여 저희를 징벌하지 아니하시나이까 우리를 치러 오는 이 큰 무리를 우리가 대적할 능력이 없고 어떻게 할 줄도 알지 못하옵고 오직 주만 바라보나이다 하고 13 유다 모든 사람은 그 아내와 자녀와 어린 자로 더불어 여호와 앞에 섰더라

당시 여호사밧 왕에게는 백십육만이라는 막강한 군사력이 있었다. 그러나 여호사밧 왕은 자신의 군사력을 의지하지 않고 전적으로 하나님을 신뢰하였다. 그때 온 백성이 왕과 더불어 여호와를 신뢰하고 의지하였다.

14-15절, 여호와의 신이 회중 가운데서 레위 사람 야하시엘에게 임하셨으니 저는 아삽 자손 맛다냐의 현손이요 여이엘의 증손이요 브나야의 손자요 스가랴의 아들이더라 15 야하시엘이 가로되 온 유다와 예루살렘 거민과 여호사밧 왕이여 들을지어다 여호와께서 너희에게 말씀하시기를 이 큰 무리로 인하여 두려워하거나 놀라지 말라

이 전쟁이 너희에게 속한 것이 아니요 하나님께 속한 것이니라

이 구절은 성경에서 요절과 같은 말씀으로 매우 감동적이다. 하나님이 여호사밧의 기도를 들으신 것이다. 선지자가 말한 내용은 그대로 너무 좋다. "여호와께서 너희에게 말씀하시기를 이 큰 무리로 인하여 두려워하거나 놀라지 말라 이 전쟁이 너희에게 속한 것이 아니요 하나님께 속한 것이니라". 우리는 얼마나 많은 경우 우리에게 닥친 일을 우리의 일로 여겨 당황하며 놀라는가? 그러나 하나님은 말씀하신다. "이 전쟁이 너희에게 속한 것이 아니요 하나님께 속한 것이니라". 우리가 우리의 많은 일을 하나님께 속한 일이라고 보면 안식을 얻으며 당황하거나 두려워하지 않을 것이다.

16-17절, **내일 너희는 마주 내려가라 저희가 시스 고개로 말미암아 올라오리니 너희가 골짜기 어귀 여루엘 들 앞에서 만나려니와 17 이 전쟁에는 너희가 싸울 것이 없나니 항오를 이루고 서서 너희와 함께한 여호와가 구원하는 것을 보라 유다와 예루살렘아 너희는 두려워하며 놀라지 말고 내일 저희를 마주 나가라 여호와가 너희와 함께하리라 하셨느니라 하매**

야하시엘 선지자의 예언으로 매우 소중한 구절들이다. 우리 그리스도인이 승리의 생활을 하기 위해서는 반드시 이 구절의 말씀으로 위로와 격려를 받아야 한다. "이 전쟁에는 너희가 싸울 것이 없나니". 하나님은 우리가 싸울 일이 없다고 하신다. "여호와가 구원하시는 것을 보라!" "두려워하며 놀라지 말라!" "내일 저희를 마주 나가라!" "여호와가 너희와 함께하리라!"

18-19절, **여호사밧이 몸을 굽혀 얼굴을 땅에 대니 온 유다와 예루살렘 거민들도 여호와 앞에 엎드려 경배하고 19 그핫 자손과 고라 자손에게 속한 레위 사람들은 서서 심히 큰 소리로 이스라엘 하나님 여호와를 찬송하니라**

선지자의 말이 이렇게 중요하고, 왕의 행동이 이렇게 중요한 것이다. 왕이 만약 백십육만의 군사를 의지하고 나아갔다면 백성들도 그렇게 했을 것이다. 그렇지만 왕이 전적으로 하나님을 의지하고 기도할 때 백성들도 왕을 좇아서 다 하나님께 무릎을 꿇었다.

20절, 이에 백성들이 일찌기 일어나서 드고아 들로 나가니라 나갈 때에 여호사밧이 서서 가로되 유다와 예루살렘 거민들아 내 말을 들을지어다 너희는 너희 하나님 여호와를 신뢰하라 그리하면 견고히 서리라 그 선지자를 신뢰하라 그리하면 형통하리라 하고

여호사밧 왕이 한 말이다. 하나님의 말씀을 신뢰하는 것이 가장 중요하다고 백성들을 가르치고 있다. 대적을 마주하러 나가는 백성들을 격려하고 견고케 하려는 것이다.

21절, 백성으로 더불어 의논하고 노래하는 자를 택하여 거룩한 예복을 입히고 군대 앞에서 행하며 여호와를 찬송하여 이르기를 여호와께 감사하세 그 자비하심이 영원하도다 하게 하였더니

왕이라도 이렇게 백성으로 더불어 의논하는 자세는 매우 바람직하다. 여호사밧 왕은 전쟁터에 나가는 유다 군에게 칼을 들고 '공격 앞으로!' 한 것이 아니라 "여호와께 감사하세 그 자비하심이 영원하도다" 하고 찬송하게 했다.

22-23절, 그 노래와 찬송이 시작될 때에 여호와께서 복병을 두어 유다를 치러 온 암몬 자손과 모압과 세일 산 사람을 치게 하시므로 저희가 패하였으니 23 곧 암몬과 모압 자손이 일어나 세일 산 거민을 쳐서 진멸하고 세일 거민을 멸한 후에는 저희가 피차에 살륙하였더라

유다 군이 암몬과 모압과 세일 거민을 친 것이 아니라 그들이 피차 쳐서 자멸한 것이다. 처음에는 모압 군과 암몬 군이 에돔을 공격해서 진멸시키고 그 다음 모압 군과 암몬 군이 피차에 살육한 것이다. 누가 이렇게 하도록 했는가? 하나님께서 하신 것이다. 그러면 여호사밧 왕이 한 것은 도대체 무엇인가? 다만 하나님께 기도한 것이다. 그 자신으로는 이 싸움을 싸울 수도, 당할 수도 없으니 하나님께서 도와달라고 기도한 것이다. 그럴 때 하나님께서 하신 말씀이 감동적이다. "이 싸움은 네게 속한 것이 아니라 내게 속한 것이다". 여호사밧 왕은 이 말씀을 믿고 찬송했다. 그들이 찬송하는 사이에 하나님께서는 그들끼리 쳐서 자멸하게 만드셨다.

24-25절, 유다 사람이 들 망대에 이르러 그 무리를 본즉 땅에 엎드러진 시체뿐이요 하나도 피한 자가 없는지라 25 여호사밧과 그 백성이 가서 적군의 물건을 취할새 본즉 그 가운데에 재물과 의복과 보물이 많이 있는 고로 각기 취하는데 그 물건이 너무 많아 능히 가져갈 수 없을 만큼 많으므로 사흘 동안에 취하고

유다 군은 삼 일 내내 엎드러져 죽은 대적들의 보물을 취하느라 정신이 없었다. 물건이 너무 많아 취하는 데 삼 일이나 걸린 것이다.

26절, 제 사일에 무리가 브라가 골짜기에 모여서 거기서 여호와를 송축한지라 그러므로 오늘날까지 그곳을 브라가 골짜기라 일컫더라

'브라가'란 축복을 뜻한다. 그 골짜기에 모여서 여호와를 송축했다.

27절, 유다와 예루살렘 모든 사람이 여호사밧을 선두로 즐거이 예루살렘으로 돌아왔으니 이는 여호와께서 저희로 그 적군을 이김을 인하여 즐거워하게 하셨음이라

승리는 이미 기도할 때 하나님의 응답으로 주어진 것이다. 오히려 그런 대전은 승리를 목도하며 즐거워하게 했다.

28절, 무리가 비파와 수금과 나팔을 합주하고 예루살렘에 이르러

여호와의 전에 나아가니라

이스라엘 사람들은 전쟁을 찬송으로 했다. '이 싸움은 내게 속한 것이 아니군요. 아멘.' 하고서 "여호와의 자비하심이 영원하시도다" 하며 찬송했는데, 그들이 찬송하는 사이에 하나님께서 대적을 진멸하신 것이다. 성도들은 어려움이 있을 때 어느 정도 기도하고서 찬송을 해야 한다. 기도도 중요하지만 믿음이 생겼다면 반드시 찬송을 해야 한다. 찬송하는 동안에 주님은 대적을 멸하신다.

29-30절, **이방 모든 나라가 여호와께서 이스라엘의 적군을 치셨다 함을 듣고 하나님을 두려워한 고로 30 여호사밧의 나라가 태평하였으니 이는 그 하나님이 사방에서 저희에게 평강을 주셨음이더라**

여기의 태평한 상황은 전쟁을 통해 얻어낸 것이다.

31절, **여호사밧이 유다 왕이 되어 위에 나아갈 때에 나이 삼십오 세라 예루살렘에서 이십오 년을 치리하니라 그 모친의 이름은 아수바라 실히의 딸이더라**

그의 말년에 이러한 이야기를 하고 있다. 그는 예루살렘에서 25년을 치리했다.

32-33절, **여호사밧이 그 부친 아사의 길로 행하여 돌이켜 떠나지 아니하고 여호와 보시기에 정직히 행하였으나 33 산당은 폐하지 아니하였으므로 백성이 오히려 마음을 정하여 그 열조의 하나님께로 돌아오지 아니하였더라**

여호사밧은 좋은 점이 많았고 좋은 일도 많이 했다. 여호와 보시기에 정직히 행했고 여호와의 길을 돌이켜 떠나지 않았다. 그렇지만 해야 할 일을 하지 않은 것이 있다. 산당을 폐하지 않은 것이다. 그렇기 때문에 백성들이 마음을 정하여 열조의 하나님께로 돌아서지 않았다. 자신은 잘했지만 많은 사람들을 하나님께 돌이킬 수 있는 위치에 있는 사람이 다소 부주의함으로 말미암아 이렇게 된 것이 유감스럽다. 산당이란 유다 국에는 예루살렘에 성전이 있어서 그 성전을 중심으로 모여야 하는데 자기들끼리 뭔가 만들어서 나름대로 경배하는 것이다. 영어로 산당은 'high place' 이다. 사람들이 각자 높은 장소를 만들어 놓고 거기서 하나님을 섬긴다고 하지만 사실 그 중심에 하나님이 없고 야심과 인간의 사욕을 채우기 위해 종교 활동을 하는 것뿐이다. 그러다 보니 하나님의 백성들이 마음을 오로지하여 하나님께 돌이키지 못한 것이다.

34-35절, 이외에 여호사밧의 시종 행적이 하나니의 아들 예후의 글에 다 기록되었고 그 글은 이스라엘 열왕기에 올랐더라 35 유다 왕 여호사밧이 나중에 이스라엘 왕 아하시야와 교제하였는데 아하시야는 심히 악을 행하는 자이었더라

이 아하시야는 아합의 아들이다. 아합은 아주 사악한 왕이었는데 아하시야는 더 악한 왕이었다. 그런데 여호사밧이 그들과 사돈 관계를 맺은 것이다. 그래서 아하시야와도 교제를 하게 되었다.

36절, 두 왕이 서로 결합하고 배를 지어 다시스로 보내고자 하여 에시온게벨에서 배를 지었더니

아합의 아들 아하시야는 그 아비보다 더욱 악을 행한 왕이었는데 여호사밧이 그들과 결합하여 배를 만드는 일을 한 것이다.

37절, 마레사 사람 도다와후의 아들 엘리에셀이 여호사밧을 향하여 예언하여 가로되 왕이 아하시야와 교제하는 고로 여호와께서 왕의 지은 것을 파하시리라 하더니 이에 그 배가 파상하여 다시스로 가지 못하였더라

여호사밧은 아합과 연혼함으로 예후의 책망을 받았는데, 이제 아하시야와 결합하여 일하다가 선지자 엘리에셀의 책망을 받았다. "엘리에셀이 여호사밧을 향하여 예언하여 가로되 왕이 아하시야와 교제하는 고로 여호와께서 왕의 지은 것을 파하시리라 하더니 이에 그 배가 파상하여 다시스로 가지 못하였더라".

여호사밧은 한면에서 절대적으로 하나님을 사랑하고 섬기며, 또 좋은 일도 많이 했다. 각 성읍에 재판관도 세우고, 돌아다니면서 백성들에게 하나님의 율법을 가르치기도 했다. 그런데 사람과의 관계에서 분별력이 약했다. 오늘날도 어떤 성도가 다른 사람들을 사랑하고 품어주고 함께 하는데 거기에 분별이 없을 수도 있다. 영적 세계에는 거절하고 분별하는 것이 있다는 것을 알아야 한다. 누구에게나 그저 잘해주면 되는 것이 아니다. 분별력이 없는 사람들은 그것이 사랑이고 다른 사람을 돕는 것이라고 생각하지만, 하나님께서 어떤 사람과는 연합하고 결탁하는 것을 기뻐하시지 않는다는 것을 알아야 한다. 이것을 분별하지 못하여 여호사밧처럼 아주 망해버리는 경우가 있다. 물론 어떤 사람들과는 어떻게든 함께하고 그들을 사랑해야 한다. 그런데 성경에는 또 어떤 사람들을 분별해야 하는 것이 있다. 우리는 이것을 어떻게 알 수 있나? 성령께서 가르쳐 주신다. 바울은 디모데에게 '어떤 사람은 경건의 모양은 있지만 경건의 능력은 부인하는 자니 너는 그런 자에게서 돌아서라'고 하였다. 그런 사람들에게서는 돌아서야 한다. 그런 사람들과 함께 있으면 디모데도 무너지기 때문이다. 또 바울은 '큰 집에는 금과 은의 그릇이 있을 뿐 아니라 나무와 질그릇이 있어서 귀히 쓰는 것도 있고 천히 쓰는 것도 있다'고 하였다. 그러면서 그런 천박한 그릇들 가운데서 '네 자신을 깨끗하게 하고 거기서 스스로 분별되어야 한다'고 했다. 그러면 귀한 그릇이 되어 주인이 쓰시기에 합당하게 된다는 것이다. 또 성경에는 '내 백성아, 바벨론에서 나오고 그들의 죄에 참여하지 말라. 그들이 받을 재앙에 참여하지 말라.'는 말씀이 있다. 또 고린도 후서 6장에는 '너희가 어찌 믿지 않는 자와 멍에를 같이하는가? 하나님의 성전과 우상이 어찌 일치되는가? 그리스도와 벨리알이 어찌 함께하는가?' 하면서 자신을 깨끗하게 하기 위해 거기서 나와 따로 있으라고 한다(14-18절 참조).

헬라어로 교회는 '에클레시아'인데, '부르심을 받아 나온 자들'을 뜻한다. 이름 자체가 분별을 포함하고 있는 것이다. 세상과 죄에서 분별되는 것이 없다면 교회가 아니다. 구약의 성막은 흰 세마포로 되어 있었는데, 그것은 곧 분별을 의미했다. 세상과 교회, 그리스도 안에 있는 것들과 세상에 속한 것들을 분별하는 장이다. 에덴 동산에는 어떻게 뱀이 들어올 수 있었는가? 거기에 높은 성곽, 분별의 담이 없었기 때문이다. 그러나 새 예루살렘에는 백사십사 규빗의 높은 성곽이 있어서 아무나 함부로 들어오지 못한다. 새 예루살렘 같은 교회는 분별이 있는 교회이다. 교회가 분별을 잃어버리면 더 이상 교회가 아니다. 거기에 세상도 있고, 죄도 있고 우상도 있고, 마귀도 있다면, 그것이 과연 교회인가?

교회는 그러한 분별성을 가져야 한다. 거룩이란 본질상 거룩한 것만이 아니라 위치적으로도 하나님께 분별된(set apart) 것을 가리킨다. 즉 시장에 있는 소는 일반적인 것이지만 그 소를 성전에 제물로 갖다 놓았을 때 그 소는 거룩하게 되는 것이다. 시장에 있는 금은 비록 죄가 없을지라도 통속적인 것이지만 그것을 구별하여 성전에 갖다 놓았을 때 거룩하게 된다. 그 금의 본질 자체가 달라진 것이 아니라 위치가 분별된 것이다. 그런 분별이 없으면 교회는 거룩한 성질을 잃어버리게 된다.

레위기 11장을 보면 하나님의 백성들은 먹을 것이 있고 먹지 말아야 할 것이 있다. 굽이 갈라진 것은 먹되 땅에 붙어 배로 기어다니는 것은 먹지 말라고 했다. 신약으로 말하면 그런 유의 사람은 사귀지 말라는 뜻이다. 이 땅에 백 년, 천 년 살 것처럼 땅에 붙어 사는 사람들에게서는 분별되어야 한다. 바울은 디모데에게 '경건의 모양은 있으나 경건의 능력은 부인하는 사람들에게서 너는 돌아서라'고 말한다. 하나님은 '내 백성아, 거기서 나와 그들이 받을 재앙에 참여하지 말라!'고 하신다. 그리스도인들에게는 분별이 필요하다. 분별이 없으면 교회답지 않게 된다. 물론 우리는 사람을 용납하고 사랑해야 한다. 죄인이라 할지라도 그들을 품어야 한다. 이것은 또 다른 문제이다. 주님은 죄인과 세리의 친구이셨다. 그런 사람들은 우리가 복음을 전해서 주님께 인도해야 할 사람들이며 그렇게 해야 할 책임이 우리에게 있다. 우리는 그런 연약한 사람들은 품어야 한다. 그러나 여호사밧이 아합과 연혼하고 그 아들 아하시야와 결탁하여 함께 전쟁 나가는 것은 분명 잘못된 것이고 이로 인해 그는 선지자의 엄중한 책망을 들었다. 이런 말씀이 그리스도인 노정에서 여러분을 바로잡는 데 매우 유용한 말씀이 되기 바란다.

역대하 21 장

1절, 여호사밧이 그 열조와 함께 자매 그 열조와 함께 다윗 성에 장사되고 그 아들 여호람이 대신하여 왕이 되니라

여호사밧 왕이 죽고 그 아들 여호람이 즉위했다. 여호람은 '여호와의 높여지심'이라는 뜻이다. 그의 시대에는 남북 왕들의 이름이 동일하게 여호람(요람)이었다.

2-3절, 여호사밧의 아들 여호람의 아우 아사랴와 여히엘과 스가랴와 아사랴와 미가엘과 스바댜는 다 유다 왕 여호사밧의 아들이라 3 그 부친이 저희에게는 은금과 보물과 유다 견고한 성읍들을 선물로 후히 주었고 여호람은 장자인 고로 왕위를 주었더니

왕으로 즉위한 여호람은 동생들을 다 죽였다. 그것은 동생들이 자기보다 경건하고 백성들에게 존경을 받고 있었기 때문일 것이다. 여호사밧이 장자에게 왕위를 물려준 것은 원칙상은 맞는 것이겠지만, 과연 그것이 최선이었는지는 생각해볼 여지가 있다. 어쨌든 여호사밧 왕은 여호람의 동생들에게는 은금과 유다 성읍들을 후히 선물로 주어 섭섭지 않게 하였다. 그의 자상함과 관대함을 엿볼 수 있는 부분이다.

4절, 여호람이 그 부친의 위에 올라 세력을 얻은 후에 그 모든 아

우와 이스라엘 방백 중 몇 사람을 칼로 죽였더라

어쩌면 여호람이 동생들을 죽인 이유 중에는 종교적인 것이 컸을 것이다. 여호람은 아내 아달랴(이세벨의 딸)의 영향으로 바알숭배 쪽으로 기울었고 동생들은 경건하여 여호와 하나님을 신뢰하였기에 백성들의 신망을 얻었을 것이다. 따라서 여호람은 동생들과 신앙이 돈독한 방백들 얼마를 칼로 죽인 것이다.

5-6절, 여호람이 위에 나아갈 때에 나이 삼십이 세라 예루살렘에서 팔 년을 치리하니라 6 저가 이스라엘 왕들의 길로 행하여 아합의 집과 같이 하였으니 이는 아합의 딸이 그 아내가 되었음이라 저가 여호와 보시기에 악을 행하였으나

여호람은 32세에 왕이 되어 8년을 치리하고 재위 6년에 심한 병이 들어 8년에 죽었다. 그는 아내 때문에 이스라엘 왕들처럼 바알 숭배에 전념하였다. 이 구절의 말씀은 그 이유가 아합의 딸이 그의 아내가 되었기 때문이라고 한다.

7절, 여호와께서 다윗의 집을 멸하기를 즐겨하지 아니하셨음은 이전에 다윗으로 더불어 언약을 세우시고 또 다윗과 그 자손에게 항상 등불을 주겠다고 허하셨음이더라

하나님은 언약의 하나님이시다. 여호람의 소행을 보면 당장에 멸하고 그 씨에서 왕을 내지 못하게 하는 것이 마땅하나 그분이 다윗과 그 자손에게 항상 등불을 주시겠다고 약속하신 고로 여호람의 집을 쓸어 멸하지 않으신 것이다.

8-10절, 여호람 때에 에돔이 배반하여 유다의 수하에서 벗어나 자기 위에 왕을 세운 고로 9 여호람이 장관들과 모든 병거를 거느리고 출정하였더니 밤에 일어나서 자기를 에워싼 에돔 사람과 그 병거의 장관들을 쳤더라 10 이와 같이 에돔이 배반하여 유다의 수하에

서 벗어났더니 오늘날까지 그러하였으며 그때에 립나도 배반하여 여호람의 수하에서 벗어났으니 이는 저가 그 열조의 하나님 여호와를 버렸음이더라

여호람이 하나님을 버리고 우상숭배를 함으로 타락하자 하나님도 그의 왕권이 약화되도록 하셨다. 먼저 에돔이 그 수하에서 벗어나 자신들의 왕을 세워 독립하였고 립나라는 도시도 반역하여 여호람의 수하에서 벗어났다.

11절, **여호람이 또 유다 여러 산에 산당을 세워 예루살렘 거민으로 음란하듯 우상을 섬기게 하고 또 유다를 미혹케 하였으므로**

여호람은 그의 조부 아사나 부친 여호사밧이 폐한 산당을 다시 세워 우상숭배를 하게 하였다. 성경은 그가 유다를 미혹하게 하였다고 기록한다. 교회 인도자의 신앙은 성도들에게 지대한 영향을 미친다.

12-15절, **선지자 엘리야가 여호람에게 글을 보내어 가로되 왕의 조상 다윗의 하나님 여호와의 말씀이 네가 네 아비 여호사밧의 길과 유다 왕 아사의 길로 행치 아니하고 13 오직 이스라엘 열왕의 길로 행하여 유다와 예루살렘 거민으로 음란하듯 우상을 섬기게 하기를 아합의 집과 같이 하며 또 너의 아비 집에서 너보다 선한 아우들을 죽였으니 14 여호와가 네 백성과 네 자녀와 네 아내들과 네 모든 재물을 큰 재앙으로 치리라 15 또 너는 창자에 중병이 들고 그 병이 날로 중하여 창자가 빠져나오리라 하셨다 하였더라**

여기에 북왕국 이스라엘의 유명한 선지자 엘리야가 나타난다. 이 엘리야가 여호람 시대에 나타났다고 하는 것은 연대적으로 맞지 않기에 학자들 간에 의견이 분분하다. 그러나 여기 선지자의 말은 글로 써 보낸 것이기에 시점이 크게 문제 될 것이 없다. 남북의 여호람 왕 시대와 엘리야 시대가 근접해 있어서 그러하고, 열왕기 상 19장에는 엘리야가 유다에 속한 브엘세바를 방문한 기록이 나온다. 따라서 선지가가 그곳에 머무는 동안 유다의 상황을 보고 탄식하였을 가능성은 충분히 있다. 엘리야의 여호람 왕에 대한 하나님의 징벌적 예언은 매우 중대하다. 그 원인이 분명하였는데 이는 그가 선왕들의 경건함을 따르지 않고 이스라엘의 악을 따른 것이다. 그리고 자기보다 선한 동생들을 죽인 것이다. 따라서 자녀들이나 아내나 재물까지 해를 입고 그도 창자에 병이 들어 죽을 것이라고 하였다.

16-19절, 여호와께서 블레셋 사람과 구스에서 가까운 아라비아 사람의 마음을 격동시키사 여호람을 치게 하셨으므로 17 그 무리가 올라와서 유다를 침노하여 왕궁의 모든 재물과 그 아들들과 아내들을 탈취하였으므로 말째 아들 여호아하스 외에는 한 아들도 남지 아니하였더라 18 이 모든 일 후에 여호와께서 여호람을 치사 능히 고치지 못할 병이 그 창자에 들게 하셨으므로 19 여러 날 후 이 년 만에 그 창자가 그 병으로 인하여 빠져나오매 저가 그 심한 병으로 죽으니 백성이 그 열조에게 분향하던 것같이 저에게 분향하지 아니하였으며

엘리야의 예언이 그대로 이루어진 것을 기록했다. 블레셋 사람들과 아라비아 사람들이 유다를 침노하여 왕궁의 재물과 그 아들들과 아내들을 탈취하여 갔으며 이때 여호람의 말째 아들 여호아하스(아하시야)가 그의 대를 이어 왕이 되었다. "여호와께서 여호람을 치사 능히 고치지 못할 병이 그 창자에 들게 하셨으므로". 아무리 좋지 않은 병이라도 치료되는 경우가 있는데 하나님이 치신 경우는 어쩔 도리가 없다.

20절, 여호람이 삼십이 세에 즉위하고 예루살렘에서 팔 년을 치리하다가 아끼는 자 없이 세상을 떠났으며 무리가 저를 다윗 성에 장사하였으나 열왕의 묘실에는 두지 아니하였더라

그가 40세에 죽었는데 그를 애도하는 분위기도 없고 아깝게 여기는 사람도 없이 죽었다. 다윗 성에 장사는 지냈지만 열왕의 묘실에는 두지 않았다. 그의 악행의 결과였다.

역대하 22장

1절, 예루살렘 거민이 여호람의 말째 아들 아하시야로 위를 이어 왕을 삼았으니 이는 전에 아라비아 사람과 함께 와서 영을 치던 부대가 그의 모든 형을 죽였음이라 그러므로 유다 왕 여호람의 아들 아하시야가 왕이 되었더라

여호람의 아들들은 블레셋과 아라비아 인들이 쳐들어와서 다 죽었다. 따라서 아하시야가 즉위했는데, 그때 북왕국은 요람 제 12년이었고 그는 일 년 치리하다가 예후에 의해 죽임을 당했다.

2절, 아하시야가 왕이 될 때에 나이 사십이 세라 예루살렘에서 일 년을 치리하니라 그 모친의 이름은 아달랴라 오므리의 손녀더라

아하시야가 왕이 될 때 나이가 42세라 함은 사본 기자의 실수로 여겨진다. 그의 아비 여호람이 죽을 때 나이가 40세이기 때문이다. 따라서 열왕기 하 8장 26절의 22세가 옳은 것으로 여겨진다. 70인 역은 20세로 되어 있다. 그의 모친 아달랴는 이스라엘의 가장 악한 왕 중 하나인 아합과 가장 사악한 왕비 이세벨에게서 태어났다. 그녀는 제 2의 이세벨이라고 할 만큼 악한 여자였다.

3-4절, 아하시야도 아합의 집 길로 행하였으니 이는 그 모친이 꾀

어 악을 행하게 하였음이라 4 그 부친이 죽은 후에 저가 패망케 하는 아합의 집 교도를 좇아 여호와 보시기에 아합의 집같이 악을 행하였더라

아합의 집의 길이란 바알 신을 숭배한 것이다. 그는 결국 아합의 아들 요람과 더불어 아람과 전쟁을 하다가 함께 죽게 된다. 아하시야가 아합의 집의 길로 들어선 것은 그의 어미인 아달랴의 꾀임 때문이다. 그 어미 아달랴는 북왕국 아합의 아들 요람 왕의 누이였다. 패망케 하는 아합의 집이란 우상숭배하는 집이기에 패망이 예고된 집이라는 뜻이다. 간단히 말해서, 바알 신은 농사의 신인데 그저 이 세상에서 사는 동안 풍년 들어 잘 먹고 잘 살게 해달라고 비는 일종의 미신이다. 현세적 복을 기원하는 신앙, 즉 살아계신 하나님의 명령을 순종할 것이 없이 자신들의 하는 일만 축복해달라고 기원하는 일종의 인본주의 신앙이라고 볼 수 있다.

5절, **아하시야가 아합의 집 교도를 좇고 이스라엘 왕 아합의 아들 요람과 함께 길르앗 라못으로 가서 아람 왕 하사엘로 더불어 싸우더니 아람 사람들이 요람을 상하게 한지라**

길르앗 라못은 요람의 아비 아합과 아하시야의 조부 여호사밧이 함께 아람 왕 벤하닷과 싸우다가 아합이 죽은 바로 그곳이다. 그 벤하닷은 자손들에게 죽임을 당하고 하사엘이 왕이 되었는데, 이번에는 이스라엘 왕 요람이 부상을 당했다.

6절, **요람이 아람 왕 하사엘과 싸울 때에 라마에서 맞아 상한 것을 치료하려 하여 이스르엘로 돌아왔더라 아합의 아들 요람이 병이 있으므로 유다 왕 여호람의 아들 아사랴가 이스르엘에 내려가서 방문하였더라**

라마란 길르앗 라못의 별칭이다. 그곳에서 부상을 당한 요람이 가까운 이스르엘에서 치료를 받고 있는데 유다 왕 아하시야가 그를 문병하기 위해 이스르엘로 간 것이다. '아사랴'는 아하시야의 별명이다. 여호사밧의 심각한 잘못 중 하나가 이스라엘 아합의 집과 연혼한 것인데, 그것이 대를 이어 내려오면서 나라를 부패시키고 자손들에게 불행을 가져온 것이다.

7-9절, 아하시야가 요람에게 감으로 해를 받았으니 이는 하나님께로 말미암은 것이라 아하시야가 갔다가 요람과 함께 나가서 임시의 아들 예후를 맞았으니 그는 여호와께서 기름을 부으시고 아합의 집을 멸하게 하신 자더라 8 예후가 아합의 집을 징벌할 때에 유다 방백들과 아하시야의 형제의 아들들 곧 아하시야를 섬기는 자들을 만나서 죽였고 9 아하시야는 사마리아에 숨었더니 예후가 찾으매 무리가 예후에게로 잡아다가 죽이고 이르기를 저는 전심으로 여호와를 구하던 여호사밧의 아들이라 하고 장사하였더라 이에 아하시야의 집이 약하여 왕위를 지키지 못하게 되니라

결국 아하시야는 일 년 간 왕 노릇 하고 죽는다. 그는 이스라엘 왕 요람에게 문병을 갔기 때문에 죽게 되는데, 성경의 기록은 이 모든 것이 하나님의 정하신 바라고 한다. 예후는 아합의 집을 멸하도록 기름부음을 받은 자였다. 그가 이스르엘에 가서 요람을 죽여 혁명에 성공하고 수도 사마리아로 가다가 도중에 양털 깎는 아하시야의 형제들(사실은 그 형제의 아들들)을 만나서 다 죽였다.

아하시야는 사마리아로 도망을 갔는데 예후가 찾으니 사람들이 그를 예후에게 데려와 잡아 죽였다. 그리고서 말하기를, "저는 전심으로 여호와를 구하던 여호사밧의 아들이라"고 했다. 그것은 그렇게 경건하던 여호사밧의 아들이 왜 그 모양이냐 하는 뜻이다. 아하시야는 이렇게 수치스럽게 죽었다.

10-12절, 아하시야의 모친 아달랴가 그 아들의 죽은 것을 보고 일어나 유다 집의 왕의 씨를 진멸하였으나 11 왕의 딸 여호사브앗이

아하시야의 아들 요아스를 왕자들의 죽임을 당하는 중에서 도적하여 내고 저와 그 유모를 침실에 숨겨 아달랴를 피하게 한 고로 아달랴가 저를 죽이지 못하였더라 여호사브앗은 여호람 왕의 딸이요 아하시야의 누이요 제사장 여호야다의 아내더라 12 요아스가 저희와 함께 하나님의 전에 육 년을 숨어 있는 동안에 아달랴가 나라를 다스렸더라

아하시야의 모친이요 유다 왕 여호람의 아내 아달랴는 아들 아하시야가 죽은 후 유다 집의 왕의 씨 곧 손자들을 다 죽여버렸다. 그리고 왕위를 찬탈하여 6 년 간 유다를 통치했다. 그때 왕자들이 죽임을 당하는 중에 어린 요아스를 여호사브앗이라는 아하시야의 누이, 곧 요아스의 고모가 구원하여다가 성전에 숨겨 기르게 된다. 그 여호사브앗은 개혁의 공로자인 제사장 여호야다의 아내였다. 여호야다가 대제사장이었기에 요아스는 육 년이나 성전에서 보호를 받으며 자라날 수 있었다. 그 육 년 간을 유다는 사실상 이스라엘 왕 아합과 이세벨의 딸의 통치 아래 있었던 것이다.

역대하 23장

1절, 제 칠년에 여호야다가 세력을 내어 백부장 곧 여로함의 아들 아사랴와 여호하난의 아들 이스마엘과 오벳의 아들 아사랴와 아다야의 아들 마아세야와 시그리의 아들 엘리사밧 등으로 더불어 언약을 세우매

어린 요아스가 성전에서 양육되고 있는 동안, 여호야다 제사장이 다윗 왕가의 왕권을 회복하는 데 하나님께 쓰임받게 된다. 그는 첫째로 군부 세력을 규합했다. 백부장인 아사랴, 이스마엘, 아사랴, 마아세야, 엘리사밧 등과 맹약을 세운 것이다.

2-3절, 저희가 유다로 두루 다니며 유다 모든 고을로서 레위 사람과 이스라엘 족장들을 모아 예루살렘에 이른지라 3 온 회중이 하나님의 전에서 왕과 언약을 세우매 여호야다가 무리에게 이르되 여호와께서 다윗의 자손에게 대하여 말씀하신 대로 왕자가 즉위하여야 할지니

여호야다는 군장들만이 아니라 레위 사람들과 족장들도 예루살렘에 집합하게 했다. 그리고서 온 회중이 하나님의 전에서 왕과 언약을 세웠다. 그것은 다윗의 자손인 왕자를 즉위시켜야 한다는 내용이다.

여호야다는 당시 백성들에게 두루 신뢰를 받고 있었다. 군부세력과 레위인들과 이스라엘 족장들 모두가 그의 소집에 응한 것을 보면 알 수 있다. 그들은 다 예루살렘으로 모였으며 그가 말하면 모든 명령에 따를 준비가 되어 있었다. 놀라운 사실은 이 일이 성공적으로 수행될 때까지 그들이 비밀을 지킬 수 있었다는 것이다. 즉위식을 성전에서 거행하는 것은 위법일지도 모르지만 여호야다는 그렇게 할 수밖에 없었다. 그렇지만 최대한 성전을 거룩하게 지키기 위해 제사장과 레위인 외에는 들어오지 못하게 하고 들어오는 자는 다 죽이도록 했다. 그는 매우 결단력 있는 지도자였고, 왕자를 인도하여 면류관을 씌워주고 율법책을 주었다.

4-8절, 이제 너희는 이와 같이 행하라 너희 제사장과 레위 사람 곧 안식일에 입번한 자의 삼분 일은 문을 지키고 5 삼분 일은 왕궁에 있고 삼분 일은 기초문에 있고 백성들은 여호와의 전 뜰에 있을지라 6 제사장과 수종드는 레위 사람은 거룩한즉 여호와의 전에 들어오려니와 그 외의 다른 사람은 들어오지 못할 것이니 모든 백성은 여호와의 명하신바를 지킬지며 7 레위 사람은 각각 손에 병기를 잡고 왕을 호위하며 다른 사람이 전에 들어오거든 죽이고 왕의 출입할 때에 시위할지니라 8 레위 사람과 유다 무리가 제사장 여호야다의 모든 명한 바를 준행하여 각기 수하의 안식일에 입번할 자와 안식일에 출번할 자를 거느리고 있으니 이는 제사장 여호야다가 출번하는 자를 보내지 아니함이더라

여호야다의 주도 면밀함을 보여준다. 즉위식을 위해서 레위인과 제사장들의 안식일 입번과 출번자를 함께 시무하도록 한 것이다. 그리고 제사장과 레위인을 삼 대로 나누어서 성전 문과 왕궁과 기초문에 배치하였다. 기초문이란 수르 문이며(왕하 11:6) 호위대 뒤에 있었다. 그리고 일반 백성은 성전의 뜰에 있었다. 제사장과 레위인 외에는 성전에 들어올 수 없는 규례를 지켜 일반 백성들은 성전에 들어오지 못하게 한 것이다. 여호야다는 이러한 반정 거사에서 비록 즉위식을 성전에서 행할지라도 여호와의 규례를 철저히 지키도록 하였다. 7절은 레위 사람이 병기를 잡았다고 했는데 열왕기 하 11장 11절에서는 호위병이 각각 손에 병기를 잡았다고 했다. 이는 호위병이나 레위인이나 모두 무장하고 왕을 지켰다는 뜻이다. 다른 사람이 들어오면 죽이라고 한 것은 아달랴의 사람들이 들어와 혹 요아스를 시해할까 염려되었기 때문이다. 8절은 이 즉위식을 위해서 입번자와 출번자를 함께 일하게 했다는 것이다.

9-10절, 제사장 여호야다가 하나님의 전 안에 있는 다윗 왕의 창과 큰 방패와 작은 방패를 백부장들에게 주고 10 또 백성들로 각각 손에 병기를 잡고 왕을 호위하되 전 우편에서부터 전 좌편까지 단과 전 곁에 서게 하고

여호야다는 다윗 시대에 노획한 성전 창고의 무기들을 거사하는 백부장들에게 나누어 주었다. 어쩌면 그는 당시 군인들의 사기를 위해서도 다윗의 무기들을 사용하도록 했을 것이다. 백성들도 각각 손에 병기를 잡고 성전 좌우편에서 왕을 호위했다.

11절, 무리가 왕자를 인도하여 내어 면류관을 씌우며 율법 책을 주고 세워 왕을 삼을새 여호야다와 그 아들들이 저에게 기름을 붓고 모두 왕의 만세를 부르니라

무리가 왕자를 인도하여 냈다기보다는 여호야다가 왕자를 인도하여 냈다는 표현이 맞을 것이다. 그가 왕자를 인도하고 백성들은 그 뒤를 따랐을 것이다. 그리고 어린 왕자의 머리에 관을 씌워주었다. 율법 책을 준 것은 하나님의 말씀에 따라 통치하라는 뜻이다.

12-13절, 아달랴가 백성들이 분주하며 왕을 찬송하는 소리를 듣고 여호와의 전에 들어가서 백성에게 이르러 13 보매 왕이 전 문 기둥 곁에 섰고 장관들과 나팔수가 왕의 곁에 모셨으며 국민들이 즐거워하여 나팔을 불며 노래하는 자는 주악하며 찬송을 인도하는지라

이에 아달랴가 옷을 찢으며 외치되 반역이로다 반역이로다 하매

당시 왕궁에 있던 아달랴는 전연 정보를 얻지 못하고 있다가 성전에서 백성이 분주하게 움직이는 소리를 듣고 성전으로 가보았는데 요아스 왕의 즉위식이 거행되고 있는 것이다. 왕은 솔로몬이 만든 놋대 위에, 전문 놋기둥 앞에 면류관을 쓰고 서 있었고 왕 곁에는 장관들과 나팔수들이 모시고 서 있는 것이었다. 나팔수는 나팔을 불고 백성들은 환호하고 아달랴는 옷을 찢으면서 '반역이로다' 하고 외쳤다. 사실은 원래 그녀가 반역을 일으켰던 것이다.

14-15절, 제사장 여호야다가 군대를 거느린 백부장들을 불러내어 명하여 가로되 반열 밖으로 몰아내라 무릇 저를 따르는 자는 칼로 죽이라 하니 제사장의 이 말은 여호와의 전에서는 저를 죽이지 말라 함이라 15 이에 무리가 길을 열어 주고 저가 왕궁 마문 어귀에 이를 때에 거기서 죽였더라

여호야다는 백부장들에게 그녀를 반열 밖으로 몰아내고 아달랴를 따르는 자들은 죽이라고 명했다. 그 말에는 성전에서 우상숭배자들의 피를 흘리지 말라는 뜻도 있다.

16-21절, 여호야다가 자기와 뭇 백성과 왕의 사이에 언약을 세워 여호와의 백성이 되리라 한지라 17 온 국민이 바알의 당으로 가서 그 당을 훼파하고 그 단들과 우상들을 깨뜨리고 그 단 앞에서 바알의 제사장 맛단을 죽이니라 18 여호야다가 여호와의 전의 직원을 세워 제사장 레위 사람의 수하에 맡기니 이들은 다윗이 전에 그 반차를 나누어서 여호와의 전에서 모세의 율법에 기록한 대로 여호와께 번제를 드리며 자기의 정한 규례대로 즐거이 부르고 노래하게 하였던 자더라 19 또 문지기를 여호와의 전 여러 문에 두어 무릇 아무 일에든지 부정한 자는 들어오지 못하게 하고 20 백부장들과 존귀한 자들과 백성의 방백들과 온 국민을 거느리고 왕을 인도하여 여호와의

전에서 내려와서 윗문으로 좇아 왕궁에 이르러 왕을 나라 보좌에 앉히매 21 온 국민이 즐거워하고 성중이 평온하더라 아달랴를 무리가 칼로 죽였었더라

여호야다는 여기서 두 가지 언약을 세웠다. 첫째는 왕과 백성이 여호와와 맺은 언약으로서 모세의 시내 산 언약을 재확인하는 것이며, 둘째는 왕과 백성 사이의 언약으로서 백성이 왕에게 신실하게 율법을 준행할 것을 약속하는 언약인 것이다. 이렇게 해서 아달랴는 죽고 요아스가 위에 오른다. 그리고 여호야다 제사장이 살아 있을 동안에는 요아스가 선정을 베풀었다. 그러나 후반에는 또 문제가 많이 생기게 된다.

그럼에도 여호야다의 역할은 다윗의 씨를 멸절하고 그리스도의 족보를 이어가지 못하게 하려는 마귀의 시도를 차단하고 그리스도가 다윗의 자손으로 출생하시도록 중대한 역사를 한 것이다.

역대하 24 장

1절, 요아스가 위에 나아갈 때에 나이 칠 세라 예루살렘에서 사십 년을 치리하니라 그 모친의 이름은 시비아라 브엘세바 사람이더라

요아스 왕은 고모인 여호사브앗의 품에서 칠 년 동안 성전에 숨어있다가 어린 나이인 칠 세에 등극했다. '요아스'라는 이름은 '실망하는 자'를 뜻하는데, 그 이름대로 후에 큰 실망을 주었다. 모친 시비아는 브엘세바 사람이었다. 브엘세바는 맹세의 우물이라는 뜻이며 헤브론 남쪽에 있다.

2절, 제사장 여호야다가 세상에 사는 모든 날에 요아스가 여호와 보시기에 정직히 행하였으며

대제사장 여호야다가 어린 왕 요아스를 보필하고 섬겼다. 여호야다는 제사장이요 경건한 사람으로서 그가 사는 날 동안 섭정을 한 셈이다. 그는 어린 요아스를 교도했고 요아스는 여호야다의 말에 순종하면서 하나님 보시기에 정직하게 행하였다.

3절, 여호야다가 왕으로 두 아내에게 장가들게 하였더니 자녀를 낳았더라

요아스가 나이가 들자 제사장 여호야다가 그로 하여금 두 아내에게 장가들게 했다. 여호야다는 경건한 사람이기 때문에 어린 왕 요아스에게 좋은 영향을 주었다. 젊은 사람이 경건한 연장자의 영향 아래 있을 때 그것은 매우 축복된 것이다. 칠 년 동안 성전에 있었고 그 후에도 여호야다의 지도 아래 많은 것들을 배우며 치리했다. 여러분도 젊을 때 경건한 분위기 속에 있을 수 있다는 것을 축복으로 여겨야 한다. 나 자신도 20대에 주님이 부르셔서 늘 기도하는 분위기, 말씀을 읽는 분위기에 있었는데, 나는 그것을 굉장히 큰 축복으로 여겼다. 내가 만일 그런 상황에 있지 않고 다른 세상적인 일에 종속되어 있었다면 아마도 지금의 나는 없을 것이다. 아무래도 젊을 때에는 유혹에 약하고 다른 것들에 쉽게 영향을 받기 때문이다. 그런 시절에 경건한 분위기 속에서 자신을 지킬 수 있었던 것이 지금 주님을 섬기는 데 버팀목이 되는 것 같다.

4-5절, 그 후에 요아스가 여호와의 전을 중수할 뜻을 두고 5 제사장과 레위 사람을 모으고 저희에게 이르되 너희는 유다 여러 성읍에 가서 이스라엘 무리에게 해마다 너희 하나님의 전을 수리할 돈을 거두되 그 일을 빨리 하라 하였으나 레위 사람이 빨리 하지 아니한지라

요아스 왕은 하나님의 전을 중수할 뜻을 가졌다. 그가 육 년 동안이나 그곳에서 지냈기 때문에 그 성전의 경건한 분위기를 잊을 수 없었을 것이고 또한 애착도 있었을 것이다. 아달랴의 바알 숭배 때문에 하나님의 성전이 방치되고 많이 훼손되었기 때문에 왕은 성전 중수 명령을 내렸는데, 각 성읍에 가서 헌금을 거두어 속히 성전 중수를 하라고 했는데 레위인들이 이를 신속히 하지 않았다.

6절, 왕이 대제사장 여호야다를 불러 이르되 네가 어찌하여 레위 사람을 시켜서 여호와의 종 모세와 이스라엘의 회중이 법막을 위하여 정한 세를 유다와 예루살렘에서 거두게 하지 아니하였느냐 하니

대제사장 여호야다는 자기를 키워준 사람이지만, 왕은 이때 30세 정도로 여호야다에게 책망할 정도의 나이가 되었을 것이다. "네가 어찌하여 레위 사람을 시켜서 여호와의 종 모세와 이스라엘의 회중이 법막을 위하여 정한 세를 유다와 예루살렘에서 거두게 하지 아니하였느냐".

7절, 이는 그 악한 여인 아달랴의 아들들이 하나님의 전을 깨뜨리고 또 여호와의 전의 모든 성물을 바알들에게 드렸음이었더라

당시 아달랴의 아들들이 성전을 깨뜨렸고 또 여호와의 전의 모든 성물을 바알들에게 드렸기 때문에 필히 보수할 필요가 있었다.

8-10절, 이에 왕이 명하여 한 궤를 만들어 여호와의 전 문 밖에 두게 하고 9 유다와 예루살렘에 반포하여 하나님의 종 모세가 광야에서 이스라엘에게 정한 세를 여호와께 드리라 하였더니 10 모든 방백과 백성들이 기뻐하여 마치기까지 돈을 가져다가 궤에 던진지라

소위 헌금하는 방법을 바꾼 것이다. 레위 사람들에게 거두라고 했더니 잘 안 되어서 요아스 왕이 직접 명령을 내려 한 궤를 만들어 여호와의 문 밖에 두고 모세가 명한 성전세를 내도록 하여 성전을 중수하라고 명령을 내렸더니 백성들이 기뻐하면서 헌금을 궤에 넣었더라는 이야기이다.

11절, 언제든지 레위 사람들이 궤를 메고 왕의 유사에게 가서 돈이 많은 것을 보면 왕의 서기관과 대제사장에게 속한 아전이 와서 그 궤를 쏟고 다시 그 처소에 갖다 두었더라 때때로 이렇게 하여 돈을 많이 거두매

때론 방법을 바꾸는 것도 필요하다. 연보하는 방법을 자발적 헌신으로 바꾸니 많은 액수가 걷히더라는 말이다. 백성에게 헌금에 대한 구체적인 동기 부여를 하는 것도 필요하다.

12-14절, 왕과 여호야다가 그 돈을 여호와의 전 간역자에게 주어 석수와 목수를 고용하여 여호와의 전을 중수하며 또 철 공장과 놋

공장을 고용하여 여호와의 전을 수리하게 하였더니 13 공장들이 말아서 수리하는 역사가 점점 진취되므로 하나님의 전을 이전 모양대로 견고케 하니라 14 필역한 후에 그 남은 돈을 왕과 여호야다의 앞으로 가져온 고로 그것으로 여호와의 전에 쓸 그릇을 만들었으니 곧 섬겨 제사 드리는 그릇이며 또 숟가락과 금, 은 그릇들이라 여호야다가 세상에 사는 모든 날에 여호와의 전에 항상 번제를 드렸더라

요아스 왕이 성전을 중수하는 일을 훌륭하게 마친 것에 대해 설명하고 있다. 결국 돈이 제대로 거둬지지 않아서 일이 진척되지 않았던 것이다. 그래서 궤 하나를 만들어 성전 문 앞에 두고 자발적으로 드리게 했더니 백성들이 기꺼이 드려서 어느 정도 차면 가져다가 쏟아붓고 하여 그 돈을 가지고 왕과 여호야다가 직접 일꾼들에게 일을 시켰더니 성전이 다 중수되어 이전 모양을 되찾고도 돈이 남아 그 돈으로 왕과 여호야다가 여호와의 전에 쓸 금, 은 그릇을 많이 만들어서 여호와의 성전에 두었다는 것이다. 그리고 여호야다는 그가 사는 날 동안 항상 성전에서 번제를 드렸다.

그런데 이러한 역사들이 좋아 보일지라도 사실 신앙의 외적인 면의 열심이다. 이러한 외적 활동보다 더 중요한 것은 내적이고 본질적인 신앙이다. 우리 내면이 우선적인 것이며 더욱 중요하다는 말이다. 우리의 양심과 내면에서 그리스도를 알고 진리를 깨우치며 순종하고 분별하면서 주님의 뜻을 따르는 것이 중요하다. 성전을 중수하는 등 외적 활동을 잘했다고 해서 그것이 가장 귀한 것은 아니다. 신약으로 말한다면, 우리 자신이 교회가 되고 그리스도의 몸이 되는 것이 중요하다. 바울은 "너희가 하나님의 성전인 것과 하나님의 성령이 너희 안에 거하시는 것을 알지 못하느냐"(고전 3:16)고 했다. 또한 "너희도 성령 안에서 하나님의 거하실 처소가 되기 위하여 예수 안에서 함께 지어져 가느니라"(엡 2:22)고 했다. 우리 자신이 하나님이 거하시는 전이 되도록 드려지는 것이 중요하다. 우리는 그대로 있고 우리의 속은 변하지 않은 채 외적으로 어떤 큰 성과를 내었다 하더라도 그것은 그렇게 유용하지 않을 수 있음을 알아야 한다.

15절, 여호야다가 나이 많고 늙어서 죽으니 죽을 때에 일백삼십 세라

여호야다 제사장은 당시로 보면 굉장히 장수했다. 당시에 왕들은 40세, 50세에도 죽었다. 어쩌면 하나님께서 그분의 나라를 위해서 그를 오래 살게 하신 것 같다.

16절, 무리가 다윗 성 열왕의 묘실 중에 장사하였으니 이는 저가 이스라엘과 하나님과 그 전에 대하여 선을 행하였음이더라

여호야다는 유일하게 왕이 아니면서도 열왕의 묘실에 장사된 사람이다. 실제적으로 그는 왕보다 나았다. 이 여호야다라는 사람은 대제사장이지만 나라가 가장 어려운 때에 중대하고도 중요한 위치에서 나라를 위해 가장 큰 일을 했다. 그가 죽자 백성이 그를 열왕의 묘실에 장사하였다. 사실 왕이지만 죽었을 때 열왕의 묘실에 들어가지 못한 왕들도 있었다. 그러나 여호야다는 왕이 아니면서도 열왕의 묘실에 들어갔다. 그 이유는 그가 '이스라엘과 하나님과 그 전'에 대하여 선행을 했기 때문이라는 것이다. 여호야다는 그의 생전의 모든 것이 하나님께 합격되었다. 두 지파만으로 이루어진 유다 국을 위해 일했지만 그의 사역은 전체 이스라엘을 위한 것이 되었다. 우리가 섬기는 성도들이 적은 무리일지라도 우리의 섬김 또한 하나님의 백성 전체를 위한 것이 될 수도 있음을 기억하자.

17절, 여호야다가 죽은 후에 유다 방백들이 와서 왕에게 절하매 왕이 그의 말을 듣고

여호야다가 죽은 후에 유다의 방백들이 와서 왕에게 절하면서 여러 가지 말을 했다. 요아스 왕은 젊었을 때 여호야다와 같이 무게 있는 사람의 말을 듣기는 하였지만 들으면서 순종하기가 힘들었던 것 같다. 그보다는 방백들이 와서 굽신거리며 말하니 훨씬 듣기가 편했던 것이다.

18절, 그 열조의 하나님 여호와의 전을 버리고 아세라 목상과 우상을 섬긴 고로 이 죄로 인하여 진노가 유다와 예루살렘에 임하니라

사람이 이렇게 쉽게 하나님과 그 전을 버릴 수가 있는가? 그렇게 힘들여서 성전을 중수한 왕이 어찌 그리 쉽게 여호와의 성전을 버린다는 말인가? 여호야다 제사장이 죽자마자 요아스는 다른 사람들의 말을 들었다. 아마도 요아스는 여호야다가 절대적이고 엄격하게 하나님의 법도를 따르는 것이 자기의 성질과는 맞지 않다고 느꼈을 수도 있다. 자기의 내면적인 성향에 맞지 않는데 어릴 때부터 교도를 받았기 때문에 그냥 따랐던 것이다. 그런데 자기 밑에서 대신들이 굽신거리며 아부하니까 그것이 훨씬 편하고 좋았던 것이다. 어쨌든 요아스는 성전을 버리고 아세라 목상과 우상을 섬기게 되었다.

19절, 그러나 여호와께서 선지자를 저에게 보내사 다시 자기에게로 돌아오게 하려 하시매 선지자들이 저에게 경계하나 듣지 아니하니라

요아스는 일단 돌아선 후에는 더 이상 책망이나 권면이나 권고를 듣기를 싫어했다. 이제 요아스 내면에 있던 꺾이지 않고 굴복되지 않은 자아가 비로소 드러난 것이다. 하나님께서는 선지자들을 보내서 요아스 왕을 경계하고 권면해서 돌이키려고 하셨지만 요아스는 듣지 않았다.

20-21절, 이에 하나님의 신이 제사장 여호야다의 아들 스가랴를 감동시키시매 저가 백성 앞에 높이 서서 저희에게 이르되 여호와께서 말씀하시기를 너희가 어찌하여 여호와의 명령을 거역하여 스스로 형통치 못하게 하느냐 하셨나니 너희가 여호와를 버린 고로 여호와께서도 너희를 버리셨느니라 하나 21 무리가 함께 꾀하고 왕의 명을 좇아 여호와의 전 뜰 안에서 돌로 쳐 죽였더라

여기 스가랴라는 사람이 있다. 스가랴는 '여호와의 기억하심'이라는 뜻이다. 그는 대제사장으로서 죽을 뻔했던 어린 요아스를 보호하여 육년 이상 성전에서 양육해주었던 절대 은인 여호야다의 아들이었다. 바로 그 여호야다의 아들 제사장 스가랴가 일어나 외친 것이다. "너희가 어찌하여 여호와의 명령을 거역하여 스스로 형통치 못하게 하느냐 하셨나니 너희가 여호와를 버린 고로 여호와께서도 너희를 버리셨느니라". 그러나 이미 마음이 굳어진 왕과 백성들이 여호와의 전 뜰 안에서 스가랴 선지자를 돌로 쳐 죽였다. 주 예수께서 마태복음 23장 35절에서 말씀하신 '성전과 제단 사이에서 너희가 죽인 스가랴'가 바로 이 사람이다. 요아스는 자기의 가장 은인이 되는 사람의 아들을 죽여 버린 것이다. 사람의 본질과 내면의 생명이 바뀌지 않으면 이렇게 배은망덕을 하게 되어 있다. 더 이상 그런 권위적인 책망이나 권면이나 교도를 받고 싶지 않고 그런 말이 속상하게 들리고 섭섭하게 들리는 것이다. 아랫사람들이 하는 아첨의 말만 귀에 들어올 뿐 참 선지자의 말은 들리지 않는 것이다.

22절, 요아스 왕이 이와 같이 스가랴의 아비 여호야다의 베푼 은혜를 생각지 아니하고 그 아들을 죽이니 저가 죽을 때에 이르되 여호와는 감찰하시고 신원하여 주옵소서 하니라

스가랴는 죽으면서 주님께 원수를 갚아 달라고 했다. 죽을 형편에서 구하여 어릴 때부터 키워준 은인은 부모와 같은 사람인데, 요아스는 그런 사람의 은혜를 생각지 아니하고 그 아들을 죽이는 배은망덕한 짓을 한 것이다. "저가 죽을 때에 이르되 여호와는 감찰하시고 신원하여 주옵소서 하니라".

23절, 일 주일 후에 아람 군대가 요아스를 치려 하여 올라와서 유다와 예루살렘 이르러 백성 중에서 그 모든 방백을 멸절하고 노략한 물건을 다메섹 왕에게로 보내니라

이것은 스가랴 선지자의 예언대로 이루어진 것이다.

24절, 아람 군대가 적은 무리로 왔으나 여호와께서 심히 큰 군대를 그 손에 붙이셨으니 이는 유다 사람이 그 열조의 하나님 여호와를 버렸음이라 이와 같이 아람 사람이 요아스를 징벌하였더라

아람 군대는 매우 적은 무리가 왔고 유다는 큰 군대로 맞섰지만 아람에게 패하고 말았다.

25절, 요아스가 크게 상하매 적군이 버리고 간 후에 그 신복들이 제사장 여호야다의 아들들의 피로 인하여 모반하여 그 침상에서 쳐 죽인지라 다윗 성에 장사하였으나 열왕의 묘실에는 장사하지 아니하였더라

요아스는 아람과의 전투에 나갔다가 큰 부상을 입었다. 아람 군대는 그를 버리고 갔는데, "그 신복들이 제사장 여호야다의 아들들의 피로 인하여 모반하여 그 침상에서 쳐 죽인지라 다윗 성에 장사하였으나 열왕의 묘실에는 장사하지 아니하였더라." 결국 요아스는 자기 부하들에 의해 비참하게 죽은 것이다. 배반한 자는 자신도 배반을 당한다.

26절, 모반한 자는 암몬 여인 시므앗의 아들 사밧과 모압 여인 시므릿의 아들 여호사밧이었더라

여기서 왕을 모반한 자들이란 큰 부상을 입고 전장에서 돌아온 요아스 왕을 침상에서 쳐 죽인 자들이다. 그들의 모계가 암몬과 모압이라는 것을 말하고 있다.

27절, 요아스의 아들들의 사적과 요아스의 중대한 경책을 받은 것과 하나님의 전 중수한 사적은 다 열왕기 주석에 기록되니라 그 아들 아마샤가 대신하여 왕이 되니라

23절에서 아람 군대가 요아스를 치러 왔을 때 "유다와 예루살렘에 이르러 백성 중에서 그 모든 방백을 멸절하고 노략한 물건을 다메섹 왕에게로 보내니라"고 했다. 그때 요아스에게 아첨했던 방백들은 다 죽었고 성전의 귀한 보물들도 약탈당했을 것이다. 자신이 이룩한 모든 일을 수포로 돌아가게 한 경우를 본다. 그때의 다메섹 왕은 하사엘이었을 것이다. 하사엘은 요단 동편을 점령하고 여세를 몰아 예루살렘까지 육박해 온 것이다.

요아스는 시작은 매우 좋은 것 같았다. 지혜롭게 헌금을 거두어서 성전을 중수하고 성전의 그릇들을 만드는 등 좋은 일을 많이 했다. 그러나 자기를 길러준 여호야다가 세상을 떠나자 쉽게 하나님과 그 전을 버리고 우상을 숭배하는 데로 돌아섰으며, 은인 여호야다의 아들이 하나님의 뜻을 예언하자 그를 쳐 죽이고 자기도 결국 피살되었다. 그리고 죽어서 열왕의 묘실에도 들어가지 못하게 되었다.

역대하 25장

1절, 아마샤가 왕위에 오를 때에 나이가 이십오 세라 예루살렘에서 이십구 년 동안 다스리니라 그의 모친의 이름은 여호앗단이요 예루살렘 사람이더라

아마샤는 요아스의 아들로 그 이름은 '여호와의 능력'이라는 뜻이다. 남 왕국 유다로 말하면 9대 왕이다.

2절, 아마샤가 여호와께서 보시기에 정직하게 행하기는 하였으나 온전한 마음으로 행하지 아니하였더라

아마샤는 선한 왕에 속하지만 온전하지는 않았다. 대체적으로 선하게 행하였지만 중심에서 온전히 행한 것은 아니었다.

3절, 그의 나라가 굳게 서매 그의 부왕을 죽인 신복들을 죽였으나

아마샤는 나라가 굳게 설 때까지 기다렸다가 자신의 정권과 권력이 견고해지자 부왕을 시해한 사람들을 다 처단했다.

4절, 저희 자녀는 죽이지 아니하였으니 이는 모세 율법 책에 기록한 대로 함이라 곧 여호와께서 명하여 이르시기를 자녀로 인하여 아비를 죽이지 말 것이요 아비로 인하여 자녀를 죽이지 말 것이라 오

직 각 사람은 자기의 죄로 인하여 죽을 것이니라 하셨더라

신명기 24장 16절 말씀이다. 이 말씀대로 부왕을 죽인 사람들은 다 죽였지만 그 자녀들은 죽이지 않았다. 이것은 아비의 죄를 인하여 자녀를 죽이지 말라는 말씀에 따른 것이다. 이렇게 한 것에 대해서는 잘못했다고 말할 수 없겠다.

5절, 아마샤가 유다 사람을 모으고 그 여러 족속을 따라 천부장과 백부장을 세우되 유다와 베냐민을 함께 그리하고 이십 세 이상으로 계수하여 창과 방패를 잡고 능히 전장에 나갈만한 자 삼십만을 얻고

아마샤가 유다 사람을 모으고 이십 세 이상으로 전장에 나갈만한 군사를 삼십만 모았다. 여호사밧 왕 때에는 군사의 수가 백십육만이나 되었는데 많이 감소된 것이다.

6-8절, 또 은 일백 달란트로 이스라엘 나라에서 큰 용사 십만을 삯내었더니 7 어떤 하나님의 사람이 아마샤에게 나아와서 이르되 왕이여 이스라엘 군대로 왕과 함께 가게 마옵소서 여호와께서는 이스라엘 곧 온 에브라임 자손과 함께하지 아니하시나니 8 왕이 만일 가시거든 힘써 싸우소서 하나님이 왕을 대적 앞에 엎드러지게 하시리이다 하나님은 능히 돕기도 하시고 능히 패하게도 하시나이다

아마샤는 유다국의 군대가 좀 부족하다 싶어 이스라엘에게 은 일백 달란트를 주고 십만의 군사를 삯내었다. 그랬는데 어떤 하나님의 사람이 아마샤 왕에게 와서 이스라엘과 함께 싸우지 말라고 하는 것이다. 이 말씀에 의하면 하나님이 함께하지 않으시는 무리가 있다. 에브라임은 이스라엘의 별칭인데, 하나님이 에브라임 자손과 함께하지 않으신다는 것이다. 그것은 이스라엘이 우상숭배에 완전히 빠져버렸기 때문이다. 그러면서 만일 이스라엘과 함께 전쟁에 나간다면 하나님께서 왕을 대적 앞에 엎드러지게 하실 것이라고 했다.

9절, 아마샤가 하나님의 사람에게 이르되 내가 일백 달란트를 이스라엘 군대에게 주었으니 어찌할꼬 하나님의 사람이 대답하되 여호와께서 능히 이보다 많은 것으로 왕에게 주실 수 있나이다

아마샤 왕이 말하기를, 이미 일백 달란트를 이스라엘 군대에게 주었는데 오지 말라고 하면 헛돈만 보낸 것이 아니냐고 했다. 그러자 하나님의 사람이 대답하기를, '당신이 그렇게 순종하시면 하나님께서 그 일백 달란트보다 더 많은 것을 주실 수 있으시다'고 했다.

10절, 아마샤가 이에 에브라임에서 자기에게 나아온 군대를 구별하여 본 곳으로 돌아가게 하였더니 저희 무리가 유다 사람을 심히 노하여 분연히 본 곳으로 돌아갔더라

아마샤는 이스라엘 용병을 보내고 유다 군만 30만 이끌고 에돔을 정복하기 위해 갔다. 여기서 우리가 배워야 할 것이 있다. 온전하지 않은 순종은 아예 순종하지 않은 것보다는 나을지 모르나 거기에 대가를 지불하는 것이 있다는 것이다. 아마샤가 처음부터 선지자에게 묻는 등 신중하게 행하였더라면 이스라엘 군을 세내어 올 필요도 없고 이스라엘 군을 분내게 하여 해를 입을 일도 없었을 것이다.

11-12절, 아마샤가 담력을 내어 그 백성을 거느리고 염곡에 이르러 세일 자손 일만을 죽이고 12 유다 자손이 또 일만을 사로잡아 가지고 바위 꼭대기에 올라가서 거기서 밀쳐 내려뜨려서 그 몸이 부숴지게 하였더라 13 아마샤가 자기와 함께 전장에 나가지 못하게 하고 돌려보낸 군사들이 사마리아에서부터 벧호론까지 유다 성읍을 엄습하고 사람 삼천을 죽이고 물건을 많이 노략하였더라

아마샤 왕은 30만을 이끌고 세일 자손 일만을 죽이고 또 일만을 사로잡아서 바위 꼭대기에 올라가서 밀쳐 몸이 부서지게 하여 죽이는 등 크게 승전하였다. 그러나 유다 왕이 돌려보낸 용병 십만의 이스라엘 사람들이 속상한 나머지 사마리아에서부터 벧호론까지 유다 성읍을 엄습하고 사람 삼천을 죽이고 물건을 많이 노략하였다. 아마샤는 은 일백 달란트를 이스라엘 군에게 주고도 그들로 인해 백성을 삼천 명이나 죽게 만들었고 물건도 엄청 많이 빼앗겼다. 어찌 이런 일이 생겼는가? 순간적으로 판단을 잘못한 것 같지만 사실 그것은 근본적으로 하나님께 대한 순종과 경외가 부족한 것이다. 하나님은 완전한 순종, 온전한 신뢰를 기뻐하신다.

14절, 아마샤가 에돔 사람을 도륙하고 돌아올 때에 세일 자손의 우상들을 가져다가 자기의 신으로 세우고 그 앞에 경배하며 분향한지라

유다 국의 아마샤 왕은 절반의 순종으로 어리석은 일을 저질렀을 뿐 아니라 에돔과의 전쟁에서 큰 승리를 거두고 돌아올 때 그 에돔 나라의 우상을 가져다가 그 앞에 경배하고 분향하며 섬겼다. 승리를 하고서 패전국의 우상을 가져다 경배한다는 것은 너무 맞지 않은 일이다.

15-16절, 그러므로 여호와께서 아마샤에게 진노하사 한 선지자를 보내시니 나아가 가로되 저 백성의 신들이 자기 백성을 왕의 손에서 능히 구원하지 못하였거늘 왕은 어찌하여 그 신들에게 구하나이까 하며 16 선지자가 오히려 말할 때에 왕이 이르되 우리가 너로 왕의 모사를 삼았느냐 그치라 어찌하여 맞으려 하느냐 선지자가 그치며 가로되 왕이 이 일을 행하고 나의 경고를 듣지 아니하니 하나님이 왕을 멸하시기로 결정하신 줄 아노라 하였더라

여기서 또다시 진노하신 하나님께서 한 선지자를 그에게 보내어 꾸짖으셨다. "저 백성의 신들이 자기 백성을 왕의 손에서 능히 구원하지 못하였거늘 왕은 어찌하여 그 신들에게 구하나이까". 그때 아마샤가 "우리가 너로 왕의 모사를 삼았느냐 그치라 어찌하여 맞으려 하느냐" 하면서 선지자의 말을 듣는 것이 아니라 오히려 공박했다. 그러자 선지자가 최후의 통첩 같은 말을 했다. "왕이 이 일을 행하고 나의 경고를 듣지 아니하니 하나님이 왕을 멸하시기로 결정하신 줄 아노라". 선지자의 말을 듣지 않는 것은 하나님의 음성을 거역하는 것이다.

17절, **유다 왕 아마샤가 상의하고 예후의 손자 여호아하스의 아들 이스라엘 왕 요아스에게 사자를 보내어 이르되 오라 서로 대면하자 한지라**

유다 왕 아마샤는 에돔 전에서 승리하자 교만해졌다. 삼십만을 가지고 에돔을 이기다 보니 이제 자신감도 생기고 하여 이스라엘을 쳐야겠다고 생각한 것이다. 이스라엘 용병 십만 군사가 돌아가면서 해를 끼친 것을 기억한 것이다. 여기서 강퍅하고 교만해진 사람의 특징을 볼 수 있다. 아마샤는 상의했을 뿐 기도하지 않았다. 그것도 선지자와 상의한 것이 아니라 아첨하는 신하들과 상의한 것이다.

18-20절, **이스라엘 왕 요아스가 유다 왕 아마샤에게 보내어 이르되 레바논 가시나무가 레바논 백향목에게 보내어 이르기를 네 딸을 내 아들에게 주어 아내를 삼게 하라 하였더니 레바논 짐승이 지나가다가 그 가시나무를 짓밟았느니라 19 네가 에돔 사람을 쳤다 하고 네 마음이 교만하여 자긍하는도다 네 궁에나 편히 거하라 어찌하여 화를 자취하여 너와 유다가 함께 망하고자 하느냐 하나 20 아마샤가 듣지 아니하였으니 이는 하나님께로 말미암은 것이라 저희가 에돔 신들에게 구하였으므로 그 대적의 손에 붙이려 하심이더라**

이스라엘 왕 요아스는 아마샤에게 비유로 대답하였다. 이해하기가 좀 어렵지만 간단히 말하면 레바논 가시나무는 유다 국으로, 이스라엘은 레바논 백향목으로 비유한 것이다. 가시나무가 자신의 분수도 모르고 백향목인 이스라엘에게 함부로 도전한다는 뜻이다. 이스라엘 왕 요아스는 충고적으로 답변을 하였는데 아마샤는 이를 무시하고 듣지 않았다. "레바논 짐승이 지나가다가 그 가시나무를 짓밟았느니라". 이스라엘이 결국 유다를 짓밟게 된다는 뜻이다. 요아스는 유다 아마샤가 에돔을 쳐서 이겼다 하여 교만해졌다고 말한다. "네가 에돔 사람을 쳤다 하고 네 마음이 교만하여 자긍하는도다 네 궁에나 편히 거하라 어찌하여 화를 자취하여 너와 유다가 함께 망하고자 하느냐". 그러나 "아마샤가 듣지 아니하였으니 이는 하나님께로 말미암은 것이라 저희가 에돔 신들에게 구하였으므로 그 대적의 손에 붙이려 하심이더라". 이런 말이 귀에 들리지 않는 것은 망하기로 작정되었기 때문이다. 특히 아마샤가 하나님의 진노를 사게 된 까닭은 에돔 신에게 경배한 것 때문이다. 이렇게 경솔한 아마샤는 갈수록 사악하고 강퍅해져서 결국 징벌을 받게 된다. 자신의 영혼을 위한 선한 권유를 받아들이지 않는 사람은 결국 심판을 자초하게 된다.

21-24절, **이스라엘 왕 요아스가 올라와서 유다 왕 아마샤로 더불어 유다의 벧세메스에서 대면하였더니 22 유다가 이스라엘 앞에서 패하여 각기 장막으로 도망한지라 23 이스라엘 왕 요아스가 벧세메스에서 여호아하스의 손자 요아스의 아들 유다 왕 아마샤를 사로잡고 예루살렘에 이르러 예루살렘 성벽을 에브라임 문에서부터 성 모퉁이 문까지 사백 규빗을 헐고 24 또 하나님의 전 안에 오벧에돔의 지키는 모든 금은과 기명과 왕궁의 재물을 취하고 또 사람을 볼모로 잡아가지고 사마리아로 돌아갔더라**

결국 아마샤는 엄청난 해를 당했다. 유다의 벧세메스에서 전투가 붙었는데 유다가 패하였다. "유다가 이스라엘 앞에서 패하여 각기 장막으로 도망한지라". '자기 장막으로 도망하였다 함'은 전쟁에서 패배를 인정하고 항복한 것을 가리킨다. 이스라엘 왕 요아스는 유다 왕 아마샤를 사로잡고 유다 국 수도 예루살렘에 도착하여 예루살렘 성벽을 에브라임 문에서 성 모퉁이 문까지 사백 규빗을 헐었다. 그리고 성전의 금과 은과 왕궁의 재물을 취하고 또 사람을 볼모로 잡아가지고 이스라엘 수도인 사마리아로 돌아갔다.

25-28절, **이스라엘 왕 요아하스의 아들 요아스가 죽은 후에도 유다 왕 요아스의 아들 아마샤가 십오 년을 생존하였더라 26 아마샤의 이외의 시종 행적은 유다와 함께 이스라엘 열왕기에 기록되지 아니하였느냐 27 아마샤가 돌이켜 여호와를 버린 후로부터 예루살렘에서 무리가 저를 모반한 고로 저가 라기스로 도망하였더니 모반한 무리가 사람을 라기스로 따라 보내어 저를 거기서 죽이게 하고 28 그 시체를 말에 실어다가 그 열조와 함께 유다 성읍에 장사하였더라**

당시 이스라엘 왕은 요아스였는데, 그가 유다 왕 아마샤를 사로잡았지만 자신이 먼저 죽게 된다. 유다 왕 아마샤는 요아스가 죽은 후에도 15년 정도 더 살면서 유다 국을 통치했다. 아마샤는 예루살렘에서 모반이 일어나 라기스로 도망했는데 모반한 무리가 라기스까지 따라가 아마샤를 죽이고 말았다. 왕은 부하들의 음모를 알아차리고 궁을 버리고 보호받을 요새가 있는 라기스로 도망했으나 부하들의 집요한 추격으로 자객에 의해 암살된다. 그리고 그들은 그 시체를 말에 실어다가 유다 성읍에 장사지냈다. 모반이 일어나고 잔인하게 살해당한 이유는 에돔 전쟁 이후 에돔의 우상을 숭배했기 때문이다. 아마 신복들에게 그렇게 맹추격을 당한 왕도 없을 것이다. 그가 여호와를 버렸기에 신하들도 왕을 버려 예루살렘에서부터 그를 모반할 뜻을 품은 것이다. 모반한 자들은 아마샤를 죽였지만 장례는 정중하게 법대로 치러주었고 열조와 함께 장사되도록 했다.

역대하 26장

1절, 유다 온 백성이 웃시야로 그 부친 아마샤를 대신하여 왕을 삼으니 때에 나이 십육 세라

이스라엘과 다른 점은 유다 국은 모반을 일으킨 자가 왕이 되지 않고 계속해서 다윗의 자손이 왕위를 물려받았다는 것이다. 아마샤는 죽었지만 그 아들 웃시야를 왕으로 즉위시켰는데, 그때 그의 나이 16세였다.

2-5절, 왕이 그 열조와 함께 잔 후에 웃시야가 엘롯을 건축하여 유다에 돌렸더라 3 웃시야가 위에 나아갈 때에 나이 십육 세라 예루살렘에서 오십이 년을 치리하니라 그 모친의 이름은 여골리아라 예루살렘 사람이더라 4 웃시야가 그 부친 아마샤의 모든 행적대로 여호와 보시기에 정직히 행하며 5 하나님의 묵시를 밝히 아는 스가랴의 사는 날에 하나님을 구하였고 저가 여호와를 구할 동안에는 하나님이 형통케 하셨더라

웃시야는 스가랴라는 좋은 선지자를 만났다. 스가랴 선지자가 있을 동안에는 웃시야 왕이 하나님을 구하면서 정직하게 행했다고 말한다. 믿음과 경건은 외적인 번영에도 좋은 영향을 주는 것이 사실이다. "스가랴의 사는 날에 하나님을 구하였고 저가 여호와를 구할 동안에는 하나님이 형통케 하셨더라". 그의 치리 기간은 매우 길어서 52년이나 된다.

6-10절, 웃시야가 나가서 블레셋 사람과 싸우고 가드 성과 야브네 성과 아스돗 성을 헐고 아스돗 땅과 블레셋 사람 가운데 성읍들을 건축하매 7 하나님이 도우사 블레셋 사람과 구르바알에 거한 아라비아 사람과 마온 사람을 치게 하신지라 8 암몬 사람이 웃시야에게 조공을 바치매 웃시야가 심히 강성하여 이름이 애굽 변방까지 퍼졌더라 9 웃시야가 예루살렘에서 성 모퉁이 문과 골짜기 문과 성굽이에 망대를 세워 견고하게 하고 10 또 거친 땅에 망대를 세우고 물웅덩이를 많이 팠으니 평야와 평지에 육축을 많이 기름이며 또 여러 산과 좋은 밭에 농부와 포도원을 다스리는 자를 두었으니 농사를 좋아함이더라

이 웃시야 왕은 이스라엘 최대의 숙적인 블레셋을 공격해서 여러 성을 회수하였고, 암몬 사람이 조공을 바치기도 하니 명성이 애굽 변방에까지 퍼졌다. 또 그는 예루살렘 성 모퉁이와 문과 골짜기 문과 성 굽이에 망대를 세워 견고하게 하였으며, 거친 땅에 망대를 세우고 물웅덩이를 많이 파고 평야와 평지에 육축을 많이 길렀다. 웃시야는 특히 농사를 좋아해서 산과 밭에 농부들과 포도원 다스리는 자들을 두었다고 했다.

11-15절, 웃시야에게 또 싸우는 군사가 있으니 서기관 여이엘과 영장 마아세야의 조사한 수효대로 왕의 장관 하나냐의 수하에 속하여 떼를 지어 나가서 싸우는지라 12 족장의 총수가 이천육백 명이니 모두 큰 용사요 13 그 수하의 군대가 삼십만 칠천오백 명이라 건장하고 싸움에 능하여 왕을 도와 대적을 치는 자며 14 웃시야가 그 온 군대를 위하여 방패와 창과 투구와 갑옷과 활과 물매돌을 예비하고 15 또 예루살렘에서 공교한 공장으로 기계를 창작하여 망대와 성곽 위에 두어 살과 큰 돌을 발하게 하였으니 그 이름이 원방에 퍼짐은 기이한 도우심을 얻어 강성하여짐이더라

웃시야는 유다국의 시골까지도 잘 관리하여 농사를 짓게 할 뿐 아니라 군대도 강화시켜서 나라를 강성하게 했다. 웃시야 군대의 지휘관은 이천육백 명이나 되었고 군사는 삼십만 칠천오백 명이었다. 그리고 군대를 위해 이런저런 무기들을 아주 많이 만들었다. 그리고 공교한 공장으로 기계를 창작하여 망대와 성곽 위에 두어 화살이나 돌을 원거리에서 쏠 수 있게 했다. 고대 역사를 보면 우리나라에서도 그러한 기계들을 만든 것을 알 수 있다. "그 이름이 원방에 퍼짐은 기이한 도우심을 얻어 강성하여짐이더라". 이와 같이 유다국은 웃시야 왕 때 상당히 강성해졌다.

16절, 저가 강성하여지매 그 마음이 교만하여 악을 행하여 그 하나님 여호와께 범죄하되 곧 여호와의 전에 들어가서 향단에 분향하려 한지라

웃시야는 좋은 일을 많이 했고 하나님께 축복을 받아서 강성하게 되었는데, 그렇게 되자 마음이 교만해졌다. "저가 강성하여지매 그 마음이 교만하여 악을 행하여 그 하나님 여호와께 범죄하되 곧 여호와의 전에 들어가서 향단에 분향하려 한지라".

17-21절, 제사장 아사랴가 여호와의 제사장 용맹한 자 팔십 인을 데리고 그 뒤를 따라 들어가서 18 웃시야 왕을 막아 가로되 웃시야여 여호와께 분향하는 일이 왕의 할 바가 아니요 오직 분향하기 위하여 구별함을 받은 아론의 자손 제사장의 할 바니 성소에서 나가소서 왕이 범죄하였으니 하나님 여호와께 영광을 얻지 못하리이다 19 웃시야가 손으로 향로를 잡고 분향하려 하다가 노를 발하니 저가 제사장에게 노할 때에 여호와의 전 안 향단 곁 제사장 앞에서 그 이마에 문둥병이 발한지라 20 대제사장 아사랴와 모든 제사장이 왕의 이마에 문둥병이 발하였음을 보고 전에서 급히 쫓아내고 여호와께서 치시므로 왕도 속히 나가니라 21 웃시야 왕이 죽는 날까지 문둥이가 되었고 문둥이가 되매 여호와의 전에서 끊어졌고 별궁에 홀로 거하였으로 그 아들 요담이 왕궁을 관리하며 국민을 치리하였더라

그의 범죄는 무엇인가? 강성하게 되자 교만해져서 분수를 넘은 것이다. 성소에 들어가 분향하는 것은 제사장만이 할 수 있는 일이었다. 그런데 웃시야는 그것을 자신이 할 수 있는 일로 여긴 것이다. 그의 동기는 나쁜 것이 아니었을지도 모른다. 아마 하나님께 대한 열의가 있어서 성소에 들어가려 했을 것이다. 그런데 문제는 자신이 그런 일을 할 수 있는 신분인가에 있다. 이 웃시야의 문제는 자기의 분수와 자기의 위치를 떠난 것이다. 교만해지니까 자신을 모든 것을 다 할 수 있는 사람으로 여기게 된 것이다. 그때 제사장 아사랴가 용맹한 자 80명을 데리고 그의 뒤를 따라 들어가서 웃시야 왕을 막아섰다. "웃시야여 여호와께 분향하는 일이 왕의 할 바가 아니요 오직 분향하기 위하여 구별함을 받은 아론의 자손 제사장의 할 바니 성소에서 나가소서 왕이 범죄하였으니 하나님 여호와께 영광을 얻지 못하리이다". 그 말을 듣고 웃시야는 자기의 손으로 향로를 잡고 분향하려다가 노를 발했다. 이때 웃시야의 이마에 문둥병이 발했다. 대제사장 아사랴와 모든 제사장이 문둥병이 발한 웃시야를 성전에서 급히 쫓아내었다. 그래서 "웃시야 왕이 죽는 날까지 문둥이가 되었고 문둥이가 되매 여호와의 전에서 끊어졌고 별궁에 홀로 거하였으로 그 아들 요담이 왕궁을 관리하며 국민을 치리하였더라"

22-23절, 이 외에 웃시야의 시종 행적은 아모스의 아들 선지자 이사야가 기록하였더라 23 웃시야가 그 열조와 함께 자매 저는 문둥이라 하여 열왕의 묘실에 접한 땅 그 열조의 곁에 장사하니라 그 아들 요담이 대신하여 왕이 되니라

자신에게 주어지지 않은 직무와 권위를 침해하는 것이 얼마나 위험한 일인지를 깨닫기 바란다. 금지된 영예를 탐내는 자는 그에게 허용된 것조차 빼앗기게 된다. 웃시야는 자신에게 위임되지 않은 제사장직까지 취하려 하다가 자기에게 허용된 왕권까지 빼앗기게 되었다. 이것은 오늘 신약의 성도들이나 사역자들이 매우 경계해야 할 교훈이다. 자신의 받은 직무에 충실하고 허락받은 범위에서 섬기는 것으로 만족하는 것을 배워야 한다. 그렇지 않고 다른 사람의 직무를 탐내고 빼앗으려 하다가는 원래 자신에게 허용된 직분이나 권리까지도 잃게 된다.

역대하 27장

1-2절, 요담이 위에 나아갈 때에 나이 이십오 세라 예루살렘에서 십륙 년을 치리하니라 그 모친의 이름은 여루사라 사독의 딸이더라
2 요담이 그 부친 웃시야의 모든 행위대로 여호와 보시기에 정직히 행하였으나 여호와의 전에는 들어가지 아니하였고 백성은 오히려 사악을 행하였더라

요담 왕의 모친의 이름은 여루사이고 사독의 딸이었다. 그는 주님 보시기에 정직하게 행하였으나 여호와의 전에는 들어가지 않았다. 부친이 성전에 들어갔다가 문둥이가 되어 죽는 것을 보았기 때문이라고 본다. 그는 부친의 장점은 배우되 단점은 따르지 않은 것이다. 그런데 오히려 백성은 사악했다고 했다. 지도자가 좋다고 해서 반드시 따르는 자들이 좋은 것은 아니다.

3-9절, 저가 여호와의 전 윗문을 건축하고 또 오벨 성을 많이 증축하고 4 유다 산중에 성읍을 건축하며 수풀 가운데 견고한 영채와 망대를 건축하고 5 암몬 자손의 왕으로 더불어 싸워 이기었더니 그 해에 암몬 자손이 은 일백 달란트와 밀 일만 석과 보리 일만 석을 드렸고 제 이년과 제 삼년에도 암몬 자손이 그와 같이 드렸더라 6 요담이 그 하나님 여호와 앞에서 정도를 행하였으므로 점점 강하여졌

더라 7 요담의 남은 사적과 그 모든 전쟁과 행위는 이스라엘과 유다 열왕기에 기록되니라 8 요담이 위에 나아갈 때에 나이 이십오 세요 예루살렘에서 치리한 지 십륙년이라 9 저가 그 열조와 함께 자매 다윗 성에 장사되고 그 아들 아하스가 대신하여 왕이 되니라

요담은 건축하는 사람이다. 여호와의 전 윗문을 건축했고 성전이 세워진 산인 모리아 산의 남쪽 경사지인 오벨에 성을 많이 건축했으며 또 유다 산중에도 성읍을 건축하여 수풀 가운데 견고한 영채와 망대를 건축하여 나라를 튼튼히 하는 데 총력을 기울였다. 또 여호사밧 왕 때 유다를 침공했던 암몬(20:1)을 정복함으로 암몬이 유다에 조공을 바치게 되었다. "요담이 그 하나님 여호와 앞에서 정도를 행하였으므로 점점 강하여졌더라" 그는 비록 짧은 생애를 살고 길지 않은 기간 동안 통치했으나(41세) 부패했다는 기록은 없다. 마지막 구절에 그 아들 아하스가 소개된다.

역대하 28장

1절, 아하스가 위에 나아갈 때에 나이 이십 세라 예루살렘에서 십육 년을 치리하였으나 그 조상 다윗과 같지 아니하여 여호와 보시기에 정직히 행치 아니하고

웃시야 다음이 요담이고, 요담의 아들이 여기에 나오는 아하스이다. 아하스는 이십 세 때 유다 국의 왕이 되어 십육 년을 치리하였는데 그 조상 다윗과 같지 아니하여 여호와 보시기에 정직히 행치 않았다고 말한다. 아하스는 그렇게 좋은 왕이 아니며, 남 왕국 유다의 12대 왕이고 어머니가 누구인지는 소개되지 않았다. 그는 36세를 살았다. 좋은 부모에서 반드시 좋은 아들이 나오라는 법은 없다. 아하스는 좋은 부모를 두었고 훌륭한 교육을 받았을 텐데 배운 가르침을 모두 저버린 것이다.

2-4절, 이스라엘 열왕의 길로 행하여 바알들의 우상을 부어 만들고 3 또 힌놈의 아들 골짜기에서 분향하고 여호와께서 이스라엘 자손 앞에서 쫓아내신 이방 사람의 가증한 일을 본받아 그 자녀를 불사르고 4 또 산당과 작은 산 위와 모든 푸른 나무 아래에서 제사를 드리며 분향한지라

아하스는 오히려 이스라엘의 부패한 열왕의 길로 행하였다. 즉 북 왕국 여로보암의 길을 따른 것이다. 힌놈의 골짜기에서 분향했다는 것은 몰록 신에게 아들을 불태워 바쳤다는 말이다. 아하스는 이곳에서 자녀를 불태워 몰록 신에게 바친 적이 있다(왕하 16:3). 이러한 행위는 우상숭배의 일종이다. 인간의 자연적인 성정으로는 결코 자녀를 불사를 수 없다. 오늘날도 이단의 특징은 이렇게 인간의 성정을 무시하는 것이다. 이단에는 인간의 기본적인 애정을 말살시키는 가르침이 있기 때문에 아주 조심해야 한다. 이단들은 대개가 부모도 없고 형제도 없고 자녀도 없다. 그저 교주의 가르침과 그 단체에 대한 맹신만 있을 뿐이다. 그것이 겉보기에 대단한 헌신과 열심처럼 보이므로 사람들이 속는 것이다. 대단하게 헌신한다고 해서 반드시 믿음이 좋은 것이 아니다. 믿음이 건강한가를 보려면 밖의 나타난 현상이나 헌신의 정도를 볼 것이 아니라 그의 믿음을 진리와 대조해보아야 한다. 그리고 나무는 그 열매로 아는 법이다.

'산당과 작은 산 위와 모든 푸른 나무 아래'라는 표현은 구약에서 우상숭배와 관련하여 흔하게 쓰인다. 산당이란 높은 장소(high place)라는 뜻이다. 높은 장소에서 제사를 드리는 것은 온 땅에서 자신들만 가장 하나님을 잘 믿고 섬긴다고 과시함으로 사람들을 자신들에게로 이끄는 행위이다. 사람들은 높은 것을 좋아한다. 그런 단체에 가입하자마자 다른 모든 사람들보다 우위에 있게 되기 때문이다. 그러나 그것은 허상이고 속임수일 따름이다. 푸른 나무도 마찬가지이다. 하나님의 백성들 가운데서 자신들만이 가장 푸릇푸릇하게 살아있고 생명력이 있으며 성령이 강하게 역사하여 부흥되는 곳임을 강조하여 사람들을 미혹하는 집단을 가리킨다.

5-7절, 그러므로 그 하나님 여호와께서 아람 왕의 손에 붙이시매 저희가 쳐서 심히 많은 무리를 사로잡아 가지고 다메섹으로 갔으며 또 이스라엘 왕의 손에 붙이시매 저가 쳐서 크게 살육하였으니 6 이는 그 열조의 하나님 여호와를 버렸음이라 르말랴의 아들 베가가 유다에서 하루 동안에 용사 십이만 명을 죽였으며 7 에브라임의 용사

시그리는 왕의 아들 마아세야와 궁내 대신 아스리감과 총리 대신 엘가나를 죽였더라

이렇게 아하스가 하나님을 버리고 우상을 숭배하며 이교의 풍습을 좇아 악행을 저지르자 하나님께서는 그를 버리셨고 아람 왕 르신과 이스라엘 왕 르말랴의 아들 베가로 하여금 예루살렘을 침략하게 하셨다(왕하 16:5-6). 이스라엘의 왕 베가는 십이만이라는 엄청나게 많은 유다의 용사들을 죽이고 에브라임의 장군 시그리는 왕의 아들과 궁내 대신 아스리감과 총리였던 엘가나를 죽였다.

8절, **이스라엘 자손이 그 형제 중에서 그 아내와 자녀 합하여 이십만 명을 사로잡고 그 재물을 많이 노략하여 사마리아로 가져가니**

르말리야의 아들 베가는 그들의 아내와 자녀들도 많이 포로로 사로잡아 갔다. 이스라엘 군은 유다군 12만을 죽이고 군인과 처자식 합하여 20만 명과 많은 재산을 사마리아로 가져갔다.

9-11절, **그곳에 여호와의 선지자가 있는데 이름은 오뎃이라 저가 사마리아로 돌아오는 군대를 영접하고 저희에게 이르되 너희 열조의 하나님 여호와께서 유다를 진노하신 고로 너희 손에 붙이셨거늘 너희 노기가 충천하여 살육하고 10 이제 너희가 또 유다와 예루살렘 백성들을 압제하여 노예를 삼고자 생각하는도다 너희는 너희 하나님 여호와께 범죄함이 없느냐 11 그런즉 너희는 내 말을 듣고 너희가 형제 중에서 사로잡아 온 포로를 놓아 돌아가게 하라 여호와의 진노가 너희에게 임박하였느니라 한지라**

이스라엘의 베가 왕이 유다인 이십만 명을 사로잡아 노예를 삼으려고 사마리아로 데리고 갈 때 오뎃이라는 이스라엘의 선지자가 그들을 맞아 책망을 했다. "여호와께서 유다를 진노하신 고로 너희 손에 붙이셨거늘 너희 노기가 충천하여 살육하고 이제 너희가 또 유다와 예루살렘 백성들을 압제하여 노예로 삼고자 생각하는도다". 모세 오경의 율법에서는 동족을 노예로 삼는 것을 금지하고 있다. 오뎃 선지자는 계속 말했다. "너희는 내 말을 듣고 너희가 형제 중에서 사로잡아 온 포로를 놓아 돌아가게 하라 여호와의 진노가 너희에게 임박하였느니라".

12-15절, **에브라임 자손의 두목 몇 사람 요하난의 아들 아사랴와 무실레못의 아들 베레갸와 살룸의 아들 여히스기야와 하들래의 아들 아마사가 일어나서 전장에서 돌아오는 자를 막으며 13 저희에게 이르되 너희는 이 포로를 이리로 끌어들이지 못하리라 너희의 경영하는 일이 우리로 여호와께 허물이 있게 함이니 우리의 죄와 허물을 더하게 함이로다 우리의 허물이 이미 커서 진노하심이 이스라엘에게 임박하였느니라 하매 14 이에 병기를 가진 사람이 포로와 노략한 물건을 방백들과 온 회중 앞에 둔지라 15 이 위에 이름이 기록된 자들이 일어나서 포로를 맞고 노략하여 온 중에서 옷을 취하여 벗은 자에게 입히며 신을 신기며 먹이고 마시우며 기름을 바르고 그 약한 자는 나귀에 태워 데리고 종려나무 성 여리고에 이르러 그 형제에게 돌린 후에 사마리아로 돌아갔더라**

에브라임 자손의 몇몇 장군들이 전장에서 돌아오는 자들을 막으면서 선지자 오뎃의 말을 경청해야 한다고 제의했다. "이 포로를 이리로 끌어들이지 못하리라 너희의 경영하는 일이 우리로 여호와께 허물이 있게 함이니 우리의 죄와 허물을 더하게 함이로다 우리의 허물이 이미 커서 진노하심이 이스라엘에게 임박하였느니라". 군사들은 예언자 오뎃의 말과 앞의 네 장군들의 말에 순종하기로 했다. 그리고 포로들과 노략물을 나누려 하지 않고 네 장군들과 백성들 앞에 두어 그들의 처분에 맡기었으며, 에브라임의 네 장군들과 그곳의 지도자들은 포로들을 맞아들여 옷을 입히고 신을 신기고 먹이고 마시우며 기름을 바르고 약한 자들은 나귀에 태워 여리고에 이르러 그 형제들에게 양도했다. 따뜻한 온정을 베풀어가며 동족들을 돌려보냈다는 말이다.

16-17절, 그때에 아하스 왕이 앗수르 왕에게 보내어 도와주기를 구하였으니 17 이는 에돔 사람이 다시 와서 유다를 치고 그 백성을 사로잡았음이며

아하스 왕은 시련이 많았다. 바로 앞에서 아람과 이스라엘에게 당했지 않은가? 그런데 이제 에돔이 와서 유다를 치는 것이다. 그때 아하스는 아직도 제정신을 차리지 못하고 앗수르 왕을 의지했다. 이 사건에 대하여는 열왕기 하 16장과 이사야 7장에 같은 내용이 있다. 이사야가 바로 이때에 활약한 선지자이기 때문에 이사야서 7장에서부터 계속 나오고 또 14장 후반부에도 나온다. 아하스가 앗수르 왕을 의지한 것은 하나님께 큰 죄가 되었다.

18-19절, 블레셋 사람도 유다의 평지와 남방 성읍들을 침노하여 벧세메스와 아얄론과 그데롯과 소고와 그 동네와 딤나와 그 동네와 김소와 그 동네를 취하고 거기 거하였으니 19 이는 이스라엘 왕 아하스가 유다에서 망령되이 행하여 여호와께 크게 범죄하였으므로 여호와께서 유다를 낮추심이라

다윗 시대나 이스라엘이 강성할 때는 블레셋도 조공을 바치던 나라인데 이제는 오히려 그들에게 침노를 당하고 많은 성읍들을 탈취당하였다. "이는 이스라엘 왕 아하스가 유다에서 망령되이 행하여 여호와께 크게 범죄하였으므로 여호와께서 유다를 낮추심이라". 누구든지 교만한 자는 하나님의 대적이 되며 패망의 지름길로 향하게 된다.

20-21절, 앗수르 왕 디글랏 빌레셀이 이르렀으나 돕지 아니하고 도리어 군박하였더라 21 아하스가 여호와의 전과 왕궁과 방백들의 집에서 재물을 취하여 앗수르 왕에게 주었으나 유익이 없었더라

아하스 왕은 하나님을 의뢰하지 않고 앗수르 왕 디글랏 빌레셀을 의뢰했는데, 그는 와서 돕기는커녕 도리어 아하스를 군박했다. 아하스는 그의 마음을 돌려보려고 성전과 왕궁과 방백들의 집에서 금, 은 보화를 취하여 앗수르 왕에게 주었지만 유익이 없었다.

22-23절, 이 아하스 왕이 곤고할 때에 더욱 여호와께 범죄하여 23 자기를 친 다메섹 신들에게 제사하여 가로되 아람 열왕의 신들이 저희를 도왔으니 나도 그 신에게 제사하여 나를 돕게 하리라 하였으나 그 신이 아하스와 온 이스라엘을 망케 하였더라

사람이 고난과 어려움을 당하면 다 하나님 앞에 회개하고 엎드릴 것 같지만 그렇지 않다. 아하스는 곤고할 때 더욱 범죄하고 악하게 나아갔다. 그는 다메섹 신들에게 제사하면서 자기를 돕게 하려고 하였지만 도리어 그와 온 이스라엘이 망하게 되었다.

24-25절, 아하스가 하나님의 전의 기구들을 모아 훼파하고 또 여호와의 전 문들을 닫고 예루살렘 구석마다 단을 쌓고 25 유다 각 성읍에 산당을 세워 다른 신에게 분향하여 그 열조의 하나님 여호와의 노를 격발케 하였더라

아하스는 성전의 기구들을 다 훼파하고 성전의 문들을 닫아 버렸다. 오늘날로 말하면 교회의 문을 다 닫아 버린 것이다. 그리고 예루살렘 구석마다 우상의 단을 쌓았고 각 성읍에다 산당을 지어 다른 신에게 분향하게 했다. 따라서 "그 열조의 하나님 여호와의 노를 격발케 하였더라".

26-27절, 아하스의 이외의 시종 사적과 모든 행위는 유다와 이스라엘 열왕기에 기록되니라 27 아하스가 그 열조와 함께 자매 이스라엘 열왕의 묘실에 들이지 아니하고 예루살렘 성에 장사하였더라 그 아들 히스기야가 대신하여 왕이 되니라

열왕기 하 16장에는 아하스가 아람과 이스라엘의 공격을 받을 때 앗수르를 의지한 이야기가 자세히 기록되어 있다. 앗수르 왕은 아하스의 선물을 받고서(성전과 왕궁 곳간의 은 금) 다메섹을 정복하고 아람 왕 르신을 죽였다. 당시 아하스는 앗수르 왕 디글랏 벨레셀을 만나러 다메섹에 갔다가 그들의 우상의 단을 보고 그것을 본 따서 여호와의 단의 식양을 바꾸는 악한 일을 하였다.

결국 아하스는 36세라는 젊은 나이에 죽었고 열왕의 묘실에 들어가지 못했다. 그런데 이렇게 악한 왕 아하스에게서 다윗 이후 최고의 성군 히스기야가 나올 줄이야! 아하스 왕은 극도로 악한데 그 아들은 매우 좋은 왕이 된다. 이 아하스가 이사야 7장에 나오는데, 그가 하나님을 의지하지 않고 자기 임의로 행하는 것이 고조에 달할 때 가장 귀한 예언이 선포된 것을 볼 수 있다. "처녀가 잉태하여 아들을 낳을 것이요 그 이름을 임마누엘이라 하리라"(17절). 이 예언이 바로 아하스 때 주어진 것이다. 열왕기 하 16장의 말씀과 이사야 7장의 말씀은 그 논조가 매우 다르다. 이사야서는 복음과 같다. 아람과 이스라엘의 도모를 앗수르를 통해 무너뜨리고 망하게 하는 것이 하나님의 역사라고 말한다. 아람 왕 르신과 이스라엘 왕 베가가 쳐들어온다고 할 때 매우 두려워 떠는 아하스를 이사야서에서는 매우 불쌍히 여기고 있다. 결국 앗수르 왕의 마음을 움직이는 분은 하나님이시다. 이사야서에는 그 악한 왕 아하스를 매우 긍휼히 여기시는 말씀이 있다. 가장 악한 왕을 가장 선대하시고 은혜로 대하신 것이다. 이것이 복음이 아니고 무엇인가?

이사야 7장의 말씀을 읽어보자. 1-16절, 웃시야의 손자요 요담의 아들인 유다 왕 아하스 때에 아람 왕 르신과 르말리야의 아들 이스라엘 왕 베가가 올라와서 예루살렘을 쳤으나 능히 이기지 못하니라 2 혹이 다윗 집에 고하여 가로되 아람이 에브라임과 동맹하였다 하였으므로 왕의 마음과 그 백성의 마음이 삼림이 바람에 흔들림같이 흔들렸더라 3 때에 여호와께서 이사야에게 이르시되 너와 네 아들 스알야숩은 윗못 수도 끝 세탁자의 밭 큰 길에 나가서 아하스를 만나 4 그에게 이르기를 너는 삼가며 종용하라 아람 왕 르신과 르말리야의 아들이 심히 노할지라도 연기나는 두 부지깽이 그루터기에 불과하니 두려워 말며 낙심치 말

라 5 아람과 에브라임 왕과 르말리야의 아들이 악한 꾀로 너를 대적하
여 이르기를 6 우리가 올라가 유다를 쳐서 그것을 곤하게 하고 우리를
위하여 그것을 파하고 다브엘의 아들을 그 중에 세워 왕을 삼자 하였으
나 7 주 여호와의 말씀에 이 도모가 서지 못하며 이루지 못하리라 8 대
저 아람의 머리는 다메섹이요 다메섹의 머리는 르신이며 에브라임의 머
리는 사마리아요 사마리아의 머리는 르말리야의 아들이라도 육십오 년
내에 에브라임이 패하여 다시는 나라를 이루지 못하리라 만일 너희가
믿지 아니하면 정녕히 굳게 서지 못하리라 하셨다 할지니라 10 여호와께
서 또 아하스에게 일러 가라사대 11 너는 네 하나님 여호와께 한 징조
를 구하되 깊은 데서든지 높은 데서든지 구하라 12 아하스가 가로되 나
는 구하지 아니하겠나이다 나는 여호와를 시험치 아니하겠나이다 한지
라 13 이사야가 가로되 다윗의 집이여 청컨대 들을지어다 너희가 사람
을 괴롭게 하고 그것을 작은 일로 여겨서 또 나의 하나님을 괴로우시게
하려느냐 14 그러므로 주께서 친히 징조로 너희에게 주실 것이라 보라
처녀가 잉태하여 아들을 낳을 것이요 그 이름을 임마누엘이라 하리라
15 그가 악을 버리며 선을 택할 줄 알 때에 미쳐 뻐터와 꿀을 먹을 것이
라 16 대저 이 아이가 악을 버리며 선을 택할 줄 알기 전에 너의 미워하
는 두 왕의 땅이 폐한 바 되리라

종교 개혁자 칼빈은 하나님의 은혜는 불가항력적인 은혜라고 했다. 왜냐하면 하나님은 사람이 좋고 순종적일 때 복된 언약과 가장 귀한 메시아의 예언을 주신 것이 아니라 선지자의 말도 듣지 않고 나름 영적으로 잘난 체 하는 상황에서 놀라운 예언을 주셨기 때문이다. 하나님의 크신 긍휼은 사람의 상태와 전혀 관계없이 주어진다. 그래서 우리는 죄가 더한 곳에 은혜가 넘친다고 하는 것이다. 어쨌든 우리는 이 아하스 왕의 아들이 바로 다윗 이후 최고의 성군으로 일컬어지는 히스기야라는 것을 생각하면서 29장을 보기로 하자!

역대하 29장

1절, 히스기야가 위에 나아갈 때에 나이 이십오 세라 예루살렘에서 이십구 년을 치리하니라 그 모친의 이름은 아비야라 스가랴의 딸이더라

히스기야는 '여호와 안에서 강함'이라는 뜻이다. 유다의 13대 왕으로서 북왕국 이스라엘의 마지막 왕 호세아 3년 때 즉위했다. 그는 이십오 세에 즉위해서 예루살렘에서 29년을 통치하였다. 그의 모친 아비야는 열왕기 하에는 아비라고 되어 있는데 스가랴의 딸이다. 그는 제 2의 다윗이라고 불릴 만큼 유다의 성군 중 하나이다. 그는 산당을 없애고 당시 신흥 대제국 앗수르를 신앙의 힘으로 물리쳤다.

2절, 히스기야가 그 조상 다윗의 모든 행위와 같이 여호와 보시기에 정직히 행하여

이미 본 바와 같이 유다 왕들의 표준은 다윗인데, 히스기야는 그 표준에 도달한 왕이라고 할 수 있다.

3절, 원년 정월에 여호와의 전 문들을 열고 수리하고

원년 정월이라 함은 히스기야가 즉위한 첫 해 정월이다. 히브리 달력으로는 '아비브 달'이고, 바벨론 달력으로는 '닛산 월'이다. 히스기야는 그의 통치를 시작할 때 성전 문부터 열었다. 그 부친이 닫았던 성전 문이었다. 그리고 수리를 시작하였다.

4-5절, 제사장들과 레위 사람들을 동편 광장에 모으고 5 저희에게 이르되 레위 사람들아 내 말을 들으라 이제 너희는 성결케 하고 또 너희 열조의 하나님 여호와의 전을 성결케 하여 그 더러운 것을 성소에서 없이 하라

먼저 그는 제사장과 레위인들을 모으고 그들 자신을 성결케 하고 또 하나님의 전을 성결케 하라고 했다. 그것은 그 부친 아하스가 성전 구내에 세운 많은 앗수르의 우상들을 없애라는 것이었다.

6-10절, 우리 열조가 범죄하여 우리 하나님 여호와 보시기에 악을 행하여 하나님을 버리고 얼굴을 돌이켜 여호와의 성소를 등지고
7 또 낭실 문을 닫으며 등불을 끄고 성소에서 분향하지 아니하며 이
스라엘 하나님께 번제를 드리지 아니한 고로 8 여호와께서 유다와
예루살렘을 진노하시고 내어버리사 두려움과 놀람과 비웃음거리가
되게 하신 것을 너희가 목도하는 바라 9 이로 인하여 우리의 열조가
칼에 엎드러지며 우리의 자녀와 아내가 사로잡혔느니라 10 이제 이
스라엘 하나님 여호와로 더불어 언약을 세워 그 맹렬한 노로 우리에게서 떠나게 할 마음이 내게 있노니

중요한 것은 사람이 어떤 마음을 가졌느냐이다. 한 사람의 지도자가 그 마음에 선한 뜻을 가진다는 것은 얼마나 중요한 일인지! 그 부친 아하스는 하나님을 버리고 여호와의 성소를 등지고 다만 악한 생각으로 우상의 단을 성전 구획 내의 이곳저곳에 세워 그것들을 숭배하고 또 온 나라를 우상숭배로 가득하게 했다. 그러나 그 아들 히스기야는 그 마음에 하나님의 성전을 사모함이 가득하여 무엇보다 먼저 하나님 전에서 섬기는 제사장들과 레위인들을 성결케 하고 또 성전에서 모든 더러운 것들을 제하며 하나님을 섬기는 모든 제도를 회복하고자 했다.

11절, 내 아들들아 이제는 게으르지 말라 여호와께서 이미 너희를 택하사 그 앞에 서서 수종들어 섬기며 분향하게 하셨느니라

히스기야는 성전을 성결케 할 뿐 아니라 레위인들과 제사장들을 격려를 하고 있다. 히스기야 왕은 제사장과 레위인들에게 왕이 신하들에게 하듯 강압적으로 말하지 않고 사랑스러운 어조로 '내 아들들아' 하고 불렀다. 매우 인상적인 어조이다. 여기 '게으르지 말라'는 헬라어에서 '움추리지 말라'는 뜻이다. 적극적으로 일어나서 성전에서의 모든 섬김을 새롭게 하자는 것이다.

12-14절, 이에 레위 사람들이 일어나니 곧 그핫의 자손 중 아마새의 아들 마핫과 아사랴의 아들 요엘과 므라리의 자손 중 압디의 아들 기스와 여할렐렐의 아들 아사랴와 게르손 사람 중 심마의 아들 요아와 요아의 아들 에덴과 13 엘리사반의 자손 중 시므리와 여우엘과 아삽의 자손 중 스가랴와 맛다냐와 14 헤만의 자손 중 여휴엘과 시므이와 여두둔의 자손 중 스마야와 웃시엘이라

12절부터 14절까지는 많은 이름이 나온다. 그핫, 므라리, 게르손은 역대 상 6장에 나오듯이 가장 중요한 레위의 3대 족속이다. 그핫, 므라리, 게르손 족속에서 각각 두 명씩 여섯 명이 일어났다. 그리고 엘리사반은 모세 시대에 그핫의 족장으로 단독으로 나타난 인물이기 때문에 따로 세운 것 같다. 그래서 그핫, 므라리, 게르손과 동등한 위치를 갖고 있는 것처럼 기록되어 있는 것이다. 그리고 아삽과 헤만과 여두둔은 다윗이 세웠던 성가 대장들, 즉 찬양하는 사람들이었다.

15절, 저희가 그 형제를 모아 성결케 하고 들어가서 왕이 여호와의 말씀대로 명한 것을 좇아 여호와의 전을 깨끗케 할새

그 형제란 레위인들을 가리킨다. 이들이 다 모여서 스스로를 성결케 하고 그런 다음 성전에 들어가서 여호와의 말씀대로 왕이 명한 것을 따라 성전을 깨끗하게 했다.

16절, 제사장들도 여호와의 전 안에 들어가서 깨끗케 하여 여호와의 전에 있는 모든 더러운 것을 끌어내어 여호와의 전 뜰에 이르매 레위 사람들이 취하여 바깥 기드론 시내로 가져갔더라

그 동안 성전 안에 더러운 것들이 얼마나 많이 있었겠는가? 여호와의 전 안은 성소이므로 제사장들만 들어갈 수 있었기 때문에 제사장들이 들어가서 그 성전 안에 있던 우상 숭배의 잔재들을 밖으로 끌어내었고, 뜰에서 작업하던 레위인들이 그것들을 기드론 시내로 가져다가 불살라 버렸다.

17절, 정월 초하루에 성결케 하기를 시작하여 그 달 초 팔일에 여호와의 낭실에 이르고 또 팔 일 동안 여호와의 전을 성결케 하여 정월 십육 일에 이르러 마치고

히스기야 왕의 성전을 성결케 하는 작업일정을 자세하게 기록했다. 아빕월 곧 정월 초하루에 뜰을 깨끗케 하기 시작해서 제 팔일에는 낭실에 이르렀는데 이 일은 레위인들이 맡았다. 그리고 또 팔 일 동안을 성전 내부를 성결케 했는데 이것은 제사장들이 한 것이다. 그렇게 해서 정월 십육일에 성전을 성결케 하는 작업을 마쳤다고 말한다.

18-19절, 안으로 들어가서 히스기야 왕을 보고 가로되 우리가 여호와의 온 전과 번제단과 그 모든 기구와 떡을 진설하는 상과 그 모든 기구를 깨끗케 하였고 19 또 아하스 왕이 위에 있어 범죄할 때에 버린 모든 기구도 우리가 정돈하고 성결케 하여 여호와의 단 앞에 두었나이다 하니라

'안으로 들어가서'란 왕궁 안으로 들어갔다는 뜻이다. 제사장들과 레위인들은 왕의 명령대로 성전의 안팎을 모두 깨끗케 하였다고 보고했다. 선왕 아하스가 원래 성전에 있던 진설병 상이나 번제단이나 물두멍이나 놋바다 등은 다 한쪽에 버려두었었는데 그것들을 다 깨끗케 하고 정돈하여 원위치에 복구시켰다는 것이다.

20절, 히스기야 왕이 일찌기 일어나 성읍의 귀인들을 모아 여호와의 전에 올라가서

왕은 성전을 정결케 한 다음날 일찍 일어났다. 히스기야 왕은 성전을 성결케 하고 나니 너무 마음이 기뻐서 밤에 잠을 잘 이루지 못하고 아침 일찍 일어나 성전에 갔을 것이다. 나는 오늘날도 거룩한 소망과 기대로 가득하여 주님께 예배하러 모이는 광경을 보기 원한다.

21절, 수송아지 일곱과 수양 일곱과 어린 양 일곱과 수염소 일곱을 끌어다가 나라와 성소와 유다를 위하여 속죄제물을 삼고 아론의 자손 제사장들을 명하여 여호와의 단에 드리게 하니

히스기야는 먼저 수송아지 일곱, 수양 일곱, 어린 양 일곱, 수염소 일곱을 끌어다가 유다 나라와 성소를 위하여 속죄제를 드리게 했다. 왕이 성소와 나라와 백성을 위해 속죄제를 드리는 일에 앞장선 것이다.

22절, 이에 수소를 잡으매 제사장이 그 피를 받아 단에 뿌리고 또 수양을 잡으매 그 피를 단에 뿌리고 또 어린 양을 잡으매 그 피를 단에 뿌리고

그들은 속죄제물의 피를 받아 단에 뿌림으로써만 죄를 용서받을 수 있었다. 오늘 예수의 피로써만 우리의 모든 죄가 사함받는다.

23-24절, 이에 속죄제물로 드릴 수염소를 왕과 회중의 앞으로 끌어오매 저희가 그 위에 안수하고 24 제사장이 잡아 그 피로 속죄제를 삼아 단에 드려 온 이스라엘을 위하여 속죄하니 이는 왕이 명하여 온 이스라엘을 위하여 번제와 속죄제를 드리게 하였음이더라

지금 이들은 다 속죄가 필요한 상태였다. 속죄제물로 드릴 수염소 위에 왕과 회중이 다 안수했고, 제사장이 잡아 그 피로 속죄제를 삼아 단에 드려 온 이스라엘을 위하여 속죄했다. 여기 24절의 '온 이스라엘'이라는 표현은 유다만이 아니라 북 왕국 이스라엘의 죄까지 다 속죄받기 원했음을 알 수 있다. 참으로 은혜를 아는 사람들은 자신들의 죄만이 아니라 다른 형제자매들, 나아가 다른 나라 백성의 죄까지도 자백하며 속죄받기 원하게 된다.

25-28절, **왕이 레위 사람을 여호와의 전에 두어서 다윗과 왕의 선견자 갓과 선지자 나단의 명한 대로 제금과 비파와 수금을 잡게 하니 이는 여호와께서 그 선지자들로 이렇게 명하셨음이라 26 레위 사람은 다윗의 악기를 잡고 제사장은 나팔을 잡고 서매 27 히스기야가 명하여 번제를 단에 드릴새 번제 드리기를 시작하는 동시에 여호와의 시로 노래하고 나팔을 불며 이스라엘 왕 다윗의 악기를 울리고 28 온 회중이 경배하며 노래하는 자들은 노래하고 나팔 부는 자들은 나팔을 불어 번제를 마치기까지 이르니라**

히스기야 왕의 명을 따라서 번제를 드리고, 번제를 드리는 동안 찬송하는 사람들은 찬송하고 레위인들은 다윗의 악기로 연주하고 제사장들은 나팔을 불었다. 그들은 번제를 마치기까지 계속 여호와의 시로 노래하고 나팔을 불며 악기를 울렸다. 사실 여호와의 기쁨을 위해 시편이 있지 않은가? 시편은 히스기야 시대에 다윗의 것과 아삽의 것 등을 모아 정경화했다는 것이 정설이다. 히스기야 때에 참으로 많은 일을 했다.

29-30절, **제사 드리기를 마치매 왕과 그 함께 있는 자가 다 엎드려 경배하니라 30 히스기야 왕이 귀인들로 더불어 레위 사람을 명하여 다윗과 선견자 아삽의 시로 여호와를 찬송하게 하매 저희가 즐거움으로 찬송하고 몸을 굽혀 경배하니라**

히스기야 왕은 그때 비로소 시를 써서 뭔가 하려 하지 않고 조상 다윗 때에 지어진 귀한 시들을 수집해서 그것으로 찬송하게 했다.

31절, **이에 히스기야가 일러 가로되 너희가 이제 몸을 깨끗케 하여 여호와께 드렸으니 마땅히 나아와 제물과 감사제물을 여호와의**

전으로 가져오라 하니 회중이 드디어 제물과 감사제물을 가져오되 무릇 마음에 원하는 자는 또한 번제물을 가져오니

이제 속죄제가 끝나고 백성들에게 제물과 감사제물을 가져오라고 했다. 그들은 제물과 감사제물만 아니라 마음에 원하는 자는 번제물도 가져왔다. 이것은 당시 백성들의 신앙이 매우 좋았다는 것을 말하고 있다.

32-34절, 회중의 가져온 번제물의 수효는 수소가 칠십이요 수양이 일백이요 어린 양이 이백이니 이는 다 여호와께 번제물로 드리는 것이며 33 또 구별하여 드린 소가 육백이요 양이 삼천이라 34 그런데 제사장이 부족하여 그 모든 번제 짐승의 가죽을 능히 벗기지 못하는 고로 그 형제 레위 사람이 그 일을 마치기까지 돕고 다른 제사장의 성결케 하기까지 기다렸으니 이는 레위 사람의 성결케 함이 제사장들보다 성심이 있었음이라

백성들이 바친 제물이 너무 많아서(32-33절) 제사장들이 그 가죽을 벗기는 일을 다 감당할 수가 없었다. 그래서 그것을 레위인들이 도왔다는 것이다. 여기서 왜 제사장들이 부족했느냐면 제사장들이 결례를 해서 자기를 성결케 해야 하는데 자기를 성결케 하는 것이 좀 더디었다는 것이다. 그래서 레위 사람들이 제사장들의 부족한 부분을 채웠다. 34절 마지막 부분을 읽어보면 히스기야 시대에 레위인들이 제사장들보다 더 성심이 있었다고 말한다. 이렇게 레위인들이 제사장의 일을 하는 것이 율법에 부합한 것은 아니지만 충성되고 성실한 레위인들에게는 자신들의 원래 일보다 더 상급의 일을 하도록 하나님께서 특권을 부여해 주셨다. 출생으로 보면 레위인들은 제사장들의 일만 못한 일을 할 수밖에 없었지만 제사장들이 느슨해진 틈에 하나님께서 출신에 상관없이 그들을 일으키신 것이다.

35-36절, 번제와 화목제의 기름과 각 번제에 속한 전제가 많더라 이와 같이 여호와의 전에서 섬기는 일이 순서대로 갖추어지니라 36

이 일이 갑자기 되었을지라도 하나님이 백성을 위하여 예비하셨음을 인하여 히스기야가 백성으로 더불어 기뻐하였더라

이렇게 섬기는 일이 순서대로 갖추어졌다는 것은 모든 예배가 격식에 맞게 제대로 진행 되었다는 뜻이다. 그리고 이러한 제사가 오랜만에 갑자기 치러져서 어느 부분 율법에 정해진 대로 하지 못한 부분도 있었지만 하나님께서는 그 모든 것을 용납하시고 모든 백성들을 열납하셨다는 것이다.

역대하 30장

1절, 히스기야가 온 이스라엘과 유다에 보내고 또 에브라임과 므낫세에 편지를 보내어 예루살렘 여호와의 전에 와서 이스라엘 하나님 여호와를 위하여 유월절을 지키라 하니라

히스기야 왕은 이미 성전을 정결케 하고 제사를 드렸다. 그리고서 유다만이 아니라 다윗 집을 배반한 열 지파에게도 초대장을 보내어 예루살렘에 와서 유월절을 지키라고 했다. 정치적으로는 분리되었다 하더라도 신앙적으로는 하나를 지켜야 한다는 취지에서 내린 히스기야 왕의 조치는 매우 합당한 것이다.

2-3절, 왕이 방백들과 예루살렘 온 회중으로 더불어 의논하고 이월에 유월절을 지키려 하였으니 3 이는 성결케 한 제사장이 부족하고 백성도 예루살렘에 모이지 못한 고로 그 정한 때에 지킬 수 없었음이라

원래 유월절을 지키는 달은 1월인데 2월에 지키기로 했다. 당시 1월 14일에 유월절 행사를 하기에는 너무 촉박하고 제사장들이 준비되어 있지 않은 부분도 있어서 한 달 뒤인 2월에 하기로 미룬 것이다. 민수기 9장 11절에 '부정한 자는 2월 14일에 유월절을 지켜도 된다'는 단서 조항이 있다. 그래서 히스기야는 예루살렘 회중과 의논해서 2월에 유월절을 지키기로 결정한 것이다. 이것은 율법에 위배되지 않으면서도 많은 사람들이 참여할 수 있도록 한 조치였다. 히스기야는 마음이 넓고 유연성이 있었다.

4-5절, 왕과 온 회중이 이 일을 선히 여기고 5 드디어 명을 발하여 브엘세바에서부터 단까지 온 이스라엘에 반포하여 일제히 예루살렘으로 와서 이스라엘 하나님 여호와의 유월절을 지키라 하니 이는 기록한 규례대로 오래 동안 지키지 못하였음이더라

원래 유월절은 정월 14일부터 칠 일 동안 지키게 되어 있는데, 이스라엘 백성들은 오랜 동안 이 유월절을 지키지 못했었다. "드디어 명을 발하여 브엘세바에서부터 단까지 온 이스라엘에 반포하여 일제히 예루살렘으로 와서 이스라엘 하나님 여호와의 유월절을 지키라 하니 이는 기록한 규례대로 오래 동안 지키지 못하였음이더라". '브엘세바에서 단까지'란 이스라엘의 최남단에서 최북단까지를 말하는데 이스라엘 온 땅을 가리키는 관용구이다. 남북의 모든 이스라엘 백성들이 나라가 나눠진 후로 이백 년 동안 유월절을 지키지 못해 왔다.

6-8절, 보발군들이 왕과 방백들의 편지를 받아 가지고 왕의 명을 좇아 온 이스라엘과 유다에 두루 다니며 전하니 일렀으되 이스라엘 자손들아 너희는 아브라함과 이삭과 이스라엘의 하나님 여호와께로 돌아오라 그리하면 저가 너희 남은 자 곧 앗수르 왕의 손에서 벗어난 자에게로 돌아오시리라 7 너희 열조와 너희 형제같이 하지 말라 저희가 그 열조의 하나님 여호와께 범죄한 고로 여호와께서 멸망에 붙이신 것을 너희가 목도하는 바니라 8 그런즉 너희 열조같이 목을 곧게 하지 말고 여호와께 귀순하여 영원히 거룩케 하신 전에 들어가서 너희 하나님 여호와를 섬겨 그 진노가 너희에게서 떠나게 하라

보발군들은 말이나 빠른 동물들을 사용해서 왕명을 전국으로 전달하는 자들이다. 그들은 유다와 온 이스라엘을 다니며 유월절을 지키라는 명령을 전하고 방백들의 편지를 전하였다. 방백들의 편지 내용은 이스라엘 모든 자손이 열조의 하나님께 돌아오라는 내용이다. '열조의 하나님께 범죄함으로 징벌을 당하고 있지 않느냐, 목을 곧게 하지 말고 여호와께 귀순하라.'고 하는 것이다. '여호와께 귀순하다'는 히브리어로 '여호와께 손을 내밀다'라는 뜻이다. 목을 곧게 한다는 것은 하나님께 거역하는 것을 뜻하며, 하나님께 귀순하는 것은 하나님께 내어맡기는 것이다. 그래야 하나님의 진노하심이 그들에게서 떠나지 않겠느냐는 말이다.

9-10절, 너희가 만일 여호와께 돌아오면 너희 형제와 너희 자녀가 사로잡은 자에게서 자비를 입어 다시 이 땅으로 돌아오리라 너희 하나님 여호와는 은혜로우시고 자비하신지라 너희가 그에게로 돌아오면 그 얼굴을 너희에게서 돌이키지 아니하시리라 하였더라 10 보발군이 에브라임과 므낫세 지방 각 성에 두루 다녀 스불론까지 이르렀으나 사람들이 저희를 조롱하며 비웃었더라

히스기야 왕은 보발군들을 보내어 이스라엘 각지에 명을 전달하게 했다. 그 내용이 얼마나 영적이고 좋은가? 그런데 사람들은 그 말을 듣고 저희를 조롱하며 비웃었다. 히스기야 왕의 제안에 대해 아주 냉담한 것이다. 그들은 너무나 오랫동안 우상 숭배에 젖어 있었기 때문에 여호와 하나님께 돌아오라는 말이 듣기 싫었고 따라서 매우 냉소적이 된 것이다.

11-12절, 그러나 아셀과 므낫세와 스불론 중에서 몇 사람이 스스로 겸비하여 예루살렘에 이르렀고 12 하나님이 또한 유다 사람들을 감동시키사 저희로 왕과 방백들이 여호와의 말씀대로 전한 명령을 일심으로 준행하게 하셨더라

이스라엘의 최북단인 지중해변에 거하는 아셀과 스불론의 많지 않은 사람들이 그 요청을 받아들여 예루살렘에 이르렀다. 그러나 대다수 북왕국 이스라엘 사람들의 냉담한 반응과는 대조적으로 유다 사람들은 일체 하나 되어서 열의를 가지고 히스기야의 명령을 따라 유월절을 지키게 되었다.

13절, 이월에 백성이 무교절을 지키려 하여 예루살렘에 많이 모이니 심히 큰 회라

남 유다 국 전체와 북 왕국의 상당수가 참여하니 큰 회가 되었다.

14-15절, 무리가 일어나 예루살렘에 있는 제단과 향단들을 모두 제하여 기드론 시내에 던지고 15 이월 십사일에 유월절 양을 잡으니 제사장과 레위 사람이 부끄러워하여 성결케 하고 번제물을 가지고 여호와의 전에 이르러

제사장들과 레위인들은 백성들이 헌신적으로 제물을 준비하고 열성적으로 유월절에 참여하는 것을 보고 부끄러워했다. 우리도 다른 성도들의 열심과 헌신을 대할 때 부끄러워할 줄 알아야 한다.

16-20절, 규례대로 각각 자기 처소에 서고 하나님의 사람 모세의 율법을 좇아 제사장이 레위 사람의 손에서 피를 받아 뿌리니라 17 회중에 많은 사람이 성결케 하지 못한 고로 레위 사람들이 모든 부정한 사람을 위하여 유월절 양을 잡아 저희로 여호와 앞에서 성결케 하였으나 18 에브라임과 므낫세와 잇사갈과 스불론의 많은 무리는 자기를 깨끗케 하지 아니하고 유월절 양을 먹어 기록한 규례에 어긴지라 히스기야가 기도하여 가로되 선하신 여호와여 사하옵소서 19 결심하고 하나님 곧 그 열조의 하나님 여호와를 구하는 아무 사람이든지 비록 성소의 결례대로 스스로 깨끗케 못하였을지라도 사하옵소서 하였더니 20 여호와께서 히스기야의 기도를 들으시고 백성을 고치셨더라

레위인들은 유월절 양을 잡고 제사장들은 그 피를 뿌렸다. 당시 많은 회중이 정결케 되지 않은 상태에서 유월절 양을 먹게 되었다. 특히 에브라임, 므낫세, 잇사갈, 스불론의 많은 무리가 어쩔 수 없이 그렇게 부정한 상태에서 유월절 양을 먹게 되었을 것이다. 열성적인 마음으로 급하게 사람들을 불러 모으다보니 준비 기간이 부족했던 것이다. 오늘날로 말하면 주의 만찬을 대할 때 자기를 살핀 후에 주의 떡을 먹고 잔을 마셔야 하는데 그렇게 하지 못한 것이다. 그때에 히스기야 왕은 그 규례를 어긴 것에 대하여 스스로 중재자가 되어 연대책임을 지고 기도하였으며, 하나님은 히스기야의 기도를 들으시고 백성들의 질병을 치료해 주셨으며 은혜도 주셨다. 하나님께서는 의식상의 준비나 형식상의 규례에 있어서 좀 부족함이 있을지라도 그 마음이 진실하면 받아주신다는 것을 알 수 있다.

21-23절, 예루살렘에 모인 이스라엘 자손이 크게 즐거워하며 칠 일 동안 무교절을 지켰고 레위 사람들과 제사장들은 날마다 여호와를 칭송하며 큰 소리 나는 악기를 울려 여호와를 찬양하였으며 22 히스기야는 여호와를 섬기는 일에 통달한 모든 레위 사람에게 위로하였더라 이와 같이 절기 칠 일 동안에 무리가 먹으며 화목제를 드리고 그 열조의 하나님 여호와께 감사하였더라 23 온 회가 다시 칠 일을 지키기로 결의하고 이에 또 칠 일을 즐거이 지켰더라

원래 무교절은 칠 일 간이다. 히스기야 왕은 레위인들에게 감사하고 격려하고 위로하였으며 하나님께 감사와 영광을 돌렸다. 이 모든 태도를 볼 때 히스기야 왕은 정말 좋은 사역자이다. 유월절을 지키는 분위기가 매우 뜨겁고 좋았으며 왕과 온 회중이 너무 기뻐했다. 200여 년 만에 지키게 된 유월절이 아닌가? 그래서 그들은 7일을 더 연장해서 14일 간 지키기로 했다. 여기에 고정된 율법이나 형식이 없다. 얼마든지 상황에 따라 유연하게 바꿀 수 있고 연장할 수 있는 것이다. 우리는 히스기야 왕 때에 이르러 신약의 그림자를 조금이나마 보게 된다. 어쩌면 이때부터 서서히 신약의 은혜 시대를 향하여 한발씩 내디뎠던 것이다.

24절, 유다 왕 히스기야가 수송아지 일천과 양 칠천을 회중에게 주었고 방백들은 수송아지 일천과 양 일만을 회중에게 주었으며 성결케 한 제사장도 많았는지라

유월절을 7일 간 더 연장하고 왕이 수송아지 일천과 양 칠천을 회중에게 주었고 방백들도 수송아지 일천과 양 일만을 회중에게 주었다. 기간이 충분하니 많은 제사장들이 자신을 성결케 할 수 있었다. 이렇게 진정한 마음과 헌신과 열정으로 주님을 섬기고 따르다보면 형식상 부족했던 부분까지도 채워질 길이 있게 된다.

25-26절, 유다 온 회중과 제사장들과 레위 사람들과 이스라엘에서 온 온 회중과 이스라엘 땅에서 나온 나그네와 유다에 거한 나그네가 다 즐거워하였으므로 26 예루살렘에 큰 희락이 있었으니 이스라엘 왕 다윗이 아들 솔로몬 때로부터 이러한 희락이 예루살렘에 없었더라

솔로몬 이후 지금까지 이렇게 즐거운 때가 없었다. 이 히스기야 때 유일하게 한 번 이스라엘 백성들이 즐거워한 때가 있었다. 솔로몬 때는 성전 낙성 때 있었던 예루살렘의 희락이었다.

27절, 그때에 제사장들과 레위 사람들이 일어나서 백성을 위하여 축복하였으니 그 소리가 들으신 바 되고 그 기도가 여호와의 거룩한 처소 하늘에 상달하였더라

백성들이 기뻐하고 찬송하고 감사하는 분위기 속에서 제사장들과 레위 사람들은 일어나 백성들을 축복하였다. 구약 시대에 백성을 위하여 하나님을 섬기는 종들인 제사장들이 절기 마지막 부분에 백성들을 축복하는 기도를 한 것이다. 그리고 그 기도는 여호와의 거룩한 처소 하늘에 상달되었다고 했다. 이렇게 해서 아름답고 영광스러운 유월절 행사가 치러졌다. 히스기야 왕의 행적에 대해서는 앞으로도 두 장이 더 할애되어 있다. 히스기야는 다윗 이후로 가장 하나님을 사랑하고 경외했던 성군이었기 때문에 그에 대한 기록 양이 좀 많다.

역대하 31장

1절, 이 모든 일이 마치매 거기 있는 이스라엘 무리가 나가서 유다 여러 성읍에 이르러 주상을 깨뜨리며 아세라 목상을 찍으며 유다와 베냐민과 에브라임과 므낫세 온 땅에서 산당과 단을 제하여 멸하고 이스라엘 모든 자손이 각각 그 본성 기업으로 돌아갔더라

유월절을 지킨 다음 이제 이스라엘 무리가 나가서 유다 여러 성읍에 존재하였던 주상을 깨뜨리며 아세라 목상을 찍으며 산당과 단을 제하여 멸하였다. 그들은 유다와 베냐민 땅만이 아니라 에브라임과 므낫세 온 땅에서도 그렇게 했다. 하나님과 좋은 교제를 갖고 뜨겁게 헌신을 한 후에는 자연스럽게 하나님을 거스르는 우상들을 미워하며 제하고자 하게 된다. 그리고서 그들은 각각 그 본성과 기업들로 돌아갔다.

2-3절, 히스기야가 제사장들과 레위 사람들의 반차를 정하고 각각 그 직임을 행하게 하되 곧 제사장들과 레위 사람들로 번제와 화목제를 드리며 여호와의 영문에서 섬기며 감사하며 찬송하게 하고 3 또 자기 재산 중에서 얼마를 정하여 여호와의 율법에 기록된 대로 번제 곧 조석 번제와 안식일과 초하루와 절기의 번제에 쓰게 하고

히스기야 왕은 직접 제사장과 레위 사람들의 순서를 정해서 그들의 직분대로 하나님을 섬기는 일을 행하도록 했다. 이것은 다윗이 이미 정해놓은 것이었지만 행하여지지 않고 있었다. 그들이 하는 일은 주로 번제와 화목제를 드리는 일이고 감사하고 찬송하는 일이었다. 또한 히스기야 왕은 자기 재산의 일부를 바쳐서 제사장들과 레위인들로 하여금 조석의 번제와 안식일과 초하루의 절기의 번제를 드리게 했다. 히스기야 왕의 헌신과 경건성은 참으로 귀한 것이었다.

4절, 또 예루살렘에 거한 백성을 명하여 제사장들과 레위 사람들의 응식을 주어 저희로 여호와의 율법을 힘쓰게 하라 한지라

히스기야 왕은 제사장들과 레위 사람들의 생계도 관심했다. 그는 제사장들과 레위 사람들이 오로지 하나님의 율법에만 힘쓸 수 있도록 예루살렘에 거한 백성들에게 그들의 생활을 보살펴주라고 명했다.

5-7절, 왕의 명령이 내리자 곧 이스라엘 자손이 곡식과 포도주와 기름과 꿀과 밭의 모든 소산의 처음 것을 풍성히 드렸고 또 모든 것의 십일조를 많이 가져왔으며 6 유다 여러 성읍에 거한 이스라엘과 유다 자손도 소와 양의 십일조를 가져왔고 또 그 하나님 여호와께 구별하여 드릴 성물의 십일조를 가져왔으며 그것을 쌓아 더미를 이루었는데 7 삼월에 쌓기를 시작하여 칠월에 마친지라

히스기야 왕이 백성들에게 이렇게 말하자 백성들은 기꺼이 십일조를 드리기 시작했다. 백성들이 헌신된 마음을 가진 상태에서 주님께 예물을 드리라고 말하자 모든 백성들은 기뻐하면서 곡식과 포도주와 기름과 꿀과 밭의 모든 소산의 처음 것을 풍성하게 가져왔고 소와 양의 십일조도 가져왔다. 그것을 쌓아서 더미를 이루었는데 삼월에 쌓기를 시작하여 칠월에 마쳤다.

8절, 히스기야와 방백들이 와서 더미를 보고 여호와를 송축하고 그 백성 이스라엘을 위하여 축복하니라

히스기야 왕은 명령을 내리기는 했지만 백성들이 순종하여 그렇게까지 많이 드릴 줄은 몰랐을 것이다. 왕과 방백들은 그것을 보고 기뻐하면서 하나님을 찬송하고 그 귀한 백성 이스라엘을 위하여 축복했다.

9-10절, **히스기야가 그 더미에 대하여 제사장들과 레위 사람들에게 물으니 10 사독의 족속 대제사장 아사랴가 대답하여 가로되 백성이 예물을 여호와의 전에 드리기 시작함으로부터 우리가 족하게 먹었으나 남은 것이 많으니 이는 여호와께서 그 백성에게 복을 주셨음이라 그 남은 것이 이렇게 많이 쌓였나이다**

히스기야 왕이 그 쌓인 더미를 보고 제사장들과 레위인들에게 '이것이 어떻게 된 일이냐'고 묻자 당시 사독의 족속 대제사장 아사랴가 대답하기를, "백성이 예물을 여호와의 전에 드리기 시작함으로부터 우리가 족하게 먹었으나 남은 것이 많으니 이는 여호와께서 그 백성에게 복을 주셨음이라 그 남은 것이 이렇게 많이 쌓였나이다"라고 대답했다.

11-19절, **그때에 히스기야가 명하여 여호와의 전 안에 방을 예비하라 한 고로 드디어 예비하고 12 성심으로 그 예물과 십일조와 구별한 물건을 갖다 주고 레위 사람 고나냐는 그 일을 주관하고 그 아우 시므이는 버금이 되며 13 여히엘과 아사시야와 나핫과 아사헬과 여리못과 요사밧과 엘리엘과 이스마갸와 마핫과 브나야는 고나냐와 그 아우 시므이의 수하에서 보살피는 자가 되니 이는 히스기야 왕과 하나님의 전을 관리하는 아사랴의 명한 바며 14 동문지기 레위 사람 임나의 아들 고레는 즐거이 하나님께 드리는 예물을 맡아 여호와께 드리는 것과 모든 지성물을 나눠주며 15 그 수하의 에덴과 미냐민과 예수아와 스마야와 아마랴와 스가냐는 제사장의 성읍들에 있어서 직임을 맡아 그 형제에게 반차대로 무론 대소하고 나눠주되 16 삼 세 이상으로 족보에 기록된 남자 외에 날마다 여호와의 전에 들어가서 그 반차대로 직임에 수종드는 자들에게 다 나눠주며 17 또 그 족속대로 족보에 기록된 제사장들에게 나눠주며 이십 세 이상부**

터 그 반차대로 직임을 맡은 레위 사람들에게 나눠주며 18 또 그 족보에 기록된 온 회중의 어린아이와 아내와 자녀들에게 나눠주었으니 이 회중은 성결하고 충실히 그 직분을 다하는 자며 19 각 성읍에서 녹명된 사람이 있어 성읍 가까운 들에 거한 아론 자손 제사장들에게도 나눠주되 제사장들의 모든 남자와 족보에 기록된 레위 사람들에게 나눠주었더라

히스기야 왕은 헌물을 보관하는 것도 세심하게 살폈다. 보관하고 관리하는 일 또한 모으는 일 못지않게 중요하다. 히스기야 왕은 백성들이 드린 헌물을 잘 보관할 수 있도록 성전 안에 방을 준비하여 그것들을 그 안에 들여놓고 정 책임자와 부 책임자를 두어 지키게 했다(11-13절). 이 책임자들을 지명한 사람은 히스기야 왕과 대제사장 아사랴이다(13절). 그렇게 책임자들을 두어 아무도 그 성물들을 함부로 가져가거나 훔쳐가지 못하게 한 것이다. 그 다음은 성실하고 지혜 있는 자들을 선정하여 지성물들을 받아들이는 일과 원래 계획했던 대로 사용되도록 잘 분배하고 나누어주는 일을 하게 했다(14-19절). 16절부터는 분배를 받을 수혜자들이 누구인가를 설명하고 있다. 3세 이상으로 족보에 오른 사람이면 성물을 받을 수 있었다(16절). 다음은 족보에 기록된 제사장들과 20세 이상으로 레위인의 반차를 따라 성전에서 봉사하는 자들이며(17절), 또 제사장이나 레위인들의 아내와 자녀들에게도 나누어주어 안락한 생활을 하게 해주었다(18절). 성직자들이 가정생활에 대하여 걱정 없이 섬기도록 배려한 것이다. 지방에 있는 사람들 곧 '성읍 가까운 들에 거하는' 제사장들도 족보에 들어 있으면 그들의 몫을 나누어주었다(19절).

20-21절, 히스기야가 온 유다에 이같이 행하되 그 하나님 여호와 보시기에 선과 정의와 진실함으로 행하였으니 21 무릇 그 행하는 모든 일 곧 하나님의 전에 수종드는 일에나 율법에나 계명에나 그 하나님을 구하고 일심으로 행하여 형통하였더라

히스기야 왕이 선정을 베풀었고 또 하나님 앞에서도 '선과 정의와 진실로 행하였다'는 말이다. 그리고 그가 행한 모든 일, 곧 하나님의 전에 수종드는 일에나 율법에나 계명에나 하나님을 구하고 일심으로 행하였기 때문에 범사가 형통했다고 한다.

역대 하 31장에서 우리는 오랜 만에 소생된 이스라엘을 본다. 그들은 새롭게 유월절을 지키며 자신들을 하나님께 헌신했다. 그리고 그들의 드림은 차고 넘쳤다. 히스기야 왕은 왜 이렇게 축복을 받았는가? 그가 율법에나 계명에나 하나님을 구하고 일심으로 행하였기 때문에 하나님께서 그를 형통하게 하셨다고 한다. 다윗 이후 많은 면에서 다윗의 길을 따른 유일한 왕이라고 할 수 있다.

역대하 32장

1-2절, 이 모든 충성된 일 후에 앗수르 왕 산헤립이 유다에 들어 와서 견고한 성읍들을 향하여 진을 치고 쳐서 취하고자 한지라 2 히스기야가 산헤립이 예루살렘을 치러 온 것을 보고

앗수르 왕 산헤립의 유다 침공의 이야기는 열왕기 하 18장과 19장에 자세히 기록되어 있는데, 이곳 역대 하에는 한 장에 요약되어 기록되었다.

3-8절, 그 방백들과 용사들로 더불어 의논하고 성 밖에 모든 물 근원을 막고자 하매 저희가 돕더라 4 이에 백성이 많이 모여 모든 물 근원과 땅으로 흘러가는 시내를 막고 이르되 어찌 앗수르 왕들로 와서 많은 물을 얻게 하리요 하고 5 히스기야가 세력을 내어 퇴락한 성을 중수하되 망대까지 높이 쌓고 또 외성을 쌓고 다윗 성의 밀로를 견고케 하고 병기와 방패를 많이 만들고 6 군대 장관들을 세워 백성을 거느리게 하고 성문 광장 자기에게로 무리를 모으고 말로 위로하여 가로되 7 너희는 마음을 강하게 하며 담대히 하고 앗수르 왕과 그 좇는 온 무리로 인하여 두려워 말며 놀라지 말라 우리와 함께 하는 자가 저와 함께하는 자보다 크니 8 저와 함께하는 자는 육신의 팔이요 우리와 함께하는 자는 우리의 하나님 여호와시라 반드시

우리를 도우시고 우리를 대신하여 싸우시리라 하매 백성이 유다 왕 히스기야의 말로 인하여 안심하니라

히스기야는 종교적으로만 선정을 베푼 것이 아니라 정치적으로나 군사적으로도 지혜롭게 일을 처리했다. 히스기야는 먼저 방백들과 용사들로 더불어 의논했다. 그리고 먼저 유다에 쳐들어온 산헤립이 그의 나라에 들어와서 물을 얻지 못하게 하려고 모든 물 근원을 막았다. 아무리 강한 군대라도 며칠 동안 물을 마시지 못하면 견딜 수 없게 된다. "모든 물 근원과 땅으로 흘러가는 시내를 막고"(4절). 히스기야 왕의 치적 중에서도 손꼽히는 것이 수로 공사를 완성한 것이다. 히스기야 왕은 수로를 만들어 기혼 샘물을 성 안으로 끌어들여 앗수르 대군이 예루살렘 성 외곽지에서 식수를 얻지 못하도록 작전을 편 것이다.

또한 할 수 있는 대로 퇴락한 성을 중수하였고 망대를 세웠으며 또 한 겹의 성벽을 외부에 더 쌓았다. 그리고 병기와 방패를 많이 만들어 무기를 갖추고 군대 조직을 재편하였다. 그런 다음 백성들을 성문 광장에 모아놓고 연설을 하였다. "너희는 마음을 강하게 하며 담대히 하고 앗수르 왕과 그 좇는 온 무리로 인하여 두려워 말며 놀라지 말라 우리와 함께 하는 자가 저와 함께하는 자보다 크니 저와 함께하는 자는 육신의 팔이요 우리와 함께하는 자는 우리의 하나님 여호와시라 반드시 우리를 도우시고 우리를 대신하여 싸우시리라". 이렇게 히스기야는 종교적으로만이 아니라 군사적으로나 정치적으로도 잘 다스렸다.

9-10절, 그 후에 앗수르 왕 산헤립이 그 온 군대를 거느리고 라기스를 치며 그 신복을 예루살렘에 보내어 유다 왕 히스기야와 예루살렘에 있는 유다 무리에게 고하여 이르기를 10 앗수르 왕 산헤립은 이같이 말하노라 너희가 예루살렘에 에워싸여 있으면서 무엇을 의뢰하느냐

히스기야 왕이 앗수르 왕 산헤립의 침공에 대비하여 모든 일을 마친 후에 산헤립이 라기스를 점령하고 그곳에 진을 치고 있으면서 그의 세 장군을 히스기야에게 보내어 위협하는 말을 하고 있다. 11절부터는 세 장군 가운데 랍사게라는 자의 연설이다.

11-19절, 히스기야가 너희를 꾀어 이르기를 우리 하나님 여호와께
서 우리를 앗수르 왕의 손에서 건져내시리라 하거니와 이 어찌 너희
로 주림과 목마름으로 죽게 함이 아니냐 12 이 히스기야가 여호와의
산당들과 단들을 제하여 버리고 유다와 예루살렘에 명하여 이르기
를 너희는 다만 한 단 앞에서 경배하고 그 위에 분향하라 하지 아니
하였느냐 13 나와 내 열조가 이방 모든 백성에게 행한 것을 너희가
알지 못하느냐 열방의 신들이 능히 그 땅을 나의 손에서 건져 낼 수
있었느냐 14 나의 열조가 진멸한 열국의 그 모든 신 중에 누가 능히
그 백성을 내 손에서 건져내었기에 너희 하나님이 능히 너희를 내
손에서 건지겠느냐 15 그런즉 이와 같이 히스기야에게 속지 말라 꾀
임을 받지 말라 저를 믿지도 말라 아무 백성이나 아무 나라의 신도
능히 그 백성을 나의 손과 나의 열조의 손에서 건져내지 못하였나
니 하물며 너희 하나님이 너희를 내 손에서 건져내겠느냐 하였더라
16 산헤립의 신복들도 더욱 여호와 하나님과 그 종 히스기야를 비방
하였으며 17 산헤립이 또 편지를 써서 보내어 이스라엘 하나님 여호
와를 욕하고 비방하여 이르기를 열방의 신들이 그 백성을 내 손에서
구원하여 내지 못한 것같이 히스기야의 신들도 그 백성을 내 손에서
구원하여 내지 못하리라 하고 18 산헤립의 신하가 유다 방언으로 크
게 소리 질러 예루살렘 성 위에 있는 백성을 놀라게 하고 괴롭게 하
여 그 성을 취하려 하였는데 19 저희가 예루살렘의 하나님을 훼방
하기를 사람의 손으로 지은 세상 백성의 신들을 훼방하듯 하였더라

산헤립은 랍사게를 시켜서 비열하고 야비한 수단으로 백성들을 속이고 위협하여 히스기야를 배신하도록 유도했다. 랍사게는 히스기야가 백성을 꾀었다고 말하면서 그가 여호와를 의지하라고 했다는 말을 정면으로 부인하고 공격하였다. 랍사게는 또 히스기야의 종교개혁적인 귀한 일

들을 폄하하고 멸시하는 말을 서슴지 않고 내뱉는다. "이 히스기야가 여호와의 산당들과 단들을 제하여 버리고 유다와 예루살렘에 명하여 이르기를 너희는 다만 한 단 앞에서 경배하고 그 위에 분향하라 하지 아니하였느냐". 또 그는 산헤립의 군대는 그 누구도 대항할 수 없으므로 히스기야의 꾀임에 빠지지 말고 항복하는 것이 지혜로운 것이라고 말한다. 산헤립의 다른 신복들도 마찬가지로 하나님과 히스기야를 비방하였고 산헤립은 편지를 써서 역시 하나님과 왕 히스기야를 욕하고 비방하고 폄하하였다. 그 때 히스기야는 산헤립의 편지를 하나님 앞에 펴놓고 부르짖으며 기도했다(왕하 19:9-15). 더구나 랍사게는 유다 방언으로 이런 말들을 하여 예루살렘 성 위에 있는 백성들을 놀라게 하고 괴롭게 했다. 그들은 말하자면 전쟁을 하기 전에 말로 위협을 해서 항복하도록 종용한 것이다. 사자 같은 맹수들이 약한 짐승을 잡을 때 이렇게 한다. 먼저 겁을 주어 꼼짝 못하게 한 다음 잡아먹는 것이다.

20-23절, **이러므로 히스기야 왕이 아모스의 아들 선지자 이사야로 더불어 하늘을 향하여 부르짖어 기도하였더니 21 여호와께서 한 천사를 보내어 앗수르 왕의 영에서 모든 큰 용사와 대장과 장관들을 멸하신지라 앗수르 왕이 얼굴이 뜨뜻하여 그 고국으로 돌아갔더니 그 신의 전에 들어갔을 때에 그 몸에서 난 자들이 거기서 칼로 죽였더라 22 이와 같이 여호와께서 히스기야와 예루살렘 거민을 앗수르 왕 산헤립의 손과 모든 적국의 손에서 구원하여 내사 사면으로 보호하시매 23 여러 사람이 예물을 가지고 예루살렘에 와서 여호와께 드리고 또 보물로 유다 왕 히스기야에게 드린지라 이후부터 히스기야가 열국의 눈에 존대하게 되었더라**

여기에 이사야 선지자가 나온다. 히스기야 왕은 이사야 선지자와 더불어 기도를 하였다. 이와 같은 우리 성도들은 환난과 위협이 느껴질 때 기도하기 바란다. 기도의 동반자나 주님을 사랑하는 자들과 함께 기도하면 더욱 효력이 있을 것이다. 히스기야는 당대 최고의 선지자 이사야와 함께 기도했다. 여기서는 그가 '하늘을 향하여 부르짖었다'고 표현했는데, 때로는 주님께 강하게 부르짖는 것이 필요하다. 이 때 하나님께서는 그들의 기도를 들으시고 한 천사를 보내서 앗수르 군 18만 5천의 군사를 멸하신다. 그러자 산헤립은 얼굴이 뜨뜻하여 고국으로 돌아갔는데, 그가 니느웨에 거하던 중 그 신 니스록의 묘에 경배하고 있을 때에 그 아들들인 아드람멜렉과 사레셀이 칼로 아비를 죽이고 아라랏 땅으로 도망갔다. 하나님은 기적으로 유다 백성을 악한 자에게서 건져내고 앗수르 대군을 격파하신 것이다. 이러므로 여러 사람이 예물을 가지고 예루살렘으로 와서 여호와께 드리고 또 히스기야 왕에게도 드렸다. 이후부터 열국이 히스기야를 존대하게 보았다.

24절, 그 때에 히스기야가 병들어 죽게 된 고로 여호와께 기도하매 여호와께서 그에게 대답하시고 또 이적으로 보이셨으나

여기는 히스기야의 질병과 치유가 간단하게 언급되어 있다. 그런데 열왕기 하 20장과 이사야 38장에는 이 일이 자세히 기록되어 있다. 그 병은 치명적인 불치병이었다. 히스기야는 간절히 기도하였고 하나님은 그의 기도를 들으시고 15년의 수명을 연장시켜 주셨다. 여기서 '이적을 보이셨으나'라는 말은 하나님께서 그 수명을 연장시켜주신다는 약속의 징표로 일영표 위에 머무른 해의 그림자를 뒤로 10도 물러나게 하신 사건을 가리킨다.

25-26절, 히스기야가 마음이 교만하여 그 받은 은혜를 보답지 아니하므로 진노가 저와 유다와 예루살렘에 임하게 되었더니 26 히스기야가 마음의 교만함을 뉘우치고 예루살렘 거민들도 그와 같이 하였으므로 여호와의 노가 히스기야의 생전에는 저희에게 임하지 아니하니라

히스기야같이 좋은 왕도 이렇게 승리하고 주변국들이 보물을 바치며 존대하자 마음이 높아진 것이다. 교만이란 얼마나 위험한 것인지! 교만은 패망의 선봉이다. 주의 종들이나 성도들이나 마음이 낮은 것이 좋다.

하룻밤 새에 한 천사에 의해 앗수르 군 18만 5천이 죽었다. 열왕기 하 19장 36-37절은, "앗수르 왕 산헤립이 떠나 돌아와서 니느웨에 거할 때 그 신 니스록의 묘에 경배할 때 아드람멜렉과 사레셀이 저를 칼로 죽이고 아라랏 땅으로 도망하니라"고 말한다. 그리고 20장 1절에서 이사야 선지자가 이렇게 말한다. "그 때에 히스기야가 병들어 죽게 되매…여호와 말씀이 너는 집을 처치하라 네가 죽고 살지 못하리라". 히스기야는 낯을 벽으로 향하고 여호와께 기도했다. 이 히스기야의 집이 하나님 보시기에 깨끗지 않았던 것이다.

그런 후에 이사야는 여호와께 들은 말을 히스기야에게 고했다. "내가 네 기도를 들었고 네 눈물을 보았노라 내가 너를 낫게 하리니 네가 삼일 만에 여호와의 성전에 올라가겠고 내가 네 날에 십오 년을 더할 것이며 내가 너와 이 성을 앗수르 왕의 손에서 구원하고…"(왕하 20:5-6). 그리고서 무화과 반죽을 가져오라 하여 그 종처에 놓으니 병이 나았다. 그때 히스기야가 그에게 하신 말씀이 이루어진다는 징표를 구하자 해 그림자 10도가 물러가게 하신 것이다.

그런데 히스기야가 병이 나은 후 바벨론 사람들이 문안 인사를 드리러 왔을 때 그 보물고를 열어서 그들에게 금, 은, 향품, 기름 등을 다 보여주었고 또 군기고와 창고도 다 보여주었다. 엄청난 중대 실수를 저지른 것이다. 이 일 후에 이사야 선지자가 다시 예언했다. "여호와의 말씀이 날이 이르리니 왕궁의 모든 것과 왕의 열조와 오늘까지 쌓아 두었던 모든 것이 바벨론으로 옮긴 바 되고 하나도 남지 아니할 것이요 또 왕의 몸에서 날 아들 중에서 사로잡혀 바벨론 왕궁의 환관이 되리라 하셨나이다". 이때 히스기야가 대답하기를, "당신이 전한바 여호와의 말씀이 선하니이다…만일 내가 사는 날에 태평과 진실이 있을진대 어찌 선하지 아니하리요 하니라". 히스기야라는 인물은 유다 성군 중 하나로서 여호와 신앙을 위해 개혁도 하고 많은 좋은 치적을 남긴 왕이지만 역시 구약의 한계를 느끼게 한다. 그저 자기가 사는 날 동안 평안하면 그것으로 족하다는 것이다.

우리가 이 히스기야 왕에게서 배울 것도 있지만 경계해야 할 것들도 있다. 자기 잘못으로 자기 아들들이 환관으로 잡혀가는 등 후대에 큰 문제가 일어날 것이라는데, 자기 때에만 평안하면 괜찮다는 식의 말은 문제가 있다. 우리는 결코 이런 보신주의에 빠져서는 안 된다. "히스기야가 마음의 교만함을 뉘우치고 예루살렘 거민들도 그와 같이 하였으므로 여호와의 노가 히스기야의 생전에는 저희에게 임하지 아니하니라". 어쨌든 하나님은 그분의 약속대로 히스기야 생전에는 그를 긍휼로 대하셨다.

27-30절, 히스기야가 부와 영광이 극한지라 이에 은금과 보석과 향품과 방패와 온갖 보배로운 그릇들을 위하여 국고를 세우며 28 곡식과 새 포도주와 기름의 산물을 위하여 창고를 세우며 온갖 짐승의 외양간을 세우며 양 떼의 우리를 갖추며 29 양 떼와 많은 소떼를 위하여 성읍들을 세웠으니 이는 하나님이 저에게 재산을 심히 많이 주셨음이며 30 이 히스기야가 또 기혼의 윗 샘물을 막아 그 아래로 좇아 다윗 성 서편으로 곧게 인도하였으니 저의 모든 일이 형통하였더라

히스기야 때 부와 영광이 극에 달했다. 그리고 농작물의 소출이 풍성하여 곡간을 세웠고 짐승들의 외양간도 많이 지었다. 양떼와 소떼를 위한 성읍들도 많이 세웠다. 하나님께서 그에게 재산을 심히 많이 주신 것이다. 하나님은 부의 근원이시다. 역대기 저자는 히스기야의 수로 사업을 그의 큰 치적으로 기록하고 있다. 지금까지도 높이 60-150cm, 넓이 60cm, 길이 520m의 지하갱도가 남아 있다.

32절, 그러나 바벨론 방백들이 히스기야에게 사자를 보내어 그 땅에서 나타난 이적을 물을 때에 하나님이 히스기야를 떠나시고 그 심중에 있는 것을 다 알고자 하사 시험하셨더라

히스기야는 바벨론 방백들이 왔을 때 그것이 하나님의 시험이라는 것을 몰랐을 것이다. '하나님이 히스기야를 떠나시고'—하나님께서 그에게서 떠나시자 그의 본 모습이 드러났고, 결과적으로 히스기야는 크게 실패하였다. 그런 실패를 통해 그는 자신이 얼마나 경박한 사람인지를 알고 커다란 교훈을 얻었을 것이다.

32-33절, 히스기야의 남은 행적과 그 모든 선한 일이 아모스의 아들 선지자 이사야의 묵시 책과 유다와 이스라엘 열왕기에 기록되니라 33 히스기야가 그 열조와 함께 자매 온 유다와 예루살렘 거민이 저를 다윗 자손의 묘실 중 높은 곳에 장사하여 저의 죽음에 존경함을 표하였더라 그 아들 므낫세가 대신하여 왕이 되니라

그의 장례는 히스기야가 다윗 이후로 가장 존경받는 왕이었다는 것을 증명한다. 예루살렘 거민들은 그를 묘실 중 가장 높은 곳에 장사하여 그의 죽음에 존경을 표하였다. 그를 이어 히스기야의 아들 므낫세가 왕이 되었는데, 그런 성군에게서 가장 악한 므낫세가 나왔다는 것은 주의해볼 점이 있다. 어쩌면 하나님께서 히스기야에게 '너희 집을 처치하라'고 하신 것이 그 아들을 두고 하신 말씀이 아니었나 생각된다.

역대하 33장

1-6절, 므낫세가 위에 나아갈 때에 나이 십이 세라 예루살렘에서 오십오 년을 치리하며 2 여호와 보시기에 악을 행하여 여호와께서 이스라엘 자손 앞에서 쫓아내신 이방 사람의 가증한 일을 본받아 3 그 부친 히스기야의 헐어버린 산당을 다시 세우며 바알들을 위하여 단을 쌓으며 아세라 목상을 만들며 하늘의 일월성신을 숭배하여 섬기며 4 여호와께서 전에 이르시기를 내가 내 이름을 예루살렘에 영영히 두리라 하신 여호와의 전에 단들을 쌓고 5 또 여호와의 전 두 마당에 하늘의 일월성신을 위하여 단들을 쌓고 6 또 힌놈의 아들 골짜기에서 그 아들들을 불 가운데로 지나게 하며 또 점치며 사술과 요술을 행하며 신접한 자와 박수를 신임하여 여호와 보시기에 악을 많이 행하여 그 진노를 격발하였으며

므낫세는 남 왕국 유다의 14대 왕이고, 최장기간인 55년 동안 치리했다. 그는 55년이라는 긴 기간에 통치하면서 온갖 악행을 저질렀고 망국의 원인을 제공했다. 그의 모친의 이름 헵시바는 '나의 기쁨은 그녀에게 있다'는 뜻이며, 이사야 선지자는 회복된 이스라엘을 그렇게 불렀다(사 62:4). 그러나 므낫세는 그 훌륭한 아버지가 이룩한 믿음을 이어나가지 못하고 하나님의 성전을 우상숭배로 더럽혔다. 그는 도리어 그의 부친 히스기야가 모처럼 헐어버린 산당들을 다시 세웠으며, 바알의 단을 쌓고 아세라 목상을 세웠으며 일월성신, 즉 천체를 숭배했다. "내가 내 이름을 예루살렘에 영영히 두리라 하신 여호와의 전에 단들을 쌓고". 예루살렘은 하나님의 이름을 두시려고 정한 곳인데 그곳에 바알의 단과 천체 숭배의 단을 세운 것이다. 이는 신성 모독의 극치라고 할 수 있다. 아하스라는 악한 왕이 앗수르 신의 제단을 본 따서 성전의 단을 개조한 적이 있는데, 이것이 므낫세 때에는 아주 극에 달했다(왕하 21장 참조). 그는 힌놈의 골짜기에서 몰록 신에게 아들을 불태워 바치기도 하고, 점치고 사술과 요술을 행하며 신접한 자와 박수를 신임하여 여호와 보시기에 악을 많이 행하여 하나님의 진노를 격발하였다.

7-9절, 또 자기가 만든 아로새긴 목상을 하나님의 전에 세웠더라 옛적에 하나님이 이 전에 대하여 다윗과 그 아들 솔로몬에게 이르시기를 내가 이스라엘 모든 지파 중에서 택한 이 전과 예루살렘에 내 이름을 영원히 둘지라 8 만일 이스라엘 사람이 내가 명한 일 곧 모세로 전한 모든 율법과 율례와 규례를 지켜 행하면 내가 그들의 발로 다시는 그 열조에게 정하여 준 땅에서 옮기지 않게 하리라 하셨으나 9 유다와 예루살렘 거민이 므낫세의 꾀임을 받고 악을 행한 것이 여호와께서 이스라엘 자손 앞에서 멸하신 열방보다 더욱 심하였더라

유다와 예루살렘 거민이 열방보다 더 심하게 악을 행했다고 한다. 예수 믿는 사람들이 실상 더 조심해야 한다. 풀은 썩어도 퇴비밖에 안 되는데 아주 고단백의 음식이 썩으면 지독한 냄새를 풍기기 때문이다. 마찬가지로, 최고의 신앙을 갖고 있는 하나님의 선민 이스라엘이 부패하니 이방 열국보다 훨씬 더 악해진 것이다.

10-11절, 여호와께서 므낫세와 그 백성에게 이르셨으나 저희가 듣지 아니한 고로 11 여호와께서 앗수르 왕의 군대 장관들로 와서 치게 하시매 저희가 므낫세를 사로잡고 쇠사슬로 결박하여 바벨론으로

끌어간지라

하나님께서 므낫세와 유다 백성에게 선지자들을 보내 권면하고 경계하셨으나 므낫세는 듣지 않았다(왕하 21:10-15). 학자들은 그 때 경계한 선지자 중 하나가 이사야였을 것이라고 말한다.

12-13절, 저가 환난을 당하여 그 하나님 여호와께 간구하고 그 열조의 하나님 앞에 크게 겸비하여 13 기도한 고로 하나님이 그 기도를 받으시며 그 간구를 들으시사 저로 예루살렘에 돌아와서 다시 왕위에 거하게 하시매 므낫세가 그제야 여호와께서 하나님이신 줄을 알았더라

므낫세처럼 악한 왕도 바벨론에 끌려가서 심한 환난을 당하니 하나님께 간구하고 자신을 낮추어 기도했다. 하나님께서는 그런 자라도 자신을 낮추어 눈물 흘리며 회개하고 기도할 때 그 기도를 들으시고 다시 그를 복위시키셨다. 그 때서야 므낫세는 여호와께서 하나님이신 줄을 알았다.

14-15절, 그 후에 다윗 성 밖 기혼 서편 골짜기 안에 외성을 쌓되 생선문 어귀까지 이르러 오벨을 둘러 심히 높이 쌓고 또 유다 모든 견고한 성읍에 군대 장관을 두며 15 이방 신들과 여호와의 전의 우상을 제하며 여호와의 전을 건축한 산에와 예루살렘에 쌓은 모든 단을 다 성 밖에 던지고 16 여호와의 단을 중수하고 화목제와 감사제를 그 단 위에 드리고 유다를 명하여 이스라엘 하나님 여호와를 섬기라 하매

14절부터는 므낫세가 회개한 다음에 많은 좋은 일을 한 것을 기록한다. 첫째로는 내치에 힘을 써서 국방을 튼튼히 했다. 외성을 쌓고 유다 견고한 성읍에 군대 장관들을 두고 이방 신들과 여호와의 전 안의 우상을 제하였으며 성전에 쌓은 모든 단을 성 밖에 던졌다. 또한 여호와의 단을 중수하고 화목제와 감사제를 그 단 위에 드렸으며, 유다 백성들에게 하나님을 섬기도록 명했다.

17절, 백성이 그 하나님 여호와께만 제사를 드렸으나 오히려 산당에서 제사를 드렸더라

백성들이 우상을 버리고 여호와 하나님을 섬겼으나 그 경배의 장소는 여전히 산당이었다. 산당을 아직 없애지 않았기 때문이다. 오늘날 동네 곳곳에 예배당이 있는 것을 본다. 예배를 드리고 복음을 전하는 것은 좋은 것이지만 그것이 산당의 원칙에 따른 것이라면 하나님은 기뻐하지 않으신다.

18-20절, 므낫세의 남은 사적과 그 하나님께 기도한 말씀과 선견자가 이스라엘 하나님 여호와의 이름을 받들고 권한 말씀이 모두 이스라엘 열왕의 행장에 기록되었고 19 또 그 기도와 그 기도를 들으신 것과 그 모든 죄와 건과와 겸비하기 전에 산당을 세운 곳과 아세라 목상과 우상을 세운 곳들이 다 호새의 사기에 기록되니라 20 므낫세가 그 열조와 함께 자매 그 궁에 장사하고 그 아들 아몬이 대신하여 왕이 되니라

여기서 우리가 히스기야와 므낫세를 비교해 보면, 히스기야는 전체적으로 잘했지만 마지막에 조금 문제가 있었다. 그래도 하나님께서는 그 시대를 축복하시고 형통케 하셨다. 그런데 므낫세는 후에 회개하고 잘해 나갔어도 유다가 망하게 되는 원인을 근본적으로 돌이키지 못했다. 우리는 하나님의 눈에 어떤 것이 그 사람의 일생의 두드러진 특징이냐가 중요하다는 것을 깨닫는다. 히스기야가 나중에 한두 가지 잘못을 범하긴 했지만 전체적으로 그가 유다국에 끼친 영향은 하나님을 위해 적극적인 것이었다. 그 뒤에 있었던 약간의 잘못이 그것을 무효화하지 못했다. 그런데 므낫세는 뒤에 잘했지만 그가 행한 악을 후에 회개한 열매로 다 만회할 수 없었기에 결국 역사는 유다의 망국의 원인이 그에게 있다고 기록하는 것이다. 이것을 통해서 우리는 하나님의 행정이 참으로 두려운 것임을 알 수 있다.

21-24절, 아몬이 위에 나아갈 때에 나이 이십이 세라 예루살렘에
서 이 년을 치리하며 22 그 부친 므낫세의 행함같이 여호와 보시기
에 악을 행하여 그 부친 므낫세가 만든 아로새긴 모든 우상에게 제
사하여 섬겼으며 23 이 아몬이 그 부친 므낫세의 스스로 겸비함 같
이 여호와 앞에서 스스로 겸비치 아니하고 더욱 범죄하더니 24 그
신복이 반역하여 왕을 궁중에서 죽이매 25 국민이 아몬 왕을 반역
한 사람들을 다 죽이고 그 아들 요시야로 대신하여 왕을 삼으니라

여기서 우리는 짧게 왕 노릇한 므낫세의 아들 아몬을 본다. 므낫세 자신은 회개했고 회개의 열매도 어느 정도 있었지만 그가 만든 아로새긴 우상은 결국 그 아들에게 걸림돌이 되었다. 그 아들 아몬이 거기에다 제사하고 섬긴 것이다. 므낫세는 결국 후대에 우상숭배의 여지를 남긴 것이다. 또 여기 기록은 아몬이 아버지 므낫세의 스스로 겸비함같이 겸비치 않고 더욱 범죄했다고 말한다. 물론 므낫세가 스스로 겸비한 적이 있지만 그가 전체적으로 아들에게 끼친 영성적 영향은 겸비함이 아니었다.

아몬이 그 신복들의 반역으로 궁중에서 시해되었는데 국민이 아몬 왕에게 반역한 사람들을 다 죽였다고 말한다. 이스라엘은 일단 모반이 일어나면 다른 집안 사람이 왕위에 앉았는데, 이 유다는 하나님의 주권으로 이런 모반이 몇 번 있었어도 왕위는 계속 다윗의 집이 이어갔다. "네 위에서 날 자가 영원토록". 이 약속의 말씀을 따라 아몬이 신복들에게 암살당했지만 왕위는 다윗의 적통인 아몬의 아들 요시야에게 넘어갔다. 이렇게 해서 예수 그리스도께서 다윗의 혈통에서 태어나시게 된 것이다. 또한 다윗이 뛰어난 왕이었을지라도 이 땅에 주 예수님보다 온전한 사람은 없다. 우리는 역사서를 읽으면서 온전하신 분은 오직 주 예수 그리스도밖에 없음을 절실히 느끼게 된다.

역대하 34 장

1-2절, 요시야가 위에 나아갈 때에 나이 팔 세라 예루살렘에서 삼십일 년을 치리하며 2 여호와 보시기에 정직히 행하여 그 조상 다윗의 길로 행하여 좌우로 치우치지 아니하고

다음은 요시야 왕이다. 요시야는 부친 아몬이 짧게 왕 노릇하고 죽는 바람에 어린 나이(8세)에 왕위에 올랐다. '요시야'라는 이름은 '여호와가 태우신다'는 뜻이고, 유다 16대 왕으로 31년 간 통치했으며, 유다 왕국에서 여호사밧, 히스기야와 더불어 3대 성군으로 손꼽힌다. 남 왕국 유다에서 현군으로 분류되는 왕들은 이십 명의 왕 중에서 아사, 여호사밧, 요하스, 아마샤, 웃시야, 요담, 히스기야 및 요시야이다. 그 중에서 '조상 다윗의 길로 향하였다'(2절)고 말했듯이 다윗 왕의 표준에 이른 왕은 세 명뿐이다. 여호사밧, 히스기야, 그리고 여기에 나오는 요시야이다.

3절, 오히려 어렸을 때 곧 위에 있은 지 팔년에 그 조상 다윗의 하나님을 비로소 구하고 그 십이년에 유다와 예루살렘을 비로소 정결케 하여 그 산당과 아세라 목상들과 아로새긴 우상들과 부어 만든 우상들을 제하여 버리매

8세에 왕위에 올랐는데 왕이 된 지 8년이 지났다면 16세이다. 요시야는 16세 때 비로소 그 조상 다윗의 하나님을 구하였다고 했다. 그것은 그가 다윗처럼 전심으로 하나님을 사모하는 자세를 가진 신앙인이 되었다는 뜻이다. 요시야가 왕이 된 때로부터 그리 오랜 시간이 지나지 않아 유다 국이 멸망하였다. 그런데 유다와 예루살렘이 멸망하기 전, 요시야 때에 마지막으로 유다 국의 영광스러운 시절이 있었다. 하나님은 요시야라는 왕이 믿음을 바로잡기 위해 예루살렘에서 경건한 노력을 기울일 때 이스라엘 백성들에게 다시 한 번 기회를 주시고 시험해 보셨다. 만일 그들이 요시야와 더불어 순종하면서 잘해나갔다면 그러한 멸망을 피할 수도 있었을 것이다. 그렇지만 요시야 통치가 끝나고 그 다음 왕과 더불어서 이스라엘 백성들이 극심한 타락으로 곤두박질쳤기 때문에 결국 멸망하게 된 것이다. 16세라면 오늘날 고등학생 정도인데 그때부터 요시야는 전심으로 하나님을 찾았다. 그리고 즉위 12년인 20세 때에 유다와 예루살렘을 정결케 하는 종교개혁을 시작했다. 당시에 가나안의 주된 신인 바알과 여신인 아세라 목상과 하늘의 일월성신을 섬기던 것들을 다 성전에서 끌어내다가 기드론에서 불태웠다. 이 일이 열왕기 하 23장 4절에 기록되어 있다.

4절, 무리가 왕의 앞에서 바알들의 단을 훼파하였으며 왕이 또 그 단 위에 높이 달린 태양상들을 찍고 또 아세라 목상들과 아로새긴 우상들과 부어 만든 우상들을 빻아 가루를 만들어 거기 제사하던 자들의 무덤에 뿌리고

요시야 왕은 그저 외면적으로 종교개혁을 한 것이 아니다. 그는 태양상이나 아세라 목상, 아로새긴 우상들, 부어 만든 우상들을 아예 빻아서 가루를 만들어 그것들 앞에 제사하던 자들의 무덤에 뿌렸다. 그것들의 형체도 남기지 않고 가루로 만들어 뿌렸다는 것은 매우 귀한 일이다. 우상의 존재를 없애려면 흔적조차 없애야 한다.

5절, 제사장들의 뼈를 단 위에서 불살라 유다와 예루살렘을 정결케 하였으며

여기 '제사장들의 뼈'는 바알 제사장들의 뼈를 뜻한다. 요시야 이렇게 행할 것을 미리 예언한 기록이 열왕기 상 13장 1절과 2절에 있다. 이스라엘의 여로보암 왕 때에 한 선지자가 유다에서 벧엘에 이르렀는데 때마침 여로보암이 벧엘의 한 단에서 분향을 하고 있었다. 그때 "하나님의 사람이 단을 향하여 여호와의 말씀으로 외쳐 가로되 단아 단아 여호와께서 말씀하시기를 다윗의 집에 요시야라는 이름하는 아들을 낳으리니 저가 네 위에 분향하는 산당 제사장을 네 위에 제사할 것이요 또 사람의 뼈를 네 위에 살으리라 하셨느니라"고 했다. 이 예언대로 이 구절은 "제사장들의 뼈를 단 위에서 불살라 유다와 예루살렘을 정결케 하였으며"라고 한다. 요시야 왕이 행할 일은 이미 이스라엘 초대 왕 여로보암 때 선지자에 의해 예언된 것이다.

6-7절, 또 므낫세와 에브라임과 시므온과 납달리까지 사면 황폐한 성읍들에도 그렇게 행하여 7 단들을 훼파하며 아세라 목상들과 아로새긴 우상들을 빻아 가루를 만들며 온 이스라엘 땅에 있는 모든 태양상을 찍고 예루살렘으로 돌아왔더라

요시야의 종교개혁은 다만 유다와 예루살렘에서만 이루어진 것이 아니라 북왕국 이스라엘까지 전체에 걸쳐 이루어진 것이었다. 히스기야 왕 때에 일단 행해졌던 것이 요시야 왕 때에는 더 철저하게 행해진 것이다. 요시야의 종교개혁은 앗수르에게 유린되어 황폐하게 된 성읍들에까지 영향을 준 것이다. 우상을 정결케 하는 한 부대가 가나안의 온 지경을 돌아다니면서 우상의 단, 바알과 아세라 목상, 태양상 등을 박멸하고 예루살렘에 돌아온 것이다.

8절, 요시야가 위에 있은 지 십팔 년 만에 그 땅과 전을 정결케 하기를 마치고 그 하나님 여호와의 전을 수리하려 하여 아살랴의 아들 사반과 부윤 마아세야와 서기관 요아하스의 아들 요아를 보낸지라

요시야는 즉위 18년, 즉 26세에 종교개혁을 일단락 짓고 성전 대 수리에 착수한다. 우상들을 정결케 하는 개혁은 재위 12년부터 시작해서 6년 동안 실시했고, 이제는 성전을 수리하는 일을 시작한 것이다. 그는 이 일을 사반이라는 서기관으로 하여금 담당하게 했다. 이 사반은 구약에서 중요한 서기관 세 명 중에 하나인데, 예레미야 시대에 바룩이라는 서기관이 있었고, 예루살렘 귀환시에 에스라가 있었고, 여기 사반이 있다. 이 이름을 기억해두기 바란다. 마아세야라는 사람은 한 고을의 행정을 관장하는 사람으로 이를 부윤이라고 한다. 요아라는 사람도 서기관이었을 것이다. 이 세 사람-사반, 마아세야, 요아가 성전을 수리하는 일을 위해 요아스가 보낸 사람들이다.

9절, 저희가 대제사장 힐기야에게 나아가 전에 하나님의 전에 연보한 돈을 저에게 붙이니 이 돈은 문을 지키는 레위 사람이 므낫세와 에브라임과 남아 있는 이스라엘 사람과 온 유다와 베냐민과 예루살렘 거민들에게 거둔 것이라

사반과 마아세야와 요아, 이 세 사람이 당시의 대제사장 힐기야에게 나아가서 전에 성전을 위해 연보했던 돈을 다 맡겼다. 그 돈은 성전 문을 지키는 레위 사람들이 므낫세와 에브라임과 남아 있는 이스라엘 사람과 온 유다와 베냐민과 예루살렘 거민들에게 거둔 것이었다. 이와 같이 요아스의 통치는 온 이스라엘에게 영향을 미쳤다.

10-11절, 그 돈을 여호와의 전 역사를 감독하는 자의 손에 붙이니 저희가 여호와의 전에 있는 공장에게 주어 그 전을 수리하게 하되 11 곧 목수와 건축하는 자에게 붙여 다듬은 돌과 연접하는 나무를 사며 유다 왕들이 헐어버린 전들을 위하여 들보를 만들게 하매

성전 보수를 임명받은 이들은 그 돈을 성전 역사를 감독하는 자들에게 주었고 그 감독자들은 직접 수리하는 장인들에게 주어서 성전 수리 공사를 진행하게 하였다. 그렇게 해서 이전에 악한 왕들이 헐어버린 들보를 새로 만들게 한 것이다.

12절, 그 사람들이 진실히 그 일을 하니라 그 감독은 레위 사람 곧 므라리 자손 중 야핫과 오바댜요 그핫 자손 중 스가랴와 무술람이라 다 그 일을 주장하고 또 음악에 익숙한 레위 사람이 함께 하였으며

성전에 들보를 만들고 수리하는 일을 하는 데 있어서 감독들이 세워질 필요가 있었다. 어떤 일이든 주관하고 감독하는 사람이 없으면 안 된다. 교회에도 인도하고 감독하는 사람이 있는 것이다. "또 음악에 익숙한 사람이 함께하니"라고 했다. 음악에 익숙한 사람이 성전을 건축하고 수리하는 일에서 어떤 일을 담당했는지는 잘 모르지만, 성전에서 하나님을 섬기는 데 음악이 매우 중요한 부분을 차지하고 있다는 것을 말해주는 듯하다.

13절, 저희가 또 담부하는 자를 관할하며 범백 공장을 동독하고 어떤 레위 사람은 서기와 관리와 문지기가 되었더라

감독자들은 담부하는 자들, 곧 물건을 메고 운반하는 자들을 관리했다. 그들은 직분을 받은 대로, 은사대로 섬겼다. 범백 공장이란 기타 모든 일꾼들을 가리키며, 서기와 관리와 문지기는 성전 수리에 관련된 문서 관리자, 제반 사무 감찰자, 성전 문지기 등을 가리킨다. 이렇게 임무가 세세하게 할당되어 각기 맡은 바 대로 수고했다. 문지기는 수납되는 성전세를 대제사장에게 전달해주는 역할을 했을 것이다.

14절, 무리가 여호와의 전에 연보한 돈을 꺼낼 때에 제사장 힐기야가 모세의 전한 여호와의 율법책을 발견하고 15 서기관 사반에게 일러 가로되 내가 여호와의 전에서 율법책을 발견하였노라 하고 그 책을 사반에게 주매

대제사장 힐기야가 무리들이 이전에 성전에 연보했던 돈을 꺼내다가 율법책을 발견했다. 그는 그것을 당시 서기관이었던 사반에게 넘겨주었다.

16-19절, 사반이 책을 가지고 왕에게 나아가서 복명하여 가로되 왕께서 종들에게 명하신 것을 종들이 다 준행하였나이다 17 또 여호와의 전에 있던 돈을 쏟아서 감독자와 공장의 손에 붙였나이다 하고 18 서기관 사반이 또 왕에게 고하여 가로되 제사장 힐기야가 내게 책을 주더이다 하고 사반이 왕의 앞에서 읽으매 19 왕이 율법의 말씀을 듣자 곧 자기 옷을 찢더라

사반은 율법책에 관한 보고를 하기 전에 성전 수리 공사 내역부터 보고하였다. 그는 모든 공사를 다 명대로 준행하였다고 보고하고 또 금전 사용 내역도 다 보고하였다. 그런 다음 당시 대제사장인 힐기야로부터 율법책을 받았다면서 그 책을 왕 앞에서 읽었다. 그 율법책이란 아마도 모세오경을 가리킬 것이다. 요시야 왕은 성정이 매우 착한 사람이다. 그 율법의 말씀을 듣자 그는 곧 자기 옷을 찢었다. '우리는 율법을 지키지 못하였으며 하나님의 말씀에서 너무나 멀리 떠나 있다'면서 옷을 찢고 마음을 찢었던 것이다.

20-21절, 왕이 힐기야와 사반의 아들 아히감과 미가의 아들 압돈과 서기관 사반과 왕의 시신 아사야에게 명하여 가로되 21 너희는 가서 나와 및 이스라엘과 유다의 남은 자를 위하여 이 발견한 책의 말씀에 대하여 여호와께 물으라 우리 열조가 여호와의 말씀을 지키지 아니하고 이 책에 기록된 모든 것을 준행치 아니하였으므로 여호와께서 우리에게 쏟으신 진노가 크도다

이 요시야 왕은 참으로 마음이 겸손하고 온유한 사람이다. 어떤 강퍅한 왕은 선지자가 율법 말씀을 읽을 때마다 한 장씩 찢어서 불에다 집어넣었다. 그러나 여기 요시야 왕은 율법의 말씀을 듣자 그 옷을 찢으면서 자신을 낮추었다. 그리고 대제사장 힐기야와 서기관 사반의 아들 아히감 등 다섯 명을 여선지자 훌다에게 보내서 그 율법의 뜻을 확실하게 알고자 했다.

22-25절, 이에 힐기야와 왕의 보낸 사람들이 여선지자 훌다에게로 나아가니 저는 하스라의 손자 독핫의 아들 예복을 주관하는 살룸의 아내라 예루살렘 둘째 구역에 거하였더라 저희가 그에게 이 뜻으로 고하매 23 훌다가 저희에게 이르되 이스라엘 하나님 여호와의 말씀으로 너희는 너희를 내게 보낸 사람에게 고하기를 24 여호와의 말씀이 내가 이곳과 그 거민에게 재앙을 내리되 곧 유다 왕 앞에서 읽은 책에 기록된 모든 저주대로 하리니 25 이는 이 백성이 나를 버리고 다른 신에게 분향하며 그 손의 모든 소위로 나의 노를 격발하였음이라 그러므로 나의 노를 이곳에 쏟으매 꺼지지 아니하리라 하라 하셨느니라

이 훌다라는 이름은 '세계'를 뜻한다. 그 남편의 이름은 살룸이며 평안을 뜻한다. 당시 제사장의 예복을 맡은 사람이었다. 구약의 여선지자로는 미리암, 드보라, 이사야의 아내, 노아댜 등이 있는데, 여기서 요시야 왕이 왜 예레미야 같은 예언자를 배제하고 여선지자 훌다에게 물었는지는 모르겠지만, 당시 훌다는 여자이면서도 유다에서 유명한 선지자였던 것 같다. 하나님은 남자만 쓰시는 것이 아니라 여자도 훌륭하게 쓰신다는 것을 알 수 있다.

이 훌다의 예언은 유다에 대한 것으로 율법의 말씀대로 멸망이 온다는 것이다. 요시야 당대에는 이 일이 일어나지 않지만 언젠가 유다에 멸망이 이를 것이라는 말이다. 훌다의 율법 해석 내용은 다음과 같다. "훌다가 저희에게 이르되 이스라엘 하나님 여호와의 말씀으로 너희는 너희를 내게 보낸 사람에게 고하기를 여호와의 말씀이 내가 이곳과 그 거민에게 재앙을 내리되 곧 유다 왕 앞에서 읽은 책에 기록된 모든 저주대로 하리니 이는 이 백성이 나를 버리고 다른 신에게 분향하며 그 손의 모든 소위로 나의 노를 격발하였음이라 그러므로 나의 노를 이곳에 쏟으매 꺼지지 아니하리라 하라 하셨느니라". 하나님께서 책에 기록된 모든 저주대로 재앙을 내릴 것인데, 그 이유는 이 백성이 하나님을 버리고 다른 신에게 분향하여 하나님의 진노를 격발했기 때문이다.

26-28절, **너희를 보내어 여호와께 묻게 한 유다 왕에게는 너희가 이렇게 고하라 이스라엘 하나님 여호와의 말씀이 네가 들은 말을 의논컨대 27 내가 이곳과 그 거민을 가리켜 말한 것을 네가 듣고 마음이 연하여 하나님 앞 곧 내 앞에서 겸비하여 옷을 찢고 통곡 하였으므로 나도 네 말을 들었노라 여호와가 말하였느니라 28 그러므로 내가 너로 너의 열조에게 돌아가서 평안히 묘실로 들어가게 하리니 내가 이곳과 그 거민에게 내리는 모든 재앙을 네가 눈으로 보지 못하리라 하셨느니라 사자들이 왕에게 복명하니라**

훌다는 그들을 보낸 요시야 왕에게 고하라고 하면서 요시야 왕 때에는 그 재앙이 내리지 않을 것이라고 말한다. 그것은 요시야가 율법의 말씀을 듣고 겸비하게 옷을 찢으면서 통곡하며 회개하였기 때문이다. 그 재앙이 오기 전에 요시야는 열조의 묘실로 들어가게 되므로 그 참혹한 예루살렘의 멸망을 목도하지 않게 된다는 것이다. 그렇지만 요시야는 안타깝게도 므깃도에서 39세 나이로 전사하게 된다. 사자들은 요시야 왕에게 훌다 선지자의 말을 복명하였다.

29-33절, **왕이 보내어 유다와 예루살렘의 모든 장로를 불러 모으고 30 이에 여호와의 전에 올라가매 유다 모든 사람과 예루살렘 거민과 제사장들과 레위 사람들과 모든 백성이 무론 노소하고 다 함께한지라 왕이 여호와의 전 안에서 발견한 언약책의 모든 말씀을 읽어 무리의 귀에 들리고 31 왕이 자기 처소에 서서 여호와 앞에서 언약을 세우되 마음을 다하고 성품을 다하여 여호와를 순종하고 그 계명과 법도와 율례를 지켜 이 책에 기록된 언약의 말씀을 이루리라 하고 32 예루살렘과 베냐민에 있는 자들로 다 이에 참가하게 하매 예루살렘 거민의 하나님 곧 그 열조의 하나님의 언약을 좇으니라 33 이와 같이 요시야가 이스라엘 자손에게 속한 모든 땅에서 가증한 것을 다 제하여 버리고 이스라엘의 모든 사람으로 그 하나님 여호와를 섬기게 하였으므로 요시야가 사는 날에 백성이 그 열조의 하**

나님 여호와께 복종하고 떠나지 아니하였더라

이 구절들에서 요시야는 더 많은 사람들을 그 말씀으로 교육해야겠다는 뜻을 가지고 유다와 예루살렘의 모든 장로를 불러 모았다. 그러자 유다 모든 사람과 예루살렘 거민과 제사장들과 레위 사람들과 모든 백성이 무론 노소하고 함께 했다. 30절에는 왕이 스스로 백성들에게 이 책을 읽어 주었다고 기록되어 있다. "왕이 여호와의 전 안에서 발견한 언약책의 모든 말씀을 읽어 무리의 귀에 들리고".

31절, "왕이 자기 처소에 서서 여호와 앞에서 언약을 세우되 마음을 다하고 성품을 다하여 여호와를 순종하고 그 계명과 법도와 율례를 지켜 이 책에 기록된 모든 말씀을 이루리라". 왕은 자기 처소에 서서 여호와 앞에서 마음과 성품을 다하여 하나님의 계명을 지킬 것을 언약했고 백성들도 이 언약에 동의를 표하며 그 책에 기록된 말씀대로 행할 것을 약속했다. 요시야는 그 모든 땅에서 가증한 것을 다 제하여 버리고 백성으로 그 하나님 여호와를 섬기게 하였고, 그가 사는 날 동안 백성이 하나님께 복종하고 떠나지 아니하였다.

교회가 초기 교회 상태로 돌아가려면 말씀이 있는 그대로 밝혀져야 한다. 1500년대의 종교개혁과 성경의 일반적 보급은 매우 관련이 있다. 그 이전에는 매우 제한적으로 일부 가톨릭의 신부들에게만 라틴어로 된 성경이 읽혀질 뿐이었다. 때마침 금속활자가 발명되었고 이와 함께 성경의 번역과 인쇄가 활발히 이루어졌다. 그것이 개혁을 촉진한 것이 사실이다. 지금은 성경이 많이 보급되었지만 과연 성경의 본래의 내용이 열려졌는가는 또 다른 문제이다. 훌다와 같이 성경을 제대로 풀어 말해줄 사람들이 여전히 필요하다.

역대하 35장

1-6절, 요시야가 예루살렘 여호와 앞에서 유월절을 지켜 정월 십사일에 유월절 어린 양을 잡으니라 2 왕이 제사장들에게 그 직분을 맡기고 면려하여 여호와의 전에서 사무를 행하게 하고 3 또 여호와 앞에 구별되어서 온 이스라엘을 가르치는 레위 사람에게 이르되 거룩한 궤를 이스라엘 왕 다윗의 아들 솔로몬의 건축한 전 가운데 두고 다시는 너희 어깨에 메지 말고 마땅히 너희 하나님 여호와와 그 백성 이스라엘을 섬길 것이라 4 너희는 이스라엘 왕 다윗의 글과 다윗의 아들 솔로몬의 글을 준행하여 너희 족속대로 반열을 따라 5 너희 형제 모든 백성의 족속의 차서대로 또는 레위 족속의 차서대로 성소에 서서 6 스스로 성결케 하고 유월절 어린 양을 잡아 너희 형제를 위하여 예비하되 여호와께서 모세로 전하신 말씀을 좇아 행할 지니라

종교 개혁을 하고 율법책을 발견하여 언약을 갱신한 요시야는 이제 유월절을 지킨다. 열왕기 하 23장 21절부터는 유월절 의식을 거행한 것을 간단히 기록했는데, 여기에는 자세하게 기록해놓았다. 이스라엘 백성들에게는 유월절, 칠칠절, 장막절 등 여러 절기가 있는데, 그 중에서 제일 중요한 절기가 유월절이다. 출애굽기 12장에서부터 지키기 시작해서 예수님이 잡히시던 날 밤 만찬으로 대치됨으로써 그것은 끝난 것이나 다

름없다. 요시야 왕은 제사장과 레위인들이 그들의 직책을 엄숙히 이행할 수 있도록 권면하고 지시하고 격려했다.

7-9절, 요시야가 그 모인 백성들에게 자기의 소유 양 떼 중에서 어린 양과 어린 염소 삼만과 수소 삼천을 내어 유월절 제물로 주매
8 방백들도 즐거이 희생을 드려 백성과 제사장들과 레위 사람들에게 주었고 하나님의 전을 주장하는 자 힐기야와 스가랴와 여히엘은 제사장들에게 양 이천 육백과 수소 삼백을 유월절 제물로 주었고 9
또 레위 사람의 두목들 곧 고나냐와 그 형제 스마야와 느다넬과 또 하사뱌와 여이엘과 요사밧은 양 오천과 수소 오백을 레위 사람들에게 유월절 제물로 주었더라

요시야 왕은 그의 사유재산 중에서 백성들을 위한 유월절 제물로 어린 양과 어린 염소 삼만과 수소 삼천을 헌물로 내놓았다. 왕이 이렇게 하니 방백들도 즐거운 마음으로 희생을 드려 레위 사람들에게 주었는데, 방백들의 헌신 내역이 여기 기록되었다. 대제사장 힐기야, 대제사장 다음 가는 제사장, 레위인 두목들, 고나야, 스마야 등이 많은 제물을 내놓았다.

10-19절, 이와 같이 섬길 일이 구비하매 왕의 명을 좇아 제사장들은 자기 처소에 서고 레위 사람들은 그 반열대로 서고 11 유월절 양
을 잡으니 제사장들은 저희 손에서 피를 받아 뿌리고 또 레위 사람들은 잡은 짐승의 가죽을 벗기고 12 그 번제물을 옮겨 족속의 차서
대로 모든 백성에게 나누어 모세의 책에 기록된 대로 여호와께 드리게 하고 소도 그와 같이 하고 13 이에 규례대로 유월절 양을 불에
굽고 그 나머지 성물은 솥과 가마와 남비에 삶아 모든 백성에게 속히 분배하고 14 그 후에 자기와 제사장들을 위하여 준비하니 이는
아론의 자손 제사장들이 번제와 기름을 저녁까지 드리는 고로 레위 사람들이 자기와 아론의 자손 제사장들을 위하여 준비함이더라 15

아삽의 자손 노래하는 자들은 다윗과 아삽과 헤만과 왕의 선견자 여두둔의 명한 대로 자기 처소에 있고 문지기들은 각 문에 있고 그 직임에서 떠날 것이 없었으니 이는 그 형제 레위 사람들이 저희를 위하여 예비하였음이더라 16 이와 같이 당일에 여호와를 섬길 일이 다 준비되매 요시야 왕의 명대로 유월절을 지키며 번제를 여호와의 단에 드렸으며 17 그 때에 모인 이스라엘 자손이 유월절을 지키고 연하여 무교절을 칠 일 동안 지켰으니 18 선지자 사무엘 이후로 이스라엘 가운데서 유월절을 이같이 지키지 못하였고 이스라엘 열왕도 요시야가 제사장들과 레위 사람들과 모인 온 유다와 이스라엘 무리와 예루살렘 거민과 함께 지킨 것처럼은 유월절을 지키지 못하였더라 19 요시야의 위에 있은 지 십팔년에 이 유월절을 지켰더라

이스라엘 백성들이 오랜만에 유월절 행사를 잘 지켰다는 말씀이다. 그들은 성전 뜰에서 유월절 양을 죽이고 제사장들은 피를 제단에 뿌렸고 레위 사람들은 가죽을 벗기는 일을 했다. 그리고 모든 족속의 차서대로 번제물을 나누어 주어 모세의 책에 기록된 대로 여호와께 드리게 했으며 나머지 성물은 삶아 백성들에게 속히 나누어주었다. 그리고 나서 자기와 제사장들을 위해 먹을 것을 준비했는데, 이는 제사장들이 번제와 기름을 저녁까지 드리기 때문이었다. 노래하는 자들이나 문지기들도 각 처소에서 떠나지 않고 자기들의 직임을 행하였는데 이는 그 형제 레위 사람들이 그들을 위해 먹을 것을 다 예비해주었기 때문이다. 사무엘 선지자 이후로 이렇게 말씀에 입각하여 제대로 유월절을 지킨 것은 이스라엘 열왕 가운데 전무후무한 일이었다고 말한다. 그러므로 오늘날 주의 만찬을 갖는 것은 매우 중요하다. 이 모든 일이 말씀에 입각해서 행해져야 주님이 기뻐하신다. 우리도 영원히 기억될만한 주의 만찬을 갖게 되기 바란다.

20-27절, **이 모든 일 후 곧 요시야가 전을 정돈하기를 마친 후에 애굽 왕 느고가 유브라데 강가의 갈그미스를 치러 올라온 고로 요시**

야가 나가서 방비하였더니 21 느고가 요시야에게 사자를 보내어 가
로되 유다 왕이여 내가 그대와 무슨 관계가 있느뇨 내가 오늘날 그
대를 치려는 것이 아니요 나로 더불어 싸우는 족속을 치려는 것이라
하나님이 나를 명하사 속히 하라 하셨은즉 하나님이 나와 함께 계
시니 그대는 하나님을 거스리지 말라 그대를 멸하실까 하노라 하나
22 요시야가 몸을 돌이켜 떠나기를 싫어하고 변장하고 싸우고자 하
여 하나님의 입에서 나온 느고의 말을 듣지 아니하고 므깃도 골짜기
에 이르러 싸울 때에 23 활 쏘는 자가 요시야 왕을 쏜지라 왕이 그
신복에게 이르되 내가 중상하였으니 나를 도와 나가게 하라 24 그
신복이 저를 병거에서 내리게 하고 저희 버금 병거에 태워 예루살렘
에 이른 후에 저가 죽으니 그 열조의 묘실에 장사하니라 온 유다와
예루살렘 사람들이 요시야를 슬퍼하고 25 예레미야는 저를 위하여
애가를 지었으며 노래하는 남자와 여자는 요시야를 슬피 노래하니
이스라엘 규례가 되어 오늘날까지 이르렀으며 그 가사는 애가 중에
기록되었더라 26 요시야의 남은 사적과 여호와의 율법에 기록된 대
로 행한 모든 선한 일과 27 그 시종 행적이 이스라엘과 유다 열왕기
에 기록되니라

애굽 왕 느고가 갑자기 전쟁을 일으켰다. 느고는 바로느고라고도 하는데, 사마틱 1세의 아들로 당대 영웅이었다. 그는 애굽의 세력을 크게 신장시켰다. 그때 애굽 왕 느고는 신바벨론의 패권을 막고자 하여 앗수르를 도우려고 출전했는데, 요시야 왕이 나와서 그를 막아서는 것이었다. 그러자 느고는, '나는 너하고 싸우고 싶은 맘이 없는데 왜 나와서 싸우려고 하느냐? 너 그러다가 망한다.' 하면서 요시야에게 경고했다. 요시야는 아무런 이유나 부름 받음이 없이 자기 임의로 애굽 왕을 치러 나간 것이다. 우리는 많은 때 경솔함으로 인해 주님의 사역과 섬기는 일에, 때로는 우리 자신에게까지 손상을 입힌다. 그는 자신이 나설 필요가 없는 분쟁에 끼어들어 목숨을 잃고 말았다.

여기서 우리가 배워야 할 것이 있다. 요시야는 분명 일생 거의 흠이 없고 훌륭한 왕이었지만 한 번의 결정적인 경솔함으로 자신을 망쳤다. 우리는 그 오랜 동안의 훌륭한 치적과 행적이 그의 단 한 번의 실수를 막아주지 못한다는 것을 깊이 깨달아야 한다. 그리고 이방 왕이지만 그가 하나님의 이름으로 "내가 오늘날 그대를 치려는 것이 아니요 나로 더불어 싸우는 족속을 치려는 것이라 하나님이 나를 명하사 속히 하라 하셨은즉 하나님이 나와 함께 계시니 그대는 하나님을 거스리지 말라 그대를 멸하실까 하노라"고 할 때 그의 말을 무시하지 말았어야 했다.

우리는 우리와 신앙이나 사고방식이 다른 사람들, 교파와 형식이 좀 다른 사람들의 조언이나 충고를 얼마나 쉽게 무시하는지! '그들은 하나님의 말씀을 모르는 자들이니까 그 말을 참고할 것이 없어!' 하는 자세를 취하다가 큰 해를 입을 수도 있다는 것을 알아야 한다. 우리와 함께하지 않는 사람들의 말일지라도 귀담아 들을 필요가 있다. 요시야 왕은 자신의 생각에 너무 충실한 나머지 느고의 말이 귀에 들어오지 않았다. 그래서 그의 계획을 철회하지 못하고 애굽의 군대와 싸우러 나간 것이다. 그러나 다윗은 항상 전쟁에 나가기 전에 물었다. "주여, 내가 올라가리이까?" "여호와께서 그들을 내 손에 붙이시겠나이까?" 이것이 다윗의 신앙 태도였다.

이스라엘 백성들은 요시야의 죽음을 진정으로 애도했다. 그들은 선한 왕에 대한 존경심을 품고 있었다. 비록 당시 국민들이 요시야의 훌륭한 정책에 적극 협력하지는 못했지만 그가 매우 훌륭한 왕이었음을 기억했다. 경건하고 주님께 충성된 자들에 대해서 사람들은 비록 그들이 그 길을 따르지는 못하더라도 후에는 높이 평가하며 칭찬하는 법이다. 모세와 아론의 경우도 그들이 살아 있을 때에는 백성들이 때로 돌로 치려 하고 거역하기도 했으나 그들이 죽자 여러 날을 애통해했다. 우리는 진정한 사랑이나 소중한 사람에 대해 그것을 잘 지각하지 못하는 약점이 있다. 그러다 그러한 사람이 떠난다든지 그런 사랑에서 분리될 때에야 그 소중함을 깨닫게 되는 것이다. 항상 곁에 있으면 그 고마움과 가치를 알지 못하는 법이다. 어쨌든 이스라엘 백성들은 애가를 지어 정기적으로 요시야를 추모했다. 예레미야 선지자는 유다 국의 마지막 성군인 요시야가 떠난 후에 닥쳐올 멸망과 환난을 말해주었는데, 예루살렘의 멸망에 대한 예레미야 애가는 바로 이때 지은 것이다.

역대하 36장

1-2절, 그 땅의 백성이 요시야의 아들 여호아하스를 세워 그의 아버지를 대신하여 예루살렘에서 왕으로 삼으니 2 여호아하스가 왕위에 오를 때에 나이가 이십삼 세더라 그가 예루살렘에서 다스린 지 석 달에

여호아하스는 악한 왕이다. 그는 즉위한 지 3개월 만에 애굽으로 끌려가 죽게 되는데, 애굽 왕 바로느고는 그를 대신하여 그의 형 여호야김을 왕으로 세운다. 요시야는 아들 넷을 두었는데, 첫째가 요하난, 둘째가 여호야김, 셋째가 시드기야, 넷째가 여호아하스이다. 그런데 요시야 왕이 죽자 국민들이 넷째 아들 여호아하스를 왕으로 삼은 것이다. 그는 유다국 17대 왕으로 즉위하였고 당시 23세였다.

3-4절, 애굽 왕이 예루살렘에서 그의 왕위를 폐하고 또 그 나라에 은 백 달란트와 금 한 달란트를 벌금으로 내게 하며 4 애굽 왕 느고가 또 그의 형제 엘리아김을 세워 유다와 예루살렘 왕으로 삼고 그의 이름을 고쳐 여호야김이라 하고 그의 형제 여호아하스를 애굽으로 잡아갔더라

여호아하스는 23세에 왕위에 올라 3개월 다스렸는데, 짧은 기간이지만 그의 통치는 악하였다. 그의 모후는 하무달이라는 립나 사람이었다(왕

하 23:31). 그는 3개월 간 왕위에 있다가 예루살렘에서 애굽 왕에 의해 폐위당하고 애굽으로 잡혀가 거기서 죽었다. 애굽 왕 느고는 그의 형 엘리아김을 왕으로 삼고 그의 이름을 여호야김이라고 고쳤다.

5-6절, 여호야김이 왕위에 오를 때에 나이가 이십오 세라 예루살렘에서 십일 년 동안 다스리며 그의 하나님 여호와 보시기에 악을 행하였더라 6 바벨론 왕 느부갓네살이 올라와서 그를 치고 그를 쇠사슬로 결박하여 바벨론으로 잡아가고

망국의 시기인데도 여호야김은 정신을 차리지 못하고 11년 동안 왕위에 있으면서 하나님 보시기에 악을 행하였다. 이때 쯤 바벨론이 부상하여 갈그미스 전투에서 애굽을 대파하고 중동의 실력자로 일어났다(왕하 24:7). 이때 여호야김은 삼 년을 바벨론에 순종하다가 돌아서 그를 배반했는데, 그의 침공을 받고 쇠사슬로 결박당하여 바벨론에 사로잡혀 갔다(왕하 24:1, 6). 이 때가 B. C. 606년이다. 이 때가 1차로 바벨론에 사로잡혀 간 해이다. 이때부터 스룹바벨이 예루살렘으로 귀환한 B. C. 536년까지는 정확히 칠십 년이다(렘 25:12). 그는 잠시 포로 되어 있다가 예루살렘에 돌아와서 죽은 것 같다.

유다 국에 대한 심판이 시작되었다. 애굽 왕은 요시야부터 죽이기 시작했다. 그 다음 그는 여호아하스를 잡아갔고, 여호아하스는 결국 거기서 죽게 된다. 그리고서 바벨론 제국이 일어나서 애굽 왕 바로느고가 세운 여호야김이 바벨론을 배반하자 그를 사슬로 결박하여 바벨론으로 사로잡아갔다. 이때부터 왕들의 본격적인 수난이 시작된 것이다.

7절, 느부갓네살이 또 여호와의 전 기구들을 바벨론으로 가져다가 바벨론에 있는 자기 신당에 두었더라

당시 느부갓네살이라는 바벨론 왕이 성전에 있는 기구들이나 보물들을 다 가져다가 바벨론의 자기 신당에 두었다.

8-9절, 여호야김의 남은 사적과 그가 행한 모든 가증한 일과 그 심술이 이스라엘과 유다 열왕기에 기록되니라 그의 아들 여호야긴이 대신하여 왕이 되니라 9 여호야긴이 왕위에 오를 때에 나이가 팔 세라 예루살렘에서 석 달 열흘 동안 다스리며 여호와 보시기에 악을 행하였더라

여호야김의 악행에 대해 우리말로 심술이라고 표현했다. 여호야김이 바벨론에 사로잡혀 간 후 여호야긴을 대신 왕으로 세웠다. 여호야긴이란 '여호와께서 세우신다'라는 뜻이다. 그의 원래 이름은 '여고냐'이고 혹은 '고니아'라고도 부른다. 유다의 19대 왕으로 마지막 직전의 왕이다. 약 석 달 열흘 간 통치하였는데 그 역시 악한 왕이었다. 여기에 8세에 즉위했다고 기록되었는데, 열왕기 하에는 18세라고 되어 있다. 18세가 맞을 것이다(70인역, 벨게이트 역, 탈굼 역 참고). 왜냐하면 아내가 있다는 기록이 있기 때문이다. 여호야긴 역시 악한 왕으로 분류된다.

10절, 그 해에 느부갓네살 왕이 사람을 보내어 여호야긴을 바벨론으로 잡아가고 여호와의 전의 귀한 그릇들도 함께 가져가고 그의 숙부 시드기야를 세워 유다와 예루살렘 왕으로 삼았더라

시드기야가 유다의 마지막 왕이다. 느부갓네살은 사람을 보내어 여호야긴을 바벨론으로 사로잡아갔고 성전의 귀한 그릇들도 다 함께 가져갔다. 여호야긴은 바벨론에서 37년 간 감옥생활을 하다가 에윌므로닥 왕이 즉위하였을 때 감옥에서 풀려났는데, 그가 여호야긴을 존경받는 위치로 회복시켜주었다고 기록한다. 그리고서 바벨론 왕이 시드기야를 왕으로 세운 것이다. 이방 왕들이 유다 왕을 폐했다 세웠다 하는 시대였다. 시드기야란 '여호와의 공의'를 뜻하며, 유다 왕국의 마지막 20대 왕으로서 11년 간 통치했다.

11절, 시드기야가 왕위에 오를 때에 나이가 이십일 세라 예루살렘에서 십일 년 동안 다스리며 12 그의 하나님 여호와 보시기에 악을

행하고 선지자 예레미야가 여호와의 말씀으로 일러도 그 앞에서 겸손하지 아니하였으며

시드기야는 21세에 왕위에 올라 11년을 통치하였고 많은 악행을 저질렀다. 그는 예레미야가 권면을 해도 듣지 않았고 하나님 앞에서 겸손하지 않았다. 선지자의 말을 듣지 않은 죄는 너무나 큰 죄이다. 하나님께서 그를 회개시키려고 보내신 선지자를 멸시했기 때문이다. 신약에도 예언을 멸시치 말라는 말씀이 있는데 이는 선지자의 말을 멸시치 말라는 것이다(살전 5:20).

13절, 또한 느부갓네살 왕이 그를 그의 하나님을 가리켜 맹세하게 하였으나 그가 왕을 배반하고 목을 곧게 하며 마음을 완악하게 하여 이스라엘 하나님 여호와께로 돌아오지 아니하였고

느부갓네살이 시드기야 왕에게 여호와를 두고 맹세하라고 한 내용이 무엇인지는 몰라도 바벨론 왕이 그를 왕으로 세우면서 바벨론에 복종하도록 한 것이 아닌가 싶다. 열왕기 하 24장을 보면 여호야김처럼 시드기야도 맹세를 저버리고 바벨론 왕을 배반했다(20절). 그러므로 느부갓네살이 시드기야 9년에 대군을 이끌고 와서 예루살렘을 포위했다. 여기서는 시드기야가 느부갓네살을 배반한 것을 하나님을 배반한 것과 동일시하고 있다. 그것은 하나님이 이미 유다를 징벌하기로 작정하셨고 그 일을 수행할 자가 바벨론의 느부갓네살이었기 때문이다. 따라서 느부갓네살의 맹세에 복종치 않는 것이 바로 하나님의 말씀에 복종치 않는 것으로 여겨진 것이다.

14-17절, 모든 제사장들의 우두머리들과 백성도 크게 범죄하여 이방 모든 가증한 일을 따라서 여호와께서 예루살렘에 거룩하게 두신 그의 전을 더럽게 하였으며 15 그 열조의 하나님 여호와께서 그의 백성과 그 거하시는 곳을 아끼사 부지런히 그의 사신들을 그 백성에게 보내어 이르셨으나 16 그의 백성이 하나님의 사신들을 비웃고 그

의 말씀을 멸시하며 그의 선지자를 욕하여 여호와의 진노를 그의 백성에게 미치게 하여 회복할 수 없게 하였으므로 17 하나님이 갈대아 왕의 손에 그들을 다 넘기시매 그가 와서 그들의 성전에서 칼로 청년들을 죽이며 청년 남녀와 노인과 병약한 사람을 긍휼히 여기지 아니하였으며

모든 제사장들의 우두머리들도 타락했고 가증한 일을 행하였다. 그리고 성전을 더럽혔다. 이는 에스겔서에 자세히 기록되어 있다. 왜 하나님이 성전을 버리고 예루살렘을 버리시게 되었는가? 하나님께서 선지자들을 보내서 그들에게 하나님의 자비를 보이시며 그렇게 권면하고 또 기회를 주셨지만 그들이 듣지 않고 도리어 하나님의 사자를 비웃었기 때문이다. 그들은 하나님께서 선지자들을 통해서 주시는 말씀을 무시했으며 오히려 선지자들을 원수로 여겨 그들을 학대했다. 그들이 하나님의 신실한 사역자들을 조롱하고, 괴롭히고, 학대하고, 낙담케 하는 것은 마치 자신들에 목에 연자맷돌을 메고 바다에 빠뜨리우는 것과 같다. 그러므로 이제 하나님께서는 갈대아 인들을 통해서 유다를 징벌하기로 작정하신 것이다. 그들은 하나님을 사랑하고 신뢰하고 순종하는 참 신앙이 가져다주는 이익과 안전을 다 잃어버리게 되었다. 갈대아 인들은 성전에서 청년을 칼로 죽이고 여인이든 유아든 노인이든 병약한 사람이든 전혀 긍휼히 여기지 않았다.

18-20**절, 또 하나님의 전의 대소 그릇들과 여호와의 전의 보물과 왕과 방백들의 보물을 다 바벨론으로 가져가고 19 또 하나님의 전을 불사르며 예루살렘 성벽을 헐며 그들의 모든 궁실을 불사르며 그들의 모든 귀한 그릇들을 부수고 20 칼에서 살아남은 자를 그가 바벨론으로 사로잡아가매 무리가 거기서 갈대아 왕과 그의 자손의 노예가 되어 바사 국이 통치할 때까지 이르니라**

이제 성전은 불에 타버렸고, 예루살렘 성벽은 폐허가 되었고, 모든 궁실들은 잿더미가 되었고, 또 귀한 그릇들은 다 깨뜨려졌다. 그리고 칼에서 살아남은 백성들은 바벨론에 잡혀가서 낯설고 야만스러운 자들의 비참한 노예가 되었다. 그들은 이제 바벨론 강가에 앉아서 수금을 버드나무에 걸어 놓고 울 수밖에 없었다. 그것이 시편 137편의 내용이다.

"하나님의 전을 불사르며 예루살렘 성벽을 헐며 그들의 모든 궁실을 불사르며 그들의 모든 귀한 그릇들을 부수고 칼에서 살아남은 자를 그가 바벨론으로 사로잡아가매 무리가 거기서 갈대아 왕과 그의 자손의 노예가 되어 바사 국이 통치할 때까지 이르니라".

21절, 이에 토지가 황폐하여 땅이 안식년을 누림같이 안식하여 칠십 년을 지냈으니 여호와께서 예레미야의 입으로 하신 말씀이 이루어졌더라

선지자의 말은 그대로 응한다. 이스라엘 백성이 바벨론에 포로 되어 있는 동안 땅은 황폐케 되었다. 하나님께서 약속하신 그 언약의 땅을 이제는 아무도 경작하지 못하게 된 것이다. 그래서 이제 그 땅은 이전처럼 양떼들로 덮이지도 않고 골짜기에는 곡식도 없었다. 선민들이 그 땅을 죄로 더럽힌 것에 대한 형벌이다. 그들은 그 땅에서 하나님을 섬긴 것이 아니라 자기들의 소산을 바알에게 드리고, 자기 아들을 불 가운데로 지나가게 하는 등 악행을 일삼았다. 그러므로 하나님 앞에서 죄를 범한 백성들로 인하여 그 땅을 저주 아래 두신 것이다. 그들은 율법을 어기고 땅이 쉬도록 되어 있는 제 칠년에도 경작하고 작황을 하였다. 그러므로 이제 7년의 열 배가 되는 기간 동안 그 땅으로 쉬면서 안식년을 누리게 하신 것이다.

22-23절, 바사의 고레스 왕 원년에 여호와께서 예레미야의 입으로 하신 말씀을 이루시려고 여호와께서 바사의 고레스 왕의 마음을 감동시키시매 그가 온 나라에 공포도 하고 조서도 내려 이르되 23 바사 왕 고레스가 이같이 말하노니 하늘의 신 여호와께서 세상 만국을 내게 주셨고 나에게 명령하여 유다 예루살렘에 성전을 건축하라

하셨나니 너희 중에 그의 백성 된 자는 다 올라갈지어다 너희 하나님 여호와께서 함께 하시기를 원하노라 하였더라

이와 동일한 말씀이 에스라 1장에 있다. 22절과 23절은 예레미야의 예언을 돌이켜 생각하게 하고, 그 말씀이 어떻게 성취되었는가를 보여준다. 하나님은 그들로 바벨론에게 멸망당하고 포로가 되게 하셨지만, 70년이 지날 때 예루살렘을 재건하고 성전을 재건하게 하실 것이다. 이 약속은 예레미야 선지자를 통해서 이미 주셨다. 열왕기는 사울로부터 시작하여 다윗으로, 솔로몬으로, 르호보암으로, 그리고 분국된 후 남 유다와 북 이스라엘의 이야기를 교차시키며 기록하는데, 역대기는 주로 유다를 중심으로 한 유다 왕들의 이야기를 기록한다.

하나님은 유다를 존중하셨고 그 왕위가 다윗 족속으로 계속 이어지게 하셨다. 그러나 그들의 죄로 인하여 바벨론에게 멸망당하고 결국 바벨론에 사로잡혀가 그들의 포로가 되게 하셨다. 마지막 왕 시드기야에 대하여 역대기에는 자세하게 나와 있지 않지만 열왕기하를 보면 그는 바벨론 왕에게 사로잡혀 심문을 당하고 아들들이 그 목전에서 죽임을 당하고 두 눈이 뽑힌 채 쇠사슬에 매여 끌려갔다. 아주 비참하게 끝난 것이다.

그렇지만 하나님은 이스라엘을 완전히 버리지 않으시고 징계하시되 완전히 포기하지는 않으시는 것을 알 수 있다. 용광로 속에 던지셨을지라도 완전히 소멸시키지 않으시고 불순물이 제거되면 다시 이끌어내시려는 뜻을 갖고 계신 것이다. 그렇게 될 때까지 오랜 시간이 걸리겠지만 하나님께서는 그분의 백성을 잊지 않으시고 다시 예루살렘으로 돌아오게 하신다. 선지자 예레미야를 통해서 예언하신 대로 바벨론 포로 생활 70년이 되었을 때, 바벨론이 바사 국에 의해 멸망당하고 바사 국이 들어서면서 고레스 왕 원년에 명을 내려서 그들의 지배 아래 있던 이스라엘 백성에게 예루살렘에 올라가서 그들의 하나님의 전을 건축하라고 한 것이다. 마지막 23절에서는, "바사 왕 고레스가 이같이 말하노니 하늘의 신 여호와께서 세상 만국을 내게 주셨고 나에게 명령하여 유다 예루살렘에 성전을 건축하라 하셨나니 너희 중에 그의 백성 된 자는 다 올라갈지어다"라고 한다. 이스라엘 백성들이 스스로 올라가는 것이 아니라 세상 만국을 주관하시는 하나님이 이방 왕국을 통해서 하나님의 역사를 부축하시는 것이다.

결론

하나님의 역사는 점진적이다. 열조시대로부터 시작해서 율법시대로 나아간다. 여기서 우리에게 보여주는 것이 무엇인가? 다윗이 훌륭하고 하나님의 마음에 합한 자였지만 거기에 흠이 있고 약점이 있었으며 온전히 하나님을 나타내지 못했다. 그 후에 여호사밧, 히스기야, 요시야 등의 훌륭한 왕이 있었지만 여전히 그들도 결정적인 약점들을 하나둘씩 가지고 있어서 하나님의 역사를 좌절시키곤 했다. 그래서 하늘의 하나님께서 결국 한 분을 보내셨는데, 그분이 곧 하나님의 아들 예수 그리스도시다.

그분은 다윗의 후손에서 나오셨는데 시작부터 끝까지 흠과 티가 없으셨다. 그분의 일생은 온전히 하나님을 기쁘시게 했고 또 죄인을 구속하는 일을 하셨다. 하나님께서는 구약의 많은 왕들, 사사들, 선지자들을 통해서 결국 모든 인류 문제의 해결자요 그들의 구속자이신 예수 그리스도를 예언하신 것이다. 하나님의 경륜과 뜻은 예수 그리스도와 그의 신부인 교회를 얻는 것이며, 그 교회만큼은 완전한 것이다.

구약에 좋은 왕들이 있었지만 그 위대한 왕들보다 신약의 우리가 더 크고 완전하다. 하나님은 복음을 통하여 완전한 작품을 이루어내신다. 흠과 티가 없고 주름 잡힌 것도 없는, 온전히 거룩한 성도들을 하나하나 세워 가시는 것이다. 여러분 한 사람 한 사람이 완전하게 되는 것이 하나님의 목표이다. 이 역사는 신약으로만 이루어진다. 예수 그리스도의 보혈과 그 효능, 십자가와 생명 주심의 역사를 통해서 거룩하고 영광스럽고 흠과 티나 주름 잡힌 것이 없고 실패가 없고 좌절이 없는 완전한 모습의 교회를 얻으실 수 있는 것이다. 우리 안에 계신 그리스도가 영광의 소망이시다(골 1:27). 이것이 바로 천국이요 그리스도의 몸이요 그리스도의 신부이다. 이 역사를 위해서 하나님은 우리를 부르셨다. 이것이 신약의 사역의 영광이다(고후 3:4-11). 역대기를 마치면서 마지막 결론으로 이 말씀을 독자들에게 드리고 싶다.

에스라

Ezra

서 론

본 강해서의 특징은 한 절 한 절에 대한 해설과 주석보다는 성경 전체의 요지를 파악하는 데 중점을 두었다는 것이다. 나는 이 에스라서의 말씀을 이해하기 위해서 꼭 짚고 넘어가야 할 부분을 강조하며 또 어떻게 그 말씀이 오늘 우리에게 적용되는지를 말하고자 한다. 따라서 독자들이 본 강해서를 심도 있게 읽는다면 이 에스라서 안으로 들어가는 열쇠를 얻게 될 것이라 믿는다. 물론 이러한 해설은 결코 성경을 대치할 수 없고 다만 성경 말씀을 더 사랑하고 친근히 하도록 도울 뿐이다.

구약 성경은 창세기로부터 시작되는 모세오경이 있고, 다음은 여호수아, 사사기, 룻기, 사무엘 상하, 열왕기 상하, 역대 상하, 에스라, 느헤미야, 에스더로 이루어지는 역사서가 있다. 말하자면 이스라엘의 역사는 에스라, 느헤미야, 에스더로 끝나는 것이다. 역사서의 마지막 부분은 이스라엘 백성들이 포로 되었다가 다시 예루살렘으로 돌아와서 새롭게 성전을 건축하고 성벽을 건축하는 것으로 끝난다. 에스라서는 주로 성전 재건을 기록했고, 느헤미야서는 성벽의 재건을 기록했다.

이스라엘 백성은 율법을 버리고 하나님을 따르지 아니함으로 결국 바벨론에 의해 패망당하고 포로로 사로잡혀 갔다가 예레미야 선지자의 말대로 70년 만에 예루살렘으로 귀환하게 된다. "나 여호와가 이같이 말하노라 바벨론에서 칠십 년이 차면 내가 너희를 권고하고 나의 선한 말을 너희에게 실행하여 너희를 이곳으로 돌아오게 하리라"(렘 29:10). 이 말씀에 따라 다시 예루살렘으로 돌아와서 성전을 재건하게 되는데, 이때 가장 중추적 역할을 한 몇몇이 있다. 그 중에서도 중요한 사람이 이 성경을 쓴 에스라이고 또 당시 총독이었던 스룹바벨이었다.

에스라 1 장

1-3절, 바사 왕 고레스 원년에 여호와께서 예레미야의 입으로 하
신 말씀을 응하게 하시려고 바사 왕 고레스의 마음을 감동시키시매
저가 온 나라에 공포도 하고 조서도 내려 가로되 2 바사 왕 고레스
는 말하노니 하늘의 신 여호와께서 세상 만국으로 내게 주셨고 나를
명하사 유다 예루살렘에 전을 건축하라 하셨나니 3 이스라엘의 하
나님은 참 신이시라 너희 중에 무릇 그 백성 된 자는 다 유다 예루
살렘으로 올라가서 거기 있는 여호와의 전을 건축하라 너희 하나님
이 함께 하시기를 원하노라

하나님의 회복의 역사는 이스라엘 백성의 예루살렘 귀환으로부터 시작된다. 그런데 이 일을 누가 주도하는가? 이방의 바사 왕 고레스이다. 사람들은 이스라엘의 회복 역사이니 마땅히 이스라엘의 사람들에 의해서 일어나리라고 기대하지만 그것이 아니다. 먼저 에스라와 느헤미야의 영이 감동되어 이제 예루살렘으로 돌아가자고 한 아니라 하나님께서 이방 왕 고레스의 영을 감동시켜 온 나라에 공포도 하고 조서도 내려 이스라엘 백성으로 유다 예루살렘으로 올라가 여호와의 전을 건축하라고 한 것이다. 즉 당시 천하를 호령하던 바사 왕 고레스 왕이 조서를 내림으로써 이스라엘 백성의 예루살렘 귀환과 성전 재건의 역사가 시작된 것이다. 에스라서에서 중요한 내용은 성전 재건이다. 그 성전 재건을 위해 고레스 왕이 조서를 내렸다는 것은 매우 의미 깊다. 우리는 중세 종교 개혁의 역사가 루터나 칼빈에 의해 일어났다고 생각하지만 그렇지 않다. 하늘의 하나님이 시대 조류를 바꾸어 놓으셨기 그 역사가 가능했던 것이다. 그것은 바로 당시 일어났던 르네상스와 휴머니즘 운동이다.

우리는 하나님께서 어떻게 종교 개혁 당시의 분위기를 조성하셨는지 살펴보자.

르네상스, 문자적으로 '재생'을 뜻하는 이 시기는 고전 학문과 그 가치에 대한 관심의 확대가 그 특징이다. 또한 신대륙의 발견과 탐험, 지동설이 천동설을 대체하는 변화, 봉건제의 몰락, 상업의 성장, 종이·인쇄술·항해술·화약과 같은 혁신적인 신기술의 발명 및 응용이 이루어졌다. 당대 철학자들과 사상가들에게 르네상스는 무엇보다 오랫동안의 문화적 쇠퇴와 정체의 시기가 끝나고 고전 학문과 지식이 부활되는 시기로 여겨졌다.

중세라는 용어는 15세기 학자들이 고대 그리스 로마세계의 몰락에서부터 고전에 대한 재발견이 이루어지는 15세기 초까지의 시기를 설명하기 위해 고안한 용어이다. 이들 15세기 학자들은 자신들이 고전문화를 부활시키는 데 참여하고 있다고 생각했다. 그러나 중세가 문화적 암흑기라는 생각은 이미 이보다 앞서 페트라르카가 언급한 바 있다. 중세 말기, 특히 12세기 초반을 비롯해서 중세 말기에 일어난 사건들은 사회·정치적 변화와 함께 지적인 변화를 야기했으며 이러한 변화는 르네상스로 절정을 이루었다. 중세 말기에 와서는 로마 가톨릭 교회와 신성 로마 제국이 정신적·물질적 생활에서 통일되고 안정된 기본틀을 제공하는 데 점점 실패했으며 도시국가와 국민국가적인 성격의 군주국의 탄생, 민족 언어의 발전, 낡은 봉건 구조의 붕괴 등과 같은 변화가 일어나기 시작했다.

궁극적으로 르네상스 정신은 여러 가지 형태로 나타났지만, 처음에는 인문주의라고 불린 지적 운동 형태로 나타났다. 인문주의는 중세의 지적 활동을 주도하면서, 스콜라 철학을 발전시킨 철학자들에 의해서라기보다는 세속 문필가들에 의해 시작되었다. 인문주의가 맨 먼저 시작되고 열매를 맺은 곳은 이탈리아였으며, 그 선구자는 단테, 페트라르카 같은 사람이고, 주요 주창자로는 지아노초 마네티, 레오나르도 브루니, 마르실리오 피치노, 피코 델라 미란돌라, 로렌초 발라, 콜루치오 살루타티 등이 있다. 1453년 콘스탄티노플의 함락은 인문주의 운동을 크게 진작시키는 계기가 되었다. 동방의 다수 학자들이 중요한 서적과 필사본, 그리고 그리스의 학문적 전통을 지니고 이탈리아로 피신해왔기 때문이다('콘스탄티노플 포위전'에서).

인문주의에는 몇 가지 중요한 특징이 있다. 첫째, 모든 다양한 표현과 작품에서 인간의 본성을 그 주제로 삼고 있다는 점이다. 둘째, 모든 철학, 신학의 학파와 그 체계에 나타나는 진리의 통일성과 조화성을 강조하는 이른바 혼합주의이다. 셋째, 인간의 존엄성에 대한 강조를 들 수 있다. 인문주의자들은 인간의 활동에서 가장 고귀한 형태로 인식되던 속죄의 생활이라는 중세의 이상 대신에 창조를 위한 투쟁과 자연의 정복에 대한 시도를 소중히 여겼다. 넷째, 인문주의는 상실된 인간 정신과 지혜의 부활을 고대했다. 인간정신과 지혜의 재생을 위해 노력하는 과정에서 인문주의자들은 새로운 정신과 지식에 대한 전망을 공고히 하고 새로운 학문을 발달시키는 데 공헌했다. 인문주의는 전통적 종교교리가 강요한 정신의 억압상태에서 인간을 해방시키고, 자유로운 탐구와 비판력을 자극했으며, 또한 인간의 사고와 창의력의 가능성에 대한 새로운 자신감을 불러일으켰다.

새로운 인문주의 정신과 그것이 일으킨 르네상스는 인쇄술의 발명에 힘입어 이탈리아에서부터 유럽 전역으로 확산되어나갔다. 인쇄술의 발명은 문자해득 계층을 증가시키고 고전 저작들을 접할 수 있는 기회의 폭을 넓히는 데 크게 기여했다. 북부 인문주의자 가운데 가장 유명한 인물로는 데시데리우스 에라스무스를 들 수 있다. 그의 저작 〈우신예찬〉(1509)은 형식주의적인 경건함에 대립하는 요소로서 마음속에서 우러나오는 선을 주장하는 인문주의의 윤리적 본질을 집약하는 것이다. 인문주의자들이 제공한 지적 자극은 종교개혁을 촉진했다. 그러나 막상 종교개혁이 시작되자 에라스무스를 포함한 많은 인문주의자들은 당초의 입장에서 후퇴, 소극적인 면모를 드러냈다. 16세기말 종교개혁 세력과 반동 종교개혁 세력 간의 싸움은 유럽의 에네르기와 주의력을 상당부분 소진시켰으며, 다른 한편으로 지적 활동은 계몽주의의 태동을 목전에 두고 있었다(브리태니커).

이와 같이 세상 만국을 주관하시는 하나님의 역사가 없었다면 종교개혁은 불가능했을 것이다. 당시 바티칸의 위협으로부터 루터를 보호한 것은 독일 왕이었고, 카톨릭의 종교적 세뇌에서 벗어나게 한 것은 르네상스의 도도한 흐름이었다. 그 흐름을 그 누구도 막을 수 없었다. 그때 루터가 일어난 것이다. 어쩌면 에스라가 일어난 것도 동일한 맥락에서 이해할 수 있다. 이스라엘 백성의 귀환 조서는 바사 왕 고레스가 내렸다. 그 조서의 내용은 이스라엘의 하나님은 참 신이시니 무릇 그 백성된 자는 다 유다 예루살렘으로 올라가서 거기 있는 여호와의 전을 건축하라는 것이다.

4절, 무릇 그 남아 있는 백성이 어느 곳에 우거하였든지 그곳 사람들이 마땅히 은과 금과 기타 물건과 짐승으로 도와주고 그 외에도 예루살렘 하나님의 전을 위하여 예물을 즐거이 드릴지니라 하였더라

남은 이스라엘 백성이 예루살렘에 돌아가서 성전을 건축하려고 할 때 그들이 우거했던 지방의 사람들은 마땅히 그들을 도와주라는 것이다.

5-7절, 이에 유다와 베냐민 족장들과 제사장들과 레위 사람들과 무릇 그 마음이 하나님께 감동을 받고 올라가서 예루살렘 여호와의 전을 건축코자 하는 자가 다 일어나니 6 그 사면 사람들이 은그릇과 황금과 기타 물건과 짐승과 보물로 돕고 그 외에도 예물을 즐거이 드렸더라 7 고레스 왕이 또 여호와의 전 기명을 꺼내니 옛적에 느부갓네살이 예루살렘에서 옮겨다가 자기 신들의 당에 두었던 것이라

느부갓네살은 바벨론 왕으로서 전에 유다를 멸망시킨 자이다. 그 당시 그는 예루살렘 성전에 있던 모든 그릇들을 가져다가 그들의 우상의 신당에 두었었다. 그런데 이제 그것들을 다 도로 가져가라는 것이다. 이러한 귀환의 역사, 회복의 역사에 동참한 사람들은 그 마음이 하나님께 감동을 받은 사람들이었다. 여기서 '그 마음(영)이 감동되었다'와 '올라갔다'는 이 두 마디는 매우 중요한 단어이다. 오늘날도 교회의 회복과 부흥에 쓰임받는 사람들은 그의 영이 감동된 자들이고 앉아 있던 자리에서 올라가는 자들이다. 낮은 데 머물며 만족하는 자들은 소용이 없다. 폭포수라도 거슬러 올라가려는 물고기처럼 도도한 타락의 흐름을 거슬러 올라가려는 영이 있는 자들에게 주님은 회복의 역사를 맡기신다.

"유다와 베냐민 족장들과 제사장들과 레위 사람들과 무릇 그 마음이 하나님께 감동을 받고 올라가서 예루살렘 여호와의 전을 건축코자 하는 자가 다 일어나니". 그들은 먼저 영이 감동되었고(stir up), 일어났고(rise up), 올라갔다(go up). 오늘날에도 전반적인 기독교의 황무한 상태를 회복하고 부흥시키려는 자들은 이러한 'up'의 영이 있어야 한다.

8절, 바사 왕 고레스가 고지기 미드르닷을 명하여 그 그릇을 꺼내어 계수하여 유다 목백 세스바살에게 붙이니

바사 왕 고레스는 창고지기 미드르닷을 명하여 그 그릇을 꺼내서 계수하여 유다 목백 세스바살에게 주라고 했다. '유다 목백'이란 유다의 총독을 말한다. NASB(미국 새 표준역)는 이를 왕자라고 번역했다(the prince of Judah). 이 세스바살이 바로 스룹바벨이다. 스룹바벨은 두 가지 이름으로 불렸는데, '스룹바벨'은 '바벨론의 나그네'란 뜻이고 '세스바살'은 '고난 중의 기쁨'이란 뜻이다. 고레스는 창고지기에게 명하여 당시 유다 총독이었던 스룹바벨에게 바벨론 느부갓네살이 탈취해왔던 그릇들을 다 내어주라고 한 것이다.

9-11절, 그 수효는 금반이 삼십이요 은반이 일천이요 칼이 이십구요 10 금대접이 삼십이요 그보다 차한 은대접이 사백 열이요 기타 기명이 일천이니 11 금 은 기명이 도합 오천사백이라 사로잡힌 자를 바벨론에서 예루살렘으로 데리고 올 때에 세스바살이 그 기명을 다 가지고 왔더라

세스바살이 사로잡혔던 자들을 예루살렘으로 데리고 올 때에 함께 가져왔던 그릇들의 총계이다. 이것이 1장의 대략적인 내용이다. 1장에서 중요한 것은 귀환과 회복의 역사이다. 5절에서 "이에 유다와 베냐민 족장들과 제사장들과 레위 사람들과 무릇 그 마음이 하나님께 감동을 받고 올라가서 예루살렘 여호와의 전을 건축코자 하는 자가 다 일어나니"라고 했다. 바벨론에 포로로 잡혀 있다가 고토로 돌아와서 원래 성전이 세워져 있던 예루살렘에 성전을 재건하는 것이다.

다시 말하지만, 성전을 재건하는 자들은 그 마음(영)이 하나님께 감동된 사람들(whose spirit God had stirred)이다. 그들에 의해서 주님의 전이 예루살렘에 다시 건축되는 것이다. 오늘날에도 황폐케 된 하나님의 집을 건축하기 위해서는 그 영이 하나님께 감동되어 일어나는 사람들이 있어야 한다. 영이 감동된 사람들이 아니면 붕괴되어 황폐해진 주의 집을 재건할 수 없다. 만일 여러분의 영이 하나님의 집을 재건하고자 하는 갈망으로 감동되지 않았다면, 엄밀한 의미에서 여러분은 회복을 위한 무리가 될 수 없다. 주님의 전의 회복을 위하는 사람들에게는 특별한 영이 있다. 그런 자들만이 원래 성전 터가 있는 예루살렘에 올라갈 수 있다. '우리는 원래 있던 자리에 그냥 있고 싶습니다. 우리의 안정된 삶을 버리면서까지 어렵고 고단한 길을 가고 싶지는 않습니다.'라고 하는 사람들은 결코 올라가서 전을 재건하는 일에 동참할 수 없다는 것이다.

영이 감동된 자들은 '우리는 이대로는 못 산다. 하나님의 집이 파괴되었는데 우리가 어떻게 이렇게 앉아 있을 수 있겠는가!' 하는 사람들이다. 이런 갈망이 있는데 마침 고레스가 조서를 내리니 시점이 딱 맞은 것이다. 그러므로 고레스의 조서란 그 시대의 주님의 움직이심이요 주님이 예비하신 환경이다. 이방 왕을 통해서 성전 재건의 길을 열어 주신 것이다.

루터 시대의 상황도 동일했다. 그 이전에도 개혁의 움직임은 있었다. 루터가 1500년대에 개혁을 일으켰는데 1400년대에도 이미 그러한 움직임이 있었다는 것이다.

사람들은 종교개혁을 말하면 루터나 칼빈이나 쯔빙글리를 연상하게 된다. 그러나 루터와 칼빈과 쯔빙글리 등이 행한 종교개혁 이전에 먼저 개혁을 주도한 선각자들이 있었다. 그러나 그들의 움직임은 시기상조로 로마 카톨릭 교회의 위력에 눌리어 뜻을 이루지 못하고 이단으로 몰리거나 순교당하였다. 그럼에도 그들의 희생이 있음으로 종교개혁의 기운은 싹터 성공할 수 있었다. 그들을 세 종류로 분류한다면 다음과 같다.

신비적 개혁자—마이스터 에크하르트(Meister Eckhart, 1260-1327), 하인리히 수세(Heinrich Seuse, 1295-1366), 요한 타울러 (Johannes Tauler, 1300-1361) 등은 하나님과의 일치를 도모하는 신비적 신앙으로 교회갱신 운동을 전개하였다. 실제적 개혁자—발도(Petrus Waldus, ?-1218)와 사보나롤라(Girolamo Savonarola, 1452-1498)는 도덕과 윤리적 실행의 혁신을 시도하였다. 교리적 개혁자—존 위클리프(John Wyclif, 1329-1348)와 존 후쓰(John Huss, 1370-1415) 등으로 교리와 신학면에서 로마교회에 대항하여 불복하였다.

그러나 그때는 고레스 왕의 조서 같은 것이 없었다고 말할 수 있다. 즉 올라가서 무언가 건축할 수 있는 상황이 되지 못했다는 것이다. 루터 시대가 되어서야 개혁할 수 있는 상황이 주어졌다. 여기서도 이방 나라의 많은 상황이 이스라엘 백성의 예루살렘 귀환과 성전 재건을 도와주었다. "그곳 사람들이 마땅히 은과 금과 기타 물건과 짐승으로 도와주고…" 이렇게 하나님께서 세상 왕을 동원해서 돕게 하시는 역사가 없이는 하나님의 집을 재건하는 역사를 이루기란 어렵다. 말하자면 환경의 동역이 필요한 것이다.

그러면 오늘 우리가 주님의 긍휼을 얻어서 에스라 시대에 있었던 그러한 역사를 하기 위해서는 어떤 것들이 필요한가? 1장을 통해서 볼 때 세 가지가 있어야 한다. 첫째는 하나님께서 우리에게 환경을 열어주셔서 이 일을 하도록 밀어주시는 것이 있어야 한다. 즉 환경의 동역이 있어야 한다는 것이다. 둘째는 하나님의 집의 재건을 위해 그 영이 감동된 자들이 있어야 한다. 셋째는 바벨론의 신당에 쌓여있던 그릇들을 다 가지고 올라가는 일이 일어나야 한다. 여기 그릇들은 다 귀한 금과 은의 그릇들이다. 이 그릇들은 신약에서 사람을 가리키는데, 디모데 후서 2장을 보면 "큰 집에는 금과 은의 그릇이 있을 뿐 아니니요 나무와 질그릇도 있어 귀히 쓰는 것도 있고 천히 쓰는 것도 있나니"(20절)라고 했다. 그런데 이 귀한 그릇들이 바벨론 신당에 있기 때문에 다 거기서 꺼내 와야 하는 것이다. 그들을 거기 두어서는 안 된다. 그들은 바벨론에 사로잡혀 있을 사람들이 아니다. 그들은 하나님의 집을 위한 사람들이요 하나님의 간증을 위한 사람들이다.

에스라 2장

1절, 옛적에 바벨론 왕 느부갓네살에게 사로잡혀 바벨론으로 갔던 자의 자손 중에서 놓임을 받고 예루살렘과 유다 도로 돌아와 각기 본성에 이른 자

'옛적'이란 70년 전을 말한다. 70년 전에 바벨론에 사로잡혀갔던 자의 자손 중에서 놓임을 받고 돌아온 자들에 의해 성전이 건축된다는 것이다. 그들은 바벨론에 포로가 되었다가 이제 놓임을 받은 자들이다. 이 말씀에서 우리는 또 누가 성전 재건에 동참하는 사람들인가를 볼 때 영이 감동될 뿐 아니라 바벨론에 포로 되었던 자들이라는 것이다. 그들은 과거 바벨론에 사로잡혀 갔다가 이제 놓임을 받은 자들이다.

여기서 나는 여러분에게 묻고 싶다. 여러분은 영이 감동된 사람인가? 여러분은 과거 바벨론에 사로잡혔었는데 이제 놓임을 받았는가? 만일 그렇다면 여러분은 성전 재건에 자격이 있다. 이것이 1장과 2장의 내용이다. 성경은 다른 먼 나라의 이야기가 아니다 바로 하나님의 자녀들인 우리의 이야기이다.

사실 사도 바울도 유대교라는 영적 바벨론에 사로잡혀 있다가 다메섹 도상에서 빛을 보고 거꾸러졌는데, 그때 거기서 벗어나 신약의 복음 진리로 돌이킨 것이다.

2절, 곧 스룹바벨과 예수아와 느헤미야와 스라야와 르엘라야와 모르드개와 빌산과 미스발과 비그왜와 르훔과 바아나 등과 함께 나온 이스라엘 백성의 명수가 이러하니

여기 2절에 언급된 사람들은 주로 인도자들로서 사로잡혔다가 놓임을 받고 본성(original city)에 이른 자들이다. 그들은 원래 자기들이 있어야 할 위치로 돌아온 것이다. 이렇게 돌아오는 자들에게도 인도자들이 있어야 한다. 교회의 회복이나 부흥에 있어서 인도자들의 중요성은 말로 다할 수 없다. 인도자들의 회개가 없는 부흥은 본 적이 없다. 웨일즈 대부흥이나 우리나라의 평양 대부흥 때에도 그러했다. 길선주 장로를 비롯한 인도자들 중에서 먼저 회개가 일어났다. 히브리서 13장 17절에서는 "너희를 인도하는 자들에게 순종하고 복종하라"고 했다. 참된 회복의 역사를 위해서 인도자는 너무도 중요하다.

3절부터는 명수가 나오는데, 2장 전체에 걸쳐 많은 명수가 기록되어 있다. 그 주된 인물과 함께 명수가 나온다. 왜 돌아온 사람들의 명수를 이렇게 상세하게 적었겠는가? 아마도 하나님께서 그만큼 소중하게 여기시기 때문일 것이다. 과거 바벨론에 있을 때에는 명수를 세고 싶은 마음이 생기지 않았는데, 이제 거기서 해방되어 예루살렘에 돌아와 성전을 재건하겠다는 사람들에 대해서는 한 사람 한 사람이 너무 귀한 것이다. 그래서 그 이름을 마치 생명책에 기록하듯이 기록한 것이다. 여러분도 주님 앞에 귀한 존재가 되려면 포로 되었다가 놓임을 받고 성전을 재건하러 올라가는 사람이 되어야 한다.

3-40절, 바로스 자손이 이천일백칠십이 명이요 4 스바댜 자손이 삼백칠십이 명이요 5 아라 자손이 칠백칠십오 명이요 6 바핫모압 자손 곧 예수아와 요압 자손이 이천팔백십이 명이요 7 엘람 자손이 일천이백오십사 명이요 8 삿두 자손이 구백사십오 명이요 9 삭개 자손이 칠백육십 명이요 10 바니 자손이 육백사십이 명이요 11 브배 자손이 육백이십삼 명이요 12 아스갓 자손이 일천이백이십이 명이요 13

**아도니감 자손이 육백육십륙 명이요 14 비그왜 자손이 이천 오십륙
명이요 15 아딘 자손이 사백오십사 명이요 16 아델 자손 곧 히스기
야 자손이 구십팔 명이요 17 베새 자손이 삼백이십삼 명이요 18 요
라 자손이 일백십이 명이요 19 하숨 자손이 이백이십삼 명이요 20
깁발 자손이 구십오 명이요 21 베들레헴 사람이 일백이십삼 명이요
22 느도바 사람이 오십륙 명이요 23 아나돗 사람이 일백이십팔 명
이요 24 아스마웻 자손이 사십이명이요 25 기랴다림과 그비라와 브
에롯 자손이 칠백사십삼 명이요 26 라마와 게바 자손이 육백이십일
명이요 27 믹마스 사람이 일백이십이 명이요 28 벧엘과 아이 사람이
이백이십삼 명이요 29 느보 자손이 오십이 명이요 30 막비스 자손
이 일백오십 육 명이요 31 다른 엘람 자손이 일천이백오십사 명이요
32 하림 자손이 삼백이십 명이요 33 로드와 하딧과 오노 자손이 칠
백이십오 명이요 34 여리고 자손이 삼백사십오 명이요 35 스나아 자
손이 삼천육백삼십 명이었더라 36 제사장들은 예수아의 집 여다야
자손이 구백칠십삼 명이요 37 임멜 자손이 일천오십이 명이요 38 바
스훌 자손이 일천이백사십칠 명이요 39 하림 자손이 일천 십칠 명이
었더라 40 레위 사람은 호다위야 자손 곧 예수아와 갓미엘 자손이
칠십사 명이요**

70년 간 바벨론 생활을 하다 보니 레위 사람들의 인수가 줄었다. '성전을 재건하러 올라가자!' 하니까 베들레헴 사람은 123명이고, 기랴다림과 그비라와 브에롯 자손은 743명이고, 라마와 게바 자손이 621명, 인수가 많은 바로스 자손은 2,172명인데, 레위 사람은 고작 74명이다. 하나님의 전을 새롭게 건축하자고 하는데 하나님과 가장 관계가 깊은 레위 사람의 수가 왜 이렇게 적은지 기묘한 일이다. 전적으로 하나님을 섬긴다는 사람들이 바벨론에 오래 살다 보니까 그곳이 오히려 편하게 느껴져 떠나기를 싫어했을 수도 있다. 이것은 매우 유감스러운 일이다.

41-63절, 노래하는 자들은 아삽 자손이 일백이십팔 명이요 42 문

지기의 자손들은 살룸과 아델과 달문과 악굽과 하디다와 소배 자손
이 모두 일백삼십구 명이었더라 43 느디님 사람들은 시하 자손과 하
수바 자손과 답바옷 자손과 44 게로스 자손과 시아하 자손과 바돈
자손과 45 르바나 자손과 하가바 자손과 악굽 자손과 46 하갑 자
손과 사믈래 자손과 하난 자손과 47 깃델 자손과 가할 자손과 르아
야 자손과 48 르신 자손과 느고다 자손과 갓삼 자손과 49 웃사 자
손과 바세아 자손과 베새 자손과 50 아스나 자손과 므우님 자손과
느부심 자손과 51 박북 자손과 하그바 자손과 할훌 자손과 52 바슬
룻 자손과 므히다 자손과 하르사 자손과 53 바르고스 자손과 시스
라 자손과 데마 자손과 54 느시야 자손과 하디바 자손이었더라 55
솔로몬의 신복의 자손은 소대 자손과 하소베렛 자손과 브루다 자손
과 56 야알라 자손과 다르곤 자손과 깃델 자손과 57 스바댜 자손과
하딜 자손과 보게렛하스바임 자손과 아미 자손이니 58 모든 느디님
사람과 솔로몬의 신복의 자손이 삼백구십이 명이었더라 59 델멜라와
델하르사와 그룹과 앗단과 임멜에서 올라온 자가 있으나 그 종족과
보계가 이스라엘에 속하였는지는 증거할 수 없으니 60 저희는 들라
야 자손과 도비야 자손과 느고다 자손이라 도합이 육백오십이 명이
요 61 제사장 중에는 하바야 자손과 학고스 자손과 바르실래 자손이
니 바르실래는 길르앗 사람 바르실래의 딸 중에 하나로 아내를 삼고
바르실래의 이름으로 이름한 자라 62 이 사람들이 보계 중에서 자기
이름을 찾아도 얻지 못한 고로 저희를 부정하게 여겨 제사장의 직분
을 행치 못하게 하고 63 방백이 저희에게 명하여 우림과 둠밈을 가
진 제사장이 일어나기 전에는 지성물을 먹지 말라 하였느니라

"델멜라와 델하르사와 그룹과 앗단과 임멜에서 올라온 자가 있으나 그 종족과 보계가 이스라엘에 속하였는지는 증거할 수 없으니 저희는 들라야 자손과 도비야 자손과 느고다 자손이라 도합이 육백오십이 명이요"(59-60절). 또 제사장 중에는 보계를 증빙하기 어려운 사람들이 있었는데, 아직 신원이 확실치 않으므로 제사장 직분을 행하지 못하게 했다.

64-70절, 온 회중의 합계가 사만이천삼백육십 명이요 65 그 외에
노비가 칠천삼백삼십칠 명이요 노래하는 남녀가 이백 명이요 66 말
이 칠백삼십륙이요 노새가 이백사십오요 67 약대가 사백삼십오요
나귀가 육천칠백이십이었더라 68 어떤 족장들이 예루살렘 여호와의
터에 이르러 하나님의 전을 그곳에 다시 건축하려고 예물을 즐거이
드리되 69 역량대로 역사하는 곳간에 드리니 금이 육만일천 다릭이
요 은이 오천 마네요 제사장의 옷이 일백 벌이었더라 70 이에 제사
장들과 레위 사람들과 백성 몇과 노래하는 자들과 문지기들과 느디
님 사람들이 그 본성들에 거하고 이스라엘 무리도 그 본성들에 거
하였느니라

귀환한 이스라엘 사람들에게 딸린 것들도 다 귀하게 취급됐다. 그것들은 모두가 다 하나님의 전 건축 역사에 유용한 것들이기 때문이다.

에스라 3장

1절, 이스라엘 자손이 그 본성에 거하였더니 칠월에 이르러 일제히 예루살렘에 모인지라

"일제히 예루살렘에 모인지라(together as one man)". 예루살렘에 돌아와서 다 하나로 모이는 장면이다. 돌아온 자들은 이렇게 하나 되어야 한다. 부흥에서 가장 중요한 것은 한 사람같이 되는 것, 즉 성도들이 한 마음과 한 뜻이 되는 것이다.

2절, 요사닥의 아들 예수아와 그 형제 제사장들과 스알디엘의 아들 스룹바벨과 그 형제들이 다 일어나 이스라엘 하나님의 단을 만들고 하나님의 사람 모세의 율법에 기록한 대로 번제를 그 위에 드리려 할새

그들이 돌아와서는 먼저 단을 쌓고 번제를 드렸다. 돌아온 자들의 마음이 하나님을 향하는 것은 마땅하다. 그들이 예루살렘에 돌아왔지만 실제로는 하나님께 돌아온 것이기 때문이다. 그들은 한 마음으로 한 사람같이 주님께 돌아왔다.

3절, 무리가 열국 백성을 두려워하여 단을 그 터에 세우고 그 위에 조석으로 여호와께 번제를 드리며

돌아온 무리들은 단을 세우고 조석으로 하나님께 번제를 드렸다. 이 큰 일을 하려다 보니까 대적들이 가만히 있지 않을 거라는 생각에 두려운 맘이 생겼기 때문이다. 우리 또한 이 크신 하나님의 일을 위해서는 조석으로 기도하고 헌신해야 한다. 왜냐하면 사단이 가만히 있지 않기 때문이다. 회복의 역사가 일어날 때마다 주님의 다시 오심은 조금 더 가깝게 된다. 그러니 마귀가 가만히 있지 않는 것이다. 루터 시대를 보라! 진리와 교회의 개혁과 부흥이 일어날 때 마귀는 총공세를 했다. 그러므로 이러한 일에 동참한 사람들은 조석으로 번제를 드려야 한다.

4-8절, 기록된 규례대로 초막절을 지켜 번제를 매일 정수대로 날마다 드리고 5 그 후에는 항상 드리는 번제와 초하루와 여호와의 모든 거룩한 절기의 번제와 사람이 여호와께 즐거이 드리는 예물을 드리되 6 칠월 초하루부터 비로소 여호와께 번제를 드렸으나 그때에 여호와의 전 지대는 오히려 놓지 못한지라 7 이에 석수와 목수에게 돈을 주고 또 시돈 사람과 두로 사람에게 먹을 것과 마실 것과 기름을 주고 바사 왕 고레스의 조서대로 백향목을 레바논에서 욥바 해변까지 수운하게 하였더라 8 예루살렘 하나님의 전에 이른 지 이년 이월에 스알디엘의 아들 스룹바벨과 요사닥의 아들 예수아와 다른 형제 제사장들과 레위 사람들과 무릇 사로잡혔다가 예루살렘에 돌아온 자들이 역사를 시작하고 이십 세 이상의 레위 사람들을 세워 여호와의 전 역사를 감독하게 하매

사로잡혔다가 돌아온 사람들이 아니면 이러한 성전 재건의 역사를 시작하지 못한다. 6절에서 번제를 드렸으나 아직 전 지대는 놓지 못했다고 말한다. 전 지대란 성전의 기초인데, 교회는 기초가 있어야 한다. 바울은 고린도 전서 3장에서 교회의 기초에 대하여 말하면서 그 기초는 오직 그리스도라고 했다. 그리고 자신은 지혜로운 건축자와 같이 교회의 기초를 닦았다고 했다.

그들이 예루살렘에 돌아온 주된 목적이 성전 건축이었다는 것은 매우 중요한 사상이다. 그들은 돌아오자마자 성전 건축을 시작하지 못하고 6개월이 지나서야 시작했다. 이는 일반 달력으로 4, 5월로서 건축에 알맞은 시기(건조기)가 되어 건축을 시작한 것이다. 성전 건축같이 중요한 일이라 하더라도 때에 맞게 시작해야 한다. 때에 맞지 않게 시작하면 그 건축이 부실하고 무너질 위험이 있게 된다. 교회 건축을 인도하는 사람들은 성도들의 상태와 주님의 때를 보아가면서 인도하는 것이 중요하다.

9절, 이에 예수아와 그 아들들과 그 형제들과 갓미엘과 그 아들들과 유다 자손과 헤나닷 자손과 그 형제 레위 사람들이 일제히 일어나 하나님의 전 공장을 감독하니라

또한 감독자의 역할이 중요하다. 일하는 자들이 필요할 뿐 아니라 감독자들이 필요하다. 신약의 교회에서 장로는 곧 감독이다(행 20장). 사도행전 20장에서 바울은 에베소 장로들에게 "성령이 저들 가운데 너희로 감독자를 삼고 하나님이 자기 피로 사신 교회를 치게 하셨느니라"고 말한다. 감독이 없으면 양 떼를 미혹하고 위협하는 이리에게서 교회를 보호할 길이 없게 된다.

10절, 건축자가 여호와의 전 지대를 놓을 때에 제사장들은 예복을 입고 나팔을 들고 아삽 자손 레위 사람들은 제금을 들고 서서 이스라엘 왕 다윗의 규례대로 여호와를 찬송하되

전 역사에는 건축자가 필요하다. 과거에 우리는 교회생활을 한다고 했지만 참된 건축자를 보지 못했다. 건축자가 있어야 건축될 것이 아닌가? 감독자가 있어야 건축될 것이 아닌가?

'전 지대'란 성전의 기초인데, 전 건축에 있어서 가장 중요한 것이 기초이다. 이 기초를 놓을 때에 다른 것이 아닌 여호와를 찬송했다. 성전을 건축하는 데 있어서 가장 중요한 것이 여호와를 찬송하는 일이다.

11절, 서로 찬송가를 화답하며 여호와께 감사하여 가로되 주는 지

선하시므로 그 인자하심이 이스라엘에게 영원하시도다 하니 모든 백성이 여호와의 전 지대가 놓임을 보고 여호와를 찬송하며 큰 소리로 즐거이 부르며

성전을 건축하는 분위기는 감사하며 찬양하는 분위기이다. 그들은 여호와께 감사하며 찬송으로 피차 화답했다. 에베소서 5장이나 골로새서 3장을 보면 시와 찬미와 신령한 노래로 서로 화답하는 것이 교회 생활에서 중요한 요소임을 볼 수 있다. 교회가 찬송과 감사와 기쁨을 잃을 때 건축의 실제가 없게 된다.

12-13절, 제사장들과 레위 사람들과 족장들 중에 여러 노인은 첫 성전을 보았던 고로 이제 이 전 지대 놓임을 보고 대성통곡하며 여러 사람은 기뻐하여 즐거이 부르니 13 백성의 크게 외치는 소리가 멀리 들리므로 즐거이 부르는 소리와 통곡하는 소리를 백성들이 분변치 못하였느니라

70년 전에 첫 성전을 보았던 노인들은 성전 기초가 놓이는 것을 보고 대성통곡을 했다. 이들은 바벨론에 사로잡혀 가서 갖은 고생을 다 했던 사람들이다. 그리고 여호와의 전에서 절기를 지내며 여호와와 함께 기뻐하고 즐거워하던 것을 잃어버린 것 때문에 슬퍼했던 사람들이다. 그러므로 그들은 어디를 가도 만족이 없었다. 시편 137편 1-3절을 보면, “우리가 바벨론의 여러 강변 거기 앉아서 시온을 기억하며 울었도다 그 중의 버드나무에 우리가 우리의 수금을 걸었나니 이는 우리를 사로잡은 자가 거기서 우리에게 노래를 청하며 우리를 황폐케 한 자가 기쁨을 청하고 자기들을 위하여 시온 노래 중 하나를 노래하라 함이로다”라고 한다.

그들은 바벨론의 여러 강변에 앉아 그저 울기만 했다. 제단에서 제물을 드릴 수 없는 슬픔, 하나님을 경배하고 찬미하지 못하는 슬픔 때문이다. 그들은 지난 70년 간 얼마나 슬프고 괴로웠겠는가? 그들은 다만 과거 예루살렘 성전에서 성회로 모여 기뻐하고 즐거워하고 찬미하던 때를 기억하면서 울었다. 성도들은 하나님께 예배하고 찬미하는 것을 소중히 여겨야 한다. 일단 그러한 것을 잃어보면 그 귀함을 뼈저리게 느낄 것이다. 시편 후반부를 보면 그들은 성전에 올라가면서 노래하며 찬양하며 즐거워했었다. 그런데 그 모든 누림을 다 잃어버렸다가 이제 70년 만에 사로잡힌 데서 돌아와 전의 기초를 새롭게 놓으니까 대성통곡을 한 것이다. 이들은 전이 다시 건축되기를 얼마나 간절히 원했겠는가!

그들이 울었던 또 하나의 이유를 생각해보자면, 재건되는 성전의 규모가 옛 솔로몬 성전, 첫 성전보다는 초라하고 왜소했기 때문일 것이다. 젊은이들은 그저 기뻐했지만 늙은이들은 여러 감정이 교차하면서 크게 울었기에 즐거이 부르는 소리와 통곡하는 소리를 백성들이 분변치 못하였다.

에스라 4 장

이렇게 전 지대를 놓고 건축을 시작하려니까 이제 4장에서는 대적이 일어난다.

1-2절, 유다와 베냐민의 대적이 사로잡혔던 자의 자손이 이스라엘 하나님 여호와를 위하여 전을 건축한다 함을 듣고 2 스룹바벨과 족장들에게 나아와 이르되 우리로 너희와 함께 건축하게 하라 우리도 너희같이 너희 하나님을 구하노라 앗수르 왕 에살핫돈이 우리를 이리로 오게 한 날부터 우리가 하나님께 제사를 드리노라

이 사람들은 사로잡혔다가 돌아온 자들도 아니고 그 영이 감동된 사람들도 아니다. 그런데 하나님의 전을 건축한다고 하니까 자기들도 건축하는 일에 참여하겠다고 주장했다.

3절, 스룹바벨과 예수아와 기타 이스라엘 족장들이 이르되 우리 하나님의 전을 건축하는데 너희는 우리와 상관이 없느니라 바사 왕 고레스가 우리에게 명하신 대로 우리가 이스라엘 하나님 여호와를 위하여 홀로 건축하리라 하였더니

그들의 말을 들은 스룹바벨과 예수아와 이스라엘 족장들은 '잘 되었네. 그거 건설적이고 좋은 말이야. 이 일을 우리만 하기에는 너무 버거웠어. 너희들도 함께 하자.'라고 하지 않았다. 그들은 도리어 '우리 여호와 하나님의 전을 건축하는 데 너희는 우리와 상관없다. 바사 왕 고레스가 우리에게 명하신 대로 홀로 이 일을 하겠다.'고 말했다. 이 말이 겉으로는 굉장히 매정해 보인다. 같이 하자는데 한 마디로 거절하니 너무 매정한 것 같다. 여러분은 어떻게 생각하는가? 이들은 왜 거절하는지 이유도 말하지 않고 그냥 잘라버렸다. 그런데 돌아온 유대인들은 지금 함께 하자고 온 자들이 대적이라는 바로 간파했던 것이다.

스룹바벨이나 예수아가 그들이 어떤 영으로 같이 하자고 하는지 모르겠는가? 이들의 영은 성전 건축으로 감동되어 있는데, 함께 하자고 온 사람들은 그저 십시일반으로 건축의 일을 하자는 것이다. 이렇게 영이 같지 않은 사람들이 함께 하면 도움이 되기는커녕 방해가 된다. 그래서 우리만 홀로 전을 건축하는 일을 하겠다고 한 것이다. 그렇게 말하자 4절에서 그들의 본색이 드러났다.

4절, 이로부터 그 땅 백성이 유다 백성의 손을 약하게 하여 그 건축을 방해하되

'그 땅 백성'이란 사로잡혔다가 돌아온 자들이 아니라 거기에 죽 살던 자들이다. 그들은 함께 전을 건축하자고 왔다가 거절당하자 건축하려는 유다 백성의 손을 약하게 하여 그 일을 방해했다.

5-6절, 바사 왕 고레스의 시대부터 바사 왕 다리오가 즉위할 때까지 의사들에게 뇌물을 주어 그 경영을 저희하였으며 6 또 아하수에로가 즉위할 때에 저희가 글을 올려 유다와 예루살렘 거민을 고소하니라

뇌물도 주고 고소도 해서 그들의 건축하려는 일을 못하게 하는 것이다. 7절부터는 방해자들이 돌아온 자들의 성전 재건을 막으려고 아닥사스다 왕에게 올린 글의 내용을 기록하고 있다. 아람 문자와 아람 방언으로 썼는데 그 내용이 간교하고 좋지 않다.

7-15절, 아닥사스다 때에 비슬람과 미드르닷과 다브엘과 그 동료들이 바사 왕 아닥사스다에게 글을 올렸으니 그 글은 아람 문자와 아람 방언으로 써서 진술하였더라 8 방백 르훔과 서기관 심새가 아닥사스다 왕에게 올려 예루살렘 백성을 고소한 그 글에 9 방백 르훔과 서기관 심새와 그 동료 디나 사람과 아바삿 사람과 다블래 사람과 아바새 사람과 아렉 사람과 바벨론 사람과 수산 사람과 데해 사람과 엘람 사람과 10 기타 백성 곧 존귀한 오스납발이 사마리아 성과 강 서편 다른 땅에 옮겨 둔 자들과 함께 고한다 하였더라 11 아닥사스다 왕에게 올린 그 글의 초본은 이러하니 강 서편에 있는 신복들은 12 왕에게 고하나이다 왕에게서 올라온 유다 사람들이 우리의 곳 예루살렘에 이르러 이 패역하고 악한 성읍을 건축하는데 이미 그 지대를 수축하고 성곽을 건축하오니 13 이제 왕은 아시옵소서 만일 이 성읍을 건축하며 그 성곽을 마치면 저 무리가 다시는 조공과 잡세와 부세를 바치지 아니하리니 필경 왕들에게 손해가 되리이다 14 우리가 이제 궁의 소금을 먹는 고로 왕의 수치당함을 차마 보지 못하여 보내어 왕에게 고하오니 15 왕은 열조의 사기를 살피시면 그 사기에서 이 성읍은 패역한 성읍이라 예로부터 그 중에서 항상 반역하는 일을 행하여 열왕과 각 도에 손해가 된 것을 보시고 아실지라 이 성읍이 훼파됨도 이 까닭이니이다

이 사람들은 바사 왕 아닥사스다가 성전 재건의 일을 저지하도록 최선을 다해 모함하는 말을 썼다. 그 내용은 매우 정치적이다. 유대인들이 성읍을 건축하면 다시는 조공과 잡세와 부세를 바치지 않을 것인데 그러면 왕에게 손해가 되지 않겠느냐는 말이다.

16절, 이제 감히 왕에게 고하오니 이 성읍이 중건되어 성곽을 필역하면 이로 말미암아 왕의 강 서편 영지가 없어지리이다 하였더라

그들이 아닥사스다 왕에게 강 서편 영지가 없어질 것이라고 위협적인 말을 하자 그는 결국 이 말을 받아들였다.

17-21절, **왕이 방백 르훔과 서기관 심새와 사마리아에 거한 저희 동료와 강 서편 다른 땅 백성에게 조서를 내리니 일렀으되 너희는 평안할지어다 18 너희의 올린 글을 내 앞에서 낭독시키고 19 명하여 살펴보니 과연 이 성읍이 예로부터 열왕을 거역하며 그 중에서 항상 패역하고 모반하는 일을 행하였으며 20 옛적에는 예루살렘을 주재하는 큰 군왕이 있어서 강 서편 모든 땅도 주재하매 조공과 잡세와 부세를 저에게 다 바쳤도다 21 이제 너희는 명을 전하여 그 사람들로 역사를 그치게 하여 그 성을 건축지 못하게 하고 내가 다시 조서 내리기를 기다리라**

왕은 그들의 말을 그대로 받아들여 조서를 내려서 성전 건축의 일을 하지 못하게 했다.

22-24절, **너희는 삼가서 이 일에 게으르지 말라 어찌하여 화를 더하여 왕들에게 손해가 되게 하랴 하였더라 23 아닥사스다 왕의 조서 초본이 르훔과 서기관 심새와 그 동료 앞에서 낭독되매 저희가 예루살렘으로 급히 가서 유다 사람들을 보고 권력으로 억제하여 그 역사를 그치게 하니 24 이에 예루살렘에서 하나님의 전 역사가 그쳐서 바사 왕 다리오 제 이년까지 이르니라**

그들의 방해로 성전 건축이 중단됐다. "아닥사스다 왕의 조서 초본이 르훔과 서기관 심새와 그 동료 앞에서 낭독되매 저희가 예루살렘으로 급히 가서 유다 사람들을 보고 권력으로 억제하여 그 역사를 그치게 하니". 대적자들은 왕의 조서를 읽고 흥분하여 급히 예루살렘에 가서 그들의 권력으로 전 건축 역사를 그치게 했다.

에스라 5장

이렇게 성전 건축의 역사가 지연되자 선지자들이 일어났다. 이럴 때 필요한 것이 선지자이다.

1-2절, 선지자들 곧 선지자 학개와 잇도의 손자 스가랴가 이스라엘 하나님의 이름을 받들어 유다와 예루살렘에 거하는 유다 사람들에게 예언하였더니 2 이에 스알디엘의 아들 스룹바벨과 요사닥의 아들 예수아가 일어나 예루살렘 하나님의 전 건축하기를 시작하매 하나님의 선지자들이 함께 하여 돕더니

이렇게 선지자들의 일은 하나님의 전 건축 역사를 돕는 것이다. 그러므로 하나님의 전 건축 역사가 진행되기 위해서 가장 중요한 역할이 선지자의 역할이다. 우리는 학개와 스가랴 선지자가 어떻게 이 일을 도왔는지 볼 수 있다. 학개는 “너희는 자기의 소위를 살펴볼지니라…너희는 산에 올라가서 나무를 가져다가 전을 건축하라”(학 1장 참조)고 촉구했고, 스가랴는 많은 이상을 통해서 그들을 강화시켜 주는 일을 했다. 오늘날도 하나님의 성전을 건축하려면 선지자의 예언이 필요하다. 그럴 때 그들이 힘을 얻어 다시 건축의 일을 하게 된다.

3-5절, 그 때에 강 서편 총독 닷드내와 스달보스내와 그 동료가

다 나아와 저희에게 이르되 누가 너희를 명하여 이 전을 건축하고
이 성곽을 마치게 하였느냐 하기로 4 우리가 이 건축하는 자의 이
름을 고하였으나 5 하나님이 유다 장로들을 돌아보셨으므로 저희가
능히 역사를 폐하게 못하고 이 일을 다리오에게 고하고 그 답조가
오기를 기다렸더라

선지자들이 일어나서 전 역사를 도와 건축이 진행되니까 강 서편 총독 닷드내와 스달보스내와 그 동료가 와서 이의를 제기하며 다리오 왕에게 다시 상소의 글을 올렸다.

6-17절, 강 서편 총독 닷드내와 스달보스내와 그 동료 강 서편 아
바삭 사람이 다리오 왕에게 올린 글의 초본이 이러하니라 7 그 글
에 일렀으되 다리오 왕은 만안하옵소서 8 왕께 아시게 하나이다 우
리가 유다 도에 가서 지극히 크신 하나님의 전에 나아가 보온즉 전
을 큰 돌로 세우며 벽에 나무를 얹고 부지런히 하므로 역사가 그 손
에서 형통하옵기로 9 우리가 그 장로들에게 물어보기를 누가 너희
를 명하여 이 전을 건축하고 이 성곽을 마치게 하였느냐 하고 10 우
리가 또 그 두목의 이름을 적어 왕에게 고하고자 하여 그 이름을 물
은즉 11 저희가 우리에게 대답하여 이르기를 우리는 천지의 하나님
의 종이라 오랜 옛적에 건축되었던 전을 우리가 다시 건축하노라 이
는 본래 이스라엘의 큰 왕이 완전히 건축한 것이더니 12 우리 열조
가 하늘에 계신 하나님을 격노케 하였으므로 하나님이 저희를 갈대
아 사람 바벨론 왕 느부갓네살의 손에 붙이시매 저가 이 전을 헐며
이 백성을 사로잡아 바벨론으로 옮겼더니 13 바벨론 왕 고레스 원년
에 고레스 왕이 조서를 내려 하나님의 이 전을 건축하게 하고 14 또
느부갓네살의 예루살렘 하나님의 전 속에서 금, 은 기명을 옮겨다가
바벨론 신당에 두었던 것을 고레스 왕이 그 신당에서 취하여 그 세
운 총독 세스바살이라 이름한 자에게 내어주고 15 일러 가로되 너는
이 기명들을 가지고 가서 예루살렘 전에 두고 하나님의 전을 그 본

처에 건축하라 하매 16 이에 이 세스바살이 이르러 예루살렘 하나
님의 전 지대를 놓았고 그 때로부터 지금까지 건축하여 오나 오히려
필역하지 못하였다 하였사오니 17 이제 왕이 선히 여기시거든 바벨
론에서 왕의 국고에 조사하사 과연 고레스 왕이 조서를 내려 하나님
의 이 전을 예루살렘에 건축하라 하셨는지 보시고 왕은 이 일에 대
하여 왕의 기쁘신 뜻을 우리에게 보이소서 하였더라

이 사람들은 상당히 객관적으로 정말 유다 사람들이 이 전을 건축하도록 고레스 왕이 조서를 내렸는지 확인해 달라고 글을 올렸다. 우리가 여기서 볼 수 있는 것은 이때 성전 건축에 참여한 사람들이 총독들에게 아주 말을 잘했다는 것이다.

이 총독들이 성전을 재건하는 사람들에 대해 오해한 것은 안 해도 될 일을 왜 하느냐는 것이었다. 즉 '오늘날 교회가 이렇게 많은데 또 무슨 교회를 세우려고 하느냐?' 하는 것이다. 그럴 때 우리는 '원래 교회는 이렇게 건축하기로 되어 있어. 우리는 사람의 종이 아니고 천지의 하나님의 종이야.'라고 할 수 있어야 한다. 그러면서 이 건축이 바사 왕 고레스 원년에 내려졌던 조서에 근거한 것임을 제시하는 것이다. 그러자 다리오 왕은 사실 여부를 조사하도록 조서를 내렸다.

에스라 6장

1-8절, 이에 다리오 왕이 조서를 내려 서적 곳간 곧 바벨론에서 보물을 쌓아 둔 곳에서 조사하게 하였더니 2 메대도 악메다 궁에서 한 두루마리를 얻으니 거기 기록하였으되 3 고레스 왕 원년에 조서를 내려 이르기를 예루살렘 하나님의 전에 대하여 이르노니 이 전 곧 제사 드리는 처소를 건축하되 지대를 견고히 쌓고 그 전의 고는 육십 규빗으로, 광도 육십 규빗으로 하고 4 큰 돌 세 켜에 새 나무 한 켜를 놓으라 그 경비는 다 왕실에서 내리라 5 또 느부갓네살이 예루살렘 전에서 취하여 바벨론으로 옮겼던 하나님의 전 금, 은 기명을 돌려보내어 예루살렘 전에 가져다가 하나님의 전 안 각기 본처에 둘지니라 하였더라 6 이제 강 서편 총독 닷드내와 스달보스내와 너희 동료 강 서편 아바삭 사람들은 그곳을 멀리하여 7 하나님의 전 역사를 막지 말고 유다 총독과 장로들로 하나님의 이 전을 본처에 건축하게 하라 8 내가 또 조서를 내려서 하나님의 이 전을 건축함에 대하여 너희가 유다 사람의 장로들에게 행할 것을 알게 하노니 왕의 재산 곧 강 서편 세금 중에서 그 경비를 이 사람들에게 신속히 주어 저희로 지체치 않게 하라

다리오 왕이 고레스 원년에 내려졌던 조서를 찾아내어 확인하니 분명하게 전을 건축하라고 다시 영을 내린 것이다. 그래서 여러 가지 도와주

는 말을 하고 "저희로 지체치 않게 하라"고 했다. 이로 보건대 하나님을 위하여 목적을 가진 사람들은 적극적이어야 한다. 그들은 방해가 있다고 가만히 앉아서 '하나님께서 환경을 열어주실 때까지 기다리자!'라고 하지 않았다. 나는 복음을 잘 전하는 어떤 장로님을 알고 있는데, 여러 번 그의 간증을 들었다. 그는 결코 수동적으로 기다리지 않는다. 기회가 있는 대로 사람들을 만나고 한 번 만난 사람은 결코 놓지 않는다. 그는 경기도 수지라는 곳에 사는데 하루는 80대 노부부가 밭에서 일하고 있는 자기에게 채소를 조금만 줄 수 없겠느냐며 말을 걸더란다. 그래서 듬뿍 주면서 자기 집에서 차를 마시지 않겠느냐고 권하여 복음을 전했다고 한다. 처음에는 복음을 받아들이기를 주저하더니 결국 부부가 다 믿게 되었고 그 자녀들까지도 함께 교회에 나오게 되었다는 이야기를 해주었다.

돌아와서 하나님의 전을 건축하는 자들은 방해에 부딪힌다고 해서 그저 손을 놓고 상황이 좋아지기만을 기다린 것이 아니라 적극적으로 길을 찾았다. 적극적이고 부지런하지 않으면 주의 일을 할 수 없음을 기억해야 한다.

9-13절, 또 그 수용물 곧 하늘의 하나님께 드릴 번제의 수송아지와 수양과 어린 양과 또 밀과 소금과 포도주와 기름을 예루살렘 제사장의 소청대로 영락없이 날마다 주어 10 저희로 하늘의 하나님께 향기로운 제물을 드려 왕과 왕자들의 생명을 위하여 기도하게 하라 11 내가 또 조서를 내리노니 무론 누구든지 이 명령을 변개하면 그 집에서 들보를 빼어내고 저를 그 위에 매어달게 하고 그 집은 이로 인하여 거름더미가 되게 하라 12 만일 열왕이나 백성이 이 조서를 변개하고 손을 들어 예루살렘 하나님의 전을 헐진대 그곳에 이름을 두신 하나님이 저희를 멸하시기를 원하노라 나 다리오가 조서를 내렸노니 신속히 행할지어다 하였더라 13 다리오 왕의 조서가 내리매 강 서편 총독 닷드내와 스달보스내와 그 동료들이 신속히 준행한지라

다리오 왕은 매우 강력한 조서를 내렸다. 잠언 21장 1절은, "왕의 마음이 여호와의 손에 있음이 마치 보의 물과 같아서 그가 임의로 인도하시느니라"고 한다. 그들이 진정 주의 일을 하기 원하고 적극적으로 주님을 섬기기 원한다면 하나님께서 이방 왕의 마음이라도 감동시켜 일을 하도록 도와주신다. 고레스가 그러했고 다리오 또한 이스라엘 백성들의 성전 건축을 도왔다. 그 조서 내용을 보면 매우 강하고 적극적이며 감동적이다. "그 수용물 곧 하늘의 하나님께 드릴 번제의 수송아지와 수양과 어린 양과 또 밀과 소금과 포도주와 기름을 예루살렘 제사장의 소청대로 영락없이 날마다 주어 저희로 하늘의 하나님께 향기로운 제물을 드려 왕과 왕자들의 생명을 위하여 기도하게 하라 내가 또 조서를 내리노니 무론 누구든지 이 명령을 변개하면 그 집에서 들보를 빼어내고 저를 그 위에 매어달게 하고 그 집은 이로 인하여 거름더미가 되게 하라 만일 열왕이나 백성이 이 조서를 변개하고 손을 들어 예루살렘 하나님의 전을 헐진대 그곳에 이름을 두신 하나님이 저희를 멸하시기를 원하노라 나 다리오가 조서를 내렸노니 신속히 행할지어다 하였더라". 다리오 왕이 분명하고 강한 조서를 내리자 강 서편 총독 닷드내와 스달보스내와 그 동료들이 신속히 준행했다.

14-15절, 유다 사람의 장로들이 선지자 학개와 잇도의 손자 스가랴의 권면함으로 인하여 전 건축할 일이 형통한지라 이스라엘 하나님의 명령과 바사 왕 고레스와 다리오와 아닥사스다의 조서를 좇아 전을 건축하며 필역하되 15 다리오 왕 육년 아달월 삼일에 전을 필역하니라

전 건축은 유다 장로들과 에스라 같은 학사와 좋은 인도자들이 있기에 가능했다. 그리고 학개와 스가랴 같은 훌륭한 선지자들의 예언과 격려가 도움이 되었다. 그런데 그 중에서도 가장 중요한 것은 이스라엘 하나님의 명령과 고레스와 다리오와 아닥사스다 등 이방 왕의 마음을 하나님께서 움직이신 것이다. 내적인 공급과 격려와 말씀은 선지자 학개와 스가랴를 통해 왔으며, 외적인 도움은 고레스(1:1)와 다리오(6:6-12)와 아닥사스다(7:12-17, 느2:1-8) 왕에 의해 왔다. 이렇게 해서 결국 다리오 왕 육년 아달월 삼일에 성전 재건 역사가 마쳐졌다. 이 중 아닥사스다의 것은 성곽을 건축하기 위한 것이었는데, 에스라서는 성전과 성곽의 건축을 함께 다루는 책이므로 여기에 함께 기록한 것이다. 하나님 나라의 회복과 부흥을 위해서 외부 정세까지도 하나님의 주권으로 협력한다는 것을 볼 수 있다.

16-22절, **이스라엘 자손과 제사장들과 레위 사람들과 기타 사로잡혔던 자의 자손이 즐거이 하나님의 전 봉헌식을 행하니 17 하나님의 전 봉헌식을 행할 때에 수소 일백과 수양 이백과 어린 양 사백을 드리고 또 이스라엘 지파의 수를 따라 수염소 열둘로 이스라엘 전체를 위하여 속죄제를 드리고 18 제사장을 그 분반대로, 레위 사람을 그 반차대로 세워 예루살렘에서 하나님을 섬기게 하되 모세의 책에 기록된 대로 하게 하니라 19 사로잡혔던 자의 자손이 정월 십사일에 유월절을 지키되 20 제사장들과 레위 사람들이 일제히 몸을 정결케 하여 다 정결하매 사로잡혔던 자의 모든 자손과 자기 형제 제사장들과 자기를 위하여 유월절 양을 잡으니 21 사로잡혔다가 돌아온 이스라엘 자손과 무릇 스스로 구별하여 자기 땅 이방 사람의 더러운 것을 버리고 이스라엘 무리에게 속하여 이스라엘 하나님 여호와를 구하는 자가 다 먹고 22 즐거우므로 칠 일 동안 무교절을 지켰으니 이는 여호와께서 저희로 즐겁게 하시고 또 앗수르 왕의 마음을 저희에게로 돌이켜 이스라엘의 하나님이신 하나님의 전 역사하는 손을 힘있게 하도록 하셨음이었느니라**

주님의 전이 다시 건축되니 이제 헌신도 있고 만찬도 있으며 모든 것이 새로 일어났다. "이스라엘 자손과 제사장들과 레위 사람들과 기타 사로잡혔던 자의 자손이 즐거이 하나님의 전 봉헌식을 행하니". 사로잡혔다가 돌아온 자들이 70년 만에 성전에서 봉헌식을 거행하고 유월절을 지킨 것이 나온다. "사로잡혔던 자의 자손이 정월 십사일에 유월절을 지키되 제사장들과 레위 사람들이 일제히 몸을 정결케 하여 다 정결하매 사로잡혔던 자의 모든 자손과 자기 형제 제사장들과 자기를 위하여 유월절 양을 잡으니". 하나님께서는 심지어 앗수르 왕의 마음까지도 움직이신 것을 볼 수 있다. "또 앗수르 왕의 마음을 저희에게로 돌이켜 이스라엘의 하나님이신 하나님의 전 역사하는 손을 힘있게 하도록 하셨음이었느니라".

에스라 7 장

1-5절, 이 일 후 바사 왕 아닥사스다가 위에 있을 때에 에스라라
하는 자가 있으니라 저는 스라야의 아들이요 아사랴의 손자요 힐기
야의 증손이요 2 살룸의 현손이요 사독의 오대손이요 아히둡의 육대
손이요 3 아마랴의 칠대손이요 아사랴의 팔대손이요 므라욧의 구대
손이요 4 스라히야의 십대손이요 웃시엘의 십일대손이요 북기의 십
이대손이요 5 아비수아의 십삼대손이요 비느하스의 십사대손이요 엘
르아살의 십오대손이요 대제사장 아론의 십육대손이라

7장에서는 인도자인 에스라 한 사람에 대해 기록하고 있다. 이것은 현실적인 문제이다. 우리는 이 장에서 이스라엘 백성이 바벨론에 사로잡혔다가 70년 만에 돌아와서 예루살렘 성전을 건축하는 데 인도자 한 사람의 역할이 얼마나 중요한지를 읽을 수 있다. 역대로 교회가 바벨론으로부터 회복될 때마다 하나님께서 사용하시는 그릇들이 있어왔다는 것을 알아야 한다.

교회사에서 우리는 먼저 마틴 루터를 생각해볼 수 있다. 만일 하나님께서 그 한 사람을 얻지 못하셨다면 종교 개혁은 일어날 수 없었을 것이다. 하나님께서 그 한 사람을 천주교의 제도 가운데서 일으켜 종교 개혁의 도화선이 되게 하신 것이다. 그는 천주교의 신부였고 신부로서 최선을 다해 구도자의 길을 갔다. 무엇이든 힘을 다하는 사람은 그 본질을 알게 마련이다. 그는 천주교의 실행을 통해 길을 찾아보려고 최선을 다하고 있었고, 그런 그에게 하나님의 빛이 임한 것이다. 루터는 진실로 주님의 길을 걷고자 했다. 그렇기 때문에 길이 나온 것이다. 이렇게 한 사람의 인도자를 얻는 것은 너무도 중요하다. 18세기에는 영국에서 요한 웨슬레 등이 일어났고, 그 후로 많은 충성된 주의 종들이 동서양에서 일어났다. 따라서 주님의 역사도 가속화되었다.

구약 초기에도 이스라엘 백성들이 애굽에서 종 노릇 하다가 홍해를 건너 광야로 들어갈 때, 그리고 요단을 건너 가나안에 들어갈 때 모세와 여호수아 같은 인도자들이 있었다. 마찬가지로 바벨론에서 예루살렘으로 귀환할 때에도 인도자가 있었는데, 이때의 인도자가 바로 에스라이다. 에스라서는 바로 이 에스라가 기록한 성경이다. 7장에서는 먼저 에스라의 족보를 말해 주는데, 그가 모세와 함께 동역했던 대제사장 아론의 자손임을 밝히고 있다. 그는 아론의 자손이자 엘르아살의 자손이며 비느하스의 자손이었다. 말하자면 이스라엘 가운데 명문가의 자손이었다.

6절, 이 에스라가 바벨론에서 올라왔으니 저는 이스라엘 하나님 여호와께서 주신바 모세의 율법에 익숙한 학사로서 그 하나님 여호와의 도우심을 입으므로 왕에게 구하는 것은 다 받는 자더니

우선 에스라는 이 일 후에(6장까지의 모든 일이 있은 후에) 바벨론에서 올라왔다고 기록되어 있다. "저는 이스라엘 하나님 여호와께서 주신바 모세의 율법에 익숙한 학사로서". 그는 두 가지 신분을 갖추고 있었는데, 하나는 하나님의 말씀, 율법을 잘 알고 있는 사람이었고, 둘째는 왕에게 구하는 것을 다 받을 수 있는 사람이었다. 말하자면 그는 당시 이스라엘 백성 가운데 영향력 있는 사람이었다. 이러한 사람이 아니면 이스라엘 백성들을 바벨론에서 이끌고 나와 예루살렘으로 올라갈 수 없었을 것이다. 그리고 이러한 사람이 아니면 바벨론에서 돌아온 이스라엘 백성들을 교육시킬 만한 역량이 없었을 것이다. 그러나 하나님께서는 에스라 같은 사람을 얻으셨고, 그는 비록 바벨론에 있었을지라도 거기서 하나님의 율법을 공부해서 율법에 익숙한 학사가 되었다.

7-8절, 아닥사스다 왕 칠년에 이스라엘 자손과 제사장들과 레위 사람들과 노래하는 자들과 문지기들과 느디님 사람들 중에 몇 사람이 예루살렘으로 올라올 때에 8 이 에스라가 올라왔으니 왕의 칠년 오월이라

에스라 1장과 2장에 이스라엘 백성의 예루살렘 1차 귀환이 있고, 지금 여기에 2차 귀환이 있다. 하나님의 백성들이 바벨론을 떠나 성전을 건축하기 위해 돌아올 때, 첫 번째로 돌아오는 사람들도 있었고 그 뒤를 이어 올라오는 사람들도 있었다. 1차 때 올라온 사람들에 의해 성전이 건축되었으며, 2차 때 올라온 몇몇 사람들 중에 에스라라는 학사가 있었다.

여기의 기록은 에스라를 매우 중시하는데, 이는 그의 역할이 당시 이스라엘 백성들에게 매우 중요했기 때문이다. 그가 올라온 때가 '아닥사스다 왕 칠년 오월'이라고 기록하고 있다.

9절, 정월 초하루에 바벨론에서 길을 떠났고 하나님의 선한 손의 도우심을 입어 오월 초하루에 예루살렘에 이르니라

에스라가 언제 길을 떠났고 언제 예루살렘에 도착했는지를 자세하게 기록하고 있다. 그들의 귀환 노정은 그리 만만치 않았다. 장장 4 개월 간의 여행을 해야 했기 때문이다. 그들 일행은 예루살렘에 돌아오기 위해 많은 대가를 지불했음에 틀림없다. 그럼에도 하나님의 선한 손의 도우심을 입어 예루살렘에 무사히 도착했다고 말한다. 어쨌든 이 한 사람의 움직임이 하나님의 역사에서 괄목할 만한 일로 여겨졌다는 것은 매우 인상적이다.

10절, 에스라가 여호와의 율법을 연구하여 준행하며 율례와 규례

를 이스라엘에게 가르치기로 결심하였었더라

에스라는 율법을 공부하고 연구해서 율법에 대해 잘 알 뿐 아니라 이스라엘 백성들에게 율법을 가르치기로 결심했다. 성경을 잘 아는 것이 한 가지 일이고 그것을 하나님의 백성에게 가르치기로 결심하는 것은 또 한 가지 일이다.

여기에 70년 간 바벨론에 사로잡혀 있다가 예루살렘으로 돌아온 하나님의 백성들이 있다. 그들을 위해서는 율법을 잘 아는 학사가 필요했다. 이러한 사람이 없으면 이스라엘 백성들은 하나님의 말씀을 잘 배울 수가 없었을 것이다. 그들이 바벨론에서 오래 살다 보니 하나님의 말씀은 잊어버리고 많은 바벨론적인 것들을 가지고 돌아왔을 것이기 때문이다. 그러므로 그들을 하나님의 율법으로 새롭게 가르칠 필요가 있었던 것이다. 이를 위해 하나님께서는 에스라 같은 사람을 일으키셨고 그에게 그러한 선한 갈망을 넣어 주셨다. 이것을 통해 우리는 하나님께서 때에 맞게 선지자와 교사를 일으키셔서 하나님의 백성의 필요를 채우신다는 것을 알 수 있다.

11절, 여호와의 계명의 말씀과 이스라엘에게 주신 율례의 학사인 학사겸 제사장 에스라에게 아닥사스다 왕이 내린 조서 초본은 아래와 같으니라

에스라가 예루살렘으로 올라가려 할 때에 아닥사스다 왕이 그에게 조서를 내렸다. 12절부터는 그 조서 초본의 내용이다.

12-13절, 모든 왕의 왕 아닥사스다는 하늘의 하나님의 율법에 완전한 학사겸 제사장 에스라에게 13 조서하노니 우리나라에 있는 이스라엘 백성과 저희 제사장들과 레위 사람들 중에 예루살렘으로 올라갈 뜻이 있는 자는 누구든지 너와 함께 갈지어다

여기서 우리는 한 가지 생각해볼 것이 있다. 어떤 사람이 율법을 잘 안다고 해서 되는 것이 아니다. 어떤 갈망이 있다고 해서 되는 것도 아니다. 하나님의 역사가 있어야 한다. 여기에 아닥사스다 왕의 협력이 있다. 이러한 하나님의 회복의 역사를 위해서는 하나님의 손의 도우심이 있어야 한다. 우리가 지난 시간에 루터에 대해 말했지만, 루터 이전에도 개혁의 의지를 가졌던 사람이 없었던 게 아니다. 그런데 기묘하게도 루터 이전에는 그들에게 어떤 환경의 도움이 없었다. 그러나 루터 때에 이르러 여기 아닥사스다 왕처럼 당시의 모든 정치적 상황과 사회적 상황이 그의 종교 개혁을 도왔고 그 때문에 그의 개혁이 가능했던 것이다. 이로 보건대 주님의 역사는 주님이 하신다. 하나님께서 이 모든 상황을 직접 주관하시고 인도하셔야 역사가 일어나는 것이다.

내가 내 자신의 간증을 할 때마다 몽골 사역을 빼놓을 수 없는데, 하나님의 하늘의 조서가 없었다면 우리는 몽골에 들어가지 못했을 것이다. 1990년에 소련 공산주의가 붕괴되면서 많은 나라들이 거기서 벗어났고, 그 과정에서 몽골의 문이 열렸고 중국도 문이 열렸다. 그렇기 때문에 우리가 복음을 가지고 몽골에 들어가는 것이 가능했던 것이다.

우리는 또 베트남에도 들어갈 수 있게 되면서 점차적으로 여러 나라에 복음을 전하게 되었다. 결코 사람의 결심과 갈망만 가지고는 하나님의 역사를 수행할 수 없다. 참으로 하나님이 원하시는 일이라면 하나님의 손이 도우신다. 너무 일찍 일하려고 나섰다가는 해만 당하고 일은 이루어지지 않는다.

14-16절, 너는 네 손에 있는 네 하나님의 율법을 좇아 유다와 예루살렘의 정형을 살피기 위하여 왕과 일곱 모사의 보냄을 받았으니 15 왕과 모사들이 예루살렘에 거하신 이스라엘 하나님께 성심으로 드리는 은금을 가져가고 16 또 네가 바벨론 온 도에서 얻을 모든 은금과 및 백성과 제사장들이 예루살렘 그 하나님의 전을 위하여 즐거이 드릴 예물을 가져다가

아닥사스다 왕은 에스라를 예루살렘에 보내면서 바벨론으로부터 많은 은금을 가져가라고 했다. 그러므로 물질이 필요하면 하나님께서 공급하신다는 것을 알 수 있다. 만유의 하나님이신데 그분이 공급하시지 않겠는가? 오늘날 어떤 사람들은 '돈이 없어서 주님의 일을 하지 못하겠다. 돈만 있으면 다 할 수 있겠는데.'라고 한다. 내가 항상 하는 말이 있다. 돈이 없는 것에도 하나님의 말씀하심이 있다. 돈이 없는 것도 거기에 하나님의 뜻이 있다는 말이다. 어쩌면 그 일을 하나님이 허락지 않으시는 것이다. 주님께서 원하시는 일이라면 하도록 돈을 주실 것이다. 여기를 보라. 은금을 보태주면서 일을 하게 하지 않는가? 에스라가 돈을 꾸러 다녔다든가 어떤 사람들에게 도움을 청하려고 다녔다는 흔적이 없다. 하나님께서 왕을 통해 물질을 공급하셨기 때문이다.

17-23절, 그 돈으로 수송아지와 수양과 어린 양과 그 소제와 그 전제의 물품을 신속히 사서 예루살렘 네 하나님의 전 단 위에 드리고 18 그 나머지 은금은 너와 너의 형제가 선히 여기는 일에 너희 하나님의 뜻을 좇아 쓸지며 19 네 하나님의 전에서 섬기는 일을 위하여 네게 준 기명은 예루살렘 하나님 앞에 드리고 20 그 외에도 네 하나님의 전에 쓰일 것이 있어서 네가 드리고자 하거든 무엇이든지 왕의 내탕고에서 취하여 드릴지니라 21 나 곧 나 아닥사스다 왕이 강 서편 모든 고지기에게 조서를 내려 이르기를 하늘의 하나님의 율법의 학사겸 제사장 에스라가 무릇 너희에게 구하는 것은 신속히 시행하되 22 은은 일백 달란트까지, 밀은 일백 고르까지, 포도주는 일백 밧까지, 기름도 일백 밧까지 하고 소금은 정수 없이 하라 23 무릇 하늘의 하나님의 전을 위하여 하늘의 하나님의 명하신 것은 삼가 행하라 어찌하여 진노가 왕과 왕자의 나라에 임하게 하랴

하나님께서 하시는 일이라면 거기에 반드시 돕는 역사가 있다. 어느 정도까지 한도를 정하고 필요를 따라 공급하신다. 너무 많을 필요도 없고 부족해서도 안 된다. 하나님의 역사에는 물질이 너무 많아도 부패한다. 참되게 말한다면, 오늘날 기독교의 문제가 물질이 너무 많은 데 있지 않은가? "은은 일백 달란트까지, 밀은 일백 고르까지, 포도주는 일백 밧까지, 기름도 일백 밧까지 하고". 거기에 제한이 있어야 한다.

"소금은 정수 없이 하라". 여기서 특별히 소금은 필요한 대로 하라고 했다. 주님의 역사에서 가장 필요한 것이 소금이다. 소금은 부패를 억제하는 것이다. 깨끗할수록 좋은 것이 주님의 회복의 역사이고, 거룩할수록 좋은 것이 이 회복의 역사이다. 거기에 죄나 세상이나 육체나 정욕은 없을수록 좋다. 그러므로 다른 것은 다 한도가 있지만 소금은 한도가 없다.

24절, 내가 너희에게 이르노니 제사장들이나 레위 사람들이나 혹 하나님의 전에서 일하는 자들에게 조공과 잡세와 부세를 받는 것이 불가하니라 하였노라

하나님의 성전에서 섬기기 위해 수고하는 사람들, 즉 제사장, 레위인, 노래하는 자들, 문지기 등에게서는 절대로 조공과 잡세를 받지 말라고 했다.

25-26절, 에스라여 너는 제 손에 있는 네 하나님의 지혜를 따라 네 하나님의 율법을 아는 자로 유사와 재판관을 삼아 강 서편 모든 백성을 재판하게 하고 그 알지 못하는 자는 너희가 가르치라 26 무릇 네 하나님 명령과 왕의 명령을 준행치 아니하는 자는 속히 그 죄를 정하여 혹 죽이거나 전배하거나 가산을 적몰하거나 옥에 가둘지니라 하였더라

"무릇 네 하나님 명령과 왕의 명령을 준행치 아니하는 자는 속히 그 죄를 정하여 혹 죽이거나 전배하거나 가산을 적몰하거나 옥에 가둘지니라 하였더라". 주님의 이러한 회복의 역사를 인도하는 자는 강하지 않으면 안 된다. 재판할 것은 하고 가르칠 것은 가르치고 그 명령을 준행치 않는 자는 그 죄를 정하고 죽이거나 정배하거나 가산을 적몰하거나 옥에 가둘 자는 가두라고 했다. 이렇게 하지 않으면 하나님의 역사는 일어나지 않는다. 해파리처럼 흐물흐물해서는 아무 것도 이룰 수 없다.

27-28절, 우리 열조의 하나님 여호와를 송축할지로다 그가 왕의 마음에 예루살렘 여호와의 전을 아름답게 할 뜻을 두시고 28 또 나로 왕과 그 모사들의 앞과 왕의 권세 있는 모든 방백의 앞에서 은혜를 얻게 하셨도다 나의 하나님 여호와의 손이 나의 위에 있으므로 내가 힘을 얻어 이스라엘 중에 두목을 모아 나와 함께 올라오게 하였노라

27-28절은 찬양이다. 에스라는 이 모든 일을 행하신 분이 하나님이시라는 것을 알므로 하나님을 찬양했다. 이 모든 일을 에스라 자신이 할 수 있는가? 아니다. 하나님께서 다 주관하신 것이다. 하나님께서 왕의 마음을 움직여서 예루살렘 여호와의 전을 아름답게 할 뜻을 갖게 하셨고, 자신으로 하여금 왕과 모사들 앞과 권세 있는 모든 방백 앞에서 은혜를 얻게 하셨으며, 또한 여호와의 손이 그 위에 있으므로 자신이 힘을 얻어 이스라엘 자손 중의 두목들을 모아서 함께 올라가게 되었다. 이것이 에스라가 드린 찬양의 내용이다.

오늘날 어떤 단체는 자신들이 소위 회복의 무리라고 자처한다. 그들은 이러한 말씀을 통해 회복과 부흥은 하늘의 하나님의 역사임을 알아야 한다. 사람이 진리를 좀 안다고 해서 하나님의 역사를 일으킬 수 있는 것이 아니다. 하늘의 하나님이 모든 상황을 인도하셔야 역사가 일어난다. 자신들이 하나님의 역사를 일으킬 수 있다고 생각하는 자체가 자신의 무지함을 표명할 뿐이다. 우리는 아무 것도 할 수 없는 약한 피조물임을 기억하기 바란다.

에스라 8 장

1절, 아닥사스다 왕이 위에 있을 때에 나와 함께 바벨론에서 올라온 족장들과 그들의 보계가 이러하니라

에스라는 2차 귀환 때에 올라왔는데 그때 에스라와 함께 올라온 사람들의 명단이 2절부터 나온다.

2절, 비느하스 자손 중에서는 게르솜이요 이다말 자손 중에서는 다니엘이요 다윗 자손 중에서는 핫두스요

여기의 다니엘은 다니엘서의 기자 다니엘이 아니다. 게르솜, 다니엘 등은 다 제사장의 자손이다. 이때 소수의 제사장들이 올라온 것이다. 다윗 자손으로 왕족 중에서도 핫두스라는 사람이 함께 올라왔다.

3절, 스가냐 자손 곧 바로스 자손 중에서는 스가랴니 그와 함께 족보에 기록된 남자가 일백오십 명이요

바로스 자손 중에서는 스가랴가 올라왔는데 그와 함께 족보에 기록된 남자가 150명이다. 여기서부터 인수가 나온다.

4-14절, 바핫모압 자손 중에서는 스라히야의 아들 엘여호에내니 그와 함께 한 남자가 이백 명이요 5 스가냐 자손 중에서는 야하시엘

의 아들이니 그와 함께 한 남자가 삼백 명이요 6 아딘 자손 중에서는 요나단의 아들 에벳이니 그와 함께 한 남자가 오십 명이요 7 엘람 자손 중에서는 아달리야의 아들 여사야니 그와 함께 한 남자가 칠십 명이요 8 스바댜 자손 중에서는 미가엘의 아들 스바댜니 그와 함께 한 남자가 팔십 명이요 9 요압 자손 중에서는 여히엘의 아들 오바댜니 그와 함께 한 남자가 이백십팔 명이요 10 슬로밋 자손 중에서는 요시뱌의 아들이니 그와 함께 한 남자가 일백육십 명이요 11 베배 자손 중에서는 베배의 아들 스가랴니 그와 함께 한 남자가 이십팔 명이요 12 아스갓 자손 중에서는 학가단의 아들 요하난이니 그와 함께 한 남자가 일백십 명이요 13 아도니감 자손 중에 나중 된 자의 이름은 엘리벨렛과 여우엘과 스마야니 그와 함께한 남자가 육십 명이요 14 비그왜 자손 중에서는 우대와 사붓이니 그와 함께 한 남자가 칠십 명이었느니라

"아도니감 자손 중에 나중 된 자의 이름은". 여기 나중 된 자들도 있다. 이렇게 하나님의 역사에는 처음 시작한 사람들이 있고 나중에 참여하는 자들도 있다. 2차에 올라온 사람들의 명수가 기록되었는데, 1차 귀환자들보다 2차 귀환자들의 숫자가 적다. 약 삼분의 일 정도이다. 여기에 기록된 명수는 남자가 일천칠백여 명이다.

15절, 내가 무리를 아하와로 흐르는 강가에 모으고 거기서 삼 일 동안 장막에 유하며 백성과 제사장들을 살핀즉 그 중에 레위 자손이 하나도 없는지라

2장에서 1차 귀환자들 중에도 레위 자손의 수가 적었는데 여기 2차 귀환 때에는 레위 자손이 아예 하나도 없는 것이다. 일천칠백여 명의 귀환자들 가운데 레위 자손이 하나도 없다는 것은 참으로 이상한 일이 아닐 수 없다.

8장 2절에 게르솜과 다니엘 등 두세 명의 제사장들이 있는데 그 제사장들을 도와서 섬겨야 할 레위인은 하나도 없다. 이상한 일이 아닌가?

여기서 내가 이렇게 말해보겠다. 하나님을 섬긴다는 소위 성직자들이 하나님의 역사를 위해 정작 대가를 지불하자고 할 때에는 일반 성도들만 못하다는 것이다.

1차 귀환 때에도 레위인은 소수였다. 그들은 아마도 바벨론에서 이미 성직자 자리를 굳힌 것 같다. 이스라엘 백성은 어디를 가든 하나님을 경배하는 일을 했을 것이므로 바벨론에서도 레위인들은 아마 자리를 잡았을 것이다. 다른 이스라엘 백성들은 농사를 짓든 무엇을 하든 다양한 직업을 가졌기 때문에 예루살렘에 올라와서도 그 일을 하면서 먹고 살 수가 있었는데, 이 레위 사람들은 할 줄 아는 것이 한 가지밖에 없고 이미 거기서 자리를 잡았는데 다시 예루살렘으로 올라간다고 할 적에 보장이 없으니 엄두가 나지 않은 것이다. 나는 그것이 이유였을 것이라 생각한다.

16-20절, **이에 모든 족장 곧 엘리에셀과 아리엘과 스마야와 엘라단과 야립과 엘라단과 나단과 스가랴와 므술람을 부르고 또 명철한 사람 요야립과 엘라단을 불러 17 가시뱌 지방으로 보내어 그곳 족장 잇도에게 나아가게 하고 잇도와 그 형제 곧 가시뱌 지방에 거한 느디님 사람들에게 할 말을 일러주고 우리 하나님의 전을 위하여 수종들 자를 데리고 오라 하였더니 18 우리 하나님의 선한 손의 도우심을 입고 저희가 이스라엘의 손자 레위의 아들 말리의 자손 중에서 한 명철한 사람을 데려오고 또 세레뱌와 그 아들들과 형제 십팔 명과 19 하사뱌와 므라리 자손 중 여사야와 그 형제와 저의 아들들 이십 명을 데려오고 20 또 느디님 사람 곧 다윗과 방백들이 주어 레위 사람에게 수종들게 한 그 느디님 사람 중 이백이십 명을 데려왔으니 그 이름이 다 기록되었느니라**

에스라는 레위 사람들을 데려오도록 사람들을 보내었다. 레위 지파만 성전에서 하나님을 섬기도록 되어 있었기 때문에 지금 하나님의 성전이 건축된 시점에서 에스라에게는 그들이 필요했던 것이다. 그러므로 그들을 강권해서라도 데려와야 했다. 어쨌든 족장들이 가시뱌라는 곳에 가서 레위 사람들 삼십팔 명과 느디님 사람들 이백이십 명을 데려왔다. 그리고 그 이름들도 다 기록되었다.

다시 말하지만, 2차 귀환자 명수가 남자만 일천칠백여 명이 되는데, 주님의 성전 재건의 역사, 주님의 회복의 역사를 위해서 발걸음을 내딛는 사람들의 이름은 너무나 소중하다. 그러므로 하나하나 다 헤아리지 않을 수 없는 것이다.

21절, 때에 내가 아하와 강 가에서 금식을 선포하고 우리 하나님 앞에서 스스로 겸비하여 우리와 우리 어린 것과 모든 소유를 위하여 평탄한 길을 그에게 간구하였으니

이때에 에스라는 아하와강 가에 머물러서 금식을 선포하고 하나님 앞에 자신을 낮추며 그들 무리를 위해 평탄한 길을 주시기를 간구했다. 지금 바벨론에서 예루살렘으로 올라가는 노정에 있는데 이것이 쉽지 않다고 생각한 것이다. 그러므로 이 큰일을 앞두고 에스라는 금식을 선포하고 하나님 앞에서 자신을 낮추었다. 하나님의 새로운 역사를 위해 발걸음을 내딛는 것은 결코 쉽지 않다.

22절, 이는 우리가 전에 왕에게 고하기를 우리 하나님의 손은 자기를 찾는 모든 자에게 선을 베푸시고 자기를 배반하는 모든 자에게는 권능과 진노를 베푸신다 하였으므로 길에서 적군을 막고 우리를 도울 보병과 마병을 왕에게 구하기를 부끄러워하였음이라

이들은 전에 이방의 바사 왕에게 자기들의 하나님이 어떤 분이신지를 선포한 바가 있으므로 그들의 노정을 안전하게 지켜줄 보병이나 마병을 구할 수 없었고, 또 하나님의 성전을 재건하러 올라가는 이 노정에서 하나님 아닌 다른 것을 의지할 수 없었다. 그것은 부끄러운 일이기 때문이다. 그러나 이들은 하나님의 손이 자기를 찾는 자에게는 선을 베푸시고 자기를 배반하는 자에게는 권능과 진노를 베푸신다는 것을 알았으므로 다만 금식하고 기도했다.

23절, 그러므로 우리가 이를 위하여 금식하며 우리 하나님께 간구하였더니 그 응낙하심을 입었느니라

이렇게 중요한 일을 수행하는 사람들이 첫 번째로 할 일은 금식하며 간구하는 것이다. 하나님 앞에서 마음을 스스로 겸비하여 기도할 때 하나님께서 들으신다.

24-29절, 그 때에 내가 제사장의 두목 중 십이 인 곧 세레뱌와 하사뱌와 그 형제 십 인을 따로 세우고 25 저희에게 왕과 모사들과 방백들과 또 그곳에 있는 이스라엘 무리가 우리 하나님의 전을 위하여 드린 은과 금과 기명들을 달아서 주었으니 26 내가 달아서 저희 손에 준 것은 은이 육백오십 달란트요 은 기명이 일백 달란트요 금이 일백 달란트며 27 또 금잔이 이십 개라 중수는 일천 다릭이요 또 아름답고 빛나 금같이 보배로운 놋그릇이 두 개라 28 내가 저희에게 이르되 너희는 여호와께 거룩한 자요 이 기명들도 거룩하고 그 은과 금은 너희 열조의 하나님 여호와께 즐거이 드린 예물이니 29 너희는 예루살렘 여호와의 전 골방에 이르러 제사장의 두목들과 레위 사람의 두목들과 이스라엘 족장 앞에서 이 기명을 달기까지 삼가 지키라

이제 에스라는 바사 왕에게서 받은 금과 은의 그릇들과 귀한 놋그릇들을 예루살렘 성전에 가져가서 그대로 전달하기 위해 제사장의 두목 십이 인을 따로 세웠다. 그리고 그 예물들을 정확하게 헤아리고 달아서 전달하는 일에 있어서 그 일을 끝까지 잘 지켜보도록 명했다.

30절, 이에 제사장들과 레위 사람들이 은과 금과 기명을 예루살렘 우리 하나님의 전으로 가져가려 하여 그 중수대로 받으니라

에스라는 자기가 직접 재물을 관리하지 않고 사람들을 따로 세워서 그들로 하여금 은과 금의 기명을 예루살렘으로 가져가게 하였다. 또한 그는 이러한 재물을 관리하는 데 있어서 아주 정확하게 계산하는 것을 볼 수 있다. 하나님의 일 가운데서 책임을 맡은 사람들은 이러한 물질 문제를 신중하게 다루기를 배워야 한다.

"내가 저희에게 이르되 너희는 여호와께 거룩한 자요 이 기명들도 거룩하고 그 은과 금은 너희 열조의 하나님 여호와께 즐거이 드린 예물이니"(28절). 그러므로 기명들과 은금을 잘 다루어야 한다는 뜻이다. 하나님의 종은 이렇게 하나님께 속한 것들을 귀하게 여기는 마음이 있어야 한다. 그래야만 하나님을 잘 섬길 수 있다.

31절, 정월 십이일에 우리가 아하와 강을 떠나 예루살렘으로 갈새 우리 하나님의 손이 우리를 도우사 대적과 길에 매복한 자의 손에서 건지신지라

하나님께서 에스라의 기도를 들으신 것이다. 여기서 우리는 바벨론을 떠나 예루살렘으로 올라가는 노정을 한번 생각해보자. 그 올라가는 발걸음이 하나님의 눈에 너무나 귀했을 것이다. 또 그들이 행한 한 가지 한 가지 일들이 다 하나님의 눈에 귀했을 것이다.

"대적과 길에 매복한 자의 손에서 건지신지라". 그런데 이렇게 올라가는 사람들에게는 대적도 있고 매복하여 헤치고자 하는 자들도 있다. 길에 매복한 자란 숨어 있다가 해치려는 자들이다. 사도 바울도 매복한 사람들 손에 죽을 뻔한 적이 있는데, 누군가가 그 일을 바울에게 알려 줘서 위험한 상황을 모면했다. 사실 하나님의 사역을 짊어진 사람들은 항상 대적에 의해 야기된 위험과 곤경에 맞닥뜨리는데 하나님의 손이 그러한 것들로부터 그들을 지켜주고 계시는 것이다. 그러므로 금식과 기도는 너무 중요한 것이며, 하나님께서는 그러한 기도를 들으신다.

32-34절, 이에 예루살렘에 이르러 거기서 삼 일을 유하고 33 제 사일에 우리 하나님의 전에서 은과 금과 기명을 달아서 제사장 우리

아의 아들 므레못의 손에 붙이니 비느하스의 아들 엘르아살과 레위 사람 예수아의 아들 요사밧과 빈누이의 아들 노아댜가 함께 있어 34 모든 것을 다 계수하고 달아보고 그 중수를 당장에 책에 기록하였느니라

돌아온 사람들의 명단이 기록되고 하나님께 드려진 예물들도 다 그 수를 계수하고 달아서 그대로 기록되었다. 주님의 역사를 위해 드려지는 모든 예물은 다 하나님 앞에 기록된다. 여러분은 쓸데없는 데에다 돈을 허비하지 말라. 여러분이 정말로 돈을 허비하지 않으려면 참된 주님의 역사에 드리기 바란다. 이것은 하나님 앞에 하나하나 다 기록된다.

35절, 사로잡혔던 자의 자손 곧 이방에서 돌아온 자들이 이스라엘 하나님께 번제를 드렸는데 이스라엘 전체를 위한 수송아지가 열둘이요 또 수양이 아흔여섯이요 어린 양이 일흔일곱이요 또 속죄제의 수염소가 열둘이니 모두 여호와께 드린 번제물이라

사로잡혔던 자의 자손, 곧 이방에서 돌아온 자들의 수가 얼마 안 된다. 겨우 몇천 명뿐이다. 그런데도 이들은 속죄제를 드리고 번제를 드렸다. 이스라엘 전체를 위한 번제에 수송아지가 열둘, 수양이 아흔여섯, 어린 양이 일흔일곱이 드려졌고 또한 속죄제로 수염소가 열둘이 드려졌다. 이것은 무엇을 의미하는가? 비록 소수가 돌아왔어도 이들은 이스라엘 열두 지파를 대표한다는 것이다. 우리 또한 주님의 상에서 떡을 뗄 때마다 그 떡이 하나님의 모든 백성을 대표하는 떡임을 기억해야 한다. 그리스도의 몸은 오직 하나뿐이기 때문이다.

36절, 무리가 또 왕의 조서를 왕의 관원과 강 서편 총독들에게 부치매 저희가 백성과 하나님의 전을 도왔느니라

여기 강 서편 총독들은 과거에 전의 건축 역사를 방해하던 자들이다. 그런데 하나님께서 도우시니 이러한 대적들도 다 하나님의 역사를 돕게 되었다. "저희가 백성과 하나님의 전을 도왔느니라". 이렇게 모든 것이 적극적으로 바뀌었다. 우리가 충성되기만 하다면 하나님께서는 모든 상황을 움직여서라도 교회의 회복을 위하신다.

에스라 9장

1-2절, 이 일 후에 방백들이 내게 나아와 가로되 이스라엘 백성과 제사장들과 레위 사람들이 이 땅 백성과 떠나지 아니하고 가나안 사람과 헷 사람과 브리스 사람과 여부스 사람과 암몬 사람과 모압 사람과 애굽 사람과 아모리 사람의 가증한 일을 행하여 2 그들의 딸을 취하여 아내와 며느리를 삼아 거룩한 자손으로 이방 족속과 서로 섞이게 하는데 방백들과 두목들이 이 죄에 더욱 으뜸이 되었다 하는지라

이제 9장에서 말하는 문제는 무엇인가? 이스라엘 백성들이 두 차례에 걸쳐 귀환하였는데, 에스라가 돌아오니까 이스라엘 백성들이 에스라를 인도자로 여겨 어떤 문제를 가지고 그에게 나아왔다. 그것은 이스라엘 백성들과 제사장들과 레위 사람들이 이 땅 백성(가나안 사람이나 헷 사람 등) 곧 이방인들과 섞여서 이방인들의 가증한 일을 행하게 되었다는 것이다. 그리고 그들의 딸들을 취하여 아내와 며느리로 삼아 거룩한 백성이 이방 족속과 섞이게 하는 이 일에 방백들과 두목들이 더 앞장섰다는 것이다.

신명기 7장을 보면 이스라엘 백성은 이방인과 결혼할 수 없게 되어 있다. "또 그들과 혼인하지 말지니 네 딸을 그 아들에게 주지 말 것이요 그 딸로 네 며느리를 삼지 말 것은 그가 네 아들을 유혹하여 그로 여호와를 떠나고 다른 신들을 섬기게 하므로 여호와께서 너희에게 진노하사 갑자기 너희를 멸하실 것임이니라"(3-4절). 그런데 하나님의 성전을 재건하기 위해 바벨론으로부터 예루살렘으로 돌아온 하나님의 백성들이 이런 죄에 빠지게 된 것이다. 아마도 70년 간의 바벨론 포로 생활 가운데서 이런 일은 이미 보편화되었을 것이다.

3-4절, 내가 이 일을 듣고 속옷과 겉옷을 찢고 머리털과 수염을 뜯으며 기가 막혀 앉으니 4 이에 이스라엘 하나님의 말씀을 인하여 떠는 자가 이 사로잡혔던 자의 죄를 인하여 다 내게로 모여 오더라 내가 저녁 제사 드릴 때까지 기가 막혀 앉았더니

에스라는 이스라엘 백성의 형편없는 상황을 듣고 속옷과 겉옷을 찢고 머리털과 수염을 뜯으며 기가 막혀 앉았다. 하나님의 역사를 수행하는 종은 이렇게 도덕성에 있어서 깨끗해야 한다. 그리고 하나님의 일에 성심을 다해야 한다. 또 그가 아는 율법을 스스로 지켜야 한다. 에스라는 그렇게 경건하고 깨끗한 삶을 사는 사람이었기 때문에 그러한 죄악상을 들었을 때 도저히 견딜 수가 없었다. 그래서 속옷과 겉옷을 찢고 머리털과 수염을 뜯은 것이다.

5-6절, 저녁 제사를 드릴 때에 내가 근심 중에 일어나서 속옷과 겉옷을 찢은 대로 무릎을 꿇고 나의 하나님 여호와를 향하여 손을 들고 6 말하기를 나의 하나님이여 내가 부끄러워 낯이 뜨뜻하여 감히 나의 하나님을 향하여 얼굴을 들지 못하오니 이는 우리 죄악이 많아 정수리에 넘치고 우리 허물이 커서 하늘에 미침이니이다

여기서 에스라는 '저들의 죄악'이라고 말하지 않고 '우리 죄악'이라고 말했다. 에스라는 형편없는 죄악을 범한 자기 백성들과 무죄한 자기를 분리시키지 않았다. "우리 죄악이 많아 정수리에 넘치고 우리 허물이 커서 하늘에 미침이니이다". 그들과 자기를 연결시키면서 하나님께 회개했다.

7절, 우리의 열조 때로부터 오늘까지 우리 죄가 심하매 우리의 죄악으로 인하여 우리와 우리 왕들과 우리 제사장들을 열방 왕들의 손에 붙이사 칼에 죽으며 사로잡히며 노략을 당하며 얼굴을 부끄럽게 하심이 오늘날 같으니이다

"우리의 열조 때로부터 오늘까지 우리 죄가 심하매". 하나님의 성전을 재건하기 위하여 돌아온 사람들이 또 다시 과거 조상들이 지었던 죄를 지었다. 과거에 조상들이 빠졌던 죄악에 다시 빠지고 있는 것이다. 그러므로 우리는 경계하지 않을 수 없다. 바벨론에서 예루살렘으로 돌아왔다고 해서 다 된 것이 아니다. 돌아와서도 다시 죄에 빠질 수 있다. 그러나 여기에 에스라 같은 신실하고 깨끗하고 경건한 인도자가 있음을 인해 참으로 주님께 감사드린다. 이렇게 애통한 마음으로 통회하면서 하나님께 죄를 자복하고 부르짖는 자가 있기에 다른 사람들도 회개할 길이 있는 것이다.

8절, 이제 우리 하나님 여호와께서 우리에게 잠간 은혜를 베푸사 얼마를 남겨두어 피하게 하신 우리를 그 거룩한 처소에 박힌 못과 같게 하시고 우리 눈을 밝히사 우리로 종노릇 하는 중에서 조금 소성하게 하셨나이다

"우리에게 잠간 은혜를 베푸사 얼마를 남겨두어 피하게 하신 우리를". 이것은 바벨론에 사로잡힌 데서 귀환한 사람들을 가리킨다. 얼마 안 되는 사람이 바벨론에서 예루살렘으로 돌아온 것이다.

"그 거룩한 처소에 박힌 못과 같게 하시고". 에스라는 그 돌아온 소수의 사람들을 하나님께서 그 성전에 박힌 못과 같게 하셨다고 말한다. 그것은 여호와 하나님께서 그들에게 은혜를 베푸셨기 때문이다. 비록 그 수는 적지만 이들은 성전에 박힌 못과 같이 굳건하게 하나님을 위해 서 있다.

"우리 눈을 밝히사 우리로 종노릇 하는 중에서 조금 소성하게 하셨나이다". 여기서 에스라는 그들을 조금 소성하게 하셨다(a little reviving),

조금 부흥되게 하셨다고 말한다. 완전히 부흥된 것이 아니라 조금 부흥되었다는 것이다. 그들은 스스로를 대단하게 소생되고 회복되었다고 말하지 않았다. 그들의 상태가 그렇게 자랑스러운 게 아니었기 때문이다.

9절, 우리가 비록 노예가 되었사오나 우리 하나님이 우리를 그 복역하는 중에 버리지 아니하시고 바사 열왕 앞에서 우리로 긍휼히 여김을 입고 소성하여 우리 하나님의 전을 세우게 하시며 그 퇴락한 것을 수리하게 하시며 유다와 예루살렘에서 우리에게 울을 주셨나이다

이들은 과거에 바벨론에 이어 메대-바사국의 노예가 되어 있었다. 그런데 이제 하나님께서 긍휼히 여기셔서 돌아와 소성함을 입고 그 퇴락한 것을 수리하게 하셔서 유다와 예루살렘에 그들이 깃들 곳이 있게 되었다는 것이다.

10절, 우리 하나님이여 이렇게 하신 후에도 우리가 주의 계명을 배반하였사오니 이제 무슨 말씀을 하오리이까

이렇게 은혜를 받은 뒤에도—하나님의 전을 세우고, 퇴락한 것을 수리하고, 예루살렘에서 울타리를 갖게 하셨는데도—주의 계명을 배반하고 죄를 범하였으니 이제 무슨 말씀을 드릴 수 있겠느냐(what shall we say after this?)고 한다.

11-12절, 전에 주께서 주의 종 선지자들로 명하여 이르시되 너희가 가서 얻으려 하는 땅은 더러운 땅이니 이는 이방 백성들이 더럽고 가증한 일을 행하여 이 가에서 저 가까지 그 더러움으로 채웠음이라 12 그런즉 너희 여자들을 저희 아들들에게 주지 말고 저희 딸을 너희 아들을 위하여 데려오지 말며 그들을 위하여 평강과 형통을 영영히 구하지 말라 그리하면 너희가 왕성하여 그 땅의 아름다운 것을 먹으며 그 땅을 자손에게 유전하여 영원한 기업을 삼게 되리라

하셨나이다

에스라는 과거 모세가 말한 율법(신명기)을 다시 확인하면서 그러한 죄를 지어서는 안 된다는 것을 상기시켜주고 있다. 그렇기 때문에 하나님의 백성들이 타락할 때 율법을 아는 학사가 필요한 것이다. 그러한 사람이 없으면 백성들이 죄악에 빠져도 진리로 깨우치고 건져낼 수가 없다. 학사 에스라는 율법을 잘 알 뿐 아니라 그 자신이 경건하여 죄를 참지 못하는 사람이었다.

13-14절, 우리의 악한 행실과 큰 죄로 인하여 이 모든 일을 당하였사오나 우리 하나님이 우리 죄악보다 형벌을 경하게 하시고 이만큼 백성을 남겨 주셨사오니 14 우리가 어찌 다시 주의 계명을 거역하고 이 가증한 일을 행하는 족속들과 연혼하오리이까 그리하오면 주께서 어찌 진노하사 우리를 멸하시고 남아 피할 자가 없도록 하시지 아니하시리이까

다시 죄를 범하면 어찌 멸망당하지 않겠느냐, 하나님이 이러한 사람들을 어떻게 벌하지 않으시겠느냐는 말이다.

15절, 이스라엘 하나님 여호와여 주는 의롭도소이다 우리가 남아 피한 것이 오늘날과 같사옵거늘 도리어 주께 범죄하였사오니 이로 인하여 주 앞에 한 사람도 감히 서지 못하겠나이다

하나님께서는 의로우신데 이렇게 은혜를 받은 자들이 돌아와서 다시 죄를 범하니 어찌 그러한 사람들을 용서하시겠느냐는 것이다. "한 사람도 감히 서지 못하겠나이다".

에스라 10장

1절, 에스라가 하나님의 전 앞에 엎드려 울며 기도하여 죄를 자복할 때에 많은 백성이 심히 통곡하매 이스라엘 중에서 백성의 남녀와 어린 아이의 큰 무리가 그 앞에 모인지라

한 사람의 인도자가 이렇게 중요하다. 그가 하나님 앞에서 울며 자복하고 통회하니 많은 사람이 따라서 통곡하였다. 그리고 이스라엘 백성의 남녀와 어린 아이들까지 큰 무리가 그 앞에 모였다.

2절, 엘람 자손 중 여히엘의 아들 스가냐가 에스라에게 이르되 우리가 우리 하나님께 범죄하여 이 땅 이방 여자를 취하여 아내를 삼았으나 이스라엘에게 오히려 소망이 있나니

에스라가 이렇게 낙담하고 있을 때 스가냐라는 사람이 에스라를 돕기 위해 일어났다. 스가냐는 여히엘의 아들인데, 10장 18절 이후를 읽어보면 여히엘도 이방 여자를 취한 사람이다. "엘람 자손 중 맛다냐와 스가랴와 여히엘과 압디와 여레못과 엘리야요"(26절). 이것은 이방 여인을 취한 자들의 불미스러운 명단이다. 이 명단에 스가냐의 아버지 여히엘이 들어가 있는 것이다. 2절에서 스가냐는 "우리가 우리 하나님께 범죄하여 이 땅 이방 여자를 취하여 아내를 삼았으나"라고 했는데, 스가냐 자신은 그런 일을 하지 않았을 것이다. 그런데 그는 마치 자기가 범죄한 것같이 말하면서 그래도 이스라엘에게 오히려 소망이 있다고 했다.

3-4절, 곧 내 주의 교훈을 좇으며 우리 하나님의 명령을 떨며 준행하는 자의 의논을 좇아 이 모든 아내와 그 소생을 다 내어보내기로 우리 하나님과 언약을 세우고 율법대로 행할 것이라 4 이는 당신의 주장할 일이니 일어나소서 우리가 도우리니 힘써 행하소서

스가냐가 에스라를 도우려고 일어났다. 스가냐는 경건한 사람이고 주님과 그분의 백성을 사랑하며 회복의 영이 있는 사람이었을 것이다. 그런데 자기 아버지가 이방 여인을 취함으로 죄를 지은 것이다. 말하자면 그의 계모가 이방 여인이었다. 그래서 속에서 불이 일어난 것이다. 그는 경건한 사람으로서 자기 아버지를 거역하지는 않았겠지만 그 마음이 얼마나 어려웠겠는가? 이렇게 마음이 어려운 사람이 일어나게 되어 있다.

이런 사람이 일어나면 인도자를 도울 수 있다. 스가냐는 에스라에게 힘을 주었다. 에스라가 '이 일을 어찌하면 좋겠습니까? 큰일 났습니다. 주여, 은혜를 받은 우리가 다시 죄를 범하였으니 누가 주 앞에 설 수 있겠습니까?' 하고 심히 애통해할 때 스가냐가 일어나서 '그래도 오히려 길이 있습니다. 그 이방 여인들과 소생들을 다 내어보내도록 합시다. 당신이 주장하시면 우리가 돕겠으니 힘써 행하십시오.' 하면서 그에게 힘을 주었다.

5-6절, 이에 에스라가 일어나 제사장들과 레위 사람들과 온 이스라엘에게 이 말대로 행하기를 맹세하게 하매 무리가 맹세하는지라 6 이에 에스라가 하나님의 전 앞에서 일어나 엘리아십의 아들 여호하난의 방으로 들어가니라 저가 들어가서 사로잡혔던 자의 죄를 근심하여 떡도 먹지 아니하며 물도 마시지 아니하더니

에스라는 금식하기 시작했다. 죄가 처리되기 전에는 먹고 싶은 마음도 없었던 것이다.

7-8절, 유다와 예루살렘의 사로잡혔던 자의 자손들에게 공포하기를 너희는 예루살렘으로 모이라 8 누구든지 방백들과 장로들의 훈시를 좇아 삼 일 내에 오지 아니하면 그 재산을 적몰하고 사로잡혔던 자의 회에서 쫓아내리라 하매

에스라가 강해졌다. 마치 바울이 말씀을 전하다가 디모데나 실라가 오면 더욱 성령에 사로잡혀 힘 있게 전하는 것과 같다.

9절, 유다와 베냐민 모든 사람이 삼 일 내에 예루살렘에 모이니 때는 구월 이십일이라 무리가 하나님의 전 앞 광장에 앉아서 이 일과 큰 비를 인하여 떨더니

무리가 성전 앞 광장에 앉아 있는데 큰 비가 내렸다. 매튜 헨리는 이 일에 대해 하늘도 슬퍼서 비를 내렸다고 말했다. 이스라엘 백성은 이 일로 인해서도 두려운데 큰 비까지 내리니 더욱 두려웠을 것이다.

10-13절, 제사장 에스라가 일어서서 저희에게 이르되 너희가 범죄하여 이방 여자로 아내를 삼아 이스라엘의 죄를 더하게 하였으니 11 이제 너희 열조의 하나님 앞에서 죄를 자복하고 그 뜻대로 행하여 이 땅 족속들과 이방 여인을 끊어버리라 12 회 무리가 큰 소리로 대답하여 가로되 당신의 말씀대로 우리가 마땅히 행할 것이니이다 13 그러나 백성이 많고 또 큰 비가 내리는 때니 능히 밖에 서지 못할 것이요 우리가 이 일로 크게 범죄하였은즉 하루이틀에 할 일이 아니오니

에스라가 좀 강했던 모양이다. 하나님의 백성을 인도하는 자들은 대부분 강한 것이 그 특징이다. 에스라가 당장 이방 족속과 이방 여인을 끊어버리라고 촉구하자 회중이 큰 소리로 대답하기를, '당신 말씀대로 하겠지만 백성이 많고 지금은 큰 비가 내리는 때이니 밖에 서 있을 수도 없습니다. 이 일을 처리할 말미를 좀 주십시오.'라고 한 것이다.

14절, 이제 온 회중을 위하여 우리 방백들을 세우고 우리 모든 성

읍에 이방 여자에게 장가든 자는 다 기한에 본성 장로들과 재판장과 함께 오게 하여 우리 하나님의 이 일로 인하신 진노가 우리에게서 떠나게 하소서 하나

그들이 방법을 구상해서 에스라에게 제시했는데, 즉 방백들을 세우고 모든 성읍에서 이방 여자에게 장가든 자는 기한에 그 성 장로들과 재판장과 함께 오게 해서 이 일을 처리함으로 그 일로 인한 하나님의 진노가 그들에게서 떠나게 하자고 했다.

15절, 오직 아사헬의 아들 요나단과 디과의 아들 야스야가 일어나 그 일을 반대하고 므술람과 레위 사람 삽브대가 저희를 돕더라

하나님의 적극적인 일에는 꼭 반대자가 있다. '왜 꼭 그렇게 해야 하지? 이미 아내가 된 사람을 어떻게 쫓아내라는 거야. 어떤 사람은 자식까지 낳았는데 어찌 그리 무정할 수가 있어?' 하면서 반대했을 것이다.

16-17절, 사로잡혔던 자의 자손이 그대로 한지라 제사장 에스라가 그 종족을 따라 각기 지명된 족장 몇 사람을 위임하고 시월 초하루에 앉아 그 일을 조사하여 17 정월 초하루에 이르러 이방 여인을 취한 자의 일 조사하기를 마치니라

다 조사해서 이방 여인을 취한 자들의 명단을 작성했다.

18절, 제사장의 무리 중에 이방 여인을 취한 자는 예수아 자손 중 요사닥의 아들과 그 형제 마아세야와 엘리에셀과 야립과 그달랴라

제사장의 무리 가운데에도 이방 여인을 취한 사람들이 있었다. 하나님을 섬기는 제사장들도 이런 형편없는 일에 연루되었다는 것이 참으로 유감스럽다.

19-24절, 저희가 다 손을 잡아 맹세하여 그 아내를 보내기로 하고 또 그 죄를 인하여 수양 하나를 속건제로 드렸으며 20 또 임멜 자

손 중에는 하나니와 스바댜요 21 하림 자손 중에는 마아세야와 엘리야와 스마야와 여히엘과 웃시야요 22 바스훌 자손 중에는 엘료에내와 마아세야와 이스마엘과 느다넬과 요사밧과 엘라사였더라 23 레위 사람 중에는 요사밧과 시므이와 글라야라 하는 글리다와 브다히야와 유다와 엘리에셀이었더라 24 노래하는 자 중에는 엘리아십이요 문지기 중에는 살룸과 델렘과 우리였더라

그런 자들 중에는 레위 사람도 있고 노래하는 자도 있고 문지기도 있었다.

25-44절, **이스라엘 중에는 바로스 자손 중 라먀와 잇시야와 말기야와 미야민과 엘르아살과 말기야와 브나야요 26 엘람 자손 중 맛다냐와 스가랴와 여히엘과 압디와 여레못과 엘리야요 27 삿두 자손 중 엘료에내와 엘리아십과 맛다냐와 여레못과 사밧과 아시사요 28 베배 자손 중 여호하난과 하나냐와 삽배와 아들래요 29 바니 자손 중 므술람과 말룩과 아다야와 야숩과 스알과 여레못이요 30 바핫모압 자손 중 앗나와 글랄과 브나야와 마아세야와 맛다냐와 브살렐과 빈누이와 므낫세요 31 하림 자손 중 엘리에셀과 잇시야와 말기야와 스마야와 시므온과 32 베냐민과 말룩과 스마랴요 33 하숨 자손 중 맛드내와 맛닷다와 사밧과 엘리벨렛과 여레매와 므낫세와 시므이요 34 바니 자손 중 마아대와 아므람과 우엘과 35 브나야와 베드야와 글루히와 36 와냐와 므레못과 에랴십과 37 맛다냐와 맛드내와 야아수와 38 바니와 빈누이와 시므이와 39 셀레먀와 나단과 아다야와 40 막나드배와 사새와 사래와 41 아사렐과 셀레먀와 스마랴와 42 살룸과 아마랴와 요셉이요 43 느보 자손 중 여이엘과 맛디디야와 사밧과 스비내와 잇도와 요엘과 브나야더라 44 이상은 모두 이방 여인을 취한 자라 그 중에 자녀를 낳은 여인도 있었더라**

에스라 2장을 보면 3절에 바로스가 나오고, 6절에는 바핫모압, 7절에 엘람, 8절에 삿두, 9절에 삭개, 10절에 바니, 11절에 브배, 19절에 하숨, 29

절에 느보, 32절에 하림, 37절에 임멜, 38절에 바스훌이 나온다. 즉 여기 명단에 있는 사람들이 1차 귀환 명단에 있던 사람들이라는 것이다. 이들은 영광스럽게 예루살렘에 올라와서 하나님의 전을 건축해 놓고 이런 죄를 저질렀던 것이다. 그래서 에스라가 이러한 일들을 다 정리하고 청산했다는 것이 여기 기록되어 있다.

에스라서는 귀환한 이스라엘 백성이 어떻게 하나님의 성전을 재건했는지를 말하며 또 그들이 범죄한 것을 에스라가 어떻게 처리했는지를 말한다.

에스라서 강해를 마치면서

에스라서는 이스라엘 백성의 바벨론에서 예루살렘으로의 귀환과 성전 재건에 관한 역사서이다. 교회사를 보면 때때로 환원 운동이 있어 왔다. 아마도 그 첫번째가 루터 당시의 종교 개혁이었을 것이다. 천주교의 역사를 하나님의 백성이 바벨론에 포로 된 것에 비견한다면 가장 큰 예루살렘 귀환의 역사는 16세기 종교 개혁이라는 것이다.

또한 웨슬레의 부흥이나 독일의 진젠도르프 백작의 경건주의 운동도 그 일환으로 볼 수 있다. 그들의 역사를 보면 초대교회로의 환원적 성격이 들어있다. 19세기 영국의 J. N. Darby를 비롯한 형제단 운동도 환원적 성격을 띠고 있다. 20세기에 중국이 배출한 영적 인물 워치만 니의 '작은 무리'도 그러하다. 물론 주님은 그들에 의해 진리의 상당한 부분을 회복하셨다.

그러나 여기서 주의해야 할 것이 있다. 바리새인들은 율법의 수호자로 자처하면서 스스로를 '하베-림', 즉 '형제들'이라고 일컫고, 일반 백성들은 '땅의 백성'이라는 뜻의 '암하레츠'라고 부르면서 분리주의의 길을 갔다. 과연 그것을 에스라 시대의 환원적 역사로 간주할 수 있는가? 그들이 율법의 엄격한 계율을 지키는 것은 좋지만 율법을 모르는 일반인들을 멸시했다는 점은 매우 유감스럽다. '바리새'라는 말 자체가 '분리된 자들'이라는 뜻이다.

우리가 에스라 시대의 개혁을 볼 때 거기에 바리새적인 영이 없음을 보게 된다. 그들이 돌아온 것은 이스라엘을 대표하여 돌아온 것이지 특정한 몇몇 사람들만 분리주의식으로 돌아온 것이 아니다. 그저 그들 가운데 영이 감동된 자들이 돌아온 것뿐이다. 그들에게서는 돌아오지 않은 사람들을 비난하거나 멸시함으로 자신을 높인 흔적을 찾아보기 어려웠다. 오히려 그들은 성전을 재건하기 위해 엄청 고생했으며 그러면서도 대적의 공격과 방해에 시달렸다. 그리고 그들이 예루살렘 성내에 사는 것 자체가 큰 대가를 지불하는 일이었다. 영이 약하고 헌신이 부족한 자들은 예루살렘에 살지 못했다. 그러나 주님의 간증을 짊어지기 원하는 자들에게 주님은 은혜를 주셨다.

더욱이 돌아온 무리 가운데에는 '우리는 바벨론에서 성전 재건을 위하여 예루살렘에 돌아온 무리다!' '우리는 주님의 교회를 회복하는 자들이다!' '하나님은 오늘날 우리를 통해 환원적 운동을 하고 계신다!' '아직 바벨론에서 돌아오지 않은 자들은 부패한 무리이다!' 등의 구호가 없었다. 그들은 돌아와서 다만 성전을 재건하고 제사를 회복하고 모든 부패하고 더러운 것들을 청산하는 일을 했고, 그로 인해 그들 가운데 도덕적 정화가 있게 되었다. 이것은 주님이 원하시는 참된 환원적 역사가 무엇을 의미하는지를 보여주는 좋은 본이다. 주님이 독자 여러분을 축복하시기 바란다.

느헤미야

Nehemiah

서 론

느헤미야는 메시아가 탄생하기 약 400년 전에 기록된 책으로서 에스라에 이어 이스라엘의 귀환과 성벽 재건이라는 지대한 구속사적 의의를 지니는 사건을 소개한다. 히브리어 원본에는 에스라서와 느헤미야서가 한 권이었다. 본서가 에스라서와 한 권으로 되어 있었기 때문에 에스라가 저자라는 주장이 있으나 느헤미야가 저자라는 것이 일반적인 견해이다(Keil, Lange, Young, Rawlinson). 그 이유는 느헤미야가 자신을 1인칭으로 불렀으며(그는 스스로를 '나'라고 칭했다), 내용의 대부분이 느헤미야의 이야기로 되어 있기 때문이다. 느헤미야라는 이름은 '여호와는 안위하시는 분'이라는 뜻이다. 이 책은 하나님의 백성 이스라엘의 최후 역사서이다. 이후에는 다른 역사서가 없다(말라기에는 느헤미야서 뒤의 이야기가 들어있지만 말라기는 선지서이다).

우리는 어느 정도 이 책에서 마지막 시대의 교회에서 발생할 수 있는 비정상적인 일을 찾아낼 수 있다. 그들은 당시 매우 빈곤한 상태에 이르렀는데, 이러한 선민의 빈곤은 하나님과 문제가 생겼음을 말해준다. 하나님과 정상적이라면 젖과 꿀이 흐르는 가나안 땅에서 그렇게 가난할 수가 없다. 그들은 먹을 양식이 없었고 그 결과 밭과 땅과 집을 팔았으며 심지어 노예로 몸을 파는 데까지 이르렀다. 또 그들은 영적으로도 극히 빈곤하게 되었고 극도의 혼란에 빠져서 마땅히 가져야 할 분별의 간증을 잃어버린 상태였다. 섞인 무리(13:3)가 있었고 이방과 통혼을 하였으며(13:23), 보계가 분명치 않은 제사장이 성전에서 섬겼다(7:61-65). 또 모압과 암몬 사람이 여호와의 총회에 들어왔고(13:1, 7-9, 23), 거짓 선지자가 원수와 연합하여 위협하는 말을 했다(6:10-19). 또한 그들은 하나님을 멀리하고 예물을 드리지 않았으며 율법에 규정된 날짜를 지키지 않았다(8:17, 13:15-18).

느헤미야는 이런 상황에서 예루살렘 성벽을 수리하고 재건하였으며 부흥을 가져오는 사역을 했다. 성벽과 부흥은 밀접한 관계가 있다. 성벽은 선민의 보장이다. 그것은 세상과 교회를 분별하는 경계선이다. 이것(성별)이 분명하고 강해야만 교회의 간증이 있게 된다. 느헤미야는 왕의 술관원이었으므로 항상 왕궁에 거하였다. 그러나 그는 높은 지위에 연연해하지 않고 일심으로 하나님을 향했으며 하나님의 일만을 생각하였다. 그는 어느 날 재건된 예루살렘 성전이 다시 훼파되었다는 소식을 듣고 매우 슬퍼하였으며, 아닥사스다 왕의 허락을 받고 B. C. 444년에 예루살렘으로 귀환하였다. 예루살렘에 도착한 그는 성벽을 두루 탐사하고 백성들의 거주지를 고려하여 재건 사역을 적절히 할당하였다. 대적들의 조롱과 협박과 모함을 받았지만 그는 안팎의 대적의 공격에 위축되지 않고 혹독한 고통도 인내했으며 친히 일을 했다.

여호와께 모든 것을 의뢰하는 확고한 신앙으로 불과 52일 만에 성벽이 완공되었다. 그는 외부의 대적만이 아니라 내부의 태만과도 싸워야 했다. 무너진 성벽을 건축하는 사역이야말로 이스라엘의 영적 각성과 부흥 운동의 중요한 한 면을 그린 것이다. 그는 죄와 타협하지 않는 사람이었고 기도의 사람이었으며, 시작부터 끝까지 기도로 임무를 수행하였다. 적어도 열한 번 정도의 기도가 기록되어 있다(1:5-11, 2:4, 4:4 등). 우리는 이 책에서 기도와 고통과 인내야말로 하나님의 일을 성취하는 비결임을 배울 수 있다.

느헤미야 1장

1-3절, 하가랴의 아들 느헤미야의 말이라 아닥사스다 왕 제이십년 기슬르월에 내가 수산 궁에 있더니 2 나의 한 형제 중 하나니가 두어 사람과 함께 유다에서 이르렀기로 내가 그 사로잡힘을 면하고 남아있는 유다 사람과 예루살렘 형편을 물은즉 3 저희가 내게 이르되 사로잡힘을 면하고 남은 자가 그 도에서 큰 환난을 만나고 능욕을 받으며 예루살렘 성은 훼파되고 성문들은 소화되었다 하는지라

느헤미야는 당시 바사 국 아닥사스다 왕 때 수산 궁에 있었던 사람이라는 것을 알 수 있다. 뒤에 나오지만 그는 왕궁의 술 관원으로 상당한 고위직에 있었던 사람이다. 그러나 유대인으로서 그의 심정 속에는 자기가 어떤 직책에 있는가, 궁에서 무슨 일을 하는가가 있지 않고 예루살렘과 귀환한 유다 사람들이 있었다.

우리가 세상에서 사는 동안 여러 가지 일을 할 수 있지만 참된 하나님의 백성이라면 우리의 마음이 하나님의 뜻과 그분의 권익과 역사에 있어야 한다. 하나님이 원하시는 사람은 그분의 나라와 의를 중심 삼는 사람이다.

느헤미야는 바벨론 시대에 사로잡혀갔는데 바벨론이 멸망하고 바사 제국이 들어서면서 궁에서 좋은 직책을 받아 어느 정도 유족한 삶을 살고 있었을 것이다. 그럼에도 그는 그런 삶에 사로잡히지 않고 그의 마음은 여전히 예루살렘에 있었다. 그러던 어느 날 유다에서 형제 두어 명이 그에게 왔다. 느헤미야는 그들을 보자마자 귀환한 사람들과 예루살렘 상황이 어떠냐고 물었다. 그것이 그의 관심사였기 때문이다.

어떤 학자는 느헤미야서에 대해 "느헤미야서는 마지막 시대에 열려져야 하고 마지막 시대에 실행되어져야 하는 회복의 서신이다."라고 말했다. 과연 이 마지막 시대에 주님을 맞이하기 위해서는 어떠한 영을 가져야 하는가? 바로 느헤미야와 같은 영이다. 이러한 사람들에 의해서 훼파되고 무너져 내린 하나님의 전이 재건되는 것이다. 그러한 사람은 자신이 어떤 지위에 있든지, 어떤 형편에 있든지 그 마음이 오로지 하나님의 일에만 있다. 여기서 느헤미야의 마음은 온통 귀환한 유다 사람과 예루살렘의 형편에 있다. 사로잡힘을 면하고 남은 자들이 어떻게 하고 있는지 너무 궁금한 것이다. 그런데 그들이 보고하기를, 그들이 큰 환난을 당하고 능욕을 받으며 예루살렘 성은 훼파되고 성문들은 불에 탔다는 것이다.

4절, 내가 이 말을 듣고 앉아서 울고 수 일 동안 슬퍼하며 하늘의 하나님 앞에 금식하며 기도하여

느헤미야는 그 말을 듣고 앉아서 며칠 동안 울고 슬퍼하면서 하나님 앞에 금식하며 기도했다. 그의 마음을 사로잡고 있는 것은 오로지 하나님의 백성이요 하나님의 전이요 하나님의 간증이요 하나님의 역사였기 때문이다. 기도하면서 느헤미야는 자신이 그들을 위해 할 수 있는 것이 무엇인지 알고자 했을 것이다.

5절, 가로되 하늘의 하나님 여호와 크고 두려우신 하나님이여 주를 사랑하고 주의 계명을 지키는 자에게 언약을 지키시며 긍휼을 베푸시는 주여 간구하나이다

먼저 느헤미야는 '하늘의 하나님 여호와'를 불렀다. 그가 비록 이 땅의 바사 국 궁에 있어도 그의 마음은 오직 하늘의 하나님 나라에 있었다.

하늘의 하나님 여호와는 크고 두려우신 하나님이시다. 그는 정말 두려워해야 할 분은 바사 국의 왕이 아니라 크신 하나님이시라는 것을 알았다. "주를 사랑하고 주의 계명을 지키는 자들에게 언약을 지키시며 긍휼을 베푸시는 주여 간구하나이다".

6절, 이제 종이 주의 종 이스라엘 자손을 위하여 주야로 기도하오며 이스라엘 자손의 주 앞에 범죄함을 자복하오니 주는 귀를 기울이시며 눈을 여시사 종의 기도를 들으시옵소서 나와 나의 아비 집이 범죄하여

느헤미야의 기도를 보라. 느헤미야는 기도하는 사람이다. 그는 이런 상황을 대할 때 슬퍼하고 애통하며 금식했을 뿐만 아니라 기도했다. 그리고 그는 자신의 죄와 이스라엘 자손의 죄를 자복했다. "나와 나의 아비 집이 범죄하여". 그는 에스라와 마찬가지로 자신의 죄만 아니라 이스라엘 전체의 죄도 자복한 것이다.

7절, 주를 향하여 심히 악을 행하여 주의 종 모세에게 주께서 명하신 계명과 율례와 규례를 지키지 아니하였나이다

이것이 다 이스라엘 백성이 범한 죄이다. "주를 향하여 심히 악을 행하였나이다". 있는 그대로 죄를 자복한 것이다.

8절, 옛적에 주께서 주의 종 모세에게 명하여 가라사대 만일 너희가 범죄하면 내가 너희를 열국 중에 흩을 것이요

이것은 레위기에 있는 말씀인데 그는 주님이 하신 말씀을 기억하면서 기도했다. '그렇게 말씀하셨는데 저희가 범죄함으로 흩어졌습니다.'라고 한 것이다.

9절, 만일 내게로 돌아와서 내 계명을 지켜 행하면 너희 쫓긴 자가 하늘 끝에 있을지라도 내가 거기서부터 모아 내 이름을 두려고

택한 곳에 돌아오게 하리라 하신 말씀을 이제 청컨대 기억하옵소서

주님께 범죄해서 흩어졌지만 만일 주님께 돌아와 계명을 지켜 행하면 흩어졌던 자들을 다시 불러 모으시겠다는 약속, 주님의 이름을 두시려고 택한 곳에 돌아오게 하시겠다는 약속의 말씀을 기억해 달라는 것이다.

10절, 이들은 주께서 일찍 큰 권능과 강한 손으로 구속하신 주의 종이요 주의 백성이니이다

그들은 주님이 전에 큰 권능과 강한 손으로 애굽에서 구출해 내신 백성임을 주님께 확인시켜드리고 있다.

11절, 주여 구하오니 귀를 기울이사 종의 기도와 주의 이름을 경외하기를 기뻐하는 종들의 기도를 들으시고 오늘날 종으로 형통하여 이 사람 앞에서 은혜를 입게 하옵소서 하였나니 그 때에 내가 왕의 술 관원이 되었었느니라

자기 스스로는 이런 일을 할 수 없으니 주님이 형통하게 해달라고 기도했다. '이 사람'이란 바사 왕을 가리킨다. 강대국의 왕이라도 하나님 앞에서는 일개 인간에 불과하다는 것을 기억해야 한다. 그때 느헤미야는 왕의 술 관원이었다.

느헤미야 2장

1-2절, 아닥사스다 왕 이십년 니산월에 왕의 앞에 술이 있기로 내가 들어 왕에게 드렸는데 이전에는 내가 왕의 앞에서 수색이 없었더니 2 왕이 내게 이르시되 네가 병이 없거늘 어찌하여 얼굴에 수색이 있느냐 이는 필연 네 마음에 근심이 있음이로다 그때에 내가 크게 두려워하여

이때가 아닥사스다 왕 재위 20년째이다. 느헤미야는 비록 왕의 앞일지라도 외식하지 않았다. 그는 자기 백성이 큰 환난과 능욕을 당하며 예루살렘이 훼파되었다는 소식을 듣고 큰 근심에 잠겨 있었으므로 얼굴에 그대로 나타났던 것이다. 사실 이 모든 것도 기도의 응답이다. 1장에는 기도가 있고, 2장에는 기도의 응답이 있다.

이 왕은 느헤미야를 무척 아끼고 사랑했던 것 같다. 자기의 술 관원인데도 그의 안색이 좋지 않음을 금방 알아차렸고 그 마음에 근심이 있다는 것도 알았다. "네가 어찌하여 얼굴에 수색이 있느냐 이는 필연 네 마음에 근심이 있음이로다".

3절, 왕께 대답하되 왕은 만세수를 하옵소서 나의 열조의 묘실 있는 성읍이 이제까지 황무하고 성문이 소화되었사오니 내가 어찌 얼굴에 수색이 없사오리이까

여기서 느헤미야의 대답을 보라. 매우 진실되게 말하고 있다. 이럴 때 정치적인 사람들 같으면 '아, 아무것도 아닙니다. 별것 아닙니다. 괜찮습니다.'라고 할 것이다. 그러나 느헤미야는 정직하게 마음에 있는 그대로 말했다. 주님의 사람들은 정직하기를 배워야 한다.

4절, 왕이 내게 이르시되 그러면 네가 무엇을 원하느냐 하시기로 내가 곧 하늘의 하나님께 묵도하고

왕이 먼저 "네가 무엇을 원하느냐"고 물었다. 이것도 느헤미야의 기도에 대한 응답이다. 그러자 느헤미야는 즉시 대답하지 않고 먼저 하나님을 앙망하며 속으로 기도했다. 주님을 위하여 뭔가 할 수 있는 매우 중대한 기회가 주어졌기 때문이다.

5절, 왕에게 고하되 왕이 만일 즐겨하시고 종이 왕의 목전에서 은혜를 얻었사오면 나를 유다 땅 나의 열조의 묘실 있는 성읍에 보내어 그 성을 중건하게 하옵소서 하였는데

이때 느헤미야의 답변을 보라. 얼마나 솔직하고 용감한가? 이러한 사람들에 의해서 하나님의 뜻이 이루어지고 하나님의 역사는 진행된다. 말할 수 있는 자리에서 마음에 있는 바로 그것을 말하는 것이다. 나는 오늘 내 주위의 많은 사람에 대해 마음 아픈 것이 있다. 말할 자리에서 말하지 않는 습성이 몸에 배어 있기 때문이다. 나는 하나님의 역사가 이 땅에서 제대로 진척되지 않는 한 가지 큰 이유가 주님을 사랑하는 사람들이 반드시 말해야 할 자리에서 신실하게 말하지 않는 데 있다고 생각한다.

지금 느헤미야에게 가장 좋은 기회가 왔다. 강대국 바사의 왕이 그에게 무엇을 해주었으면 좋겠느냐고 묻고 있다. 그리고 그는 현재 이 일에 가장 큰 도움을 줄 수 있는 사람이다. 그가 뭔가를 도와줘야 일이 된다. 바로 그런 사람이 묻고 있는데 이럴 때 제대로 대답을 하지 않으면 일은 결코 일어나지 않는다.

느헤미야는 첫째로 왕을 경외했으며, 둘째로 하나님을 앙망하며 기도했다. 그런 다음 정말 자세를 낮추어서 자기 심중에 있는 것을 솔직하고도 자세하게 말했다. 이것이 참으로 훌륭한 것이다. 다시 말하지만, 하나님의 역사를 위해 필요한 사람들은 바로 이런 자리에서 할 말을 하는 사람들이다. 만일 그런 자리에서 어떤 사람이 자기 체면과 분위기 때문에, 자기 장래 때문에 하나님을 위해 참된 말을 하지 않는다면 분명 그에게 심판이 있을 것이다. 어쨌든 느헤미야는 그 나라 왕 앞에서도 그가 무엇을 해주었으면 좋겠느냐고 물을 때 경외하고 기도하는 마음으로 자기 속에 있는 것을 그대로 말했다. 이것이 얼마나 하나님을 기쁘시게 했겠는가!

6절, 그때에 왕후도 왕의 곁에 앉았더라 왕이 내게 이르시되 네가 몇 날에 행할 길이며 어느 때에 돌아오겠느냐 하고 왕이 나를 보내기를 즐겨하시기로 내가 기한을 정하고

그때 왕후도 왕의 곁에 앉았다고 했는데, 아마 왕후가 있는 자리에서 이러한 말을 하기란 더 어려웠을 것이라 생각된다. 느헤미야는 그렇게 격식 있고 어려운 자리에서 자신의 마음속에 원하는 바를 하나도 숨김없이 그대로 말했다.

그러자 왕은 몇 날에 행할 것인지, 어느 때 돌아올 것인지를 물으며 그를 기꺼이 보내주려 했다. 이것은 왕이 그만큼 느헤미야를 아끼고 신뢰했음을 나타낸다.

7절, 내가 또 왕에게 아뢰되 왕이 만일 즐겨하시거든 강 서편 총독들에게 내리시는 조서를 내게 주사 저희로 나를 용납하여 유다까지 통과하게 하시고

느헤미야는 왕이 허락했다고 해서 흥분하여 바로 돌아가지 않았다. 그 다음 절차를 하나하나 다 이야기했다. 이렇게 어떤 기회가 주어지면 말할 것을 빼놓지 않고 다 해야 한다. 다음엔 기회가 없을 수도 있기 때문이다. 여기서 느헤미야는 왕이 즐겨하시거든 강 서편 총독에게 내리는 조서를 그에게 주어서 그들이 그를 용납하여 유다까지 통과할 수 있게 해달라고 했다.

8절, 또 왕의 삼림 감독 아삽에게 조서를 내리사 저로 전에 속한 영문의 문과 성곽과 나의 거할 집을 위하여 들보 재목을 주게 하옵소서 하매 내 하나님의 선한 손이 나를 도우심으로 왕이 허락하고

느헤미야는 결코 그 자리에서 임기응변식으로 이것들을 요청한 것이 아니다. 그는 이미 마음속에 이 일을 구상하고 있었다. 느헤미야는 아무 생각 없이 있다가 갑자기 질문을 받고 횡설수설하듯이 말하지 않고 어떻게 대답할지를 항상 예비하고 있었던 것이다. 느헤미야는 주도면밀한 사람이며 그가 기도한 것을 잊어버리지 않았다. 하나님께서 그의 기도를 들으시고 왕을 감동시키시면 그의 민족을 위하여 요청할 것들을 항상 마음에 예비하고 있었기 때문에, 성문과 성곽과 그가 거할 집의 들보 재목까지 세세하게 요청할 수 있었던 것이다. 그가 할 일에 대한 깊은 숙고가 없이 어떻게 그런 말이 술술 나올 수 있겠는가?

9절, 군대 장관과 마병을 보내어 나와 함께 하게 하시기로 내가 강 서편에 있는 총독들에게 이르러 왕의 조서를 전하였더니

왕은 군대 장관과 마병까지 느헤미야와 함께 하도록 배려했으며, 느헤미야는 강 서편 총독들에게 왕의 조서를 전하였다.

10절, 호론 사람 산발랏과 종 되었던 암몬 사람 도비야가 이스라엘 자손을 흥왕케 하려는 사람이 왔다 함을 듣고 심히 근심하더라

산발랏과 도비야는 성벽 재건의 대적자들이다. 구약에서 신약까지 하나님의 일에는 언제나 대적자들이 있어 왔는데, 그 대적자들은 무엇보다 시기심 때문에 그러한 역사를 방해하려고 한다. 만일 우리가 하나님의 성전과 성벽을 건축하려는 사람들이라면 반드시 우리를 시기하여 근심하는 대적이 있다는 것을 기억해야 한다. 여기서 산발랏과 도비야는 '이스라엘을 흥왕케 하는 자가 왔다'는 말을 듣고 심히 근심했다.

11-12절, 내가 예루살렘에 이르러 거한 지 삼일에 12 내 하나님이 내 마음을 감화하사 예루살렘을 위하여 행하게 하신 일을 내가 아무 사람에게도 말하지 아니하고 밤에 일어나 두어 사람과 함께 나갈새 내가 탄 짐승 외에는 다른 짐승이 없더라

느헤미야는 예루살렘에 도착해서 삼 일 정도는 쉬었을 것이다. 길고도 험한 여행을 했기 때문이다. 그리고 삼일째 되는 날 그는 하나님께서 그에게 하라고 하신 일을 수행하기 위해 일어났다. 그는 분주하게 이 사람 저 사람 만나서 의논하거나 하지 않고 밤에 조용히 두어 사람만 데리고 함께 나갔다.

13절, 그 밤에 골짜기 문으로 나가서 용정으로 분문에 이르는 동안에 보니 예루살렘 성벽이 다 무너졌고 성문은 소화되었더라

전해들은 대로 예루살렘 성벽은 다 무너지고 성문은 불타버린 것이다.

14절, 앞으로 행하여 샘문과 왕의 못에 이르러는 탄 짐승이 지나갈 곳이 없는지라

어느 지점에 이르러서는 더 이상 짐승을 타고 지나갈 만한 길조차 없었다.

15절, 그 밤에 시내를 좇아 올라가서 성벽을 살펴본 후에 돌이켜 골짜기 문으로 들어와서 돌아왔으나

말하자면 성벽의 상태를 조사하기 위해 한 바퀴 돌아본 것이다. 우리는 여기서 무엇을 느낄 수 있는가? 또 느헤미야에게서 무엇을 배울 수 있는가? 그것은 성벽을 다시 재건하려는 사람들은 그 훼파된 상황을 먼저 자세히 살펴보아야 한다는 것이다. 그 상황을 자세히 알지 못하고 어떻게 복구하겠는가? 어떤 사람들은 대충 괜찮고 대충 좋다고 하는데, 그런 사람은 이런 일을 하기에 적합하지 않다. 무너진 성벽을 보고 슬퍼하며 애통하며 금식하는 사람, 그리고 어디가 어떻게 훼파되었는지 하나하나 살펴보는 사람이 회복의 영을 가진 사람이다. 그래야 복구할 수 있는 방법도 나오기 때문이다.

16절, 방백들은 내가 어디 갔었으며 무엇을 하였는지 알지 못하였고 나도 그 일을 유다 사람들에게나 제사장들에게나 귀인들에게나 방백들에게나 그 외에 일하는 자들에게 고하지 아니하다가

왜 그들에게 고하지 않았는가? 그때는 이야기해봤자 소용이 없기 때문이다. 사람의 마음은 다 같지 않다. 일하는 사람들은 어떻게 일하는가를 알아야 한다. 느헤미야는 '나는 성을 복구하러 왔다. 훼파된 성벽을 다시 건축할 것이다.' 하면서 말을 앞세우지 않았다. 때가 이를 때 다만 그가 할 일을 하나하나 해나가는 것이다. 이것은 하나의 지혜이다.

17절, 후에 저희에게 이르기를 우리의 당한 곤경은 너희도 목도하는 바라 예루살렘이 황무하고 성문이 소화되었으니 자, 예루살렘 성을 중건하여 다시 수치를 받지 말자 하고

그는 후에 적절한 상황이 와서 주님이 기회를 주실 때 자연스럽게 말했다. '자, 우리 이제 함께 건축하자. 너희도 예루살렘 성이 무너지고 성문이 불탄 것을 너희 눈으로 보고 있지 않느냐.' 이렇게 형편없이 되었다는 것을 다른 사람들도 공감하게 될 때 "자, 예루살렘 성을 중건하여 수치를 받지 말자."고 한 것이다.

18절, 또 저희에게 하나님의 선한 손이 나를 도우신 일과 왕이 내게 이른 말씀을 고하였더니 저희의 말이 일어나 건축하자 하고 모두 힘을 내어 이 선한 일을 하려 하매

여기서 느헤미야는 그들에게 하나님의 선한 손이 자기를 도우신 일과 왕이 그에게 한 말들을 고했다. 그들은 모든 환경적 여건이 준비되었다는 말을 듣고 '일어나 건축하자!'면서 모두 힘을 내어 이 일을 이루려고 했다.

19절, 호론 사람 산발랏과 종이 되었던 암몬 사람 도비야와 아라비아 사람 게셈이 이 말을 듣고 우리를 업신여기고 비웃어 가로되 너희의 하는 일이 무엇이냐 왕을 배반코자 하느냐 하기로

대적하고 반대하는 사람은 결코 변하지 않는다. 모든 상황이 적극적으로 좋아지면 혹시 그런 사람들도 변하지 않을까 하지만 오산이다. 이들은 많은 사람이 일어나 건축하자고 하자 그들을 업신여기고 비웃었다. 그러면서 "왕을 배반코자 하느냐"고 했다. 이것은 당시 느헤미야 무리를 공격할 수 있는 가장 치명적인 말이었다. 이렇게 악한 자는 그들을 가장 무력화시키는 말이 무슨 말인지를 안다. 하나님의 성전과 성벽을 건축하고자 하는 자들은 대적자들이 결코 변하지 않는다는 것 또한 기억해야 한다.

20절, 내가 대답하여 가로되 하늘의 하나님이 우리로 형통케 하시리니 그의 종 우리가 일어나 건축하려니와 오직 너희는 예루살렘에서 아무 기업도 없고 권리도 없고 명록도 없다 하였느니라

그들의 말은 시기와 분으로 가득하고, 느헤미야의 말은 하나님의 열심과 건축의 영으로 가득하다.

느헤미야 3장

1절, 때에 대제사장 엘리아십이 그 형제 제사장들과 함께 일어나 양문을 건축하여 성별하고 문짝을 달고 또 성벽을 건축하여 함메아 망대에서부터 하나넬 망대까지 성별하였고

건축하는 것이 곧 성별하는 것이다. 대제사장이 나서서 성벽 중건의 일을 하는 것은 매우 인상적이었을 것이다. 가장 중요한 사람들이 가장 중요한 일을 한 것이다. 양문이란 제물을 가져오는 문인데, 주님은 그분이 곧 양의 문이라고 하셨다(요 10:7). 문은 매우 중요하다. 대제사장이나 제사장들은 어떤 일을 하는 사람들인가? 예루살렘 성 안으로 아무나 들어오지 못하도록 지키는 일을 하는 사람들이다. 신약 교회로 말하면 양문은 참되게 구원받고 형제 된 자가 들어오는 것을 말한다. 그러한 가장 중요한 일을 제사장들이 한 것이다. 마찬가지로 사역자들은 가르치는 말씀만이 아니라 모범된 행동으로도 남을 가르치고 권면해야 한다.

2절, 그 다음은 여리고 사람들이 건축하였고 또 그 다음은 이므리의 아들 삭굴이 건축하였으며

그 다음은 예루살렘 사람들이 아닌 여리고 사람들이 건축했다. 여리고는 구약에서 저주받은 도시였는데, 그런 곳 사람들까지 와서 건축하는 일에 참여한 것이다. 그리고 이어서 이므리의 아들 삭굴이 건축했다.

3절, 어문은 하스나아의 자손들이 건축하여 그 들보를 얹고 문짝을 달고 자물쇠와 빗장을 갖추었고

하나하나 모든 것이 갖추어져 가고 있다. 어문은 고기의 문인데, 고기 잡으러 나가는 통로이다. 교회로 말하면 복음을 전해 사람을 얻는 역사를 가리킨다. 어문을 만든 것은 사람을 얻어서 들어오게 하는 문을 만든 것이라고 해석하면 된다. 주님은 "내가 너로 사람을 낚는 어부가 되게 하리라"고 하셨다. 또 교회가 황폐하게 되면 양문이 없다. 거짓 형제, 구원받지 못한 사람 등이 분별 없이 들어왔다 나갔다 한다는 뜻이다.

4-5절, 그 다음은 학고스의 손자 우아의 아들 므레못이 중수하였고 그 다음은 므세사벨의 손자 베레갸의 아들 므술람이 중수하였고 그 다음은 바아나의 아들 사독이 중수하였고 5 그 다음은 드고아 사람들이 중수하였으나 그 귀족들은 그 주의 역사에 담부치 아니하였으며

귀족들은 그 역사를 짊어지지 않았다. 힘 있고 돈 있고 권력 있는 사람들은 이 일에 참여하지 않은 것이다.

6절, 옛 문은 바세아의 아들 요야다와 브소드야의 아들 므술람이 중수하여 그 들보를 얹고 문짝을 달고 자물쇠와 빗장을 갖추었고

'옛 문'이란 무엇을 가리키는가? 건강한 교회 안에서는 과거 선진들의 귀한 유산들을 이어받고 복구해야 한다. 그것이 바로 '옛 문'이다. 오늘날 우리 가운데에는 과거 훌륭한 주님의 종들이 밝혀놓은 많은 풍성한 진리들이 있다.

7-8절, 그 다음은 기브온 사람 믈라야와 메로놋 사람 야돈이 강 서편 총독의 관할에 속한 기브온 사람들과 미스바 사람들로 더불어

중수하였고 8 그 다음은 금장색 할해야의 아들 웃시엘 등이 중수하였고 그 다음은 향품 장사 하나냐 등이 중수하되 저희가 예루살렘 넓은 성벽까지 하였고

여호수아서에 나오는 기브온 사람들도 이 때에는 다 동참했다. 그리고 금장색이나 향품 장사도 이런 성벽 쌓는 일에 동참했다. "그 다음은 향품 장사 하나냐 등이 중수하되 저희가 예루살렘 넓은 성벽까지 하였고".

9절, 그 다음은 예루살렘 지방 절반을 다스리는 자 후르의 아들 르바야가 중수하였고

이렇게 권력 있는 자도 성벽 중건에 참여했다. 예루살렘 절반을 다스리는 르바야라는 사람이다.

10절, 하루맙의 아들 여다야는 자기 집과 마주 대한 곳을 중수하였고 그 다음은 하삽느야의 아들 핫두스가 중수하였고

"자기 집과 마주 대한 곳을 중수하였고". 이렇게 자기가 할 수 있는 일을 하면 된다. 내 집 마당은 내가 쓸겠다는 마음으로 최소한의 자기 분량이라도 하는 것이다.

11-12절, 하림의 아들 말기야와 바핫모압의 아들 핫숩이 한 부분과 풀무 망대를 중수하였고 12 그 다음은 예루살렘 지방 절반을 다스리는 자 할로헤스의 아들 살룸과 그 딸들이 중수하였고

아마 할로헤스는 예루살렘의 나머지 절반을 다스리는 자일 것이다. 그의 아들 살룸과 그의 딸들도 성벽 중수에 참여했다.

13절, 골짜기 문은 하눈과 사노아 거민이 중수하여 문을 세우며 문짝을 달고 자물쇠와 빗장을 갖추고 또 분문까지 성벽 일천 규빗을 중수하였고

골짜기는 푹 파인 낮은 곳이다. 교회 사람들이 높고 교만한 것은 교회가 황폐해졌다는 표시이다. 교회가 회복되고 새롭게 되면 거기에 골짜기가 있다. 하나님은 겸손한 자에게는 은혜를 주신다. 그런데 골짜기에도 문이 있어야 한다.

14절, 분문은 벧학게렘 지방을 다스리는 레갑의 아들 말기야가 중수하여 문을 세우며 문짝을 달고 자물쇠와 빗장을 갖추었고

분문은 온갖 오물과 쓰레기를 내어가는 문이다. 교회는 세상과 육체와 죄 등의 더러운 것들을 처리하는 것이 있어야 한다. 그것이 건강한 교회이다. 황폐한 교회는 쓰레기들을 버리지 않으므로 죄와 육체, 심지어 마귀와 귀신까지 같이 지낸다.

15절, 샘문은 미스바 지방을 다스리는 골호세의 아들 살룬이 중수하여 문을 세우고 덮으며 문짝을 달며 자물쇠와 빗장을 갖추고 또 왕의 동산 근처 셀라 못가의 성벽을 중수하여 다윗 성에서 내려오는 층계까지 이르렀고

'샘문'이라 함은 샘으로 향하는 문을 가리킨다. 즉 생수의 흐름이 들어오는 문이다. 황폐한 교회에는 생수의 흐름이 없지만 회복되어 새롭게 된 교회에는 샘이 있다. 영생하도록 흘러나오는 샘이 있는 것이다.

16-21절, 그 다음은 벧술 지방 절반을 다스리는 자 아스북의 아들 느헤미야가 중수하여 다윗의 묘실과 마주 대한 곳에 이르고 또 파서 만든 못을 지나 용사의 집까지 이르렀고 17 그 다음은 레위 사람 바니의 아들 르훔이 중수하였고 그 다음은 그일라 지방 절반을 다스리는 자 하사뱌가 그 지방을 대표하여 중수하였고 18 그 다음은 그 형제 그일라 지방 절반을 다스리는 자 헤나닷의 아들 바왜가 중수하였고 19 그 다음은 미스바를 다스리는 자 예수아의 아들 에셀이 한 부분을 중수하여 성 굽이에 있는 군기고 맞은편까지 이르렀고 20 그 다음은 삽배의 아들 바룩이 한 부분을 힘써 중수하여 성 굽이에서

부터 대제사장 엘리아십의 집 문에 이르렀고 21 그 다음은 학고스의 손자 우리야의 아들 므레못이 한 부분을 중수하여 엘리아십의 집 문에서부터 엘리아십의 집 모퉁이에 이르렀고

21절은 4절과 함께 읽어야 한다. 21절, "그 다음은 학고스의 손자 우리야의 아들 므레못이 한 부분을 중수하여". 4절, "그 다음은 학고스의 손자 우리야의 아들 므레못이 중수하였고". 이 두 절에 나오는 인물은 동일하다. 이 사람은 자기 몫을 할 뿐 아니라 남의 몫까지도 담당했다. 어떤 사람은 자기 눈앞에 것만 하지만 어떤 사람은 자기 몫을 할 뿐 아니라 남의 것까지도 담당한다.

22-26절, 그 다음은 평지에 사는 제사장들이 중수하였고 23 그 다음은 베냐민과 핫숩이 자기 집 맞은편 부분을 중수하였고 그 다음은 아나냐의 손자 마아세야의 아들 아사랴가 자기 집에서 가까운 부분을 중수하였고 24 그 다음은 헤나닷의 아들 빈누이가 한 부분을 중수하되 아사랴의 집에서부터 성 굽이를 지나 성 모퉁이에 이르렀고 25 우새의 아들 발랄은 성 굽이 맞은편과 왕의 윗 궁에서 내어민 망대 맞은편 곧 시위청에서 가까운 부분을 중수하였고 그 다음은 바로스의 아들 브다야가 중수하였고 26 (때에 느디님 사람은 오벨에 거하여 동편 수문과 마주 대한 곳에서부터 내어민 망대까지 미쳤느니라)

'수문'도 물로 향하는 문이다. 흘러넘치는 물이 있어야 부흥된 교회이다.

27절, 그 다음은 드고아 사람들이 한 부분을 중수하여 내어민 큰 망대와 마주 대한 곳에서부터 오벨 성벽까지 이르렀느니라

이것은 5절과 비교해 봐야 한다. 5절, "그 다음은 드고아 사람들이 중수하였으나 그 귀족들은 그 주의 역사에 담부치 아니하였으며". 이 귀족들은 그 주인들의 역사를 부축하지 않았다. 할 만한 사람들이 손을 놓고 있었던 것이다. 그런데 이들이 나중에 참여한 것 같다. 함께 하는 사람이 있든 없든 상관하지 않고 열심히 하다 보면 나중에 다른 사람들도 참여하게 되는 수가 있다.

28-29절, 마문 위로부터는 제사장들이 각각 자기 집과 마주 대한 부분을 중수하였고 29 그 다음은 임멜의 아들 사독이 자기 집과 마주 대한 부분을 중수하였고 그 다음은 동문지기 스가냐의 아들 스마야가 중수하였고

스가냐는 에스라를 도왔던 귀한 형제인데, 그의 아들 스마야가 동문을 중수했다. 에스겔서를 보면 주님의 영광이 성전을 떠나실 때 동문으로 떠나셨다. 또한 감람산 동편(동문)은 그분이 다시 오실 곳이기도 하다. 다시 회복된 교회에는 주님이 다시 오실 문이 중수되어 있다.

30절, 그 다음은 셀레먀의 아들 하나냐와 살랍의 여섯째 아들 하눈이 한 부분을 중수하였고 그 다음은 베레갸의 아들 므술람이 자기 침방과 마주 대한 부분을 중수하였고

"살랍의 여섯째 아들 하눈이 한 부분을 중수하였고". 여섯째 아들이 중수하는 일을 했는데, 그 형들은 다 어디 갔는지 모르겠다. 가장 미약한 여섯째가 성벽 한 부분을 맡아서 중수한 것이다. 할 만한 형들이 안 한다고 해서 아무것도 할 수 없다고 하지 말아야 한다. 여기 하나님의 책에는 어느 누가 무엇을 했는지 다 기록되어 있다.

'침방'이란 조그만 구석방(quarters)을 의미한다. 므술람이라는 사람은 그의 구석방과 마주 대한 부분까지 중수했다.

31절, 그 다음은 금장색 말기야가 함밉갓 문과 마주 대한 부분을 중수하여 느디님 사람과 상고들의 집에서부터 성 모퉁이 누에 이르렀고

'함밉갓'이란 재판, 조사를 뜻한다. 정당한 교회에는 재판이 있어야 한다. 육체나 죄는 심판되어야 한다. 죄와 거역이 있는데 아무 치리도 없이 유야무야 넘어가는 것은 합법갓이 아니다. 그것은 교회의 황폐한 상태이다.

32절, 성 모퉁이 누에서 양문까지는 금장색과 상고들이 중수하였느니라

양문으로 시작해서 양문으로 마쳤다. 성을 한 바퀴 돌아온 셈이다. 느헤미야는 예루살렘에 가서 성벽이 훼파된 것을 자세히 살펴보고서 이스라엘 백성들과 함께 한 부분 한 부분 중수해 나갔다. 여러분도 지금 말씀을 통해 영적인 예루살렘 성벽과 성문의 황폐케 된 모습을 보았다. 그것을 보았다면 우리는 이 문을 다시 만들고 무너진 성벽을 다시 쌓아야 할 것이다. 지금 이 시대에 우리가 해야 할 일이 이것이 아니겠는가?

느헤미야 4장

1절, 산발랏이 우리가 성을 건축한다 함을 듣고 크게 분노하여 유다 사람을 비웃으며

산발랏은 처음에 유다 사람들이 성을 건축한다는 소식을 듣고 근심했다. 그런데 이제 성이 건축되어 가는 것을 보고 크게 분노하여 유다 사람을 비웃고 있다. 대적이 분노한다는 것은 한 면에서 성이 건축되어 간다는 표시이다. 그러면서도 대적들은 시기하여 비웃는다.

2절, 자기 형제들과 사마리아 군대 앞에서 말하여 가로되 이 미약한 유다 사람들의 하는 일이 무엇인가, 스스로 견고케 하려는가, 제사를 드리려는가, 하루에 필역하려는가, 소화된 돌을 흙 무더기에서 다시 일으키려는가 하고

산발랏이라는 대적자가 자기 형제들과 사마리아 군대 앞에서 말했다. 사마리아 군대란 사마리아의 부유한 사람들(wealthy men of Samaria)을 가리킨다. 언제나 부유한 사람들, 귀족들이 문제이다. 그러한 사람들은 늘 대적 편에 서 있다. 참 기묘한 일이다. 그러므로 여러분은 귀족이 되려 하지 말고 세력 있는 사람이 되려 하지 말라. 귀족이 되고 세력이 있게 되면 대적자 편에 서기가 쉽다.

산발랏은 그들 앞에서 '이 미약한 사람들이 하는 일이 무엇인가, 스스로 견고케 하려는가, 스스로 왕국을 만들려고 하는가, 스스로 자기들을 세워 보려고 하는가, 제사를 드리려 하는가, 자기들 교회를 만들어 보려고 하는가, 하루에 일을 다 마치려는가, 불에 타버린 돌을 흙무더기에서 다시 일으키려 하는가' 하면서 조소했다. 주의 일은 미약해 보이는 자들에 의해 이루어지는 법이다.

3절, 암몬 사람 도비야는 곁에 섰다가 가로되 저들의 건축하는 성벽은 여우가 올라가도 곧 무너지리라 하더라

암몬 사람 도비야는 산발랏의 말에 맞장구를 치며 그들이 건축하는 성벽은 여우가 올라가도 무너질 것이라고 했다. 그 성벽이 워낙 시원찮아서 여우의 무게도 감당하지 못한다는 말이다. 여우는 날쌔기는 하나 가벼운 동물이다. 한 마디로 가벼운 동물이 올라가도 무너질 일을 하고 있다면서 비웃는 것이다. 대적이 하는 일은 이렇게 실망시키고 좌절시키는 것이다.

4절, 우리 하나님이여 들으시옵소서 우리가 업신여김을 당하나이다 원컨대 저희의 욕하는 것으로 자기의 머리에 돌리사 노략거리가 되어 이방에 사로잡히게 하시고

느헤미야는 '너희들이 우리를 업신여기느냐' 하며 맞대응하지 않고 하나님께 간구했다. 하나님은 그분의 백성들이 받는 멸시를 보시고 위로해 주신다. 그리고 그분의 역사를 위해 그분의 종들이 받은 멸시와 핍박과 천대를 기억하신다.

5절, 주의 앞에서 그 악을 덮어 두지 마옵시며 그 죄를 도말하지 마옵소서 저희가 건축하는 자 앞에서 주의 노를 격동하였음이니이다 하고

신약의 성도들이 이러한 기도를 그대로 따라 할 수 있는지는 고려해보아야 한다. "주의 앞에서 그 악을 덮어 두지 마옵시며 그 죄를 도말하지 마옵소서". 이는 기도의 영이라기보다는 예언의 영이다. 신약에서 주님은 우리를 조롱하고 핍박하는 자들을 위해 기도하라고 하셨고, 또 그분을 비방하는 자들을 위해 친히 기도하셨다. 이 부분은 하나님의 백성을 멸시하는 자들이 영원토록 수치를 당하게 된다는 예언적인 말씀이다.

6절, 이에 우리가 성을 건축하여 전부가 연락되고 고가 절반에 미쳤으니 이는 백성이 마음 들여 역사하였음이니라

"이는 백성이 마음 들여 역사하였음이니라". 건축의 역사는 마음 들여 해야 한다. 짧은 시간에 성벽의 절반을 쌓아 올린 것은 백성들이 마음을 들여 역사했기 때문이다.

7절, 산발랏과 도비야와 아라비아 사람들과 암몬 사람들과 아스돗 사람들이 예루살렘 성이 중수되어 그 퇴락한 곳이 수보되어 간다 함을 듣고 심히 분하여

하나님의 회복 역사에는 반드시 대적들이 존재한다. 대적들은 하나님의 백성의 경건성을 미워하기에 그들의 일이 실패하기를 기대했는데 이제 일이 상당히 진척되자 심히 분하여 했다.

8절, 다 함께 꾀하기를 예루살렘으로 가서 쳐서 요란하게 하자 하기로

'다 함께 꾀하기를'. 비록 그들이 노리는 이권은 각각 달랐지만 하나님의 역사를 미워하고 방해하는 데에는 일치가 되었다. 그들은 힘을 합하여 성벽 재건 공사를 방해하자고 했다.

9절, 우리가 우리 하나님께 기도하며 저희를 인하여 파수꾼을 두어 주야로 방비하는데

파수꾼을 두어 주야로 방비한다는 것은 오늘 신약에서 주야로 기도하는 것이다. 반대 역사가 있을 때 우리는 그에 대항하여 기도해야 한다.

10절, 유다 사람들은 이르기를 흙 무더기가 아직도 많거늘 담부하는 자의 힘이 쇠하였으니 우리가 성을 건축하지 못하리라 하고

외부에서는 산발랏과 도비야 일당이 공격하고 있는데 내부에서는 같이 일하는 사람들의 불평이 생겨났다. 흙무더기는 성이 무너질 때 생긴 것일 텐데 유다 사람들은 흙무더기도 치워야 하고 성벽도 쌓아야 하고 게다가 적이 습격하려고 하니 완전 절망상태에 떨어진 것이다. 이때 느헤미야는 혼자 악전고투를 하며 힘을 쏟고 있다.

11절, 우리의 대적은 이르기를 저희가 알지 못하고 보지 못하는 사이에 우리가 저희 중에 달려 들어가서 살육하여 역사를 그치게 하리라 하고

이럴 때 대적은 적극 공세를 취한다. 유다 사람들이 좀 힘이 빠진 듯 하자 '이때다. 저 사람들이 알지 못하고 보지 못하는 사이에 달려 들어가서 살육하여 역사를 그치게 하자.'고 했다. 대적들은 알지도 못하고 보지도 못하는 사이에 이 일을 해치우기로 계획한 것이다. 심지어 유다 사람을 살육까지 하려는 것은 극도의 시기와 증오를 표출한 것이다.

12절, 그 대적의 근처에 거하는 유다 사람들도 그 각처에서 와서 열 번이나 우리에게 고하기를 너희가 우리에게로 와야 하리라 하기로

"너희가 우리에게로 와야 하리라 하기로". 대적들과 가까이 사는 유다 사람들은 적들의 계획을 듣고 불안하여 공사에 참여한 사람들을 설득하여 데리고 가려고 열 번이나 찾아왔다. 성벽 재건 공사를 중단하게 하려는 것이다.

13-14절, 내가 성 뒤 낮고 넓은 곳에 백성으로 그 종족을 따라 칼과 창과 활을 가지고 서게 하고 14 내가 돌아본 후에 일어나서 귀인들과 민장과 남은 백성에게 고하기를 너희는 저희를 두려워 말고 지극히 크시고 두려우신 주를 기억하고 너희 형제와 자녀와 아내와 집

을 위하여 싸우라 하였었느니라

느헤미야 혼자서 백성들을 격려하고 있다. 언제나 지도자는 외롭고 힘든 법이다. 한 면으로는 대적들을 막아내고, 또 한 면으로는 백성들을 격려하여 건축하는 일을 진행해야 한다. 혼자서 고군분투하는 것이다.

15절, 우리의 대적이 자기의 뜻을 우리가 알았다 함을 들으니라 하나님이 저희의 꾀를 폐하셨으므로 우리가 다 성에 돌아와서 각각 역사하였는데

대적들의 습격 계획이 느헤미야 등에게 알려지자 그 계획은 무산되었다. 그들의 꾀를 하나님께서 폐하셨으므로 유다 사람들은 다시 돌아와 성 건축의 일을 계속하였다.

16절, 그때로부터 내 종자의 절반은 역사하고 절반은 갑옷을 입고 창과 방패와 활을 가졌고 민장은 유다 온 족속의 뒤에 있었으며

이제부터는 전열을 가다듬고 일하는 것이다. '내 종자'란 느헤미야의 수족처럼 움직이는 부하들이다. 산발랏과 도비야의 계획이 일단 무산되었으나 방심할 수 없기에 두 대로 나누어 한 대는 건축하고 한 대는 방비하게 한 것이다. 민장들도 배후에서 협력하였다.

17-18절, 성을 건축하는 자와 담부하는 자는 다 각각 한 손으로 일을 하며 한 손에는 병기를 잡았는데 18 건축하는 자는 각각 칼을 차고 건축하며 나팔 부는 자는 내 곁에 섰었느니라

그들은 한 손으로는 대적을 방어하는 일을 하고 한 손으로는 건축하는 일을 했다. 성전을 건축하는 자들은 대적을 방어하는 동시에 건축 역사를 진행해야 했으므로 늘 칼을 차고 있었다. 또 느헤미야 곁에는 유사시에 전체에게 알릴 수 있는 나팔수가 세워져 있었다.

19-20절, 내가 귀인들과 민장들과 남은 백성에게 이르기를 이 역

사는 크고 넓으므로 우리가 성에서 나뉘어 상거가 먼즉 20 너희가 무론 어디서든지 나팔 소리를 듣거든 그리로 모여서 우리에게로 나아오라 우리 하나님이 우리를 위하여 싸우시리라 하였느니라

이럴 때일수록 서로 관계가 긴밀해야 한다. '귀인들과 민장들과 남은 백성'이란 백성 전체를 가리킨다. 백성 전체가 한 번의 나팔소리에 다 모여야 전쟁을 할 수 있는 것이다.

21절, **우리가 이같이 역사하는데 무리의 절반은 동틀 때부터 별이 나기까지 창을 잡았었으며**

이러한 역사를 하는 사람들은 부지런해야 한다. 항상 흐리멍덩한 사람들은 결코 이 역사에 참여할 수 없다.

22-23절, **그 때에 내가 또 백성에게 고하기를 사람마다 그 종자와 함께 예루살렘 안에서 잘지니 밤에는 우리를 위하여 파수하겠고 낮에는 역사하리라 하고 23 내나 내 형제들이나 종자들이나 나를 좇아 파수하는 사람들이나 다 그 옷을 벗지 아니하였으며 물을 길으러 갈 때에도 기계를 잡았었느니라**

쉽게 말해서 늘 경계하는 태도를 가졌다는 것이다. 이러한 주님의 회복의 역사에 동참하는 사람들은 항상 영이 깨어 있고 경계의 태도를 느슨히 하지 않는다.

느헤미야 5장

1-6절, 때에 백성이 그 아내와 함께 크게 부르짖어 그 형제 유다
사람을 원망하는데 2 혹은 말하기를 우리와 우리 자녀가 많으니 곡
식을 얻어 먹고 살아야 하겠다 하고 3 혹은 말하기를 우리의 밭과
포도원과 집이라도 전당 잡히고 이 흉년을 위하여 곡식을 얻자 하고
4 혹은 말하기를 우리는 밭과 포도원으로 돈을 빚내어 세금을 바쳤
도다 5 우리 육체도 우리 형제의 육체와 같고 우리 자녀도 저희 자
녀 같거늘 이제 우리 자녀를 종으로 파는도다 우리 딸 중에 벌써 종
된 자가 있으나 우리의 밭과 포도원이 이미 남의 것이 되었으니 속
량할 힘이 없도다 6 내가 백성의 부르짖음과 이런 말을 듣고 크게
노하여

이스라엘 사람이 돌아와서 성벽을 건축하는데 먹고 사는 것이 아주 어려워졌다. 그러다 보니 귀인들이나 돈 있는 사람들은 이자를 받아먹고 못사는 사람들은 먹을 것이 없어 그들의 종이 되어 버렸다. 물질적인 어려움이 닥친 것이다. 그래서 이스라엘들 사람끼리 주인도 되고 종도 되었다. 그러자 자녀를 종으로 팔고서 속량할 힘이 없는 부모들이 호소하고 있다.

7절, 중심에 계획하고 귀인과 민장을 꾸짖어 이르기를 너희가 각

기 형제에게 취리를 하는도다 하고 대회를 열고 저희를 쳐서

스팍스(T. Austin Sparks. 1889-1971)는 이렇게 말했다. "에스라는 제사장 성격이 강하다. 조용히 기도하고, 통회하고, 슬퍼하는 사람이다. 그러나 느헤미야는 책망하고 꾸짖는 사람이다. 강한 지도자 성격을 갖고 있다." 여기서 느헤미야는 귀인과 민장들을 강하게 책망하고 대회를 열었다.

8-13절, 이르기를 우리는 이방인의 손에 팔린 우리 형제 유다 사람들을 우리의 힘을 다하여 속량하였거늘 너희는 너희 형제를 팔고자 하느냐 더구나 우리의 손에 팔리게 하겠느냐 하매 저희가 잠잠하여 말이 없기로 9 내가 또 이르기를 너희의 소위가 좋지 못하도다 우리 대적 이방 사람의 비방을 생각하고 우리 하나님을 경외함에 행할 것이 아니냐 10 나와 내 형제와 종자들도 역시 돈과 곡식을 백성에게 취하여 주나니 우리가 그 이식 받기를 그치자 11 그런즉 너희는 오늘이라도 그 밭과 포도원과 감람원과 집이며 취한 바 돈이나 곡식이나 새 포도주나 기름의 백분지 일을 돌려보내라 하였더니 12 저희가 말하기를 우리가 당신의 말씀대로 행하여 돌려보내고 아무 것도 요구하지 아니하리이다 하기로 내가 제사장들을 불러 저희에게 그 말대로 행하리라는 맹세를 시키게 하고 13 내가 옷자락을 떨치며 이르기를 이 말대로 행치 아니하는 자는 하나님이 또한 이와 같이 그 집과 산업에서 떨치실지니 저는 곧 이렇게 떨쳐져 빌지로다 하매 회중이 다 아멘 하고 여호와를 찬송하고 백성들이 그 말한 대로 행하였느니라

느헤미야는 이렇게 크게 꾸짖고 형제들에게서 취한 것을 다 돌려주라고 했다. 그는 우리가 이방인에게 팔린 유다 사람들을 속량하는 일을 하였는데 너희는 너희 형제를 팔고자 하느냐고 책망하면서 돌려줄 것을 명했다. 백성들은 그 말을 듣고 아멘 했으며 그대로 준행하겠다고 말했다. 그는 자기의 옷자락을 떨치면서 이 말대로 행치 않는 자는 하나님께서 그 집과 산업에서 그를 이렇게 떨치실 것이며 그는 아무것도 없게 될 것이라고 경고했다.

14-18절, 내가 유다 땅 총독으로 세움을 받을 때 곧 아닥사스다 왕 이십 년부터 삼십이 년까지 십이 년 동안은 나와 내 형제가 총독의 녹을 먹지 아니하였느니라 15 이전 총독들은 백성에게 토색하여 양식과 포도주와 또 은 사십 세겔을 취하였고 그 종자들도 백성을 압제하였으나 나는 하나님을 경외하므로 이같이 행치 아니하고 16 도리어 이 성 역사에 힘을 다하며 땅을 사지 아니하였고 나의 모든 종자도 모여서 역사를 하였으며 17 또 내 상에는 유다 사람들과 민장들 일백오십 인이 있고 그 외에도 우리 사면 이방인 중에서 우리에게 나아온 자들이 있었는데 18 매일 나를 위하여 소 하나와 살진 양 여섯을 준비하며 닭도 많이 준비하고 열흘에 한 번씩은 각종 포도주를 갖추었나니 비록 이같이 하였을지라도 내가 총독의 녹을 요구하지 아니하였음은 백성의 부역이 중함이니라

느헤미야는 자기의 생활이 아주 깨끗하였다는 것을 간증하고 있다. 그와 그 형제들은 총독의 녹을 받지 않았을 뿐 아니라 많은 사람들을 거두고 데려다 먹였다. 그의 상에서는 항상 150명 정도가 먹었으며, 그의 식구들(나의 종자들)도 다 데려다 일을 시켰다. 인도자 자신이 친히 모본을 보인 것이다. 이것은 자신을 자랑하려는 것이 아니라 백성들을 가르치려는 것이다. 백성들은 지도자의 그런 말을 들을 때 아무 할 말이 없게 된다. 그러면서 '그런데 너희들은 왜 형제들에게 이자를 받느냐?'면서 책망한 것이다.

인도자란 이렇게 중요하다. 인도자 자신이 깨끗하게 했기 때문에 이스라엘 백성 가운데 있는 물질 문제를 깨끗하게 복구할 수 있었던 것이다.

19절, 내 하나님이여 내가 이 백성을 위하여 행한 모든 일을 생각하시고 내게 은혜를 베푸시옵소서

그는 기도로써 자신의 모든 행함을 하나님께 말씀드렸다. 그는 주님이 자신이 행한 모든 일을 생각해주시기를 바랐다. 느헤미야는 늘 기도하는 사람이었다.

느헤미야 6장

1절, 산발랏과 도비야와 아라비아 사람 게셈과 그 나머지 우리의 대적이 내가 성을 건축하여 그 퇴락한 곳을 남기지 아니하였다 함을 들었는데 내가 아직 성문에 문짝을 달지 못한 때라

건축 공사에 있어서 문짝은 맨 나중에 다는 것이기에 성벽 공사가 전반적으로 완료되었다고 볼 수 있다. 그런데 사탄은 졸지도 않고 하나님의 일을 공격한다. 성벽 공사의 마지막 순간까지도 마음을 놓지 못하게 하는 것이다.

2절, 산발랏과 게셈이 내게 보내어 이르기를 오라 우리가 오노 평지 한 촌에서 서로 만나자 하니 실상은 나를 해코자 함이라

대적들이 오라고 할 때는 항상 조심해야 한다. 오라고 한다 해서 별 뜻 없이 금방 가는 것은 위험하다. 그들은 기회를 보아 해하려고 하기 때문이다. 사탄의 계략은 함정으로 사람을 끌어들여 해하는 것이다.

3절, 내가 곧 저희에게 사자들을 보내어 이르기를 내가 이제 큰 역사를 하니 내려가지 못하겠노라 어찌하여 역사를 떠나 정지하게 하고 너희에게로 내려가겠느냐 하매

어떤 사람들은 이럴 때 '나를 알아주는구나' 하면서 얼른 가려고 한다. 그러다 해를 당한다. 그러나 느헤미야는 가지 않았다.

4-6절, 저희가 네 번이나 이같이 내게 보내되 나는 여전히 대답하였더니 5 산발랏이 다섯 번째는 그 종자의 손에 봉하지 않은 편지를 들려 내게 보내었는데 6 그 글에 이르기를 이방 중에도 소문이 있고 가스무도 말하기를 네가 유다 사람들로 더불어 모반하려 하여 성을 건축한다 하나니 네가 그 말과 같이 왕이 되려 하는도다

산발랏과 게셈은 각각 사마리아와 아라비아의 총독이었다. 그들은 네 번이나 편지를 보내고 이제 다섯 번째는 봉하지 않은 편지를 보냈다. 봉하지 않은 것은 공개적인 편지라는 뜻이며, 사람들에게 널리 알려 선동하려는 의도가 담겨져 있다. 그 내용은 느헤미야가 유다의 총독이 될 뿐 아니라 왕이 되려 한다고 거짓 소문을 퍼뜨리려는 것이었다. 그는 사람들의 여론이 그렇고 알 만한 사람인 가스무도 그렇게 말한다면서 느헤미야를 압박하려 했다. 대개 대적자는 여론을 가지고 사람을 두려워하게 하여 꼼짝 못하게 하려 한다. 사실 자기 마음이 그렇기 때문에 다른 사람도 그렇다고 보는 것이다. 이런 말을 하는 자가 실지 대적자이다. 느헤미야가 왕이 되려고 했는가? 그는 추호도 그런 생각이 없었다. 그렇지만 대적자들의 눈에는 그가 꼭 왕이 될 것처럼 보이는 것이다. 군대를 데려다 훼파된 성을 건축하니 '느헤미야가 왕이 되려고 하지 않는다면 왜 그런 일을 하겠나?' 하고 생각하는 것이다. 그런 사람들은 주님을 위한 순수한 열망을 이해할 길이 없다.

7절, 또 네가 선지자를 세워 예루살렘에서 너를 들어 선전하기를 유다에 왕이 있다 하게 하였으니 이 말이 왕에게 들릴지라 그런즉 너는 이제 오라 함께 의논하자 하였기로

보통 사람 같으면 여론이 무서워서도 만나려 할 것이다. 그러나 가면 이 대적자는 반드시 느헤미야를 죽일 것이다.

8절, 내가 보내어 저에게 이르기를 너의 말한바 이런 일은 없는 일이요 네 마음에서 지어낸 것이라 하였나니

산발랏이 편지에 느헤미야가 왕이 되려고 모반하려 한다는 소문이 있다 하자 느헤미야는 아주 솔직 담백하게 대답했다. "이런 일은 없는 일이요 네 마음에서 지어낸 것이라".

9절, 이는 저희가 다 우리를 두렵게 하고자 하여 말하기를 저희 손이 피곤하여 역사를 정지하고 이루지 못하리라 함이라 이제 내 손을 힘 있게 하옵소서 하였노라

대적자들은 느헤미야가 모반한다는 말을 퍼뜨려 그를 두렵게 하여 아무 일도 못하게 하려는 것이다. 그래서 느헤미야는 또 기도한다. "이제 내 손을 힘 있게 하옵소서".

10-11절, 이 후에 므헤다벨의 손자 들라야의 아들 스마야가 두문불출하기로 내가 그 집에 가니 저가 이르기를 저희가 너를 죽이러 올 터이니 우리가 하나님의 전으로 가서 외소 안에 있고 그 문을 닫자 저희가 필연 밤에 와서 너를 죽이리라 하기로 11 내가 이르기를 나 같은 자가 어찌 도망하며 나 같은 몸이면 누가 외소에 들어가서 생명을 보존하겠느냐 나는 들어가지 않겠노라 하고

스마야가 한동안 두문불출해서 느헤미야가 그 집에 가보니 그가 말하기를 '대적이 너를 죽이려고 하니 빨리 전으로 가서 외소 안에 숨으라'고 했다. 스마야는 거짓 선지자이다. 그는 상징적 예언으로 두문불출함으로써 자기처럼 그도 성전에 가서 숨으라고 한 것이다. 그러나 느헤미야는 '나 같은 자가 어찌 도망하며 나 같은 몸이면 누가 외소에 들어가 생명을 보존하겠느냐. 거기 들어간다고 살겠느냐. 죽으려면 그냥 여기서 죽겠다.'고 했다.

12-13절, 깨달은즉 저는 하나님의 보내신 바가 아니라 도비야와

산발랏에게 뇌물을 받고 내게 이런 예언을 함이라 13 저희가 뇌물을 준 까닭은 나를 두렵게 하고 이렇게 함으로 범죄하게 하고 악한 말을 지어 나를 비방하려 함이었느니라

느헤미야는 곧 그가 참 선지자가 아니라는 것을 깨달았다. 그는 대적자들인 도비야와 산발랏에게 뇌물을 받고 이런 일을 꾸민 것이다. 만일 스마야의 말을 듣고 성전 외소에 들어가서 숨는다면 대적자들은 더 악한 말들을 지어 내서 '느헤미야를 좀 봐라. 살려고 숨었다.'고 비방했을 것이다.

14절, 내 하나님이여 도비야와 산발랏과 여선지 노아댜와 그 남은 선지자들 무릇 나를 두렵게 하고자 한 자의 소위를 기억하옵소서 하였노라

느헤미야는 거짓 선지자 스마야의 사건에 대해서도 기도함으로 끝맺는다. 느헤미야는 모든 것을 기도로 하나님 앞에 가져갔다.

15-16절, 성 역사가 오십이 일 만에 엘룰월 이십오 일에 끝나매 16 우리 모든 대적과 사면 이방 사람들이 이를 듣고 다 두려워하여 스스로 낙담하였으니 이는 이 역사를 우리 하나님이 이루신 것을 앎이니라

성 역사는 52일 만에 끝났고 지금까지 대적했던 사마리아인, 암몬인, 아라비아인 및 블레셋인 등은 성 건축 역사가 완공되었다는 말을 듣고 낙담했다. 이는 이 역사를 이스라엘의 하나님께서 이루신 것을 알았기 때문이다.

17절, 그때에 유다의 귀인들이 여러 번 도비야에게 편지하였고 도비야의 편지도 저희에게 이르렀으니

성 건축의 일은 다 마쳐졌는데 유다의 귀인들은 대적자 도비야와 계속 서신 왕래를 하고 있었다.

18절, 도비야는 아라의 아들 스가냐의 사위가 되었고 도비야의 아들 여호하난도 베레갸의 아들 므술람의 딸을 취하였으므로 유다에서 저와 동맹한 자가 많음이라

도비야가 유다의 귀인들과 인척 관계를 맺어 그들과 아주 가까운 사이가 된 것이다. 도비야 자신도 아라(스룹바벨 제 1차 귀환 때 같이 귀환한 족장)의 아들 스가냐의 사위가 되었고, 도비야의 아들도 베레갸의 아들 므술람의 딸에게 장가들었다. 이 므술람은 성곽 건축에서 두 구역이나 담당한 제사장이었는데, 도비야 같은 자와 사돈이 된 것이다. 이러한 혼인관계로 유다 사람들 가운데에는 도비야와 동맹한 자가 많았다.

19절, 저희들이 도비야의 선행을 내 앞에 말하고 또 나의 말도 저에게 전하매 도비야가 항상 내게 편지하여 나를 두렵게 하고자 하였느니라

도비야와 내통하는 유다의 귀인들은 느헤미야에게 와서 도비야의 선행을 말해 주곤 했다. 도비야는 느헤미야의 대적인데 그 앞에서 도비야의 선행을 말하는 것이다. 그리고 그쪽에 가서는 또 느헤미야의 말을 전해주었다. 이런 무익한 왕래 가운데서 대적자는 틈을 엿보아 항상 편지로 느헤미야를 위축시켜 성 건축을 하지 못하게 하려 했던 것이다. 그러나 그러한 와중에서도 성 건축은 필역하였다.

여러분, 하나님의 성이 어떤 분위기 속에서 건축되는지를 보았는가? 이렇게 끈질긴 대적들의 공격 속에서 건축된 것이다. 비웃음과 조롱과 위협은 사단이 하는 일이다. 이러한 대적의 공격이 자행되는 가운데 성이 건축된다는 것은 참으로 기이한 일이다.

느헤미야 7 장

1절, 성이 건축되매 문짝을 달고 문지기와 노래하는 자들과 레위 사람들을 세운 후에

성이 건축되자 문짝을 달고 문지기를 세웠다. 아무나 못 들어오게 하려는 것이다. 성에서는 문지기의 역할이 가장 중요하다. 그 다음이 노래하는 자이다. 그리고 레위 사람들, 곧 하나님을 섬기는 사람들이 나온다. 신약에서도 교회가 건축되는 것과 교회 봉사 직분이 세워지는 것은 매우 관계가 깊다. 성이 건축되었기 때문에 성을 지키는 일이 있는 것이다. 성 건축이 완공되지 않았을 때에는 도둑이고 사기꾼이고 마음대로 들락날락하는데 지킬 길이 없었다. 마찬가지로 건축된 교회만이 인도자 체계와 봉사직분이 필요한 것이다. 성이 건축되자마자 느헤미야가 한 일이 무엇인가? 우선 문짝을 달고 문지기를 세워 아무나 함부로 그 안에 들어오지 못하게 한 것이다. 그리고 노래하는 자들과 레위 사람들을 세웠다.

2절, 내 아우 하나니와 영문의 관원 하나냐로 함께 예루살렘을 다스리게 하였는데 하나냐는 위인이 충성되어 하나님을 경외함이 무리에서 뛰어난 자라

하나니는 1장에서 느헤미야에게 슬픈 소식을 전한 사람이다. “나의 한 형제 중 하나니가 두어 사람과 함께 유다에서 이르렀기로 내가 그 사로잡힘을 면하고 남아 있는 유다 사람과 예루살렘 형편을 물은즉 저희가 내게 이르되 사로잡힘을 면하고 남은 자가 그 도에서 큰 환난을 만나고 능욕을 받으며 예루살렘 성은 훼파되고 성문들은 소화되었다 하는지라" (2-3절).

처음부터 사역자와 동역해온 사람은 이렇게 끝까지 함께 해야 한다. 그는 느헤미야와 함께 성을 위해서 애통해하고 성을 건축해온 충성된 자이다. 회복의 무리는 충성된 자들이고 하나님을 경외함에서 뛰어난 자들이다.

3-65절, 내가 저희에게 이르기를 해가 높이 뜨기 전에는 예루살
렘 성문을 열지 말고 아직 파수할 때에 곧 문을 닫고 빗장을 지르며
또 예루살렘 거민으로 각각 반차를 따라 파수하되 자기 집 맞은편
을 지키게 하라 하였노니 4 그 성은 광대하고 거민은 희소하여 가옥
을 오히려 건축하지 못하였음이니라 5 내 하나님이 내 마음을 감동
하사 귀인들과 민장과 백성을 모아 그 보계대로 계수하게 하신 고로
내가 처음으로 돌아온 자의 보계를 얻었는데 거기 기록한 것을 보면
6 옛적에 바벨론 왕 느부갓네살에게 사로잡혀 갔던 자 중에서 놓임
을 받고 예루살렘과 유다로 돌아와 각기 본성에 이른 자 곧 7 스룹
바벨과 예수아와 느헤미야와 아사랴와 라아먀와 나하마니와 모르
드개와 빌산과 미스베렛과 비그왜와 느훔과 바아나 등과 함께 나온
이스라엘 백성의 명수가 이러하니라 8 바로스 자손이 이천일백칠십
이 명이요 9 스바댜 자손이 삼백칠십이 명이요 10 아라 자손이 육백
오십이 명이요 11 바핫모압 자손 곧 예수아와 요압 자손이 이천팔백
십팔 명이요 12 엘람 자손이 일천이백오십사 명이요 13 삿두 자손이
팔백사십오 명이요 14 삭개 자손이 칠백육십 명이요 15 빈누이 자손
이 육백사십팔 명이요 16 브배 자손이 육백이십팔 명이요 17 아스갓
자손이 이천삼백이십이 명이요 18 아도니감 자손이 육백육십칠 명이

요 19 비그왜 자손이 이천육십칠 명이요 20 아딘 자손이 육백오십
오 명이요 21 아델 자손 곧 히스기야 자손이 구십팔 명이요 22 하숨
자손이 삼백이십팔 명이요 23 베새 자손이 삼백이십사 명이요 24 하
립 자손이 일백십이 명이요 25 기브온 사람이 구십오 명이요 26 베
들레헴과 느도바 사람이 일백팔십팔 명이요 27 아나돗 사람이 일백
이십팔 명이요 28 벧아스마 사람이 사십이 명이요 29 기랴여아림
과 그비라와 브에롯 사람이 칠백사십삼 명이요 30 라마와 게바 사람
이 육백이십일 명이요 31 믹마스 사람이 일백이십이 명이요 32 벧엘
과 아이 사람이 일백이십삼 명이요 33 기타 느보 사람이 오십이 명
이요 34 기타 엘람 자손이 일천이백오십사 명이요 35 하림 자손이
삼백이십 명이요 36 여리고 자손이 삼백사십오 명이요 37 로드와
하딧과 오노 자손이 칠백이십일 명이요 38 스나아 자손이 삼천구백
삼십 명이었느니라 39 제사장들은 예수아의 집 여다야 자손이 구백
칠십삼 명이요 40 임멜 자손이 일천오십이 명이요 41 바스훌 자손이
일천이백사십칠 명이요 42 하림 자손이 일천십칠 명이었느니라 43
레위 사람들은 호드야 자손 곧 예수아와 갓미엘 자손이 칠십사 명이
요 44 노래하는 자들은 아삽 자손이 일백사십팔 명이요 45 문지기
들은 살룸 자손과 아델 자손과 달문 자손과 악굽 자손과 하디다 자
손과 소배 자손이 모두 일백삼십팔 명이었느니라 46 느디님 사람들
은 시하 자손과 하수바 자손과 답바옷 자손과 47 게로스 자손과 시
아 자손과 바돈 자손과 르바나 자손과 48 하가바 자손과 살매 자손
과 49 하난 자손과 깃델 자손과 가할 자손과 50 르아야 자손과 르
신 자손과 느고다 자손과 51 갓삼 자손과 웃사 자손과 바세아 자손
과 52 베새 자손과 므우님 자손과 느비스심 자손과 53 박북 자손
과 하그바 자손과 할훌 자손과 54 바슬릿 자손과 므히다 자손과 하
르사 자손과 55 바르고스 자손과 시스라 자손과 데마 자손과 56 느
시야 자손과 하디바 자손이었느니라 57 솔로몬의 신복의 자손은 소
대 자손과 소베렛 자손과 브리다 자손과 58 야알라 자손과 다르곤

자손과 깃델 자손과 59 스바댜 자손과 핫딜 자손과 보게렛하스바임
자손과 아몬 자손이니 60 모든 느디님 사람과 솔로몬의 신복의 자
손이 삼백구십이 명이었느니라 61 델멜라와 델하르사와 그룹과 앗
돈과 임멜로부터 올라온 자가 있으나 그 종족과 보계가 이스라엘에
속하였는지는 증거할 수 없으니 62 저희는 들라야 자손과 도비야 자
손과 느고다 자손이라 도합이 육백사십이 명이요 63 제사장 중에는
호바야 자손과 학고스 자손과 바르실래 자손이니 바르실래는 길르앗
사람 바르실래의 딸 중에 하나로 아내를 삼고 바르실래의 이름으로
이름한 자라 64 이 사람들이 보계 중에서 자기 이름을 찾아도 얻지
못한 고로 저희를 부정하게 여겨 제사장의 직분을 행치 못하게 하고
65 방백이 저희에게 명하여 우림과 둠밈을 가진 제사장이 일어나기
전에는 지성물을 먹지 말라 하였느니라

돌아온 자들의 명단이 7장에 다 기록되었다. 성이 건축되고 문짝이 달리고 문지기가 세워진 다음, 느헤미야가 성령의 감동으로 한 일은 그 백성들을 한 사람 한 사람 계수하는 것이었다. 여기 65절까지가 사로잡혀 갔다가 돌아온 자들의 명단이다. 그런데 놀랍게도 에스라 2장의 기록과 거의 똑같다. 한두 명 정도 차이가 날 뿐 거의 같다. 인솔자들의 이름이 나오고(5-7절), 다음은 가족별로 계수하는 것이 나온다(8-38절). 주님의 교회 안에 가족들이 함께 있는 것은 참으로 아름다운 일이다. 주님의 교회에는 반드시 인도자가 있고(히13:7), 또 제사장들과 노래하는 자들과 문지기들이 있다(39-45절). 그리고 느디님 사람들과 솔로몬의 신복들의 자손이 있으며(45-60절), 마지막으로 보계가 불확실한 자들이 있다(61-65절).

이렇게 명단을 자세하게 기록한 것은 무엇을 의미하는가? 주님의 성과 성전을 재건하러 올라온 자들은 하나하나가 다 귀하다는 것이다. 하나님의 말씀인 성경책에 두 번씩이나 기록될 만큼 귀하고 또 귀하다. 이 마지막 시대에도 이런 자들이 없다면 주님의 성전이나 성벽은 재건되지 못하며 따라서 주님은 다시 오실 길을 얻지 못하신다. 주님은 그분의 퇴락한 성전을 지으며 성벽을 보수하며 재건할 사람들을 필요로 하신다.

66-73절, 온 회중의 합계가 사만이천 삼백육십 명이요 67 그 외에 노비가 칠천삼백삼십칠 명이요 노래하는 남녀가 이백사십오 명이요 68 말이 칠백삼십육이요 노새가 이백사십오요 69 약대가 사백삼십오요 나귀가 육천칠백이십이었느니라 70 어떤 족장들은 역사를 위하여 보조하였고 방백은 금 일천 다릭과 대접 오십과 제사장의 의복 오백삼십 벌을 보물 곳간에 드렸고 71 또 어떤 족장들은 금 이만 다릭과 은 이천이백 마네를 역사 곳간에 드렸고 72 그 나머지 백성은 금 이만 다릭과 은 이천 마네와 제사장의 의복 육십칠 벌을 드렸느니라 73 이와 같이 제사장들과 레위 사람들과 문지기들과 노래하는 자들과 백성 몇 명과 느디님 사람들과 온 이스라엘이 다 그 본성에 거하였느니라

귀환자들과 예물의 총계의 기록으로서 에스라 2장 64-70절과 병행한다. 회중이 42,360명이고 노비가 7,337명인 것도 에스라서와 일치한다. 그러나 노래하는 자는 245명으로 45명이 더 많다. 말, 노새, 약대, 나귀의 수는 일치한다. 예물은 에스라 2장의 기록과 약간 차이가 있다. 어쨌든 예루살렘에 돌아와서 드려진 것들은 모두가 다 귀하다. 그래서 이렇게 하나하나 기록된 것이다.

느헤미야 8장

1-3절, 이스라엘 자손이 그 본성에 거하였더니 칠월에 이르러는 모든 백성이 일제히 수문 앞 광장에 모여 학사 에스라에게 여호와께서 이스라엘에게 명하신 모세의 율법책을 가지고 오기를 청하매 2 칠월 일일에 제사장 에스라가 율법책을 가지고 남자, 여자 무릇 알아 들을만한 회중 앞에 이르러 3 수문 앞 광장에서 새벽부터 오정까지 남자, 여자 무릇 알아 들을만한 자의 앞에서 읽으매 뭇 백성이 그 율법책에 귀를 기울였는데

느헤미야서 8장에 올 때 에스라가 나온다. 느헤미야는 성벽을 중수한 사람이고 에스라는 학사로서 성전을 재건한 사람이다. 둘 다 유다 백성의 귀환시에 하나님께서 그분의 성전과 성의 재건을 위해 사용하신 종들이다. 느헤미야는 에스라보다 13년 뒤에 예루살렘에 도착했다. 느헤미야는 총독이고 에스라는 학사이자 제사장이고 서기관이었다. 에스라는 성경을 잘 아는 사람이었고 느헤미야는 뛰어난 통치력을 가진 사람이었다. 우리는 7장까지에서 느헤미야가 어떻게 성벽을 건축했는지를 보았다.

이 모든 것들을 다 이룩한 다음, 느헤미야는 에스라로 하여금 백성들을 가르치도록 기회를 주고 있다. 이스라엘 자손이 예루살렘 본성에 거했는데 7월에 이르러 수문 앞 광장에 다 모여서 학사인 에스라에게 모세의 율법을 듣는 모임을 가졌다. 그 모임은 에스라의 주관 하에 이루어졌을 가능성이 크다. 우리는 여기에서 느헤미야 같은 지도자와 에스라 같은 학사, 그리고 당시 백성의 지도자들이 함께 동역한 것을 볼 수 있다. 에스라는 율법책을 가지고 남자, 여자 무릇 알아 들을만한 모든 자들 앞에서 읽었다. 하나님의 말씀은 이렇게 알아 들을만한 자들에게 읽어 주어야 한다.

4절, 때에 학사 에스라가 특별히 지은 나무 강단에 서매 그 우편에 선 자는 맛디댜와 스마와 아나야와 우리야와 힐기야와 마아세야요 그 좌편에 선 자는 브다야와 미사엘과 말기야와 하숨과 하스밧다나와 스가랴와 므술람이라

에스라는 이스라엘 백성들 앞에 혼자 서지 않고 몇몇 제자들과 함께 섰다. 이것은 에스라의 말씀 사역을 강화시키고 에스라를 부축하는 일이 되었을 것이다. 이는 오순절 날에 베드로가 열 한 사도와 함께 서서 복음을 전하는 것과 같은 모습이다.

5절, 학사 에스라가 모든 백성 위에 서서 저희 목전에 책을 펴니 책을 펼 때에 모든 백성이 일어서니라

하나님의 말씀을 지극히 공경하는 태도이다. 하나님의 말씀을 받는 사람들은 이렇게 공경하는 태도로 받아야 한다.

6절, 에스라가 광대하신 하나님 여호와를 송축하매 모든 백성이 손을 들고 아멘 아멘 응답하고 몸을 굽혀 얼굴을 땅에 대고 여호와께 경배하였느니라

에스라는 말씀을 가르치기 전에 먼저 여호와를 송축했다. 그럴 때 모든 백성이 하나님을 공경하고 순복하는 태도로 몸을 굽혀 얼굴을 땅에 대고 여호와께 경배했다.

7-8절, 예수아와 바니와 세레뱌와 야민과 악굽과 사브대와 호디야와 마아세야와 그리다와 아사랴와 요사밧과 하난과 블라야와 레위 사람들이 다 그 처소에 섰는 백성에게 율법을 깨닫게 하는데 8 하나님의 율법책을 낭독하고 그 뜻을 해석하여 백성으로 그 낭독하는 것을 다 깨닫게 하매

에스라를 돕는 사람들의 이름이 기록되어 있다. 이들은 레위 사람들로서 그 처소에 섰는 사람들에게 율법을 깨닫도록 도와주었다. 에스라와 한 무리는 서서 가르치고 한 무리는 그 처소에 있는 사람들을 깨닫도록 도와준 것이다. 오늘날 복음 전도 집회를 하는 것같이 에스라는 강단에서 율법책을 낭독하고 한 무리는 여기저기서 해석을 필요로 하는 사람들을 깨닫도록 도와주었다. 매우 아름다운 모습이다.

9절, 백성이 율법의 말씀을 듣고 다 우는지라 총독 느헤미야와 제사장 겸 학사 에스라와 백성을 가르치는 레위 사람들이 모든 백성에게 이르기를 오늘은 너희 하나님 여호와의 성일이니 슬퍼하지 말며 울지 말라 하고

이스라엘 백성들은 오랜 만에 하나님의 율법의 말씀을 듣자 자신들의 상태가 하나님 앞에 너무도 합당치 않음을 깨닫고 다 눈물을 흘렸다. "백성이 율법의 말씀을 듣고 다 우는지라". 그때 느헤미야와 에스라와 한 무리의 레위 사람들이 백성들에게 "오늘은 너희 하나님 여호와의 성일이니 슬퍼하지 말며 울지 말라"고 했다. 이렇게 우는 것이 반드시 좋은 것은 아니다.

백성들은 회개하는 마음으로 눈물을 흘렸지만 지도자들인 느헤미야와 에스라는 하나님의 성일이니 울지 말라고 했다. 지금 이 말씀을 가르치는 데 앞장선 사람은 에스라이다. 그런데 백성들이 율법을 받고서 회개하며 울자 총독 느헤미야가 일어나서 에스라와 또 백성을 가르치는 레위 사람들과 함께 백성들에게 울지 말라고 했다. 율법을 가르칠 때에는 에스라가 주도했지만 그 말씀을 듣고 우는 백성들을 진정시킬 때에는 느헤미야가 함께 나선 것이다. 하나님의 백성들 가운데 이렇게 괄목할만한 지도자들이 함께 하는 것은 얼마나 아름다운 광경인지!

10절, 느헤미야가 또 이르기를 너희는 가서 살진 것을 먹고 단 것을 마시되 예비치 못한 자에게는 너희가 나누어주라 이 날은 우리 주의 성일이니 근심하지 말라 여호와를 기뻐하는 것이 너희의 힘이니라 하고

느헤미야는 하나님을 아는 사람이다. 이 거룩한 하나님의 성일에는 근심해서는 안 된다. 도리어 기뻐해야 한다. "여호와를 기뻐하는 것이 너희의 힘이니라". 주님 안에서 기뻐하는 것이 우리의 힘이다.

11절, 레위 사람들도 모든 백성을 정숙케 하여 이르기를 오늘은 성일이니 마땅히 종용하고 근심하지 말라 하매

여기서 에스라와 느헤미야, 그리고 한 무리의 레위 사람들이 다 하나가 되어 같은 마음과 같은 뜻으로 백성들을 가르치고 권면했다. 그럴 때 그들이 다 순종했다.

12절, 모든 백성이 곧 가서 먹고 마시며 나누어 주고 크게 즐거워하였으니 이는 그 읽어 들린 말을 밝히 앎이니라

우리는 여기서 인도하는 사람들이 하나 되는 것이 얼마나 중요한지 알 수 있다. 느헤미야, 에스라, 레위 사람들처럼 말씀을 가르치고 인도하는 사람들이 하나로 그 백성들을 가르치며 권면할 때 모두가 아무 의견 없이 따랐다. "모든 백성이 곧 가서 먹고 마시며 나누어 주고 크게 즐거워하였으니 이는 그 읽어 들린 말을 밝히 앎이니라". 이 구절은 그들이 크게 즐거워한 것이 그 읽어 들린 말씀을 밝히 깨달았기 때문이라고 한다. 하나님의 백성에게 가장 큰 즐거움은 역시 하나님의 말씀을 밝히 깨닫는 것이다.

13절, 그 이튿날 뭇 백성의 족장들과 제사장들과 레위 사람들이 율법의 말씀을 밝히 알고자 하여 학사 에스라의 곳에 모여서

그 다음날 뭇 백성의 족장들과 제사장들과 레위 사람들이 율법의 말씀을 밝히 알고자 하여 학사 에스라가 있는 곳에 모였다. 그들은 에스라의 강론을 듣자 백성의 지도자들로서 말씀을 더 배워야 할 필요를 느꼈을 것이다.

14-17절, 율법책을 본즉 여호와께서 모세로 명하시기를 이스라엘 자손은 칠월 절기에 초막에 거할지니라 하였고 15 또 일렀으되 모든 성읍과 예루살렘에 공포하여 이르기를 너희는 산에 가서 감람나무 가지와 들 감람나무 가지와 화석류나무 가지와 종려나무 가지와 기타 무성한 나무 가지를 취하여 기록한 바를 따라 초막을 지으라 하라 하였는지라 16 백성이 이에 나가서 나무 가지를 취하여 혹은 지붕 위에, 혹은 뜰 안에, 혹은 하나님의 전 뜰에, 혹은 수문 광장에, 혹은 에브라임 문 광장에 초막을 짓되 17 사로잡혔다가 돌아온 회무리가 다 초막을 짓고 그 안에 거하니 눈의 아들 여호수아 때로부터 그 날까지 이스라엘 자손이 이같이 행함이 없었으므로 이에 크게 즐거워하며

하나님의 말씀이 열릴 때 하나님의 백성들은 하나님의 말씀으로 돌아오게 된다. 그러므로 에스라 같은 학사는 하나님의 백성에게 너무도 중요한 사람이다. 에스라 같은 사람이 말씀을 열어줄 때 이스라엘 백성들은 바르게 행할 바를 알게 되며 또 해서는 안 될 것도 알게 된다. 따라서 말씀이 열리는 것과 함께 그들의 행함도 말씀대로 회복되는 것이다. 돌아온 자들은 다 초막을 짓고 그 안에 거하였으며, 여호수아 시대부터 지금까지 이스라엘 자손이 이렇게 행한 적이 없었으므로 크게 즐거워했다.

18절, 에스라는 첫날부터 끝날까지 날마다 하나님의 율법책을 낭

독하고 무리가 칠 일 동안 절기를 지키고 제 팔일에 규례를 따라 성회를 열었느니라

에스라는 일주일 내내 하나님의 말씀을 가르쳤고 백성들은 매일매일 말씀을 들었다. 하나님의 말씀이 해방되는 것은 매우 중요하다. 그 말씀이 들려질 때 하나님의 백성들은 돌이킬 수 있고 하나님의 말씀에 기록된 바를 행할 수 있게 된다.

오늘날에도 하나님의 교회가 성경에 기록된 대로 행하려면 하나님의 말씀이 지속적으로 해방되어야 한다. 하나님의 백성이 기록된 하나님의 말씀으로 돌아가지 않는 이유는 성경 말씀 그대로를 열어주는 사람이 부족하기 때문이다. 에스라같이 말씀을 가르치고 해설하고 권면한다면 하나님의 백성들은 자신들의 행함에 대한 자각을 가지고 말씀에 순종하고자 할 것이다.

느헤미야 9장

1절, 그 달 이십사일에 이스라엘 자손이 다 모여 금식하며 굵은 베를 입고 티끌을 무릅쓰며

여호와의 거룩한 성일에는 눈물이 나와도 즐거워해야 했다. 그러나 하나님의 말씀을 듣고 그들의 상태가 그대로 드러났을 때 이스라엘 자손들은 다 모여 금식했다. 금식은 억지로 하는 것이 아니라 참으로 마음이 애통하여 음식을 먹을 수 없을 때 하게 되는 것이다.

2절, 모든 이방 사람과 절교하고 서서 자기의 죄와 열조의 허물을 자복하고

보라! 하나님의 말씀이 열리고 말씀이 제대로 가르쳐질 때 하나님의 백성들은 자신들의 죄를 다 알게 된다. 그들은 이방 사람들과 친분을 갖고 있었다. 하나님의 백성은 분별되어야 하는데 이방 사람들과 연합되어 있었던 것이다. 그러므로 그들은 이방 사람과 절교하고 서서 자기의 죄와 열조의 허물을 자복했다. 말씀이 있을 때 빛이 있고 그럴 때 죄와 허물이 드러난다.

3절, 이 날에 낮 사분지 일은 그 처소에 서서 그 하나님 여호와의 율법책을 낭독하고 낮 사분지 일은 죄를 자복하며 그 하나님 여호와

께 경배하는데

낮을 열두 시간으로 보면 그 사분지 일은 세 시간이다. 세 시간은 말씀을 듣고 또 세 시간은 죄를 자복했다. 우리는 말씀을 읽을 때 죄를 자복하면서 읽어야 한다. 말씀이 우리를 비추기 때문이다. 말씀만 읽고 기도하지 않는 사람은 말씀을 머릿속에만 집어넣는 사람이다. 그 말씀으로 마음을 비추도록 하는 사람은 반드시 읽으면서 죄를 자복하고 기도하며 주님을 경배하게 될 것이다. 성도들에게 은혜가 있다면 예배 시간이 이렇게 충분해야 한다. 그들은 적어도 여섯 시간 동안 예배를 드렸다.

4절, 레위 사람 예수아와 바니와 갓미엘과 스바냐와 분니와 세레뱌와 바니와 그나니는 대에 올라서서 큰 소리로 그 하나님 여호와께 부르짖고

레위 사람 몇몇은 큰 소리로 여호와께 부르짖었다.

5절, 또 레위 사람 예수아와 갓미엘과 바니와 하삽느야와 세레뱌와 호디야와 스바냐와 브다히야는 이르기를 너희 무리는 마땅히 일어나 영원부터 영원까지 계신 너희 하나님 여호와를 송축할지어다 주여 주의 영화로운 이름을 송축하올 것은 주의 이름이 존귀하여 모든 송축이나 찬양에서 뛰어남이니이다

또 한 무리의 레위 사람들은 여호와의 이름을 송축했다.

6절, 오직 주는 여호와시라 하늘과 하늘들의 하늘과 일월성신과 땅과 땅 위의 만물과 바다와 그 가운데 모든 것을 지으시고 다 보존하시오니 모든 천군이 주께 경배하나이다

이제 하늘과 하늘들의 하늘과 일월성신과 땅과 만물과 바다와 모든 것을 지으신 조물주이신 하나님께 경배했다.

7절, 주는 하나님 여호와시라 옛적에 아브람을 택하시고 갈대아 우르에서 인도하여 내시고 아브라함이라는 이름을 주시고

이제 그들은 자기들의 근본이신 하나님이 이스라엘을 어떻게 택하시고 인도하셨는지를 추적하고 있다.

8절, 그 마음이 주 앞에서 충성됨을 보시고 더불어 언약을 세우사 가나안 족속과 헷 족속과 아모리 족속과 브리스 족속과 여부스 족속과 기르가스 족속의 땅을 그 씨에게 주리라 하시더니 그 말씀대로 이루셨사오니 주는 의로우심이로소이다

우리가 만일 주님의 축복을 얻으려면 주님 앞에서 충성되어야 할 것이다. 아브라함은 충성되었기 때문에 하나님의 언약을 받아서 그 씨가 오늘날 많아지게 된 것이다. 참으로 오랜 세월이 지나서야 그들은 하나님께서 아브라함에게 언약하신 말씀들이 이루어진 것을 인해 찬양하며 감사하고 있다.

9-10절, 주께서 우리 열조가 애굽에서 고난받는 것을 감찰하시며 홍해에서 부르짖음을 들으시고 10 이적과 기사를 베푸사 바로와 그 모든 신하와 그 나라 온 백성을 치셨사오니 이는 저희가 우리의 열조에게 교만히 행함을 아셨음이라 오늘날과 같이 명예를 얻으셨나이다

이제 이스라엘의 역사를 간략하게 추적해 보고 있다. 애굽에서 고난받은 일, 홍해를 건널 때 바로와 그 모든 신하와 그 나라 온 백성을 치신 일 등을 언급한다.

11-12절, 주께서 또 우리 열조 앞에서 바다를 갈라지게 하시사 저희로 바다 가운데를 육지같이 통과하게 하시고 쫓아오는 자를 돌을 큰 물에 던짐같이 깊은 물에 던지시고 12 낮에는 구름 기둥으로 인도하시고 밤에는 불 기둥으로 그 행할 길을 비취셨사오며

그분은 이스라엘 백성의 열조 앞에서 홍해를 가르시고 그들로 바다를 육지같이 통과하게 하셨다. 그리고 좇아오는 애굽 군대를 돌을 큰 물에 던짐같이 깊은 물에 던지셨다. 하나님의 백성을 택하신 분도 하나님이시고 축복하시는 분도 하나님이시고 그들을 불 기둥으로, 구름 기둥으로 인도하시는 분도 하나님이시다.

여기서 잠시 신약의 교회에 대해 생각해보겠다. 교회는 하나님의 백성이고 하나님의 나라인데, 그 교회를 누가 선택했는가? 하나님이 선택하셨다. 그럼 누가 축복하시겠는가? 하나님이 축복하신다. 그분은 약속하시고 축복하시며 불 기둥과 구름 기둥으로 인도하신다. 이스라엘 백성들을 광야에서 누가 인도했는가? 어떤 사람들은 모세가 인도했다고 하겠지만 실상은 모세가 아니라 하나님께서 인도하신 것이다.

그러므로 만일 우리가 하나님의 택하신 백성이라면 하나님이 인도하신다는 확증이 있어야 한다. 만일 어떤 무리가 하나님이 그들을 인도하신다는 확신이 없다면 자신들이 정말로 하나님의 백성인지 생각해 보아야 한다. 만일 어떤 단체에 사람의 인도만 있고 하나님의 인도하심을 느낄 수 없다면, 거기에 불 기둥도 없고 구름 기둥도 없고 모세와 아론만 있다면, 그들은 필경 하나님의 백성이 아닐 것이다. 하나님의 백성은 분명 하나님께서 인도하신다. 여러분은 하나님께서 여러분의 무리를 인도하신다는 느낌이 있는가? 그러면 여러분은 신약의 교회이다. 교회는 그리스도의 몸이고, 교회의 머리는 그리스도이시다. 교회는 주님의 양 무리이고 그리스도는 그 목자이시다.

단지 사람이 인도하는 무리는 교회가 아니다. 그것이 만일 주님의 교회라면 사람이 아닌 주님이 인도하셔야 한다. 인수가 적든 많든 그것이 문제가 아니다. 다섯 명이든 열 명이든 혹은 두세 명이든 그들을 과연 하나님께서 인도하시는지가 문제이다. 오늘날 참 교회가 어떤 것인지를 두고 논란이 많다. 자신들이 참 교회라고 자부하는 교회들도 많다. 그렇다면 무엇으로 참 교회를 확정할 것인가? 어떤 교리를 가지고 참 교회를 확증할 수 있겠는가? 아마도 많은 사람들이 그렇게 하려고 할 것이다.

그러나 이스라엘에 대한 하나님의 인도는 추상적인 것이 아닌 실제적인 것이었다. 하나님께서는 실지로 그들을 애굽에서 홍해를 지나 광야로, 요단을 건너 가나안 땅으로 인도해 들이신 것이다.

13-15절, 또 시내 산에 강림하시고 하늘에서부터 저희와 말씀하사 정직한 규례와 진정한 율법과 선한 율례와 계명을 저희에게 주시고 14 거룩한 안식일을 저희에게 알리시며 주의 종 모세로 계명과 율례와 율법을 저희에게 명하시고 15 저희의 주림을 인하여 하늘에서 양식을 주시며 저희의 목마름을 인하여 반석에서 물을 내시고 또 주께서 옛적에 손을 들어 맹세하시고 주마 하신 땅을 들어가서 차지하라 명하셨사오나

주님이 이렇게 하셨다는 것이다. 그들이 하나님의 백성이라면 하나님은 반드시 그들에게 양식을 주시고 물을 주신다. 그분의 백성은 그분이 인도하시고 공급하시고 돌보신다. 신약으로 말하면 교회는 그리스도의 몸인데 그분이 어찌 그 몸을 양육하고 보호하시지 않겠는가? 어떤 무리가 참으로 주님의 몸이라면 그들은 주님이 돌보시지 않을까봐 걱정할 필요가 없다. "누구든지 언제든지 제 육체를 미워하지 않고 오직 양육하여 보호하기를 그리스도께서 교회를 보양함과 같이 하나니 우리는 그 몸의 지체임이니라"(엡 5:29-30).

16절, 저희와 우리 열조가 교만히 하고 목을 굳게 하여 주의 명령을 듣지 아니하고

문제는 이것이다. 그들이 하나님의 백성인 것은 사실이지만 그들이 교만하고 목을 굳게 하고 주님의 명령을 듣지 않는 것이다.

17절, 거역하며 주께서 저희 가운데 행하신 기사를 생각지 아니하고 목을 굳게 하며 패역하여 스스로 한 두목을 세우고 종 되었던 땅으로 돌아가고자 하였사오나 오직 주는 사유하시는 하나님이시라

은혜로우시며 긍휼히 여기시며 더디 노하시며 인자가 풍부하시므로 저희를 버리지 아니하셨나이다

이스라엘 백성들은 하나님의 선택하심을 받고 인도를 받고 많은 돌보심과 양육을 받았으면서도 주님이 그들을 위해 하신 일들을 잊어버리고 목을 굳게 하고 패역하여 종 되었던 땅으로 돌아가고자 했다. 하나님이 아주 싫어하시는 것이 하나 있는데, 그것은 앞으로 나아가려 하지 않고 힘들다고 해서 과거 그분이 이끌어내셨던 곳으로 돌아가려고 하는 것이다. 과거 지향적인 것, 지난 날 있었던 곳으로 돌아가려는 것을 주님은 제일 싫어하신다. 하나님은 그분의 백성이 그분의 인도를 따라 앞으로 나아가기를 원하신다. 그럼에도 불구하고 하나님은 용서의 하나님이시다. 그분은 은혜로우시며 긍휼히 여기시며 더디 노하시며 인자가 풍부하시므로 그들을 버리지 않으셨다.

18절, 또 저희가 송아지를 부어 만들고 이르기를 이는 곧 너희를 인도하여 애굽에서 나오게 하신 하나님이라 하여 크게 설만하게 하였사오나

'설만하게 하였다'는 것은 '방자하게 행했다'는 뜻이다. 그들은 광야에서 송아지 우상을 만들어 놓고서 그것이 그들을 인도하여 애굽에서 나오게 한 하나님이라고 했다.

19절, 주께서는 연하여 긍휼을 베푸사 저희를 광야에 버리지 아니하시고 낮에는 구름 기둥으로 길을 인도하시며 밤에는 불 기둥으로 그 행할 길을 비취사 떠나게 아니하셨사오며

그래도 하나님은 그들을 버리지 않고 계속 인도하셨다.

20절, 또 주의 선한 신을 주사 저희를 가르치시며 주의 만나로 저희 입에 끊어지지 않게 하시고 저희의 목마름을 인하여 물을 주시사

'주의 선한 신을 주사 저희를 가르치시며'. 하나님의 영을 주셔서 그들을 가르치셨다고 했다. 하나님은 이스라엘 백성들이 그분을 거역하고 떠나도 버리지 않으시고 계속 만나와 물을 공급하셨다.

21절, 사십 년 동안을 들에서 기르시되 결핍함이 없게 하시므로 그 옷이 해어지지 아니하였고 발이 부릍지 아니하였사오며

40년 동안 광야에서 이스라엘 백성이 한 일은 거듭거듭 하나님을 거역하는 것이었고 하나님께서 하신 일은 용서하고 긍휼을 베푸시는 것이었다. 하나님께서는 광야에서 그러한 그들을 부족한 것 없이 기르셨으므로 그 옷이 해어진 적이 없고 발이 부르튼 적도 없었다.

22절, 또 나라들과 족속들을 저희에게 각각 나누어 주시매 저희가 시혼의 땅 곧 헤스본 왕의 땅과 바산 왕 옥의 땅을 차지하였나이다

그들이 그렇게 형편없었어도 하나님은 이스라엘 백성들로 하여금 원수를 이기게 하시고 대적의 땅을 차지하게 하셨다. 오늘날 우리와 같다. 우리가 부족하고 형편없지만 하나님은 우리를 버리지 않으시고 우리를 보호하시며 우리를 위해 대적을 멸하신다.

23-24절, 주께서 그 자손을 하늘의 별같이 많게 하시고 전에 그 열조에게 명하사 들어가서 차지하라고 하신 땅으로 인도하여 이르게 하셨으므로 24 그 자손이 들어가서 땅을 차지하되 주께서 그 땅 가나안 거민으로 저희 앞에 복종케 하실 때에 가나안 사람과 그 왕들과 본토 여러 족속을 저희 손에 붙여 임의로 행하게 하시매

이것은 여호수아 때 가나안 땅에 들어가 그 땅 거민을 정복하는 장면이다.

25절, 저희가 견고한 성들과 기름진 땅을 취하고 모든 아름다운 물건을 채운 집과 파서 만든 우물과 포도원과 감람원과 허다한 과목을 차지하여 배불리 먹어 살찌고 주의 큰 복을 즐겼사오나

"견고한 성들과 기름진 땅을 취하고 모든 아름다운 물건을 채운 집과 파서 만든 우물과 포도원과 감람원과 허다한 과목을 차지하여 배불리 먹어 살찌고 주의 큰 복을 즐겼사오나". 이 모두가 주님이 해주신 것이다.

26-27절, 저희가 오히려 순종치 아니하고 주를 거역하며 주의 율법을 등 뒤에 두고 주께로 돌아오기를 권면하는 선지자들을 죽여 크게 설만하게 행하였나이다 27 그러므로 주께서 그 대적의 손에 붙이사 곤고를 당하게 하시매 저희가 환난을 당하여 주께 부르짖을 때에 주께서 하늘에서 들으시고 크게 긍휼을 발하사 구원자들을 주어 대적의 손에서 구원하셨거늘

"구원자들을 주어 대적의 손에서 구원하셨거늘". 이것은 사사 시대의 일을 말한다.

28절, 저희가 평강을 얻은 후에 다시 주 앞에서 악을 행하므로 주께서 그 대적의 손에 버려두사 대적에게 제어를 받게 하시다가 저희가 돌이켜서 주께 부르짖으매 주께서 하늘에서 들으시고 여러 번 긍휼을 발하사 건져내시고

사사 시대에 주님은 기드온, 입다, 삼손 등 여러 사사를 일으켜서 미디안과 블레셋의 학대하는 손에서 구원해주셨다.

29-31절, 다시 주의 율법을 복종하게 하시려고 경계하셨으나 저희가 교만히 행하여 사람이 준행하면 그 가운데서 삶을 얻는 주의 계명을 듣지 아니하며 주의 규례를 범하여 고집하는 어깨를 내어밀며 목을 굳게 하여 듣지 아니하였나이다 30 그러나 주께서 여러 해 동안 용서하시고 또 선지자로 말미암아 주의 신으로 저희를 경계하시되 저희가 듣지 아니하므로 열방 사람의 손에 붙이시고도 31 주의 긍휼이 크시므로 저희를 아주 멸하지 아니하시며 버리지도 아니하셨

사오니 주는 은혜로우시고 긍휼히 여기시는 하나님이심이니이다

그들이 가나안에 들어와서 왕국을 이루었는데 또다시 그들이 말을 듣지 않고 주님을 떠나자 그들을 열방의 손에 붙이셨다. 그렇지만 완전히 멸망당하게 하지는 않으시고 여전히 한 무리를 보존하셨다.

32절, **우리 하나님이여 광대하시고 능하시고 두려우시며 언약과 인자를 지키시는 하나님이여 우리와 우리 열왕과 방백들과 제사장들과 선지자들과 열조와 주의 모든 백성이 앗수르 열왕의 때로부터 오늘날까지 당한바 환난을 이제 작게 여기시지 마옵소서**

이것은 기도이다. 에스라에게 하나님의 말씀을 가르침받고 뉘우친 레위 사람들은 말씀을 안다. 그렇기 때문에 빛 비춤에 근거해서 자기 조상들의 죄악상을 낱낱이 고하며 회개하는 것이다.

33-35절, **그러나 우리의 당한 모든 일에 주는 공의로우시니 우리는 악을 행하였사오나 주는 진실히 행하셨음이니이다 34 우리 열왕과 방백들과 제사장들과 열조가 주의 율법을 지키지 아니하며 주의 명령과 주의 경계하신 말씀을 순종치 아니하고 35 저희가 그 나라와 주의 베푸신 큰 복과 자기 앞에 주신 넓고 기름진 땅을 누리면서도 주를 섬기지 아니하며 악행을 그치지 아니한 고로**

그 땅을 누가 주셨는가? 하나님이시다. 하나님께서 그 나라를 주시고 복을 주시고 넓고 기름진 땅을 주셨는데 그들은 그것들을 누리면서도 주신 하나님을 섬기지 않고 악행을 그치지 않았다. 그들은 하나님이 주신 땅에서 하나님이 주신 산물을 먹고 마시면서도 하나님의 율법을 지키지 않고 주님의 명령과 그 경계하시는 말씀에 순종치 않았던 것이다.

36절, **우리가 오늘날 종이 되었삽는데 곧 주께서 우리 열조에게 주사 그 실과를 먹고 그 아름다운 소산을 누리게 하신 땅에서 종이 되었나이다**

느헤미야 때에 백성의 일부가 돌아왔지만 아직도 많은 이스라엘 백성들은 이 나라 저 나라에서 종노릇 하고 있었다.

37-38절, 우리의 죄로 인하여 주께서 우리 위에 세우신 이방 열왕이 이 땅의 많은 소산을 얻고 저희가 우리의 몸과 육축을 임의로 관할하오니 우리의 곤난이 심하오며 38 우리가 이 모든 일을 인하여 이제 견고한 언약을 세워 기록하고 우리의 방백들과 레위 사람들과 제사장들이 다 인을 치나이다 하였느니라

이제 그들은 하나님 앞에서 언약을 세우고 있다. 자신들과 조상들의 죄를 다 자백하고 하나님께서 긍휼을 베풀어 주시기를 원하는 마음으로 이 모든 일을 기록하고 언약을 세우고 백성들의 지도자들과 레위 사람들과 제사장들이 다 인을 쳤다.

느헤미야 10 장

10장에는 인친 자의 명단이 나온다. 언약서에 국민의 대표가 인치고(1-27절), 세 가지 언약을 세우고(28-33절), 헌물의 규정을 세웠다(34-39절).

**1-13절, 그 인친 자는 하가랴의 아들 방백 느헤미야와 시드기야,
2 스라야, 아사랴, 예레미야, 3 바스훌, 아마랴, 말기야, 4 핫두스,
스바냐, 말룩, 5 하림, 므레못, 오바댜, 6 다니엘, 긴느돈, 바룩, 7
므술람, 아비야, 미야민, 8 마아시야, 빌개, 스마야니 이는 다 제사
장이요 9 또 레위 사람 곧 아사냐의 아들 예수아, 헤나닷의 자손 중
빈누이, 갓미엘과 10 그 형제 스바냐, 호디야, 그리다, 블라야, 하난,
11 미가, 르홉, 하사뱌, 12 삭굴, 세레뱌, 스바냐, 13 호디야, 바니,
브니누요**

이들은 돌아온 자들 가운데 인도자들이다. 대표로 인친 사람들은 다 이스라엘 백성의 지도자급이었다. 첫 번째로 인친 자들은 제사장(1-8절), 레위인(9-13절), 백성의 두목들(14-27절)이었다.

**14-31절, 또 백성의 두목들 곧 바로스, 바핫모압, 엘람, 삿두, 바
니, 분니, 아스갓, 베배, 16 아도니야, 비그왜, 아딘, 17 아델, 히스**

**기야, 앗술, 18 호디야, 하숨, 베새, 19 하립, 아나돗, 노배, 20 막비
아스, 므술람, 헤실, 21 므세사벨, 사독, 얏두아, 22 블라댜, 하난,
아나야, 23 호세아, 하나냐, 핫숩, 24 할르헤스, 빌하, 소벡, 25 르
훔, 하삽나, 마아세야, 26 아히야, 하난, 아난, 27 말룩, 하림, 바아
나이었느니라 28 그 남은 백성과 제사장들과 레위 사람들과 문지기
들과 노래하는 자들과 느디님 사람들과 및 이방 사람과 절교하고 하
나님의 율법을 준행하는 모든 자와 그 아내와 그 자녀들 무릇 지식
과 총명이 있는 자가 29 다 그 형제 귀인들을 좇아 저주로 맹세하기
를 우리가 하나님의 종 모세로 주신 하나님의 율법을 좇아 우리 주
여호와의 모든 계명과 규례와 율례를 지켜 30 우리 딸은 이 땅 백성
에게 주지 아니하고 우리 아들을 위하여 저희 딸을 데려오지 아니하
며 31 혹시 이 땅 백성이 안식일에 물화나 식물을 가져다가 팔려 할
지라도 우리가 안식일이나 성일에는 사지 않겠고 제 칠년마다 땅을
쉬게 하고 모든 빚을 탕감하리라 하였고**

이들이 준수하겠다는 율법의 내용들이다. 그들은 율법의 내용을 한 가지 한 가지 열거하면서 지키겠다고 언약했다. 이들이 세운 언약에 이방인들과의 관계가 언급되어 있다. 즉 그들의 자녀들을 결코 이방인의 자녀들과 혼인시키지 않겠다는 것이다. 그리고 안식일 준수에 대한 언약으로 물건을 팔지도 않고 사지도 않겠다고 했다. 다음으로 7년마다 땅을 쉬게 하겠다고 했다. 즉 안식년을 지키겠다는 것이다.

**32절, 우리가 또 스스로 규례를 정하기를 해마다 각기 세겔의 삼분 일을 수납하여 하나님의 전을 위하여 쓰게 하되 33 곧 진설병과
항상 드리는 소제와 항상 드리는 번제와 안식일과 초하루와 정한 절기에 쓸 것과 성물과 이스라엘을 위하는 속죄제와 우리 하나님의 전의 모든 일을 위하여 쓰게 하였고**

셋째 언약은 성전세의 부활이다. 모세 시대에 20세 이상의 남자는 성전세로 반 세겔(출30:11-16)을 내도록 정했으나 포로기에 폐지되었다가

이제 복구된 것이다. 반 세겔보다 약간 적은 삼분지 일 세겔로 정했다. 그러나 주 예수님이 오셨을 때에는 성전세가 반 세겔이었다(마 17:24). 지금 그들은 새로 건축한 하나님의 성전을 돌보겠다고 결심하고 있다. 성전세로 바쳐진 돈은 진설병과 소제와 번제와 안식일과 초하루와 정한 절기에 쓸 성물과 백성을 위한 속죄제와 하나님의 전을 위해 쓰게 했다 (33절).

34절, 또 우리 제사장들과 레위 사람들과 백성들이 제비 뽑아 각기 종족대로 해마다 정한 기한에 나무를 우리 하나님의 전에 드려서 율법에 기록한 대로 우리 하나님 여호와의 단에 사르게 하였고

성전이 건축되었으니 이제 제단을 위해 나무가 필요했다. 그들은 제비를 뽑아 각기 종족대로 해마다 정한 기한에 나무를 성전에 드려서 단에 사르게 하였다.

35절, 해마다 우리 토지 소산의 맏물과 각종 과목의 첫 열매를 여호와의 전에 드리기로 하였고

해마다 토지 소산의 맏물과 각종 과목의 첫 열매를 여호와의 전에 드리기 시작하였다는 말이다. 이는 율법에 기록된 대로이다(출 22:29, 레 19:24, 신 26:2).

36-37절, 또 우리의 맏아들들과 생축의 처음 난 것과 우양의 처음 난 것을 율법에 기록된 대로 우리 하나님의 전으로 가져다가 우리 하나님의 전에서 섬기는 제사장들에게 주고 37 또 처음 익은 밀의 가루와 거제물과 각종 과목의 열매와 새 포도주와 기름을 제사장들에게로 가져다가 우리 하나님의 전 골방에 두고 또 우리 물산의 십일조를 레위 사람들에게 주리라 하였나니 이 레위 사람들은 우리의 모든 성읍에서 물산의 십일조를 받는 자임이며

이스라엘 백성들은 제사장의 몫을 드리겠다고 말한다. 즉 십일조를 하나님의 전에 가져와 하나님을 섬기는 사람들에게 주겠다는 것이다. 하나님이 말씀하신 모든 것들을 다 지키겠다고 언약하고 있다. 모든 백성은 그들 소산의 십일조를 레위인에게 드리고 레위인은 그 십일조 가운데 십일조를 다시 제사장에게 드리게 되어 있었다(민 18:21, 26).

38절, 레위 사람들이 십일조를 받을 때에는 아론의 자손 제사장 하나가 함께 있을 것이요 레위 사람들은 그 십일조의 십분 일을 가져다가 우리 하나님의 전 골방 곧 곳간에 두되

레위인이 십일조를 받을 때에는 반드시 제사장 하나가 입회하도록 했다. 그것은 십일조에 제사장의 몫도 포함되었기 때문이다. 제사장의 몫인 십일조의 십분의 일은 성전 곳간에 간직해 두도록 했다.

39절, 곧 이스라엘 자손과 레위 자손이 거제로 드린바 곡식과 새 포도주와 기름을 가져다가 성소의 기명을 두는 골방 곧 섬기는 제사장들과 및 문지기들과 노래하는 자들이 있는 골방에 둘 것이라 그리하여 우리가 우리 하나님의 전을 버리지 아니하리라

제사장에게 돌아갈 거제물인 곡식과 새 포도주와 기름 등은 성전의 골방에 간직하였다. 그 방은 성전의 기명을 두는 곳이며 제사장과 문지기와 노래하는 자들이 있는 곳이기도 했다. 이 구절의 '우리'는 레위인을 가리킨다. 그들은 성전을 섬기는 일에 충성을 다하고 결코 떠나지 않겠다고 말한다. "우리가 우리 하나님의 전을 버리지 아니하리라".

느헤미야 11장

1절, 백성의 두목들은 예루살렘에 머물렀고 그 남은 백성은 제비 뽑아 십분의 일은 거룩한 성 예루살렘에 와서 거하게 하고 그 구분은 다른 성읍에 거하게 하였으며

이제 예루살렘 성벽이 다 건축되었고 규모는 작지만 성전도 다 지어졌다. 이 예루살렘 성 안에 머무는 자는 첫째로 백성의 두목들이고 둘째로는 백성의 십분의 일이다. 나머지 십분의 구의 백성은 다른 성읍에 거하게 하였다.

2절, 무릇 예루살렘에 거하기를 자원하는 자는 백성들이 위하여 복을 빌었느니라

당시에 예루살렘에 거하는 것은 대가가 지불되는 일이었다. 하나님의 간증을 대표하는 예루살렘 성은 늘 대적의 공격의 목표물이었기 때문이다. 지금도 중동은 계속 전운이 감돌고 있으며 언제 전쟁이 일어날지 모르는 상황이다. 거기서 가장 중요한 표적은 예루살렘 성이다. 마찬가지로 당시에 예루살렘 성내에 거하는 것은 그만큼 위험부담을 안고 사는 것이었다. 하나님을 섬기는 사람들이라도 위험한 곳에는 머물려 하지 않는다. 그래서 예루살렘 성에는 백성의 두목들과 제비 뽑힌 십분의 일의 백성과 자원하는 사람들이 머물렀다. 그리고 이 자원하는 사람들을 위해서는 백성이 복을 빌어주었다.

3-4절, 이스라엘과 제사장들과 레위 사람들과 느디님 사람들과 솔로몬의 신복의 자손은 유다 여러 성읍에서 각각 그 본성 본 기업에 거하였고 예루살렘에 거한 그 도의 두목들은 이러하니 4 예루살렘에 거한 자는 유다 자손과 베냐민 자손 몇 명이라 유다 자손 중에는 베레스 자손 아다야니 저는 웃시야의 아들이요 스가랴의 손자요 아마랴의 증손이요 스바댜의 현손이요 마할랄렐의 오대손이며

예루살렘 성내에 거한 자들의 명단이다. 이러한 때에 예루살렘에 거하는 자들을 하나님은 기억하신다.

5-6절, 또 마아세야니 저는 바룩의 아들이요 골호세의 손자요 하사야의 증손이요 아다야의 현손이요 요야립의 오대손이요 스가랴의 육대손이요 실로 사람의 칠대손이라 6 예루살렘에 거한 베레스 자손의 도합이 사백육십팔 명이니 다 용사이었느니라

용사가 아니면 예루살렘에 거할 수가 없다. 이들은 돌아와서 하나님의 간증을 짊어지고 서 있는 사람들이다. 성경에 그런 사람들의 이름이 하나하나 기록된 것을 보면 하나님이 그들을 굉장히 중요하게 생각하신다는 것을 알 수 있다. 그들은 주로 유다 자손으로서 합이 468명이었다.

7-8절, 베냐민 자손은 살루니 저는 므술람의 아들이요 요엣의 손자요 브다야의 증손이요 골라야의 현손이요 마아세야의 오대손이요 이디엘의 육대손이요 여사야의 칠대손이며 8 그 다음은 갑배와 살래 등이니 도합이 구백이십팔 명이라

베냐민 자손은 928명이 예루살렘에 거했다. 베냐민 자손이 유다 자손보다 수효가 많은데도 각별히 유다에게만 용사라는 표현을 쓰고 있는 것은 유다 지파가 용맹스런 지파였기 때문이다.

9절, 시그리의 아들 요엘이 그 감독이 되었고 핫스누아의 아들 유다는 버금이 되어 성읍을 다스렸느니라

예루살렘 성읍이 강하게 세워지려면 반드시 인도 직분이 있어야 한다. 마찬가지로 교회에도 감독이 있어야 교회가 견고하게 된다.

10절, 제사장 중에는 요야립의 아들 여다야와 야긴이며

제사장들도 예루살렘에 거했다.

11-13절, 또 하나님의 전을 맡은 자 스라야니 저는 힐기야의 아들이요 므술람의 손자요 사독의 증손이요 므라욧의 현손이요 아히둡의 오대손이며 12 또 전에서 일하는 그 형제니 도합이 팔백이십이 명이요 또 아다야니 저는 여로함의 아들이요 블라야의 손자요 암시의 증손이요 스가랴의 현손이요 바스훌의 오대손이요 말기야의 육대손이며 13 또 그 형제의 족장 된 자니 도합이 이백사십이 명이요 또 아맛새니 저는 아사렐의 아들이요 아흐새의 손자요 므실레못의 증손이요 임멜의 현손이며

성전의 책임을 맡은 자들의 명단이다. 이들이 다 예루살렘 성 안에 거하게 된 사람들이다.

14절, 또 그 형제의 큰 용사니 도합이 일백이십팔 명이라 하그돌림의 아들 삽디엘이 그 감독이 되었느니라

제사장들의 총수는 1,192명이었고 삽디엘은 제사장 중의 감독이었으며, 또 그 중에는 용사도 있었다. 어쨌든 예루살렘에는 강한 자가 아니면 거할 수 없다.

15-17절, 레위 사람 중에는 스마야니 저는 핫숩의 아들이요 아스리감의 손자요 하사뱌의 증손이요 분니의 현손이며 16 또 레위 사람의 족장 삽브대와 요사밧이니 저희는 하나님의 전 바깥 일을 맡았고 17

또 아삽의 증손 삽디의 손자 미가의 아들 맛다냐니 저는 기도할 때에 감사하는 말씀을 인도하는 어른이 되었고 형제 중에 박부갸가 버금이 되었으며 또 여두둔의 증손 갈랄의 손자 삼무아의 아들 압다니

예루살렘의 거한 자들의 족보가 자세히 적혀 있다. 다시 한 번 강조하거니와 하나님의 백성이라고 해서 다 똑같은 것이 아니다. 어떤 사람은 중요한 위치 곧 예루살렘 안에 있다. 에스라서와 느헤미야서의 중심은 하나님의 성 예루살렘에 있으며, 그 중에서도 에스라서는 성전 재건을 말하고 느헤미야서는 성벽 재건을 말한다.

하나님의 갈망은 예루살렘 성이 건축되는 것이다. 오늘날로 말하면 교회의 간증을 세우는 것이다. 오늘날 이 땅에 하나님의 백성이 많지만 예루살렘과 같은 위치에 있는 자들은 과연 누구인가? 그들이야말로 하나님의 간증을 짊어진 사람들이고 교회의 위치에 서 있는 사람들로서 오직 하나님의 뜻과 진리를 위해 서 있는 사람들이다. 그러한 자들의 명단은 하나하나 하나님 앞에 기록되어 있을 것이다. 당시 예루살렘에 거하기 위해서는 생명을 걸어야 했다. 따라서 나머지 사람들은 돌아오기는 했어도 절대적 헌신이 부족했다고밖에 볼 수 없다.

나는 여러분이 참으로 예루살렘의 위치에 서 있는지 묻고 싶다. 십분지 구의 사람들로서 예루살렘 성 바깥의 다른 성읍에 흩어져 사는가, 아니면 본성에 들어와 사는가? 계시록 마지막 부분에 나오는 새 예루살렘 성에도 성 밖에 거하는 자들이 있고 성 안에 거하는 자들이 있다.

그러면 오늘날 누가 예루살렘 성 안에 사는 사람들인가? 대적과 싸우면서 성벽을 중수하고 하나님의 간증을 짊어지려고 하는 그들이 바로 예루살렘 성에 거하는 자들이다.

18-19절, 거룩한 성에 레위 사람의 도합이 이백팔십사 명이었느니라 19 성 문지기는 악굽과 달몬과 그 형제니 도합이 일백칠십이 명이며

거룩한 성에 거하는 레위 사람의 수는 도합 284명이었는데, 당시 레위인들의 수가 좀 적은 편이었다. 또한 성 문지기의 이름들과 그 수가 기록되었다. 하나님의 간증의 역사에서 문지기는 매우 중요하다. 그 수가 도합 172명이었다.

20절, 그 나머지 이스라엘 백성과 제사장과 레위 사람은 유다 모든 성읍에 흩어져 각각 자기 기업에 거하였고

나머지 사람들도 귀하지 않은 것이 아니다. 다 하나님의 백성이고 다 하나님을 섬기는 사람들이다. 그럼에도 그들은 낱낱이 기록되지 않고 한 줄로 간단하게 기록되었다.

21-22절, 느디님 사람은 오벨에 거하니 시하와 기스바가 그 두목이 되었느니라 22 노래하는 자 아삽 자손 곧 미가의 현손 맛다냐의 증손 하사뱌의 손자 바니의 아들 웃시는 예루살렘에 거하는 레위 사람의 감독이 되어 하나님의 전 일을 맡아 다스렸으니

느디님 사람이 오벨에 거했다는 것과 노래하는 자 아삽의 자손 웃시가 예루살렘 안에 거하는 레위 사람의 감독이 되어 성전 일을 맡아 다스렸다고 말한다.

23절, 이는 왕의 명대로 노래하는 자에게 날마다 양식을 정하여 주는 것이 있음이며

'왕의 명대로'란 아닥사스다 왕의 명령을 말한다. 그는 노래하는 자들에게 관심이 많아서 매일 그들에게 정한 양식을 주었다고 한다. 오늘날로 말하면 성가대원들에게 생활비를 지급한 것이다.

24절, 유다의 아들 세라의 자손 곧 므세사벨의 아들 브다히야는 왕의 수하에서 백성의 일을 다스렸느니라

유다의 아들 세라의 자손인 브다히야는 아닥사스다 왕과 느헤미야 사이를 왕래하며 유다의 유익을 위해 수고한 사람이었다. 노래하는 자들의 생활비 지급 등도 브다히야의 공로로 보는 학자들이 있다.

25-36절, **향리와 들로 말하면 유다 자손의 더러는 기랏 아바와
그 촌과 디본과 그 촌과 여갑스엘과 그 동네에 거하며 26 또 예수
아와 몰라다와 벧벨렛과 27 하살수알과 브엘세바와 그 촌에 거하며
28 또 시글락과 므고나와 그 촌에 거하며 29 또 에느림몬과 소라와
야르뭇에 거하며 30 또 사노아와 아둘람과 그 동네와 라기스와 그
들과 아세가와 그 촌에 거하였으니 저희는 브엘세바에서부터 힌놈의
골짜기까지 장막을 쳤으며 31 또 베냐민 자손은 게바에서부터 믹마
스와 아야와 벧엘과 그 촌에 거하며 32 아나돗과 놉과 아나냐와 33
하솔과 라마와 깃다임과 34 하딧과 스보임과 느발랏과 35 로드와
오노와 공장 골짜기에 거하였으며 36 유다에 있던 레위 사람의 어
떤 반열은 베냐민과 합하였느니라**

예루살렘 이외의 성읍과 촌락들에 거주하는 사람들을 말하고 있다. 그들에 대하여는 인명이 아닌 지명으로 소개되었다. 17성읍과 그 촌락이며 브엘세바에서부터 예루살렘 근교에 이른다. 이런 사람들은 비교적 편안하고 안정된 삶을 영위했을 것이다. 그런 사람들은 그 분량대로 그렇게 산다. 그러나 그들의 이름은 하나하나 기록되지 않았다.

느헤미야 12장

1절, 스알디엘의 아들 스룹바벨과 및 예수아를 좇아 돌아온 제사장과 레위 사람은 이러하니라 제사장은 스라야와 예레미야와 에스라와

돌아온 사람들 중 하나님을 섬기는 제사장들의 명단을 기록했다. 이 때 훌륭한 제사장들과 레위인들이 돌아온 것은 매우 중요하다. 시편 112편 6절은 "의인은 영원히 기념하게 되리라"고 말한다. 다시 말하지만, 이러한 회복의 때에 하나님을 섬기는 말씀의 사역자들이 예루살렘에 돌아온 것은 너무 중요하다.

나는 교회 역사에서 사도 바울, 마틴 루터 등의 명단이 이렇게 기록될 것이라고 생각한다. 이들은 다 회복을 위한 그릇들이었다. 그러므로 다시 한 번 읽어 보겠다. "스알디엘의 아들 스룹바벨과 및 예수아를 좇아 돌아온 제사장과 레위 사람은 이러하니라". 우리가 이왕에 하나님의 일을 하려면 중심적인 일을 해야 한다. 그래야 하나님 앞에 명단이 기록되지 않겠는가! 다른 성읍이나 골짜기에 거하지 말고 예루살렘 성 안으로 들어가자.

2-21절, 아마랴와 말룩과 핫두스와 3 스가냐와 르훔과 므레못과 4 잇도와 긴느도이와 아비야와 5 미야민과 마아댜와 빌가와 6 스마야와 요야립과 여다야와 7 살루와 아목과 힐기야와 여다야니 이상

은 예수아 때에 제사장과 그 형제의 어른이었느니라 8 레위 사람은
예수아와 빈누이와 갓미엘과 세레뱌와 유다와 맛다냐니 이 맛다냐
는 그 형제와 함께 찬송하는 일을 맡았고 9 또 그 형제 박부갸와 운
노는 직무를 따라 저의 맞은편에 있으며 10 예수아는 요야김을 낳았
고 요야김은 엘리아십을 낳았고 엘리아십은 요야다를 낳았고 11 요야
다는 요나단을 낳았고 요나단은 얏두아를 낳았느니라 12 요야김 때
에 제사장의 족장 된 자는 스라야 족속에는 므라야요 예레미야 족
속에는 하나냐요 13 에스라 족속에는 므술람이요 아마랴 족속에는
여호하난이요 14 말루기 족속에는 요나단이요 스바냐 족속에는 요
셉이요 15 하림 족속에는 아드나요 므라욧 족속에는 헬개요 16 잇도
족속에는 스가랴요 긴느돈 족속에는 므술람이요 17 아비야 족속에
는 시그리요 미냐민 곧 모아댜 족속에는 빌대요 18 빌가 족속에는
삼무아요 스마야 족속에는 여호나단이요 19 요야립 족속에는 맛드
내요 여다야 족속에는 웃시요 20 살래 족속에는 갈래요 아목 족속
에는 에벨이요 21 힐기야 족속에는 하사뱌요 여다야 족속에는 느다
넬이었느니라

1절에서 21절까지는 귀환시에 돌아온 제사장(1-6절)과 레위인(8-11절)과 제사장의 족장들(12-21절)의 명단이다. "예수아는 요야김을 낳았고 요야김은 엘리아십을 낳았고 엘리아십은 요야다를 낳았고 요야다는 요나단을 낳았고 요나단은 얏두아를 낳았느니라". 여기 10절과 11절은 대제사장의 계보이다. 예수아는 제 1차 귀환 때 스룹바벨과 함께 돌아온 대제사장이고, 요아김은 예수아 다음 대제사장이다. 엘리아십은 제 2차 귀환시 에스라가 돌아올 때 대제사장이었는데(스 10:6) 성벽 건축의 대적자인 도비야와 내통하기도 하였다(13:4). 요야다는 느헤미야 시대의 대제사장이었으며 산발랏과 사돈 간이었다(13:28). 이렇게 주님의 역사에서 중심적인 일을 맡은 사람들의 친인척이 하나님의 성벽 재건의 대적자들이었다는 것은 매우 기이한 일이다. 역사에 의하면 요나단은 동생을 죽였다고 한다. 얏두아는 알렉산더 대왕이 예루살렘에 입성할 때의 대제사장이었다고 한다(요세푸스). 이로 보건대 대제사장들은 당시 하나님의 역사에 도움이 되지 않았고 도덕 수준도 높지 않았다. 결국 그 후손들인 안나스나 가야바 대제사장은 주 예수님이 오셨을 때 완전히 교권주의에 사로잡혀 주 예수님을 심문하고 죽이는 데 앞장섰다. 이때부터 이미 대제사장의 주변이 부패하기 시작했다고 해도 과언이 아니다.

그럼에도 불구하고 그들이 돌아온 자들의 명단에 기록되어 있는 것은 귀한 일이다. 하나님 나라의 일에 있어서 중요한 때에 중요한 일에 참여하는 것은 귀한 일이기 때문이다. 빌립보서 4장 3절에 "그 이름들이 생명책에 있느니라"고 했다. 요한 계시록 3장 5절에도 "내가 그 이름을 생명책에서 반드시 흐리지 아니하고"라고 했다. 로마서 16장에서 바울은 로마에 있는 28-29명의 성도들의 이름을 그 특징과 함께 하나하나 기록했다. "나의 동역자들인 브리스가와 아굴라에게 문안하라", "많이 수고한 마리아에게 문안하라", "주 안에서 택하심을 입은 루포와 그 어머니에게 문안하라 그 어머니는 곧 내 어머니니라", "나의 동역자 디모데와 나의 친척 누기오와 야손과 소시바더가 너희에게 문안하느니라", "이 편지를 대서하는 나 더디오도 주 안에서 너희에게 문안하노라". 그 이름이 기록되어 있다는 것은 그 이름이 중요하기 때문이 아니겠는가? 성경에 그렇게 기록된 것은 하늘에도 그렇게 기록되어 있다는 뜻이다.

오늘날 교회생활 가운데서 어떤 사람이 충성되고 주님을 사랑하는 것으로 보여질 때 하늘에도 그대로 기록될 것이다.

22-26절, 엘리아십과 요야다와 요하난과 얏두아 때에 레위 사람의 족장이 모두 책에 기록되었고 23 바사 왕 다리오 때에 제사장도 책에 기록되었고 레위 자손의 족장들은 엘리아십의 아들 요하난 때까지 역대지략에 기록되었으며 24 레위 사람의 어른은 하사뱌와 세레뱌와 갓미엘의 아들 예수아라 저희가 그 형제의 맞은편에 있어 하나님의 사람 다윗의 명한 대로 반차를 따라 주를 찬양하며 감사하고 25 맛다냐와 박부갸와 오바댜와 므술람과 달몬과 악굽은 다 문

지기로서 반차대로 문 안의 곳간을 파수하였나니 26 이상 모든 사람은 요사닥의 손자 예수아의 아들 요야김과 방백 느헤미야와 제사장 겸 서기관 에스라 때에 있었느니라

12절 이하는 요아김 대제사장 시대의 제사장들이었다. 22-26절에는 엘리아십과 요야다와 요하난과 얏두아 시대의 레위 사람들이 기록되었다. 즉 레위인의 족장의 명단이다. 앞서 언급한 대제사장과 제사장 족속들이 쇠퇴하기 시작하자 하나님께서는 다음에 자라나온 레위 사람들을 일으켜 대제사장이나 제사장들의 부족함을 채우셨다. 대제사장 엘리아십이 도비야와 동맹을 맺었을 때 다른 제사장들도 그와 연루되었다. 그러나 레위인들은 더욱 열심을 내서 성경 해설이나 기도하는 일을 맡았고 그 중 몇은 다윗의 명한대로 주를 찬양하며 감사하는 일을 맡았다(24절). 그리고 다른 사람들은 문 안의 곳간을 파수하였다.

27-28절, **예루살렘 성곽이 낙성되니 각처에서 레위 사람들을 찾아 예루살렘으로 데려다가 감사하며 노래하며 제금 치며 비파와 수금을 타며 즐거이 봉헌식을 행하려 하매 28 이에 노래하는 자들이 예루살렘 사방 들과 느도바 사람의 동네에서 모여오고**

성곽이 다 낙성되자 그들은 각처에서 레위 사람들을 찾아 예루살렘으로 데려다가 감사하며 노래하며 제금 치며 비파와 수금을 타고 즐거이 봉헌식을 행하고자 했다. 이에 노래하는 자들이 예루살렘 사방 들과 느도바 사람의 동네에서 모여들었다.

29-38절, **또 벧길갈과 게바와 아스마들에서 모여 왔으니 이 노래하는 자들은 자기를 위하여 예루살렘 사방에 동네를 세웠음이라 30 제사장들과 레위 사람들이 몸을 정결케 하고 또 백성과 성문과 성을 정결케 하니라 31 이에 내가 유다의 방백들로 성 위에 오르게 하고 또 감사 찬송하는 자의 큰 무리를 두 떼로 나누어 성 위로 항렬을 지어 가게 하는데 한 떼는 우편으로 분문을 향하여 가게 하**

니 32 따르는 자는 호세야와 유다 방백의 절반이요 33 또 아사랴와 에스라와 므술람과 34 유다와 베냐민과 스마야와 예레미야며 35 또 제사장의 자손 몇이 나팔을 잡았으니 요나단의 아들 스마야의 손자 맛다냐의 증손 미가야의 현손 삭굴의 오대손 아삽의 육대손 스가랴와 36 그 형제 스마야와 아사렐과 밀랄래와 길랄래와 마애와 느다넬과 유다와 하나니라 다 하나님의 사람 다윗의 악기를 잡았고 학사 에스라가 앞서서 37 샘문으로 말미암아 전진하여 성으로 올라가는 곳에 이르러 다윗 성의 층계로 올라가서 다윗의 궁 윗길에서 동향하여 수문에 이르렀고 38 감사 찬송하는 다른 떼는 저희를 마주 진행하는데 내가 백성의 절반으로 더불어 그 뒤를 따라 성 위로 행하여 풀무 망대 윗길로 성 넓은 곳에 이르고

여기서 에스라와 느헤미야가 주도적인 역할을 하고 있다. 그들은 각각 두 떼로 나누어 행진하면서 찬송했다. 이것은 예루살렘 성곽이 낙성된 후 봉헌식을 하는 광경이다. 이것을 거룩하게 분별해서 하나님께 드리는 것이다.

39-43절, 에브라임 문 위로 말미암아 옛문과 어문과 하나넬 망대와 함메아 망대를 지나 양문에 이르러 감옥 문에 그치매 40 이에 감사 찬송하는 두 떼와 나와 민장의 절반은 하나님의 전에 섰고 41 제사장 엘리아김과 마아세야와 미냐민과 미가야와 엘료에내와 스가랴와 하나냐는 다 나팔을 잡았고 42 또 마아세야와 스마야와 엘르아살과 웃시와 여호하난과 말기야와 엘람과 에셀이 함께 있으며 노래하는 자는 크게 찬송하였는데 그 감독은 예스라히야라 43 이 날에 무리가 크게 제사를 드리고 심히 즐거워하였으니 이는 하나님이 크게 즐거워하게 하셨음이라 부녀와 어린 아이도 즐거워하였으므로 예루살렘의 즐거워하는 소리가 멀리 들렸느니라

다른 성읍들에 흩어져 사는 사람들은 이런 즐거움에 참여하기가 어렵다. 그러나 예루살렘 성에 사는 사람들은 성곽이 낙성되었을 때 크게 즐

거워하고 기뻐했다.

44-47절, 그 날에 사람을 세워 곳간을 맡기고 제사장들과 레위 사람들에게 돌릴 것 곧 율법에 정한 대로 거제물과 처음 익은 것과 십일조를 모든 성읍 밭에서 거두어 이 곳간에 쌓게 하였노니 이는 유다 사람이 섬기는 제사장들과 레위 사람들을 인하여 즐거워함을 인함이라 45 저희는 하나님을 섬기는 일과 결례의 일을 힘썼으며 노래하는 자들과 문지기들도 그러하여 모두 다윗과 그 아들 솔로몬의 명을 좇아 행하였으니 46 옛적 다윗과 아삽의 때에는 노래하는 자의 두목이 있어서 하나님께 찬송하는 노래와 감사하는 노래를 하였음이며 47 스룹바벨과 느헤미야 때에는 온 이스라엘이 노래하는 자들과 문지기들에게 날마다 쓸 것을 주되 그 구별한 것을 레위 사람들에게 주고 레위 사람들은 그것을 또 구별하여 아론 자손에게 주었느니라

다윗의 때나 느헤미야 때는 중요한 때였다. "옛적 다윗과 아삽의 때에는 노래하는 자의 두목이 있어서 하나님께 찬송하는 노래와 감사하는 노래를 하였음이며 스룹바벨과 느헤미야 때에는 온 이스라엘이 노래하는 자들과 문지기들에게 날마다 쓸 것을 주되 그 구별한 것을 레위 사람들에게 주고 레위 사람들은 그것을 또 구별하여 아론 자손에게 주었느니라"(46-47절). 44절의 곳간은 성전 부속 건물의 창고로서 그곳에 거제물과 처음 익은 열매 등을 두어 관리하게 했다. 백성들은 성벽 봉헌식을 통해 은혜를 받아 신앙심을 회복하였으며 제사장과 레위 사람들의 소중함을 깨닫고 즐거이 헌물을 가져왔다.

느헤미야 13장

1절, 그 날에 모세의 책을 낭독하여 백성에게 들렸는데 그 책에 기록하기를 암몬 사람과 모압 사람은 영영히 하나님의 회에 들어오지 못하리니

이것은 신명기에 있는 말씀이다(23:3-5). 하나님의 백성은 늘 율법책을 읽어야 한다. 그래야 하나님의 규례와 법도를 알아 무엇을 해야 하고 무엇을 해서는 안 되는지를 알 수 있다. 하나님의 말씀은 암몬 사람과 모압 사람은 영영히 하나님의 회에 들어오지 못하게 하라고 하신다.

2-3절, 이는 저희가 양식과 물로 이스라엘 자손을 영접지 아니하고 도리어 발람에게 뇌물을 주어 저주하게 하였음이라 그러나 우리 하나님이 그 저주를 돌이켜 복이 되게 하셨다 하였는지라 3 백성이 이 율법을 듣고 곧 섞인 무리를 이스라엘 가운데서 몰수히 분리케 하였느니라

모압 사람과 암몬 사람이 왜 하나님의 회중에 참여할 수 없는지를 말한다. 그들은 이스라엘을 미워하고 저주하는 자들이었다. 이스라엘이 잘못되기를 바라는 자들이라는 말이다. 하나님의 백성은 일을 잘한다고만 되는 것이 아니라 깨끗해야 한다. 그리고 깨끗하려면 분별되는 것이 필요하다. 따라서 하나님의 성곽을 잘 건축하고 좋은 조직을 세워야 할 뿐 아니라 섞인 무리가 없어야 하는 것이다. 암몬과 모압은 원래 이스라엘과 가까운 관계이지만 그들은 이스라엘을 위하는 사람들이 아니고 대적하는 사람들이다. 율법책, 곧 하나님의 말씀이 분명하게 드러나지 않으면 암몬과 모압이 그들 중에 섞여 있어도 그것이 큰 문제인지 잘 모른다. 오늘날도 말씀이 명쾌하지 않으면 거듭난 사람과 거듭나지 않은 사람을 분간하기가 어렵다. 그러나 하나님의 말씀이 분명하게 밝혀지면 구원받지 못한 사람이 드러나게 된다. 그러므로 말씀의 중요성은 아무리 강조해도 지나치지 않다. "그 날에 모세의 책을 낭독하여 백성에게 들렸는데 그 책에 기록하기를 암몬 사람과 모압 사람은 영영히 하나님의 회에 들어오지 못하리니"(1절)라는 신명기의 말씀을 읽음으로써 백성 가운데 분별에 대한 경각심이 생겨난 것이다.

4절, 이전에 우리 하나님의 전 골방을 맡은 제사장 엘리아십이 도비야와 연락이 있었으므로

도비야는 암몬 사람이며 느헤미야의 대적자이다. 그런데 제사장이라는 사람이 대적자와 내통하고 있었던 것이다. 여기의 엘리아십이 대제사장인지 골방을 맡은 일개 제사장인지는 학자마다 견해가 다르다. 그러나 당시 대제사장이 총독 산발랏과 사돈 관계였으므로 그들이 내통하고 있었다는 추측은 충분히 가능한 것이다.

5절, 도비야를 위하여 한 큰 방을 갖추었으니 그 방은 원래 소제물과 유향과 또 기명과 레위 사람들과 노래하는 자들과 문지기들에게 십일조로 주는 곡물과 새 포도주와 기름과 또 제사장들에게 주는 거제물을 두는 곳이라

어쩌면 그가 대제사장이기에 그렇게 큰 방을 도비야에게 내줄 수 있었을 것이다. 그는 악한 대적자에게 소제물과 기명과 십일조 등을 두는 중요한 곳을 내주었다. 교회로 말한다면 중요한 위치에 대적자를 세운 것이다. 그것이 바로 교회의 타락과 부패의 원인이 된다.

6절, 그 때에는 내가 예루살렘에 있지 아니하였었느니라 바벨론 왕 아닥사스다 삼십이년에 내가 왕에게 나아갔다가 며칠 후에 왕에게 말미를 청하고

느헤미야가 예루살렘에 부재하는 동안 대적자가 성전의 큰 방을 차지하고 앉아 있었다. 어떻게 이런 일이 있을 수 있는가? 과거 일제시대에 우리나라가 상해에 임시정부를 차렸을 때 일본군 첩자가 거기서 경찰국장을 하고 있었던 것과 같다. 6장 19절을 보면 도비야는 늘 느헤미야를 괴롭혔다. "저희들이 도비야의 선행을 내 앞에 말하고 또 나의 말도 저에게 전하매 도비야가 항상 내게 편지하여 나를 두렵게 하고자 하였느니라". 그런데 제사장들은 눈이 멀어서 도비야를 선한 사람으로 보고 성전 안에 도비야를 위한 방을 마련해준 것이다.

7-9절, 예루살렘에 이르러서야 엘리아십이 도비야를 위하여 하나님의 전 뜰에 방을 갖춘 악한 일을 안지라 8 내가 심히 근심하여 도비야의 세간을 그 방 밖으로 다 내어던지고 9 명하여 그 방을 정결케 하고 하나님의 전의 기명과 소제물과 유향을 다시 그리로 들여놓았느니라

느헤미야는 도비야를 내쫓고 그의 세간을 다 방 밖으로 내어던졌다. 그리고 명하여 그 방을 정결케 하고 다시 여호와의 성물을 그 방에 들여 놓았다.

10-13절, 내가 또 알아본즉 레위 사람들의 받을 것을 주지 아니하였으므로 그 직무를 행하는 레위 사람들과 노래하는 자들이 각각 그 전리로 도망하였기로 11 내가 모든 민장을 꾸짖어 이르기를 하나님의 전이 어찌하여 버린 바 되었느냐 하고 곧 레위 사람을 불러 모아 다시 그 처소에 세웠더니 12 이에 온 유다가 곡식과 새 포도주와 기름의 십일조를 가져다가 곳간에 들이므로 13 내가 제사장 셀레먀와 서기관 사독과 레위 사람 브다야로 고지기를 삼고 맛다냐의 손

자 삭굴의 아들 하난으로 버금을 삼았나니 이는 저희가 충직한 자로 인정됨이라 그 직분은 형제들에게 분배하는 일이었느니라

'레위 사람들의 받을 것'이란 십일조를 가리키는데, 당시 백성들이 그것을 이행하지 않으므로 레위인들이 생계가 어려워 시골 농경지로 도망간 것이다. 이런 상황에서 느헤미야는 백성들의 민장들을 꾸짖어서 십일조 드리는 것을 충실하게 이행하도록 했다. 그리고서 레위인들을 다시 불러왔다. 그러자 온 유다가 다시 곡식과 새 포도주와 기름의 십일조를 가져다가 곳간을 가득 채웠고 느헤미야는 충직한 자들로 고지기들을 삼아 레위인들에게 분배하게 했다.

14절, 내 하나님이여 이 일을 인하여 나를 기억하옵소서 내 하나님의 전과 그 모든 직무를 위하여 나의 행한 선한 일을 도말하지 마옵소서

느헤미야의 기도이다. 레위 사람들과 제사장들은 사실상 느헤미야를 의지하여 살고 있는데, 정작 느헤미야는 누구를 의지하여 사는가? 지도자는 외로움을 견디는 사람이다. 느헤미야는 어느 누구하나 호소할 사람이 없이 다만 하나님께 기도할 뿐이다. 하나님의 성전과 그 직무를 위해 행한 그의 모든 선한 일을 주님이 기억해 달라고 기도했다. 느헤미야는 오로지 하나님을 위해 일한 것이다.

15절, 그 때에 내가 본즉 유다에서 어떤 사람이 안식일에 술틀을 밟고 곡식단을 나귀에 실어 운반하며 포도주와 포도와 무화과와 여러 가지 짐을 지고 안식일에 예루살렘에 들어와서 식물을 팔기로 그 날에 내가 경계하였고

느헤미야가 보니까 유다에서 어떤 사람들이 안식일에 술틀을 밟고 곡식단을 나귀에 실어 운반하며 포도주와 포도와 무화과와 여러 가지 짐을 지고 안식일에 예루살렘에 들어와서 팔았다. 말하자면 별 생각 없이 안식을 범하고 있었던 것이다. 느헤미야는 그것을 그냥 지나치지 않고 그들을 훈계했다.

16절, 또 두로 사람이 예루살렘에 거하며 물고기와 각양 물건을 가져다가 안식일에 유다 자손에게 예루살렘에서도 팔기로

유다 사람들이 안식일에 예루살렘에서 장사를 하니 이방인들도 와서 장사를 하는 것이다. 두로 사람들은 원래가 장사꾼들이다. 이렇게 안식일에 예루살렘에서 버젓이 장사가 이루어지고 있었다.

17-20절, 내가 유다 모든 귀인을 꾸짖어 이르기를 너희가 어찌 이 악을 행하여 안식일을 범하느냐 18 너희 열조가 이같이 행하지 아니하였느냐 그러므로 우리 하나님이 이 모든 재앙으로 우리와 이 성읍에 내리신 것이 아니냐 이제 너희가 오히려 안식일을 범하여 진노가 이스라엘에게 임함이 더욱 심하게 하는도다 하고 19 안식일 전 예루살렘 성문이 어두워 갈 때에 내가 명하여 성문을 닫고 안식일이 지나기 전에는 열지 말라 하고 내 종자 두어 사람을 성문마다 세워서 안식일에 아무 짐도 들어오지 못하게 하매 20 장사들과 각양 물건 파는 자들이 한두 번 예루살렘 성 밖에서 자므로

느헤미야는 먼저 유다의 모든 귀인들을 꾸짖었다. 어쩌면 그런 사고파는 일에 그들이 많이 연루되었을 것이다. 그는 안식일 전 성문이 어두워 갈 때부터 안식일이 지나기까지 성문을 굳게 닫고 열어주지 말라 명했다. 그리고 그의 종자 두어 사람을 성문마다 세워서 지키게 했다. 그러자 장사꾼들과 각양 물건 파는 자들이 한두 번 예루살렘 성 밖에서 자면서 들어올 기회를 엿보는 것이었다.

21절, 내가 경계하여 이르기를 너희가 어찌하여 성 밑에서 자느냐 다시 이같이 하면 내가 잡으리라 하였더니 그 후부터는 안식일에 저희가 다시 오지 아니하였느니라

느헤미야가 그들이 성 밑에서 자는 것까지도 강하게 꾸짖으면서 다시 그렇게 하면 잡겠다고 하니 그 후부터는 다시 오지 않았다. 이러한 혼란의 때에 느헤미야 같은 강직하고 단호한 인도자가 없으면 하나님의 나라가 제대로 세워질 수 없다.

22절, 내가 또 레위 사람들을 명하여 몸을 정결케 하고 와서 성문을 지켜서 안식일로 거룩하게 하라 하였느니라 나의 하나님이여 나를 위하여 이 일도 기억하옵시고 주의 큰 은혜대로 나를 아끼시옵소서

느헤미야는 주님을 위해 자기의 최선을 다한 다음, 주님께 그가 한 일을 기억해주시고 긍휼히 여겨달라고(have compassion on me) 기도했다. 그의 사역과 일은 모두 주님을 위한 것이요 주님께 대한 충성에서 나온 것이었다.

23절, 그 때에 내가 또 본즉 유다 사람이 아스돗과 암몬과 모압 여인을 취하여 아내를 삼았는데

이방 여인을 취하는 것에 대해 에스라 때에 이미 이 일을 회개하고 크게 청산한 적이 있다(스 9—10장). 에스라는 이 일로 인해 심히 애통해했고 그 문제를 처리하기 위해 많이 수고했다. 그럼에도 불구하고 조금만 경계를 소홀히 하면 악과 부패는 다시 기어들어온다. 하여간 인도자가 조금만 눈을 팔면 이스라엘 사람들은 엉뚱한 일을 하고 있는 것이다.

24-25절, 그 자녀가 아스돗 방언을 절반쯤은 하여도 유다 방언은 못하니 그 하는 말이 각 족속의 방언이므로 25 내가 책망하고 저주하며 두어 사람을 때리고 그 머리털을 뽑고 이르되 너희는 너희 딸들로 저희 아들들에게 주지 말고 너희 아들들이나 너희를 위하여 저희 딸을 데려오지 않겠다고 하나님을 가리켜 맹세하라 하고

아스돗, 암몬, 모압 사람들의 자녀들은 아스돗 말은 해도 유다 방언을 하지 못했다. 유대인 자녀들의 일부가 이방인들과 혼인한 것에 대하여 느헤미야는 심히 노하여 그들을 책망하고 저주하며 때리고 머리털을 뽑았다. 동일한 상황에서 에스라는 자기의 옷을 찢고 수염을 뜯었는데 느헤미야는 그들을 때리며 머리털을 뽑았다.

26-27절, 또 이르기를 옛적에 이스라엘 왕 솔로몬이 이 일로 범죄하지 아니하였느냐 저는 열국 중에 비길 왕이 없이 하나님의 사랑을 입은 자라 하나님이 저로 왕을 삼아 온 이스라엘을 다스리게 하셨으나 이방 여인이 저로 범죄케 하였나니 27 너희가 이방 여인을 취하여 크게 악을 행하여 우리 하나님께 범죄하는 것을 우리가 어찌 용납하겠느냐

느헤미야는 어떤 유다 사람들이 이방 여인을 취한 것에 대하여 솔로몬을 예로 들어 말한다. 솔로몬이 지혜의 왕이며 하나님의 은혜를 입은 자라도 이방 여인을 취하였을 때 범죄하게 되었다는 것이다. 그런데 너희가 어찌 이런 일을 할 수 있느냐는 말이다. 솔로몬은 왕이지만 느헤미야 때 교훈을 받아야 할 자들은 일반 백성이었다.

이 일을 오늘 우리에게 적용해보자. 교회 역사 가운데 참으로 훌륭한 주의 종들이 있었다. 마틴 루터, 칼빈, 요한 웨슬레, 무디, 조지 뮬러, 토레이, 찰스 피니 등등. 그런데 오늘 작은 자들인 우리는 그들을 본받아야 한다. 이제는 교회의 작은 지체들이라도 범죄하는 것이 용납될 수 없다. 온 교회의 회복의 때이기 때문이다. 참된 교회의 회복과 부흥은 반드시 도덕성의 회복을 수반한다. 도덕성의 회복이 없는 부흥은 아무 의미가 없다.

28절, 대제사장 엘리아십의 손자 요야다의 아들 하나가 호론 사람 산발랏의 사위가 되었으므로 내가 쫓아내어 나를 떠나게 하였느니라

대제사장은 이스라엘의 최고 지도자인데, 그 엘리아십의 손자 요야다의 아들 하나가 대적 산발랏의 사위가 된 것이다. 그러므로 느헤미야는 대제사장의 손자라도 쫓아내어 자기에게서 떠나게 했다. 그런 중책에 있는 자들의 부패는 책망하고 머리털을 뽑는 정도로는 안 되고 아예 추방해서 제사장직에 있지 못하게 해야 한다고 본 것이다.

29-31절, 내 하나님이여 저희가 제사장의 직분을 더럽히고 제사장의 직분과 레위 사람에 대한 언약을 어기었사오니 저희를 기억하옵소서 30 이와 같이 저희로 이방 사람을 떠나게 하여 깨끗하게 하고 또 제사장과 레위 사람의 반열을 세워 각각 그 일을 맡게 하고 31 또 정한 기한에 나무와 처음 익은 것을 드리게 하였사오니 내 하나님이여 나를 기억하사 복을 주옵소서

대제사장이라는 자가 이방인과 사돈을 맺고 산발랏의 부하인 도비야에게 성전 방을 내어주는 등 온갖 망령된 일을 했다. 이런 일들은 도저히 용납될 수 없는 것이었다. 이미 이때부터 대제사장 가문의 부패의 조짐이 보이기 시작한 것이다. 그리고 예수 그리스도께서 오셨을 때 그들의 부패와 악행은 극에 달했다.

느헤미야는 이런 때에 부패한 것들을 도려내고 주님을 섬기는 직분을 다시 세워서 깨끗하게 했다. 그리고 레위인들이 주님을 잘 섬기도록 백성들로 하여금 때에 맞게 헌물을 드리게 했다. 그렇게 함으로써 하나님의 전에서 섬기는 직무를 바로잡고 온전히 회복되게 한 것이다. "이와 같이 저희로 이방 사람을 떠나게 하여 깨끗하게 하고 또 제사장과 레위 사람의 반열을 세워 각각 그 일을 맡게 하고 또 정한 기한에 나무와 처음 익은 것을 드리게 하였사오니…"(30-31절). 오늘 우리 또한 하나님의 교회가 부패한 것들을 제거하고 깨끗하고 성결한 원래 모습을 회복하기 바란다.

느헤미야는 이 모든 일을 하고 나서 하나님을 향해 또 다시 기도했다. "내 하나님이여 나를 기억하사 복을 주옵소서". 느헤미야는 주님이 그의 모든 일에 대하여 상급을 주실 분임을 믿고 있었다. 이는 마땅히 오늘 우리의 신앙의 본이 되어야 할 것이다.

에스더
Esther

서 론

에스더서는 전체가 10장인데 길지 않기 때문에 그리 어렵지 않게 읽을 수 있을 것이다. 역사서의 마지막 부분이 에스라, 느헤미야, 에스더이다. 에스더서에 감춰진 말씀의 비밀을 함께 잘 볼 수 있기 바란다.

에스더서의 저자가 에스더인지 모르드개인지는 정확하게 알 수 없다. 아무튼 에스더서는 여러 가지 면에서 특이하다. 이 책에 '하나님'이라는 단어가 한 번도 언급되지 않는다는 점에서도 에스더서는 매우 특이하다. '하나님'이라는 단어가 한 번도 나오지 않은 성경은 에스더서 외에 아가서가 있다. 그래도 아가서는 상징과 비유로 왕이신 주님을 나타내기 때문에 그런 식으로 이해할 수 있는데, 기이하게도 에스더서는 여호와 하나님이 한 번도 언급되지 않았는데도 유대인들은 이 에스더서가 하나님의 말씀이라는 것을 조금도 의심하지 않는다. 그리고 이들은 부림절 때면 이 성경을 함께 읽는다. 이 성경 내용은 매우 깊이가 있고 감동적이며 하나님의 손길을 볼 수 있다. 하나님이라는 이름은 없지만 이스라엘 백성 가운데서 그들을 보호하시는 하나님의 손을 볼 수 있다.

에스더 **1** 장

**1절, 이 일은 아하수에로 왕 때에 된 것이니 아하수에로는 인도로
구스까지 일백이십칠 도를 치리하는 왕이라**

이 아하수에로 왕은 바사 국의 고레스 다음 왕이다. 역사적으로는 크세르크세스 왕이라고 한다. 아하수에로는 히브리 명이고, 바사어로는 크샤아르샤이고, 헬라어로는 크세르크세스이다. 이 왕은 당시 인도에서 구스까지 일백이십칠 도나 되는 광대한 땅을 다스리고 있었다. 인도 사람들은 성경에 그들 나라의 이름이 나온다고 좋아한다. 그리고 구스는 이디오피아이다.

**2-5절, 당시에 아하수에로 왕이 수산 궁에서 즉위하고 3 위에 있
은 지 삼년에 그 모든 방백과 신복을 위하여 잔치를 베푸니 바사와
메대의 장수와 각 도의 귀족과 방백들이 다 왕 앞에 있는지라 4 왕
이 여러 날 곧 일백팔십 일 동안에 그 영화로운 나라의 부함과 위엄
의 혁혁함을 나타내니라 5 이 날이 다하매 왕이 도성 수산 대소 인
민을 위하여 왕궁 후원 뜰에서 칠 일 동안 잔치를 베풀새**

일백팔십 일 동안 왕은 그의 모든 방백과 신복들을 위하여 잔치를 베풀면서 그들의 부귀와 위엄과 혁혁함 등을 자랑하였다. 그리고 마지막 일주일 동안은 왕궁 후원 뜰에서 수산 도성의 모든 백성을 위하여 잔치

를 했다. 연회가 이렇게 오래 지속되었다는 것에 대하여 해석자들의 의견이 분분하다. 상징적이라고도 하고, 5일 정도 되는데 유다 민족에게는 오래인 것처럼 느껴져 그렇게 기록하였다는 말도 있다. 그러나 왕후 간택이나 하만의 모략 등 많은 일들이 그 연회 동안에 일어난 것을 보면 그 날수가 실제의 잔치 기간일 것으로 보인다.

6절, 백색, 녹색, 청색 휘장을 자색 가는 베줄로 대리석 기둥 은고리에 매고 금과 은으로 만든 걸상을 화반석, 백석, 운모석, 흑석을 깐 땅에 진설하고

잔치의 장소를 아름답고 운치 있게 만드는 치장들을 설명하고 있다. 대리석으로 된 기둥의 은고리에 연결시킨 휘장을 말한다.

7절, 금잔으로 마시게 하니 잔의 식양이 각기 다르고 왕의 풍부한 대로 어주가 한이 없으며

마시는 잔이 금으로 만들어진데다 잔마다 모양이 각기 달랐다. 잔에 따라서 술맛이 다른 모양이다. 그리고 왕은 자신이 부유한 만큼 엄청난 양의 술을 준비하였다.

8절, 마시는 것도 규모가 있어 사람으로 억지로 하지 않게 하니 이는 왕이 모든 궁내 관리에게 명하여 각 사람으로 마음대로 하게 함이더라

억지로 마시도록 권하거나 하지 않았다는 말이다. 아하수에로 왕이 상당히 합리적이고 격이 있는 왕임을 말해주는 것 같다. 따라서 잔치에 참석한 사람들은 기호와 양에 따라 자유로이 마시면서 마음껏 즐길 수 있었을 것이다.

9-11절, 왕후 와스디도 아하수에로 왕궁에서 부녀들을 위하여 잔치를 베푸니라 10 제 칠일에 왕이 주흥이 일어나서 어전 내시 므후

만과 비스다와 하르보나와 빅다와 아박다와 세달과 가르가스 일곱 사람을 명하여 11 왕후 와스디를 청하여 왕후의 면류관을 정제하고 왕의 앞으로 나아오게 하여 그 아리따움을 뭇 백성과 방백들에게 보이게 하라 하니 이는 왕후의 용모가 보기에 좋음이라

당시 왕후였던 와스디라는 여인이 매우 아름다웠던 모양이다. 아하수에로 왕은 술을 마시다 흥이 일어나니 그 왕후를 귀족들과 방백들과 신하들과 많은 백성들 앞에 자랑하고 싶어졌다.

12절, 그러나 왕후 와스디가 내시의 전하는 왕명을 좇아 오기를 싫어하니 왕이 진노하여 중심이 불붙는 듯하더라

그런데 와스디라는 왕후가 상당히 교만했던 모양이다. 왕이 의관을 정제하고 오라고 하는데 그 말을 듣기를 싫어한 것이다. 그러자 왕은 극도로 화가 났다. 아마도 당시 바사 국은 바벨론보다 훨씬 민주적이었던 것 같다. 그렇기 때문에 여성들의 권한이 상당히 강하지 않았나 싶다. 비단 이 때만이 아니라 다른 때도 종종 왕후는 왕의 말을 듣지 않았을 수 있다. 그렇기 때문에 이 날도 왕이 모처럼 왕후에게 잘 차려입고 여러 사람들 앞에 나타나 달라고 하니 싫다고 한 것이다. 역사학자 요세푸스는 왕후가 남에게 얼굴을 보이기 싫어한 것은 바사의 관습에 따른 것이라고 말한다. 또 술 취한 사람들 앞에 자신의 미모를 나타내고 싶지 않았을 수도 있다.

13-14절, 왕이 사례를 아는 박사들에게 묻되(왕이 규례와 법률을 아는 자에게 묻는 전례가 있는데 14 때에 왕에게 가까이 하여 왕의 기색을 살피며 나라 첫 자리에 앉은 자는 바사와 메대의 일곱 방백 곧 가르스나와 세달과 아드마다와 다시스와 메레스와 마르스나와 므무간이라)

당시에 왕의 자문관들이 있었는데, 이들은 왕 옆에서 상당히 높은 위치에 있었고 왕에게 여러 가지 법률이나 규례를 참고로 말해주곤 했다.

15절, 왕후 와스디가 내시의 전하는 아하수에로 왕명을 좇지 아니하니 규례대로 하면 어떻게 처치할고

이 때 왕이 심히 노하였기 때문에 자기 아내의 문제를 대신들에게 물은 것이다.

16-18절, 므무간이 왕과 방백 앞에서 대답하여 가로되 왕후 와스디가 왕에게만 잘못할 뿐 아니라 아하수에로 왕의 각 도 방백과 뭇 백성에게도 잘못하였나이다 17 아하수에로 왕이 명하여 왕후 와스디를 청하여도 오지 아니하였다 하는 왕후의 행위의 소문이 모든 부녀에게 전파되면 저희도 그 남편을 멸시할 것인즉 18 오늘이라도 바사와 메대의 귀부인들이 왕후의 행위를 듣고 왕의 모든 방백에게 그렇게 말하리니 멸시와 분노가 많이 일어나리이다

므무간이라는 사람이 대답했는데, 그가 그 자리에서 즉흥적으로 대답한 것 같지 않고 일곱 박사들이 함께 숙의한 후에 그 뜻을 대변했을 가능성이 있다. 므무간의 말은 와스디의 행위는 왕명만 어긴 것이 아니라 바사 국의 전 국민 앞에서 잘못된 전례를 남겼다는 것이다. 즉 왕후가 왕인 남편의 말을 듣지 않음으로써 모든 방백의 부인과 나라 백성들의 부인들까지도 그것을 본받아 다 자기 남편의 말을 듣지 않게 되어 멸시와 분노가 많이 일어날 것이라고 했다.

19절, 왕이 만일 선히 여기실진대 와스디로 다시는 왕 앞에 오지 못하게 하는 조서를 내리되 바사와 메대의 법률 중에 기록하여 변역함이 없게 하고 그 왕후의 위를 저보다 나은 사람에게 주소서

따라서 왕후를 폐위시키고 새로운 왕후를 간택하라고 조언했다.

20절, 왕의 조서가 이 광대한 전국에 반포되면 귀천을 무론하고 모든 부녀가 그 남편을 존경하리이다

이런 일로 왕후를 폐위한다는 조서가 전국에 반포되면 온 나라의 부녀들이 두려워하여 남편을 존경하게 될 것이라는 말이다.

21절, 왕과 방백들이 그 말을 선히 여긴지라 왕이 므무간의 말대로 행하여 22 각 도 각 백성의 문자와 방언대로 모든 도에 조서를 내려 이르기를 남편으로 그 집을 주관하게 하고 자기 민족의 방언대로 말하게 하라 하였더라

므무간의 말을 듣던 왕과 방백들은 그의 말을 옳게 여겼고, 왕은 각도의 방언으로 조서를 보내게 된다. 그렇게 해서 온 바사 국 남편들의 위신을 세워준 것이다. 아마도 부인들의 언어를 자녀들이 사용했던 모양이다. "모든 도에 조서를 내려 이르기를 남편으로 그 집을 주관하게 하고". 원래 민족의 습성대로 아내는 남편을 따르라고 하는 것 같다. 언어생활에 있어서 부부가 다른 방언으로 말할 경우 남편의 방언으로 말할 것도 아울러 명해졌다.

에스더 2장

1절, 그 후에 아하수에로 왕의 노가 그치매 와스디와 그의 행한 일과 그에 대하여 내린 조서를 생각하거늘,

와스디의 폐위와 에스더의 책봉 사이에는 4년이라는 간격이 있다. 그 동안 자신의 지나친 처사에 대해 후회도 있었을 것이고, 갈라미스 해전에서 패한 일도 있었다.

2절, 왕의 시신이 아뢰되 왕은 왕을 위하여 아리따운 처녀들을 구하게 하시되

다소 후회가 되지만 일단 법이 시행되었기 때문에 다시 돌이킬 수는 없는 것이다. 그런 시점에 왕의 측근 대신이 새로운 왕후를 구하도록 방법을 제시하고 있다.

3-4절, 전국 각도에 관리를 명령하여 아리따운 처녀를 다 도성 수산으로 모아 후궁으로 들여 궁녀를 주관하는 내시 헤개의 손에 붙여 그 몸을 정결케 하는 물품을 주게 하시고 4 왕의 눈에 아름다운 처녀로 와스디를 대신하여 왕후를 삼으소서 왕이 그 말을 선히 여겨 그대로 행하니라

왕이 신하들이 하라는 대로 다 하고 있다. 왕후를 버리라고 하니 버리고 새로 얻으라고 하니 새로 얻으려고 한다. 그러면 왕이 한 것은 무엇인가? 잔치를 벌인 것과 크게 화를 낸 것뿐이다. 그 두 가지 외에는 신하들이 하라는 대로 하고 있다. 여기서 다소나마 당시 바사 국의 민주적인 모습을 보게 된다. 왕이 어떤 사안에 대해 적어도 주위 신하들의 의견을 물어서 결정하고 있기 때문이다.

5절, 도성 수산에 한 유다인이 있으니 이름은 모르드개라 저는 베냐민 자손이니 기스의 증손이요 시므이의 손자요 야일의 아들이라

수산 성에 한 유다인이 있는데 이름이 모르드개였다. 이 모르드개가 에스라 2장 2절에 나온 1차 귀환자 명단에 들어 있는 모르드개인지에 관하여는 논란이 있다. 라이프트라는 사람은 여기의 모르드개가 바로 그 모르드개라고 했다. 그가 일단 성전 회복을 위해 예루살렘에 올라갔다가 아직 돌아오지 않은 백성들을 위해 다시 바사 국으로 내려가서 그들과 무언가 하고 있었을 수도 있다는 것이다.

어쨌든 그는 베냐민 자손이고 기스의 증손이고 시므이의 손자였다. 여기의 기스는 사울 왕의 아버지이고 시므이는 다윗을 저주한 사람으로서 썩 좋은 사람들이 아닌데, 그런 조상에게서 모르드개처럼 좋은 후손이 나온 것이다. 그러므로 조상이 나쁘다고 해서 그 후손들이 다 나쁜 것은 아니라는 것을 알아야 한다.

6절, 전에 바벨론 왕 느부갓네살이 예루살렘에서 유다 왕 여고냐와 백성을 사로잡아 갈 때에 모르드개도 함께 사로잡혔더라

예루살렘이 바벨론에게 멸망당할 때 유다 왕 여고냐와 함께 모르드개도 바벨론으로 사로잡혀 갔다는 것이다.

7절, 저의 삼촌의 딸 하닷사 곧 에스더는 부모가 없고 용모가 곱고 아리따운 처녀라 그 부모가 죽은 후에 모르드개가 자기 딸같이 양육하더라

에스더는 용모가 곱고 아리따운 처녀였다. 그런데 부모가 없어서 모르드개가 딸같이 키운 것이다.

8-9절, 왕의 조명이 반포되매 처녀들이 도성 수산에 많이 모여 헤개의 수하에 나아갈 때에 에스더도 왕궁으로 이끌려 가서 궁녀를 주관하는 헤개의 수하에 속하니 9 헤개가 이 처녀를 기뻐하여 은혜를 베풀어 몸을 정결케 할 물품과 일용품을 곧 주며 또 왕궁에서 의례히 주는 일곱 궁녀를 주고 에스더와 그 궁녀들을 후궁 아름다운 처소로 옮기더라

모르드개는 에스더가 혹 왕후가 될까 해서 에스더를 헤개라는 사람의 손에 붙였다. 그런데 이 일에 대해 형제회 교사 아이언 사이드는 모르드개가 잘못한 것이라고 했다. 어찌 유대인이 아무리 왕이라도 이방인과 결혼하도록 내어줄 수 있느냐는 말이다. 그러나 또 다른 성경학자들은 꼭 그렇게만 볼 것은 없다고 말한다.

10절, 에스더가 자기의 민족과 종족을 고하지 아니하니 이는 모르드개가 명하여 고하지 말라 하였음이라

앞에서 언급한 아이언 사이드라는 성경교사는 사실대로 고하지 않은 것도 잘못한 것이라고 했다. 자기의 신분을 정직하게 밝히는 것이 올바른 처사라는 것이다.

11절, 모르드개가 날마다 후궁 뜰 앞으로 왕래하며 에스더의 안부와 어떻게 될 것을 알고자 하더라

모르드개는 에스더를 들여보내놓고 왕후로 간택되기를 간절히 바란 것이다. 그래서 그 후궁 뜰 앞으로 왔다갔다하면서 과연 에스더가 어떻게 될 것인지 궁금해한 것이다.

12절, 처녀마다 차례대로 아하수에로 왕에게 나아가기 전에 여자

에 대하여 정한 규례대로 열두 달 동안을 행하되 여섯 달은 몰약 기름을 쓰고 여섯 달은 향품과 여자에게 쓰는 다른 물품을 써서 몸을 정결케 하는 기한을 마치며

이 처녀들이 왕에 나아가기 전에 몸을 정결케 하는 준비 기간이 일 년이나 걸렸다. 처음 6개월은 몰약으로 몸을 정결케 하고 다음 6개월은 여러 향품으로 몸을 향기롭게 했다.

13-15절, 처녀가 왕에게 나아갈 때에는 그 구하는 것을 다 주어 후궁에서 왕궁으로 가지고 가게 하고 14 저녁이면 갔다가 아침에는 둘째 후궁으로 돌아와서 비빈을 주관하는 내시 사아스가스의 수하에 속하고 왕이 저를 기뻐하여 그 이름을 부르지 아니하면 다시 왕에게 나아가지 못하더라 15 모르드개의 삼촌 아비하일의 딸 곧 모르드개가 자기의 딸같이 양육하는 에스더가 차례대로 왕에게 나아갈 때에 궁녀를 주관하는 내시 헤개의 정한 것 외에는 다른 것을 구하지 아니하였으나 모든 보는 자에게 굄을 얻더라

에스더는 다른 물품을 더 구하지 않았다. 왜냐하면 달리 치장할 필요가 없을 정도로 아리따웠기 때문이다. 그뿐 아니라 그녀는 다른 모든 보는 자에게 굄을 얻었다.

16-18절, 아하수에로 왕의 칠년 시월 곧 데벳월에 에스더가 이끌려 왕궁에 들어가서 왕의 앞에 나아가니 17 왕이 모든 여자보다 에스더를 더욱 사랑하므로 저가 모든 처녀보다 왕의 앞에 더욱 은총을 얻은지라 왕이 그 머리에 면류관을 씌우고 와스디를 대신하여 왕후를 삼은 후에 18 왕이 크게 잔치를 베푸니 이는 에스더를 위한 잔치라 모든 방백과 신복을 향응하고 또 각 도의 세금을 면제하고 왕의 풍부함을 따라 크게 상 주니라

왕은 에스더를 한 번 보자 다른 여자들은 더 볼 것도 없이 에스더를 사랑하여 왕후로 선택했다. 그리고 에스더를 위해 잔치를 베풀었으며 모든 방백과 신복들에게 향응을 제공하고 각도의 세금을 면제해주었으며 많은 상을 베풀었다.

19-20절, 처녀들을 다시 모을 때에는 모르드개가 대궐 문에 앉았더라 20 에스더가 모르드개의 명한 대로 그 종족과 민족을 고하지 아니하니 저가 모르드개의 명을 양육받을 때와 같이 좇음이더라

19절에서 이미 왕후가 간택되었는데 왜 처녀들이 다시 모였는지는 알 수 없다. 왕비 간택이 끝난 후 이지만 먼 데서 오는 사람들이 늦게 도착했기 때문일지도 모른다. 양녀가 왕비가 되었는데도 모르드개가 여전히 대문지기로 종사한 것은 에스더가 그들의 사정을 고하지 않았기 때문일 것이다. 에스더는 왕후가 되어서도 계속 모르드개의 말을 듣고 있었다.

21-23절, 모르드개가 대궐 문에 앉았을 때에 문 지킨 왕의 내시 빅단과 데레스 두 사람이 아하수에로 왕을 원한하여 모살하려 하거늘 22 모르드개가 알고 왕후 에스더에게 고하니 에스더가 모르드개의 이름으로 왕에게 고한지라 23 사실하여 실정을 얻었으므로 두 사람을 나무에 달고 그 일을 왕의 앞에서 궁중 일기에 기록하니라

모르드개는 하나님의 주권으로 두 사람이 왕을 모반한 일을 알게 되었고 그것을 에스더를 통해 왕에게 고했다. 그 때 에스더는 자기 이름으로 고하지 않고 모르드개의 이름으로 고했는데, 결국 그 두 사람은 나무에 달려 사형을 당했고 그 사실은 궁중 일기에 기록되었다.

에스더 3장

1절, 그 후에 아하수에로 왕이 아각 사람 함므다다의 아들 하만의 지위를 높이 올려 모든 함께 있는 대신 위에 두니

이 아각은 아말렉 사람이며, 아말렉은 또한 에서의 자손이다. 모세가 아말렉과 싸운 적이 있고 하나님께서는 대대로 아말렉과 싸울 것이라고 하셨다. 성경에서 아말렉은 사람의 육체를 나타낸다. 그런데 여기 하만이라는 사람이 아말렉 사람이었다.

2절, 대궐 문에 있는 왕의 모든 신복이 다 왕의 명대로 하만에게 꿇어 절하되 모르드개는 꿇지도 아니하고 절하지도 아니하니

이 모르드개는 하만에게 꿇어 절하지 않았다. 왜 그랬겠는가? 그는 하나님을 믿는 유대인으로서 하나님 외에 어떤 인간에게 경배하기를 원치 않았기 때문일 것이다. 그는 독실한 신앙인이었고 더욱이 그 상대는 하나님 나라의 대적인 아말렉 사람이었다.

3-4절, 대궐 문에 있는 왕의 신복이 모르드개에게 이르되 너는 어찌하여 왕의 명령을 거역하느냐 하고 4 날마다 권하되 모르드개가 듣지 아니하고 자기는 유다인임을 고하였더니 저희가 모르드개의 일이 어찌 되나 보고자 하여 하만에게 고하였더라

그가 거절한 것은 다른 이유가 아니고 '나는 하나님의 백성인데 유다인인 내가 어떻게 그런 사람에게 경배할 수 있겠느냐'는 것이었다. 모르드개의 대답은 유다인으로서 하나님 한 분을 믿는 신앙의 절개를 지키겠다는 것이다. 대궐 문에 있던 왕의 신복이 모르드개의 말을 하만에게 고하였다.

5-7절, 하만이 모르드개가 꿇지도 아니하고 절하지도 아니함을 보고 심히 노하더니 6 저희가 모르드개의 민족을 하만에게 고한 고로 하만이 모르드개만 죽이는 것이 경하다 하고 아하수에로의 온 나라에 있는 유다인 곧 모르드개의 민족을 다 멸하고자 하더라 7 아하수에로 왕 십이년 정월 곧 니산월에 무리가 하만 앞에서 날과 달에 대하여 부르 곧 제비를 뽑아 십이월 곧 아달월을 얻은지라

하만은 우리나라로 말하면 국무총리쯤 되는 높은 지위의 사람이었다. 그는 모르드개만 죽이는 것은 경하게 여겨 그의 동족 유다인들을 다 전멸할 계획을 세웠다. 이렇게 아말렉 사람은 본성적으로 유다 사람을 미워하는 것이 있다. 그들은 제비를 뽑아 유다인 대학살의 날을 정하기로 했는데, 아달월 곧 십이월이 뽑혔다. 이때가 니산월 곧 1월이니 아달월이면 앞으로 12개월 후이다. 미신적인 전통 때문에 한 달 후에 당장 다 죽이자고 하지 않고 그 날을 제비 뽑았는데 십이월이 뽑힌 것이다. 그래서 하나님께서 역사하실 수 있는 일 년이라는 기간이 확보되었다.

8절, 하만이 아하수에로 왕에게 아뢰되 한 민족이 왕의 나라 각 도 백성 중에 흩어져 거하는데 그 법률이 만민보다 달라서 왕의 법률을 지키지 아니하오니 용납하는 것이 왕에게 무익하니이다

그래놓고서 하만은 왕에게 유다인들을 참소하고 있다. 유다인들은 특이한 율법을 가지고 있어서 왕명이라 할지라도 거역하는 자들이니 그대로 두어서는 안 된다는 것이다.

9절, 왕이 옳게 여기시거든 조서를 내려 저희를 진멸하소서 내가 은 일만 달란트를 왕의 일을 맡은 자의 손에 부쳐 왕의 부고에 드리리이다

하만은 유다인의 진멸 계획을 왕의 조서에 의해 확정하고자 했다. 그는 은 일만 달란트를 왕의 일을 맡은 자를 통해 왕의 부고에 드리겠다고 제의하면서 유다인들을 진멸함으로 파생되는 손해는 자신이 감당하겠다고 했다. 은 일만 달란트는 342,720kg으로서 막대한 금액이다. 하만은 사재를 털어서라도 유다인을 진멸하고자 한 것이다.

10-11절, 왕이 반지를 손에서 빼어 유다인의 대적 곧 아각 사람 함므다다의 아들 하만에게 주며 11 이르되 그 은을 네게 주고 그 백성도 그리하노니 너는 소견에 좋을 대로 행하라 하더라

왕은 자세히 알아보지도 않고 엄청난 결정을 그에게 맡겼다. 왕의 반지란 옥새로서 왕의 결정을 나타내는 것이기 때문이다. 그렇게 해서 유다인들은 다 죽을 수밖에 없게 되었다. 왕은 하만이 왕의 부고에 드리겠다고 한 은 일만 달란트도 하만에게 돌려주고 유다 사람들의 목숨도 하만에게 맡겨 그의 임의로 하게 했다. 여기서 보여지는 아하수에로 왕의 성격은 매우 감정적이고 신중하지 못하다. 그 큰 나라를 다스리는 왕이 어찌 가까운 사람들의 말을 그대로 믿고 즉시 실행에 옮기는지 참으로 이해하기가 어렵다. 2차 대전 때 독일 히틀러의 결정이 생각나는 대목이다.

12-13절, 정월 십삼일에 왕의 서기관이 소집되어 하만의 명을 따라 왕의 대신과 각 도 방백과 각 민족의 관원에게 아하수에로 왕의 이름으로 조서를 쓰되 곧 각 도의 문자와 각 민족의 방언대로 쓰고 왕의 반지로 인치니라 13 이에 그 조서를 역졸에게 부쳐 왕의 각 도에 보내니 십이월 곧 아달월 십삼일 하루 동안에 모든 유다인을 노소나 어린 아이나 부녀를 무론하고 죽이고 도륙하고 진멸하고 또 그

재산을 탈취하라 하였고

이제 아달월 곧 십이월 십삼일에 유다인들을 다 죽이기고 결정했다. 정월 초하루에 부르를 뽑았고(7절), 정월 십삼일에 하만이 왕의 이름으로 조서를 써서 왕의 반지로 인치고 각 도로 보냈다.

14-15절, **이 명령을 각 도에 전하기 위하여 조서의 초본을 모든 민족에게 선포하여 그 날을 위하여 준비하게 하라 하였더라 15 역졸이 왕의 명을 받들어 급히 나가매 그 조서가 도성 수산에도 반포되니 왕은 하만과 함께 앉아 마시되 수산 성은 어지럽더라**

이 소식이 도성 수산에 전해지자 수산 성이 뒤숭숭하게 되었다. 왕은 하만과 함께 앉아 태평하게 술을 마시고 있었지만 성내는 아주 어지럽게 된 것이다. 육신의 정욕을 좇아 행하면 겉으로는 웃고 태평할지라도 속에는 불안과 초조가 있게 된다.

에스더 4장

1절, 모르드개가 이 모든 일을 알고 그 옷을 찢고 굵은 베를 입으며 재를 무릅쓰고 성중에 나가서 대성통곡하며

이 일에 있어서 본의는 아니지만 모르드개는 책임이 무거웠을 것이다. 왜냐하면 자기 한 사람이 절하지 않은 사건으로 인해 동족 전체가 진멸당할 지경에 처했기 때문이다. 어쨌든 일이 이렇게 된 원인을 제공한 자로서 그는 얼마나 마음이 어려웠겠는가? 그는 굵은 베를 입고 성 중에 나가서 대성통곡을 하였다.

2-4절, 대궐 문 앞까지 이르렀으니 굵은 베를 입은 자는 대궐 문에 들어가지 못함이라 3 왕의 조명이 각 도에 이르매 유다인이 크게 애통하여 금식하며 곡읍하며 부르짖고 굵은 베를 입고 재에 누운 자가 무수하더라 4 에스더의 시녀와 내시가 나아와 고하니 왕후가 심히 근심하여 입을 의복을 모르드개에게 보내어 그 굵은 베를 벗기고자 하나 모르드개가 받지 아니하는지라

모르드개는 굵은 베옷을 입고 대궐 문까지 이르렀다. 그 옷을 입고는 대궐 문에 들어갈 수 없었기에 문 앞에만 있었다. 에스더에게 상황을 알리려는 뜻이 있었을 것이다. 에스더는 모르드개가 베옷을 입고 슬피 울고 있다는 소식을 듣고 입을 옷을 보내어 굵은 베옷을 벗기고자 했으나 모르드개가 받지 않았다.

5-7절, 에스더가 왕의 명으로 자기에게 근시하는 내시 하닥을 불러 명하여 모르드개에게 가서 이것이 무슨 일이며 무슨 연고인가 알아보라 하매 6 하닥이 대궐 문 앞 성중 광장에 있는 모르드개에게 이르니 7 모르드개가 자기의 당한 모든 일과 하만이 유다인을 멸하려고 왕의 부고에 바치기로 한 은의 정확한 수효를 하닥에게 말하고

에스더는 그가 무엇 때문에 그렇게 하는지 알아보도록 내시 하닥을 모르드개에게 보냈다. 모르드개는 이 모든 일의 자초지종을 말해주었고 왕의 부고에 바치기로 한 은의 정확한 수효까지 말해 주었다. 그런 것을 보면 이 돈이 왕의 마음을 움직이는 데 한 몫을 한 것임을 알 수 있다.

8-12절, 또 유다인을 진멸하라고 수산 궁에서 내린 조서 초본을 하닥에게 주어 에스더에게 뵈어 알게 하고 또 저에게 부탁하여 왕에게 나아가서 그 앞에서 자기의 민족을 위하여 간절히 구하라 하니 9 하닥이 돌아와 모르드개의 말을 에스더에게 고하매 10 에스더가 하닥에게 이르되 너는 모르드개에게 고하기를 11 왕의 신복과 왕의 각 도 백성이 다 알거니와 무론 남녀하고 부름을 받지 아니하고 안뜰에 들어가서 왕에게 나아가면 오직 죽이는 법이요 왕이 그 자에게 금홀을 내어밀어야 살 것이라 이제 내가 부름을 입어 왕에게 나아가지 못한 지가 이미 삼십일이라 하라 12 그가 에스더의 말로 모르드개에게 고하매

모르드개는 8절에서 에스더에게 왕에게 나아가서 이 민족을 위하여 간절히 구하라고 부탁했다. 그러자 에스더가 말하기를 왕에게 부름을 받아야 나아갈 수 있으며, 혹 그에게 나아갔다 하더라도 왕이 금홀을 내어밀지 않으면 왕후일지라도 죽이게 되어 있다고 말했다. 그러면서 자기가 왕의 부름을 입어 그에게 나아가지 못한 지가 이미 삼십 일이나 되었다는 것이다.

13절, 모르드개가 그를 시켜 에스더에게 회답하되 너는 왕궁에 있으니 모든 유다인 중에 홀로 면하리라 생각지 말라

지금 모르드개는 에스더를 부추기는 말을 하고 있다. "너는 왕궁에 있으니 모든 유다인 중에 홀로 면하리라 생각지 말라". 유다인 대살륙이 일어나면 에스더도 그것을 피할 수 없을 것이라는 말이다.

14절, 이때에 네가 만일 잠잠하여 말이 없으면 유다인은 다른 데로 말미암아 놓임과 구원을 얻으려니와 너와 네 아비 집은 멸망하리라 네가 왕후의 위를 얻은 것이 이때를 위함이 아닌지 누가 아느냐

에스더서를 읽을 때 이 구절만큼은 기억해두어야 한다. 에스더서의 요절이 되는 구절이다. "네가 만일 잠잠하여 말이 없으면 유다인은 다른 데로 말미암아 놓임과 구원을 얻으려니와 너와 네 아비 집은 멸망하리라 네가 왕후의 지위를 얻은 것이 이때를 위함이 아닌지 누가 아느냐".

'에스더 네가 왕후의 지위 때문에, 그 지위를 유지하기 위해서 말을 하지 않는다면, 유다인은 다른 데로 말미암아 구원을 얻을 것이지만 너와 네 아비 집은 멸망하게 될 것이다. 네가 왕후의 위를 얻은 것이 이때를 위함이 아닌지 누가 아는가?' 이것이 모르드개의 말이다.

우리는 앞에서 에스라서와 느헤미야서를 보았다. 에스라서는 성전을 재건하는 내용을 담고 있고 느헤미야서는 성벽을 중수하는 내용을 담고 있다. 에스라나 느헤미야는 바벨론에 사로잡혀 갔던 이스라엘 백성한 무리와 함께 예루살렘으로 돌아와서 성전을 재건하고 또 성벽을 중수했다. 또 에스라와 느헤미야는 함께 동역하기도 했다. 그런 의미에서 앞의 두 권은 말하고자 하는 바가 분명하다. 그런데 에스더서는 무엇을 말하고자 하는가?

에스라서와 느헤미야서가 예루살렘에 돌아온 사람들의 이야기라면, 에스더서는 아직 돌아오지 않고 메대-바사 국에 남아 있던 유다 사람들의 이야기이다. 바사 왕 고레스 원년에 영을 반포하기를 유다인은 다 돌아가서 예루살렘에 하나님의 전을 건축하라고 했다. 그때 1차, 2차, 3차에 걸쳐 한 무리씩 예루살렘에 돌아가 성전을 재건하고 성벽을 중수했다. 그렇지만 아직 많은 수의 유다인들이 메대-바사국에 그대로 남아 있었다.

이 남아 있는 백성들에 대해서는 하나님께서 어떻게 하셨는가? 그 이야기가 없으면 그들의 역사가 온전하지 않게 된다. 남아 있어도 그들은 여전히 유다 사람이기 때문이다. 우리는 성전 재건과 성벽 중수를 위해 예루살렘에 올라가지 않은 사람들에 대해 하나님은 어떤 마음을 갖고 계시는가, 하나님께서는 그들을 어떻게 돌보셨는가를 에스더서를 통해 엿보게 된다. 에스라서의 중심이 성전이고 느헤미야서의 중심이 성벽이라면, 에스더서의 중심은 하나님의 백성이다. 따라서 에스더서는 하나님이 그분의 백성을 어떻게 사랑하고 보살피시는가를 보여주고 있다.

하나님께서는 포로 되었던 이스라엘 백성이 성전을 재건하기 위해 예루살렘에 올라가기를 원하셨지만 그들은 그냥 그 땅에 남아 있었다. 그것은 하나님의 음성을 온전하게 순종하지 않은 것이다. 그럴 때 몰살당할 위험이 닥쳤다. 일 년 후면 다 죽게 되는 것이다. 에스더서에 기록된 이 사건이 일어난 시점이 일차 귀환 후인지 혹 이차 귀환 후인지에 대해서는 논란이 많다. 이러한 사건이 예루살렘으로 올라가도록 유다 사람들을 부추겼을 가능성이 크다는 것이다.

이 모든 환경은 하나님의 성전 재건을 위해 좋은 여건을 마련해주었다. 하나님의 손이 보이지 않게 역사하신 것이다. 결국 이런 환경을 통해 생각이 깨어나서 예루살렘에 올라간 사람들이 있었을 것이고 그래도 남아 있는 사람들은 하나님께서 기적적인 방법으로 보살피셨다. 왜 하필이면 와스디가 그때 왕명을 거스르고 나타나지 않아 왕의 노여움을 사서 폐위되고 모르드개의 조카 에스더가 왕후로 발탁되었겠는가?

우리는 이 에스더서를 통해 한 가지 교훈을 배우게 된다. 오늘 여러분이 가지고 있는 위치, 신분, 지혜, 기력, 이 모든 것은 하나님의 역사를 이루기 위한 것임을 기억하라. 또 뭔가 간증하고 행해야 할 위치에 있는데 자기 혼자 안일하게 남들에게 핍박당하지 않고 욕을 먹지 않으려고 잠잠히 있다면 당신은 그날 주님으로부터 칭찬을 얻지 못할 것이다. 여기 있는 여러분 모두가 다 그러한 신분에 있다. 그러므로 여러분 모두가 다 오늘날의 에스더가 되기 바란다.

15절, 에스더가 명하여 모르드개에게 회답하되 16 당신은 가서 수산에 있는 유다인을 다 모으고 나를 위하여 금식하되 밤낮 삼 일을 먹지도 말고 마시지도 마소서 나도 나의 시녀로 더불어 이렇게 금식한 후에 규례를 어기고 왕에게 나아가리니 죽으면 죽으리이다

"죽으면 죽으리이다". 널리 알려진 이 말이 바로 여기에 있다. 에스더서의 핵심이 되는 말이다. 에스더가 모르드개에게 회답하기를, '수산 성에 있는 유다 인을 다 모아 나를 위해 삼 일을 금식하며 기도해 달라. 나도 내 시녀들과 함께 금식하겠다. 그런 후에 규례를 어기고 왕에게 나아갈 것인데 죽게 되면 죽을 것이다.'라고 했다. 진정으로 하나님을 위하는 사람은 죽음을 불사해야 한다. 많은 사람들이 죽을까봐 자기가 할 수 있는 일을 하지 못한다. 혹시 사람들에게 욕을 먹지는 않을까, 혹시 감옥에 들어가지는 않을까, 혹시 모욕을 당하지는 않을까, 혹시 따돌림을 당하지는 않을까 두려워서 할 말을 못하고 조용히 사는 것이다.

여기서 우리는 모르드개와 에스더의 신앙을 보게 된다. 하나는 이방 땅에서 대궐의 문지기이고, 하나는 왕후이다. 그러나 그들 마음속에는 다른 것이 없고 하나님의 백성에 대한 생각만 가득하다. 오늘 우리가 에스더서를 통해 배워야 할 것이 무엇인가? 하나님의 자녀들은 어디에 있든 자기의 신분을 잊지 말아야 한다는 것이다. 우리가 아무리 높은 지위에 있더라도, 혹 어떤 국가기관이나 회사에 있든, 혹 어떤 학교를 다니든 그곳에 동화되어서는 안 된다. 어디에 있든지 하나님의 나라를 생각하고, 하나님의 백성을 생각하고, 유다 사람의 권익을 생각해야 한다.

17절, 모르드개가 가서 에스더의 명한 대로 다 행하니라

모르드개가 가서 에스더가 명한 대로 다 했다.

에스더 5장

1-4절, 제 삼일에 에스더가 왕후의 예복을 입고 왕궁 안 뜰 곧 어전 맞은편에 서니 왕이 어전에서 전 문을 대하여 보좌에 앉았다가 2 왕후 에스더가 뜰에 선 것을 본즉 심히 사랑스러우므로 손에 잡았던 금홀을 그에게 내어미니 에스더가 가까이 가서 금홀 끝을 만진지라 3 왕이 이르되 왕후 에스더여 그대의 소원이 무엇이며 요구가 무엇이뇨 나라의 절반이라도 그대에게 주겠노라 4 에스더가 가로되 오늘 내가 왕을 위하여 잔치를 베풀었사오니 왕이 선히 여기시거든 하만과 함께 임하소서

이러한 일의 배후에서 역사하시는 분은 하나님이시다. 에스더가 삼 일간 금식과 기도를 하고 나타나니 왕의 눈에 너무 사랑스러워 보인 것이다. 하나님은 왕의 마음이라도 주장할 수 있는 분이시다. 왕은 에스더가 너무도 사랑스러운 나머지 나라의 절반이라도 그녀에게 주겠다고 했다. 그러자 에스더는 "오늘 내가 왕을 위하여 잔치를 베풀었사오니 왕이 선히 여기시거든 하만과 함께 임하소서"라고 했다.

5절, 왕이 가로되 에스더의 말한 대로 하도록 하만을 급히 부르라 하고 이에 왕이 하만과 함께 에스더의 베푼 잔치에 나아가니라

에스더가 금식하며 기도할 때 주님이 지혜를 주셨을 것이다. 보통 여인 같으면 왕이 나라의 절반이라도 주겠노라고 하면 흥분한 나머지 '우리 민족이 지금 곤경에 처했으니 구해 주십시오.'라고 했을 것이다. 그러나 에스더는 다만 '제가 왕을 위하여 잔치를 베풀었으니 하만하고 함께 와주십시오.'라고 했다. 그녀는 연회에서 왕의 마음이 충분히 풀어진 뒤에 말하려고 한 것이다. 왕은 하만과 함께 에스더가 베푼 잔치에 나아갔다.

6-7절, 잔치의 술을 마실 때에 왕이 에스더에게 이르되 그대의 소청이 무엇이뇨 곧 허락하겠노라 그대의 요구가 무엇이뇨 나라의 절반이라 할지라도 시행하겠노라 7 에스더가 대답하여 가로되 나의 소청 나의 요구가 이러하니이다.

왕은 술을 마시면서 에스더에게 묻는다. "그대의 소청이 무엇인가?"

8절, 내가 만일 왕의 목전에 은혜를 얻었고 왕이 내 소청을 허락하시며 내 요구를 시행하시기를 선히 여기시거든 내가 왕과 하만을 위하여 베푸는 잔치에 또 나오소서 내일은 왕의 말씀대로 하리이다

에스더는 왕의 두 번째 물음에도 금방 소청을 말하지 않고 다만 그녀가 베푸는 잔치에 내일 다시 한 번 하만과 함께 와달라고 말한다. 그녀가 참으로 신중하고 치밀한 성격의 여인이었음을 보여준다.

9절, 이 날에 하만이 마음이 기뻐 즐거이 나오더니 모르드개가 대궐 문에 있어 일어나지도 아니하고 몸을 움직이지도 아니하는 것을 보고 심히 노하나

왕후 에스더의 연회에 특별히 자기만 초청되었으니 마음이 기쁘고 즐거웠을 것이다. 하만은 기분이 좋아서 나오다가 대궐 문에 있는 모르드개를 보았는데 아예 자기를 쳐다보지도 않는 것이었다. 그는 매우 분이 났으나 참았다.

10-11절, 참고 집에 돌아와서 사람을 보내어 그 친구들과 그 아내 세레스를 청하여 11 자기의 부성한 영광과 자녀가 많은 것과 왕이 자기를 들어 왕의 모든 방백이나 신복들보다 높인 것을 다 말하고

하만은 아무리 생각해도 너무 자랑스러웠다. 이렇게 교만하고 자랑하고 싶어하는 사람은 그런 말을 들어줄 사람들이 필요하다. 그는 자기 아내 세레스와 자기 친구들을 다 불러서 자기의 대단한 영광과 왕이 자기를 높인 것과 자녀가 많은 것을 자랑했다.

12절, 또 가로되 왕후 에스더가 그 베푼 잔치에 왕과 함께 오기를 허락받은 자는 나밖에 없었고 내일도 왕과 함께 청함을 받았느니라

하만의 자랑은 자기만 왕후의 연회에 왕과 함께 초대되었다는 것이다. "나 밖에 없었고"—이렇게 '나', '나' 하는 것이 문제이다. 우리는 마땅히 남을 배려하고 상대편 입장에서 생각할 줄 알아야 한다. "그 베푼 잔치에 왕과 함께 오기를 허락받은 자는 나밖에 없었고 내일도 왕과 함께 청함을 받았느니라". 그 말을 듣고 있던 사람들은 부러워하면서 호응해 주었을 것이다.

어떤 신학자는 아각 사람 하만은 육체를 나타내고, 아하수에로는 천연적인 생명을 나타내며, 모르드개의 애통함과 기도는 성령의 탄식을 나타낸다고 했다. 육체는 그렇게 높여진 상황에서 어느 누구에게라도 자랑하지 않고는 못 배긴다.

13-14절, 그러나 유다 사람 모르드개가 대궐 문에 앉은 것을 보는 동안에는 이 모든 일이 만족하지 아니하도다 14 그 아내 세레스와 모든 친구가 이르되 오십 규빗이나 높은 나무를 세우고 내일 왕에게 모르드개를 그 나무에 달기를 구하고 왕과 함께 즐거이 잔치에 나아가소서 하만이 그 말을 선히 여기고 명하여 나무를 세우니라

이렇게 자기가 높여지고 잘나가고 있지만 마음에 완전한 만족이 없는데, 그것은 모르드개 때문이다. 그가 '한 놈이 문제란 말이야. 그 놈이 내 눈에 가시덴 그걸 빼기 전에는 마음에 만족이 없어.'라고 하자 그 말을 들은 옆에 있던 악한 친구들이 '모르드개를 높은 나무에 달면 되잖아.' 하면서 오십 규빗 되는 높은 나무를 세워서 모르드개를 거기에 달기를 왕에게 구하라고 했다. 하만은 그 말이 좋게 들려서 곧 명하여 나무를 세웠다.

에스더 6장

1절, 이 밤에 왕이 잠이 오지 아니하므로 명하여 역대 일기를 가져다가 자기 앞에서 읽히더니

이 밤에 왕이 잠이 오지 않았다. 이 날 낮에 왕은 에스더가 베푼 잔치에서 잘 먹고 마셨을 것이고 이제 밤에 쉬려고 하는데 잠이 오지 않는 것이다. 이것 또한 하나님의 역사이다. 에스더서는 하나님이란 호칭은 언급하지 않지만 하나님의 역사를 기록하고 있다. 지금 왕이 잠이 오지 않는 것도 하나님의 손이 움직이고 있다는 증거이다. 여러분도 잠이 오지 않을 때 기도하거나 말씀 읽는 습관을 기르면 좋다.

여기서 생각해볼 것이 있다. 이 에스더서를 기록한 사람이 에스더인지 모르드개인지는 모르겠지만 어쨌든 바사 제국에 남아 있던 사람이 기록한 것이다. 에스라서와 느헤미야서는 돌아와서 예루살렘 성전과 성벽을 재건하는 사람들이 기록한 것으로 그 안에는 하나님이라는 호칭이 가득하다. 그에 비해 바사 제국에서 기록된 에스더서에는 하나님이란 단어가 없다.

2절, 그 속에 기록하기를 문 지킨 왕의 두 내시 빅다나와 데레스가 아하수에로 왕을 모살하려 하는 것을 모르드개가 고발하였다 하였는지라

왕이 밤에 잠이 오지 않아서 역대일기를 읽었는데 마침 모르드개가 왕을 모살하려는 자들을 고발했다는 내용을 읽게 된 것이다.

3-6절, 왕이 가로되 이 일을 인하여 무슨 존귀와 관작을 모르드개에게 베풀었느냐 시신이 대답하되 아무 것도 베풀지 아니하였나이다 4 왕이 가로되 누가 뜰에 있느냐 마침 하만이 자기가 세운 나무에 모르드개 달기를 왕께 구하고자 하여 왕궁 바깥 뜰에 이른지라 5 시신이 고하되 하만이 뜰에 섰나이다 왕이 가로되 들어오게 하라 하니 6 하만이 들어오거늘 왕이 묻되 왕이 존귀케 하기를 기뻐하는 사람에게 어떻게 하여야 하겠느뇨 하만이 심중에 이르되 왕이 존귀케 하기를 기뻐하시는 자는 나 외에 누구리요 하고

그렇게 충성된 일을 한 모르드개에게 아무 것도 베풀지 않았다는 것을 알고 왕은 뭔가 모르드개에게 보답하고 싶은 맘이 생겼다. 그래서 하만을 불러 물었다. '왕이 존귀케 하기를 기뻐하는 사람에게 어떻게 해주었으면 좋겠는가?' 그러자 하만은 마음속으로 '왕이 존귀케 하기를 기뻐하는 자가 나밖에 누가 있겠는가?'라고 생각했다.

이것이 육체적이고 자아 중심적인 사람들의 생각이다. 이런 사람들은 기회가 있는 대로 자기를 발전시키려 하고 자신의 자리와 지위를 생각하며 다른 사람들을 밀치고 나서려는 특징이 있다. 어떤 좋은 일이 생기면 '나에게 뭔가 해주려는 게 아닌가?' 하고, 또 어떤 큰 모임에서 상석이 하나 비어 있으면 '저거 혹시 나 앉으라고 비워 놓은 게 아닌가?' 한다. 거의 반사적으로 그런 생각이 드는 것이다. '나 외에 누가 있으리요'. 자기밖에 모르는 생각이다. 시편에서 다윗은 "하늘 아래나 땅 위에 주밖에 누가 내게 있으리요"라고 했는데, 이 육체적인 사람은 '하늘 아래나 땅 위에 나 외에 누가 있으리요'라고 말한다.

7-9절, 왕께 아뢰되 왕께서 사람을 존귀케 하시려면 8 왕의 입으시는 왕복과 왕의 타시는 말과 머리에 쓰시는 왕관을 취하고 9 그

왕복과 말을 왕의 방백 중 가장 존귀한 자의 손에 붙여서 왕이 존귀케 하시기를 기뻐하시는 사람에게 옷을 입히고 말을 태워서 성중 거리로 다니며 그 앞에서 반포하여 이르기를 왕이 존귀케 하기를 기뻐하시는 사람에게는 이같이 할 것이라 하게 하소서

이것은 하만이 평소에 하고 싶었던 것들이다. 그러니까 깊이 생각해볼 것도 없이 술술 나오는 것이다. 하만은 늘 왕만큼 높아지고 싶었고 그래서 왕을 쳐다볼 때마다 속으로 '저 왕복 한번 입어봤으면, 저 왕관 한번 써 봤으면, 많은 사람들이 나를 따르며 호위하는 자리에 있어 봤으면.' 했는데 왕이 물으니까 선뜻 그런 대답이 나온 것이다.

10-11절, 이에 왕이 하만에게 이르되 너는 네 말대로 속히 왕복과 말을 취하여 대궐 문에 앉은 유다 사람 모르드개에게 행하되 무릇 네가 말한 것에서 조금도 빠짐이 없이 하라 11 하만이 왕복과 말을 취하여 모르드개에게 옷을 입히고 말을 태워 성중 거리로 다니며 그 앞에서 반포하되 왕이 존귀케 하시기를 기뻐하시는 사람에게는 이같이 할 것이라 하니라

하만은 모르드개를 나무에 매달아서 죽이려고 왕에게 허락을 받으러 갔다가 도리어 자기 손으로 그에게 왕복을 입히고 말에 태워 성중 거리로 다니면서 자기 입으로 그를 칭찬하는 말을 하게 되었다. 그러니 그 심정이 얼마나 복잡했겠는가?

육체는 하나님의 사람들을 대적하고 없애고 끝내 버리려 하지만 결국 어떻게 되었는가? 주님은 그러한 육체의 사람으로 주님이 사랑하시는 자 앞에 무릎을 꿇게 하신다. 그리고 그 입으로 그를 높이게 하신다. 장래 주님의 나라에서만 아니라 오늘 이 땅에서도 하나님은 그렇게 하실 수 있다. 전적으로 하나님의 사람을 멸시하고 욕하고 공격하고 무너뜨리려고 하는 사람을 통해서 하나님은 도리어 그 핍박당하는 사람을 높이는 말을 하게 하신다.

12-14절, 모르드개는 다시 대궐 문으로 돌아오고 하만은 번뇌하여 머리를 싸고 급히 집으로 돌아와서 13 자기의 당한 모든 일을 그 아내 세레스와 모든 친구에게 고하매 그 중 지혜로운 자와 그 아내 세레스가 가로되 모르드개가 과연 유다 족속이면 당신이 그 앞에서 굴욕을 당하기 시작하였으니 능히 저를 이기지 못하고 분명히 그 앞에 엎드러지리이다 14 아직 말이 그치지 아니하여서 왕의 내시들이 이르러 하만을 데리고 에스더의 베푼 잔치에 빨리 나아가니라

모르드개는 다시 대궐 문으로 돌아오고 하만은 번뇌하여 머리를 싸고 급히 집으로 돌아와서 자기의 당한 일을 그 아내 세레스와 모든 친구에게 말했다. 그랬더니 그들은 모르드개가 유다 사람인 것을 알고 그가 그 앞에 굴욕을 당했다는 것을 알았다. 그러므로 이제 저를 이기지 못할 것이라고 했다. 그들은 이 사건을 우연한 것으로 보지 않고 하만의 패배의 전주곡으로 본 것이다. 그는 측근에게서 불길한 예고를 듣고 대책을 상의할 겨를도 없이 또 다시 에스더의 베푼 잔치에 나아갔다.

에스더 7 장

1-2절, 왕이 하만과 함께 또 왕후 에스더의 잔치에 나아가니라 2 왕이 이 둘째날 잔치에 술을 마실 때에 다시 에스더에게 물어 가로되 왕후 에스더여 그대의 소청이 무엇이뇨 곧 허락하겠노라 그대의 요구가 무엇이뇨 곧 나라의 절반이라 할지라도 시행하겠노라

왕은 다시 나라의 절반이라도 주겠다면서 에스더에게 소청을 말하라고 했다. 왕이 세 번째 이렇게 말하자 에스더는 이제 말할 때가 되었다고 여겨 입을 열었다.

3절, 왕후 에스더가 대답하여 가로되 왕이여 내가 만일 왕의 목전에서 은혜를 입었으며 왕이 선히 여기시거든 내 소청대로 내 생명을 내게 주시고 내 요구대로 내 민족을 내게 주소서

비로소 에스더는 본론을 이야기하기 시작했다. "내 소청대로 내 생명을 내게 주시고 내 요구대로 내 민족을 내게 주소서".

4-5절, 나와 내 민족이 팔려서 죽임과 도륙함과 진멸함을 당하게 되었나이다 만일 우리가 노비로 팔렸더면 내가 잠잠하였으리이다 그래도 대적이 왕의 손해를 보충하지 못하였으리이다 5 아하수에로 왕이 왕후 에스더에게 일러 가로되 감히 이런 일을 심중에 품은 자

가 누구며 그가 어디 있느뇨

왕은 이제 에스더가 유다 사람이라는 것을 알게 되었고 유다 사람을 진멸하려는 자가 있다는 것도 알게 되었다. 또 왕후를 죽이고 유다 사람을 죽이려고 하는 것이 계략이라는 것도 알게 되었다. 그래서 왕은 '도대체 어떤 놈이 그런 계략을 꾸몄느냐?'고 물은 것이다.

6절, 에스더가 가로되 대적과 원수는 이 악한 하만이니이다 하니 하만이 왕과 왕후 앞에서 두려워하거늘

이것은 아주 진실하고 용감하고 담대한 대답이다. 그리스도인은 이렇게 '바로 이 자입니다.'라고 말할 수 있어야 한다. 많은 사람들이 이렇게 결정적일 때 우물쭈물하고 솔직하게 말하지 않는다. 나는 외국을 많이 다녀본 사람으로서, 우리나라 사람들이 결정적일 때 말을 잘 하지 않는다는 것을 느낄 때가 있다. 항상 강대국에 눌려 지내서 그런지 몰라도 마땅히 말해야 할 때 말하지 않는다. 아마도 말해서 손해 본 경우가 많기 때문일 수 있다. 그러나 마땅히 말해야 할 때 하지 않으면 뒤에서 거짓말과 술수가 난무하게 된다.

7절, 왕이 노하여 일어나서 잔치 자리를 떠나 왕궁 후원으로 들어가니라 하만이 일어서서 왕후 에스더에게 생명을 구하니 이는 왕이 자기에게 화를 내리기로 결심한 줄 앎이더라

그 말을 들은 왕은 대노하여 왕궁 후원으로 들어갔다. 하만이 상황을 살피니 왕이 자기에게 화를 내릴 것이 분명했다. 그러자 모든 유대인을 죽이려 했던 오만방자한 사람이 이제 자기 목숨만 살려달라고 왕후에게 구걸하고 있다. 대개 잔인하고 악한 사람들이 자기 생명에 대해서는 엄청 애착을 갖는다.

8절, 왕이 후원으로부터 잔치 자리에 돌아오니 하만이 에스더의 앉은 걸상 위에 엎드렸거늘 왕이 가로되 저가 궁중 내 앞에서 왕후

를 강간까지 하고자 하는가 이 말이 왕의 입에서 나오매 무리가 하만의 얼굴을 싸더라

하만이 왕후 앞에 엎드려 생명을 구걸하고 있는데, 그것마저도 왕의 눈에는 좋지 않게 보인 것이다. 왕이 '이 놈이 내 앞에서 왕후를 강간까지 하려고 하는가?' 하자 주위에 있던 신하들이 하만의 얼굴을 쌌다. 그것은 사형장으로 끌려가는 것을 뜻한다.

9-10절, 왕을 모신 내시 중에 하르보나가 왕에게 아뢰되 왕을 위하여 충성된 말로 고발한 모르드개를 달고자 하여 하만이 고가 오십 규빗 되는 나무를 준비하였는데 이제 그 나무가 하만의 집에 섰나이다 왕이 가로되 하만을 그 나무에 달라 하매 10 모르드개를 달고자 한 나무에 하만을 다니 왕의 노가 그치니라

그렇게 해서 하만은 자기가 세운 나무에 달려 죽게 되었다. 그러자 왕의 노가 비로소 그쳤다.

에스더 8장

1-2절, 당일에 아하수에로 왕이 유다인의 대적 하만의 집을 왕후 에스더에게 주니라 에스더가 모르드개는 자기에게 어떻게 관계됨을 왕께 고한 고로 모르드개가 왕의 앞에 나아오니 2 왕이 하만에게 거둔 반지를 빼어 모르드개에게 준지라 에스더가 모르드개로 하만의 집을 주관하게 하니라

"당일에 아하수에로 왕이 유다인의 대적 하만의 집을 왕후 에스더에게 주니라". 하만이 얼마나 재산을 축재했겠는가? 왕은 그것을 다 에스더에게 주었다.

"에스더가 모르드개는 자기에게 어떻게 관계됨을 왕께 고한 고로 모르드개가 왕의 앞에 나아오니". 에스더는 왕에게 모르드개는 자기에게 부모와 같은 자임을 이야기했을 것이다. "왕이 하만에게 거둔 반지를 빼어 모르드개에게 준지라 에스더가 모르드개로 하만의 집을 주관하게 하니라". 이제 모르드개는 상당한 지위를 갖게 되었다.

3절, 에스더가 다시 왕의 앞에서 말씀하며 왕의 발 아래 엎드려 아각 사람 하만이 유다인을 해하려 한 악한 꾀를 제하기를 울며 구하니

왕이 하만을 죽였지만 하만이 유다인을 죽이려고 내보낸 조서는 아직 남아 있다. 그러므로 에스더가 그 조서를 취소해달라고 왕께 구한 것이다. 에스더 자신은 살았지만 그 조서가 취소되지 않으면 자기 동족이 다 죽게 된다. 그래서 자기 동족을 위해 울면서 간구하는 것이다.

4-6절, 왕이 에스더를 향하여 금홀을 내어미는지라 에스더가 일어
나 왕의 앞에 서서 5 가로되 왕이 만일 즐겨하시며 내가 왕의 목전에
은혜를 입었고 또 왕이 이 일을 선히 여기시며 나를 기쁘게 보실진
대 조서를 내리사 아각 사람 함므다다의 아들 하만이 왕의 각 도에
있는 유다인을 멸하려고 꾀하고 쓴 조서를 취소하소서 6 내가 어찌
내 민족의 화 당함을 참아 보며 내 친척의 멸망함을 참아 보리이까

왕이 대강 잘해줘서 큰 것을 이루었지만, 자기의 동족이 완전히 구원될 때까지는 아직 마음을 풀어놓지 않고 끝까지 울면서 왕에게 구하고 있다. 우리는 이러한 에스더의 정신을 배워야 한다. 하나님의 나라는 이러한 사람들에 의해서 유지되고 보존되고 발전된다.

7-11절, 아하수에로 왕이 왕후 에스더와 유다인 모르드개에게 이
르되 하만이 유다인을 살해하려 하므로 나무에 달렸고 내가 그 집
으로 에스더에게 주었으니 8 너희는 왕의 명의로 유다인에게 조서
를 뜻대로 쓰고 왕의 반지로 인을 칠지어다 왕의 이름을 쓰고 왕의
반지로 인친 조서는 누구든지 취소할 수 없음이니라 9 그때 시완월
곧 삼월 이십삼일에 왕의 서기관이 소집되고 무릇 모르드개의 시키
는 대로 조서를 써서 인도로부터 구스까지의 일백이십칠 도 유다인
과 대신과 방백과 관원에게 전할새 각 도의 문자와 각 민족의 방언
과 유다인의 문자와 방언대로 쓰되 10 아하수에로 왕의 명의로 쓰
고 왕의 반지로 인을 치고 그 조서를 역졸들에게 부쳐 전하게 하니
저희는 왕궁에서 길러서 왕의 일에 쓰는 준마를 타는 자들이라 11
조서에는 왕이 여러 고을에 있는 유다인에게 허락하여 저희로 함께
모여 스스로 생명을 보호하여 각 도의 백성 중 세력을 가지고 저희

를 치려 하는 자와 그 처자를 죽이고 도륙하고 진멸하고 그 재산을 탈취하게 하되

에스더의 말을 들은 왕은 모르드개의 뜻대로 조서를 쓰고 왕의 반지로 인을 치라고 했다. 그 조서에는 '유다인들은 그들을 치려고 하는 사람들과 그 처자를 죽이고 진멸하고 재산을 탈취하라.'고 되어 있었다.

12절, **아하수에로 왕의 각 도에서 아달월 곧 십이월 십삼일 하루 동안에 하게 하였고**

이제 완전히 반전되었다. 원래 이 날 유다인들이 다 진멸당하게 되어 있었는데, 그 조서가 바뀌어서 죽이려고 했던 사람들을 그날 다 죽이라는 것이다.

13-16절, **이 조서 초본을 각 도에 전하고 각 민족에게 반포하고 유다인으로 예비하였다가 그 날에 대적에게 원수를 갚게 한지라 14 왕의 명이 심히 급하매 역졸이 왕의 일에 쓰는 준마를 타고 빨리 나가고 그 조서가 도성 수산에도 반포되니라 15 모르드개가 푸르고 흰 조복을 입고 큰 금면류관을 쓰고 자색 가는 베 겉옷을 입고 왕의 앞에서 나오니 수산 성이 즐거이 부르며 기뻐하고 16 유다인에게는 영광과 즐거움과 기쁨과 존귀함이 있는지라**

모르드개는 착하고 충직한 사람이었다. 그런 사람이 지위에 오르니까 백성들이 기뻐하는 것이다. 못된 사람이 지위에 오르면 백성이 근심한다. 그러나 합당한 사람이 지위에 오르면, 즉 인자한 의인이 득세를 하면 백성이 기뻐한다. 그것이 민심이다. 교회 안에서도 참으로 주님을 사랑하는 경건한 사람이 인도를 하게 되면 모든 성도가 기뻐한다. 그런데 지위를 탐하는 육체적인 사람이 수를 써서 세력을 잡고 지위를 얻게 되면 도리어 성도들이 근심하게 된다.

17절, **왕의 조명이 이르는 각 도, 각 읍에서 유다인이 즐기고 기뻐**

하여 잔치를 베풀고 그 날로 경절을 삼으니 본토 백성이 유다인을 두려워하여 유다인 되는 자가 많더라

이제 유다인의 세력이 강해졌다. 유다인이 세력을 얻자 이제 유다인이 되는 자가 많아졌다. 에스더 한 사람의 충성이 수많은 유다인을 구원하고 많은 사람들을 개종시키게 된 것이다.

에스더 9장

1-5절, 아달월 곧 십이월 십삼일은 왕의 조명을 행하게 된 날이라 유다인의 대적이 저희를 제어하기를 바랐더니 유다인이 도리어 자기를 미워하는 자를 제어하게 된 그 날에 2 유다인들이 아하수에로 왕의 각 도, 각 읍에 모여 자기를 해하고자 하는 자를 죽이려 하니 모든 민족이 저희를 두려워하여 능히 막을 자가 없고 3 각 도 모든 관원과 대신과 방백과 왕의 사무를 보는 자들이 모르드개를 두려워하므로 다 유다인을 도우니 4 모르드개가 왕궁에서 존귀하여 점점 창대하매 이 사람 모르드개의 명성이 각 도에 퍼지더라 5 유다인이 칼로 그 모든 대적을 쳐서 도륙하고 진멸하고 자기를 미워하는 자에게 마음대로 행하고

"유다인이 칼로 그 모든 대적을 쳐서 도륙하고 진멸하고 자기를 미워하는 자에게 마음대로 행하고"(5절). 이렇게 조서가 나가고 모든 것이 회복되었는데도 여전히 그들을 미워하는 사람들이 있었다. 하만이 죽었지만 그는 아말렉 사람이므로 그의 아들들이 어떻게든 아버지의 원수인 유다인들에게 보복하려고 이를 갈았을 것이다. 우리나라 역사를 보아도 백제가 망하자 그 아버지의 한을 풀겠다고 일어난 것이 후백제였다. 마찬가지로, 자기 아버지 하만이 죽으니까 그의 열 명의 아들들이 어떻게 하든지 유다인들에게 원수를 갚으려고 했던 것이다. 그렇지 않았다면

이 열 명을 왜 죽였겠는가? 뒤에 보면 그 열 명의 시체를 아예 나무에 달았다.

6-10절, 유다인이 또 도성 수산에서 오백 인을 죽이고 멸하고 7 또 바산다다와 달본과 아스바다와 8 보라다와 아달리야와 아리다다와 9 바마스다와 아리새와 아리대와 왜사다 10 곧 함므다다의 손자요 유다인의 대적 하만의 열 아들을 죽였으나 그 재산에는 손을 대지 아니하였더라

하만의 열 아들의 이름이 여기 기록되어 있다. 유다인들은 부림절에 이 열 명의 이름을 다 외운다고 한다. 그들이 얼마나 유다인들을 괴롭히고 대적했으면 그렇게 하겠는가?

11-12절, 그 날에 도성 수산에서 도륙한 자의 수효를 왕께 고하니 12 왕이 왕후 에스더에게 이르되 유다인이 도성 수산에서 이미 오백 인을 죽이고 멸하고 또 하만의 열 아들을 죽였으니 왕의 다른 도에서는 어떠하였겠느뇨 이제 그대의 소청이 무엇이뇨 곧 허락하겠노라 그대의 요구가 무엇이뇨 또한 시행하겠노라

이제 왕은 전문적으로 에스더의 말을 들어주는 일을 하고 있다.

13절, 에스더가 가로되 왕이 만일 선히 여기시거든 수산에 거하는 유다 인으로 내일도 오늘날 조서대로 행하게 하시고 하만의 열 아들의 시체를 나무에 달게 하소서

에스더는 유다인의 대적을 아주 철저하게 처리하고자 한다. 하만의 열 아들의 시체를 나무에 달아서 본보기로 보여주겠다는 것이다.

14-15절, 왕이 그대로 행하기를 허락하고 조서를 수산에 내리니 하만의 열 아들의 시체가 달리니라 15 아달월 십사일에도 수산에 있는 유다인이 모여 또 삼백 인을 수산에서 도륙하되 그 재산에는 손

을 대지 아니하였고

원래는 십삼일에만 죽이기로 했는데, 에스더가 왕에게 하루 더 연장해서 이 일을 하게 해달라고 요청했다. 왕이 그렇게 하도록 허락하고 조서를 내리니 십사일에도 유다인들은 수산 성에서 삼백 명을 더 도륙했다. 아직도 거기에는 유다인들을 대적하고 틈만 있으면 죽이려는 사람들이 남아 있었던 것이다. 유다인들은 대적자들을 죽이되 그들의 재산에는 손을 대지 않았다고 했다.

16절, 왕의 각도에 있는 다른 유다인들이 모여 스스로 생명을 보호하여 대적들에게 서로 벗어나며 자기를 미워하는 자 칠만오천 인을 도륙하되 그 재산에는 손을 대지 아니하였더라

각 도에서 유다인들이 도륙한 자들은 칠만 오천 명이었다. 유다인을 미워하는 수많은 대적들이 죽임을 당한 것이다. 그러나 유다인들이 그들의 재산에는 손을 대지 않았다고 말한다.

17-18절, 아달월 십삼일에 그 일을 행하였고 십사일에 쉬며 그 날에 잔치를 베풀어 즐겼고 18 수산에 거한 유다인은 십삼일과 십사일에 모였고 십오일에 쉬며 이 날에 잔치를 베풀어 즐겼고

다른 도에 있는 사람들은 13일 하루만 대적자들을 도륙하는 일을 하고 14일에는 쉬면서 잔치를 베풀었다. 그런데 수산 성에 거한 사람들은 하루 더 연장해서 14일에도 삼백 인을 더 도륙하고 15일에 쉬면서 잔치를 베풀었다.

19-21절, 그러므로 촌촌의 유다인 곧 성이 없는 고을 고을에 거하는 자들이 아달월 십사일로 경절을 삼아 잔치를 베풀고 즐기며 서로 예물을 주더라 20 모르드개가 이 일을 기록하고 아하수에로 왕의 각 도에 있는 모든 유다인에게 무론 원근하고 글을 보내어 이르기를 21 한 규례를 세워 해마다 아달월 십사일과 십오일을 지키라

모르드개가 이 일을 기록하고 이 때를 기념하여 14일과 15일을 지키라고 했다.

22절, **이 달 이 날에 유다인이 대적에게서 벗어나서 평안함을 얻어 슬픔이 변하여 기쁨이 되고 애통이 변하여 길한 날이 되었으니 이 두 날을 지켜 잔치를 베풀고 즐기며 서로 예물을 주며 가난한 자를 구제하라 하매**

이 날들을 길한 날로 만들어서 잔치를 베풀고 즐기며 서로 예물을 주며 가난한 자를 구제하라고 했다. 말하자면 이 날이 서로 예물을 주고받는 날이 된 것이다.

23-28절, **유다인이 자기들의 이미 시작한 대로 또는 모르드개의 보낸 글대로 계속하여 행하였으니 24 곧 아각 사람 함므다다의 아들 모든 유다인의 대적 하만이 유다인을 진멸하기를 꾀하고 부르 곧 제비를 뽑아 저희를 죽이고 멸하려 하였으나 25 에스더가 왕의 앞에 나아감을 인하여 왕이 조서를 내려 하만이 유다인을 해하려던 악한 꾀를 그 머리에 돌려보내어 하만과 그 여러 아들을 나무에 달게 하였으므로 26 무리가 부르의 이름을 좇아 이 두 날을 부림이라 하고 유다인이 이 글의 모든 말과 이 일에 보고 당한 것을 인하여 27 뜻을 정하고 자기와 자손과 자기와 화합한 자들이 해마다 그 기록한 정기에 이 두 날을 연하여 지켜 폐하지 아니하기로 작정하고 28 각 도, 각 읍, 각 집에서 대대로 이 두 날을 기념하여 지키되 이 부림일을 유다인 중에서 폐하지 않게 하고 그 자손 중에서도 기념함이 폐하지 않게 하였더라**

부림절을 지키는 이유를 말하는데, 12월 14일과 15일이 바로 그날이다. 이 날은 원래 하만이 유다인을 진멸하기 위해 부르(제비)를 뽑아 정한 날이었으므로 그 이름으로 절기를 삼아 영원히 이 날을 지키자고 한 것이다. 유다인이 몰살될 위기에서 왕후 에스더가 규례를 어기고 왕 앞에 나아가 조서를 변개하여 다시 내리게 함으로 유대인의 대적 하만과 그의 열 아들을 나무에 달아 멸하고 또 각 도에 있는 유다인들의 대적을 도륙한 사건을 기념하기 위한 것이다.

29-32절, **아비하일의 딸 왕후 에스더와 유다인 모르드개가 전권으로 글을 쓰고 부림에 대한 이 둘째 편지를 굳이 지키게 하되 30 화평하고 진실한 말로 편지를 써서 아하수에로의 나라 일백이십칠 도에 있는 유다 모든 사람에게 보내어 31 정한 기한에 이 부림일을 지키게 하였으니 이는 유다인 모르드개와 왕후 에스더의 명한 바와 유다인이 금식하며 부르짖은 것을 인하여 자기와 자기 자손을 위하여 정한 바가 있음이더라 32 에스더의 명령이 이 부림에 대한 일을 견고히 하였고 그 일이 책에 기록되었더라**

에스더가 글을 써서 온 나라 127도에 사는 유다인들에게 보내어 이 부림절을 지키게 함으로 이 날을 더욱 견고히 했다. 에스더와 모르드개가 썼다고 하지만 아마 에스더가 중심이 되어 썼을 것이다. 편지 내용은 화평하고 진실한 것이었다. 모든 유다인들은 왕후의 편지를 받고 매우 위로를 받았을 것이다.

우리가 이 말씀을 그리스도의 십자가 사건과 연계시켜 묵상하는 것이 지나친 해석은 아니라고 믿는다. 여기 모르드개가 죽을 나무에 하만이 달렸다. 그리고 그 아들들이 죽었고 수많은 대적이 죽었다. 예수 그리스도의 십자가는 그리스도께서 수많은 사람을 십자가에 매달은 사건이 아닌가? 그분 안에서 우리 옛 사람은 죽임을 당했고 그 날 주님 안에서 많은 사람들이 해방을 얻었다.

에스더 10장

1-2절, 아하수에로 왕이 그 본토와 바다 섬들로 공을 바치게 하였더라 2 왕의 능력의 모든 행적과 모르드개를 높여 존귀케 한 사적이 메대와 바사 열왕의 일기에 기록되지 아니하였느냐

모르드개의 치적이 메대-바사 열왕의 일기에 기록되었다.

3절, 유다인 모르드개가 아하수에로 왕의 다음이 되고 유다인 중에 존대하여 그 허다한 형제에게 픔을 받고 그 백성의 이익을 도모하며 그 모든 종족을 안위하였더라

이 에스더서에는 '유다인'이라는 말이 많이 나온다. 3절에 '유다인 모르드개', '그 백성의 이익'이라는 표현이 있다. 우리는 에스더서를 통해서 어느 나라에 있든 어느 신분에 있든 무엇을 하든 유다인은 유다인이라는 것을 보게 된다. 하나님의 자녀는 어디에 있든지 하나님의 자녀라는 것이다. 그리고 하나님의 자녀는 하나님의 백성의 유익을 위해 할 수 있는 일을 해야 하며 그것 때문에 하나님이 당신을 그 자리에 있게 하셨다는 것을 알아야 한다.

예를 들어, 하나님의 자녀가 이디오피아 대사관 직원으로 갔다 하자. 에스더서를 볼 때 그 사람은 대한민국 정부를 위해서 일할 것이 아니라 하나님의 나라를 위해서 일해야 한다는 것이다. 이와 같이 이 에스더서는 하나님의 백성의 신분이 너무도 존귀하며 따라서 그 나라를 위해서만 일해야 한다는 것을 보여준다. 이 책의 강조점이 여기에 있다. 에스라서는 예루살렘 성전의 재건, 느헤미야서는 성벽의 중수에 그 강조점이 있지만, 에스더서는 하나님의 백성에게 그 강조점이 있다. 하나님의 사람은 하나님의 백성과 그 나라의 권익과 안녕과 보호를 위해 자신의 위치에서 할 수 있는 것을 다해야 한다는 것이다.

또 한 가지, 우리는 하만이라는 사람을 통해 육체가 무엇인지를 보게 된다. 하만은 유다인의 대적 아말렉 사람이었는데, 사실 오늘 우리 안에도 하만의 요소가 있다. 우쭐대고 자랑하고 싶어하는 것, 과대망상적 사고, 헛된 영광을 바라는 것, 그것이 하만 곧 육체이다. 그 하만이 결국 어떻게 되었는가? 오십 규빗 되는 나무에 달렸다. 즉 우리의 육체가 십자가에서 철저히 처리된 것이다.

그리고 주님은 에스더와 모르드개처럼 자신을 낮추는 사람을 결국 높이신다. 에스더는 왕후의 위치에 있을지라도 자기의 신분에 연연해하지 않고 주님의 백성을 위해 모든 것을 내던졌다. 그녀는 자신의 왕후의 지위와 생명을 걸고 할 일을 다 했다. 이와 같이 일국의 왕후일지라도 하나님의 권익을 위해서라면 자기의 지위와 영광을 초개같이 버릴 수 있어야 한다. 목숨이라도 바칠 수 있어야 한다. 이것이 하나님의 백성으로서 마땅히 할 바가 아니겠는가? 어떤 사람이 작은 것에 연연하여 마땅히 할 말을 하지 않고 머뭇거리다 기회를 놓친다면 그는 하나님의 일에 무용하게 된다.

또한 모르드개는 좋은 성도의 본이다. 그는 왕후 될 사람을 잘 양육했다. 그래서 그로 하여금 모든 유대 민족을 구원할 수 있는 재목이 되게 한 것이다. 여러분이 한두 형제자매를 잘 양육할 때 그가 바울같이 될지 마틴 루터같이 될지 누가 알겠는가? 모르드개가 칭찬받을 부분은 바로 이것이다.

에스더의 신실함도 마찬가지이다. 모르드개 때문에 왕후가 되었지만 왕후가 된 후에 마음이 변할 수도 있었다. 대부분의 사람들이 성공한 후에는 마음이 변하기 때문이다. 이름이 없을 때에는 사람들 앞에 겸손하다가 일단 성공하면 코가 높아진다. 그러나 에스더는 결코 그렇지 않았으며 끝까지 자기 민족과 운명을 함께 했다.

IMC

국제 선교 신학·신학연구원(IMC-International Mission College)은 성경 진리에 따라 범사를 행하며 진리를 참되게 가르치는 사람들을 양성하고 복음 전파와 선교를 위하여 주님의 사명을 감당 할 수 있는 예수 그리스도의 제자들을 훈련하며 양성하는 기관이다.

역대상하 에스라-에스더 강해

초판 발행 | 2012년 6월 16일

저자 | **유동근**

발행처 | IMC(국제 선교 신학·신학연구원 출판부)
등록번호 | 제15-335호

420-867 | 경기도 부천시 원미구 부일로 123 그린프라자 III 2F
벧엘서원 영업부 : TEL 032)322-3095 FAX 032) 324-3097
IMC, 벧엘서원 편집부 : TEL 032) 326-3096
홈페이지 : www.bethelbook.co.kr
E-mail : bethelbook@bethelbook.co.kr

값 35,000원

ISBN 987-89-92014-57-1 94230
ISBN 987-89-92014-01-4 94230 (세트)